DIE SCHÖNSTEN MÄRCHEN UND SAGEN DER BRÜDER GRIMM

DIE SCHÖNSTEN MÄRCHEN UND SAGEN DER BRÜDER GRIMM

Herausgegeben
von Hans-Jörg Uther

Genehmigte Lizenzausgabe für Verlagsgruppe Weltbild GmbH, Steinerne Furt, 86167 Augsburg
Einbandgestaltung: adschwert.de - Büro für Konzepte und Gestaltung, München
Gesamtherstellung: Firmengruppe APPL, aprinta druck, Wemding
Printed in the EU
ISBN 978-3-8289-3659-1

2013 2012
Die letzte Jahreszahl gibt die aktuelle Lizenzausgabe an.

Vorwort

Für viele Menschen haben die Märchen und Sagen der Brüder Grimm einen hohen Erinnerungswert. Sie sind zudem ein nicht wegzudenkender Teil der Kinder- und Jugendliteratur und behaupten sich bis heute in der Vielfalt medialer Angebote. Kinder, aber auch Erwachsene lesen Märchen gern, lassen sich Märchen vorlesen oder erzählen. An der Spitze der Beliebtheitsskala stehen seit Jahrzehnten »Schneewittchen«, »Hänsel und Gretel« und »Rotkäppchen«, dicht gefolgt von »Aschenputtel«, »Dornröschen« und »Schneeweißchen und Rosenrot«. Wer diese Geschichten kennt, hat auch von den Bremer Stadtmusikanten, dem Däumling oder dem tapferen Schneiderlein gehört und die Tauschepisoden des Hans im Glück mit Vergnügen verfolgt. Alle diese Lieblingsmärchen sind im vorliegenden Band versammelt.

Vor nunmehr 200 Jahren erschienen die »Kinder- und Hausmärchen« (KHM) der Brüder Jacob und Wilhelm Grimm zum ersten Mal. Ein Fortsetzungsband folgte 1815. Um zahlreiche Stücke zu Lebzeiten der Brüder Grimm erweitert, liegen heute unzählige Gesamt- und Teilausgaben der Märchen in über 160 Sprachen vor. Die Behauptung ist nicht übertrieben: Die Sammlung stellt neben der Luther-Bibel das bekannteste Werk der deutschen Kulturgeschichte dar. Die »Kinder- und Hausmärchen« sind ein unverzichtbarer Bestandteil der Weltliteratur. Im Brüder Grimm-Museum (Kassel) vorhandene Handexemplare der Brüder Grimm mit zahlreichen handschriftlichen Ergänzungen, Korrekturen und Literaturhinweisen wurden am 17. Juni 2005 in das Weltdokumentenerbe der UNESCO aufgenommen.

Ein weiteres Gemeinschaftswerk der Brüder Grimm, die »Deutschen Sagen«, folgte wenige Jahre später. Bereits 1816 und 1818 wurde die Sammlung in zwei Bänden veröffentlicht. Vereint waren darin 579 Stücke sowie fünf abweichende Textvarianten aus allen deutschen Sprachgebieten. Allein

zwanzig Prozent der Sagenfassungen stammen aus der Schweiz und aus Österreich.

Nach dem Vorbild der Grimm-Sammlungen entstanden zahlreiche Märchen- und Sagenausgaben nicht nur innerhalb des deutschsprachigen Gebiets, sondern in ganz Europa und seit der zweiten Hälfte des 19. Jahrhunderts auch in überseeischen Ländern.

Die Märchen wie auch die historischen, mythischen und heldenhaften Sagen haben seither Generationen von Kindern, vor allem aber auch von Erwachsenen begleitet und ihre Vorstellungen von der Welt und von übernatürlichen Geschehnissen beeinflußt. Einzelne aus den Sammlungen herausgelöste Stücke setzten sich innerhalb regionaler Überlieferungen als Leitfassungen durch und verdrängten andere bereits bestehende Märchen und Sagen. Darüber hinaus finden einzelne Stücke als Texte, Anspielungen oder Vergleiche Eingang in alle populären Medienbereiche. Ein nachlassendes Interesse ist nicht spürbar. Insbesondere die Märchensammlung hat zum Nachruhm der Brüder Grimm nicht unwesentlich beigetragen.

Die vorliegende Auslese der schönsten Märchen und Sagen der Brüder Grimm lädt ein zu einem Wiedersehen mit diesem unvergänglichen Gut und zu einer Neuentdeckung. Schließlich sind auch einige unbekanntere Stücke aus der Märchen- und Sagensammlung der Brüder Grimm hier vertreten. Neben so populären Gestalten wie Hänsel und Gretel, der Rattenfänger von Hameln, Schneewittchen, Rotkäppchen oder Froschkönig begegnen uns Figuren wie die Bienenkönigin oder Bruder Lustig. Unter den Sagen finden sich solche über bedeutende Herrscher wie Karl der Große oder Friedrich Barbarossa, Sagen über unerklärbare Geschehnisse wie das Verschwinden der Kinder von Hameln, die Schilderung der Ereignisse um den Binger Mäuseturm, die Erzählung über den schlafenden Kaiser im Kyffhäuser, die Bewandtnis des Oldenburger Horns oder die Entstehung des Kölner Doms. Daß weniger bekannte Stücke ebenso aufgenommen worden sind, mag einen Eindruck von der Vielfalt neuzeitlicher Überlieferungen und ihrer Stoffe und Motivbereiche vermitteln.

Heutzutage wecken Sagen Erinnerungen an eine gemeinsame Vergangenheit auch mit den umliegenden Regionen. Sie sind ein kulturgeschichtliches Gut, das es wieder oder neu durch das Studium älterer Quellen zu entdecken gilt: Welche 'denk- und merkwürdigen' Vorstellungen verdichteten unsere Vorfahren in solchen Erzählungen und brachten sie mit bestimmten Orten und Persönlichkeiten in Verbindung? Wie schlugen sich Ängste und Furcht in der Faszination des Außergewöhnlichen nieder? Welche Sehnsüchte des erzählenden Menschen nach einer besseren Zukunft vermitteln Sagen, wenn jemand aus bitterer Armut heraus einen unerwarteten Schatz erhält ...

Die Auslese der Märchen und Sagen der Brüder Grimm ist – bei aller wissenschaftlichen Zuverlässigkeit – insbesondere ein Volksbuch, ein Bilder- und Geschichtenbuch von bleibendem Wert. Die schönsten Märchen und Sagen der Brüder Grimm gehen von Generation zu Generation weiter und können zur Unterhaltung und Bereicherung selbst gelesen und von Eltern an ihre Kinder und Kindeskinder weitergegeben werden. Denn der Ausflug in die Welt des Wunderbaren fördert nicht nur die Vorstellungskraft der Leserinnen und Leser, er erweitert auch ihr Bewußtsein und erzieht sie zugleich zu Menschlichkeit und zum Einsatz für das Gute. Besonders schöne farbige Illustrationen aus dem Archiv des Herausgebers machen die vergangene Welt wieder lebendig und anschaulich und vermitteln einen lebendigen Eindruck von der Vielfalt bildlicher Darstellungen in den unterschiedlichsten Medien. Sie beflügeln die Phantasie und lassen das Unglaubliche natürlich erscheinen.

Inhalt

5 Vorwort

DIE SCHÖNSTEN MÄRCHEN DER BRÜDER GRIMM

18 Der Froschkönig oder der eiserne Heinrich
24 Märchen von einem, der auszog, das Fürchten zu lernen
33 Der Wolf und die sieben jungen Geißlein
37 Der treue Johannes
43 Die zwölf Brüder
48 Das Lumpengesindel
53 Brüderchen und Schwesterchen
59 Rapunzel
62 Hänsel und Gretel
70 Von dem Fischer und seiner Frau
78 Das tapfere Schneiderlein
87 Aschenputtel
95 Frau Holle
99 Die sieben Raben
102 Rotkäppchen
109 Die Bremer Stadtmusikanten
113 Der Teufel mit den drei goldenen Haaren
118 Die kluge Else
122 Der Schneider im Himmel

125 Tischchendeckdich, Goldesel und Knüppel aus dem Sack
134 Daumesdick
140 Die Hochzeit der Frau Füchsin
144 Die Wichtelmänner
148 Der Räuberbräutigam
152 Der Gevatter Tod
156 Fitchers Vogel
160 Die sechs Schwäne
169 Dornröschen
172 König Drosselbart
178 Sneewittchen
186 Rumpelstilzchen
190 Der goldene Vogel
201 Die Bienenkönigin
206 Die goldene Gans
210 Bruder Lustig
220 Hans im Glück
228 Der Arme und der Reiche
232 Die Gänsemagd
238 Das singende springende Löweneckerchen
246 Doktor Allwissend
250 Der Bärenhäuter
256 Der süße Brei
258 Die sieben Schwaben
262 Der Eisenhans
270 Das Hirtenbüblein
272 Die Sterntaler
275 Das Märchen vom Schlauraffenland
276 Schneeweißchen und Rosenrot
282 Die Scholle
284 Der Mond
286 Die Geschenke des kleinen Volkes
289 Der Riese und der Schneider
292 Der Hase und der Igel
298 Die Kornähre
301 Der gestiefelte Kater
308 Die Erbsenprobe
312 Jungfrau Maleen
320 Jorinde und Joringel

DIE SCHÖNSTEN SAGEN DER BRÜDER GRIMM

326 Die Kinder zu Hameln
330 Der Berggeist
331 Der Bergmönch im Harz
333 Frau Hollen Teich
335 Frau Holla und der treue Eckart
335 Die Springwurzel
336 Fräulein von Boyneburg
339 Die Schloßjungfrau
341 Hünenspiel
341 Das Riesenspielzeug
343 Riese Einheer
345 Friedrich Rotbart auf dem Kyffhäuser
345 Der Köterberg
346 Der Scherfenberger und der Zwerg
348 Das stille Volk zu Plesse
349 Des kleinen Volks Hochzeitfest
350 Zwerge leihen Brot
350 Der Graf von Hoya
351 Zwerge ausgetrieben
352 Die Wichtlein
353 Beschwörung der Bergmännlein
354 Die Ahnfrau von Ranzau
356 Die Osenberger Zwerge
357 Das Erdmännlein und der Schäferjung
358 Der einkehrende Zwerg
359 Das Moosweibchen
360 Der wilde Jäger jagt die Moosleute
361 Der Wassermann
362 Die wilden Frauen im Untersberge
364 Der Wassermann und der Bauer
365 Tanz mit dem Wassermann

366 Der Schwimmer
366 Der Wassermann an der Fleischbank
367 Bruder Nickel
369 Magdeburger Nixen
370 Der Döngessee
370 Mummelsee
372 Die Elbjungfer und das Saalweiblein
373 Das ertrunkene Kind
374 Vor den Nixen hilft Dosten und Dorant
376 Die Frau von Alvensleben
377 Die Frau von Hahn und der Nix
378 Die Frau von Bonikau
380 Der Kobold
382 Der Kobold in der Mühle
384 Der Wechselbalg
386 Der Alraun
388 Spiritus familiaris
389 Das Schauen auf die Kinder
390 Die Roggenmuhme
391 Das Hündlein von Bretta
391 Ein gespenstiger Reiter
393 Arendsee
394 Der Ochsenberg
394 Zauberkräuter kochen
395 Jungfer Eli
397 Der Glockenguß zu Breslau
398 Der Glockenguß zu Attendorn
400 Die Müllerin
402 Johann Hübner
404 Eppela Gaila
406 Der Blumenstein
407 Seeburger See
408 Der Burgsee und Burgwall
410 Der heilige Niklas und der Dieb
410 Der Riesenfinger
412 Der Jettenbühel zu Heidelberg
412 Das Männlein auf dem Rücken
413 Riese Haym
415 Die Zwerge auf dem Baum
415 Die Füße der Zwerge
416 Die wilden Geister
418 Die Heilingszwerge

420 Der Abzug des Zwergvolks über die Brücke
422 Der Zug der Zwerge über den Berg
424 Die Zwerge bei Dardesheim
426 Schmied Riechert
426 Die Nußkerne
428 Der Soester Schatz
430 Das quellende Silber
432 Goldsand auf dem Untersberg
432 Der Steintisch zu Bingenheim
433 Der Brunnen zu Steinau
433 Goldkohlen
433 Die fünf Kreuze
434 Der Schwerttanz zu Weißenstein
434 Der lange Mann in der Mordgasse zu Hof
435 Krieg und Frieden
436 Rodensteins Auszug
437 Der wilde Jäger Hackelberg
438 Der Tannhäuser
441 Der wilde Jäger und der Schneider
441 Der Höselberg
442 Des Rechenbergers Knecht
444 Geisterkirche
446 Geistermahl
449 Die Spinnerin am Kreuz
450 Der heilige Winfried
452 Der Dom zu Köln
454 Das Glücksrad
456 Der Teufel als Fürsprecher
458 Traum vom Schatz auf der Brücke
458 Der Kessel mit dem Schatz
459 Der Werwolf
460 Der Werwolfstein
461 Die Werwölfe ziehen aus
462 Der Drache fährt aus
464 Winkelried und der Lindwurm
464 Der Lindwurm am Brunnen
465 Die Schlangenkönigin
467 Die Jungfrau im Oselberg
467 Der Krötenstuhl
468 Die Wiesenjungfrau
469 Zum Stehen verwünscht
470 Die Bauern zu Kolbeck

472 Der Kindelsberg
473 Brot zu Stein geworden
475 Der Binger Mäuseturm
476 Wetter und Hagel machen
478 Festhängen
479 Festgemacht
479 Der sichere Schuß
480 Der herumziehende Jäger
482 Gespenst als Eheweib
484 Die Lilie im Kloster zu Corvey
484 Rebundus im Dom zu Lübeck
487 Frau Berta oder die weiße Frau
488 Die überschiffenden Mönche
489 Der Feuerberg
489 Bamberger Waage
490 Kaiser Friedrich zu Kaiserslautern
491 Der Hirt auf dem Kyffhäuser
492 Der Gemsjäger
494 Der Zwerg und die Wunderblume
497 Schwarzach
497 Die drei Jungfern aus dem See
499 Der ewige Jäger
500 Hans Jagenteufel
502 Des Hackelnberg Traum
503 Die schwarzen Reiter und das Handpferd
504 Der getreue Eckhart
506 Das Fräulein vom Willberg
507 Der Schäfer und der Alte aus dem Berg
508 Jungfrau Ilse
510 Der Roßtrapp und der Kreetpfuhl
514 Der Mägdesprung
515 Der Harrassprung
517 Der Riese Hidde
517 Es rauscht im Hünengrab
518 Die Jungfrau mit dem Bart
520 Schwarzkopf und Seeburg am Mummelsee
521 Der Krämer und die Maus
522 Die drei Schatzgräber
523 Einladung vor Gottes Gericht
524 Die Pferde aus dem Bodenloch
526 Zusammenkunft der Toten
527 Notburga

530 Gottes Speise
530 Die drei Alten
531 Der heilige See der Hertha
532 Die sieben schlafenden Männer in der Höhle
533 Walter im Kloster
536 Ursprung der Sachsen
537 Abkunft der Bayern
537 Herkunft der Franken
537 Remig umgeht sein Land
538 Remig verjagt die Feuersbrunst
539 Des Remigs Teil vom Wasichenwald
539 Der schlafende König
540 Das Grab der Heiligen
541 Dagoberts Seele im Schiff
541 Dagobert und seine Hunde
542 Hildegard
543 Der Hahnenkampf
544 Von König Karl und den Friesen
547 Radbot läßt sich nicht taufen
547 Des Teufels goldnes Haus
548 Wittekinds Taufe
551 Wittekinds Flucht
551 Eginhart und Imma
553 Der Ring im See bei Aachen
555 Der Kaiser und die Schlange
556 Kaiser Ludwig bauet Hildesheim
556 Der Rosenstrauch zu Hildesheim
557 Kaiser Heinrich der Vogeler
559 Der kühne Kurzbold
559 Otto mit dem Bart
562 Der Schuster zu Lauingen
563 Das Rad im Mainzer Wappen
563 Die heilige Kunigund
564 Der Dom zu Bamberg
564 Sage von Kaiser Heinrich III.
566 Quedl, das Hündlein
567 Die Weiber zu Weinsberg
568 Margareta Maultasch
568 Die Maultasch-Schutt
570 Idda von Toggenburg
571 Der Bund in Rütli
572 Wilhelm Tell
575 Heinrich der Löwe

579 Ursprung der Zähringer
581 Herr Peter Dimringer von Staufenberg
583 Des edlen Möringers Wallfahrt
584 Freiherr Albrecht von Simmern
587 Andreas von Sangerwitz, Komtur auf Christburg
591 Siegfried und Genofeva
594 Der Ritter mit dem Schwan
603 Das Schwanschiff am Rhein
605 Loherangrins Ende in Lothringen
606 Die Schwanringe zu Plesse
608 Das Oldenburger Horn
609 Ludwig ackert mit seinen Adligen
611 Der hartgeschmiedete Landgraf
613 Ludwig baut eine Mauer
614 Ludwigs Leichnam wird getragen
614 Wie es um Ludwigs Seele geschaffen war
615 Der Wartburger Krieg
618 Doktor Luther zu Wartburg
619 Die Vermählung der Kinder Ludwig und Elisabeth
620 Friedrich mit dem gebissenen Backen
621 Otto der Schütze
622 Landgraf Philips und die Bauersfrau
622 In Ketten aufhängen
623 Landgraf Moritz von Hessen
624 Brot und Salz segnet Gott
626 Nidda
627 Hermann von Treffurt
628 Der Graf von Gleichen
630 So viel Kinder als Tag' im Jahr
631 Die Gräfin von Orlamünde

632 Nachwort
638 Wort- und Sacherläuterungen

DIE SCHÖNSTEN MÄRCHEN DER BRÜDER GRIMM

Der Froschkönig oder der eiserne Heinrich

In den alten Zeiten, wo das Wünschen noch geholfen hat, lebte ein König, dessen Töchter waren alle schön, aber die jüngste war so schön, daß die Sonne selber, die doch so vieles gesehen hat, sich verwunderte, sooft sie ihr ins Gesicht schien. Nahe bei dem Schlosse des Königs lag ein großer dunkler Wald, und in dem Walde unter einer alten Linde war ein Brunnen; wenn nun der Tag recht heiß war, so ging das Königskind hinaus in den Wald und setzte sich an den Rand des kühlen Brunnens; und wenn sie Langeweile hatte, so nahm sie eine goldene Kugel, warf sie in die Höhe und fing sie wieder; und das war ihr liebstes Spielwerk.

Nun trug es sich einmal zu, daß die goldene Kugel der Königstochter nicht in ihr Händchen fiel, das sie in die Höhe gehalten hatte, sondern vorbei auf die Erde schlug und geradezu ins Wasser hineinrollte. Die Königstochter folgte ihr mit den Augen nach, aber die Kugel verschwand, und der Brunnen war tief, so tief, daß man keinen Grund sah. Da fing sie an zu weinen und weinte immer lauter und konnte sich gar nicht trösten. Und wie sie so klagte, rief ihr jemand zu: »Was hast du vor, Königstochter, du schreist ja, daß sich ein Stein erbarmen möchte.« Sie sah sich um, woher die Stimme käme, da erblickte sie einen Frosch, der seinen dicken häßlichen Kopf aus dem Wasser streckte. »Ach, du bist's, alter Wasserpatscher«, sagte sie, »ich weine über meine goldene Kugel, die mir in den Brunnen hinabgefallen ist.«

»Sei still und weine nicht«, antwortete der Frosch, »ich kann wohl Rat schaffen, aber was gibst du mir, wenn ich dein Spielwerk wieder heraufhole?«

»Was du haben willst, lieber Frosch«, sagte sie, »meine Kleider, meine Perlen und Edelsteine, auch noch die goldene Krone, die ich trage.« Der Frosch antwortete: »Deine Kleider, deine Perlen und Edelsteine und deine goldene Krone, die mag ich nicht; aber wenn du mich liebhaben willst, und ich soll dein Geselle und Spielkamerad sein, an deinem Tischlein neben dir sitzen, von deinem goldenen Tellerlein essen, aus deinem Becherlein trinken, in deinem Bettlein schlafen: wenn du mir das versprichst, so will ich hinuntersteigen und dir die goldene Kugel wieder heraufholen.«

»Ach ja«, sagte sie, »ich verspreche dir alles, was du willst, wenn du mir nur die Kugel wiederbringst.« Sie dachte aber: Was der einfältige Frosch schwätzt, der sitzt im Wasser bei seinesgleichen und quakt und kann keines Menschen Geselle sein.

Der Frosch, als er die Zusage erhalten hatte, tauchte seinen Kopf unter, sank hinab, über ein Weilchen kam er wieder heraufgerudert, hatte die Kugel im Maul und warf sie ins Gras. Die Königstochter war voll Freude, als sie ihr schönes Spielwerk wieder erblickte, hob es auf und sprang damit fort. »Warte, warte«, rief der Frosch, »nimm mich mit, ich kann nicht so laufen wie du.« Aber was half ihm, daß er ihr sein Quak, quak so laut nachschrie, als er konnte! Sie hörte nicht darauf, eilte nach Haus und hatte bald den armen Frosch vergessen, der wieder in seinen Brunnen hinabsteigen mußte.

Am andern Tage, als sie mit dem König und allen Hofleuten sich zur Tafel gesetzt hatte und von ihrem goldenen Tellerlein aß, da kam, plitsch platsch, plitsch platsch, etwas die Marmortreppe heraufgekrochen, und als es oben angelangt war, klopfte es an der Tür und rief: »Königstochter, jüngste, mach mir auf.« Sie lief und wollte sehen, wer draußen wäre, als sie aber aufmachte, so saß der Frosch davor. Da warf sie die Tür hastig zu, setzte sich wieder an den Tisch, und war ihr ganz angst. Der König sah wohl, daß ihr das Herz gewaltig klopfte, und sprach: »Mein Kind, was fürchtest du dich, steht etwa ein Riese vor der Tür und will dich holen?«

»Ach nein«, antwortete sie, »es ist kein Riese, sondern ein garstiger Frosch.«

»Was will der Frosch von dir?«

»Ach, lieber Vater, als ich gestern im Wald bei dem Brunnen saß und spielte, da fiel meine goldene Kugel ins Wasser. Und weil ich so weinte, hat sie der Frosch wieder heraufgeholt, und weil er es durchaus verlangte, so versprach

ich ihm, er sollte mein Geselle werden, ich dachte aber nimmermehr, daß er aus seinem Wasser heraus könnte. Nun ist er draußen und will zu mir herein.« Indem klopfte es zum zweitenmal und rief:

»Königstochter, jüngste,
Mach mir auf,
Weißt du nicht, was gestern
Du zu mir gesagt
Bei dem kühlen Brunnenwasser?
Königstochter, jüngste,
Mach mir auf!«

Da sagte der König: »Was du versprochen hast, das mußt du auch halten; geh nur und mach ihm auf.«

Sie ging und öffnete die Türe, da hüpfte der Frosch herein, ihr immer auf dem Fuße nach, bis zu ihrem Stuhl. Da saß er und rief: »Heb mich herauf zu dir.« Sie zauderte, bis es endlich der König befahl. Als der Frosch erst auf dem Stuhl war, wollte er auf den Tisch, und als er da saß, sprach er: »Nun schieb mir dein goldenes Tellerlein näher, damit wir zusammen essen.« Das tat sie zwar, aber man sah wohl, daß sie's nicht gerne tat. Der Frosch ließ sich's gut schmecken, aber ihr blieb fast jedes Bißlein im Halse. Endlich sprach er: »Ich habe mich satt gegessen und bin müde, nun trag mich in dein Kämmerlein und mach dein seiden Bettlein zurecht, da wollen wir uns schlafen legen.«

Die Königstochter fing an zu weinen und fürchtete sich vor dem kalten Frosch, den sie nicht anzurühren getraute und der nun in ihrem schönen reinen Bettlein schlafen sollte. Der König aber ward zornig und sprach: »Wer dir geholfen hat, als du in der Not warst, den sollst du hernach nicht verachten.« Da packte sie ihn mit zwei Fingern, trug ihn hinauf und setzte ihn in eine Ecke. Als sie aber im Bett lag, kam er gekrochen und sprach: »Ich bin müde, ich will schlafen so gut wie du: heb mich herauf, oder ich sag's deinem Vater.« Da ward sie erst bitterböse, holte ihn herauf und warf ihn aus allen Kräften wider die Wand. »Nun wirst du Ruhe haben, du garstiger Frosch.«

Als er aber herabfiel, war er kein Frosch, sondern ein Königssohn mit schönen und freundlichen Augen. Der war nun nach ihres Vaters Willen ihr lieber Geselle und Gemahl. Da erzählte er ihr, er wäre von einer bösen Hexe verwünscht worden, und niemand hätte ihn aus dem Brunnen erlösen können als sie allein, und morgen wollten sie zusammen in sein Reich gehen. Dann schliefen sie ein, und am andern Morgen, als die Sonne sie aufweckte, kam ein Wagen herangefahren, mit acht weißen Pferden bespannt, die hatten weiße Straußfedern auf dem Kopf und gingen in goldenen Ketten, und hinten stand der Diener des jungen Königs, das war der treue Heinrich.

Der treue Heinrich hatte sich so betrübt, als sein Herr war in einen Frosch verwandelt worden, daß er drei eiserne Bande hatte um sein Herz legen lassen, damit es ihm nicht vor Weh und Traurigkeit zerspränge. Der Wagen aber sollte den jungen König in sein Reich abholen; der treue Heinrich hob beide hinein, stellte sich wieder hinten auf und war voller Freude über die Erlösung. Und als sie ein Stück Wegs gefahren waren, hörte der Königssohn, daß es hinter ihm krachte, als wäre etwas zerbrochen. Da drehte er sich um und rief:

»Heinrich, der Wagen bricht.«
»Nein, Herr, der Wagen nicht,
Es ist ein Band von meinem Herzen,
Das da lag in großen Schmerzen,
Als Ihr in dem Brunnen saßt,
Als Ihr eine Fretsche [Frosch] wast [wart].«

Noch einmal und noch einmal krachte es auf dem Weg, und der Königssohn meinte immer, der Wagen bräche, und es waren doch nur die Bande, die vom Herzen des treuen Heinrich absprangen, weil sein Herr erlöst und glücklich war.

Märchen von einem, der auszog, das Fürchten zu lernen

Ein Vater hatte zwei Söhne, davon war der älteste klug und gescheit und wußte sich in alles wohl zu schicken, der jüngste aber war dumm, konnte nichts begreifen und lernen: und wenn ihn die Leute sahen, sprachen sie: »Mit dem wird der Vater noch seine Last haben!« Wenn nun etwas zu tun war, so mußte es der älteste allzeit ausrichten: hieß ihn aber der Vater noch spät oder gar in der Nacht etwas holen und der Weg ging dabei über den Kirchhof oder sonst einen schaurigen Ort, so antwortete er wohl: »Ach nein, Vater, ich gehe nicht dahin, es gruselt mir!« Denn er fürchtete sich. Oder wenn abends beim Feuer Geschichten erzählt wurden, wobei einem die Haut schaudert, so sprachen die Zuhörer manchmal: »Ach, es gruselt mir!«

Der jüngste saß in einer Ecke und hörte das mit an und konnte nicht begreifen, was es heißen sollte. »Immer sagen sie: Es gruselt mir! Es gruselt mir! Mir gruselt's nicht: das wird wohl eine Kunst sein, von der ich auch nichts verstehe.«

Nun geschah es, daß der Vater einmal zu ihm sprach: »Hör du, in der Ecke dort, du wirst

groß und stark, du mußt auch etwas lernen, womit du dein Brot verdienst. Siehst du, wie dein Bruder sich Mühe gibt, aber an dir ist Hopfen und Malz verloren.«

»Ei, Vater«, antwortete er, »ich will gerne was lernen; ja, wenn's anginge, so möchte ich lernen, daß mir's gruselte; davon verstehe ich noch gar nichts.« Der älteste lachte, als er das hörte, und dachte bei sich: »Du lieber Gott, was ist mein Bruder ein Dummbart, aus dem wird sein Lebtag nichts: was ein Häkchen werden will, muß sich beizeiten krümmen.« Der Vater seufzte und antwortete ihm: »Das Gruseln, das sollst du schon lernen, aber dein Brot wirst du damit nicht verdienen.«

Bald danach kam der Küster zum Besuch ins Haus, da klagte ihm der Vater seine Not und erzählte, wie sein jüngster Sohn in allen Dingen so schlecht beschlagen wäre, er wüßte nichts und lernte nichts. »Denkt euch, als ich ihn fragte, womit er sein Brot verdienen wollte, hat er gar verlangt, das Gruseln zu lernen.«

»Wenn's weiter nichts ist«, antwortete der Küster, »das kann er bei mir lernen; tut ihn nur zu mir, ich will ihn schon abhobeln.« Der Vater war es zufrieden, weil er dachte: »Der Junge wird doch ein wenig zugestutzt.« Der Küster nahm ihn also ins Haus, und er mußte die Glocke läuten. Nach ein paar Tagen weckte er ihn um Mitternacht, hieß ihn aufstehen, in den Kirchturm steigen und läuten. »Du sollst schon lernen, was Gruseln ist«, dachte er, ging heimlich voraus, und als der Junge oben war und sich umdrehte und das Glockenseil fassen wollte, so sah er auf der Treppe, dem Schalloch gegenüber, eine weiße Gestalt stehen.

»Wer da?« rief er, aber die Gestalt gab keine Antwort, regte und bewegte sich nicht. »Gib Antwort«, rief der Junge, »oder mache, daß du fortkommst, du hast hier in der Nacht nichts zu schaffen.« Der Küster aber blieb unbeweglich stehen, damit der Junge glauben sollte, es wäre ein Gespenst.

Der Junge rief zum zweitenmal: »Was willst du hier? Sprich, wenn du ein ehrlicher Kerl bist, oder ich werfe dich die Treppe hinab.«

Der Küster dachte: »Das wird so schlimm nicht gemeint sein«, gab keinen Laut von sich und stand, als wenn er von Stein wäre. Da rief ihn der Junge zum dritten Male an, und als das auch vergeblich war, nahm er einen Anlauf und stieß das Gespenst die Treppe hinab, daß es zehn Stufen hinabfiel und in einer Ecke liegenblieb. Darauf läutete er die Glocke, ging heim, legte sich, ohne ein Wort zu sagen, ins Bett und schlief fort. Die Küsterfrau wartete lange Zeit auf ihren Mann, aber er wollte nicht wiederkommen. Da ward ihr endlich angst, sie weckte den Jungen und fragte: »Weißt du nicht, wo mein Mann geblieben ist? Er ist vor dir auf den Turm gestiegen.«

»Nein«, antwortete der Junge, »aber da hat einer dem Schalloch gegenüber auf der Treppe gestanden, und weil er keine Antwort geben und auch nicht weggehen wollte, so habe ich ihn für einen Spitzbuben gehalten und hinuntergestoßen. Geht nur hin, so werdet Ihr sehen, ob er's gewesen ist, es sollte mir leid tun.« Die Frau sprang fort und fand ihren Mann, der in einer Ecke lag und jammerte und ein Bein gebrochen hatte. Sie trug ihn herab und eilte dann mit lautem Geschrei zu dem Vater des Jungen. »Euer Junge«, rief sie, »hat ein großes Unglück angerichtet, meinen Mann hat er die Treppe hinabgeworfen, daß er ein Bein gebrochen hat: schafft den Taugenichts aus unserm Hause.« Der Vater erschrak, kam herbeigelaufen und schalt den Jungen aus. »Was sind das für gottlose Streiche, die muß dir der Böse eingegeben haben.«

»Vater«, antwortete er, »hört nur an, ich bin ganz unschuldig: er stand da in der Nacht, wie einer, der Böses im Sinne hat. Ich wußte nicht, wer's war, und habe ihn dreimal ermahnt zu reden oder wegzugehen.«

»Ach«, sprach der Vater, »mit dir erleb ich nur Unglück, geh mir aus den Augen, ich will dich nicht mehr ansehen.«

»Ja, Vater, recht gerne, wartet nur, bis Tag ist, da will ich ausgehen und das Gruseln lernen, so versteh ich doch eine Kunst, die mich ernähren kann.«

»Lerne, was du willst«, sprach der Vater, »mir ist alles einerlei. Da hast du funfzig Taler, damit geh in die weite Welt und sage keinem Menschen, wo du her bist und wer dein Vater ist, denn ich muß mich deiner schämen.«

»Ja, Vater, wie Ihr's haben wollt, wenn Ihr nicht mehr verlangt, das kann ich leicht in acht behalten.«

Als nun der Tag anbrach, steckte der Junge seine funfzig Taler in die Tasche, ging hinaus auf die große Landstraße und sprach immer vor sich hin: »Wenn mir's nur gruselte! Wenn mir's nur gruselte!« Da kam ein Mann heran, der hörte das Gespräch, das der Junge mit sich selber führte, und als sie ein Stück weiter waren, daß man den Galgen sehen konnte, sagte der

Mann zu ihm: »Siehst du, dort ist der Baum, wo siebene mit des Seilers Tochter Hochzeit gehalten haben und jetzt das Fliegen lernen: setz dich darunter und warte, bis die Nacht kommt, so wirst du schon das Gruseln lernen.«

»Wenn weiter nichts dazu gehört«, antwortete der Junge, »das ist leicht getan; lerne ich aber so geschwind das Gruseln, so sollst du meine funfzig Taler haben: komm nur morgen früh wieder zu mir.«

Da ging der Junge zu dem Galgen, setzte sich darunter und wartete, bis der Abend kam. Und weil ihn fror, machte er sich ein Feuer an: aber um Mitternacht ging der Wind so kalt, daß er trotz des Feuers nicht warm werden wollte. Und als der Wind die Gehenkten gegeneinanderstieß, daß sie sich hin und her bewegten, so dachte er: »Du frierst unten bei dem Feuer, was mögen die da oben erst frieren und zappeln.« Und weil er mitleidig war, legte er die Leiter an, stieg hinauf, knüpfte einen nach dem andern los und holte sie alle siebene herab. Darauf schürte er das Feuer, blies es an und setzte sie ringsherum, daß sie sich wärmen sollten. Aber sie saßen da und regten sich nicht, und das Feuer ergriff ihre Kleider. Da sprach er: »Nehmt euch in acht, sonst häng ich euch wieder hinauf.« Die Toten aber hörten nicht, schwiegen und ließen ihre Lumpen fortbrennen. Da ward er bös und sprach: »Wenn ihr nicht achtgeben wollt, so kann ich euch nicht helfen, ich will nicht mit euch verbrennen«, und hing sie nach der Reihe wieder hinauf. Nun setzte er sich zu seinem Feuer und schlief ein, und am andern Morgen, da kam der Mann zu ihm, wollte die funfzig Taler haben und sprach: »Nun, weißt du, was Gruseln ist?«

»Nein«, antwortete er, »woher sollte ich's wissen? Die da droben haben das Maul nicht aufgetan und waren so dumm, daß sie die paar alten Lappen, die sie am Leibe haben, brennen ließen.« Da sah der Mann, daß er die funfzig Taler heute nicht davontragen würde, ging fort und sprach: »So einer ist mir noch nicht vorgekommen.«

Der Junge ging auch seines Weges und fing wieder an, vor sich hin zu reden: »Ach, wenn mir's nur gruselte! Ach, wenn mir's nur gruselte!« Das hörte ein Fuhrmann, der hinter ihm her schritt, und fragte: »Wer bist du?«

»Ich weiß nicht«, antwortete der Junge. Der Fuhrmann fragte weiter: »Wo bist du her?«

»Ich weiß nicht.«

»Wer ist dein Vater?«

»Das darf ich nicht sagen.«

»Was brummst du beständig in den Bart hinein?«

»Ei«, antwortete der Junge, »ich wollte, daß mir's gruselte, aber niemand kann mir's lehren.«

»Laß dein dummes Geschwätz«, sprach der Fuhrmann, »komm, geh mit mir, ich will sehen, daß ich dich unterbringe.« Der Junge ging mit dem Fuhrmann, und abends gelangten sie zu einem Wirtshaus, wo sie übernachten wollten. Da sprach er beim Eintritt in die Stube wieder ganz laut: »Wenn mir's nur gruselte! Wenn mir's nur gruselte!«

Der Wirt, der das hörte, lachte und sprach: »Wenn dich danach lüstet, dazu sollte hier wohl Gelegenheit sein.«

»Ach schweig stille«, sprach die Wirtsfrau, »so mancher Vorwitzige hat schon sein Leben eingebüßt, es wäre Jammer und Schade um die schönen Augen, wenn die das Tageslicht nicht wiedersehen sollten.« Der Junge aber sagte: »Wenn's noch so schwer wäre, ich will's einmal lernen, deshalb bin ich ja ausgezogen.« Er ließ dem Wirt auch keine Ruhe, bis dieser erzählte, nicht weit davon stände ein verwünschtes Schloß, wo einer wohl lernen könnte, was Gruseln wäre, wenn er nur drei Nächte darin wachen wollte. Der König hätte dem, der's wagen wollte, seine Tochter zur Frau versprochen, und die wäre die schönste Jungfrau, welche die Sonne beschien; in dem Schlosse steckten auch große Schätze, von bösen Geistern bewacht, die würden dann frei und könnten einen Armen reich genug machen. Schon viele wären wohl hinein-, aber noch keiner wieder herausgekommen.

Da ging der Junge am andern Morgen vor den König und sprach: »Wenn's erlaubt wäre, so wollte ich wohl drei Nächte in dem verwünschten Schlosse wachen.«

Der König sah ihn an, und weil er ihm gefiel, sprach er: »Du darfst dir noch dreierlei ausbitten, aber es müssen leblose Dinge sein, und das darfst du mit ins Schloß nehmen.«

Da antwortete er: »So bitt ich um ein Feuer, eine Drehbank und eine Schnitzbank mit dem Messer.«

Der König ließ ihm das alles bei Tage in das Schloß tragen. Als es Nacht werden wollte, ging der Junge hinauf, machte sich in einer Kammer ein helles Feuer an, stellte die Schnitzbank mit dem Messer daneben, und setzte sich auf die Drehbank. »Ach, wenn mir's nur gruselte!« sprach er. »Aber hier werde ich's auch nicht lernen.«

Gegen Mitternacht wollte er sich sein Feuer einmal aufschüren; wie er so hineinblies, da schrie's plötzlich aus einer Ecke: »Au, miau! Was uns friert!«

»Ihr Narren«, rief er, »was schreit ihr? Wenn euch friert, kommt, setzt euch ans Feuer und wärmt euch.«

Und wie er das gesagt hatte, kamen zwei große schwarze Katzen in einem gewaltigen Sprunge herbei, setzten sich ihm zu beiden Seiten und sahen ihn mit ihren feurigen Augen ganz wild an. Über ein Weilchen, als sie sich gewärmt hatten, sprachen sie: »Kamerad, wollen wir eins in der Karte spielen?«

»Warum nicht?« antwortete er. »Aber zeigt einmal eure Pfoten her.«

Da streckten sie die Krallen aus. »Ei«, sagte er, »was habt ihr lange Nägel! Wartet, die muß ich euch erst abschneiden.« Damit packte er sie beim Kragen, hob sie auf die Schnitzbank und schraubte ihnen die Pfoten fest. »Euch habe ich auf die Finger gesehen«, sprach er, »da vergeht mir die Lust zum Kartenspiel«, schlug sie tot und warf sie hinaus ins Wasser. Als er aber die zwei zur Ruhe gebracht hatte und sich wieder zu seinem Feuer setzen wollte, da kamen aus allen Ecken und Enden schwarze Katzen und schwarze Hunde an glühenden Ketten, immer mehr und mehr, daß er sich nicht mehr bergen konnte; die schrien greulich, traten ihm auf sein Feuer, zerrten es auseinander und wollten es ausmachen.

Das sah er ein Weilchen ruhig mit an, als es ihm aber zu arg ward, faßte er sein Schnitzmesser und rief: »Fort mit dir, du Gesindel«, und haute auf sie los. Ein Teil sprang weg, die andern schlug er tot und warf sie hinaus in den Teich.

Als er wiedergekommen war, blies er aus den Funken sein Feuer frisch an und wärmte sich. Und als er so saß, wollten ihm die Augen nicht länger offen bleiben, und er bekam Lust zu schlafen. Da blickte er um sich und sah in der Ecke ein großes Bett. »Das ist mir eben recht«, sprach er und legte sich hinein. Als er aber die Augen zutun wollte, so fing das Bett von selbst an zu fahren und fuhr im ganzen Schloß herum.

»Recht so«, sprach er, »nur besser zu.« Da rollte das Bett fort, als wären sechs Pferde vorgespannt, über Schwellen und Treppen auf und ab: auf einmal hopp, hopp! warf es um, das Unterste zuoberst, daß es wie ein Berg auf ihm lag. Aber er schleuderte Decken und Kissen in die Höhe, stieg heraus und sagte: »Nun mag fahren, wer Lust hat«, legte sich an sein Feuer und schlief, bis es Tag war.

Am Morgen kam der König, und als er ihn da auf der Erde liegen sah, meinte er, die Gespenster hätten ihn umgebracht und er wäre tot. Da sprach er: »Es ist doch schade um den schönen Menschen.« Das hörte der Junge, richtete sich auf und sprach: »So weit ist's noch nicht!« Da verwunderte sich der König, freute sich aber und fragte, wie es ihm gegangen wäre.

»Recht gut«, antwortete er, »eine Nacht wäre herum, die zwei andern werden auch herumgehen.« Als er zum Wirt kam, da machte der große Augen. »Ich dachte nicht«, sprach er, »daß ich dich wieder lebendig sehen würde; hast du nun gelernt, was Gruseln ist?«

»Nein«, sagte er, »es ist alles vergeblich: wenn mir's nur einer sagen könnte!« Die zweite Nacht ging er abermals hinauf ins alte Schloß, setzte sich zum Feuer und fing sein altes Lied wieder an: »Wenn mir's nur gruselte!«

Wie Mitternacht herankam, ließ sich ein Lärm und Gepolter hören, erst sachte, dann immer stärker, dann war's ein bißchen still, endlich kam mit lautem Geschrei ein halber Mensch den Schornstein herab und fiel vor ihn hin.

»Heda!« rief er, »noch ein halber gehört dazu, das ist zu wenig.« Da fing der Lärm von frischem an, es tobte und heulte und fiel die andere Hälfte auch herab. »Wart«, sprach er, »ich will dir erst das Feuer ein wenig anblasen.« Wie er das getan hatte und sich wieder umsah, da waren die beiden Stücke zusammengefahren, und saß da ein greulicher Mann auf seinem Platz.

»So haben wir nicht gewettet«, sprach der Junge, »die Bank ist mein.« Der Mann wollte ihn wegdrängen, aber der Junge ließ sich's nicht gefallen, schob ihn mit Gewalt weg und setzte sich wieder auf seinen Platz. Da fielen noch mehr Männer herab, einer nach dem andern, die holten neun Totenbeine und zwei Totenköpfe, setzten auf und spielten Kegel. Der Junge bekam auch Lust und fragte: »Hört ihr, kann ich mit sein?«

»Ja, wenn du Geld hast.«

»Geld genug«, antwortete er, »aber eure Kugeln sind nicht recht rund.« Da nahm er die Totenköpfe, setzte sie in die Drehbank und drehte

sie rund. »So, jetzt werden sie besser schüppeln«, sprach er, »heida, nun geht's lustig!« Er spielte mit und verlor etwas von seinem Geld, als es aber zwölf Uhr schlug, war alles vor seinen Augen verschwunden. Er legte sich nieder und schlief ruhig ein.

Am andern Morgen kam der König und wollte sich erkundigen. »Wie ist dir's diesmal gegangen?« fragte er. »Ich habe gekegelt«, antwortete er, »und ein paar Heller verloren.«

»Hat dir denn nicht gegruselt?«

»Ei was«, sprach er, »lustig hab ich mich gemacht. Wenn ich nur wüßte, was Gruseln wäre.« In der dritten Nacht setzte er sich wieder auf seine Bank und sprach ganz verdrießlich: »Wenn es mir nur gruselte!«

Als es spät ward, kamen sechs große Männer und brachten eine Totenlade hereingetragen. Da sprach er: »Haha, das ist gewiß mein Vetterchen, das erst vor ein paar Tagen gestorben ist«, winkte mit dem Finger und rief: »Komm, Vetterchen, komm!« Sie stellten den Sarg auf die Erde, er aber ging hinzu und nahm den Deckel ab: da lag ein toter Mann darin. Er fühlte ihm ans Gesicht, aber es war kalt wie Eis. »Wart«, sprach er, »ich will dich ein bißchen wärmen«, ging ans Feuer, wärmte seine Hand und legte sie ihm aufs Gesicht, aber der Tote blieb kalt. Nun nahm er ihn heraus, setzte sich ans Feuer und legte ihn auf seinen Schoß und rieb ihm die Arme, damit das Blut wieder in Bewegung kommen sollte. Als auch das nichts helfen wollte, fiel ihm ein: Wenn zwei zusammen im Bett liegen, so wärmen sie sich, brachte ihn ins Bett, deckte ihn zu und legte sich neben ihn.

Über ein Weilchen ward auch der Tote warm und fing an, sich zu regen. Da sprach der Junge: »Siehst du, Vetterchen, hätt ich dich nicht gewärmt!« Der Tote aber hub an und rief: »Jetzt will ich dich erwürgen.«

»Was«, sagte er, »ist das mein Dank? Gleich sollst du wieder in deinen Sarg«, hub ihn auf, warf ihn hinein und machte den Deckel zu; da kamen die sechs Männer und trugen ihn wieder fort. »Es will mir nicht gruseln«, sagte er, »hier lerne ich's mein Lebtag nicht.« Da trat ein Mann herein, der war größer als alle anderen und sah fürchterlich aus; er war aber alt und hatte einen langen weißen Bart. »O du Wicht«, rief er, »nun sollst du bald lernen, was Gruseln ist, denn du sollst sterben.«

»Nicht so schnell«, antwortete der Junge, »soll ich sterben, so muß ich auch dabeisein.«

»Dich will ich schon packen«, sprach der Unhold.

»Sachte, sachte, mach dich nicht so breit; so stark wie du bin ich auch, und wohl noch stärker.«

»Das wollen wir sehn«, sprach der Alte, »bist du stärker als ich, so will ich dich gehn lassen; komm, wir wollen's versuchen.«

Da führte er ihn durch dunkle Gänge zu einem Schmiedefeuer, nahm eine Axt und schlug den einen Amboß mit einem Schlag in die Erde. »Das kann ich noch besser«, sprach der Junge und ging zu dem andern Amboß; der Alte stellte sich neben ihn und wollte zusehen, und sein weißer Bart hing herab. Da faßte der Junge die Axt, spaltete den Amboß auf einen Hieb und klemmte den Bart des Alten mit hinein. »Nun hab ich dich«, sprach der Junge, »jetzt ist das Sterben an dir.« Dann faßte er eine Eisenstange und schlug auf den Alten los, bis er wimmerte und bat, er möchte aufhören, er wollte ihm große Reichtümer geben.

Der Junge zog die Axt raus und ließ ihn los. Der Alte führte ihn wieder ins Schloß zurück und zeigte ihm in einem Keller drei Kasten voll Gold. »Davon«, sprach er, »ist ein Teil den Armen, der andere dem König, der dritte dein.« Indem schlug es zwölfe, und der Geist verschwand, also daß der Junge im Finstern stand. »Ich werde mir doch heraushelfen können«, sprach er, tappte herum, fand den Weg in die Kammer und schlief dort bei seinem Feuer ein.

Am andern Morgen kam der König und sagte: »Nun wirst du gelernt haben, was Gruseln ist?«

»Nein«, antwortete er, »was ist's nur? Mein toter Vetter war da, und ein bärtiger Mann ist gekommen, der hat mir da unten viel Geld gezeigt, aber was Gruseln ist, hat mir keiner gesagt.« Da sprach der König: »Du hast das Schloß erlöst und sollst meine Tochter heiraten.«

»Das ist all recht gut«, antwortete er, »aber ich weiß noch immer nicht, was Gruseln ist.« Da ward das Gold heraufgebracht und die Hochzeit gefeiert, aber der junge König, so lieb er seine Gemahlin hatte und so vergnügt er war, sagte doch immer: »Wenn mir nur gruselte, wenn mir nur gruselte.« Das verdroß sie endlich. Ihr Kammermädchen sprach: »Ich will Hilfe schaffen, das Gruseln soll er schon lernen.« Sie ging hinaus zum Bach, der durch den Garten floß, und ließ sich einen ganzen Eimer voll Gründlinge holen.

Nachts, als der junge König schlief, mußte seine Gemahlin ihm die Decke wegziehen und den Eimer voll kalt Wasser mit den Gründlingen über ihn herschütten, daß die kleinen Fische um ihn herumzappelten. Da wachte er auf und rief: »Ach was gruselt mir, was gruselt mir, liebe Frau! Ja, nun weiß ich, was Gruseln ist.«

Der Wolf und die sieben jungen Geißlein

Es war einmal eine alte Geiß, die hatte sieben junge Geißlein und hatte sie lieb, wie eine Mutter ihre Kinder liebhat. Eines Tages wollte sie in den Wald gehen und Futter holen, da rief sie alle sieben herbei und sprach: »Liebe Kinder, ich will hinaus in den Wald, seid auf eurer Hut vor dem Wolf, wenn er hereinkommt, so frißt er euch alle mit Haut und Haar. Der Bösewicht verstellt sich oft, aber an seiner rauhen Stimme und an seinen schwarzen Füßen werdet ihr ihn gleich erkennen.«

Die Geißlein sagten: »Liebe Mutter, wir wollen uns schon in acht nehmen, Ihr könnt ohne Sorge fortgehen.« Da meckerte die Alte und machte sich getrost auf den Weg.

Es dauerte nicht lange, so klopfte jemand an die Haustür und rief: »Macht auf, ihr lieben Kinder, eure Mutter ist da und hat jedem von euch etwas mitgebracht.« Aber die Geißerchen hörten an der rauhen Stimme, daß es der Wolf war. »Wir machen nicht auf«, riefen sie, »du bist unsere Mutter nicht, die hat eine feine und liebliche Stimme, aber deine Stimme ist rauh; du bist der Wolf.« Da ging der Wolf fort zu einem Krämer und kaufte sich ein großes Stück Kreide: die aß er und machte damit seine Stimme fein. Dann kam er zurück, klopfte an die Haustür und rief: »Macht auf, ihr lieben Kinder, eure Mutter ist da und hat jedem von euch etwas mitgebracht.« Aber der Wolf hatte seine schwarze Pfote in das Fenster gelegt, das sahen die Kinder und riefen: »Wir machen nicht auf, unsere Mutter hat keinen schwarzen Fuß wie du: du bist der Wolf.«

Da lief der Wolf zu einem Bäcker und sprach: »Ich habe mich an den Fuß gestoßen, streich mir Teig darüber.« Und als ihm der Bäcker die Pfote bestrichen hatte, so lief er zum Müller und sprach: »Streu mir weißes Mehl auf meine Pfote.« Der Müller dachte: »Der Wolf will einen betrügen«, und weigerte sich, aber der Wolf sprach: »Wenn du es nicht tust, so fresse ich dich.« Da fürchtete sich der Müller und machte ihm die Pfote weiß. Ja, das sind die Menschen.

Nun ging der Bösewicht zum drittenmal zu der Haustüre, klopfte an und sprach: »Macht mir auf, Kinder, euer liebes Mütterchen ist heimgekommen und hat jedem von euch etwas aus dem Walde mitgebracht.« Die Geißerchen riefen: »Zeig uns erst deine Pfote, damit wir wissen, daß du unser liebes Mütterchen bist.« Da legte er die Pfote ins Fenster, und als sie sahen, daß sie weiß war, so glaubten sie, es wäre alles wahr, was er sagte, und machten die Türe auf.

Wer aber hereinkam, das war der Wolf. Sie erschraken und wollten sich verstecken. Das eine sprang unter den Tisch, das zweite ins Bett, das dritte in den Ofen, das vierte in die Küche, das fünfte in den Schrank, das sechste unter die Waschschüssel, das siebente in den Kasten der Wanduhr. Aber der Wolf fand sie alle und machte nicht langes Federlesen: eins nach dem andern schluckte er in seinen Rachen; nur das jüngste in dem Uhrkasten, das fand er nicht. Als der Wolf seine Lust gebüßt hatte, trollte er sich fort, legte sich draußen auf der grünen Wiese unter einen Baum und fing an zu schlafen.

Nicht lange danach kam die alte Geiß aus dem Walde wieder heim. Ach, was mußte sie da erblicken! Die Haustüre stand sperrweit auf: Tisch, Stühle und Bänke waren umgeworfen, die Waschschüssel lag in Scherben, Decke und Kissen waren aus dem Bett gezogen. Sie suchte ihre Kinder, aber nirgend waren sie zu finden. Sie rief sie nacheinander bei Namen, aber niemand antwortete. Endlich als sie an das jüngste kam, da rief eine feine Stimme: »Liebe Mutter, ich stecke im Uhrkasten.« Sie holte es heraus, und es erzählte ihr, daß der Wolf gekommen wäre und die andern alle gefressen hätte. Da könnt ihr denken, wie sie über ihre armen Kinder geweint hat. Endlich ging sie in ihrem Jammer hinaus, und das jüngste Geißlein lief mit. Als sie auf die Wiese kam, so lag da der Wolf an dem Baum und schnarchte, daß die Äste zitterten. Sie betrachtete ihn von allen Seiten und sah, daß in seinem angefüllten Bauch sich etwas regte und zappelte.

»Ach Gott«, dachte sie, »sollten meine armen Kinder, die er zum Abendbrot hinuntergewürgt hat, noch am Leben sein?« Da mußte das Geißlein nach Haus laufen und Schere, Nadel und Zwirn holen. Dann schnitt sie dem Ungetüm den Wanst auf, und kaum hatte sie einen Schnitt getan, so streckte schon ein Geißlein den Kopf heraus, und als sie weiter schnitt, so sprangen nacheinander alle sechse heraus, und waren noch alle am Leben und hatten nicht einmal Schaden gelitten, denn das Ungetüm hatte sie in der Gier ganz hinuntergeschluckt. Das war eine Freude! Da herzten sie ihre liebe Mutter und hüpften wie ein Schneider, der Hochzeit hält.

Die Alte aber sagte: »Jetzt geht und sucht Wackersteine, damit wollen wir dem gottlosen Tier den Bauch füllen, solange es noch im Schlafe liegt.«

Da schleppten die sieben Geißerchen in aller Eile die Steine herbei und steckten sie ihm in den Bauch, soviel sie hineinbringen konnten. Dann nähte ihn die Alte in aller Geschwindigkeit wieder zu, daß er nichts merkte und sich nicht einmal regte.

Als der Wolf endlich ausgeschlafen hatte, machte er sich auf die Beine, und weil ihm die Steine im Magen so großen Durst erregten, so wollte er zu einem Brunnen gehen und trinken. Als er aber anfing zu gehen und sich hin und her zu bewegen, so stießen die Steine in seinem Bauch aneinander und rappelten. Da rief er:

»Was rumpelt und pumpelt
In meinem Bauch herum?
Ich meinte, es wären sechs Geißlein,
So sind's lauter Wackerstein.«

Und als er an den Brunnen kam und sich über das Wasser bückte und trinken wollte, da zogen ihn die schweren Steine hinein, und er mußte jämmerlich ersaufen. Als die sieben Geißlein das sahen, da kamen sie herbeigelaufen, riefen laut: »Der Wolf ist tot! Der Wolf ist tot!«, und tanzten mit ihrer Mutter vor Freude um den Brunnen herum.

Der treue Johannes

Es war einmal ein alter König, der war krank und dachte: »Es wird wohl das Totenbett sein, auf dem ich liege.« Da sprach er: »Laßt mir den getreuen Johannes kommen.« Der getreue Johannes war sein liebster Diener und hieß so, weil er ihm sein Lebelang so treu gewesen war. Als er nun vor das Bett kam, sprach der König zu ihm: »Getreuester Johannes, ich fühle, daß mein Ende herannaht, und da habe ich keine andere Sorge als um meinen Sohn: er ist noch in jungen Jahren, wo er sich nicht immer zu raten weiß, und wenn du mir nicht versprichst, ihn zu unterrichten in allem, was er wissen muß, und sein Pflegevater zu sein, so kann ich meine Augen nicht in Ruhe schließen.« Da antwortete der getreue Johannes: »Ich will ihn nicht verlassen und will ihm mit Treue dienen, wenn's auch mein Leben kostet.« Da sagte der alte König: »So sterb ich getrost und in Frieden.« Und sprach dann weiter: »Nach meinem Tode sollst du ihm das ganze Schloß zeigen, alle Kammern, Säle und Gewölbe, und alle Schätze, die darin liegen: aber die letzte Kammer in dem langen Gange sollst du ihm nicht zeigen, worin das Bild der Königstochter vom goldenen Dache verborgen steht. Wenn er das Bild erblickt, wird er eine heftige Liebe zu ihr empfinden und wird in Ohnmacht niederfallen und wird ihretwegen in große Gefahren geraten; davor sollst du ihn hüten.«

Und als der treue Johannes nochmals dem alten König die Hand darauf gegeben hatte, ward dieser still, legte sein Haupt auf das Kissen und starb. Als der alte König zu Grabe getragen war, da erzählte der treue Johannes dem jungen König, was er seinem Vater auf dem Sterbelager versprochen hatte, und sagte: »Das will ich gewißlich halten und will dir treu sein, wie ich ihm gewesen bin, und sollte es mein Leben kosten.« Die Trauer ging vorüber, da sprach der treue Johannes zu ihm: »Es ist nun Zeit, daß du dein Erbe siehst: ich will dir dein väterliches Schloß zeigen.«

Da führte er ihn überall herum, auf und ab, und ließ ihn alle die Reichtümer und prächtigen Kammern sehen: nur die eine Kammer öffnete er nicht, worin das gefährliche Bild stand. Das Bild war aber so gestellt, daß, wenn die Türe aufging, man gerade darauf sah, und war so herrlich gemacht, daß man meinte, es leibte und lebte und es gäbe nichts Lieblicheres und Schöneres auf der ganzen Welt.

Der junge König aber merkte wohl, daß der getreue Johannes immer an einer Tür vorüberging, und sprach: »Warum schließest du mir diese niemals auf?«

»Es ist etwas darin«, antwortete er, »vor dem du erschrickst.« Aber der König antwortete: »Ich habe das ganze Schloß gesehen, so will ich auch wissen, was darin ist«, ging und wollte die Türe mit Gewalt öffnen. Da hielt ihn der getreue Johannes zurück und sagte: »Ich habe es deinem Vater vor seinem Tode versprochen, daß du nicht sehen sollst, was in der Kammer steht: es könnte dir und mir zu großem Unglück ausschlagen.«

»Ach nein«, antwortete der junge König, »wenn ich nicht hineinkomme, so ist es mein sicheres Verderben: ich würde Tag und Nacht keine Ruhe haben, bis ich's mit meinen Augen gesehen hätte. Nun gehe ich nicht von der Stelle, bis du aufgeschlossen hast.«

Da sah der getreue Johannes, daß es nicht mehr zu ändern war, und suchte mit schwerem Herzen und vielem Seufzen aus dem großen

Bund den Schlüssel heraus. Als er die Türe geöffnet hatte, trat er zuerst hinein und dachte, er wolle das Bildnis bedecken, daß es der König vor ihm nicht sähe; aber was half das? Der König stellte sich auf die Fußspitzen und sah ihm über die Schulter. Und als er das Bildnis der Jungfrau erblickte, das so herrlich war und von Gold und Edelsteinen glänzte, da fiel er ohnmächtig zur Erde nieder. Der getreue Johannes hob ihn auf, trug ihn in sein Bett und dachte voll Sorgen: »Das Unglück ist geschehen, Herr Gott, was will daraus werden!« Dann stärkte er ihn mit Wein, bis er wieder zu sich selbst kam. Das erste Wort, das er sprach, war: »Ach! wer ist das schöne Bild?«

»Das ist die Königstochter vom goldenen Dache«, antwortete der treue Johannes. Da sprach der König weiter: »Meine Liebe zu ihr ist so groß, wenn alle Blätter an den Bäumen Zungen wären, sie könnten's nicht aussagen; mein Leben setze ich daran, daß ich sie erlange. Du bist mein getreuster Johannes, du mußt mir beistehen.«

Der treue Diener besann sich lange, wie die Sache anzufangen wäre, denn es hielt schwer, nur vor das Angesicht der Königstochter zu kommen. Endlich hatte er ein Mittel ausgedacht und sprach zu dem König: »Alles, was sie um sich hat, ist von Gold, Tische, Stühle, Schüsseln, Becher, Näpfe und alles Hausgerät; in deinem Schatze liegen fünf Tonnen Goldes, laß eine von den Goldschmieden des Reichs verarbeiten zu allerhand Gefäßen und Gerätschaften, zu allerhand Vögeln, Gewild und wunderbaren Tieren, das wird ihr gefallen, wir wollen damit hinfahren und unser Glück versuchen.«

Der König hieß alle Goldschmiede herbeiholen, die mußten Tag und Nacht arbeiten, bis endlich die herrlichsten Dinge fertig waren. Als alles auf ein Schiff geladen war, zog der getreue Johannes Kaufmannskleider an, und der König mußte ein Gleiches tun, um sich ganz unkenntlich zu machen.

Dann fuhren sie über das Meer und fuhren so lange, bis sie zu der Stadt kamen, worin die Königstochter vom goldenen Dache wohnte. Der treue Johannes hieß den König auf dem Schiffe zurückbleiben und auf ihn warten.

»Vielleicht«, sprach er, »bring ich die Königstochter mit, darum sorgt, daß alles in Ordnung ist, laßt die Goldgefäße aufstellen und das ganze Schiff ausschmücken.« Darauf suchte er sich in sein Schürzchen allerlei von den Goldsachen zusammen, stieg ans Land und ging gerade nach dem königlichen Schloß. Als er in den Schloßhof kam, stand da beim Brunnen ein schönes Mädchen, das hatte zwei goldene Eimer in der Hand und schöpfte damit. Und als es das blinkende Wasser forttragen wollte und sich umdrehte, sah es den fremden Mann und fragte, wer er wäre. Da antwortete er: »Ich bin ein Kaufmann«, und öffnete sein Schürzchen und ließ sie hineinschauen. Da rief sie: »Ei, was für schönes Goldzeug!«, setzte die Eimer nieder und betrachtete eins nach dem andern.

Da sprach das Mädchen: »Das muß die Königstochter sehen, die hat so große Freude an den Goldsachen, daß sie Euch alles abkauft.« Es nahm ihn bei der Hand und führte ihn hinauf, denn es war die Kammerjungfer. Als die Königstochter die Ware sah, war sie ganz vergnügt und sprach: »Es ist so schön gearbeitet, daß ich dir alles abkaufen will.« Aber der getreue Johannes sprach: »Ich bin nur der Diener von einem reichen Kaufmann: was ich hier habe, ist nichts gegen das, was mein Herr auf seinem Schiff stehen hat, und das ist das Künstlichste und Köstlichste, was je in Gold ist gearbeitet worden.«

Sie wollte alles heraufgebracht haben, aber er sprach: »Dazu gehören viele Tage, so groß ist die Menge, und so viel Säle, um es aufzustellen, daß Euer Haus nicht Raum dafür hat.« Da ward ihre Neugierde und Lust immer mehr angeregt, so daß sie endlich sagte: »Führe mich

hin zu dem Schiff, ich will selbst hingehen und deines Herrn Schätze betrachten.«

Da führte sie der getreue Johannes zu dem Schiffe hin und war ganz freudig, und der König, als er sie erblickte, sah, daß ihre Schönheit noch größer war, als das Bild sie dargestellt hatte, und meinte nicht anders, als das Herz wollte ihm zerspringen.

Nun stieg sie in das Schiff, und der König führte sie hinein; der getreue Johannes aber blieb zurück bei dem Steuermann und hieß das Schiff abstoßen: »Spannt alle Segel auf, daß es fliegt wie ein Vogel in der Luft.«

Der König aber zeigte ihr drinnen das goldene Geschirr, jedes einzeln, die Schüsseln, Becher, Näpfe, die Vögel, das Gewild und die wunderbaren Tiere. Viele Stunden gingen herum, während sie alles besah, und in ihrer Freude merkte sie nicht, daß das Schiff dahinfuhr. Nachdem sie das letzte betrachtet hatte, dankte sie dem Kaufmann und wollte heim, als sie aber an des Schiffes Rand kam, sah sie, daß es fern vom Land auf hohem Meere ging und mit vollen Segeln forteilte.

»Ach«, rief sie erschrocken, »ich bin betrogen, ich bin entführt und in die Gewalt eines Kaufmanns geraten; lieber wollt ich sterben!« Der König aber faßte sie bei der Hand und sprach: »Ein Kaufmann bin ich nicht, ich bin ein König und nicht geringer an Geburt, als du bist; aber daß ich dich mit List entführt habe, das ist aus übergroßer Liebe geschehen. Das erstemal, als ich dein Bildnis gesehen habe, bin ich ohnmächtig zur Erde gefallen.«

Als die Königstochter vom goldenen Dache das hörte, ward sie getröstet, und ihr Herz ward ihm geneigt, so daß sie gerne einwilligte, seine Gemahlin zu werden.

Es trug sich aber zu, während sie auf dem hohen Meere dahinfuhren, daß der getreue Johannes, als er vorn auf dem Schiffe saß und Musik machte, in der Luft drei Raben erblickte, die dahergeflogen kamen. Da hörte er auf zu spielen und horchte, was sie miteinander sprachen, denn er verstand das wohl. Die eine rief: »Ei, da führt er die Königstochter vom goldenen Dache heim.«

»Ja«, antwortete die zweite, »er hat sie noch nicht.«

Sprach die dritte: »Er hat sie doch, sie sitzt bei ihm im Schiffe.«

Da fing die erste wieder an und rief: »Was hilft ihm das! Wenn sie ans Land kommen, wird ihm ein fuchsrotes Pferd entgegenspringen; da wird er sich aufschwingen wollen, und tut er das, so sprengt es mit ihm fort und in die Luft hinein, daß er nimmermehr seine Jungfrau wiedersieht.« Sprach die zweite: »Ist gar keine Rettung?«

»O ja, wenn ein anderer schnell aufsitzt, das Feuergewehr, das in den Halftern stecken muß, herausnimmt und das Pferd damit totschießt, so ist der junge König gerettet. Aber wer weiß das! Und wer's weiß und sagt's ihm, der wird zu Stein von den Fußzehen bis zum Knie.«

Da sprach die zweite: »Ich weiß noch mehr, wenn das Pferd auch getötet wird, so behält der junge König doch nicht seine Braut; wenn sie zusammen ins Schloß kommen, so liegt dort ein gemachtes Brauthemd in einer Schüssel und sieht aus, als wär's von Gold und Silber gewebt, ist aber nichts als Schwefel und Pech: wenn er's antut, verbrennt es ihn bis aufs Mark und Knochen.«

Sprach die dritte: »Ist da gar keine Rettung?«

»O ja«, antwortete die zweite, »wenn einer mit Handschuhen das Hemd packt und wirft es ins Feuer, daß es verbrennt, so ist der junge König gerettet. Aber was hilft's! Wer's weiß und es ihm sagt, der wird halbes Leibes Stein vom Knie bis zum Herzen.«

Da sprach die dritte: »Ich weiß noch mehr, wird das Brauthemd auch verbrannt, so hat der junge König seine Braut doch noch nicht; wenn nach der Hochzeit der Tanz anhebt und die junge Königin tanzt, wird sie plötzlich erbleichen und wie tot hinfallen: und hebt sie nicht einer auf und zieht aus ihrer rechten Brust drei Tropfen Blut und speit sie wieder aus, so stirbt sie. Aber verrät das einer, der es weiß, so wird er ganzen Leibes zu Stein vom Wirbel bis zur Fußzehe.«

Als die Raben das miteinander gesprochen hatten, flogen sie weiter, und der getreue Johannes hatte alles wohl verstanden, aber von der Zeit an war er still und traurig; denn verschwieg er seinem Herrn, was er gehört hatte, so war dieser unglücklich: entdeckte er es ihm, so mußte er selbst sein Leben hingeben.

Endlich aber sprach er bei sich: »Meinen Herrn will ich retten, und sollt ich selbst darüber zugrunde gehen.«

Als sie nun ans Land kamen, da geschah es, wie die Rabe vorhergesagt hatte, und es sprengte ein prächtiger fuchsroter Gaul daher. »Wohlan«, sprach der König, »der soll mich in mein Schloß tragen«, und wollte sich aufsetzen, doch der treue Johannes kam ihm zuvor, schwang sich schnell darauf, zog das Gewehr aus den Halftern und schoß den Gaul nieder. Da riefen die andern Diener des Königs, die dem treuen Johannes doch nicht gut waren: »Wie schändlich, das schöne Tier zu töten, das den König in sein Schloß tragen sollte!« Aber der König sprach: »Schweigt und laßt ihn gehen, es ist mein getreuester Johannes, wer weiß, wozu das gut ist!« Nun gingen sie ins Schloß, und da stand im Saal eine Schüssel, und das gemachte Brauthemd lag darin und sah aus nicht anders, als wäre es von Gold und Silber. Der junge König ging darauf zu und wollte es ergreifen, aber der treue Johannes schob ihn weg, packte es mit Handschuhen an, trug es schnell ins Feuer und ließ es verbrennen.

Die anderen Diener fingen wieder an zu murren und sagten: »Seht, nun verbrennt er gar des Königs Brauthemd.« Aber der junge König sprach: »Wer weiß, wozu es gut ist, laßt ihn gehen, es ist mein getreuester Johannes.«

Nun ward die Hochzeit gefeiert: der Tanz hub an, und die Braut trat auch hinein, da hatte der treue Johannes acht und schaute ihr ins Antlitz; auf einmal erbleichte sie und fiel wie tot zur Erde. Da sprang er eilends hinzu, hob sie auf und trug sie in eine Kammer, da legte er sie nieder, kniete und sog die drei Blutstropfen aus ihrer rechten Brust und speite sie aus. Alsbald atmete sie wieder und erholte sich, aber der junge König hatte es mit angesehen und wußte nicht, warum es der getreue Johannes getan hatte, ward zornig darüber und rief: »Werft ihn ins Gefängnis.«

Am andern Morgen ward der getreue Johannes verurteilt und zum Galgen geführt, und als er oben stand und gerichtet werden sollte, sprach er: »Jeder, der sterben soll, darf vor seinem Ende noch einmal reden, soll ich das Recht auch haben?«

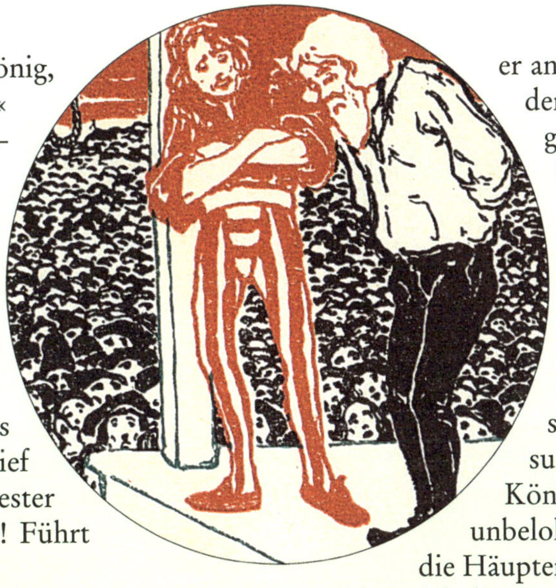

»Ja«, antwortete der König, »es soll dir vergönnt sein.«

Da sprach der treue Johannes: »Ich bin mit Unrecht verurteilt und bin dir immer treu gewesen«, und erzählte, wie er auf dem Meer das Gespräch der Raben gehört und wie er, um seinen Herrn zu retten, das alles hätte tun müssen. Da rief der König: »O mein treuester Johannes, Gnade! Gnade! Führt ihn herunter.«

Aber der treue Johannes war bei dem letzten Wort, das er geredet hatte, leblos herabgefallen und war ein Stein. Darüber trug nun der König und die Königin großes Leid, und der König sprach: »Ach, was hab ich große Treue so übel belohnt!« Und ließ das steinerne Bild aufheben und in seine Schlafkammer neben sein Bett stellen. Sooft er es ansah, weinte er und sprach: »Ach, könnt ich dich wieder lebendig machen, mein getreuester Johannes.«

Es ging eine Zeit herum, da gebar die Königin Zwillinge, zwei Söhnlein, die wuchsen heran und waren ihre Freude. Einmal, als die Königin in der Kirche war und die zwei Kinder bei dem Vater saßen und spielten, sah dieser wieder das steinerne Bildnis voll Trauer an, seufzte und rief: »Ach, könnt ich dich wieder lebendig machen, mein getreuester Johannes.«

Da fing der Stein an zu reden und sprach: »Ja, du kannst mich wieder lebendig machen, wenn du dein Liebstes daran wenden willst.« Da rief der König: »Alles, was ich auf der Welt habe, will ich für dich hingeben.«

Sprach der Stein weiter: »Wenn du mit deiner eigenen Hand deinen beiden Kindern den Kopf abhaust und mich mit ihrem Blute bestreichst, so erhalte ich das Leben wieder.«

Der König erschrak, als er hörte, daß er seine liebsten Kinder selbst töten sollte, doch dachte er an die große Treue und daß der getreue Johannes für ihn gestorben war, zog sein Schwert und hieb mit eigener Hand den Kindern den Kopf ab. Und als er mit ihrem Blute den Stein bestrichen hatte, so kehrte das Leben zurück, und der getreue Johannes stand wieder frisch und gesund vor ihm. Er sprach zum König: »Deine Treue soll nicht unbelohnt bleiben«, und nahm die Häupter der Kinder, setzte sie auf und bestrich die Wunde mit ihrem Blut, davon wurden sie im Augenblick wieder heil, sprangen herum und spielten fort, als wär ihnen nichts geschehen. Nun war der König voll Freude, und als er die Königin kommen sah, versteckte er den getreuen Johannes und die beiden Kinder in einen großen Schrank. Wie sie hereintrat, sprach er zu ihr: »Hast du gebetet in der Kirche?«

»Ja«, antwortete sie, »aber ich habe beständig an den treuen Johannes gedacht, daß er so unglücklich durch uns geworden ist.«

Da sprach er: »Liebe Frau, wir können ihm das Leben wiedergeben, aber es kostet uns unsere beiden Söhnlein, die müssen wir opfern.« Die Königin ward bleich und erschrak im Herzen, doch sprach sie: »Wir sind's ihm schuldig wegen seiner großen Treue.«

Da freute er sich, daß sie dachte, wie er gedacht hatte, ging hin und schloß den Schrank auf, holte die Kinder und den treuen Johannes heraus und sprach: »Gott sei gelobt, er ist erlöst, und unsere Söhnlein haben wir auch wieder«, und erzählte ihr, wie sich alles zugetragen hatte. Da lebten sie zusammen in Glückseligkeit bis an ihr Ende.

Die zwölf Brüder

Es war einmal ein König und eine Königin, die lebten in Frieden miteinander und hatten zwölf Kinder, das waren aber lauter Buben. Nun sprach der König zu seiner Frau: »Wenn das dreizehnte Kind, was du zur Welt bringst, ein Mädchen ist, so sollen die zwölf Buben sterben, damit sein Reichtum groß wird und das Königreich ihm allein zufällt.« Er ließ auch zwölf Särge machen, die waren schon mit Hobelspänen gefüllt, und in jedem lag das Totenkißchen, und ließ sie in eine verschlossene Stube bringen, dann gab er der Königin den Schlüssel und gebot ihr, niemand etwas davon zu sagen. Die Mutter aber saß nun den ganzen Tag und trauerte, so daß der kleinste Sohn, der immer bei ihr war und den sie nach der Bibel Benjamin nannte, zu ihr sprach: »Liebe Mutter, warum bist du so traurig?«

»Liebstes Kind«, antwortete sie, »ich darf dir's nicht sagen.« Er ließ ihr aber keine Ruhe, bis sie ging und die Stube aufschloß und ihm die zwölf mit Hobelspänen schon gefüllten Totenladen zeigte. Darauf sprach sie: »Mein liebster Benjamin, diese Särge hat dein Vater für dich und deine elf Brüder machen lassen, denn wenn ich ein Mädchen zur Welt bringe, so sollt ihr allesamt getötet und darin begraben werden.«

Und als sie weinte, während sie das sprach, so tröstete sie der Sohn und sagte: »Weine nicht, liebe Mutter, wir wollen uns schon helfen und wollen fortgehen.« Sie aber sprach: »Geh mit deinen elf Brüdern hinaus in den Wald, und einer setze sich immer auf den höchsten Baum, der zu finden ist, und halte Wacht und schaue nach dem Turm hier im Schloß. Gebär ich ein Söhnlein, so will ich eine weiße Fahne aufstecken, und dann dürft ihr wiederkommen; gebär ich ein Töchterlein, so will ich eine rote Fahne aufstecken, und dann flieht fort, so schnell ihr könnt, und der liebe Gott behüte euch. Alle Nacht will ich aufstehen und für euch beten, im Winter, daß ihr an einem Feuer euch wärmen könnt, im Sommer, daß ihr nicht in der Hitze schmachtet.« Nachdem sie also ihre Söhne gesegnet hatte, gingen sie hinaus in den Wald. Einer hielt um den andern Wacht, saß auf der höchsten Eiche und schauete nach dem Turm.

Als elf Tage herum waren und die Reihe an Benjamin kam, da sah er, wie eine Fahne aufgesteckt wurde: es war aber nicht die weiße, sondern die rote Blutfahne, die verkündigte, daß sie alle sterben sollten. Wie die Brüder das hörten, wurden sie zornig und sprachen: »Sollten wir um eines Mädchens willen den Tod leiden! Wir schwören, daß wir uns rächen wollen: wo wir ein Mädchen finden, soll sein rotes Blut fließen.«

Darauf gingen sie tiefer in den Wald hinein, und mittendrein, wo er am dunkelsten war, fanden sie ein kleines, verwünschtes Häuschen, das leer stand. Da sprachen sie: »Hier wollen wir wohnen, und du, Benjamin, du bist der jüngste und schwächste, du sollst daheim bleiben und haushalten, wir andern wollen ausgehen und Essen holen.« Nun zogen sie in den Wald und schossen Hasen, wilde Rehe, Vögel und Täuberchen und was zu essen stand; das brachten sie dem Benjamin, der mußte es ihnen zurechtmachen, damit sie ihren Hunger stillen konnten. In dem Häuschen lebten sie zehn Jahre zusammen, und die Zeit ward ihnen nicht lang. Das Töchterchen, das ihre Mutter, die Königin, geboren hatte, war nun herangewachsen, war gut von Herzen und schön von Angesicht und hatte einen goldenen Stern auf der Stirne.

Einmal, als große Wäsche war, sah es darunter zwölf Mannshemden und fragte seine Mutter: »Wem gehören diese zwölf Hemden, für den Vater sind sie doch viel zu klein?«

Da antwortete sie mit schwerem Herzen: »Liebes Kind, die gehören deinen zwölf Brüdern.«

Sprach das Mädchen: »Wo sind meine zwölf Brüder, ich habe noch niemals von ihnen gehört.« Sie antwortete: »Das weiß Gott, wo sie sind: sie irren in der Welt herum.«

Da nahm sie das Mädchen und schloß ihm das Zimmer auf und zeigte ihm die zwölf Särge mit den Hobelspänen und den Totenkißchen. »Diese Särge«, sprach sie, »waren für deine Brüder bestimmt, aber sie sind heimlich fortgegangen, eh du geboren warst«, und erzählte ihm, wie sich alles zugetragen hatte. Da sagte das Mädchen: »Liebe Mutter, weine nicht, ich will gehen und meine Brüder suchen.«

Nun nahm es die zwölf Hemden und ging fort und geradezu in den großen Wald hinein. Es ging den ganzen Tag, und am Abend kam es zu dem verwünschten Häuschen. Da trat es hinein und fand einen jungen Knaben, der fragte: »Wo kommst du her, und wo willst du hin?«, und erstaunte, daß sie so schön war, königliche Kleider trug und einen Stern auf der Stirne hatte. Da antwortete sie: »Ich bin eine Königstochter und suche meine zwölf Brüder und will gehen, soweit der Himmel blau ist, bis ich sie finde.« Sie zeigte ihm auch die zwölf Hemden, die ihnen gehörten. Da sah Benjamin, daß es seine Schwester war, und sprach: »Ich bin Benjamin, dein jüngster Bruder.«

Und sie fing an zu weinen vor Freude, und Benjamin auch, und sie küßten und herzten einander vor großer Liebe. Hernach sprach er: »Liebe Schwester, es ist noch ein Vorbehalt da, wir hatten verabredet, daß ein jedes Mädchen, das uns begegnete, sterben sollte, weil wir um ein Mädchen unser Königreich verlassen mußten.« Da sagte sie: »Ich will gerne sterben, wenn ich damit meine zwölf Brüder erlösen kann.«

»Nein«, antwortete er, »du sollst nicht sterben, setze dich unter diese Bütte, bis die elf Brüder kommen, dann will ich schon einig mit ihnen werden.«

Also tat sie; und wie es Nacht ward, kamen die andern von der Jagd, und die Mahlzeit war bereit. Und als sie am Tische saßen und aßen, fragten sie: »Was gibt's Neues?« Sprach Benjamin: »Wißt ihr nichts?«
»Nein«, antworteten sie. Sprach er weiter: »Ihr seid im Walde gewesen, und ich bin daheim geblieben und weiß doch mehr als ihr.«

»So erzähle uns«, riefen sie. Antwortete er: »Versprecht ihr mir auch, daß das erste Mädchen, das uns begegnet, nicht soll getötet werden?«

»Ja«, riefen sie alle, »das soll Gnade haben, erzähl uns nur.« Da sprach er: »Unsere Schwester ist da«, und hub die Bütte auf, und die Königstochter kam hervor in ihren königlichen Kleidern mit dem goldenen Stern auf der Stirne und war so schön, zart und fein. Da freueten sie sich alle, fielen ihr um den Hals und küßten sie und hatten sie vom Herzen lieb. Nun blieb sie bei Benjamin zu Haus und half ihm in der Arbeit. Die elfe zogen in den Wald, fingen Gewild, Rehe, Vögel und Täuberchen, damit sie zu essen hatten, und die Schwester und Benjamin sorgten, daß es zubereitet wurde. Sie suchte das Holz zum Kochen und die Kräuter zum Gemüs und stellte die Töpfe ans Feuer, also daß die

Mahlzeit immer fertig war, wenn die elfe kamen. Sie hielt auch sonst Ordnung im Häuschen und deckte die Bettlein hübsch weiß und rein, und die Brüder waren immer zufrieden und lebten in großer Einigkeit mit ihr.

Auf eine Zeit hatten die beiden daheim eine schöne Kost zurechtgemacht, und wie sie nun alle beisammen waren, setzten sie sich, aßen und tranken und waren voller Freude. Es war aber ein kleines Gärtchen an dem verwünschten Häuschen, darin standen zwölf Lilienblumen, die man auch Studenten heißt; nun wollte sie ihren Brüdern ein Vergnügen machen, brach die zwölf Blumen ab und dachte jedem aufs Essen eine zu schenken. Wie sie aber die Blumen abgebrochen hatte, in demselben Augenblick waren die zwölf Brüder in zwölf Raben verwandelt und flogen über den Wald hin fort, und das Haus mit dem Garten war auch verschwunden.

Da war nun das arme Mädchen allein in dem wilden Wald, und wie es sich umsah, so stand eine alte Frau neben ihm, die sprach: »Mein Kind, was hast du angefangen? Warum hast du die zwölf weißen Blumen nicht stehen lassen? Das waren deine Brüder, die sind nun auf immer in Raben verwandelt.« Das Mädchen sprach weinend: »Ist denn kein Mittel, sie zu erlösen?«

»Nein«, sagte die Alte, »es ist keins auf der ganzen Welt als eins, das ist aber so schwer, daß du sie damit nicht befreien wirst, denn du mußt sieben Jahre stumm sein, darfst nicht sprechen und nicht lachen, und sprichst du ein einziges Wort, und es fehlt nur eine Stunde an den sieben Jahren, so ist alles umsonst, und deine Brüder werden von dem einen Wort getötet.«

Da sprach das Mädchen in seinem Herzen: »Ich weiß gewiß, daß ich meine Brüder erlöse«, und ging und suchte einen hohen Baum, setzte sich darauf und spann und sprach nicht und lachte nicht.

Nun trug's sich zu, daß ein König in dem Walde jagte, der hatte einen großen Windhund, der lief zu dem Baum, wo das Mädchen drauf-saß, sprang herum, schrie und bellte hinauf. Da kam der König herbei und sah die schöne Königstochter mit dem goldenen Stern auf der Stirne und war so entzückt über ihre Schönheit, daß er ihr zurief, ob sie seine Gemahlin werden wollte. Sie gab keine Antwort, nickte aber ein wenig mit dem Kopf. Da stieg er selbst auf den Baum, trug sie herab, setzte sie auf sein Pferd und führte sie heim.

Da ward die Hochzeit mit großer Pracht und Freude gefeiert; aber die Braut sprach nicht und lachte nicht. Als sie ein paar Jahre miteinander vergnügt gelebt hatten, fing die Mutter des Königs, die eine böse Frau war, an, die junge Königin zu verleumden, und sprach zum König: »Es ist ein gemeines Bettelmädchen, das du dir mitgebracht hast, wer weiß, was für gottlose Streiche sie heimlich treibt. Wenn sie stumm ist und nicht sprechen kann, so könnte sie doch einmal lachen, aber wer nicht lacht, der hat ein böses Gewissen.« Der König wollte zuerst nicht daran glauben, aber die Alte trieb es so lange und beschuldigte sie so viel böser Dinge, daß der König sich endlich überreden ließ und sie zum Tod verurteilte.

Nun ward im Hof ein großes Feuer angezündet, darin sollte sie verbrannt werden; und der König stand oben am Fenster und sah mit weinenden Augen zu, weil er sie noch immer so liebhatte. Und als sie schon an den Pfahl festgebunden war und das Feuer an ihren Kleidern mit roten Zungen leckte, da war eben der letzte Augenblick von den sieben Jahren verflossen. Da ließ sich in der Luft ein Geschwirr hören, und zwölf Raben kamen hergezogen und senkten sich nieder; und wie sie die Erde berührten, waren es ihre zwölf Brüder, die sie erlöst hatte. Sie rissen das Feuer auseinander, löschten die Flammen, machten ihre liebe Schwester frei und küßten und herzten sie.

Nun aber, da sie ihren Mund auftun und reden durfte, erzählte sie dem Könige, warum sie stumm gewesen wäre und niemals gelacht hätte. Der König freute sich, als er hörte, daß sie unschuldig war, und sie lebten nun alle zusammen in Einigkeit bis an ihren Tod. Die böse Schwiegermutter ward vor Gericht gestellt und in ein Faß gesteckt, das mit siedendem Öl und giftigen Schlangen angefüllt war, und starb eines bösen Todes.

Das Lumpengesindel

Hähnchen sprach zum Hühnchen: »Jetzt ist die Zeit, wo die Nüsse reif werden, da wollen wir zusammen auf den Berg gehen und uns einmal recht satt essen, ehe sie das Eichhorn alle wegholt.«

»Ja«, antwortete das Hühnchen, »komm, wir wollen uns eine Lust miteinander machen.« Da gingen sie zusammen fort auf den Berg, und weil es ein heller Tag war, blieben sie bis zum Abend. Nun weiß ich nicht, ob sie sich so dick gegessen hatten oder ob sie übermütig geworden waren, kurz, sie wollten nicht zu Fuß nach Haus gehen, und das Hähnchen mußte einen kleinen Wagen von Nußschalen bauen. Als er fertig war, setzte sich Hühnchen hinein und sagte zum Hähnchen: »Du kannst dich nur immer vorspannen.«

»Du kommst mir recht«, sagte das Hähnchen, »lieber geh ich zu Fuß nach Haus, als daß ich mich vorspannen lasse; nein, so haben wir nicht gewettet. Kutscher will ich wohl sein und auf dem Bock sitzen, aber selbst ziehen, das tu ich nicht.«

Wie sie so stritten, schnatterte eine Ente daher: »Ihr Diebsvolk, wer hat euch geheißen, in meinen Nußberg gehen? Wartet, das soll euch schlecht bekommen!«, ging also mit aufgesperrtem Schnabel auf das Hähnchen los. Aber Hähnchen war auch nicht faul und stieg der Ente tüchtig zu Leib, endlich hackte es mit seinen Sporen so gewaltig auf sie los, daß sie um Gnade bat und sich gern zur Strafe vor den Wagen spannen ließ. Hähnchen setzte sich nun auf den Bock und war Kutscher, und darauf ging es fort in einem Jagen: »Ente, lauf zu, was du kannst!«

Als sie ein Stück Weges gefahren waren, begegneten sie zwei Fußgängern, einer Stecknadel und einer Nähnadel. Sie riefen: »Halt! Halt!«, und sagten, es würde gleich stichdunkel werden, da könnten sie keinen Schritt weiter, auch wäre es so schmutzig auf der Straße, ob sie nicht ein wenig einsitzen könnten: sie wären auf der Schneiderherberge vor dem Tor gewesen und hätten sich beim Bier verspätet. Hähnchen, da es magere Leute waren, die nicht viel Platz einnahmen, ließ sie beide einsteigen, doch mußten sie versprechen, ihm und seinem Hühnchen nicht auf die Füße zu treten.

Spätabends kamen sie zu einem Wirtshaus, und weil sie die Nacht nicht weiterfahren wollten, die Ente auch nicht gut zu Fuß war und von einer Seite auf die andere fiel, so kehrten sie ein. Der Wirt machte anfangs viel Einwendungen, sein Haus wäre schon voll, gedachte auch wohl, es möchte keine vornehme Herrschaft sein, endlich aber, da sie süße Reden führten, er sollte das Ei haben, welches das Hühnchen unterwegs gelegt hatte, auch die Ente behalten, die alle Tage eins legte, so sagte er endlich, sie möchten die Nacht über bleiben.

Nun ließen sie wieder frisch auftragen und lebten in Saus und Braus. Frühmorgens, als es dämmerte und noch alles schlief, weckte Hähnchen das Hühnchen, holte das Ei, pickte es auf,

und sie verzehrten es zusammen; die Schalen aber warfen sie auf den Feuerherd. Dann gingen sie zu der Nähnadel, die noch schlief, packten sie beim Kopf und steckten sie in das Sesselkissen des Wirts, die Stecknadel aber in sein Handtuch, endlich flogen sie, mir nichts dir nichts, über die Heide davon.

Die Ente, die gern unter freiem Himmel schlief und im Hof geblieben war, hörte sie fortschnurren, machte sich munter und fand einen Bach, auf dem sie hinabschwamm; und das ging geschwinder als vor dem Wagen.

Ein paar Stunden später machte sich erst der Wirt aus den Federn, wusch sich und wollte sich am Handtuch abtrocknen, da fuhr ihm die Stecknadel über das Gesicht und machte ihm einen roten Strich von einem Ohr zum andern; dann ging er in die Küche und wollte sich eine Pfeife anstecken; wie er aber an den Herd kam, sprangen ihm die Eierschalen in die Augen. »Heute morgen will mir alles an meinen Kopf«, sagte er und ließ sich verdrießlich auf seinen Großvaterstuhl nieder; aber geschwind fuhr er wieder in die Höhe und schrie »auweh!«, denn die Nähnadel hatte ihn noch schlimmer und nicht in den Kopf gestochen. Nun war er vollends böse und hatte Verdacht auf die Gäste, die so spät gestern abend gekommen waren; und wie er ging und sich nach ihnen umsah, waren sie fort. Da tat er einen Schwur, kein Lumpengesindel mehr in sein Haus zu nehmen, das viel verzehrt, nichts bezahlt und zum Dank noch obendrein Schabernack treibt.

Brüderchen und Schwesterchen

Brüderchen nahm sein Schwesterchen an der Hand und sprach: »Seit die Mutter tot ist, haben wir keine gute Stunde mehr; die Stiefmutter schlägt uns alle Tage, und wenn wir zu ihr kommen, stößt sie uns mit den Füßen fort. Die harten Brotkrusten, die übrigbleiben, sind unsere Speise, und dem Hündlein unter dem Tisch geht's besser: dem wirft sie doch manchmal einen guten Bissen zu. Daß Gott erbarm, wenn das unsere Mutter wüßte! Komm, wir wollen miteinander in die weite Welt gehen.«

Sie gingen den ganzen Tag über Wiesen, Felder und Steine, und wenn es regnete, sprach das Schwesterchen: »Gott und unsere Herzen, die weinen zusammen!« Abends kamen sie in einen großen Wald und waren so müde von Jammer, Hunger und dem langen Weg, daß sie sich in einen hohlen Baum setzten und einschliefen.

Am andern Morgen, als sie aufwachten, stand die Sonne schon hoch am Himmel und schien heiß in den Baum hinein. Da sprach das Brüderchen: »Schwesterchen, mich dürstet, wenn ich ein Brünnlein wüßte, ich ging und tränk einmal; ich mein, ich hört eins rauschen.«

Brüderchen stand auf, nahm Schwesterchen an der Hand, und sie wollten das Brünnlein suchen. Die böse Stiefmutter aber war eine Hexe und hatte wohl gesehen, wie die beiden Kinder fortgegangen waren, war ihnen nachgeschlichen, heimlich, wie die Hexen schleichen, und hatte alle Brunnen im Walde verwünscht. Als sie nun ein Brünnlein fanden, das so glitzerig über die Steine sprang, wollte das Brüderchen daraus trinken; aber das Schwesterchen hörte, wie es im Rauschen sprach: »Wer aus mir trinkt, wird ein Tiger; wer aus mir trinkt, wird ein Tiger.« Da rief das Schwesterchen: »Ich bitte dich, Brüderchen, trink nicht, sonst wirst du ein wildes Tier und zerreißest mich.« Das Brüderchen trank nicht, ob es gleich so großen Durst hatte, und sprach: »Ich will warten bis zur nächsten Quelle.« Als sie zum zweiten Brünnlein kamen, hörte das Schwesterchen, wie auch dieses sprach: »Wer aus mir trinkt, wird ein Wolf; wer aus mir trinkt, wird ein Wolf.« Da rief das Schwesterchen: »Brüderchen, ich bitte dich, trink nicht, sonst wirst du ein Wolf und frissest mich.« Das Brüderchen trank nicht und sprach: »Ich will warten, bis wir zur nächsten Quelle kommen, aber dann muß ich trinken, du magst sagen, was du willst: mein Durst ist gar zu groß.« Und als sie zum dritten Brünnlein kamen, hörte das Schwesterlein, wie es im Rauschen sprach: »Wer aus mir trinkt, wird ein Reh; wer aus mir trinkt, wird ein Reh.« Das Schwesterchen sprach: »Ach Brüderchen, ich bitte dich, trink nicht, sonst wirst du ein Reh und läufst mir fort.«

Aber das Brüderchen hatte sich gleich beim Brünnlein niedergekniet, hinabgebeugt und von dem Wasser getrunken, und wie die ersten Tropfen auf seine Lippen gekommen waren, lag es da als ein Rehkälbchen. Nun weinte das Schwesterchen über das arme, verwünschte Brüderchen, und das Rehchen weinte auch und saß so traurig neben ihm. Da sprach das Mädchen endlich: »Sei still, liebes Rehchen, ich will dich ja nimmermehr verlassen.« Dann band es sein goldenes Strumpfband ab und tat es dem Rehchen um den Hals, und rupfte Binsen und flocht ein weiches Seil daraus. Daran band es das Tierchen und führte es weiter und ging immer tiefer in den Wald hinein. Und als sie lange, lange gegangen waren, kamen sie endlich an ein kleines Haus, und das Mädchen schaute hinein, und weil es leer war, dachte es: »Hier können wir bleiben und wohnen.« Da suchte es dem Rehchen Laub und Moos zu einem weichen Lager, und jeden Morgen ging es aus und sammelte sich Wurzeln, Beeren und Nüsse, und für das Rehchen brachte es zartes Gras mit, das fraß es ihm aus der Hand, war vergnügt und spielte vor ihm herum.

Abends, wenn Schwesterchen müde war und sein Gebet gesagt hatte, legte es seinen Kopf auf den Rücken des Rehkälbchens, das war sein Kissen, darauf es sanft einschlief. Und hätte das Brüderchen nur seine menschliche Gestalt gehabt, es wäre ein herrliches Leben gewesen. Das dauerte eine Zeitlang, daß sie so allein in der Wildnis waren.

Es trug sich aber zu, daß der König des Landes eine große Jagd in dem Wald hielt. Da schallte das Hörnerblasen, Hundegebell und das lustige Geschrei der Jäger durch die Bäume, und das Rehlein hörte es und wäre gar zu gerne dabeigewesen. »Ach«, sprach es zum Schwesterlein, »laß mich hinaus in die Jagd, ich kann's nicht länger mehr aushalten«, und bat so lange, bis es einwilligte. »Aber«, sprach es zu ihm, »komm mir ja abends wieder, vor den wilden Jägern schließ ich mein Türlein; und damit ich dich kenne, so klopf und sprich: Mein Schwesterlein, laß mich herein; und wenn du nicht so sprichst, so schließ ich mein Türlein nicht auf.«

Nun sprang das Rehchen hinaus und war ihm so wohl und war so lustig in freier Luft. Der König und seine Jäger sahen das schöne Tier und setzten ihm nach, aber sie konnten es nicht einholen, und wenn sie meinten, sie hätten es gewiß, da sprang es über das Gebüsch weg und war verschwunden. Als es dunkel ward, lief es zu dem Häuschen, klopfte und sprach: »Mein Schwesterlein, laß mich herein.« Da ward ihm die kleine Tür aufgetan, es sprang hinein und ruhete sich die ganze Nacht auf seinem weichen Lager aus.

Am andern Morgen ging die Jagd von neuem an, und als das Rehlein wieder das Hüfthorn hörte und das Hoho! der Jäger, da hatte es keine Ruhe und sprach: »Schwesterchen, mach mir auf, ich muß hinaus.« Das Schwesterchen öffnete ihm die Türe und sprach: »Aber zu Abend mußt du wieder da sein und dein Sprüchlein sagen.«

Als der König und seine Jäger das Rehlein mit dem goldenen Halsband wieder sahen, jagten sie ihm alle nach, aber es war ihnen zu

schnell und behend. Das währte den ganzen Tag, endlich aber hatten es die Jäger abends umzingelt, und einer verwundete es ein wenig am Fuß, so daß es hinken mußte und langsam fortlief. Da schlich ihm ein Jäger nach bis zu dem Häuschen und hörte, wie es rief: »Mein Schwesterlein, laß mich herein«, und sah, daß die Tür ihm aufgetan und alsbald wieder zugeschlossen ward. Der Jäger behielt das alles wohl im Sinn, ging zum König und erzählte ihm, was er gesehen und gehört hatte. Da sprach der König: »Morgen soll noch einmal gejagt werden.« Das Schwesterchen aber erschrak gewaltig, als es sah, daß sein Rehkälbchen verwundet war. Es wusch ihm das Blut ab, legte Kräuter auf und sprach: »Geh auf dein Lager, lieb Rehchen, daß du wieder heil wirst.« Die Wunde aber war so gering, daß das Rehchen am Morgen nichts mehr davon spürte. Und als es die Jagdlust wieder draußen hörte, sprach es: »Ich kann es nicht aushalten, ich muß dabeisein; so bald soll mich keiner kriegen.« Das Schwesterchen weinte und sprach: »Nun werden sie dich töten, und ich bin hier allein im Wald und bin verlassen von aller Welt: ich laß dich nicht hinaus.«

»So sterb ich dir hier vor Betrübnis«, antwortete das Rehchen, »wenn ich das Hüfthorn höre, so mein ich, ich müßt aus den Schuhen springen!« Da konnte das Schwesterchen nicht anders und schloß ihm mit schwerem Herzen die Tür auf, und das Rehchen sprang gesund und fröhlich in den Wald. Als es der König erblickte, sprach er zu seinen Jägern: »Nun jagt ihm nach den ganzen Tag bis in die Nacht, aber daß ihm keiner etwas zuleide tut.«

Sobald die Sonne untergegangen war, sprach der König zum Jäger: »Nun komm und zeige mir das Waldhäuschen.« Und als er vor dem Türlein war, klopfte er an und rief: »Lieb Schwesterlein, laß mich herein.« Da ging die Tür auf, und der König trat herein, und da stand ein Mädchen, das war so schön, wie er noch keins gesehen hatte. Das Mädchen erschrak, als es sah, daß nicht sein Rehlein, sondern ein Mann hereinkam, der eine goldene Krone auf dem Haupt hatte. Aber der König sah es freundlich an, reichte ihm die Hand und sprach: »Willst du mit mir gehen auf mein Schloß und meine liebe Frau sein?«

»Ach ja«, antwortete das Mädchen, »aber das Rehchen muß auch mit, das verlaß ich nicht.«

Sprach der König: »Es soll bei dir bleiben, solange du lebst, und soll ihm an nichts fehlen.« Indem kam es hereingesprungen, da band es das Schwesterchen wieder an das Binsenseil, nahm es selbst in die Hand und ging mit ihm aus dem Waldhäuschen fort.

Der König nahm das schöne Mädchen auf sein Pferd und führte es in sein Schloß, wo die Hochzeit mit großer Pracht gefeiert wurde, und war es nun die Frau Königin und lebten sie lange Zeit vergnügt zusammen; das Rehlein ward gehegt und gepflegt und sprang in dem Schloßgarten herum. Die böse Stiefmutter aber, um derentwillen die Kinder in die Welt hineingegangen waren, die meinte nicht anders, als Schwesterchen wäre von den wilden Tieren im Walde zerrissen worden und Brüderchen als ein Rehkalb von den Jägern totgeschossen. Als sie nun hörte, daß sie so glücklich waren und es ihnen so wohl ging, da wurden Neid und Mißgunst in ihrem Herzen rege und ließen ihr keine Ruhe, und sie hatte keinen andern Gedanken, als wie sie die beiden doch noch ins Unglück bringen könnte. Ihre rechte Tochter, die häßlich war wie die Nacht und nur ein Auge hatte, die machte ihr Vorwürfe und sprach: »Eine Königin zu werden, das Glück hätte mir gebührt.«

»Sei nur still«, sagte die Alte und sprach sie zufrieden: »Wenn's Zeit ist, will ich schon bei der Hand sein.«

Als nun die Zeit herangerückt war und die Königin ein schönes Knäblein zur Welt gebracht hatte und der König gerade auf der Jagd war, nahm die alte Hexe die Gestalt der Kammerfrau an, trat in die Stube, wo die Königin lag, und sprach zu der Kranken: »Kommt, das Bad ist fertig, das wird Euch wohltun und frische Kräfte geben: geschwind, eh es kalt wird.« Ihre Tochter war auch bei der Hand, sie trugen die schwache Königin in die Badstube und legten sie in die Wanne; dann schlossen sie die Tür ab und liefen davon.

In der Badstube aber hatten sie ein rechtes Höllenfeuer angemacht, daß die schöne junge Königin bald ersticken mußte. Als das vollbracht war, nahm die Alte ihre Tochter, setzte ihr eine Haube auf und legte sie ins Bett an der Königin Stelle. Sie gab ihr auch die Gestalt und das Ansehen der Königin, nur das verlorene Auge konnte sie ihr nicht wiedergeben. Damit es aber der König nicht merkte, mußte sie sich auf die Seite legen, wo sie kein Auge hatte.

Am Abend, als er heimkam und hörte, daß ihm ein Söhnlein geboren war, freute er sich herzlich und wollte ans Bett seiner lieben Frau gehen und sehen, was sie machte. Da rief die Alte geschwind: »Beileibe, laßt die Vorhänge zu, die Königin darf noch nicht ins Licht sehen und muß Ruhe haben.« Der König ging zurück und wußte nicht, daß eine falsche Königin im Bette lag.

Als es aber Mitternacht war und alles schlief, da sah die Kinderfrau, die in der Kinderstube neben der Wiege saß und allein noch wachte, wie die Türe aufging und die rechte Königin hereintrat. Sie nahm das Kind aus der Wiege, legte es in ihren Arm und gab ihm zu trinken. Dann schüttelte sie ihm sein Kißchen, legte es wieder hinein und deckte es mit dem Deckbettchen zu. Sie vergaß aber auch das Rehchen nicht, ging in die Ecke, wo es lag, und streichelte ihm über den Rücken. Darauf ging sie ganz stillschweigend wieder zur Türe hinaus, und die Kinderfrau fragte am andern Morgen die Wächter, ob jemand während der Nacht ins Schloß gegangen wäre, aber sie antworteten: »Nein, wir haben niemand gesehen.«

So kam sie viele Nächte und sprach niemals ein Wort dabei; die Kinderfrau sah sie immer, aber sie getraute sich nicht, jemand etwas davon zu sagen. Als nun so eine Zeit verflossen war, da hub die Königin in der Nacht an zu reden und sprach:

»Was macht mein Kind?
Was macht mein Reh?
Nun komm ich noch zweimal
und dann nimmermehr.«

Die Kinderfrau antwortete ihr nicht, aber als sie wieder verschwunden war, ging sie zum König und erzählte ihm alles. Sprach der König: »Ach Gott, was ist das! Ich will in der nächsten Nacht bei dem Kinde wachen.«

Abends ging er in die Kinderstube, aber um Mitternacht erschien die Königin wieder und sprach:

»Was macht mein Kind?
Was macht mein Reh?
Nun komm ich noch einmal
und dann nimmermehr.«

Und pflegte dann des Kindes, wie sie gewöhnlich tat, ehe sie verschwand. Der König getraute sich nicht, sie anzureden, aber er wachte auch in der folgenden Nacht. Sie sprach abermals:

»Was macht mein Kind?
Was macht mein Reh?
Nun komm ich noch diesmal
und dann nimmermehr.«

Da konnte sich der König nicht zurückhalten, sprang zu ihr und sprach: »Du kannst niemand anders sein als meine liebe Frau.«

Da antwortete sie: »Ja, ich bin deine liebe Frau«, und hatte in dem Augenblick durch Gottes Gnade das Leben wiedererhalten, war frisch, rot und gesund. Darauf erzählte sie dem König den Frevel, den die böse Hexe und ihre Tochter an ihr verübt hatten. Der König ließ beide vor Gericht führen, und es ward ihnen das Urteil gesprochen.

Die Tochter ward in Wald geführt, wo sie die wilden Tiere zerrissen, die Hexe aber ward ins Feuer gelegt und mußte jammervoll verbrennen. Und wie sie zu Asche verbrannt war, verwandelte sich das Rehkälbchen und erhielt seine menschliche Gestalt wieder; Schwesterchen und Brüderchen aber lebten glücklich zusammen bis an ihr Ende.

Rapunzel

Es war einmal ein Mann und eine Frau, die wünschten sich schon lange vergeblich ein Kind, endlich machte sich die Frau Hoffnung, der liebe Gott werde ihren Wunsch erfüllen. Die Leute hatten in ihrem Hinterhaus ein kleines Fenster, daraus konnte man in einen prächtigen Garten sehen, der voll der schönsten Blumen und Kräuter stand; er war aber von einer hohen Mauer umgeben, und niemand wagte hineinzugehen, weil er einer Zauberin gehörte, die große Macht hatte und von aller Welt gefürchtet ward.

Eines Tags stand die Frau an diesem Fenster und sah in den Garten hinab, da erblickte sie ein Beet, das mit den schönsten Rapunzeln bepflanzt war; und sie sahen so frisch und grün aus, daß sie lüstern ward und das größte Verlangen empfand, von den Rapunzeln zu essen. Das Verlangen nahm jeden Tag zu, und da sie wußte, daß sie keine davon bekommen konnte, so fiel sie ganz ab, sah blaß und elend aus. Da erschrak der Mann und fragte: »Was fehlt dir, liebe Frau?«

»Ach«, antwortete sie, »wenn ich keine Rapunzeln aus dem Garten hinter unserm Hause zu essen kriege, so sterbe ich.« Der Mann, der sie liebhatte, dachte: »Eh du deine Frau sterben lässest, holst du ihr von den Rapunzeln, es mag kosten, was es will.« In der Abenddämmerung stieg er also über die Mauer in den Garten der Zauberin, stach in aller Eile eine Handvoll Rapunzeln und brachte sie seiner Frau. Sie machte sich sogleich Salat daraus und aß sie in voller Begierde auf. Sie hatten ihr aber so gut, so gut geschmeckt, daß sie den andern Tag noch dreimal soviel Lust bekam. Sollte sie Ruhe haben, so mußte der Mann noch einmal in den Garten steigen. Er machte sich also in der Abenddämmerung wieder hinab, als er aber die Mauer herabgeklettert war, erschrak er gewaltig, denn er sah die Zauberin vor sich stehen.

»Wie kannst du es wagen«, sprach sie mit zornigem Blick, »in meinen Garten zu steigen und wie ein Dieb mir meine Rapunzeln zu stehlen? Das soll dir schlecht bekommen.«

»Ach«, antwortete er, »laßt Gnade für Recht ergehen, ich habe mich nur aus Not dazu entschlossen: meine Frau hat Eure Rapunzeln aus dem Fenster erblickt und empfindet ein so großes Gelüsten, daß sie sterben würde, wenn sie nicht davon zu essen bekäme.« Da ließ die Zauberin in ihrem Zorne nach und sprach zu ihm: »Verhält es sich so, wie du sagst, so will ich dir gestatten, Rapunzeln mitzunehmen, soviel du willst, allein ich mache eine Bedingung: Du mußt mir das Kind geben, das deine Frau zur Welt bringen wird. Es soll ihm gutgehen, und ich will für es sorgen wie eine Mutter.«

Der Mann sagte in der Angst alles zu, und als die Frau in Wochen kam, so erschien sogleich die Zauberin, gab dem Kinde den Namen Rapunzel und nahm es mit sich fort. Rapunzel ward das schönste Kind unter der Sonne. Als es zwölf Jahre alt war, schloß es die Zauberin in einen Turm, der in einem Walde lag und weder Treppe noch Türe hatte, nur ganz oben war ein kleines Fensterchen. Wenn die Zauberin hinein wollte, so stellte sie sich unten hin und rief:

»Rapunzel, Rapunzel,
Laß mir dein Haar herunter.«

Rapunzel hatte lange prächtige Haare, fein wie gesponnen Gold. Wenn sie nun die Stimme der Zauberin vernahm, so band sie ihre Zöpfe los, wickelte sie oben um einen Fensterhaken, und dann fielen die Haare zwanzig Ellen tief herunter, und die Zauberin stieg daran hinauf.

Nach ein paar Jahren trug es sich zu, daß der Sohn des Königs durch den Wald ritt und an dem Turm vorüberkam. Da hörte er einen Gesang, der war so lieblich, daß er stillhielt und horchte. Das war Rapunzel, die in ihrer Einsamkeit sich die Zeit damit vertrieb, ihre süße Stimme erschallen zu lassen. Der Königssohn wollte zu ihr hinaufsteigen und suchte nach einer Türe des Turms, aber es war keine zu finden. Er ritt heim, doch der Gesang hatte ihm so sehr das Herz gerührt, daß er jeden Tag hinaus in den Wald ging und zuhörte. Als er einmal so hinter einem Baum stand, sah er, daß eine Zauberin herankam und hörte, wie sie hinaufrief:

»Rapunzel, Rapunzel,
Laß dein Haar herunter.«

Da ließ Rapunzel die Haarflechten herab, und die Zauberin stieg zu ihr hinauf. »Ist das die Leiter, auf welcher man hinaufkommt, so will ich auch einmal mein Glück versuchen.«

Und den folgenden Tag, als es anfing, dunkel zu werden, ging er zu dem Turme und rief:

»Rapunzel, Rapunzel,
Laß dein Haar herunter.«

Alsbald fielen die Haare herab, und der Königssohn stieg hinauf. Anfangs erschrak Rapunzel gewaltig, als ein Mann zu ihr hereinkam, wie ihre Augen noch nie einen erblickt hatten, doch der Königssohn fing an, ganz freundlich mit ihr zu reden, und erzählte ihr, daß von ihrem Gesang sein Herz so sehr sei bewegt worden, daß es ihm keine Ruhe gelassen und er sie selbst habe sehen müssen. Da verlor Rapunzel ihre Angst, und als er sie fragte, ob sie ihn zum Manne nehmen wollte, und sie sah, daß er jung und schön war, so dachte sie: »Der wird mich lieber haben als die alte Frau Gothel«, und sagte ja und legte ihre Hand in seine Hand.

Sie sprach: »Ich will gerne mit dir gehen, aber ich weiß nicht, wie ich herabkommen kann. Wenn du kommst, so bring jedesmal einen Strang Seide mit, daraus will ich eine Leiter flechten, und wenn die fertig ist, so steige ich herunter, und du nimmst mich auf dein Pferd.« Sie verabredeten, daß er bis dahin alle Abend zu ihr kommen sollte, denn bei Tag kam die Alte.

Die Zauberin merkte auch nichts davon, bis einmal Rapunzel anfing und zu ihr sagte: »Sag Sie mir doch, Frau Gothel, wie kommt es nur, Sie wird mir viel schwerer heraufzuziehen als der junge Königssohn, der ist in einem Augenblick bei mir.« »Ach, du gottloses Kind«, rief die Zauberin, »was muß ich von dir hören, ich dachte, ich hätte dich von aller Welt geschieden, und du hast mich doch betrogen!« In ihrem Zorne packte sie die schönen Haare der Rapunzel, schlug sie ein paarmal um ihre linke Hand, griff eine Schere mit der rechten, und ritsch, ratsch waren sie abgeschnitten, und die schönen Flechten lagen auf der Erde. Und sie war so unbarmherzig, daß sie die arme Rapunzel in eine Wüstenei brachte, wo sie in großem Jammer und Elend leben mußte. Denselben Tag aber, wo sie Rapunzel verstoßen hatte, machte abends die Zauberin die abgeschnittenen Flechten oben am Fensterhaken fest, und als der Königssohn kam und rief:

»Rapunzel, Rapunzel,
Laß dein Haar herunter«,

so ließ sie die Haare hinab. Der Königssohn stieg hinauf, aber er fand oben nicht seine liebste Rapunzel, sondern die Zauberin, die ihn mit bösen und giftigen Blicken ansah.

»Aha«, rief sie höhnisch, »du willst die Frau Liebste holen, aber der schöne Vogel sitzt nicht mehr im Nest und singt nicht mehr, die Katze hat ihn geholt und wird dir auch noch die Augen auskratzen. Für dich ist Rapunzel verloren, du wirst sie nie wieder erblicken.« Der Königssohn geriet außer sich vor Schmerz, und in der Verzweiflung sprang er den Turm herab: das Leben brachte er davon, aber die Dornen, in die er fiel, zerstachen ihm die Augen. Da irrte er blind im Walde umher, aß nichts als Wurzeln und Beeren und tat nichts als jammern und weinen über den Verlust seiner liebsten Frau.

So wanderte er einige Jahre im Elend umher und geriet endlich in die Wüstenei, wo Rapunzel mit den Zwillingen, die sie geboren hatte, einem Knaben und Mädchen, kümmerlich lebte. Er vernahm eine Stimme, und sie däuchte ihn so bekannt; da ging er darauf zu, und wie er herankam, erkannte ihn Rapunzel und fiel ihm um den Hals und weinte. Zwei von ihren Tränen aber benetzten seine Augen, da wurden sie wieder klar, und er konnte damit sehen wie sonst. Er führte sie in sein Reich, wo er mit Freude empfangen ward, und sie lebten noch lange glücklich und vergnügt.

Hänsel und Gretel

Vor einem großen Walde wohnte ein armer Holzhacker mit seiner Frau und seinen zwei Kindern; das Bübchen hieß Hänsel und das Mädchen Gretel. Er hatte wenig zu beißen und zu brechen, und einmal, als große Teuerung ins Land kam, konnte er auch das täglich Brot nicht mehr schaffen. Wie er sich nun abends im Bette Gedanken machte und sich vor Sorgen herumwälzte, seufzte er und sprach zu seiner Frau: »Was soll aus uns werden? Wie können wir unsere armen Kinder ernähren, da wir für uns selbst nichts mehr haben?«

»Weißt du was, Mann«, antwortete die Frau, »wir wollen morgen in aller Frühe die Kinder hinaus in den Wald führen, wo er am dicksten ist: da machen wir ihnen ein Feuer an und geben jedem noch ein Stückchen Brot, dann gehen wir an unsere Arbeit und lassen sie allein. Sie finden den Weg nicht wieder nach Haus, und wir sind sie los.«

»Nein, Frau«, sagte der Mann, »das tue ich nicht; wie sollt' ich's übers Herz bringen, meine Kinder im Walde allein zu lassen, die wilden Tiere würden bald kommen und sie zerreißen.«

»O du Narr«, sagte sie, »dann müssen wir alle viere Hungers sterben, du kannst nur die Bretter für die Särge hobelen«, und ließ ihm keine Ruhe, bis er einwilligte.

»Aber die armen Kinder dauern mich doch«, sagte der Mann.

Die zwei Kinder hatten vor Hunger auch nicht einschlafen können und hatten gehört, was die Stiefmutter zum Vater gesagt hatte. Gretel weinte bittere Tränen und sprach zu Hänsel: »Nun ist's um uns geschehen.«

»Still, Gretel«, sprach Hänsel, »gräme dich nicht, ich will uns schon helfen.« Und als die Alten eingeschlafen waren, stand er auf, zog sein Röcklein an, machte die Untertüre auf und schlich sich hinaus. Da schien der Mond ganz helle, und die weißen Kieselsteine, die vor dem Haus lagen, glänzten wie lauter Batzen. Hänsel bückte sich und steckte so viel in sein Rocktäschlein, als nur hinein wollten. Dann ging er

wieder zurück, sprach zu Gretel: »Sei getrost, liebes Schwesterchen, und schlaf nur ruhig ein, Gott wird uns nicht verlassen«, und legte sich wieder in sein Bett. Als der Tag anbrach, noch ehe die Sonne aufgegangen war, kam schon die Frau und weckte die beiden Kinder: »Steht auf, ihr Faulenzer, wir wollen in den Wald gehen und Holz holen.« Dann gab sie jedem ein Stückchen Brot und sprach: »Da habt ihr etwas für den Mittag, aber eßt's nicht vorher auf, weiter kriegt ihr nichts.« Gretel nahm das Brot unter die Schürze, weil Hänsel die Steine in der Tasche hatte. Danach machten sie sich alle zusammen auf den Weg nach dem Wald. Als sie ein Weilchen gegangen waren, stand Hänsel still und guckte nach dem Haus zurück und tat das wieder und immer wieder. Der Vater sprach: »Hänsel, was guckst du da und bleibst zurück, hab acht und vergiß deine Beine nicht.«

»Ach, Vater«, sagte Hänsel, »ich sehe nach meinem weißen Kätzchen, das sitzt oben auf dem Dach und will mir ade sagen.« Die Frau sprach: »Narr, das ist dein Kätzchen nicht, das ist die Morgensonne, die auf den Schornstein scheint.« Hänsel aber hatte nicht nach dem Kätzchen gesehen, sondern immer einen von den blanken Kieselsteinen aus seiner Tasche auf den Weg geworfen. Als sie mitten in den Wald gekommen waren, sprach der Vater: »Nun sammelt Holz, ihr Kinder, ich will ein Feuer anmachen, damit ihr nicht friert.«

Hänsel und Gretel trugen Reisig zusammen, einen kleinen Berg hoch. Das Reisig ward angezündet, und als die Flamme recht hoch brannte, sagte die Frau: »Nun legt euch ans Feuer, ihr Kinder, und ruht euch aus, wir gehen in den Wald und hauen Holz. Wenn wir fertig sind, kommen wir wieder und holen euch ab.«

Hänsel und Gretel saßen am Feuer, und als der Mittag kam, aß jedes sein Stücklein Brot. Und weil sie die Schläge der Holzaxt hörten, so glaubten sie, ihr Vater wäre in der Nähe. Es war aber nicht die Holzaxt, es war ein Ast, den er an einen dürren Baum gebunden hatte und den der Wind hin und her schlug. Und als sie so lange gesessen hatten, fielen ihnen die Augen vor Müdigkeit zu, und sie schliefen fest ein.

Als sie endlich erwachten, war es schon finstere Nacht. Gretel fing an zu weinen und sprach: »Wie sollen wir nun aus dem Wald kommen!« Hänsel aber tröstete sie: »Wart nur ein Weilchen, bis der Mond aufgegangen ist, dann wollen wir den Weg schon finden.« Und als der volle Mond aufgestiegen war, so nahm Hänsel sein Schwesterchen an der Hand und ging den Kieselsteinen nach, die schimmerten wie neu geschlagene Batzen und zeigten ihnen den Weg. Sie gingen die ganze Nacht hindurch und kamen bei anbrechendem Tag wieder zu ihres Vaters Haus. Sie klopften an die Tür, und als die Frau aufmachte und sah, daß es Hänsel und Gretel war, sprach sie: »Ihr bösen Kinder, was habt ihr so lange im Walde geschlafen, wir haben geglaubt, ihr wolltet gar nicht wiederkommen.« Der Vater aber freute sich, denn es war ihm zu Herzen gegangen, daß er sie so allein zurückgelassen hatte.

Nicht lange danach war wieder Not in allen Ecken, und die Kinder hörten, wie die Mutter nachts im Bette zu dem Vater sprach: »Alles ist wieder aufgezehrt, wir haben noch einen halben Laib Brot, hernach hat das Lied ein Ende. Die Kinder müssen fort, wir wollen sie tiefer in den Wald hineinführen, damit sie den Weg nicht wieder herausfinden; es ist sonst keine Rettung für uns.« Dem Mann fiel's schwer aufs Herz, und er dachte:« Es wäre besser, daß du den letzten Bissen mit deinen Kindern teiltest.« Aber die Frau hörte auf nichts, was er sagte, schalt ihn und machte ihm Vorwürfe. Wer A sagt, muß auch B sagen, und weil er das erstemal nachgegeben hatte, so mußte er es auch zum zweitenmal.

Die Kinder waren aber noch wach gewesen und hatten das Gespräch mit angehört. Als die Alten schliefen, stand Hänsel wieder auf, wollte hinaus und Kieselsteine auflesen, wie das vorige Mal, aber die Frau hatte die Tür verschlossen, und Hänsel konnte nicht heraus. Aber er tröstete sein Schwesterchen und sprach: »Weine nicht, Gretel, und schlaf nur ruhig, der liebe Gott wird uns schon helfen.« Am frühen Morgen kam die Frau und holte die Kinder aus dem Bette. Sie erhielten ihr Stückchen Brot, das war aber noch kleiner als das vorige Mal. Auf dem Wege nach dem Wald bröckelte es Hänsel in der Tasche, stand oft still und warf ein Bröcklein auf die Erde. »Hänsel, was stehst du und guckst dich um«, sagte der Vater, »geh deiner Wege.«

»Ich sehe nach meinem Täubchen, das sitzt auf dem Dache und will mir ade sagen«, antwortete Hänsel. »Narr«, sagte die Frau, »das

ist dein Täubchen nicht, das ist die Morgensonne, die auf den Schornstein oben scheint.« Hänsel aber warf nach und nach alle Bröcklein auf den Weg. Die Frau führte die Kinder noch tiefer in den Wald, wo sie ihr Lebtag noch nicht gewesen waren. Da ward wieder ein großes Feuer angemacht, und die Mutter sagte: »Bleibt nur da sitzen, ihr Kinder, und wenn ihr müde seid, könnt ihr ein wenig schlafen: wir gehen in den Wald und hauen Holz, und abends, wenn wir fertig sind, kommen wir und holen euch ab.«

Als es Mittag war, teilte Gretel ihr Brot mit Hänsel, der sein Stück auf den Weg gestreut hatte. Dann schliefen sie ein, und der Abend verging, aber niemand kam zu den armen Kindern. Sie erwachten erst in der finstern Nacht, und Hänsel tröstete sein Schwesterchen und sagte: »Wart nur, Gretel, bis der Mond aufgeht, dann werden wir die Brotbröcklein sehen, die ich ausgestreut habe, die zeigen uns den Weg nach Haus.«

Als der Mond kam, machten sie sich auf, aber sie fanden kein Bröcklein mehr, denn die vieltausend Vögel, die im Walde und im Felde umherfliegen, die hatten sie weggepickt. Hänsel sagte zu Gretel: »Wir werden den Weg schon finden«, aber sie fanden ihn nicht. Sie gingen die ganze Nacht und noch einen Tag von Morgen bis Abend, aber sie kamen aus dem Wald nicht heraus, und waren so hungrig, denn sie hatten nichts als die paar Beeren, die auf der Erde standen. Und weil sie so müde waren, daß die Beine sie nicht mehr tragen wollten, so legten sie sich unter einen Baum und schliefen ein.

Nun war's schon der dritte Morgen, daß sie ihres Vaters Haus verlassen hatten. Sie fingen wieder an zu gehen, aber sie gerieten immer tiefer in den Wald, und wenn nicht bald Hilfe kam, so mußten sie verschmachten.

Als es Mittag war, sahen sie ein schönes schneeweißes Vöglein auf einem Ast sitzen, das sang so schön, daß sie stehenblieben und ihm zuhörten. Und als es fertig war, schwang es seine Flügel und flog vor ihnen her, und sie gingen ihm nach, bis sie zu einem Häuschen gelangten, auf dessen Dach es sich setzte, und als sie ganz nah herankamen, so sahen sie, daß das Häuslein aus Brot gebaut war und mit Kuchen gedeckt; aber die Fenster waren von hellem Zucker. »Da wollen wir uns dranmachen«, sprach Hänsel, »und eine gesegnete Mahlzeit halten. Ich will ein Stück vom Dach essen, Gretel, du kannst vom Fenster essen, das schmeckt süß.« Hänsel reichte in die Höhe und brach sich ein wenig vom Dach ab, um zu versuchen, wie es schmeckte, und Gretel stellte sich an die Scheiben und knuperte daran. Da rief eine feine Stimme aus der Stube heraus:

»Knuper, knuper, kneischen,
Wer knupert an meinem Häuschen?«

Die Kinder antworteten:

»Der Wind, der Wind,
Das himmlische Kind«,

und aßen weiter, ohne sich irremachen zu lassen.

Hänsel, dem das Dach sehr gut schmeckte, riß sich ein großes Stück davon herunter, und Gretel stieß eine ganze runde Fensterscheibe heraus, setzte sich nieder und tat sich wohl damit.

Da ging auf einmal die Türe auf, und eine steinalte Frau, die sich auf eine Krücke stützte, kam herausgeschlichen. Hänsel und Gretel erschraken so gewaltig, daß sie fallen ließen, was sie in den Händen hielten. Die Alte aber wakkelte mit dem Kopfe und sprach: »Ei, ihr lieben Kinder, wer hat euch hierhergebracht? Kommt nur herein und bleibt bei mir, es geschieht euch kein Leid.« Sie faßte beide an der Hand und führte sie in ihr Häuschen. Da ward gutes Essen aufgetragen, Milch und Pfannekuchen mit Zucker, Äpfel und Nüsse. Hernach wurden zwei schöne Bettlein weiß gedeckt, und Hänsel und Gretel legten sich hinein und meinten, sie wären im Himmel.

Die Alte hatte sich nur so freundlich angestellt, sie war aber eine böse Hexe, die den Kindern auflauerte, und hatte das Brothäuslein bloß gebaut, um sie herbeizulocken. Wenn eins

in ihre Gewalt kam, so machte sie es tot, kochte es und aß es, und das war ihr ein Festtag. Die Hexen haben rote Augen und können nicht weit sehen, aber sie haben eine feine Witterung, wie die Tiere, und merken's, wenn Menschen herankommen. Als Hänsel und Gretel in ihre Nähe kamen, da lachte sie boshaft und sprach höhnisch: »Die habe ich, die sollen mir nicht wieder entwischen.« Frühmorgens, ehe die Kinder erwacht waren, stand sie schon auf, und als sie beide so lieblich ruhen sah, mit den vollen roten Backen, so murmelte sie vor sich hin: »Das wird ein guter Bissen werden.« Da packte sie Hänsel mit ihrer dürren Hand und trug ihn in einen kleinen Stall und sperrte ihn mit einer Gittertüre ein; er mochte schreien, wie er wollte, es half ihm nichts. Dann ging sie zur Gretel, rüttelte sie wach und rief: »Steh auf, Faulenzerin, trag Wasser und koch deinem Bruder etwas Gutes, der sitzt draußen im Stall und soll fett werden. Wenn er fett ist, so will ich ihn essen.« Gretel fing an, bitterlich zu weinen, aber es war alles vergeblich, sie mußte tun, was die böse Hexe verlangte.

Nun ward dem armen Hänsel das beste Essen gekocht, aber Gretel bekam nichts als Krebsschalen.

Jeden Morgen schlich die Alte zu dem Ställchen und rief: »Hänsel, streck deine Finger heraus, damit ich fühle, ob du bald fett bist.«

Hänsel streckte ihr aber ein Knöchlein heraus, und die Alte, die trübe Augen hatte, konnte es nicht sehen, und meinte, es wären Hänsels Finger, und verwunderte sich, daß er gar nicht fett werden wollte.

Als vier Wochen herum waren und Hänsel immer mager blieb, da übernahm sie die Ungeduld, und sie wollte nicht länger warten. »Heda, Gretel«, rief sie dem Mädchen zu, »sei flink und trag Wasser: Hänsel mag fett oder mager sein, morgen will ich ihn schlachten und kochen.« Ach, wie jammerte das arme Schwesterchen, als es das Wasser tragen mußte, und wie flossen ihm die Tränen über die Backen herunter! »Lieber Gott, hilf uns doch«, rief sie aus, »hätten uns nur die wilden Tiere im Wald gefressen, so wären wir doch zusammen gestorben.«

»Spar nur dein Geplärre«, sagte die Alte, »es hilft dir alles nichts.«

Frühmorgens mußte Gretel heraus, den Kessel mit Wasser aufhängen und Feuer anzünden. »Erst wollen wir backen«, sagte die Alte, »ich habe den Backofen schon eingeheizt und den Teig geknetet.« Sie stieß das arme Gretel hinaus zu dem Backofen, aus dem die Feuerflammen schon herausschlugen.

»Kriech hinein«, sagte die Hexe, »und sieh zu, ob recht eingeheizt ist, damit wir das Brot hineinschießen können.« Und wenn Gretel darin war, wollte sie den Ofen zumachen, und Gretel sollte darin braten, und dann wollte sie's auch aufessen. Aber Gretel merkte, was sie im Sinn hatte, und sprach: »Ich weiß nicht, wie ich's machen soll; wie komm ich da hinein?«

»Dumme Gans«, sagte die Alte, »die Öffnung ist groß genug, siehst du wohl, ich könnte selbst hinein«, krabbelte heran und steckte den Kopf in den Backofen. Da gab ihr Gretel einen Stoß, daß sie weit hineinfuhr, machte die eiserne Tür zu und schob den Riegel vor. Hu! da fing sie an zu heulen, ganz grauselich; aber Gretel lief fort, und die gottlose Hexe mußte elendiglich verbrennen.

Gretel aber lief schnurstracks zum Hänsel, öffnete sein Ställchen und rief: »Hänsel, wir sind erlöst, die alte Hexe ist tot.« Da sprang Hänsel heraus, wie ein Vogel aus dem Käfig, wenn ihm die Türe aufgemacht wird. Wie haben sie sich gefreut, sind sich um den Hals gefallen, sind herumgesprungen und haben sich geküßt! Und weil sie sich nicht mehr zu fürchten brauchten, so gingen sie in das Haus der Hexe hinein, da standen in allen Ecken Kasten mit Perlen und Edelsteinen. »Die sind noch besser als Kieselsteine«, sagte Hänsel und steckte in seine Taschen, was hinein wollte, und Gretel sagte: »Ich will auch etwas mit nach Haus bringen«, und füllte sich sein Schürzchen voll. »Aber jetzt wollen wir fort«, sagte Hänsel, »damit wir aus dem Hexenwald herauskommen.« Als sie aber ein paar Stunden gegangen waren, gelangten sie an ein großes Wasser. »Wir können nicht hinüber«, sprach Hänsel, »ich sehe keinen Steg und keine Brücke.«

»Hier fährt auch kein Schiffchen«, antwortete Gretel, »aber da schwimmt eine weiße Ente, wenn ich die bitte, so hilft sie uns hinüber.« Da rief sie: »Entchen, Entchen, da steht Gretel und Hänsel. Kein Steg und keine Brücke, nimm uns auf deinen weißen Rücken.« Das Entchen kam auch heran, und Hänsel setzte sich auf und bat sein Schwesterchen, sich zu ihm zu setzen. »Nein«, antwortete Gretel, »es wird dem Entchen zu schwer, es soll uns nacheinander hinüberbringen.« Das tat das gute Tierchen, und als sie glücklich drüben waren und ein Weilchen fortgingen, da kam ihnen der Wald immer bekannter und immer bekannter vor, und endlich erblickten sie von weitem ihres Vaters Haus. Da fingen sie an zu laufen, stürzten in die Stube hinein und fielen ihrem Vater um den Hals. Der Mann hatte keine frohe Stunde gehabt, seitdem er die Kinder im Walde gelassen hatte, die Frau aber war gestorben. Gretel schüttete sein Schürzchen aus, daß die Perlen und Edelsteine in der Stube herumsprangen, und Hänsel warf eine Handvoll nach der andern aus seiner Tasche dazu. Da hatten alle Sorgen ein Ende, und sie lebten in lauter Freude zusammen.

Mein Märchen ist aus, dort lauft eine Maus, wer sie fängt, darf sich eine große, große Pelzkappe daraus machen.

Von dem Fischer und seiner Frau

Es war einmal ein Fischer und seine Frau, die wohnten zusammen in einem Pißpott, dicht an der See, und der Fischer ging alle Tage hin und angelte: und er angelte und angelte.

So saß er auch einmal mit seiner Angel und sah immer in das klare Wasser hinein: und so saß er nun und saß.

Da ging die Angel auf den Grund, tief hinunter, und als er sie heraufholte, da holte er einen großen Butt heraus. Da sagte der Butt zu ihm: »Hör' mal, Fischer, ich bitte dich, laß mich leben; ich bin kein richtiger Butt, ich bin ein verwunschener Prinz. Was hilft dir's, wenn du mich totmachst? Ich würde dir doch nicht recht schmecken! Setz' mich wieder ins Wasser und laß mich schwimmen.« »Nun«, sagte der Mann, »du brauchst nicht so viele Worte zu machen; einen Butt, der sprechen kann, werde ich doch wohl schwimmen lassen.« Damit setzte er ihn wieder in das klare Wasser; da ging der Butt auf den Grund und ließ einen langen Streifen Blut hinter sich. Da stand der Fischer auf und ging zu seiner Frau in den Pißpott.

»Mann«, sagte die Frau, »hast du heute nichts gefangen?« »Nein«, sagte der Mann, »ich fing einen Butt, der sagte, er wäre ein verwunschener Prinz, da hab ich ihn wieder schwimmen lassen.« »Hast du dir denn nichts gewünscht?« sagte die Frau. »Nein«, sagte der Mann, »was sollte ich mir denn wünschen?« »Ach«, sagte die Frau, »das ist doch übel, immer hier in 'nem Pißpott zu wohnen, der stinkt und ist so eklig. Du hättest uns doch ein kleines Häuschen wünschen können. Geh noch mal hin und ruf ihn! Sag ihm, wir wollen ein kleines Häuschen haben, er tut das gewiß.« »Ach«, sagte der Mann, »was soll ich da noch mal hingehen?« »Ih«, sagte die Frau, »du hattest ihn doch gefangen und hast ihn wieder schwimmen lassen: er tut das gewiß. Geh gleich hin!« Der Mann wollte noch nicht recht, wollte aber auch seiner Frau nicht zuwiderhandeln und ging hin an die See.

Als er dorthin kam, war die See ganz grün und gelb und gar nicht mehr so klar. So stellte er sich hin und sagte:

»Manntje, Manntje, Timpe Te,
Buttje, Buttje in der See,
Mine Fru, de Ilsebill,
Will nich so, as ik wol will.«

Da kam der Butt angeschwommen und sagte: »Na, was will sie denn?« »Ach«, sagte der Mann, »ich hatte dich doch gefangen. Nun sagt meine Frau, ich hätt' mir doch was wünschen sollen. Sie mag nicht mehr in 'nem Pißpott wohnen, sie will gern ein kleines Häuschen.« »Geh nur hin«, sagte der Butt, »sie hat es schon.«

Da ging der Mann hin, und seine Frau saß nicht mehr im Pißpott; an ihrer Stelle stand jetzt ein Häuschen, und seine Frau saß vor der Türe auf einer Bank. Da nahm ihn seine Frau bei der Hand und sagte zu ihm: »Komm nur herein, sieh, nun ist das doch viel besser.« Da gingen sie hinein, und in dem Häuschen war ein kleiner Vorplatz und eine kleine saubere Stube und Kammer, wo jedem sein Bett stand, und Küche und Speisekammer, alles aufs beste mit Gerätschaften versehen und aufs schönste aufgestellt, Zinnzeug und Messing, was eben so dazu gehört. Und dahinter war auch ein kleiner Hof mit Hühnern und Enten und ein kleiner Garten mit Grünzeug und Obst. »Sieh«, sagte die Frau, »ist das nicht nett?« »Ja«, sagte der Mann, »so soll es bleiben; nun wollen wir recht vergnügt leben.« »Das wollen wir uns bedenken«, sagte die Frau. Dann aßen sie etwas und gingen zu Bett.

So ging das wohl nun acht oder vierzehn Tage; da sagte die Frau: »Hör', Mann, das Häuschen ist auch gar zu eng, und der Hof und der Garten ist so klein; der Butt hätt' uns auch wohl ein größeres Haus schenken können. Ich möchte wohl in einem großen steinernen Schloß wohnen. Geh hin zum Butt, er soll uns ein Schloß schenken.« »Ach, Frau«, sagte der Mann, »das Häuschen ist ja gut genug; wozu

wollen wir in einem Schloß wohnen?« »Ih was«, sagte die Frau, »geh du nur hin, der Butt kann das schon tun.« »Nein, Frau«, sagte der Mann, »der Butt hat uns erst das Häuschen gegeben; ich mag nun nicht schon wieder kommen, den Butt könnte das verdrießen.« »Geh doch«, sagte die Frau, »er kann das recht gut und tut es auch gern; geh du nur hin.«

Dem Mann war sein Herz so schwer, und er wollte nicht; er sagte zu sich selber: »Das ist nicht recht.« Aber er ging doch hin.

Als er an die See kam, war das Wasser ganz violett und dunkelblau und grau und dick, und gar nicht mehr so grün und gelb; doch war es noch still. Da stellte er sich nun hin und sagte:

»Manntje, Manntje, Timpe Te,
Buttje, Buttje in der See,
Mine Fru, de Ilsebill,
Will nich so, as ik wol will.«

»Na, was will sie denn?« sagte der Butt. »Ach«, sagte der Mann, halb betrübt, »sie will in einem großen steinernen Schloß wohnen.«

»Geh nur hin, sie steht vor der Tür«, sagte der Butt.

Da ging der Mann hin und dachte, er wollte nach Haus gehen; als er aber dahin kam, da stand dort ein großer steinerner Palast, und seine Frau stand oben auf der Treppe und wollte hineingehen; da nahm sie ihn bei der Hand und sagte: »Komm nur herein!« Damit ging er mit ihr hinein, und in dem Schloß war eine große Diele mit einem Estrich aus Marmor, und da waren so viele Bediente, die rissen die großen Türen auf, und die Wände waren alle blank und mit schönen Tapeten versehen, und in den Zimmern lauter goldene Stühle und Tische, und kristallene Kronleuchter hingen von der Decke, und alle Stuben und Kammern waren mit Fußdecken belegt; und das Essen und der allerbeste Wein stand auf den Tischen, als ob sie brechen wollten. Und hinter dem Hause war auch ein großer Hof mit einem Pferde- und Kuhstall, und Kutschwagen – alles vom Besten; auch war da ein großer herrlicher Garten mit den schönsten Blumen und feinen Obstbäumen, und ein herrlicher Park, wohl eine halbe Meile lang; da waren Hirsche und Rehe und Hasen drin und alles, was man sich nur wünschen mochte. »Na«, sagte die Frau, »ist das nun nicht schön?« »Ach ja«, sagte der Mann, »so soll es auch bleiben; nun wollen wir auch in dem schönen Schloß wohnen und zufrieden sein.« »Das wollen wir uns bedenken«, sagte die Frau, »und wollen es beschlafen.« Darauf gingen sie zu Bett.

Am andern Morgen wachte die Frau zuerst auf; es war eben Tag geworden, und sah von ihrem Bett aus das herrliche Land vor sich liegen. Der Mann dehnte und reckte sich noch, da stieß sie ihn mit dem Ellenbogen in die Seite und sagte: »Mann, steh auf und guck mal aus dem Fenster. Sieh, könnten wir nicht König werden über das ganze Land? Geh hin zum Butt, wir wollen König sein!« »Ach, Frau«, sagte der Mann, »warum wollen wir König sein? Ich mag nicht König sein.« »Nun«, sagte die Frau, »willst du nicht König sein, so will ich König sein. Geh hin zum Butt, ich will König sein.« »Ach, Frau«, sagte der Mann, »was willst du König sein? Das mag ich ihm nicht sagen.« »Warum nicht?« sagte die Frau, »geh augenblicklich hin, ich muß König sein.« Da ging der Mann hin und war ganz bedrückt, daß seine Frau König werden wollte. »Das ist und ist nicht recht«, dachte der Mann. Er wollte nicht hingehen, ging aber doch hin.

Und als er an die See kam, da war die See ganz schwarzgrau, und das Wasser quoll so von

unten herauf und stank auch ganz faul. Da stellte er sich hin und sagte:

»Manntje, Manntje, Timpe Te,
Buttje, Buttje in der See,
Mine Fru, de Ilsebill,
Will nich so, as ik wol will.«

»Na, was will sie denn?« sagte der Butt. »Ach«, sagte der Mann, »sie will König werden.« »Geh nur hin, sie ist es schon«, sagte der Butt.

Da ging der Mann hin, und als er zu dem Palast kam, da war das Schloß viel größer geworden, mit einem Turm und herrlichem Zierat daran; und die Schildwache stand vor dem Tor, und da waren so viele Soldaten und Pauken und Trompeten. Und als er in das Haus kam, da war alles von purem Marmor und Gold, und samtne Decken und große goldene Quasten. Da gingen die Türen von dem Saal auf, wo der ganze Hofstaat war, und seine Frau saß auf einem hohen Thron von Gold und Diamanten und hatte eine große goldene Krone auf und das Zepter in der Hand von purem Gold und Edelstein. Und auf beiden Seiten von ihr standen sechs Jungfrauen in einer Reihe, immer eine einen Kopf kleiner als die andere. Da stellte er sich nun hin und sagte: »Ach Frau, bist du nun König?« »Ja«, sagte die Frau, »nun bin ich König.« Da stand er nun und sah sie an, und als er sie nun eine Zeitlang so angesehen hatte, sagte er: »Ach, Frau, was steht dir das gut, daß du nun König bist! Nun wollen wir uns auch nichts mehr wünschen.« »Nein, Mann«, sagte die Frau und war ganz unruhig, »mir wird schon Zeit und Weile lang, ich kann das nicht mehr aushalten! Geh hin zum Butt; König bin ich, nun muß ich auch Kaiser werden!« »Ach, Frau«, sagte der Mann, »warum willst du Kaiser werden?« »Mann«, sagte sie, »geh zum Butt, ich will Kaiser sein!« »Ach, Frau«, sagte der Mann, »Kaiser kann er nicht machen, ich mag dem Butt das nicht sagen; Kaiser ist nur einmal im Reich; Kaiser kann der Butt nicht machen.«

»Was«, sagte die Frau, »ich bin König, und du bist doch mein Mann; willst du gleich hingehn? Gleich geh hin! Kann er Könige machen, so kann er auch Kaiser machen; ich will und will Kaiser sein! Gleich geh hin!« Da mußte er hingehen. Als der Mann aber hinging, war ihm ganz bang; und als er so ging, dachte er bei sich: »Das geht und geht nicht gut: Kaiser ist zu unverschämt, der Butt wird's am Ende leid.«

Indes kam er an die See. Da war die See noch ganz schwarz und dick und fing an, so von unten herauf zu schäumen, daß sie Blasen warf, und es ging so ein Wirbelwind über die See hin, daß sie sich nur so drehte. Und den Mann ergriff ein Grauen. Da stand er nun und sagte:

»Manntje, Manntje, Timpe Te,
Buttje, Buttje in der See,
Mine Fru, de Ilsebill,
Will nich so, as ik wol will.«

»Na, was will sie denn?« sagte der Butt. »Ach, Butt«, sagte er, »meine Frau will Kaiser werden.« »Geh nur hin«, sagte der Butt, »sie ist es schon.« Da ging der Mann hin, und als er ankam, da war das ganze Schloß von poliertem Marmor mit Figuren aus Alabaster und goldenen Zieraten. Vor der Tür marschierten die Soldaten, und sie bliesen Trompeten und schlugen Pauken und Trommeln. Aber in dem Hause, da gingen die Barone und Grafen und Herzöge herum, grad so, als ob sie Diener wären. Die machten ihm die Türen auf, die von lauter Gold waren. Und als er hereinkam, da saß seine Frau auf einem Thron, der war von einem Stück Gold und war wohl zwei Meilen hoch; und sie

hatte eine große goldene Krone auf, die war drei Ellen hoch und mit Brillanten und Karfunkelsteinen besetzt. In der einen Hand hatte sie das Zepter und in der anderen den Reichsapfel, und auf beiden Seiten neben ihr, da standen die Trabanten so in zwei Reihen, immer einer kleiner als der andere, von dem allergrößten Riesen, der war zwei Meilen hoch, bis zu dem allerwinzigsten Zwerg, der war so groß wie mein kleiner Finger. Und vor ihr standen so viele Fürsten und Herzöge. Da trat nun der Mann zwischen sie und sagte: »Frau, bist du nun Kaiser?« »Ja«, sagte sie, »ich bin Kaiser.« Da stellte er sich nun hin und besah sie sich recht, und als er sie so eine Zeitlang angesehen hatte, da sagte er: »Ach, Frau, wie steht dir das schön, daß du Kaiser bist.« »Mann«, sagte sie, »was stehst du da? Ich bin nun Kaiser; nun will ich aber auch Papst werden, geh hin zum Butt!« »Ach, Frau«, sagte der Mann, »was willst du denn nicht noch alles? Papst kannst du nicht werden; den Papst gibt's nur einmal in der Christenheit – das kann er doch nicht machen.« »Mann«, sagte sie, »ich will Papst werden, geh gleich hin, ich muß heut noch Papst werden.« »Nein, Frau«, sagte der Mann, »das mag ich ihm nicht sagen; das geht nicht gut aus, das ist zuviel verlangt, zum Papst kann dich der Butt nicht machen.« »Mann, schwatz' kein dummes Zeug!« sagte die Frau, »kann er Kaiser machen, so kann er auch einen Papst machen. Geh sofort hin; ich bin Kaiser, und du bist doch mein Mann. Willst du wohl hingehen?« Da wurde ihm ganz bang zumute, und er ging hin. Ihm war aber ganz flau, er zitterte und bebte, und die Knie und Waden schlotterten ihm. Und da strich so ein Wind über das Land, und die Wolken flogen, und es wurde so düster wie gegen den Abend zu; die Blätter wehten von den Bäumen, und das Wasser ging hoch und brauste so, als ob es kochte, und platschte an das Ufer, und in der Ferne sah er die Schiffe, die gaben Notschüsse ab und tanzten und sprangen auf den Wogen. Doch der Himmel war in der Mitte noch so ein bißchen blau; aber an den Seiten, da zog es so recht rot auf wie ein schweres Gewitter. Da ging er ganz verzagt hin und stand da in seiner Angst und sagte:

»Manntje, Manntje, Timpe Te,
Buttje, Buttje in der See,
Mine Fru, de Ilsebill,
Will nich so, as ik wol will.«

»Na, was will sie denn?« sagte der Butt. »Ach«, sagte der Mann, »sie will Papst werden.« »Geh nur hin, sie ist es schon«, sagte der Butt.

Da ging er hin, und als er ankam, da war da wie eine große Kirche, von lauter Palästen umgeben. Da drängte er sich durch das Volk; inwendig war aber alles mit tausend und abertausend Lichtern erleuchtet, und seine Frau war ganz in Gold gekleidet und saß auf einem noch viel höheren Thron und hatte drei große goldene Kronen auf, und um sie herum, da war so viel geistlicher Staat, und zu beiden Seiten von ihr, da standen zwei Reihen Lichter, das größte so dick und groß wie der allergrößte Turm, bis zu dem allerkleinsten Küchenlicht. Und all die Kaiser und Könige, die lagen vor ihr auf den Knien und küßten ihr den Pantoffel.

»Frau«, sagte der Mann und sah sie so recht an, »bist du nun Papst?« »Ja«, sagte sie, »ich bin Papst.« Da ging er hin und sah sie recht an, und da war ihm, als ob er in die helle Sonne sähe. Als er sie so eine Zeitlang angesehen hatte, sagte er: »Ach, Frau, wie gut steht dir das, daß du Papst bist!« Sie saß aber ganz steif wie ein Baum und rührte und regte sich nicht. Da sagte er: »Frau, nun sei zufrieden, daß du Papst bist; nun kannst du doch nichts mehr werden.« »Das will ich mir bedenken«, sagte die Frau. Damit gingen sie beide zu Bett; aber sie war nicht zufrieden, und die Gier ließ sie nicht schlafen. Sie dachte immer, was sie noch werden könnte.

Der Mann schlief richtig gut und fest, er hatte am Tag viel laufen müssen; die Frau aber konnte gar nicht einschlafen und warf sich die ganze Nacht von einer Seite auf die andere und dachte immer darüber nach, was sie wohl noch werden könnte, und konnte sich doch auf nichts mehr besinnen. Indessen wollte die Sonne aufgehen, und als sie das Morgenrot sah, setzte sie sich aufrecht im Bett hin und sah starr da hinein. Und als sie aus dem Fenster die Sonne so heraufkommen sah: »Ha«, dachte sie, »kann ich nicht auch die Sonne und den Mond aufgehen lassen?« »Mann«, sagte sie und stieß ihn mit dem Ellbogen in die Rippen, »wach auf, geh hin zum Butt, ich will werden wie der liebe Gott.« Der Mann war noch ganz schlaftrunken; aber er erschrak so, daß er aus dem Bett fiel. Er meinte, er hätte sich verhört, und rieb sich die Augen aus und sagte: »Ach, Frau, was sagst du?« »Mann«, sagte sie, »wenn ich nicht die Sonne und den Mond kann aufgehen lassen – das kann ich nicht aushalten, und ich habe dann keine ruhige Stunde mehr, daß ich sie nicht selbst kann aufgehen lassen.« Dabei sah sie ihn ganz böse an, daß ihn ein Schauder überlief. »Gleich geh hin; ich will werden wie der liebe Gott.« »Ach, Frau«, sagte der Mann und fiel vor ihr auf die Knie, »das kann der Butt nicht. Kaiser und Papst kann er machen; ich bitte dich, geh in dich und bleibe Papst.« Da kam die Bosheit über sie; die Haare flogen ihr so wild um den Kopf und sie schrie: »Ich halte das nicht aus! Und ich halte das nicht länger aus! Willst du hingehen?« Da zog er sich die Hosen an und lief davon wie unsinnig.

Draußen aber ging der Sturm und brauste, daß er kaum auf den Füßen stehen konnte. Die Häuser und die Bäume wurden umgeweht, und die Berge bebten, und die Felsenstücke rollten in die See, und der Himmel war ganz pechschwarz, und es donnerte und blitzte, und die See ging in so hohen schwarzen Wogen wie Kirchtürme und Berge, und oben hatten sie alle eine weiße Schaumkrone. Da schrie er, und er konnte sein eigenes Wort nicht hören:

»Manntje, Manntje, Timpe Te,
Buttje, Buttje in der See,
Mine Fru, de Ilsebill,
Will nich so, as ik wol will.«

»Na, was will sie denn?« sagte der Butt. »Ach«, sagte er, »sie will werden wie der liebe Gott.« »Geh nur hin, sie sitzt schon wieder in dem Pißpott.«

Da sitzen sie noch bis auf den heutigen Tag.

Das tapfere Schneiderlein

An einem Sommermorgen saß ein Schneiderlein auf seinem Tisch am Fenster, war guter Dinge und nähte aus Leibeskräften. Da kam eine Bauersfrau die Straße herab und rief: »Gut Mus feil! Gut Mus feil!« Das klang dem Schneiderlein lieblich in die Ohren, er steckte sein zartes Haupt zum Fenster hinaus und rief: »Hier herauf, liebe Frau, hier wird sie ihre Ware los.«

Die Frau stieg die drei Treppen mit ihrem schweren Korbe zu dem Schneider herauf und mußte die Töpfe sämtlich vor ihm auspacken. Er besah sie alle, hob sie in die Höhe, hielt die Nase dran und sagte endlich: »Das Mus scheint mir gut, wieg sie mir doch vier Lot ab, liebe Frau, wenn's auch ein Viertelpfund ist, kommt es mir nicht darauf an.« Die Frau, welche gehofft hatte, einen guten Absatz zu finden, gab ihm, was er verlangte, ging aber ganz ärgerlich und brummig fort. »Nun, das Mus soll mir Gott gesegnen«, rief das Schneiderlein, »und soll mir Kraft und Stärke geben«, holte das Brot aus dem Schrank, schnitt sich ein Stück über den ganzen Laib und strich das Mus darüber. »Das wird nicht bitter schmecken«, sprach er, »aber erst will ich den Wams fertigmachen, ehe ich anbeiße.« Er legte das Brot neben sich, nähte weiter und machte vor Freude immer größere Stiche.

Indes stieg der Geruch von dem süßen Mus hinauf an die Wand, wo die Fliegen in großer Menge saßen, so daß sie herangelockt wurden und sich scharenweis darauf niederließen. »Ei, wer hat euch eingeladen?« sprach das Schneiderlein und jagte die ungebetenen Gäste fort. Die Fliegen aber, die kein Deutsch verstanden, ließen sich nicht abweisen, sondern kamen in immer größerer Gesellschaft wieder. Da lief dem Schneiderlein endlich, wie man sagt, die Laus über die Leber, es langte aus seiner Hölle nach einem Tuchlappen, und »Wart, ich will es euch geben!« schlug es unbarmherzig drauf. Als es abzog und zählte, so lagen nicht weniger als sieben vor ihm tot und streckten die Beine. »Bist du so ein Kerl?« sprach er und mußte selbst seine Tapferkeit bewundern. »Das soll die ganze Stadt erfahren.« Und in der Hast schnitt sich das Schneiderlein einen Gürtel, nähte ihn und stickte mit großen Buchstaben darauf: Siebene auf einen Streich!

»Ei was, Stadt!« sprach er weiter. »Die ganze Welt soll's erfahren!« Und sein Herz wackelte ihm vor Freude wie ein Lämmerschwänzchen. Der Schneider band sich den Gürtel um den Leib und wollte in die Welt hinaus, weil er meinte, die Werkstätte sei zu klein für seine Tapferkeit. Eh er abzog, suchte er im Haus herum, ob nichts da wäre, was er mitnehmen

könnte, er fand aber nichts als einen alten Käs, den steckte er ein. Vor dem Tore bemerkte er einen Vogel, der sich im Gesträuch gefangen hatte, der mußte zu dem Käse in die Tasche. Nun nahm er den Weg tapfer zwischen die Beine, und weil er leicht und behend war, fühlte er keine Müdigkeit.

Der Weg führte ihn auf einen Berg, und als er den höchsten Gipfel erreicht hatte, so saß da ein gewaltiger Riese und schaute sich ganz gemächlich um. Das Schneiderlein ging beherzt auf ihn zu, redete ihn an und sprach: »Guten Tag, Kamerad, gelt, du sitzest da und besiehst dir die weitläuftige Welt? Ich bin eben auf dem Wege dahin und will mich versuchen. Hast du Lust, mitzugehen?«

Der Riese sah den Schneider verächtlich an und sprach: »Du Lump! Du miserabler Kerl!«

»Das wäre!« antwortete das Schneiderlein, knöpfte den Rock auf und zeigte dem Riesen den Gürtel. »Da kannst du lesen, was ich für ein Mann bin.« Der Riese las: »Siebene auf einen Streich«, meinte, das wären Menschen gewesen, die der Schneider erschlagen hätte, und kriegte ein wenig Respekt vor dem kleinen Kerl. Doch wollte er ihn erst prüfen, nahm einen Stein in die Hand und drückte ihn zusammen, daß das Wasser heraustropfte. »Das mach mir nach«, sprach der Riese, »wenn du Stärke hast.«

»Ist's weiter nichts?« sagte das Schneiderlein. »Das ist bei unsereinem Spielwerk«, griff in die Tasche, holte den weichen Käs und drückte ihn, daß der Saft herauslief. »Gelt«, sprach er, »das war ein wenig besser?«

Der Riese wußte nicht, was er sagen sollte, und konnte es von dem Männlein nicht glauben. Da hob der Riese einen Stein auf und warf ihn so hoch, daß man ihn mit Augen kaum

noch sehen konnte. »Nun, du Erpelmännchen, das tu mir nach.«

»Gut geworfen«, sagte der Schneider, »aber der Stein hat doch wieder zur Erde herabfallen müssen, ich will dir einen werfen, der soll gar nicht wiederkommen«; griff in die Tasche, nahm den Vogel und warf ihn in die Luft. Der Vogel, froh über seine Freiheit, stieg auf, flog fort und kam nicht wieder. »Wie gefällt dir das Stückchen, Kamerad?« fragte der Schneider. »Werfen kannst du wohl«, sagte der Riese, »aber nun wollen wir sehen, ob du imstande bist, etwas Ordentliches zu tragen.« Er führte das Schneiderlein zu einem mächtigen Eichbaum, der da gefällt auf dem Boden lag, und sagte: »Wenn du stark genug bist, so hilf mir den Baum aus dem Walde heraustragen.«

»Gerne«, antwortete der kleine Mann, »nimm du nur den Stamm auf deine Schulter, ich will die Äste mit dem Gezweig aufheben und tragen, das ist doch das Schwerste.« Der Riese nahm den Stamm auf die Schulter, der Schneider aber setzte sich auf einen Ast, und der Riese, der sich nicht umsehen konnte, mußte den ganzen Baum und das Schneiderlein noch obendrein forttragen. Es war dahinten ganz lustig und guter Dinge, pfiff das Liedchen »Es ritten drei Schneider zum Tore hinaus«, als wäre das Baumtragen ein Kinderspiel. Der Riese, nachdem er ein Stück Wegs die schwere Last fortgeschleppt hatte, konnte nicht weiter und rief: »Hör, ich muß den Baum fallen lassen.«

Der Schneider sprang behendiglich herab, faßte den Baum mit beiden Armen, als wenn er ihn getragen hätte, und sprach zum Riesen: »Du bist ein so großer Kerl und kannst den Baum nicht einmal tragen.«

Sie gingen zusammen weiter, und als sie an einem Kirschbaum vorbeikamen, faßte der Riese die Krone des Baums, wo die zeitigsten Früchte hingen, bog sie herab, gab sie dem Schneider in die Hand und hieß ihn essen. Das Schneiderlein aber war viel zu schwach, um den Baum zu halten, und als der Riese losließ, fuhr der Baum in die Höhe, und der Schneider ward mit in die Luft geschnellt. Als er wieder ohne Schaden herabgefallen war, sprach der Riese: »Was ist das, hast du nicht Kraft, die schwache Gerte zu halten?«

»An der Kraft fehlt es nicht«, antwortete das Schneiderlein, »meinst du, das wäre etwas für einen, der siebene mit einem Streich getroffen hat? Ich bin über den Baum gesprungen, weil die Jäger da unten in das Gebüsch schießen. Spring nach, wenn du's vermagst.« Der Riese machte den Versuch, konnte aber nicht über den Baum kommen, sondern blieb in den Ästen hängen, also daß das Schneiderlein auch hier die Oberhand behielt.

Der Riese sprach: »Wenn du ein so tapferer Kerl bist, so komm mit in unsere Höhle und übernachte bei uns.« Das Schneiderlein war bereit und folgte ihm. Als sie in der Höhle anlangten, saßen da noch andere Riesen beim Feuer, und jeder hatte ein gebratenes Schaf in der Hand und aß davon. Das Schneiderlein sah sich um und dachte: »Es ist doch hier viel weitläuftiger als in meiner Werkstatt.« Der Riese wies ihm ein Bett an und sagte, er sollte sich hineinlegen und ausschlafen. Dem Schneiderlein war aber das Bett zu groß, er legte sich nicht hinein, sondern kroch in eine Ecke.

Als es Mitternacht war und der Riese meinte, das Schneiderlein läge in tiefem Schlafe, so stand er auf, nahm eine große Eisenstange und schlug das Bett mit einem Schlag durch und meinte, er hätte dem Grashüpfer den Garaus gemacht.

Mit dem frühsten Morgen gingen die Riesen in den Wald und hatten das Schneiderlein ganz vergessen, da kam es auf einmal ganz lustig und verwegen dahergeschritten. Die Riesen erschraken, fürchteten, es schlüge sie alle tot, und liefen in einer Hast fort.

Das Schneiderlein zog weiter, immer seiner spitzen Nase nach. Nachdem es lange gewandert war, kam es in den Hof eines königlichen Palastes, und da es Müdigkeit empfand, so legte es sich ins Gras und schlief ein. Während es dalag, kamen die Leute, betrachteten es von allen Seiten und lasen auf dem Gürtel: Siebene auf einen Streich. »Ach«, sprachen sie, »was will der große Kriegsheld hier mitten im Frieden? Das muß ein mächtiger Herr sein.« Sie gingen und meldeten es dem König und meinten, wenn Krieg ausbrechen sollte, wäre das ein wichtiger und nützlicher Mann, den man um keinen Preis fortlassen dürfte.

Dem König gefiel der Rat, und er schickte einen von seinen Hofleuten an das Schneiderlein ab, der sollte ihm, wenn es aufgewacht wäre, Kriegsdienste anbieten. Der Abgesandte blieb bei dem Schläfer stehen, wartete, bis er seine Glieder streckte und die Augen aufschlug, und brachte dann seinen Antrag vor. »Eben deshalb bin ich hierhergekommen«, antwortete er, »ich bin bereit, in des Königs Dienste zu treten.« Also ward er ehrenvoll empfangen und ihm eine besondere Wohnung angewiesen. Die Kriegsleute aber waren dem Schneiderlein aufgesessen und wünschten, es wäre tausend Meilen weit weg. »Was soll daraus werden?« sprachen sie untereinander. »Wenn wir Zank mit ihm kriegen und er haut zu, so fallen auf jeden Streich siebene. Da kann unsereiner nicht bestehen.« Also faßten sie einen Entschluß, begaben sich allesamt zum König und baten um ihren Abschied. »Wir sind nicht gemacht«, sprachen sie, »neben einem Mann auszuhalten, der siebene auf einen Streich schlägt.« Der König war traurig, daß er um des einen willen alle seine treuen Diener verlieren sollte, wünschte, daß seine Augen ihn nie gesehen hätten, und wäre ihn gerne wieder los gewesen. Aber er getrauete sich nicht, ihm den Abschied zu geben, weil er fürchtete, er möchte ihn samt seinem Volke totschlagen und sich auf den königlichen Thron setzen.

Er sann lange hin und her, endlich fand er einen Rat. Er schickte zu dem Schneiderlein und ließ ihm sagen, weil er ein so großer Kriegsheld wäre, so wollte er ihm ein Anerbieten machen. In einem Walde seines Landes hausten zwei Riesen, die mit Rauben, Morden, Sengen und Brennen großen Schaden stifteten: niemand dürfte sich ihnen nahen, ohne sich in Lebensgefahr zu setzen. Wenn er diese beiden Riesen überwände und tötete, so wollte er ihm seine einzige Tochter zur Gemahlin geben und das halbe Königreich zur Ehesteuer; auch sollten hundert Reiter mitziehen und ihm Beistand leisten. »Das wäre so etwas für einen Mann, wie du bist«, dachte das Schneiderlein, »eine schöne Königstochter und ein halbes Königreich wird einem nicht alle Tage angeboten.«

»O ja«, gab er zur Antwort, »die Riesen will ich schon bändigen und habe die hundert Reiter dabei nicht nötig: wer siebene auf einen Streich trifft, braucht sich vor zweien nicht zu fürchten.« Das Schneiderlein zog aus, und die hundert Reiter folgten ihm. Als er zu dem Rand des Waldes kam, sprach er zu seinen Begleitern: »Bleibt hier nur halten, ich will schon allein mit den Riesen fertig werden.« Dann sprang er in den Wald hinein und schaute sich rechts und links um. Über ein Weilchen erblickte er beide Riesen: sie lagen unter einem Baume und schliefen und schnarchten dabei, daß sich die Äste auf und nieder bogen. Das Schneiderlein, nicht faul, las beide Taschen voll Steine und stieg damit auf den Baum. Als es in der Mitte war, rutschte es auf einem Ast, bis es gerade über die Schläfer zu sitzen kam, und ließ dem einen Riesen einen Stein nach dem andern auf die Brust fallen. Der Riese spürte lange nichts, doch endlich wachte er auf, stieß seinen Gesellen an und sprach: »Was schlägst du mich?«

»Du träumst«, sagte der andere, »ich schlage dich nicht.« Sie legten sich wieder zum Schlaf, da warf der Schneider auf den zweiten einen Stein herab. »Was soll das?« rief der andere. »Warum wirfst du mich?«

»Ich werfe dich nicht«, antwortete der erste und brummte. Sie zankten sich eine Weile herum, doch weil sie müde waren, ließen sie's gut sein, und die Augen fielen ihnen wieder zu. Das

Schneiderlein fing sein Spiel von neuem an, suchte den dicksten Stein aus und warf ihn dem ersten Riesen mit aller Gewalt auf die Brust. »Das ist zu arg!« schrie er, sprang wie ein Unsinniger auf und stieß seinen Gesellen wider den Baum, daß dieser zitterte. Der andere zahlte mit gleicher Münze, und sie gerieten in solche Wut, daß sie Bäume ausrissen, aufeinander losschlugen, so lang, bis sie endlich beide zugleich tot auf die Erde fielen. Nun sprang das Schneiderlein herab. »Ein Glück nur«, sprach es, »daß sie den Baum, auf dem ich saß, nicht ausgerissen haben, sonst hätte ich wie ein Eichhörnchen auf einen andern springen müssen; doch unsereiner ist flüchtig!« Es zog sein Schwert und versetzte jedem ein paar tüchtige Hiebe in die Brust, dann ging es hinaus zu den Reitern und sprach: »Die Arbeit ist getan, ich habe beiden den Garaus gemacht; aber hart ist es hergegangen, sie haben in der Not Bäume ausgerissen und sich gewehrt, doch das hilft alles nichts, wenn einer kommt wie ich, der siebene auf einen Streich schlägt.«

»Seid Ihr denn nicht verwundet?« fragten die Reiter. »Das hat gute Wege«, antwortete der Schneider, »kein Haar haben sie mir gekrümmt.« Die Reiter wollten ihm keinen Glauben beimessen und ritten in den Wald hinein; da fanden sie die Riesen in ihrem Blute schwimmend, und ringsherum lagen die ausgerissenen Bäume. Das Schneiderlein verlangte von dem König die versprochene Belohnung, den aber reute sein Versprechen, und er sann aufs neue, wie er sich den Helden vom Halse schaffen könnte. »Ehe du meine Tochter und das halbe Reich erhältst«, sprach er zu ihm, »mußt du noch eine Heldentat vollbringen. In dem Walde läuft ein Einhorn, das großen Schaden anrichtet, das mußt du erst einfangen.«

»Vor einem Einhorne fürchte ich mich noch weniger als vor zwei Riesen; siebene auf einen Streich, das ist meine Sache.«

Er nahm sich einen Strick und eine Axt mit, ging hinaus in den Wald und hieß abermals die, welche ihm zugeordnet waren, außen warten.

Er brauchte nicht lange zu suchen, das Einhorn kam bald daher und sprang geradezu auf den Schneider los, als wollte es ihn ohne Umstände aufspießen. »Sachte, sachte«, sprach er, »so geschwind geht das nicht«, blieb stehen und wartete, bis das Tier ganz nahe war, dann sprang er behendiglich hinter den Baum. Das Einhorn rannte mit aller Kraft gegen den Baum und spießte sein Horn so fest in den Stamm, daß es nicht Kraft genug hatte, es wieder herauszuziehen, und so war es gefangen. »Jetzt hab ich das Vöglein«, sagte der Schneider, kam hinter dem Baum hervor, legte dem Einhorn den Strick erst um den Hals, dann hieb er mit der Axt das Horn aus dem Baum, und als alles in Ordnung war, führte er das Tier ab und brachte es dem König.

Der König wollte ihm den verheißenen Lohn noch nicht gewähren und machte eine dritte Forderung. Der Schneider sollte ihm vor der Hochzeit erst ein Wildschwein fangen, das in dem Wald großen Schaden tat; die Jäger sollten ihm Beistand leisten. »Gerne«, sprach der Schneider, »das ist ein Kinderspiel.« Die Jäger nahm er nicht mit in den Wald, und sie waren's wohl zufrieden, denn das Wildschwein hatte sie schon mehrmals so empfangen, daß sie keine Lust hatten, ihm nachzustellen.

Als das Schwein den Schneider erblickte, lief es mit schäumendem Munde und wetzenden Zähnen auf ihn zu und wollte ihn zur Erde werfen; der flüchtige Held aber sprang in eine Kapelle, die in der Nähe war, und gleich oben zum Fenster in einem Satze wieder hinaus. Das Schwein war hinter ihm hergelaufen, er aber hüpfte außen herum und schlug die Türe hinter ihm zu; da war das wütende Tier gefangen, das viel zu schwer und unbehilflich war, um zu dem Fenster hinauszuspringen. Das Schneiderlein rief die Jäger herbei, die mußten den Gefangenen mit eigenen Augen sehen; der Held aber begab sich zum Könige, der nun, er mochte wollen oder nicht, sein Versprechen halten mußte und ihm seine Tochter und das halbe Königreich übergab. Hätte er gewußt, daß kein Kriegsheld, sondern ein Schneiderlein vor ihm stand, es wäre ihm noch mehr zu Herzen gegangen. Die Hochzeit ward also mit großer Pracht und kleiner Freude gehalten und aus einem Schneider ein König gemacht.

Nach einiger Zeit hörte die junge Königin in der Nacht, wie ihr Gemahl im Traume sprach: »Junge, mach mir den Wams und flick mir die Hosen, oder ich will dir die Elle über die Ohren schlagen.« Da merkte sie, in welcher Gasse der junge Herr geboren war, klagte am andern Morgen ihrem Vater ihr Leid und bat, er möchte ihr von dem Manne helfen, der nichts anders als ein Schneider wäre. Der König sprach ihr Trost zu und sagte: »Laß in der nächsten Nacht deine Schlafkammer offen, meine Diener sollen außen stehen und, wenn er eingeschlafen ist, hineingehen, ihn binden und auf ein Schiff tragen, das ihn in die weite Welt führt.« Die Frau war damit zufrieden, des Königs Waffenträger aber, der alles mit angehört hatte, war dem jungen Herrn gewogen und hinterbrachte ihm den ganzen Anschlag. »Dem Ding will ich einen Riegel vorschieben«, sagte das Schneiderlein.

Abends legte es sich zu gewöhnlicher Zeit mit seiner Frau zu Bett; als sie glaubte, er sei eingeschlafen, stand sie auf, öffnete die Türe und legte sich wieder. Das Schneiderlein, das sich nur stellte, als wenn es schlief, fing an, mit heller Stimme zu rufen: »Junge, mach mir den Wams und flick mir die Hosen, oder ich will dir die Elle über die Ohren schlagen! Ich habe siebene mit einem Streich getroffen, zwei Riesen getötet, ein Einhorn fortgeführt und ein Wildschwein gefangen und sollte mich vor denen fürchten, die draußen vor der Kammer stehen!«

Als diese den Schneider also sprechen hörten, überkam sie eine große Furcht, sie liefen, als wenn das wilde Heer hinter ihnen wäre, und keiner wollte sich mehr an ihn wagen. Also war und blieb das Schneiderlein sein Lebtag ein König.

Aschenputtel

Einem reichen Manne, dem wurde seine Frau krank, und als sie fühlte, daß ihr Ende herankam, rief sie ihr einziges Töchterlein zu sich ans Bett und sprach: »Liebes Kind, bleib fromm und gut, so wird dir der liebe Gott immer beistehen, und ich will vom Himmel auf dich herabblicken und will um dich sein.« Darauf tat sie die Augen zu und verschied.

Das Mädchen ging jeden Tag hinaus zu dem Grabe der Mutter und weinte und blieb fromm und gut. Als der Winter kam, deckte der Schnee ein weißes Tüchlein auf das Grab, und als die Sonne im Frühjahr es wieder herabgezogen hatte, nahm sich der Mann eine andere Frau.

Die Frau hatte zwei Töchter mit ins Haus gebracht, die schön und weiß von Angesicht waren, aber garstig und schwarz von Herzen. Da ging eine schlimme Zeit für das arme Stiefkind an. »Soll die dumme Gans bei uns in der Stube sitzen!« sprachen sie. »Wer Brot essen will, muß es verdienen: hinaus mit der Küchenmagd.« Sie nahmen ihm seine schönen Kleider weg, zogen ihm einen grauen alten Kittel an und gaben ihm hölzerne Schuhe. »Seht einmal die stolze Prinzessin, wie sie geputzt ist!« riefen sie, lachten und führten es in die Küche. Da mußte es von Morgen bis Abend schwere Arbeit tun, früh vor Tag aufstehn, Wasser tragen, Feuer anmachen, kochen und waschen. Obendrein taten ihm die Schwestern alles ersinnliche Herzeleid an, verspotteten es und schütteten ihm die Erbsen und Linsen in die Asche, so daß es sitzen und sie wieder auslesen mußte. Abends, wenn es sich müde gearbeitet hatte, kam es in kein Bett, sondern mußte sich neben den Herd in die Asche legen. Und weil es darum immer staubig und schmutzig aussah, nannten sie es Aschenputtel. Es trug sich zu, daß der Vater einmal in die Messe ziehen wollte, da fragte er die beiden Stieftöchter, was er ihnen mitbringen sollte. »Schöne Kleider«, sagte die eine, »Perlen und Edelsteine«, die zweite. »Aber du, Aschenputtel«, sprach er, »was willst du haben?«

»Vater, das erste Reis, das Euch auf Eurem Heimweg an den Hut stößt, das brecht für mich ab.« Er kaufte nun für die beiden Stiefschwestern schöne Kleider, Perlen und Edelsteine, und auf dem Rückweg, als er durch einen grünen Busch ritt, streifte ihn ein Haselreis und stieß ihm den Hut ab. Da brach er das Reis ab und nahm es mit.

Als er nach Haus kam, gab er den Stieftöchtern, was sie sich gewünscht hatten, und dem Aschenputtel gab er das Reis von dem Haselbusch. Aschenputtel dankte ihm, ging zu seiner Mutter Grab und pflanzte das Reis darauf und weinte so sehr, daß die Tränen darauf niederfielen und es begossen. Es wuchs aber und ward ein schöner Baum. Aschenputtel ging alle Tage dreimal darunter, weinte und betete, und allemal kam ein weißes Vöglein auf den Baum, und wenn es einen Wunsch aussprach, so warf ihm das Vöglein herab, was es sich gewünscht hatte.

Es begab sich aber, daß der König ein Fest anstellte, das drei Tage dauern sollte und wozu alle schönen Jungfrauen im Lande eingeladen wurden, damit sich sein Sohn eine Braut aussuchen möchte. Die zwei Stiefschwestern, als sie hörten, daß sie auch dabei erscheinen sollten, waren guter Dinge, riefen Aschenputtel und sprachen: »Kämm uns die Haare, bürste uns die Schuhe und mache uns die Schnallen fest, wir gehen zur Hochzeit auf des Königs Schloß.« Aschenputtel gehorchte, weinte aber, weil es auch gern zum Tanz mitgegangen wäre, und bat die Stiefmutter, sie möchte es ihm erlauben. »Du, Aschenputtel«, sprach sie, »bist voll Staub und Schmutz und willst zur Hoch-

zeit? Du hast keine Kleider und Schuhe und willst tanzen!« Als es aber mit Bitten anhielt, sprach sie endlich: »Da habe ich dir eine Schüssel Linsen in die Asche geschüttet, wenn du die Linsen in zwei Stunden wieder ausgelesen hast, so sollst du mitgehen.«

Das Mädchen ging durch die Hintertüre nach dem Garten und rief: »Ihr zahmen Täubchen, ihr Turteltäubchen, all ihr Vöglein unter dem Himmel, kommt und helft mir lesen,

Die guten ins Töpfchen,
Die schlechten ins Kröpfchen.«

Da kamen zum Küchenfenster zwei weiße Täubchen herein und danach die Turteltäubchen, und endlich schwirrten und schwärmten alle Vöglein unter dem Himmel herein und ließen sich um die Asche nieder. Und die Täubchen nickten mit den Köpfchen und fingen an pik, pik, pik, pik, und da fingen die übrigen auch an pik, pik, pik, pik und lasen alle guten Körnlein in die Schüssel. Kaum war eine Stunde herum, so waren sie schon fertig und flogen alle wieder hinaus. Da brachte das Mädchen die Schüssel der Stiefmutter, freute sich und glaubte, es dürfte nun mit auf die Hochzeit gehen. Aber sie sprach: »Nein, Aschenputtel, du hast keine Kleider und kannst nicht tanzen: du wirst nur ausgelacht.« Als es nun weinte, sprach sie: »Wenn du mir zwei Schüsseln voll Linsen in einer Stunde aus der Asche rein lesen kannst, so sollst du mitgehen«, und dachte: »Das kann es ja nimmermehr.«

Als sie die zwei Schüsseln Linsen in die Asche geschüttet hatte, ging das Mädchen durch die Hintertüre nach dem Garten und rief: »Ihr zahmen Täubchen, ihr Turteltäubchen, all ihr Vöglein unter dem Himmel, kommt und helft mir lesen,

Die guten ins Töpfchen,
Die schlechten ins Kröpfchen.«

Da kamen zum Küchenfenster zwei weiße Täubchen herein und danach die Turteltäubchen, und endlich schwirrten und schwärmten alle Vöglein unter dem Himmel herein und ließen sich um die Asche nieder.

Und die Täubchen nickten mit ihren Köpfchen und fingen an pik, pik, pik, pik, und da fingen die übrigen auch an pik, pik, pik, pik und lasen alle guten Körner in die Schüsseln. Und eh eine halbe Stunde herum war, waren sie schon fertig und flogen alle wieder hinaus.

Da trug das Mädchen die Schüsseln zu der Stiefmutter, freute sich und glaubte, nun dürfte es mit auf die Hochzeit gehen. Aber sie sprach: »Es hilft dir alles nichts: du kommst nicht mit, denn du hast keine Kleider und kannst nicht tanzen; wir müßten uns deiner schämen.« Darauf kehrte sie ihm den Rücken zu und eilte mit ihren zwei stolzen Töchtern fort.

Als nun niemand mehr daheim war, ging Aschenputtel zu seiner Mutter Grab unter den Haselbaum und rief:

»Bäumchen, rüttel dich und schüttel dich,
Wirf Gold und Silber über mich.«

Da warf ihm der Vogel ein golden und silbern Kleid herunter und mit Seide und Silber ausgestickte Pantoffeln.

In aller Eile zog es das Kleid an und ging zur Hochzeit. Seine Schwestern aber und die Stiefmutter kannten es nicht und meinten, es müßte eine fremde Königstochter sein, so schön sah es in dem goldenen Kleide aus. An Aschenputtel dachten sie gar nicht und dachten, es säße daheim im Schmutz und suchte die Linsen aus der Asche. Der Königssohn kam ihm entgegen, nahm es bei der Hand und tanzte mit ihm. Er wollte auch mit sonst niemand tanzen, also daß er ihm die Hand nicht losließ, und wenn ein anderer kam, es aufzufordern, sprach er: »Das ist meine Tänzerin.« Es tanzte, bis es Abend war, da wollte es nach Haus gehen. Der Königssohn aber sprach: »Ich gehe mit und begleite dich«, denn er wollte sehen, wem das schöne Mädchen angehörte.

Sie entwischte ihm aber und sprang in das Taubenhaus. Nun wartete der Königssohn, bis der Vater kam, und sagte ihm, das fremde Mädchen wär' in das Taubenhaus gesprungen. Der Alte dachte: »Sollte es Aschenputtel sein«, und sie mußten ihm Axt und Hacken bringen, damit er das Taubenhaus entzweischlagen konnte; aber es war niemand darin. Und als sie ins Haus kamen, lag Aschenputtel in seinen schmutzigen Kleidern in der Asche, und ein trübes Öllämpchen brannte im Schornstein; denn Aschenputtel war geschwind aus dem Taubenhaus hinten herabgesprungen und war zu dem Haselbäumchen gelaufen: da hatte es die schönen Kleider abgezogen und aufs Grab gelegt, und der Vogel hatte sie wieder weggenommen, und dann hatte es sich in seinem grauen Kittelchen in die Küche zur Asche gesetzt.

Am andern Tag, als das Fest von neuem anhub und die Eltern und Stiefschwestern wieder fort waren, ging Aschenputtel zu dem Haselbaum und sprach:

»Bäumchen, rüttel dich und schüttel dich,
Wirf Gold und Silber über mich.«

Da warf der Vogel ein noch viel stolzeres Kleid herab als am vorigen Tag. Und als es mit diesem Kleide auf der Hochzeit erschien, erstaunte jedermann über seine Schönheit. Der Königssohn aber hatte gewartet, bis es kam, nahm es gleich bei der Hand und tanzte nur allein mit ihm. Wenn die andern kamen und es aufforderten, sprach er: »Das ist meine Tänzerin.«

Als es nun Abend war, wollte es fort, und der Königssohn ging ihm nach und wollte sehen, in welches Haus es ging: aber es sprang ihm fort und in den Garten hinter dem Haus. Darin stand ein schöner großer Baum, an dem die herrlichsten Birnen hingen, es kletterte so behend wie ein Eichhörnchen zwischen die Äste, und der Königssohn wußte nicht, wo es hingekommen war. Er wartete aber, bis der Vater kam, und sprach zu ihm: »Das fremde Mädchen ist mir entwischt, und ich glaube, es ist auf den Birnbaum gesprungen.« Der Vater dachte: »Sollte es Aschenputtel sein«, ließ sich die Axt holen und hieb den Baum um, aber es war niemand darauf.

Und als sie in die Küche kamen, lag Aschenputtel da in der Asche, wie sonst auch, denn es war auf der andern Seite vom Baum herabgesprungen, hatte dem Vogel auf dem Haselbäumchen die schönen Kleider wiedergebracht und sein graues Kittelchen angezogen.

Am dritten Tag, als die Eltern und Schwestern fort waren, ging Aschenputtel wieder zu seiner Mutter Grab und sprach zu dem Bäumchen:

»Bäumchen, rüttel dich und schüttel dich,
Wirf Gold und Silber über mich.«

Nun warf ihm der Vogel ein Kleid herab, das war so prächtig und glänzend, wie es noch keins gehabt hatte, und die Pantoffeln waren ganz golden. Als es in dem Kleid zu der Hochzeit kam, wußten sie alle nicht, was sie vor Verwunderung sagen sollten. Der Königssohn tanzte ganz allein mit ihm, und wenn es einer aufforderte, sprach er: »Das ist meine Tänzerin.«

Als es nun Abend war, wollte Aschenputtel fort, und der Königssohn wollte es begleiten, aber es entsprang ihm so geschwind, daß er nicht folgen konnte. Der Königssohn hatte aber eine List gebraucht und hatte die ganze Treppe mit Pech bestreichen lassen: da war, als es hinabsprang, der linke Pantoffel des Mädchens hängengeblieben. Der Königssohn hob ihn auf, und er war klein und zierlich und ganz golden.

Am nächsten Morgen ging er damit zu dem Mann und sagte zu ihm: »Keine andere soll meine Gemahlin werden als die, an deren Fuß dieser goldene Schuh paßt.« Da freuten sich die beiden Schwestern, denn sie hatten schöne Füße. Die Älteste ging mit dem Schuh in die Kammer und wollte ihn anprobieren, und die Mutter stand dabei. Aber sie konnte mit der großen Zehe nicht hineinkommen, und der Schuh war ihr zu klein, da reichte ihr die Mutter ein Messer und sprach: »Hau die Zehe ab: wann du Königin bist, so brauchst du nicht mehr zu Fuß zu gehen.« Das Mädchen hieb die Zehe ab, zwängte den Fuß in den Schuh, verbiß den Schmerz und ging heraus zum Königssohn. Da nahm er sie als seine Braut aufs Pferd und ritt mit ihr fort. Sie mußten aber an dem Grabe vorbei, da saßen die zwei Täubchen auf dem Haselbäumchen und riefen:

»Rucke di guck, rucke di guck,
Blut ist im Schuck [Schuh]:
Der Schuck ist zu klein,
Die rechte Braut sitzt noch daheim.«

Da blickte er auf ihren Fuß und sah, wie das Blut herausquoll. Er wendete sein Pferd um, brachte die falsche Braut wieder nach Haus und sagte, das wäre nicht die rechte, die andere Schwester sollte den Schuh anziehen. Da ging diese in die Kammer und kam mit den Zehen glücklich in den Schuh, aber die Ferse war zu groß. Da reichte ihr die Mutter ein Messer und sprach: »Hau ein Stück von der Ferse ab: wann du Königin bist, brauchst du nicht mehr zu Fuß zu gehen.«

Das Mädchen hieb ein Stück von der Ferse ab, zwängte den Fuß in den Schuh, verbiß den Schmerz und ging heraus zum Königssohn. Da nahm er sie als seine Braut aufs Pferd und ritt mit ihr fort. Als sie an dem Haselbäumchen vorbeikamen, saßen die zwei Täubchen darauf und riefen:

»Rucke di guck, rucke di guck,
Blut ist im Schuck:
Der Schuck ist zu klein,
Die rechte Braut sitzt noch daheim.«

Er blickte nieder auf ihren Fuß und sah, wie das Blut aus dem Schuh quoll und an den weißen Strümpfen ganz rot heraufgestiegen war. Da wendete er sein Pferd und brachte die falsche Braut wieder nach Haus. »Das ist auch nicht die rechte«, sprach er, »habt Ihr keine andere Tochter?«

»Nein«, sagte der Mann, »nur von meiner verstorbenen Frau ist noch ein kleines verbuttetes Aschenputtel da: das kann unmöglich die Braut sein.« Der Königssohn sprach, er sollte es heraufschicken, die Mutter aber antwortete: »Ach nein, das ist viel zu schmutzig, das darf sich nicht sehen lassen.« Er wollte es aber durchaus haben, und Aschenputtel mußte gerufen werden. Da wusch es sich erst Hände und Angesicht rein, ging dann hin und neigte sich vor dem Königssohn, der ihm den goldenen Schuh reichte. Dann setzte es sich auf einen Schemel, zog den Fuß aus dem schweren Holzschuh und steckte ihn in den Pantoffel, der war wie angegossen. Und als es sich in die Höhe richtete und der König ihm ins Gesicht sah, so erkannte er das schöne Mädchen, das mit ihm getanzt hatte, und rief: »Das ist die rechte Braut!«

Die Stiefmutter und die beiden Schwestern erschraken und wurden bleich vor Ärger: er aber nahm Aschenputtel aufs Pferd und ritt mit ihm fort. Als sie an dem Haselbäumchen vorbeikamen, riefen die zwei weißen Täubchen:

»Rucke di guck, rucke di guck,
Kein Blut im Schuck:
Der Schuck ist nicht zu klein,
Die rechte Braut, die führt er heim.«

Und als sie das gerufen hatten, kamen sie beide herabgeflogen und setzten sich dem Aschenputtel auf die Schultern, eine rechts, die andere links, und blieben da sitzen. Als die Hochzeit mit dem Königssohn sollte gehalten werden, kamen die falschen Schwestern, wollten sich einschmeicheln und teil an seinem Glück nehmen.

Als die Brautleute nun zur Kirche gingen, war die Älteste zur rechten, die Jüngste zur linken Seite: da pickten die Tauben einer jeden das eine Auge aus. Hernach, als sie herausgingen, war die Älteste zur linken und die Jüngste zur rechten: da pickten die Tauben einer jeden das andere Auge aus.

Und waren sie also für ihre Bosheit und Falschheit mit Blindheit auf ihr Lebtag gestraft.

Frau Holle

Eine Witwe hatte zwei Töchter, davon war die eine schön und fleißig, die andere häßlich und faul. Sie hatte aber die häßliche und faule, weil sie ihre rechte Tochter war, viel lieber, und die andere mußte alle Arbeit tun und der Aschenputtel im Hause sein. Das arme Mädchen mußte sich täglich auf die große Straße bei einem Brunnen setzen und mußte so viel spinnen, daß ihm das Blut aus den Fingern sprang.

Nun trug es sich zu, daß die Spule einmal ganz blutig war, da bückte es sich damit in den Brunnen und wollte sie abwaschen; sie sprang ihm aber aus der Hand und fiel hinab. Es weinte, lief zur Stiefmutter und erzählte ihr das Unglück. Sie schalt es aber so heftig und war so unbarmherzig, daß sie sprach: »Hast du die Spule hinunterfallen lassen, so hol sie auch wieder herauf.«

Da ging das Mädchen zu dem Brunnen zurück und wußte nicht, was es anfangen sollte; und in seiner Herzensangst sprang es in den Brunnen hinein, um die Spule zu holen. Es verlor die Besinnung, und als es erwachte und wieder zu sich selber kam, war es auf einer schönen Wiese, wo die Sonne schien und vieltausend Blumen standen. Auf dieser Wiese ging es fort und kam zu einem Backofen, der war voller Brot; das Brot aber rief:

»Ach, zieh mich raus,
Zieh mich raus,
Sonst verbrenn ich:
Ich bin schon längst
ausgebacken.«

Da trat es herzu und holte mit dem Brotschieber alles nacheinander heraus. Danach ging es weiter und kam zu einem Baum, der hing voll Äpfel, und rief ihm zu:

»Ach, schüttel mich,
Schüttel mich,
Wir Äpfel sind alle miteinander reif.«

Da schüttelte es den Baum, daß die Äpfel fielen, als regneten sie, und schüttelte, bis keiner mehr oben war; und als es alle in einen Haufen zusammengelegt hatte, ging es wieder weiter.

Endlich kam es zu einem kleinen Haus, daraus guckte eine alte Frau, weil sie aber so große Zähne hatte, ward ihm angst, und es wollte fortlaufen. Die alte Frau aber rief ihm nach: »Was fürchtest du dich, liebes Kind? Bleib bei mir, wenn du alle Arbeit im Hause ordentlich tun willst, so soll dir's gutgehn. Du mußt nur achtgeben, daß du mein Bett gut machst und es fleißig aufschüttelst, daß die Federn fliegen, dann schneit es in der Welt; ich bin die Frau Holle.«

Weil die Alte ihm so gut zusprach, so faßte sich das Mädchen ein Herz, willigte ein und begab sich in ihren Dienst. Es besorgte auch alles nach ihrer Zufriedenheit und schüttelte ihr das Bett immer gewaltig, auf daß die Federn wie Schneeflocken umherflogen; dafür hatte es auch ein gut Leben bei ihr, kein böses Wort und alle Tage Gesottenes und Gebratenes.

Nun war es eine Zeitlang bei der Frau Holle, da ward es traurig und wußte anfangs selbst nicht, was ihm fehlte, endlich merkte es, daß es Heimweh war; ob es ihm hier gleich vieltausendmal besser ging als zu Haus, so hatte es doch ein Verlangen dahin. Endlich sagte es zu ihr: »Ich habe den Jammer nach Haus kriegt, und wenn es mir auch noch so gut hier unten geht, so kann ich doch nicht länger bleiben, ich muß wieder hinauf zu den Meinigen.«

Die Frau Holle sagte: »Es gefällt mir, daß du wieder nach Haus verlangst, und weil du mir so treu gedient hast, so will ich dich selbst wieder hinaufbringen.«

Sie nahm es darauf bei der Hand und führte es vor ein großes Tor. Das Tor ward aufgetan, und wie das Mädchen gerade darunterstand, fiel ein gewaltiger Goldregen, und alles Gold blieb an ihm hängen, so daß es über und über davon bedeckt war.

»Das sollst du haben, weil du so fleißig gewesen bist«, sprach die Frau Holle und gab ihm auch die Spule wieder, die ihm in den Brunnen gefallen war. Darauf ward das Tor verschlossen, und das Mädchen befand sich oben auf der Welt, nicht weit von seiner Mutter Haus; und als es in den Hof kam, saß der Hahn auf dem Brunnen und rief:

»Kikeriki,
Unsere goldene
Jungfrau ist wieder
hie.«

Da ging es hinein zu seiner Mutter, und weil es so mit Gold bedeckt ankam, ward es von ihr und der Schwester gut aufgenommen.

Das Mädchen erzählte alles, was ihm begegnet war, und als die Mutter hörte, wie es zu dem großen Reichtum gekommen war, wollte sie der andern, häßlichen und faulen Tochter gerne dasselbe Glück verschaffen. Sie mußte sich an den Brunnen setzen und spinnen; und damit ihre Spule blutig ward, stach sie sich in die Finger und stieß sich die Hand in die Dornhecke. Dann warf sie die Spule in den Brunnen und sprang selber hinein. Sie kam, wie die andere, auf die schöne Wiese und ging auf demselben Pfade weiter. Als sie zu dem Backofen gelangte, schrie das Brot wieder:

»Ach, zieh mich raus,
Zieh mich raus,
Sonst verbrenn ich:
Ich bin schon längst ausgebacken.«

Die Faule aber antwortete: »Da hätt ich Lust, mich schmutzig zu machen«, und ging fort. Bald kam sie zu dem Apfelbaum, der rief:

»Ach, schüttel mich,
Schüttel mich,
Wir Äpfel sind alle miteinander reif.«

Sie antwortete aber: »Du kommst mir recht, es könnte mir einer auf den Kopf fallen«, und ging damit weiter. Als sie vor der Frau Holle Haus kam, fürchtete sie sich nicht, weil sie von ihren großen Zähnen schon gehört hatte, und verdingte sich gleich zu ihr.

Am ersten Tag tat sie sich Gewalt an, war fleißig und folgte der Frau Holle, wenn sie ihr etwas sagte, denn sie dachte an das viele Gold, das sie ihr schenken würde; am zweiten Tag aber fing sie schon an zu faulenzen, am dritten noch mehr, da wollte sie morgens gar nicht aufstehen. Sie machte auch der Frau Holle das Bett nicht, wie sich's gebührte, und schüttelte es nicht, daß die Federn aufflogen. Das ward die Frau Holle bald müde und sagte ihr den Dienst auf.

Die Faule war das wohl zufrieden und meinte, nun würde der Goldregen kommen; die Frau Holle führte sie auch zu dem Tor, als sie aber darunterstand, ward statt des Goldes ein großer Kessel voll Pech ausgeschüttet. »Das ist zur Belohnung deiner Dienste«, sagte die Frau Holle und schloß das Tor zu.

Da kam die Faule heim, aber sie war ganz mit Pech bedeckt, und der Hahn auf dem Brunnen, als er sie sah, rief:

»Kikeriki,
Unsere schmutzige Jungfrau ist wieder hie.«

Das Pech aber blieb fest an ihr hängen und wollte, solange sie lebte, nicht abgehen.

Die sieben Raben

Ein Mann hatte sieben Söhne und immer noch kein Töchterchen, sosehr er sich's auch wünschte; endlich gab ihm seine Frau wieder gute Hoffnung zu einem Kinde, und wie's zur Welt kam, war's auch ein Mädchen.

Die Freude war groß, aber das Kind war schmächtig und klein und sollte wegen seiner Schwachheit die Nottaufe haben.

Der Vater schickte einen der Knaben eilends zur Quelle, Taufwasser zu holen; die andern sechs liefen mit, und weil jeder der erste beim Schöpfen sein wollte, so fiel ihnen der Krug in den Brunnen. Da standen sie und wußten nicht, was sie tun sollten, und keiner getraute sich heim. Als sie immer nicht zurückkamen, ward der Vater ungeduldig und sprach: »Gewiß haben sie's wieder über ein Spiel vergessen, die gottlosen Jungen.« Es ward ihm angst, das Mädchen müßte ungetauft verscheiden, und im Ärger rief er: »Ich wollte, daß die Jungen alle zu Raben würden.«

Kaum war das Wort ausgeredet, so hörte er ein Geschwirr über seinem Haupt in der Luft, blickte in die Höhe und sah sieben kohlschwarze Raben auf und davon fliegen. Die Eltern konnten die Verwünschung nicht mehr zurücknehmen, und so traurig sie über den Verlust ihrer sieben Söhne waren, trösteten sie sich doch einigermaßen durch ihr liebes Töchterchen, das bald zu Kräften kam und mit jedem Tage schöner ward. Es wußte lange Zeit nicht einmal, daß es Geschwister gehabt hatte, denn die Eltern hüteten sich, ihrer zu erwähnen, bis es eines Tags von ungefähr die Leute von sich sprechen hörte, das Mädchen wäre wohl schön, aber doch eigentlich schuld an dem Unglück seiner sieben Brüder. Da ward es ganz betrübt, ging zu Vater und Mutter und fragte, ob es denn Brüder gehabt hätte und wo sie hingeraten wären. Nun durften die Eltern das Geheimnis nicht länger verschweigen, sagten jedoch, es sei so des Himmels Verhängnis und seine Geburt nur der unschuldige Anlaß gewesen. Allein das Mädchen machte sich täglich ein Gewissen daraus und glaubte, es müßte seine Geschwister wieder erlösen.

Es hatte nicht Ruhe und Rast, bis es sich heimlich aufmachte und in die weite Welt ging, seine Brüder irgendwo aufzuspüren und zu befreien, es möchte kosten, was es wollte. Es nahm nichts mit sich als ein Ringlein von seinen Eltern zum Andenken, einen Laib Brot für den Hunger, ein Krüglein Wasser für den Durst und ein Stühlchen für die Müdigkeit.

Nun ging es immerzu, weit, weit bis an der Welt Ende. Da kam es zur Sonne, aber die war

zu heiß und fürchterlich und fraß die kleinen Kinder. Eilig lief es weg und lief hin zu dem Mond, aber der war gar zu kalt und auch grausig und bös, und als er das Kind merkte, sprach er: »Ich rieche, rieche Menschenfleisch.«

Da machte es sich geschwind fort und kam zu den Sternen, die waren ihm freundlich und gut, und jeder saß auf seinem besondern Stühlchen. Der Morgenstern aber stand auf, gab ihm ein Hinkelbeinchen und sprach: »Wenn du das Beinchen nicht hast, kannst du den Glasberg nicht aufschließen, und in dem Glasberg, da sind deine Brüder.«

Das Mädchen nahm das Beinchen, wickelte es wohl in ein Tüchlein und ging wieder fort so lange, bis es an den Glasberg kam. Das Tor war verschlossen, und es wollte das Beinchen hervorholen, aber wie es das Tüchlein aufmachte, so war es leer, und es hatte das Geschenk der guten Sterne verloren. Was sollte es nun anfangen? Seine Brüder wollte es erretten und hatte keinen Schlüssel zum Glasberg.

Das gute Schwesterchen nahm ein Messer, schnitt sich ein kleines Fingerchen ab, steckte es in das Tor und schloß glücklich auf. Als es eingegangen war, kam ihm ein Zwerglein entgegen, das sprach: »Mein Kind, was suchst du?«

»Ich suche meine Brüder, die sieben Raben«, antwortete es. Der Zwerg sprach: »Die Herren

Raben sind nicht zu Haus, aber willst du hier so lang warten, bis sie kommen, so tritt ein.« Darauf trug das Zwerglein die Speise der Raben herein auf sieben Tellerchen und in sieben Becherchen, und von jedem Tellerchen aß das Schwesterchen ein Bröckchen, und aus jedem Becherchen trank es ein Schlückchen; in das letzte Becherchen aber ließ es das Ringlein fallen, das es mitgenommen hatte.

Auf einmal hörte es in der Luft ein Geschwirr und ein Geweh, da sprach das Zwerglein: »Jetzt kommen die Herren Raben heimgeflogen.« Da kamen sie, wollten essen und trinken und suchten ihre Tellerchen und Becherchen.

Da sprach einer nach dem andern: »Wer hat von meinem Tellerchen gegessen? Wer hat aus meinem Becherchen getrunken? Das ist eines Menschen Mund gewesen.« Und wie der siebente auf den Grund des Bechers kam, rollte ihm das Ringlein entgegen. Da sah er es an und erkannte, daß es ein Ring von Vater und Mutter war, und sprach: »Gott gebe, unser Schwesterlein wäre da, so wären wir erlöst.«

Wie das Mädchen, das hinter der Türe stand und lauschte, den Wunsch hörte, so trat es hervor, und da bekamen alle die Raben ihre menschliche Gestalt wieder. Und sie herzten und küßten einander und zogen fröhlich heim.

Rotkäppchen

Es war einmal eine kleine süße Dirne, die hatte jedermann lieb, der sie nur ansah, am allerliebsten aber ihre Großmutter, die wußte gar nicht, was sie alles dem Kinde geben sollte. Einmal schenkte sie ihm ein Käppchen von rotem Sammet, und weil ihm das so wohl stand und es nichts anders mehr tragen wollte, hieß es nur das Rotkäppchen.

Eines Tages sprach seine Mutter zu ihm: »Komm, Rotkäppchen, da hast du ein Stück Kuchen und eine Flasche Wein, bring das der Großmutter hinaus; sie ist krank und schwach und wird sich daran laben. Mach dich auf, bevor es heiß wird, und wenn du hinauskommst, so geh hübsch sittsam und lauf nicht vom Weg ab, sonst fällst du und zerbrichst das Glas, und die Großmutter hat nichts. Und wenn du in ihre Stube kommst, so vergiß nicht, guten Morgen zu sagen, und guck nicht erst in alle Ecken herum.«

»Ich will schon alles gut machen«, sagte Rotkäppchen zur Mutter und gab ihr die Hand darauf.

Die Großmutter aber wohnte draußen im Wald, eine halbe Stunde vom Dorf. Wie nun Rotkäppchen in den Wald kam, begegnete ihm der Wolf. Rotkäppchen aber wußte nicht, was das für ein böses Tier war, und fürchtete sich nicht vor ihm. »Guten Tag, Rotkäppchen«, sprach er. »Schönen Dank, Wolf.«

»Wo hinaus so früh, Rotkäppchen?«

»Zur Großmutter.«

»Was trägst du unter der Schürze?«

»Kuchen und Wein: gestern haben wir gebacken, da soll sich die kranke und schwache Großmutter etwas zugut tun und sich damit stärken.«

»Rotkäppchen, wo wohnt deine Großmutter?«

»Noch eine gute Viertelstunde weiter im Wald, unter den drei großen Eichbäumen, da steht ihr Haus, unten sind die Nußhecken, das wirst du ja wissen«, sagte Rotkäppchen.

Der Wolf dachte bei sich: »Das junge zarte Ding, das ist ein fetter Bissen, der wird noch besser schmecken als die Alte: du mußt es listig anfangen, damit du beide erschnappst.«

Da ging er ein Weilchen neben Rotkäppchen her, dann sprach er: »Rotkäppchen, sieh einmal die schönen Blumen, die ringsumher stehen, warum guckst du dich nicht um? Ich glaube, du hörst gar nicht, wie die Vöglein so lieblich singen? Du gehst ja für dich hin, als wenn du zur Schule gingst, und ist so lustig haußen in dem Wald.«

Rotkäppchen schlug die Augen auf, und als es sah, wie die Sonnenstrahlen durch die Bäume hin und her tanzten und alles voll schöner Blumen stand, dachte es: »Wenn ich der Großmutter einen frischen Strauß mitbringe, der wird ihr auch Freude machen; es ist so früh am Tag, daß ich doch zu rechter Zeit ankomme«, lief vom Wege ab in den Wald hinein und suchte Blumen. Und wenn es eine gebrochen hatte, meinte es, weiter hinaus stände eine schönere, und lief darnach, und geriet immer tiefer in den Wald hinein. Der Wolf aber ging geradeswegs nach dem Haus der Großmutter und klopfte an die Türe. »Wer ist draußen?«

»Rotkäppchen, das bringt Kuchen und Wein, mach auf.«

»Drück nur auf die Klinke«, rief die Großmutter, »ich bin zu schwach und kann nicht aufstehen.« Der Wolf drückte auf die Klinke, die Türe sprang auf, und er ging, ohne ein Wort zu sprechen, gerade zum Bett der Großmutter und verschluckte sie. Dann tat er ihre Kleider an, setzte ihre Haube auf, legte sich in ihr Bett und zog die Vorhänge vor.

Rotkäppchen aber war nach den Blumen herumgelaufen, und als es so viel zusammen hatte, daß es keine mehr tragen konnte, fiel ihm die Großmutter wieder ein, und es machte sich auf den Weg zu ihr. Es wunderte sich, daß die Türe aufstand, und wie es in die Stube trat, so kam es ihm so seltsam darin vor, daß es dachte: »Ei, du mein Gott, wie ängstlich wird mir's heute zumut, und bin sonst so gerne bei der Großmutter!« Es rief »Guten Morgen«, bekam aber keine Antwort. Darauf ging es zum Bett und zog die Vorhänge zurück: da lag die Großmutter und hatte die Haube tief ins Gesicht gesetzt und sah so wunderlich aus. »Ei, Großmutter, was hast du für große Ohren!«

»Daß ich dich besser hören kann.«

»Ei, Großmutter, was hast du für große Augen!«

»Daß ich dich besser sehen kann.«

»Ei, Großmutter, was hast du für große Hände!«

»Daß ich dich besser packen kann.«

»Aber, Großmutter, was hast du für ein entsetzlich großes Maul!«

»Daß ich dich besser fressen kann.« Kaum hatte der Wolf das gesagt, so tat er einen Satz aus dem Bette und verschlang das arme Rotkäppchen. Wie der Wolf sein Gelüsten gestillt

hatte, legte er sich wieder ins Bett, schlief ein und fing an, überlaut zu schnarchen.

Der Jäger ging eben an dem Haus vorbei und dachte: »Wie die alte Frau schnarcht, du mußt doch sehen, ob ihr etwas fehlt.« Da trat er in die Stube, und wie er vor das Bette kam, so sah er, daß der Wolf darin lag. »Finde ich dich hier, du alter Sünder«, sagte er, »ich habe dich lange gesucht.« Nun wollte er seine Büchse anlegen, da fiel ihm ein, der Wolf könnte die Großmutter gefressen haben und sie wäre noch zu retten: schoß nicht, sondern nahm eine Schere und fing an, dem schlafenden Wolf den Bauch aufzuschneiden. Wie er ein paar Schnitte getan hatte, da sah er das rote Käppchen leuchten, und noch ein paar Schnitte, da sprang das Mädchen heraus und rief: »Ach, wie war ich erschrocken, wie war's so dunkel in dem Wolf seinem Leib!« Und dann kam die alte Großmutter auch noch lebendig heraus und konnte kaum atmen. Rotkäppchen aber holte geschwind große Steine, damit füllten sie dem Wolf den Leib, und wie er aufwachte, wollte er fortspringen, aber die Steine waren so schwer, daß er gleich niedersank und sich totfiel.

Da waren alle drei vergnügt; der Jäger zog dem Wolf den Pelz ab und ging damit heim, die Großmutter aß den Kuchen und trank den Wein, den Rotkäppchen gebracht hatte, und erholte sich wieder, Rotkäppchen aber dachte: »Du willst dein Lebtag nicht wieder allein vom Wege ab in den Wald laufen, wenn dir's die Mutter verboten hat.«

Es wird auch erzählt, daß einmal, als Rotkäppchen der alten Großmutter wieder Gebackenes brachte, ein anderer Wolf ihm zugesprochen und es vom Wege habe ableiten wollen. Rotkäppchen aber hütete sich und ging gerade fort seines Wegs und sagte der Großmutter, daß es dem Wolf begegnet wäre, der ihm guten Tag gewünscht, aber so bös aus den Augen geguckt hätte: »Wenn's nicht auf offner Straße gewesen wäre, er hätte mich gefressen.«

»Komm«, sagte die Großmutter, »wir wollen die Türe verschließen, daß er nicht herein kann.«

Bald darnach klopfte der Wolf an und rief: »Mach auf, Großmutter, ich bin das Rotkäppchen, ich bring dir Gebackenes.« Sie schwiegen aber still und machten die Türe nicht auf: da schlich der Graukopf etlichemal um das Haus, sprang endlich aufs Dach und wollte warten, bis Rotkäppchen abends nach Haus ginge, dann wollte er ihm nachschleichen und wollt's in der Dunkelheit fressen. Aber die Großmutter merkte, was er im Sinn hatte.

Nun stand vor dem Haus ein großer Steintrog, da sprach sie zu dem Kind: »Nimm den Eimer, Rotkäppchen, gestern hab ich Würste gekocht, da trag das Wasser, worin sie gekocht sind, in den Trog.« Rotkäppchen trug so lange, bis der große, große Trog ganz voll war. Da stieg der Geruch von den Würsten dem Wolf in die Nase, er schnupperte und guckte hinab, endlich machte er den Hals so lang, daß er sich nicht mehr halten konnte und anfing zu rutschen: so rutschte er vom Dach herab, gerade in den großen Trog hinein, und ertrank. Rotkäppchen aber ging fröhlich nach Haus, und tat ihm niemand etwas zuleid.

A. Herrfurth

Die Bremer Stadtmusikanten

Es hatte ein Mann einen Esel, der schon lange Jahre die Säcke unverdrossen zur Mühle getragen hatte, dessen Kräfte aber nun zu Ende gingen, so daß er zur Arbeit immer untauglicher ward. Da dachte der Herr daran, ihn aus dem Futter zu schaffen, aber der Esel merkte, daß kein guter Wind wehte, lief fort und machte sich auf den Weg nach Bremen: dort, meinte er, könnte er ja Stadtmusikant werden.

Als er ein Weilchen fortgegangen war, fand er einen Jagdhund auf dem Wege liegen, der jappte wie einer, der sich müde gelaufen hat. »Nun, was jappst du so, Packan?« fragte der Esel.

»Ach«, sagte der Hund, »weil ich alt bin und jeden Tag schwächer werde, auch auf der Jagd nicht mehr fort kann, hat mich mein Herr wollen totschlagen, da hab ich Reißaus genommen; aber womit soll ich nun mein Brot verdienen?«

»Weißt du was«, sprach der Esel, »ich gehe nach Bremen und werde dort Stadtmusikant, geh mit und laß dich auch bei der Musik annehmen. Ich spiele die Laute, und du schlägst die Pauken.«

Der Hund war's zufrieden, und sie gingen weiter. Es dauerte nicht lange, so saß da eine Katze an dem Weg und machte ein Gesicht wie drei Tage Regenwetter. »Nun, was ist dir in die Quere gekommen, alter Bartputzer?« sprach der Esel. »Wer kann da lustig sein, wenn's einem an den Kragen geht«, antwortete die Katze, »weil ich nun zu Jahren komme, meine Zähne stumpf werden und ich lieber hinter dem Ofen sitze und spinne, als nach Mäusen herumjage, hat mich meine Frau ersäufen wollen; ich habe mich zwar noch fortgemacht, aber nun ist guter Rat teuer: wo soll ich hin?«

»Geh mit uns nach Bremen, du verstehst dich doch auf die Nachtmusik, da kannst du ein Stadtmusikant werden.« Die Katze hielt das für gut und ging mit. Darauf kamen die drei Landesflüchtigen an einem Hof vorbei, da saß auf dem Tor der Haushahn und schrie aus Leibeskräften. »Du schreist einem durch Mark und Bein«, sprach der Esel, »was hast du vor?«

»Da hab ich gut Wetter prophezeit«, sprach der Hahn, »weil unserer lieben Frauen Tag ist, wo sie dem Christkindlein die Hemdchen gewaschen hat und sie trocknen will; aber weil morgen zum Sonntag Gäste kommen, so hat die Hausfrau doch kein Erbarmen und hat der Köchin gesagt, sie wollte mich morgen in der Suppe essen, und da soll ich mir heut abend den Kopf abschneiden lassen. Nun schrei ich aus vollem Hals, solang ich noch kann.«

»Ei was, du Rotkopf«, sagte der Esel, »zieh lieber mit uns fort, wir gehen nach Bremen, etwas Besseres als den Tod findest du überall; du hast eine gute Stimme, und wenn wir zusammen musizieren, so muß es eine Art haben.« Der Hahn ließ sich den Vorschlag gefallen, und sie gingen alle viere zusammen fort.

Sie konnten aber die Stadt Bremen in einem Tag nicht erreichen und kamen abends in einen Wald, wo sie übernachten wollten. Der Esel und der Hund legten sich unter einen großen Baum, die Katze und der Hahn machten sich in die Äste, der Hahn aber flog bis in die Spitze, wo es am sichersten für ihn war. Ehe er einschlief, sah er sich noch einmal nach allen vier Winden um, da däuchte ihn, er sähe in der Ferne ein Fünkchen brennen, und rief seinen Gesellen zu, es müßte nicht gar weit ein Haus sein, denn es scheine ein Licht. Sprach der Esel: »So müssen wir uns aufmachen und noch hingehen, denn hier ist die Herberge schlecht.« Der Hund meinte, ein paar Knochen und etwas Fleisch dran täten ihm auch gut.

Also machten sie sich auf den Weg nach der Gegend, wo das Licht war, und sahen es bald heller schimmern, und es ward immer größer, bis sie vor ein hell erleuchtetes Räuberhaus kamen. Der Esel, als der Größte, näherte sich dem Fenster und schaute hinein. »Was siehst du, Grauschimmel?« fragte der Hahn. »Was ich sehe?« antwortete der Esel. »Einen gedeckten Tisch mit schönem Essen und Trinken, und Räuber sitzen daran und lassen's sich wohl sein.«

»Das wäre was für uns«, sprach der Hahn. »Ja, ja, ach, wären wir da!« sagte der Esel. Da ratschlagten die Tiere, wie sie es anfangen müßten, um die Räuber hinauszujagen, und fanden endlich ein Mittel. Der Esel mußte sich mit den Vorderfüßen auf das Fenster stellen, der Hund auf des Esels Rücken springen, die Katze auf den Hund klettern, und endlich flog der Hahn hinauf und setzte sich der Katze auf den Kopf. Wie das geschehen war, fingen sie auf ein Zeichen insgesamt an, ihre Musik zu machen: der Esel schrie, der Hund bellte, die Katze miaute, und der Hahn krähte; dann stürzten sie durch das Fenster in die Stube hinein, daß die Scheiben klirrten. Die Räuber fuhren bei dem entsetzlichen Geschrei in die Höhe, meinten nicht anders, als ein Gespenst käme herein, und flohen in größter Furcht in den Wald hinaus.

Nun setzten sich die vier Gesellen an den Tisch, nahmen mit dem vorlieb, was übriggeblieben war, und aßen, als wenn sie vier Wochen hungern sollten.

Wie die vier Spielleute fertig waren, löschten sie das Licht aus und suchten sich eine Schlafstätte, jeder nach seiner Natur und Bequemlichkeit. Der Esel legte sich auf den Mist, der Hund hinter die Türe, die Katze auf den Herd bei die warme Asche, und der Hahn setzte sich auf den Hahnenbalken; und weil sie müde waren von ihrem langen Weg, schliefen sie auch bald ein.

Als Mitternacht vorbei war und die Räuber von weitem sahen, daß kein Licht mehr im

Haus brannte, auch alles ruhig schien, sprach der Hauptmann: »Wir hätten uns doch nicht sollen ins Bockshorn jagen lassen«, und hieß einen hingehen und das Haus untersuchen. Der Abgeschickte fand alles still, ging in die Küche, ein Licht anzuzünden, und weil er die glühenden, feurigen Augen der Katze für lebendige Kohlen ansah, hielt er ein Schwefelhölzchen daran, daß es Feuer fangen sollte. Aber die Katze verstand keinen Spaß, sprang ihm ins Gesicht, spie und kratzte. Da erschrak er gewaltig, lief und wollte zur Hintertüre hinaus, aber der Hund, der da lag, sprang auf und biß ihn ins Bein; und als er über den Hof an dem Miste vorbeirannte, gab ihm der Esel noch einen tüchtigen Schlag mit dem Hinterfuß; der Hahn aber, der vom Lärmen aus dem Schlaf geweckt und munter geworden war, rief vom Balken herab: »Kikeriki!«

Da lief der Räuber, was er konnte, zu seinem Hauptmann zurück und sprach: »Ach, in dem Haus sitzt eine greuliche Hexe, die hat mich angehaucht und mit ihren langen Fingern mir das Gesicht zerkratzt; und vor der Türe steht ein Mann mit einem Messer, der hat mich ins Bein gestochen; und auf dem Hof liegt ein schwarzes Ungetüm, das hat mit einer Holzkeule auf mich losgeschlagen; und oben auf dem Dache, da sitzt der Richter, der rief: ›Bringt mir den Schelm her.‹ Da machte ich, daß ich fortkam.«

Von nun an getrauten sich die Räuber nicht weiter in das Haus, den vier Bremer Musikanten gefiel's aber so wohl darin, daß sie nicht wieder heraus wollten. Und der das zuletzt erzählt hat, dem ist der Mund noch warm.

Der Teufel mit den drei goldenen Haaren

Es war einmal eine arme Frau, die gebar ein Söhnlein, und weil es eine Glückshaut um hatte, als es zur Welt kam, so ward ihm geweissagt, es werde im vierzehnten Jahr die Tochter des Königs zur Frau haben.

Es trug sich zu, daß der König bald darauf ins Dorf kam, und niemand wußte, daß es der König war, und als er die Leute fragte, was es Neues gäbe, so antworteten sie: »Es ist in diesen Tagen ein Kind mit einer Glückshaut geboren: was so einer unternimmt, das schlägt ihm zum Glück aus. Es ist ihm auch vorausgesagt, in seinem vierzehnten Jahre solle er die Tochter des Königs zur Frau haben.«

Der König, der ein böses Herz hatte und über die Weissagung sich ärgerte, ging zu den Eltern, tat ganz freundlich und sagte: »Ihr armen Leute, überlaßt mir euer Kind, ich will es versorgen.« Anfangs weigerten sie sich, da aber der fremde Mann schweres Gold dafür bot und sie dachten: »Es ist ein Glückskind, es muß doch zu seinem Besten ausschlagen«, so willigten sie endlich ein und gaben ihm das Kind.

Der König legte es in eine Schachtel und ritt damit weiter, bis er zu einem tiefen Wasser kam; da warf er die Schachtel hinein und dachte: »Von dem unerwarteten Freier habe ich meine Tochter geholfen.«

Die Schachtel aber ging nicht unter, sondern schwamm wie ein Schiffchen, und es drang auch kein Tröpfchen Wasser hinein. So schwamm sie bis zwei Meilen von des Königs Hauptstadt, wo eine Mühle war, an dessen Wehr sie hängen blieb. Ein Mahlbursche, der glücklicherweise da stand und sie bemerkte, zog sie mit einem Haken heran und meinte, große Schätze zu finden, als er sie aber aufmachte, lag ein schöner Knabe darin, der ganz frisch und munter war. Er brachte ihn zu den Müllersleuten, und weil diese keine Kinder hatten, freuten sie sich und sprachen: »Gott hat es uns beschert.« Sie pflegten den Fündling wohl, und er wuchs in allen Tugenden heran.

Es trug sich zu, daß der König einmal bei einem Gewitter in die Mühle trat und die Müllersleute fragte, ob der große Junge ihr Sohn wäre. »Nein«, antworteten sie, »es ist ein Fündling, er ist vor vierzehn Jahren in einer Schachtel ans Wehr geschwommen, und der Mahlbursche hat ihn aus dem Wasser gezogen.« Da merkte der König, daß es niemand anders als das Glückskind war, das er ins Wasser geworfen hatte, und sprach: »Ihr guten Leute, könnte der Junge nicht einen Brief an die Frau Königin bringen, ich will ihm zwei Goldstücke zum Lohn geben?«

»Wie der Herr König gebietet«, antworteten die Leute und hießen den Jungen sich bereithalten. Da schrieb der König einen Brief an die Königin, worin stand: »Sobald der Knabe mit diesem Schreiben angelangt ist, soll er getötet und begraben werden, und das alles soll geschehen sein, ehe ich zurückkomme.«

Der Knabe machte sich mit diesem Briefe auf den Weg, verirrte sich aber und kam abends in einen großen Wald. In der Dunkelheit sah er ein kleines Licht, ging darauf zu und gelangte zu einem Häuschen. Als er hineintrat, saß eine alte Frau beim Feuer ganz allein. Sie erschrak, als sie den Knaben erblickte, und sprach: »Wo kommst du her, und wo willst du hin?«

»Ich komme von der Mühle«, antwortete er, »und will zur Frau Königin, der ich einen Brief bringen soll; weil ich mich aber in dem Walde verirrt habe, so wollte ich hier gerne übernachten.«

»Du armer Junge«, sprach die Frau, »du bist in ein Räuberhaus geraten, und wenn sie heimkommen, so bringen sie dich um.«

»Mag kommen, wer will«, sagte der Junge, »ich fürchte mich nicht; ich bin aber so müde, daß ich nicht weiterkann«, streckte sich auf eine Bank und schlief ein.

Bald hernach kamen die Räuber und fragten zornig, was da für ein fremder Knabe läge. »Ach«, sagte die Alte, »es ist ein unschuldiges Kind, es hat sich im Walde verirrt, und ich habe ihn aus Barmherzigkeit aufgenommen: er soll einen Brief an die Frau Königin bringen.« Die Räuber erbrachen den Brief und lasen ihn, und es stand darin, daß der Knabe sogleich, wie er ankäme, sollte ums Leben gebracht werden. Da empfanden die hartherzigen Räuber Mitleid, und der Anführer zerriß den Brief und schrieb einen andern, und es stand darin, sowie der Knabe ankäme, sollte er sogleich mit der Königstochter vermählt werden. Sie ließen ihn dann ruhig bis zum andern Morgen auf der Bank liegen, und als er aufgewacht war, gaben sie ihm den Brief und zeigten ihm den rechten Weg.

Die Königin aber, als sie den Brief empfangen und gelesen hatte, tat, wie darin stand, hieß ein prächtiges Hochzeitsfest anstellen, und die Königstochter war mit dem Glückskind vermählt; und da der Jüngling schön und freundlich war, so lebte sie vergnügt und zufrieden mit ihm.

Nach einiger Zeit kam der König wieder in sein Schloß und sah, daß die Weissagung erfüllt und das Glückskind mit seiner Tochter vermählt war. »Wie ist das zugegangen?« sprach er. »Ich habe in meinem Brief einen ganz andern Befehl erteilt.« Da reichte ihm die Königin den Brief und sagte, er möchte selbst sehen, was darin stände. Der König las den Brief und merkte wohl, daß er mit einem andern war vertauscht worden. Er fragte den Jüngling, wie es mit dem anvertrauten Briefe zugegangen wäre, warum er einen andern dafür gebracht hätte. »Ich weiß von nichts«, antwortete er, »er muß mir in der Nacht vertauscht sein, als ich im Walde geschlafen habe.«

Voll Zorn sprach der König: »So leicht soll es dir nicht werden, wer meine Tochter haben will, der muß mir aus der Hölle drei goldene Haare von dem Haupte des Teufels holen; bringst du mir, was ich verlange, so sollst du meine Tochter behalten.« Damit hoffte der König, ihn auf immer loszuwerden. Das Glückskind aber antwortete: »Die goldenen Haare will ich wohl holen, ich fürchte mich vor dem Teufel nicht.«

Darauf nahm er Abschied und begann seine Wanderschaft. Der Weg führte ihn zu einer großen Stadt, wo ihn der Wächter an dem Tore ausfragte, was für ein Gewerbe er verstände und was er wüßte. »Ich weiß alles«, antwortete das Glückskind. »So kannst du uns einen Gefallen tun«, sagte der Wächter, »wenn du uns sagst, warum unser Marktbrunnen, aus dem sonst Wein quoll, trocken geworden ist und nicht einmal mehr Wasser gibt.«

»Das sollt ihr erfahren«, antwortete er, »wartet nur, bis ich wiederkomme.«

Da ging er weiter und kam vor eine andere Stadt, da fragte der Torwächter wiederum, was für ein Gewerb er verstünde und was er wüßte. »Ich weiß alles«, antwortete er. »So kannst du uns einen Gefallen tun und uns sagen, warum ein Baum in unserer Stadt, der sonst goldene Äpfel trug, jetzt nicht einmal Blätter hervortreibt.«

»Das sollt ihr erfahren«, antwortete er, »wartet nur, bis ich wiederkomme.«

Da ging er weiter und kam an ein großes Wasser, über das er hinübermußte. Der Fährmann fragte ihn, was er für ein Gewerb verstände und was er wüßte. »Ich weiß alles«, antwortete er. »So kannst du mir einen Gefallen tun«, sprach der Fährmann, »und mir sagen, warum ich immer hin und her fahren muß und niemals abgelöst werde.«

»Das sollst du erfahren«, antwortete er, »warte nur, bis ich wiederkomme.«

Als er über das Wasser hinüber war, so fand er den Eingang zur Hölle. Es war schwarz und rußig darin, und der Teufel war nicht zu Haus, aber seine Ellermutter saß da in einem breiten Sorgenstuhl. »Was willst du?« sprach sie zu ihm, sah aber gar nicht so böse aus. »Ich wollte gerne drei goldene Haare von des Teufels Kopf«, antwortete er, »sonst kann ich meine Frau nicht behalten.«

»Das ist viel verlangt«, sagte sie, »wenn der Teufel heimkommt und findet dich, so geht dir's an den Kragen; aber du dauerst mich, ich will sehen, ob ich dir helfen kann.« Sie verwandelte ihn in eine Ameise und sprach: »Kriech in meine Rockfalten, da bist du sicher.«

»Ja«, antwortete er, »das ist schon gut, aber drei Dinge möcht ich gerne noch wissen: warum ein Brunnen, aus dem sonst Wein quoll, trocken geworden ist, jetzt nicht einmal mehr Wasser gibt; warum ein Baum, der sonst goldene Äpfel trug, nicht einmal mehr Laub treibt; und warum ein Fährmann immer herüber- und hinüberfahren muß und nicht abgelöst wird.«

»Das sind schwere Fragen«, antwortete sie, »aber halte dich nur still und ruhig und hab acht, was der Teufel spricht, wann ich ihm die drei goldenen Haare ausziehe.«

Als der Abend einbrach, kam der Teufel nach Haus. Kaum war er eingetreten, so merkte er, daß die Luft nicht rein war. »Ich rieche, rieche Menschenfleisch«, sagte er, »es ist hier nicht richtig.« Dann guckte er in alle Ecken und suchte, konnte aber nichts finden. Die Ellermutter schalt ihn aus: »Eben ist erst gekehrt«, sprach sie, »und alles in Ordnung gebracht, nun wirfst du mir's wieder untereinander; immer hast du Menschenfleisch in der Nase! Setze dich nieder und iß dein Abendbrot.«

Als er gegessen und getrunken hatte, war er müde, legte der Ellermutter seinen Kopf in den Schoß und sagte, sie sollte ihn ein wenig lausen. Es dauerte nicht lange, so schlummerte er ein, blies und schnarchte. Da faßte die Alte ein goldenes Haar, riß es aus und legte es neben sich. »Autsch!« schrie der Teufel, »was hast du vor?«

»Ich habe einen schweren Traum gehabt«, antwortete die Ellermutter, »da hab ich dir in die Haare gefaßt.«

»Was hat dir denn geträumt?« fragte der Teufel. »Mir hat geträumt, ein Marktbrunnen, aus dem sonst Wein quoll, sei versiegt, und es habe nicht einmal Wasser daraus quellen wollen, was ist wohl schuld daran?«

»He, wenn sie's wüßten!« antwortete der Teufel. »Es sitzt eine Kröte unter einem Stein im Brunnen, wenn sie die töten, so wird der Wein schon wieder fließen.«

Die Ellermutter lauste ihn wieder, bis er einschlief und schnarchte, daß die Fenster zitterten. Da riß sie ihm das zweite Haar aus. »Hu! was machst du?« schrie der Teufel zornig. »Nimm's nicht übel«, antwortete sie, »ich habe es im Traum getan.«

»Was hat dir wieder geträumt?« fragte er. »Mir hat geträumt, in einem Königreiche ständ ein Obstbaum, der hätte sonst goldene Äpfel getragen und wollte jetzt nicht einmal Laub treiben. Was war wohl die Ursache davon?«

»He, wenn sie's wüßten!« antwortete der Teufel. »An der Wurzel nagt eine Maus, wenn sie die töten, so wird er schon wieder goldene Äpfel tragen, nagt sie aber noch länger, so verdorrt der Baum gänzlich. Aber laß mich mit deinen Träumen in Ruhe, wenn du mich noch einmal im Schlafe störst, so kriegst du eine Ohrfeige.« Die Ellermutter sprach ihm gut zu und lauste ihn wieder, bis er eingeschlafen war und schnarchte. Da faßte sie das dritte goldene Haar und riß es ihm aus. Der Teufel fuhr in die Höhe, schrie und wollte übel mit ihr wirtschaften, aber sie besänftigte ihn nochmals und sprach: »Wer kann für böse Träume!«

»Was hat dir denn geträumt?« fragte er und war doch neugierig. »Mir hat von einem Fährmann geträumt, der sich beklagte, daß er immer hin- und herfahren müßte und nicht abgelöst würde. Was ist wohl schuld?«

»He, der Dummbart!« antwortete der Teufel. »Wenn einer kommt und will überfahren, so muß er ihm die Stange in die Hand geben, dann muß der andere überfahren, und er ist frei.« Da die Ellermutter ihm die drei goldenen Haare ausgerissen hatte und die drei Fragen beantwortet waren, so ließ sie den alten Drachen in Ruhe, und er schlief, bis der Tag anbrach. Als der Teufel wieder fortgezogen war, holte die Alte die Ameise aus der Rockfalte und gab dem Glückskind die menschliche Gestalt zurück.

»Da hast du die drei goldenen Haare«, sprach sie, »was der Teufel zu deinen drei Fragen gesagt hat, wirst du wohl gehört haben.«

»Ja«, antwortete er, »ich habe es gehört und will's wohl behalten.«

»So ist dir geholfen«, sagte sie, »und nun kannst du deiner Wege ziehen.« Er bedankte sich bei der Alten für die Hilfe in der Not, verließ die Hölle und war vergnügt, daß ihm alles so wohl geglückt war. Als er zu dem Fährmann kam, sollte er ihm die versprochene Antwort geben. »Fahr mich erst hinüber«, sprach das Glückskind, »so will ich dir sagen, wie du erlöst wirst«, und als er auf dem jenseitigen Ufer angelangt war, gab er ihm des Teufels Rat: »Wenn wieder einer kommt und will übergefahren sein, so gib ihm nur die Stange in die Hand.«

Er ging weiter und kam zu der Stadt, worin der unfruchtbare Baum stand und wo der Wächter auch Antwort haben wollte. Da sagte er ihm, wie er vom Teufel gehört hatte: »Tötet die Maus, die an seiner Wurzel nagt, so wird er wieder goldene Äpfel tragen.« Da dankte ihm der Wächter und gab ihm zur Belohnung zwei mit Gold beladene Esel, die mußten ihm nachfolgen.

Zuletzt kam er zu der Stadt, deren Brunnen versiegt war. Da sprach er zu dem Wächter, wie der Teufel gesprochen hatte: »Es sitzt eine Kröte im Brunnen unter einem Stein, die müßt ihr aufsuchen und töten, so wird er wieder reichlich Wein geben.« Der Wächter dankte und gab ihm ebenfalls zwei mit Gold beladene Esel.

Endlich langte das Glückskind daheim bei seiner Frau an, die sich herzlich freute, als sie ihn wiedersah und hörte, wie wohl ihm alles gelungen war. Dem König brachte er, was er verlangt hatte, die drei goldenen Haare des Teufels, und als dieser die vier Esel mit dem Golde sah, ward er ganz vergnügt und sprach: »Nun sind alle Bedingungen erfüllt, und du kannst meine Tochter behalten. Aber, lieber Schwiegersohn, sage mir doch, woher ist das viele Gold? Das sind ja gewaltige Schätze!«

»Ich bin über einen Fluß gefahren«, antwortete er, »und da habe ich es mitgenommen, es liegt dort statt des Sandes am Ufer.«

»Kann ich mir auch davon holen?« sprach der König und war ganz begierig.

»Soviel Ihr nur wollt«, antwortete er, »es ist ein Fährmann auf dem Fluß, von dem laßt Euch überfahren, so könnt Ihr drüben Eure Säcke füllen.«

Der habsüchtige König machte sich in aller Eile auf den Weg, und als er zu dem Fluß kam, so winkte er dem Fährmann, der sollte ihn übersetzen. Der Fährmann kam und hieß ihn einsteigen, und als sie an das jenseitige Ufer kamen, gab er ihm die Ruderstange in die Hand und sprang davon. Der König aber mußte von nun an fahren zur Strafe für seine Sünden. »Fährt er wohl noch?«

»Was denn? Es wird ihm niemand die Stange abgenommen haben.«

Die kluge Else

Es war ein Mann, der hatte eine Tochter, die hieß die kluge Else. Als sie nun erwachsen war, sprach der Vater: »Wir wollen sie heiraten lassen.«

»Ja«, sagte die Mutter, »wenn nur einer käme, der sie haben wollte.« Endlich kam von weit her einer, der hieß Hans und hielt um sie an, er machte aber die Bedingung, daß die kluge Else auch recht gescheit wäre. »Oh«, sprach der Vater, »die hat Zwirn im Kopf«, und die Mutter sagte: »Ach, die sieht den Wind auf der Gasse laufen und hört die Fliegen husten.«

»Ja«, sprach der Hans, »wenn sie nicht recht gescheit ist, so nehm ich sie nicht.« Als sie nun zu Tisch saßen und gegessen hatten, sprach die Mutter: »Else, geh in den Keller und hol Bier.« Da nahm die kluge Else den Krug von der Wand, ging in den Keller und klappte unterwegs brav mit dem Deckel, damit ihr die Zeit ja nicht lang würde.

Als sie unten war, holte sie ein Stühlchen, stellte es vors Faß, damit sie sich nicht zu bücken brauchte und ihrem Rücken etwa nicht wehe täte und unverhofften Schaden nähme. Dann stellte sie die Kanne vor sich und drehte den Hahn auf, und während der Zeit, daß das Bier hineinlief, wollte sie doch ihre Augen nicht müßig lassen, sah oben an die Wand hinauf und erblickte nach vielem Hin- und Herschauen eine Kreuzhacke gerade über sich, welche die Maurer da aus Versehen hatten stekkenlassen.

Da fing die kluge Else an zu weinen und sprach: »Wenn ich den Hans kriege, und wir kriegen ein Kind, und das ist groß, und wir schicken das Kind in den Keller, daß es hier soll Bier zapfen, so fällt ihm die Kreuzhacke auf den Kopf und schlägt's tot.« Da saß sie und weinte und schrie aus Leibeskräften über das bevorstehende Unglück. Die oben warteten auf den Trank, aber die kluge Else kam immer nicht.

Da sprach die Frau zur Magd: »Geh doch hinunter in den Keller und sieh, wo die Else bleibt.« Die Magd ging und fand sie vor dem Fasse sitzend und laut schreiend. »Else, was weinst du?« fragte die Magd. »Ach«, antwortete sie, »soll ich nicht weinen? Wenn ich den Hans kriege, und wir kriegen ein Kind, und das ist groß und soll hier Trinken zapfen, so fällt ihm vielleicht die Kreuzhacke auf den Kopf und schlägt es tot.« Da sprach die Magd: »Was haben wir für eine kluge Else!«, setzte sich zu ihr und fing auch an, über das Unglück zu weinen.

Über eine Weile, als die Magd nicht wiederkam und die droben durstig nach dem Trank waren, sprach der Mann zum Knecht: »Geh doch hinunter in den Keller und sieh, wo die Else und die Magd bleibt.« Der Knecht ging hinab; da saß die kluge Else und die Magd und weinten beide zusammen. Da fragte er: »Was weint ihr denn?«

»Ach«, sprach die Else, »soll ich nicht weinen? Wenn ich den Hans kriege, und wir kriegen ein Kind, und das ist groß und soll hier Trinken zapfen, so fällt ihm die Kreuzhacke auf den Kopf und schlägt's tot.« Da sprach der Knecht: »Was haben wir für eine kluge Else!«, setzte sich zu ihr und fing auch an laut zu heulen.

Oben warteten sie auf den Knecht; als er aber immer nicht kam, sprach der Mann zur Frau: »Geh doch hinunter in den Keller und sieh, wo die Else bleibt.« Die Frau ging hinab und fand alle drei in Wehklagen und fragte nach der Ursache; da erzählte ihr die Else auch, daß ihr zukünftiges Kind wohl würde von der Kreuzhacke totgeschlagen werden, wenn es erst groß wäre und Bier zapfen sollte und die Kreuzhacke fiele herab. Da sprach die Mutter gleichfalls: »Ach, was haben wir für eine kluge Else!«, setzte sich hin und weinte mit.

Der Mann oben wartete noch ein Weilchen; als aber seine Frau nicht wiederkam und sein Durst immer stärker ward, sprach er: »Ich muß nur selber in den Keller gehn und sehen, wo die Else bleibt.« Als er aber in den Keller kam und alle da beieinandersaßen und weinten und er die Ursache hörte, daß das Kind der Else schuld wäre, das sie vielleicht einmal zur Welt brächte und von der Kreuzhacke könnte totgeschlagen werden, wenn es gerade zur Zeit, wo sie herabfiele, daruntersäße, Bier zu zapfen, da rief er: »Was für eine kluge Else!«, setzte sich und weinte auch mit.

Der Bräutigam blieb lange oben allein; da niemand wiederkommen wollte, dachte er: »Sie werden unten auf dich warten, du mußt auch hingehen und sehen, was sie vorhaben.«

Als er hinabkam, saßen da fünfe und schrien und jammerten ganz erbärmlich, einer immer besser als der andere. »Was für ein Unglück ist denn geschehen?« fragte er. »Ach, lieber Hans«, sprach die Else, »wann wir einander heiraten und haben ein Kind, und es ist groß, und wir schicken's vielleicht hierher, Trinken zu zapfen, da kann ihm ja die Kreuzhacke, die da oben ist steckengeblieben, wenn sie herabfallen sollte, den Kopf zerschlagen, daß es liegenbleibt; sollen wir da nicht weinen?«

»Nun«, sprach Hans, »mehr Verstand ist für meinen Haushalt nicht nötig; weil du so eine kluge Else bist, so will ich dich haben«, packte sie bei der Hand und nahm sie mit hinauf und hielt Hochzeit mit ihr.

Als sie den Hans eine Weile hatte, sprach er: »Frau, ich will ausgehen, arbeiten und uns Geld verdienen, geh du ins Feld und schneid das Korn, daß wir Brot haben.«

»Ja, mein lieber Hans, das will ich tun.« Nachdem der Hans fort war, kochte sie sich einen guten Brei und nahm ihn mit ins Feld. Als sie vor den Acker kam, sprach sie zu sich selbst: »Was tu ich? Schneid ich eh'r, oder eß ich eh'r? Hei, ich will erst essen.« Nun aß sie ihren Topf mit Brei aus, und als sie dick satt war, sprach sie wieder: »Was tu ich? Schneid ich eh'r oder schlaf ich eh'r? Hei, ich will erst schlafen.« Da legte sie sich ins Korn und schlief ein.

Der Hans war längst zu Haus, aber die Else wollte nicht kommen; da sprach er: »Was hab ich für eine kluge Else, die ist so fleißig, daß sie nicht einmal nach Haus kommt und ißt.« Als sie aber noch immer ausblieb und es Abend ward, ging der Hans hinaus und wollte sehen, was sie geschnitten hätte; aber es war nichts geschnitten, sondern sie lag im Korn und schlief. Da eilte Hans geschwind heim und holte ein Vogelgarn mit kleinen Schellen und hängte es um sie herum; und sie schlief noch immer fort. Dann lief er heim, schloß die Haustüre zu und setzte sich auf seinen Stuhl und arbeitete.

Endlich, als es schon ganz dunkel war, erwachte die kluge Else, und als sie aufstand, rappelte es um sie herum, und die Schellen klingelten bei jedem Schritte, den sie tat. Da erschrak sie, ward irre, ob sie auch wirklich die kluge Else wäre, und sprach: »Bin ich's, oder bin ich's nicht?«

Sie wußte aber nicht, was sie darauf antworten sollte, und stand eine Zeitlang zweifelhaft; endlich dachte sie: »Ich will nach Haus gehen und fragen, ob ich's bin oder ob ich's nicht bin, die werden's ja wissen.« Sie lief vor ihre Haustüre, aber die war verschlossen; da klopfte sie an das Fenster und rief: »Hans, ist die Else drinnen?«

»Ja«, antwortete der Hans, »sie ist drinnen.« Da erschrak sie und sprach: »Ach Gott, dann bin ich's nicht«, und ging vor eine andere Tür; als aber die Leute das Klingeln der Schellen hörten, wollten sie nicht aufmachen, und sie konnte nirgend unterkommen. Da lief sie fort zum Dorfe hinaus, und niemand hat sie wiedergesehen.

Der Schneider im Himmel

Es trug sich zu, daß der liebe Gott an einem schönen Tag in dem himmlischen Garten sich ergehen wollte und alle Apostel und Heiligen mitnahm, also daß niemand mehr im Himmel blieb als der heilige Petrus. Der Herr hatte ihm befohlen, während seiner Abwesenheit niemand einzulassen, Petrus stand also an der Pforte und hielt Wache.

Nicht lange, so klopfte jemand an. Petrus fragte, wer da wäre und was er wollte. »Ich bin ein armer ehrlicher Schneider«, antwortete eine feine Stimme, »der um Einlaß bittet.«

»Ja, ehrlich«, sagte Petrus, »wie der Dieb am Galgen, du hast lange Finger gemacht und den Leuten das Tuch abgezwickt. Du kommst nicht in den Himmel, der Herr hat mir verboten, solange er draußen wäre, irgend jemand einzulassen.«

»Seid doch barmherzig«, rief der Schneider, »kleine Flicklappen, die von selbst vom Tisch herabfallen, sind nicht gestohlen und nicht der Rede wert. Seht, ich hinke und habe von dem Weg daher Blasen an den Füßen, ich kann unmöglich wieder umkehren. Laßt mich nur hinein, ich will alle schlechte Arbeit tun. Ich will die Kinder tragen, die Windeln waschen, die Bänke, darauf sie gespielt haben, säubern und abwischen und ihre zerrissenen Kleider flicken.«

Der heilige Petrus ließ sich aus Mitleiden bewegen und öffnete dem armen Schneider die Himmelspforte so weit, daß er mit seinem dürren Leib hineinschlüpfen konnte. Er mußte sich in einen Winkel hinter die Türe setzen und sollte sich da still und ruhig verhalten, damit ihn der Herr, wenn er zurückkäme, nicht bemerkte und zornig würde.

Der Schneider gehorchte, als aber der heilige Petrus einmal zur Türe hinaustrat, stand er auf, ging voll Neugierde in allen Winkeln des Himmels herum und besah sich die Gelegenheit. Endlich kam er zu einem Platz, da standen viele schöne und köstliche Stühle und in der Mitte ein ganz goldener Sessel, der mit glänzenden Edelsteinen besetzt war; er war auch viel höher als die übrigen Stühle, und ein goldener Fußschemel stand davor. Es war aber der Sessel, auf welchem der Herr saß, wenn er daheim war, und von welchem er alles sehen konnte, was auf Erden geschah. Der Schneider stand still und sah den Sessel eine gute Weile an, denn er gefiel ihm besser als alles andere. Endlich konnte er den Vorwitz nicht bezähmen, stieg hinauf und setzte sich in den Sessel.

Da sah er alles, was auf Erden geschah, und bemerkte eine alte häßliche Frau, die an einem Bach stand und wusch und zwei Schleier heimlich beiseite tat. Der Schneider erzürnte sich bei diesem Anblicke so sehr, daß er den goldenen Fußschemel ergriff und durch den Himmel auf die Erde hinab nach der alten Diebin warf. Da er aber den Schemel nicht wieder heraufholen konnte, so schlich er sich sachte aus dem Sessel weg, setzte sich an seinen Platz hinter die Türe und tat, als ob er kein Wasser getrübt hätte.

Als der Herr und Meister mit dem himmlischen Gefolge wieder zurückkam, ward er zwar den Schneider hinter der Türe nicht gewahr, als er sich aber auf seinen Sessel setzte, mangelte der Schemel. Er fragte den heiligen Petrus, wo der Schemel hingekommen wäre, der wußte es nicht. Da fragte er weiter, ob er jemand hereingelassen hätte. »Ich weiß niemand«, antwortete Petrus, »der dagewesen wäre, als ein lahmer Schneider, der noch hinter der Türe sitzt.« Da ließ der Herr den Schneider vor sich treten und fragte ihn, ob er den Schemel weggenommen und wo er ihn hingetan hätte.

»O Herr«, antwortete der Schneider freudig, »ich habe ihn im Zorne hinab auf die Erde nach einem alten Weibe geworfen, das ich bei der Wäsche zwei Schleier stehlen sah.«

»O du Schalk«, sprach der Herr, »wollt ich richten, wie du richtest, wie meinst du, daß es dir schon längst ergangen wäre? Ich hätte schon lange keine Stühle, Bänke, Sessel, ja keine Ofengabel mehr hier gehabt, sondern alles nach den Sündern hinabgeworfen. Fortan kannst du nicht mehr im Himmel bleiben, sondern mußt wieder hinaus vor das Tor: da sieh zu, wo du hinkommst. Hier soll niemand strafen denn ich allein, der Herr.«

Petrus mußte den Schneider wieder hinaus vor den Himmel bringen, und weil er zerrissene Schuhe hatte und die Füße voll Blasen, nahm er einen Stock in die Hand und zog nach Warteinweil, wo die frommen Soldaten sitzen und sich lustig machen.

Tischchendeckdich, Goldesel und Knüppel aus dem Sack

Vorzeiten war ein Schneider, der drei Söhne hatte und nur eine einzige Ziege. Aber die Ziege, weil sie alle zusammen mit ihrer Milch ernährte, mußte ihr gutes Futter haben und täglich hinaus auf die Weide geführt werden. Die Söhne taten das auch nach der Reihe.

Einmal brachte sie der älteste auf den Kirchhof, wo die schönsten Kräuter standen, ließ sie da fressen und herumspringen. Abends, als es Zeit war heimzugehen, fragte er: »Ziege, bist du satt?« Die Ziege antwortete:

»Ich bin so satt,
Ich mag kein Blatt: meh! meh!«

»So komm nach Haus«, sprach der Junge, faßte sie am Strickchen, führte sie in den Stall und band sie fest. »Nun«, sagte der alte Schneider, »hat die Ziege ihr gehöriges Futter?«

»Oh«, antwortete der Sohn, »die ist so satt, sie mag kein Blatt.« Der Vater aber wollte sich selbst überzeugen, ging hinab in den Stall, streichelte das liebe Tier und fragte: »Ziege, bist du auch satt?« Die Ziege antwortete:

»Wovon sollt ich satt sein?
Ich sprang nur über Gräbelein
Und fand kein einzig Blättelein: meh! meh!«

»Was muß ich hören!« rief der Schneider, lief hinauf und sprach zu dem Jungen: »Ei, du Lügner, sagst, die Ziege wäre satt, und hast sie hungern lassen?« Und in seinem Zorne nahm er die Elle von der Wand und jagte ihn mit Schlägen hinaus.

Am andern Tag war die Reihe am zweiten Sohn, der suchte an der Gartenhecke einen Platz aus, wo lauter gute Kräuter standen, und die Ziege fraß sie rein ab. Abends, als er heimwollte, fragte er: »Ziege, bist du satt?« Die Ziege antwortete:

»Ich bin so satt,
Ich mag kein Blatt: meh! meh!«

»So komm nach Haus«, sprach der Junge, zog sie heim und band sie im Stalle fest. »Nun«, sagte der alte Schneider, »hat die Ziege ihr gehöriges Futter?«

»Oh«, antwortete der Sohn, »die ist so satt, sie mag kein Blatt.« Der Schneider wollte sich darauf nicht verlassen, ging hinab in den Stall und fragte: »Ziege, bist du auch satt?« Die Ziege antwortete:

»Wovon sollt ich satt sein?
Ich sprang nur über Gräbelein
Und fand kein einzig Blättelein: meh! meh!«

»Der gottlose Bösewicht!« schrie der Schneider. »So ein frommes Tier hungern zu lassen!« Lief hinauf und schlug mit der Elle den Jungen zur Haustüre hinaus.

Die Reihe kam jetzt an den dritten Sohn, der wollte seine Sache gut machen, suchte Buschwerk mit dem schönsten Laube aus und ließ die Ziege daran fressen.

Abends, als er heimwollte, fragte er: »Ziege, bist du auch satt?« Die Ziege antwortete:

»Ich bin so satt,
Ich mag kein Blatt: meh! meh!«

»So komm nach Haus«, sagte der Junge, führte sie in den Stall und band sie fest. »Nun«, sagte der alte Schneider, »hat die Ziege ihr gehöriges Futter?«

»Oh«, antwortete der Sohn, »die ist so satt, sie mag kein Blatt.« Der Schneider traute nicht, ging hinab und fragte: »Ziege, bist du auch satt?« Das boshafte Tier antwortete:

»Wovon sollt ich satt sein?
Ich sprang nur über Gräbelein
Und fand kein einzig Blättelein:
meh! meh!«

»O die Lügenbrut!« rief der Schneider. »Einer so gottlos und pflichtvergessen wie der andere! Ihr sollt mich nicht länger zum Narren haben!« Und vor Zorn ganz außer sich, sprang er hinauf und gerbte dem armen Jungen mit der Elle den Rücken so gewaltig, daß er zum Haus hinaussprang. Der alte Schneider war nun mit seiner Ziege allein.

Am andern Morgen ging er hinab in den Stall, liebkoste die Ziege und sprach: »Komm, mein liebes Tierlein, ich will dich selbst zur Weide führen.« Er nahm sie am Strick und brachte sie zu grünen Hecken und unter Schafrippe und was sonst die Ziegen gerne fressen. »Da kannst du dich einmal nach Herzenslust sättigen«, sprach er zu ihr und ließ sie weiden bis zum Abend. Da fragte er: »Ziege, bist du satt?« Sie antwortete:

»Ich bin so satt,
Ich mag kein Blatt: meh! meh!«

»So komm nach Haus«, sagte der Schneider, führte sie in den Stall und band sie fest. Als er wegging, kehrte er sich noch einmal um und sagte: »Nun bist du doch einmal satt!« Aber die Ziege machte es ihm nicht besser und rief:

»Wie sollt ich satt sein?
Ich sprang nur über Gräbelein,
Und fand kein einzig Blättelein:
meh! meh!«

Als der Schneider das hörte, stutzte er und sah wohl, daß er seine drei Söhne ohne Ursache verstoßen hatte. »Wart«, rief er, »du undankbares

Geschöpf, dich fortzujagen ist noch zu wenig, ich will dich zeichnen, daß du dich unter ehrbaren Schneidern nicht mehr darfst sehen lassen.« In einer Hast sprang er hinauf, holte sein Bartmesser, seifte der Ziege den Kopf ein und schor sie so glatt wie seine flache Hand. Und weil die Elle zu ehrenvoll gewesen wäre, holte er die Peitsche und versetzte ihr solche Hiebe, daß sie in gewaltigen Sprüngen davonlief.

Der Schneider, als er so ganz einsam in seinem Hause saß, verfiel in große Traurigkeit und hätte seine Söhne gerne wieder gehabt, aber niemand wußte, wo sie hingeraten waren.

Der älteste war zu einem Schreiner in die Lehre gegangen, da lernte er fleißig und unverdrossen, und als seine Zeit herum war, daß er wandern sollte, schenkte ihm der Meister ein Tischchen, das gar kein besonderes Ansehen hatte und von gewöhnlichem Holz war; aber es hatte eine gute Eigenschaft. Wenn man es hinstellte und sprach: »Tischchen, deck dich«, so war das gute Tischchen auf einmal mit einem saubern Tüchlein bedeckt und stand da ein Teller und Messer und Gabel daneben und Schüsseln mit Gesottenem und Gebratenem, soviel Platz hatten, und ein großes Glas mit rotem Wein leuchtete, daß einem das Herz lachte. Der junge Gesell dachte: »Damit hast du genug für dein Lebtag«, zog guter Dinge in der Welt umher und bekümmerte sich gar nicht darum, ob ein Wirtshaus gut oder schlecht und ob etwas darin zu finden war oder nicht. Wenn es ihm gefiel, so kehrte er gar nicht ein, sondern im Felde, im Wald, auf einer Wiese, wo er Lust hatte, nahm er sein Tischchen vom Rücken, stellte es vor sich und sprach: »Deck dich«, so war alles da, was sein Herz begehrte.

Endlich kam es ihm in den Sinn, er wollte zu seinem Vater zurückkehren, sein Zorn würde sich gelegt haben, und mit dem Tischchendeckdich würde er ihn gerne wieder aufnehmen. Es trug sich zu, daß er auf dem Heimweg abends in ein Wirtshaus kam, das mit Gästen angefüllt war; sie hießen ihn willkommen und luden ihn ein, sich zu ihnen zu setzen und mit ihnen zu essen, sonst würde er schwerlich noch etwas bekommen. »Nein«, antwortete der Schreiner, »die paar Bissen will ich euch nicht vor dem Munde nehmen, lieber sollt ihr meine Gäste sein.« Sie lachten und meinten, er triebe seinen Spaß mit ihnen. Er aber stellte sein hölzernes Tischchen mitten in die Stube und sprach: »Tischchen, deck dich.« Augenblicklich war es mit Speisen besetzt, so gut, wie sie der Wirt nicht hätte herbeischaffen können und wovon der Geruch den Gästen lieblich in die Nase stieg. »Zugegriffen, liebe Freunde«, sprach der Schreiner, und die Gäste, als sie sahen, wie es gemeint war, ließen sich nicht zweimal bitten, rückten heran, zogen ihre Messer und griffen tapfer zu. Und was sie am meisten verwunderte, wenn eine Schüssel leer geworden war, so stellte sich gleich von selbst eine volle an ihren Platz.

Der Wirt stand in einer Ecke und sah dem Dinge zu; er wußte gar nicht, was er sagen sollte,

dachte aber: »Einen solchen Koch könntest du in deiner Wirtschaft wohl brauchen.« Der Schreiner und seine Gesellschaft waren lustig bis in die späte Nacht, endlich legten sie sich schlafen, und der junge Geselle ging auch zu Bett und stellte sein Wünschtischchen an die Wand. Dem Wirte aber ließen seine Gedanken keine Ruhe, es fiel ihm ein, daß in seiner Rumpelkammer ein altes Tischchen stände, das geradeso aussähe; das holte er ganz sachte herbei und vertauschte es mit dem Wünschtischchen.

Am andern Morgen zahlte der Schreiner sein Schlafgeld, packte sein Tischchen auf, dachte gar nicht daran, daß er ein falsches hätte, und ging seiner Wege.

Zu Mittag kam er bei seinem Vater an, der ihn mit großer Freude empfing. »Nun, mein lieber Sohn, was hast du gelernt?« sagte er zu ihm. »Vater, ich bin ein Schreiner geworden.«

»Ein gutes Handwerk«, erwiderte der Alte, »aber was hast du von deiner Wanderschaft mitgebracht?«

»Vater, das Beste, was ich mitgebracht habe, ist das Tischchen.«

Der Schneider betrachtete es von allen Seiten und sagte: »Daran hast du kein Meisterstück gemacht, das ist ein altes und schlechtes Tischchen.«

»Aber es ist ein Tischchendeckdich«, antwortete der Sohn, »wenn ich es hinstelle und sage ihm, es sollte sich decken, so stehen gleich die schönsten Gerichte darauf und ein Wein dabei, der das Herz erfreut. Ladet nur alle Verwandte und Freunde ein, die sollen sich einmal laben und erquicken, denn das Tischchen macht sie alle satt.«

Als die Gesellschaft beisammen war, stellte er sein Tischchen mitten in die Stube und sprach: »Tischchen, deck dich.« Aber das Tischchen regte sich nicht und blieb so leer wie ein anderer Tisch, der die Sprache nicht versteht. Da merkte der arme Geselle, daß ihm das Tischchen vertauscht war, und schämte sich, daß er wie ein Lügner dastand. Die Verwandten aber lachten ihn aus und mußten ungetrunken und ungegessen wieder heimwandern. Der Vater holte seine Lappen wieder herbei und schneiderte fort, der Sohn aber ging bei einem Meister in die Arbeit.

Der zweite Sohn war zu einem Müller gekommen und bei ihm in die Lehre gegangen. Als er seine Jahre herum hatte, sprach der Meister: »Weil du dich so wohl gehalten hast, so schenke ich dir einen Esel von einer besondern Art, er zieht nicht am Wagen und trägt auch keine Säcke.«

»Wozu ist er denn nütze?« fragte der junge Geselle. »Er speit Gold«, antwortete der Müller, »wenn du ihn auf ein Tuch stellst und sprichst ›Bricklebrit‹, so speit dir das gute Tier Goldstücke aus, hinten und vorn.«

»Das ist eine schöne Sache«, sprach der Geselle, dankte dem Meister und zog in die Welt. Wenn er Gold nötig hatte, brauchte er nur zu seinem Esel »Bricklebrit« zu sagen, so regnete es Goldstücke, und er hatte weiter keine Mühe, als sie von der Erde aufzuheben. Wo er hinkam, war ihm das Beste gut genug, und je teurer, je lieber, denn er hatte immer einen vollen Beutel.

Als er sich eine Zeitlang in der Welt umgesehen hatte, dachte er: »Du mußt deinen Vater aufsuchen, wenn du mit dem Goldesel kommst, so wird er seinen Zorn vergessen und dich gut aufnehmen.« Es trug sich zu, daß er in dasselbe Wirtshaus geriet, in welchem seinem Bruder das Tischchen vertauscht war. Er führte seinen Esel an der Hand, und der Wirt wollte ihm das Tier abnehmen und anbinden, der junge Geselle aber sprach: »Gebt Euch keine Mühe, meinen Grauschimmel führe ich selbst in den Stall und binde ihn auch selbst an, denn ich muß wissen, wo er steht.« Dem Wirt kam das wunderlich vor, und er meinte, einer, der seinen Esel selbst besorgen müßte, hätte nicht viel zu verzehren; als aber der Fremde in die Tasche griff, zwei Goldstücke herausholte und sagte, er sollte nur etwas Gutes für ihn einkaufen, so machte er große Augen, lief und suchte das Beste, das er auftreiben konnte.

Nach der Mahlzeit fragte der Gast, was er schuldig wäre, der Wirt wollte die doppelte Kreide nicht sparen und sagte, noch ein paar Goldstücke müßte er zulegen. Der Geselle griff in die Tasche, aber sein Gold war eben zu Ende. »Wartet einen Augenblick, Herr Wirt», sprach er, »ich will nur gehen und Gold holen»; nahm aber das Tischtuch mit.

Der Wirt wußte nicht, was das heißen sollte, war neugierig, schlich ihm nach, und da der Gast die Stalltüre zuriegelte, so guckte er durch ein Astloch. Der Fremde breitete unter dem Esel das Tuch aus, rief »Bricklebrit«, und augenblicklich fing das Tier an, Gold zu speien von hinten und vorn, daß es ordentlich auf die Erde herabregnete. »Ei der Tausend«, sagte der Wirt, »da sind die Dukaten bald geprägt! So ein Geldbeutel ist nicht übel!«

Der Gast bezahlte seine Zeche und legte sich schlafen, der Wirt aber schlich in der Nacht herab in den Stall, führte den Münzmeister weg und band einen andern Esel an seine Stelle.

Den folgenden Morgen in der Frühe zog der Geselle mit seinem Esel ab und meinte, er hätte seinen Goldesel. Mittags kam er bei seinem Vater an, der sich freute, als er ihn wiedersah, und ihn gerne aufnahm. »Was ist aus dir geworden, mein Sohn?« fragte der Alte.

»Ein Müller, lieber Vater«, antwortete er.

»Was hast du von deiner Wanderschaft mitgebracht?«

»Weiter nichts als einen Esel.«

»Esel gibt's hier genug«, sagte der Vater, »da wäre mir doch eine gute Ziege lieber gewesen.«

»Ja«, antwortete der Sohn, »aber es ist kein gemeiner Esel, sondern ein Goldesel: wenn ich sage ›Bricklebrit‹, so speit Euch das gute Tier ein ganzes Tuch voll Goldstücke. Laßt nur alle Verwandte herbeirufen, ich mache sie alle zu reichen Leuten.«

»Das laß ich mir gefallen«, sagte der Schneider, »dann brauch ich mich mit der Nadel nicht weiter zu quälen«, sprang selbst fort und rief die Verwandten herbei. Sobald sie beisammen waren, hieß sie der Müller Platz machen, breitete sein Tuch aus und brachte den Esel in die Stube. »Jetzt gebt acht«, sagte er und rief »Bricklebrit«, aber es waren keine Goldstücke, was herabfiel, und es zeigte sich, daß das Tier nichts von der Kunst verstand, denn es bringt's nicht jeder Esel so weit. Da machte der arme Müller ein langes Gesicht, sah, daß er betrogen war, und bat die Verwandten um Verzeihung, die so arm heimgingen, als sie gekommen waren. Es blieb nichts übrig, der Alte mußte wieder nach der Nadel greifen und der Junge sich bei einem Müller verdingen.

Der dritte Bruder war zu einem Drechsler in die Lehre gegangen, und weil es ein kunstreiches Handwerk ist, mußte er am längsten lernen. Seine Brüder aber meldeten ihm in einem

Briefe, wie schlimm es ihnen ergangen wäre und wie sie der Wirt noch am letzten Abende um ihre schönen Wünschdinge gebracht hätte. Als der Drechsler nun ausgelernt hatte und wandern sollte, so schenkte ihm sein Meister, weil er sich so wohl gehalten, einen Sack und sagte: »Es liegt ein Knüppel darin.«

»Den Sack kann ich umhängen, und er kann mir gute Dienste leisten, aber was soll der Knüppel darin? Der macht ihn nur schwer.«

»Das will ich dir sagen«, antwortete der Meister, »hat dir jemand etwas zuleid getan, so sprich nur: ›Knüppel, aus dem Sack‹, so springt dir der Knüppel heraus unter die Leute und tanzt ihnen so lustig auf dem Rücken herum, daß sie sich acht Tage lang nicht regen und bewegen können; und eher läßt er nicht ab, als bis du sagst: ›Knüppel, in den Sack.‹«

Der Gesell dankte ihm, hing den Sack um, und wenn ihm jemand zu nahe kam und auf den Leib wollte, so sprach er: »Knüppel, aus dem Sack«, alsbald sprang der Knüppel heraus und klopfte einem nach dem andern den Rock oder Wams gleich auf dem Rücken aus und wartete nicht erst, bis er ihn ausgezogen hatte; und das ging so geschwind, daß eh sich's einer versah, die Reihe schon an ihm war.

Der junge Drechsler langte zur Abendzeit in dem Wirtshaus an, wo seine Brüder waren betrogen worden. Er legte seinen Ranzen vor sich auf den Tisch und fing an zu erzählen, was er alles Merkwürdiges in der Welt gesehen habe.

»Ja«, sagte er, »man findet wohl ein Tischchendeckdich, einen Goldesel und dergleichen: lauter gute Dinge, die ich nicht verachte, aber das ist alles nichts gegen den Schatz, den ich mir erworben habe und mit mir da in meinem Sack führe.«

Der Wirt spitzte die Ohren: »Was in aller Welt mag das sein?« dachte er. »Der Sack ist wohl mit lauter Edelsteinen angefüllt; den sollte ich billig auch noch haben, denn aller guten Dinge sind drei.«

Als Schlafenszeit war, streckte sich der Gast auf die Bank und legte seinen Sack als Kopfkissen unter. Der Wirt, als er meinte, der Gast läge in tiefem Schlaf, ging herbei, rückte und zog

ganz sachte und vorsichtig an dem Sack, ob er ihn vielleicht wegziehen und einen andern unterlegen könnte. Der Drechsler aber hatte schon lange darauf gewartet, wie nun der Wirt eben einen herzhaften Ruck tun wollte, rief er: »Knüppel, aus dem Sack.« Alsbald fuhr das Knüppelchen heraus, dem Wirt auf den Leib und rieb ihm die Nähte, daß es eine Art hatte. Der Wirt schrie zum Erbarmen, aber je lauter er schrie, desto kräftiger schlug der Knüppel ihm den Takt dazu auf dem Rücken, bis er endlich erschöpft zur Erde fiel. Da sprach der Drechsler: »Wo du das Tischchendeckdich und den Goldesel nicht wieder herausgibst, so soll der Tanz von neuem angehen.«

»Ach nein«, rief der Wirt ganz kleinlaut, »ich gebe alles gerne wieder heraus, laßt nur den verwünschten Kobold wieder in den Sack kriechen.« Da sprach der Geselle: »Ich will Gnade für Recht ergehen lassen, aber hüte dich vor Schaden!«

Dann rief er: »Knüppel, in den Sack!«, und ließ ihn ruhen.

Der Drechsler zog am andern Morgen mit dem Tischchendeckdich und dem Goldesel heim zu seinem Vater. Der Schneider freute sich, als er ihn wiedersah, und fragte auch ihn, was er in der Fremde gelernt hätte. »Lieber Vater«, antwortete er, »ich bin ein Drechsler geworden.«

»Ein kunstreiches Handwerk«, sagte der Vater, »was hast du von der Wanderschaft mitgebracht?«

»Ein kostbares Stück, lieber Vater«, antwortete der Sohn, »einen Knüppel in dem Sack.«

»Was!« rief der Vater. »Einen Knüppel! Das ist der Mühe wert! Den kannst du dir von jedem Baume abhauen.«

»Aber einen solchen nicht, lieber Vater: sage ich ›Knüppel, aus dem Sack‹, so springt der Knüppel heraus und macht mit dem, der es nicht gut mit mir meint, einen schlimmen Tanz und läßt nicht eher nach, als bis er auf der Erde liegt und um gut Wetter bittet. Seht Ihr, mit diesem Knüppel habe ich das Tischchendeckdich und den Goldesel wieder herbeigeschafft, die der diebische Wirt meinen Brüdern abgenommen hatte. Jetzt laßt sie beide rufen und ladet alle Verwandten ein, ich will sie speisen und tränken und will ihnen die Taschen noch mit Gold füllen.«

Der alte Schneider wollte nicht recht trauen, brachte aber doch die Verwandten zusammen.

Da deckte der Drechsler ein Tuch in die Stube, führte den Goldesel herein und sagte zu seinem Bruder: »Nun, lieber Bruder, sprich mit ihm.«

Der Müller sagte: »Bricklebrit«, und augenblicklich sprangen die Goldstücke auf das Tuch herab, als käme ein Platzregen, und der Esel hörte nicht eher auf, als bis alle so viel hatten, daß sie nicht mehr tragen konnten. (Ich sehe dir's an, du wärst auch gerne dabeigewesen.)

Dann holte der Drechsler das Tischchen und sagte: »Lieber Bruder, nun sprich mit ihm.« Und kaum hatte der Schreiner »Tischchen, deck dich« gesagt, so war es gedeckt und mit den schönsten Schüsseln reichlich besetzt.

Da ward eine Mahlzeit gehalten, wie der gute Schneider noch keine in seinem Hause erlebt hatte, und die ganze Verwandtschaft blieb beisammen bis in die Nacht und waren alle lustig und vergnügt. Der Schneider verschloß Nadel und Zwirn, Elle und Bügeleisen in einen Schrank und lebte mit seinen drei Söhnen in Freude und Herrlichkeit.

Wo ist aber die Ziege hingekommen, die schuld war, daß der Schneider seine drei Söhne fortjagte? Das will ich dir sagen. Sie schämte sich, daß sie einen kahlen Kopf hatte, lief in eine Fuchshöhle und verkroch sich hinein. Als der Fuchs nach Haus kam, funkelten ihm ein paar große Augen aus der Dunkelheit entgegen, daß er erschrak und wieder zurücklief. Der Bär begegnete ihm, und da der Fuchs ganz verstört aussah, so sprach er: »Was ist dir, Bruder Fuchs, was machst du für ein Gesicht?«

»Ach«, antwortete der Rote, »ein grimmig Tier sitzt in meiner Höhle und hat mich mit feurigen Augen angeglotzt.«

»Das wollen wir bald austreiben«, sprach der Bär, ging mit zu der Höhle und schaute hinein; als er aber die feurigen Augen erblickte, wandelte ihn ebenfalls Furcht an: er wollte mit dem grimmigen Tiere nichts zu tun haben und nahm Reißaus.

Die Biene begegnete ihm, und da sie merkte, daß es ihm in seiner Haut nicht wohl zumute war, sprach sie: »Bär, du machst ja ein gewaltig verdrießlich Gesicht, wo ist deine Lustigkeit geblieben?«

»Du hast gut reden«, antwortete der Bär, »es sitzt ein grimmiges Tier mit Glotzaugen in dem Hause des Roten, und wir können es nicht herausjagen.«

Die Biene sprach: »Du dauerst mich, Bär, ich bin ein armes schwaches Geschöpf, das ihr im Wege nicht anguckt, aber ich glaube doch, daß ich euch helfen kann.« Sie flog in die Fuchshöhle, setzte sich der Ziege auf den glatten geschorenen Kopf und stach sie so gewaltig, daß sie aufsprang, »meh! meh!« schrie und wie toll in die Welt hineinlief; und weiß niemand auf diese Stunde, wo sie hingelaufen ist.

Daumesdick

Es war ein armer Bauersmann, der saß abends beim Herd und schürte das Feuer, und die Frau saß und spann. Da sprach er: »Wie ist's so traurig, daß wir keine Kinder haben! Es ist so still bei uns, und in den andern Häusern ist's so laut und lustig.«

»Ja«, antwortete die Frau und seufzte, »wenn's nur ein einziges wäre, und wenn's auch ganz klein wäre, nur daumensgroß, so wollt ich schon zufrieden sein; wir hätten's doch von Herzen lieb.«

Nun geschah es, daß die Frau kränklich ward und nach sieben Monaten ein Kind gebar, das zwar an allen Gliedern vollkommen, aber nicht länger als ein Daumen war. Da sprachen sie: »Es ist, wie wir es gewünscht haben, und es soll unser liebes Kind sein«, und nannten es nach seiner Gestalt Daumesdick. Sie ließen's nicht an Nahrung fehlen, aber das Kind ward nicht größer, sondern blieb, wie es in der ersten Stunde gewesen war; doch schaute es verständig aus den Augen und zeigte sich bald als ein kluges und behendes Ding, dem alles glückte, was es anfing. Der Bauer machte sich eines Tages fertig, in den Wald zu gehen und Holz zu fällen, da sprach er so vor sich hin: »Nun wollt ich, daß einer da wäre, der mir den Wagen nachbrächte.«

»O Vater«, rief Daumesdick, »den Wagen will ich schon bringen, verlaßt Euch drauf, er soll zur bestimmten Zeit im Walde sein.« Da lachte der Mann und sprach: »Wie sollte das zugehen, du bist viel zu klein, um das Pferd mit dem Zügel zu leiten.«

»Das tut nichts, Vater, wenn nur die Mutter anspannen will, ich setze mich dem Pferd ins Ohr und rufe ihm zu, wie es gehen soll.«

»Nun«, antwortete der Vater, »einmal wollen wir's versuchen.« Als die Stunde kam, spannte die Mutter an und setzte Daumesdick ins Ohr des Pferdes, und dann rief der Kleine, wie das Pferd gehen sollte: »Jüh und joh! Hott und har!« Da ging es ganz ordentlich, als wie bei einem Meister, und der Wagen fuhr den rechten Weg nach dem Walde.

Es trug sich zu, als er eben um eine Ecke bog und der Kleine »Har, har!« rief, daß zwei fremde Männer daherkamen. »Mein«, sprach der eine, »was ist das? Da fährt ein Wagen, und ein Fuhrmann ruft dem Pferde zu und ist doch nicht zu sehen.«

»Das geht nicht mit rechten Dingen zu«, sagte der andere, »wir wollen dem Karren folgen und sehen, wo er anhält.« Der Wagen aber fuhr vollends in den Wald hinein und richtig zu dem Platze, wo das Holz gehauen ward. Als Daumesdick seinen Vater erblickte, rief er ihm zu: »Siehst du, Vater, da bin ich mit dem Wagen, nun hol mich herunter.« Der Vater faßte das Pferd mit der Linken und holte mit der Rechten sein Söhnlein aus dem Ohr, das sich ganz lustig auf einen Strohhalm niedersetzte. Als die beiden fremden Männer den Daumesdick erblickten, wußten sie nicht, was sie vor Verwunderung sagen sollten.

Da nahm der eine den andern beiseit und sprach: »Hör, der kleine Kerl könnte unser Glück machen, wenn wir ihn in einer großen Stadt vor Geld sehen ließen: wir wollen ihn kaufen.« Sie gingen zu dem Bauer und sprachen: »Verkauft uns den kleinen Mann, er soll's gut bei uns haben.«

»Nein«, antwortete der Vater, »es ist mein Herzblatt und ist mir für alles Gold in der Welt nicht feil.« Daumesdick aber, als er von dem Handel gehört, war an den Rockfalten seines Vater hinaufgekrochen, stellte sich ihm auf die

Schulter und wisperte ihm ins Ohr: »Vater, gib mich nur hin, ich will schon wieder zurückkommen.« Da gab ihn der Vater für ein schönes Stück Geld den beiden Männern hin. »Wo willst du sitzen?« sprachen sie zu ihm. »Ach, setzt mich nur auf den Rand von eurem Hut, da kann ich auf und ab spazieren und die Gegend betrachten, und falle doch nicht herunter.« Sie taten ihm den Willen, und als Daumesdick Abschied von seinem Vater genommen hatte, machten sie sich mit ihm fort. So gingen sie, bis es dämmerig ward, da sprach der Kleine: »Hebt mich einmal herunter, es ist nötig.«

»Bleib nur droben«, sprach der Mann, auf dessen Kopf er saß, »ich will mir nichts draus machen, die Vögel lassen mir auch manchmal was drauffallen.«

»Nein«, sprach Daumesdick, »ich weiß auch, was sich schickt: hebt mich nur geschwind herab.« Der Mann nahm den Hut ab und setzte den Kleinen auf einen Acker am Weg, da sprang und kroch er ein wenig zwischen den Schollen hin und her, dann schlüpfte er plötzlich in ein Mausloch, das er sich ausgesucht hatte.

»Guten Abend, ihr Herren, geht nur ohne mich heim«, rief er ihnen zu und lachte sie aus. Sie liefen herbei und stachen mit Stöcken in das Mausloch, aber das war vergebliche Mühe: Daumesdick kroch immer weiter zurück, und da es bald ganz dunkel ward, so mußten sie mit Ärger und mit leerem Beutel wieder heimwandern. Als Daumesdick merkte, daß sie fort waren, kroch er aus dem unterirdischen Gang wieder hervor. »Es ist auf dem Acker in der Finsternis so gefährlich gehen«, sprach er, »wie leicht bricht einer Hals und Bein!«

Zum Glück stieß er an ein leeres Schneckenhaus.

»Gottlob«, sagte er, »da kann ich die Nacht sicher zubringen«, und setzte sich hinein. Nicht lang, als er eben einschlafen wollte, so hörte er zwei Männer vorübergehen, davon sprach der eine: »Wie wir's nur anfangen, um dem reichen Pfarrer sein Geld und sein Silber zu holen?«

»Das könnt ich dir sagen«, rief Daumesdick dazwischen. »Was war das?« sprach der eine Dieb erschrocken. »Ich hörte jemand sprechen.« Sie blieben stehen und horchten, da sprach Daumesdick wieder: »Nehmt mich mit, so will ich euch helfen.«

»Wo bist du denn?«

»Sucht nur auf der Erde und merkt, wo die Stimme her kommt«, antwortete er. Da fanden ihn endlich die Diebe und hoben ihn in die Höhe. »Du kleiner Wicht, was willst du uns helfen!« sprachen sie. »Seht«, antwortete er, »ich krieche zwischen den Eisenstäben in die Kammer des Pfarrers und reiche euch heraus, was ihr haben wollt.«

»Wohlan«, sagten sie, »wir wollen sehen, was du kannst.« Als sie bei dem Pfarrhaus kamen, kroch Daumesdick in die Kammer, schrie aber gleich aus Leibeskräften: »Wollt ihr alles haben, was hier ist?« Die Diebe erschraken und sagten: »So sprich doch leise, damit niemand aufwacht.« Aber Daumesdick tat, als hätte er sie nicht verstanden, und schrie von neuem: »Was wollt ihr? Wollt ihr alles haben, was hier ist?«

Das hörte die Köchin, die in der Stube daran schlief, richtete sich im Bette auf und horchte. Die Diebe aber waren vor Schrecken ein Stück

Wegs zurückgelaufen, endlich faßten sie wieder Mut und dachten: »Der kleine Kerl will uns necken.« Sie kamen zurück und flüsterten ihm zu: »Nun mach Ernst und reich uns etwas heraus.« Da schrie Daumesdick noch einmal, so laut er konnte: »Ich will euch ja alles geben, reicht nur die Hände herein.« Das hörte die horchende Magd ganz deutlich, sprang aus dem Bett und stolperte zur Tür herein.

Die Diebe liefen fort und rannten, als wäre der wilde Jäger hinter ihnen; die Magd aber, als sie nichts bemerken konnte, ging, ein Licht anzuzünden. Wie sie damit herbeikam, machte sich Daumesdick, ohne daß er gesehen wurde, hinaus in die Scheune; die Magd aber, nachdem sie alle Winkel durchgesucht und nichts gefunden hatte, legte sich endlich wieder zu Bett und glaubte, sie hätte mit offenen Augen und Ohren doch nur geträumt.

Daumesdick war in den Heuhälmchen herumgeklettert und hatte einen schönen Platz zum Schlafen gefunden: da wollte er sich ausruhen, bis es Tag wäre, und dann zu seinen Eltern wieder heimgehen. Aber er mußte andere Dinge erfahren! Ja, es gibt viel Trübsal und Not auf der Welt!

Die Magd stieg, als der Tag graute, schon aus dem Bett, um das Vieh zu füttern. Ihr erster Gang war in die Scheune, wo sie einen Armvoll Heu packte, und gerade dasjenige, worin der arme Daumesdick lag und schief. Er schlief aber so fest, daß er nichts gewahr ward und nicht eher aufwachte, als bis er in dem Maul der Kuh war, die ihn mit dem Heu aufgerafft hatte. »Ach Gott«, rief er, »wie bin ich in die Walkmühle geraten!«, merkte aber bald, wo er war. Da hieß es aufpassen, daß er nicht zwischen die

Zähne kam und zermalmt ward, und hernach mußte er doch mit in den Magen hinabrutschen. »In dem Stübchen sind die Fenster vergessen«, sprach er, »und scheint keine Sonne hinein; ein Licht wird auch nicht gebracht.«

Überhaupt gefiel ihm das Quartier schlecht, und was das Schlimmste war, es kam immer mehr neues Heu zur Türe hinein, und der Platz ward immer enger. Da rief er endlich in der Angst, so laut er konnte: »Bringt mir kein frisch Futter mehr, bringt mir kein frisch Futter mehr.« Die Magd melkte gerade die Kuh, und als sie sprechen hörte, ohne jemand zu sehen, und es dieselbe Stimme war, die sie auch in der Nacht gehört hatte, erschrak sie so, daß sie von ihrem Stühlchen herabglitschte und die Milch verschüttete. Sie lief in der größten Hast zu ihrem Herrn und rief: »Ach Gott, Herr Pfarrer, die Kuh hat geredet.«

»Du bist verrückt«, antwortete der Pfarrer, ging aber doch selbst in den Stall und wollte nachsehen, was es da gäbe. Kaum aber hatte er den Fuß hineingesetzt, so rief Daumesdick aufs neue: »Bringt mir kein frisch Futter mehr, bringt mir kein frisch Futter mehr.« Da erschrak der Pfarrer selbst, meinte, es wäre ein böser Geist in die Kuh gefahren, und hieß sie töten.

Sie ward geschlachtet, der Magen aber, worin Daumesdick steckte, auf den Mist geworfen. Daumesdick hatte große Mühe, sich hindurchzuarbeiten, doch brachte er's so weit, daß er Platz bekam, aber als er eben sein Haupt herausstrecken wollte, kam ein neues Unglück. Ein hungriger Wolf lief heran und verschlang den ganzen Magen mit einem Schluck. Daumesdick verlor den Mut nicht.

»Vielleicht«, dachte er, »läßt der Wolf mit sich reden«, und rief ihm aus dem Wanste zu: »Lieber Wolf, ich weiß dir einen herrlichen Fraß.«

»Wo ist der zu holen?« sprach der Wolf. »In dem und dem Haus, da mußt du durch die Gosse hineinkriechen und wirst Kuchen, Speck und Wurst finden, soviel du essen willst«, und beschrieb ihm genau seines Vaters Haus. Der Wolf ließ sich das nicht zweimal sagen, drängte sich in der Nacht zur Gosse hinein und fraß in der Vorratskammer nach Herzenslust.

Als er sich gesättigt hatte, wollte er wieder fort, aber er war so dick geworden, daß er denselben Weg nicht wieder hinauskonnte. Darauf hatte Daumesdick gerechnet und fing nun an, in dem Leib des Wolfs einen gewaltigen Lärmen zu machen, tobte und schrie, was er konnte. »Willst du stille sein«, sprach der Wolf, »du weckst die Leute auf.«

»Ei was«, antwortete der Kleine, »du hast dich satt gefressen, ich will mich auch lustig machen«, und fing von neuem an, aus allen Kräften zu schreien.

Davon erwachte endlich sein Vater und seine Mutter, liefen an die Kammer und schauten durch die Spalte hinein. Wie sie sahen, daß ein Wolf darin hauste, liefen sie davon, und der Mann holte die Axt und die Frau die Sense. »Bleib dahinten«, sprach der Mann, als sie in die Kammer traten, »wenn ich ihm einen Schlag gegeben habe und er davon noch nicht tot ist, so mußt du auf ihn einhauen und ihm den Leib zerschneiden.« Da hörte Daumesdick die Stimme seines Vaters und rief: »Lieber Vater, ich bin hier, ich stecke im Leibe des Wolfs.« Sprach der Vater voll Freuden: »Gottlob, unser liebes Kind hat sich wieder gefunden«, und hieß die Frau die Sense wegtun, damit Daumesdick nicht beschädigt würde. Danach holte er aus und schlug dem Wolf einen Schlag auf den Kopf, daß er tot niederstürzte, dann suchten sie Messer und Schere, schnitten ihm den Leib auf und zogen den Kleinen wieder hervor. »Ach«, sprach der Vater, »was haben wir für Sorge um dich ausgestanden!«

»Ja, Vater, ich bin viel in der Welt herumgekommen; gottlob, daß ich wieder frische Luft schöpfe!«

»Wo bist du denn all gewesen?«

»Ach, Vater, ich war in einem Mauseloch, in einer Kuh Bauch und in eines Wolfes Wanst; nun bleib ich bei euch.«

»Und wir verkaufen dich um alle Reichtümer der Welt nicht wieder«, sprachen die Eltern, herzten und küßten ihren lieben Daumesdick. Sie gaben ihm zu essen und trinken und ließen ihm neue Kleider machen, denn die seinigen waren ihm auf der Reise verdorben.

Die Hochzeit der Frau Füchsin

Erstes Märchen

Es war einmal ein alter Fuchs mit neun Schwänzen, der glaubte, seine Frau wäre ihm nicht treu, und wollte er sie in Versuchung führen. Er streckte sich unter die Bank, regte kein Glied und stellte sich, als wenn er mausetot wäre. Die Frau Füchsin ging auf ihre Kammer, schloß sich ein, und ihre Magd, die Jungfer Katze, saß auf dem Herd und kochte.

Als es nun bekanntward, daß der alte Fuchs gestorben war, so meldeten sich die Freier. Da hörte die Magd, daß jemand vor der Haustüre stand und anklopfte; sie ging und machte auf, und da war's ein junger Fuchs, er sprach:

»Was macht sie, Jungfer Katze?
Schläft se oder wacht se?«

Sie antwortete:

»Ich schlafe nicht, ich wache.
Will er wissen, was ich mache?
Ich koche warm Bier, tue Butter hinein:
Will der Herr mein Gast sein?«

»Ich bedanke mich, Jungfer«, sagte der Fuchs, »was macht die Frau Füchsin?«

Die Magd antwortete:

»Sie sitzt auf ihrer Kammer,
Sie beklagt ihren Jammer,
Weint ihre Äuglein seidenrot,
Weil der alte Herr Fuchs ist tot.«

»Sag sie ihr doch, Jungfer, es wäre ein junger Fuchs da, der wollte sie gerne freien.«

»Schon gut, junger Herr.«

Da ging die Katz die Tripp die Trapp,
Da schlug die Tür die Klipp die Klapp.
»Frau Füchsin, sind Sie da?«
»Ach ja, mein Kätzchen, ja.«
»Es ist ein Freier draus.«
»Mein Kind, wie sieht er aus?«

»Hat er denn auch neun so schöne Zeiselschwänze wie der selige Herr Fuchs?«

»Ach nein«, antwortete die Katze, »er hat nur einen.«

»So will ich ihn nicht haben.« Die Jungfer Katze ging hinab und schickte den Freier fort.

Bald darauf klopfte es wieder an und war ein anderer Fuchs vor der Türe, der wollte die Frau

Füchsin freien; er hatte zwei Schwänze; aber es ging ihm nicht besser als dem ersten.

Danach kamen noch andere, immer mit einem Schwanz mehr, die alle abgewiesen wurden, bis zuletzt einer kam, der neun Schwänze hatte wie der alte Herr Fuchs.

Als die Witwe das hörte, sprach sie voll Freude zu der Katze:

»Nun macht mir Tor und Türe auf
Und kehrt den alten Herrn Fuchs hinaus.«

Als aber eben die Hochzeit sollte gefeiert werden, da regte sich der alte Herr Fuchs unter der Bank, prügelte das ganze Gesindel durch und jagte es mit der Frau Füchsin zum Haus hinaus.

Zweites Märchen

Als der alte Herr Fuchs gestorben war, kam der Wolf als Freier, klopfte an die Türe, und die Katze, die als Magd bei der Frau Füchsin diente, machte auf. Der Wolf grüßte sie und sprach:

»Guten Tag, Frau Katz von Kehrewitz,
Wie kommt's, daß sie alleine sitzt?
Was macht sie Gutes da?«

Die Katze antwortete:

»Brock mir Wecke und Milch ein:
Will der Herr mein Gast sein?«

»Dank schön, Frau Katze«, antwortete der Wolf, »die Frau Füchsin nicht zu Haus?«

Die Katze sprach:

»Sie sitzt droben in der Kammer,
Beweint ihren Jammer,
Beweint ihre große Not,
Daß der alte Herr Fuchs ist tot.«

Der Wolf antwortete:

»Will sie haben
einen andern Mann,
So soll sie nur heruntergan.«
Die Katz, die lief die Trepp hinan,
und ließ ihr Zeilchen rummer gan,
Bis sie kam vor den langen Saal:
Klopft an mit ihren fünf goldenen Ringen.
»Frau Füchsin, ist sie drinnen?
Will sie haben einen andern Mann,
So soll sie nur heruntergan.«

Die Frau Füchsin fragte: »Hat der Herr rote Höslein an, und hat er ein spitz Mäulchen?«

»Nein«, antwortete die Katze. »So kann er mir nicht dienen.« Als der Wolf abgewiesen war, kam ein Hund, ein Hirsch, ein Hase, ein Bär, ein Löwe und nacheinander alle Waldtiere. Aber es fehlte immer eine von den guten Eigenschaften, die der alte Herr Fuchs gehabt hatte, und die Katze mußte den Freier jedesmal wegschicken. Endlich kam ein junger Fuchs. Da sprach die Frau Füchsin: »Hat der Herr rote Höslein an, und hat er ein spitz Mäulchen?«

»Ja«, sagte die Katze, »das hat er.«

»So soll er heraufkommen«, sprach die Frau Füchsin und hieß die Magd das Hochzeitsfest bereiten.

»Katze, kehr die Stube aus
Und schmeiß den alten Fuchs zum Fenster hinaus.
Bracht so manche dicke, fette Maus,
Fraß sie immer alleine,
Gab mir aber keine.«

Da ward die Hochzeit gehalten mit dem jungen Herrn Fuchs und ward gejubelt und getanzt, und wenn sie nicht aufgehört haben, so tanzen sie noch.

Die Wichtelmänner

Erstes Märchen

Es war ein Schuster ohne seine Schuld so arm geworden, daß ihm endlich nichts mehr übrigblieb als Leder zu einem einzigen Paar Schuhe. Nun schnitt er am Abend die Schuhe zu, die wollte er den nächsten Morgen in Arbeit nehmen; und weil er ein gutes Gewissen hatte, so legte er sich ruhig zu Bett, befahl sich dem lieben Gott und schlief ein.

Morgens, nachdem er sein Gebet verrichtet hatte und sich zur Arbeit niedersetzen wollte, so standen die beiden Schuhe ganz fertig auf seinem Tisch. Er verwunderte sich und wußte nicht, was er dazu sagen sollte. Er nahm die Schuhe in die Hand, um sie näher zu betrachten: sie waren so sauber gearbeitet, daß kein Stich daran falsch war, gerade als wenn es ein Meisterstück sein sollte.

Bald darauf trat auch schon ein Käufer ein, und weil ihm die Schuhe so gut gefielen, so bezahlte er mehr als gewöhnlich dafür, und der Schuster konnte von dem Geld Leder zu zwei Paar Schuhen erhandeln. Er schnitt sie abends zu und wollte den nächsten Morgen mit frischem Mut an die Arbeit gehen, aber er brauchte es nicht, denn als er aufstand, waren sie schon fertig, und es blieben auch nicht die Käufer aus, die ihm so viel Geld gaben, daß er Leder zu vier Paar Schuhen einkaufen konnte.

Er fand frühmorgens auch die vier Paar fertig; und so ging's immerfort, was er abends zuschnitt, das war am Morgen verarbeitet, also daß er bald wieder sein ehrliches Auskommen hatte und endlich ein wohlhabender Mann ward. Nun geschah es eines Abends nicht lange vor Weihnachten, als der Mann wieder zugeschnitten hatte, daß er vor Schlafengehen zu seiner Frau sprach: »Wie wär's, wenn wir diese Nacht aufblieben, um zu sehen, wer uns solche hilfreiche Hand leistet?« Die Frau war's zufrieden und steckte ein Licht an; darauf verbargen sie sich in den Stubenecken, hinter den Kleidern, die da aufgehängt waren, und gaben acht.

Als es Mitternacht war, da kamen zwei kleine, niedliche nackte Männlein, setzten sich vor des Schusters Tisch, nahmen alle zugeschnittene Arbeit zu sich und fingen an, mit ihren Fingerlein so behend und schnell zu stechen, zu nähen, zu klopfen, daß der Schuster vor Verwunderung die Augen nicht abwenden konnte. Sie ließen nicht nach, bis alles zu Ende gebracht war und fertig auf dem Tische stand, dann sprangen sie schnell fort.

Am andern Morgen sprach die Frau: »Die kleinen Männer haben uns reich gemacht, wir müßten uns doch dankbar dafür bezeigen. Sie laufen so herum, haben nichts am Leib und müssen frieren. Weißt du was? Ich will Hemdlein, Rock, Wams und Höslein für sie nähen, auch jedem ein Paar Strümpfe stricken; mach du jedem ein Paar Schühlein dazu.« Der Mann

sprach: »Das bin ich wohl zufrieden«, und abends, wie sie alles fertig hatten, legten sie die Geschenke statt der zugeschnittenen Arbeit zusammen auf den Tisch und versteckten sich dann, um mit anzusehen, wie sich die Männlein dazu anstellen würden.

Um Mitternacht kamen sie herangesprungen und wollten sich gleich an die Arbeit machen, als sie aber kein zugeschnittenes Leder, sondern die niedlichen Kleidungsstücke fanden, verwunderten sie sich erst, dann aber bezeigten sie eine gewaltige Freude. Mit der größten Geschwindigkeit zogen sie sich an, strichen die schönen Kleider am Leib und sangen:

»Sind wir nicht Knaben glatt und fein?
Was sollen wir länger Schuster sein!«

Dann hüpften und tanzten sie und sprangen über Stühle und Bänke. Endlich tanzten sie zur Türe hinaus.

Von nun an kamen sie nicht wieder, dem Schuster aber ging es wohl, solang er lebte, und es glückte ihm alles, was er unternahm.

Zweites Märchen

Es war einmal ein armes Dienstmädchen, das war fleißig und reinlich, kehrte alle Tage das Haus und schüttete das Kehricht auf einen großen Haufen vor die Türe. Eines Morgens, als es eben wieder an die Arbeit gehen wollte, fand es einen Brief darauf, und weil es nicht lesen konnte, so stellte es den Besen in die Ecke und brachte den Brief seiner Herrschaft, und da war es eine Einladung von den Wichtelmännern, die baten das Mädchen, ihnen ein Kind aus der Taufe zu heben. Das Mädchen wußte nicht, was es tun sollte, endlich auf vieles Zureden, und weil sie ihm sagten, so etwas dürfte man nicht abschlagen, so willigte es ein.

Da kamen drei Wichtelmänner und führten es in einen hohlen Berg, wo die Kleinen lebten. Es war da alles klein, aber so zierlich und prächtig, daß es nicht zu sagen ist. Die Kindbetterin lag in einem Bett von schwarzem Ebenholz mit Knöpfen von Perlen, die Decken waren mit Gold gestickt, die Wiege war von Elfenbein, die Badewanne von Gold. Das Mädchen stand nun Gevatter und wollte dann wieder nach Haus gehen, die Wichtelmännlein baten es aber inständig, drei Tage bei ihnen zu bleiben. Es blieb also und verlebte die Zeit in Lust und Freude, und die Kleinen taten ihm alles zuliebe. Endlich wollte es sich auf den Rückweg machen, da steckten sie ihm die Taschen erst ganz voll Gold und führten es hernach wieder zum Berge heraus.

Als es nach Haus kam, wollte es seine Arbeit beginnen, nahm den Besen in die Hand, der noch in der Ecke stand, und fing an zu kehren. Da kamen fremde Leute aus dem Haus, die fragten, wer es wäre und was es da zu tun hätte. Da war es nicht drei Tage, wie es gemeint hatte, sondern sieben Jahre bei den kleinen Männern im Berge gewesen, und seine vorige Herrschaft war in der Zeit gestorben.

Drittes Märchen

Einer Mutter war ihr Kind von den Wichtelmännern aus der Wiege geholt und ein Wechselbalg mit dickem Kopf und starren Augen hineingelegt, der nichts als essen und trinken wollte. In ihrer Not ging sie zu ihrer Nachbarin und fragte sie um Rat. Die Nachbarin sagte, sie sollte den Wechselbalg in die Küche tragen, auf den Herd setzen, Feuer anmachen und in zwei Eierschalen Wasser kochen: das bringe den Wechselbalg zum Lachen, und wenn er lache, dann sei es aus mit ihm. Die Frau tat alles, wie die Nachbarin gesagt hatte. Wie sie die Eierschalen mit Wasser über das Feuer setzte, sprach der Klotzkopf:

»Nun bin ich so alt wie der Westerwald
Und hab nicht gesehen,
Daß jemand in Schalen kocht.«

Und fing an darüber zu lachen. Indem er lachte, kam auf einmal eine Menge von Wichtelmännerchen, die brachten das rechte Kind, setzten es auf den Herd und nahmen den Wechselbalg wieder mit fort.

Der Räuberbräutigam

Es war einmal ein Müller, der hatte eine schöne Tochter, und als sie herangewachsen war, so wünschte er, sie wäre versorgt und gut verheiratet; er dachte: »Kommt ein ordentlicher Freier und hält um sie an, so will ich sie ihm geben.« Nicht lange, so kam ein Freier, der schien sehr reich zu sein, und da der Müller nichts an ihm auszusetzen wußte, so versprach er ihm seine Tochter. Das Mädchen aber hatte ihn nicht so recht lieb, wie eine Braut ihren Bräutigam liebhaben soll, und hatte kein Vertrauen zu ihm: sooft sie ihn ansah oder an ihn dachte, fühlte sie ein Grauen in ihrem Herzen.

Einmal sprach er zu ihr: »Du bist meine Braut und besuchst mich nicht einmal.« Das Mädchen antwortete: »Ich weiß nicht, wo Euer Haus ist.«

Da sprach der Bräutigam: »Mein Haus ist draußen im dunkeln Wald.«

Es suchte Ausreden und meinte, es könnte den Weg dahin nicht finden. Der Bräutigam sagte: »Künftigen Sonntag mußt du hinaus zu mir kommen, ich habe die Gäste schon eingeladen, und damit du den Weg durch den Wald findest, so will ich dir Asche streuen.«

Als der Sonntag kam und das Mädchen sich auf den Weg machen sollte, ward ihm so angst, es wußte selbst nicht recht warum, und damit es den Weg bezeichnen könnte, steckte es sich beide Taschen voll Erbsen und Linsen. An dem Eingang des Waldes war Asche gestreut, der ging es nach, warf aber bei jedem Schritt rechts und links ein paar Erbsen auf die Erde. Es ging fast den ganzen Tag, bis es mitten in den Wald kam, wo er am dunkelsten war, da stand ein einsames Haus, das gefiel ihm nicht, denn es sah so finster und unheimlich aus. Es trat hin-

ein, aber es war niemand darin und herrschte die größte Stille. Plötzlich rief eine Stimme:

»Kehr um, kehr um, du junge Braut,
Du bist in einem Mörderhaus.«

Das Mädchen blickte auf und sah, daß die Stimme von einem Vogel kam, der da in einem Bauer an der Wand hing. Nochmals rief er:

»Kehr um, kehr um, du junge Braut,
Du bist in einem Mörderhaus.«

Da ging die schöne Braut weiter aus einer Stube in die andere und ging durch das ganze Haus, aber es war alles leer und keine Menschenseele zu finden. Endlich kam sie auch in den Keller, da saß eine steinalte Frau, die wackelte mit dem Kopfe. »Könnt Ihr mir nicht sagen«, sprach das Mädchen, »ob mein Bräutigam hier wohnt?«

»Ach, du armes Kind«, antwortete die Alte, »wo bist du hingeraten! Du bist in einer Mördergrube. Du meinst, du wärst eine Braut, die bald Hochzeit macht, aber du wirst die Hochzeit mit dem Tode halten. Siehst du, da hab ich einen großen Kessel mit Wasser aufsetzen müssen, wenn sie dich in ihrer Gewalt haben, so zerhacken sie dich ohne Barmherzigkeit, kochen dich und essen dich, denn es sind Menschenfresser. Wenn ich nicht Mitleiden mit dir habe und dich rette, so bist du verloren.«

Darauf führte es die Alte hinter ein großes Faß, wo man es nicht sehen konnte. »Sei wie ein Mäuschen still«, sagte sie, »rege dich nicht und bewege dich nicht, sonst ist's um dich geschehen. Nachts, wenn die Räuber schlafen, wollen wir entfliehen, ich habe schon lange auf eine Gelegenheit gewartet.« Kaum war das geschehen, so kam die gottlose Rotte nach Haus. Sie brachten eine andere Jungfrau mitgeschleppt, waren trunken und hörten nicht auf ihr Schreien und Jammern. Sie gaben ihr Wein zu trinken, drei Gläser voll, ein Glas weißen, ein Glas roten und ein Glas gelben, davon zersprang ihr das Herz. Darauf rissen sie ihr die feinen Kleider ab, legten sie auf einen Tisch, zerhackten ihren schönen Leib in Stücke und streuten Salz darüber. Die arme Braut hinter dem Faß zitterte und bebte, denn sie sah wohl, was für ein Schicksal ihr die Räuber zugedacht hatten. Einer von ihnen bemerkte an dem kleinen Finger der Gemordeten einen goldenen Ring, und als er sich nicht gleich abziehen ließ, so nahm er ein Beil und hackte den Finger ab; aber der Finger sprang in die Höhe über das Faß hinweg und fiel der Braut gerade in den Schoß.

Der Räuber nahm ein Licht und wollte ihn suchen, konnte ihn aber nicht finden. Da sprach ein anderer: »Hast du auch schon hinter dem großen Fasse gesucht?« Aber die Alte rief: »Kommt und eßt und laßt das Suchen bis morgen: der Finger läuft euch nicht fort.«

Da sprachen die Räuber: »Die Alte hat recht«, ließen vom Suchen ab, setzten sich zum Essen, und die Alte tröpfelte ihnen einen Schlaftrunk in den Wein, daß sie sich bald in den Keller hinlegten, schliefen und schnarchten. Als die

Braut das hörte, kam sie hinter dem Faß hervor und mußte über die Schlafenden wegschreiten, die da reihenweise auf der Erde lagen, und hatte große Angst, sie möchte einen aufwecken. Aber Gott half ihr, daß sie glücklich durchkam, die Alte stieg mit ihr hinauf, öffnete die Türe, und sie eilten, so schnell sie konnten, aus der Mörderstube fort. Die gestreute Asche hatte der Wind weggeweht, aber die Erbsen und Linsen hatten gekeimt und waren aufgegangen und zeigten im Mondenschein den Weg.

Sie gingen die ganze Nacht, bis sie morgens in der Mühle ankamen. Da erzählte das Mädchen seinem Vater alles, wie es sich zugetragen hatte.

Als der Tag kam, wo die Hochzeit sollte gehalten werden, erschien der Bräutigam, der Müller aber hatte alle seine Verwandte und Bekannte einladen lassen. Wie sie bei Tische saßen, ward einem jeden aufgegeben, etwas zu erzählen. Die Braut saß still und redete nichts.

Da sprach der Bräutigam zur Braut: »Nun, mein Herz, weißt du nichts? Erzähl uns auch etwas.« Sie antwortete: »So will ich einen Traum erzählen. Ich ging allein durch einen Wald und kam endlich zu einem Haus, da war keine Menschenseele darin, aber an der Wand war ein Vogel in einem Bauer, der rief:

›Kehr um, kehr um, du junge Braut,
Du bist in einem Mörderhaus.‹

Und rief es noch einmal. Mein Schatz, das träumte mir nur. Da ging ich durch alle Stuben, und alle waren leer, und es war so unheimlich darin; ich stieg endlich hinab in den Keller, da saß eine steinalte Frau darin, die wackelte mit dem Kopfe. Ich fragte sie: ›Wohnt mein Bräutigam in diesem Haus?‹ Sie antwortete: ›Ach, du armes Kind, du bist in eine Mördergrube geraten, dein Bräutigam wohnt hier, aber er will dich zerhacken und töten, und will dich dann kochen und essen.‹ Mein Schatz, das träumte mir nur. Aber die alte Frau versteckte mich hinter ein großes Faß, und kaum war ich da verborgen, so kamen die Räuber heim und schleppten eine Jungfrau mit sich, der gaben sie dreierlei Wein zu trinken, weißen, roten und gelben, davon zersprang ihr das Herz. Mein Schatz, das träumte mir nur. Darauf zogen sie ihr die feinen Kleider ab, zerhackten ihren schönen Leib auf einem Tisch in Stücke und bestreuten ihn mit Salz. Mein Schatz, das träumte mir nur. Und einer von den Räubern sah, daß an dem Goldfinger noch ein Ring steckte, und weil er schwer abzuziehen war, so nahm er ein Beil und hieb ihn ab, aber der Finger sprang in die Höhe und sprang hinter das große Faß und fiel mir in den Schoß. Und da ist der Finger mit dem Ring.«

Bei diesen Worten zog sie ihn hervor und zeigte ihn den Anwesenden. Der Räuber, der bei der Erzählung ganz kreideweiß geworden war, sprang auf und wollte entfliehen, aber die Gäste hielten ihn fest und überlieferten ihn den Gerichten. Da ward er und seine ganze Bande für ihre Schandtaten gerichtet.

Der Gevatter Tod

Es hatte ein armer Mann zwölf Kinder und mußte Tag und Nacht arbeiten, damit er ihnen nur Brot geben konnte. Als nun das dreizehnte zur Welt kam, wußte er sich in seiner Not nicht zu helfen, lief hinaus auf die große Landstraße und wollte den ersten, der ihm begegnete, zu Gevatter bitten. Der erste, der ihm begegnete, das war der liebe Gott, der wußte schon, was er auf dem Herzen hatte, und sprach zu ihm: »Armer Mann, du dauerst mich, ich will ein Kind aus der Taufe heben, will für es sorgen und es glücklich machen auf Erden.« Der Mann sprach: »Wer bist du?«

»Ich bin der liebe Gott.«

»So begehr ich dich nicht zu Gevatter«, sagte der Mann, »du gibst dem Reichen und lässest den Armen hungern.« Das sprach der Mann, weil er nicht wußte, wie weislich Gott Reichtum und Armut verteilt. Also wendete er sich von dem Herrn und ging weiter. Da trat der Teufel zu ihm und sprach: »Was suchst du? Willst du mich zum Paten deines Kindes nehmen, so will ich ihm Gold die Hülle und Fülle und alle Lust der Welt dazu geben.« Der Mann fragte: »Wer bist du?«

»Ich bin der Teufel.«

»So begehr ich dich nicht zum Gevatter«, sprach der Mann, »du betrügst und verführst die Menschen.« Er ging weiter, da kam der dürrbeinige Tod auf ihn zugeschritten und sprach: »Nimm mich zu Gevatter.« Der Mann fragte: »Wer bist du?«

»Ich bin der Tod, der alle gleichmacht.« Da sprach der Mann: »Du bist der rechte, du holst den Reichen wie den Armen ohne Unterschied, du sollst mein Gevattersmann sein.« Der Tod antwortete: »Ich will dein Kind reich und berühmt machen, denn wer mich zum Freunde hat, dem kann's nicht fehlen.«

Der Mann sprach: »Künftigen Sonntag ist die Taufe, da stelle dich zu rechter Zeit ein.«

Der Tod erschien, wie er versprochen hatte, und stand ganz ordentlich Gevatter. Als der Knabe zu Jahren gekommen war, trat zu einer Zeit der Pate ein und hieß ihn mitgehen. Er führte ihn hinaus in den Wald, zeigte ihm ein Kraut, das da wuchs, und sprach: »Jetzt sollst du dein Patengeschenk empfangen. Ich mache dich zu einem berühmten Arzt. Wenn du zu einem Kranken gerufen wirst, so will ich dir jedesmal erscheinen; steh ich zu Häupten des Kranken, so kannst du keck sprechen, du wolltest ihn wieder gesund machen, und gibst du ihm dann von jenem Kraut ein, so wird er genesen; steh ich aber zu Füßen des Kranken, so ist er mein, und du mußt sagen, alle Hilfe sei umsonst, und kein Arzt in der Welt könne ihn retten. Aber hüte dich, daß du das Kraut nicht gegen meinen Willen gebrauchst, es könnte dir schlimm ergehen.«

Es dauerte nicht lange, so war der Jüngling der berühmteste Arzt auf der ganzen Welt. »Er braucht nur den Kranken anzusehen, so weiß er schon, wie es steht, ob er wieder gesund wird oder ob er sterben muß«, so hieß es von ihm, und weit und breit kamen die Leute herbei, holten ihn zu den Kranken und gaben ihm so viel Gold, daß er bald ein reicher Mann war.

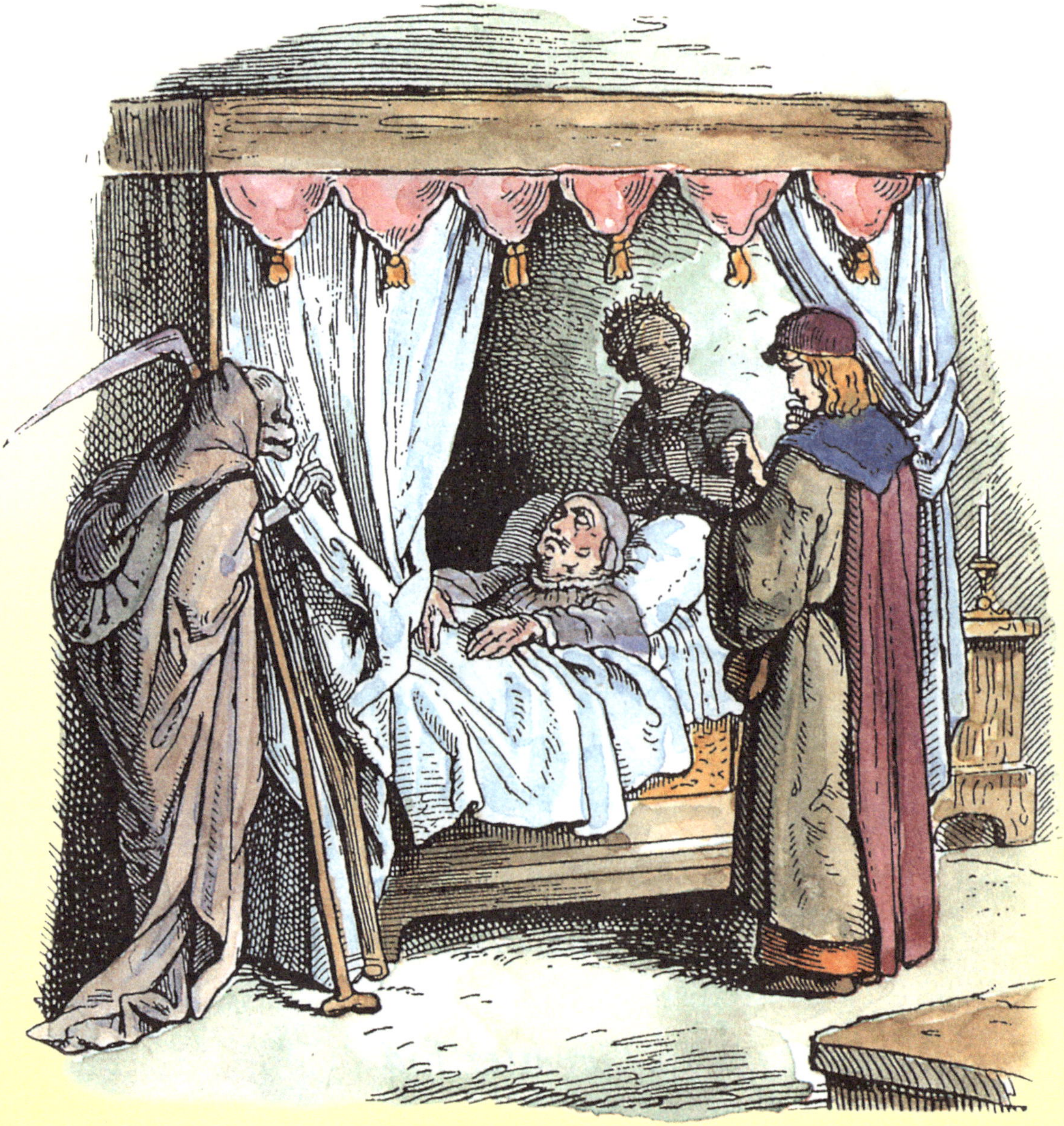

Nun trug es sich zu, daß der König erkrankte; der Arzt ward berufen und sollte sagen, ob Genesung möglich wäre. Wie er aber zu dem Bette trat, so stand der Tod zu den Füßen des Kranken, und da war für ihn kein Kraut mehr gewachsen.

»Wenn ich doch einmal den Tod überlisten könnte«, dachte der Arzt, »er wird's freilich übelnehmen, aber da ich sein Pate bin, so drückt er wohl ein Auge zu: ich will's wagen.« Er faßte also den Kranken und legte ihn verkehrt, so daß der Tod zu Häupten desselben zu stehen kam. Dann gab er ihm von dem Kraute ein, und der König erholte sich und ward wieder gesund.

Der Tod aber kam zu dem Arzte, machte ein böses und finsteres Gesicht, drohte mit dem Finger und sagte: »Du hast mich hinter das Licht geführt: diesmal will ich dir's nachsehen, weil du mein Pate bist, aber wagst du das noch einmal, so geht dir's an den Kragen, und ich nehme dich selbst mit fort.«

Bald hernach verfiel die Tochter des Königs in eine schwere Krankheit. Sie war sein einziges Kind, er weinte Tag und Nacht, daß ihm die Augen erblindeten, und ließ bekanntmachen, wer sie vom Tode errettete, der sollte ihr Gemahl werden und die Krone erben.

Der Arzt, als er zu dem Bette der Kranken kam, erblickte den Tod zu ihren Füßen. Er hätte sich der Warnung seines Paten erinnern sollen, aber die große Schönheit der Königstochter und das Glück, ihr Gemahl zu werden, betörten ihn so, daß er alle Gedanken in den Wind schlug. Er sah nicht, daß der Tod ihm zornige Blicke zuwarf, die Hand in die Höhe hob und mit der dürren Faust drohte; er hob die Kranke auf und legte ihr Haupt dahin, wo die Füße gelegen hatten. Dann gab er ihr das Kraut ein, und alsbald röteten sich ihre Wangen, und das Leben regte sich von neuem. Der Tod, als er sich zum zweitenmal um sein Eigentum betrogen sah, ging mit langen Schritten auf den Arzt zu und sprach: »Es ist aus mit dir, und die Reihe kommt nun an dich«, packte ihn mit seiner eiskalten Hand so hart, daß er nicht widerstehen konnte, und führte ihn in eine unterirdische Höhle. Da sah er, wie tausend und tausend Lichter in unübersehbaren Reihen brannten, einige groß, andere halbgroß, andere klein. Jeden Augenblick verloschen einige, und andere brannten wieder auf, also daß die Flämmchen in beständigem Wechsel hin und her zu hüpfen schienen.

»Siehst du«, sprach der Tod, »das sind die Lebenslichter der Menschen. Die großen gehören Kindern, die halbgroßen Eheleuten in ihren besten Jahren, die kleinen gehören Greisen. Doch auch Kinder und junge Leute haben oft nur ein kleines Lichtchen.«

»Zeige mir mein Lebenslicht«, sagte der Arzt und meinte, es wäre noch recht groß. Der Tod deutete auf ein kleines Endchen, das eben auszugehen drohte, und sagte: »Siehst du, da ist es.«

»Ach, lieber Pate«, sagte der erschrockene Arzt, »zündet mir ein neues an, tut mir's zuliebe, damit ich meines Lebens genießen kann, König werde und Gemahl der schönen Königstochter.«

»Ich kann nicht«, antwortete der Tod, »erst muß eins verlöschen, eh ein neues anbrennt.«

»So setzt das alte auf ein neues, das gleich fortbrennt, wenn jenes zu Ende ist«, bat der Arzt.

Der Tod stellte sich, als ob er seinen Wunsch erfüllen wollte, langte ein frisches großes Licht herbei; aber weil er sich rächen wollte, versah er's beim Umstecken absichtlich, und das Stückchen fiel um und verlosch. Alsbald sank der Arzt zu Boden und war nun selbst in die Hand des Todes geraten.

Fitchers Vogel

Es war einmal ein Hexenmeister, der nahm die Gestalt eines armen Mannes an, ging vor die Häuser und bettelte und fing die schönen Mädchen. Kein Mensch wußte, wo er sie hinbrachte, denn sie kamen nie wieder zum Vorschein.

Eines Tages erschien er vor der Türe eines Mannes, der drei schöne Töchter hatte, sah aus wie ein armer schwacher Bettler und trug eine Kötze auf dem Rücken, als wollte er milde Gaben darin sammeln. Er bat um ein bißchen

Essen, und als die älteste herauskam und ihm ein Stück Brot reichen wollte, rührte er sie nur an, und sie mußte in seine Kötze springen.

Darauf eilte er mit starken Schritten fort und trug sie in einen finstern Wald zu seinem Haus, das mitten darin stand. In dem Haus war alles prächtig; er gab ihr, was sie nur wünschte, und sprach: »Mein Schatz, es wird dir wohlgefallen bei mir, du hast alles, was dein Herz begehrt.«

Das dauerte ein paar Tage, da sagte er: »Ich muß fortreisen und dich eine kurze Zeit allein lassen, da sind die Hausschlüssel, du kannst überall hingehen und alles betrachten, nur nicht in eine Stube, die dieser kleine Schlüssel da aufschließt, das verbiet ich dir bei Lebensstrafe.« Auch gab er ihr ein Ei und sprach: »Das Ei verwahre mir sorgfältig und trag es lieber beständig bei dir, denn ginge es verloren, so würde ein großes Unglück daraus entstehen.« Sie nahm die Schlüssel und das Ei und versprach, alles wohl auszurichten.

Als er fort war, ging sie in dem Haus herum von unten bis oben und besah alles, die Stuben glänzten von Silber und Gold, und sie meinte, sie hätte nie so große Pracht gesehen. Endlich kam sie auch zu der verbotenen Tür, sie wollte vorübergehen, aber die Neugierde ließ ihr keine Ruhe. Sie besah den Schlüssel, er sah aus wie ein anderer, sie steckte ihn ein und drehte ein wenig, da sprang die Türe auf.

Aber was erblickte sie, als sie hineintrat? Ein großes blutiges Becken stand in der Mitte, und darin lagen tote, zerhauene Menschen, daneben stand ein Holzblock, und ein blinkendes Beil lag darauf.

Sie erschrak so sehr, daß das Ei, das sie in der Hand hielt, hineinplumpte. Sie holte es wieder heraus und wischte das Blut ab, aber vergeblich, es kam den Augenblick wieder zum Vorschein; sie wischte und schabte, aber sie konnte es nicht herunterkriegen.

Nicht lange, so kam der Mann von der Reise zurück, und das erste, was er forderte, war der Schlüssel und das Ei. Sie reichte es ihm hin, aber sie zitterte dabei, und er sah gleich an den roten Flecken, daß sie in der Blutkammer gewesen war. »Bist du gegen meinen Willen in die Kammer gegangen«, sprach er, »so sollst du gegen deinen Willen wieder hinein. Dein Leben ist zu Ende.« Er warf sie nieder, schleifte sie an den Haaren hin, schlug ihr das Haupt auf dem Blocke ab und zerhackte sie, daß ihr Blut auf dem Boden dahinfloß. Dann warf er sie zu den übrigen ins Becken.

»Jetzt will ich mir die zweite holen«, sprach der Hexenmeister, ging wieder in Gestalt eines armen Mannes vor das Haus und bettelte. Da brachte ihm die zweite ein Stück Brot, er fing sie wie die erste durch bloßes Anrühren und trug sie fort. Es erging ihr nicht besser als ihrer Schwester, sie ließ sich von ihrer Neugierde verleiten, öffnete die Blutkammer und schaute hinein und mußte es bei seiner Rückkehr mit dem Leben büßen.

Er ging nun und holte die dritte, die aber war klug und listig. Als er ihr die Schlüssel und das Ei gegeben hatte und fortgereist war, verwahrte sie das Ei erst sorgfältig, dann besah sie das Haus und ging zuletzt in die verbotene Kammer. Ach, was erblickte sie! Ihre beiden

lieben Schwestern lagen da in dem Becken jämmerlich ermordet und zerhackt. Aber sie hub an und suchte die Glieder zusammen und legte sie zurecht, Kopf, Leib, Arm und Beine. Und als nichts mehr fehlte, da fingen die Glieder an, sich zu regen, und schlossen sich aneinander, und beide Mädchen öffneten die Augen und waren wieder lebendig. Da freuten sie sich, küßten und herzten einander.

Der Mann forderte bei seiner Ankunft gleich Schlüssel und Ei, und als er keine Spur von Blut daran entdecken konnte, sprach er: »Du hast die Probe bestanden, du sollst meine Braut sein.« Er hatte jetzt keine Macht mehr über sie und mußte tun, was sie verlangte. »Wohlan«, antwortete sie, »du sollst vorher einen Korb voll Gold meinem Vater und meiner Mutter bringen und es selbst auf deinem Rücken hintragen; derweil will ich die Hochzeit bestellen.«

Dann lief sie zu ihren Schwestern, die sie in einem Kämmerlein versteckt hatte, und sagte: »Der Augenblick ist da, wo ich euch retten kann: der Bösewicht soll euch selbst wieder heimtragen; aber sobald ihr zu Hause seid, sendet mir Hilfe.« Sie setzte beide in einen Korb und deckte sie mit Gold ganz zu, daß nichts von ihnen zu sehen war, dann rief sie den Hexenmeister herein und sprach: »Nun trag den Korb fort, aber daß du mir unterwegs nicht stehenbleibst und ruhest, ich schaue durch mein Fensterlein und habe acht.«

Der Hexenmeister hob den Korb auf seinen Rücken und ging damit fort, er drückte ihn aber so schwer, daß ihm der Schweiß über das Angesicht lief. Da setzte er sich nieder und wollte ein wenig ruhen, aber gleich rief eine im Korbe: »Ich schaue durch mein Fensterlein und sehe, daß du ruhst, willst du gleich weiter.« Er meinte, die Braut rief ihm das zu, und machte sich wieder auf. Nochmals wollte er sich setzen, aber es rief gleich: »Ich schaue durch mein Fensterlein und sehe, daß du ruhst, willst du gleich

weiter.« Und sooft er stillstand, rief es, und da mußte er fort, bis er endlich stöhnend und außer Atem den Korb mit dem Gold und den beiden Mädchen in ihrer Eltern Haus brachte.

Daheim aber ordnete die Braut das Hochzeitsfest an und ließ die Freunde des Hexenmeisters dazu einladen. Dann nahm sie einen Totenkopf mit grinsenden Zähnen, setzte ihm einen Schmuck auf und einen Blumenkranz, trug ihn oben vors Bodenloch und ließ ihn da hinausschauen. Als alles bereit war, steckte sie sich in ein Faß mit Honig, schnitt das Bett auf und wälzte sich darin, daß sie aussah wie ein wunderlicher Vogel und kein Mensch sie erkennen konnte. Da ging sie zum Haus hinaus, und unterwegs begegnete ihr ein Teil der Hochzeitsgäste, die fragten:

»Du Fitchers Vogel, wo kommst du her?«
»Ich komme von Fitze Fitchers Hause her.«
»Was macht denn da die junge Braut?«
»Hat gekehrt von unten bis oben das Haus
Und guckt zum Bodenloch heraus.«

Endlich begegnete ihr der Bräutigam, der langsam zurückwanderte. Er fragte wie die andern:

»Du Fitchers Vogel, wo kommst du her?«
»Ich komme von Fitze Fitchers Hause her.«
»Was macht denn da meine junge Braut?«
»Hat gekehrt von unten bis oben das Haus
Und guckt zum Bodenloch heraus.«

Der Bräutigam schaute hinauf und sah den geputzten Totenkopf, da meinte er, es wäre seine Braut, und nickte ihr zu und grüßte sie freundlich.

Wie er aber samt seinen Gästen ins Haus gegangen war, da langten die Brüder und Verwandte der Braut an, die zu ihrer Rettung gesendet waren. Sie schlossen alle Türen des Hauses zu, daß niemand entfliehen konnte, und steckten es an, also daß der Hexenmeister mitsamt seinem Gesindel verbrennen mußte.

Die sechs Schwäne

Es jagte einmal ein König in einem großen Wald und jagte einem Wild so eifrig nach, daß ihm niemand von seinen Leuten folgen konnte. Als der Abend herankam, hielt er still und blickte um sich, da sah er, daß er sich verirrt hatte. Er suchte einen Ausgang, konnte aber keinen finden. Da sah er eine alte Frau mit wackelndem Kopfe, die auf ihn zukam; das war aber eine Hexe. »Liebe Frau«, sprach er zu ihr, »könnt Ihr mir nicht den Weg durch den Wald zeigen?«

»O ja, Herr König«, antwortete sie, »das kann ich wohl, aber es ist eine Bedingung dabei, wenn Ihr die nicht erfüllt, so kommt Ihr nimmermehr aus dem Wald und müßt darin Hungers sterben.«

»Was ist das für eine Bedingung?« fragte der König. »Ich habe eine Tochter«, sagte die Alte, »die so schön ist, wie Ihr eine auf der Welt finden könnt, und wohl verdient, Eure Gemahlin zu werden, wollt Ihr die zur Frau Königin machen, so zeige ich Euch den Weg aus dem Walde.« Der König in der Angst seines Herzens

P. Hey

willigte ein, und die Alte führte ihn zu ihrem Häuschen, wo ihre Tochter beim Feuer saß. Sie empfing den König, als wenn sie ihn erwartet hätte, und er sah wohl, daß sie sehr schön war, aber sie gefiel ihm doch nicht, und er konnte sie ohne heimliches Grausen nicht ansehen.

Nachdem er das Mädchen zu sich aufs Pferd gehoben hatte, zeigte ihm die Alte den Weg, und der König gelangte wieder in sein königliches Schloß, wo die Hochzeit gefeiert wurde.

Der König war schon einmal verheiratet gewesen und hatte von seiner ersten Gemahlin sieben Kinder, sechs Knaben und ein Mädchen, die er über alles auf der Welt liebte. Weil er nun fürchtete, die Stiefmutter möchte sie nicht gut behandeln und ihnen gar ein Leid antun, so brachte er sie in ein einsames Schloß, das mitten in einem Walde stand. Es lag so verborgen, und der Weg war so schwer zu finden, daß er ihn selbst nicht gefunden hätte, wenn ihm nicht eine weise Frau ein Knäuel Garn von wunderbarer Eigenschaft geschenkt hätte; wenn er das vor sich hinwarf, so wickelte es sich von selbst los und zeigte ihm den Weg.

Der König ging aber so oft hinaus zu seinen lieben Kindern, daß der Königin seine Abwesenheit auffiel; sie ward neugierig und wollte wissen, was er draußen ganz allein in dem Walde zu schaffen habe. Sie gab seinen Dienern viel Geld, und die verrieten ihr das Geheimnis und sagten ihr auch von dem Knäuel, das allein den Weg zeigen könnte.

Nun hatte sie keine Ruhe, bis sie herausgebracht hatte, wo der König das Knäuel aufbewahrte, und dann machte sie kleine weißseidene Hemdchen, und da sie von ihrer Mutter die Hexenkünste gelernt hatte, so nähete sie einen Zauber hinein. Und als der König einmal auf die Jagd geritten war, nahm sie die Hemdchen und ging in den Wald, und das Knäuel zeigte ihr den Weg. Die Kinder, die aus der Ferne jemand kommen sahen, meinten, ihr lieber Vater käme zu ihnen, und sprangen ihm voll Freude entgegen. Da warf sie über ein jedes eins von den Hemdchen, und wie das ihren Leib berührt hatte, verwandelten sie sich in Schwäne und flogen über den Wald hinweg.

Die Königin ging ganz vergnügt nach Haus und glaubte ihre Stiefkinder los zu sein, aber das Mädchen war ihr mit den Brüdern nicht entgegengelaufen, und sie wußte nichts von ihm.

Anderntags kam der König und wollte seine Kinder besuchen, er fand aber niemand als das Mädchen. »Wo sind deine Brüder?« fragte der König.

»Ach, lieber Vater«, antwortete es, »sie sind fort und haben mich allein zurückgelassen«, und erzählte ihm, daß es aus seinem Fensterlein mit angesehen habe, wie seine Brüder als Schwäne über den Wald weggeflogen wären, und zeigte ihm die Federn, die sie in dem Hof hatten fallen lassen und die es aufgelesen hatte. Der König trauerte, aber er dachte nicht, daß die Königin die böse Tat vollbracht hätte, und weil er fürchtete, das Mädchen würde ihm auch geraubt, so wollte er es mit fortnehmen. Aber es hatte Angst vor der Stiefmutter und bat den König, daß es nur noch diese Nacht im Waldschloß bleiben dürfte.

Das arme Mädchen dachte: »Meines Bleibens ist nicht länger hier, ich will gehen und meine Brüder suchen.«

Und als die Nacht kam, entfloh es und ging gerade in den Wald hinein. Es ging die ganze Nacht durch und auch den andern Tag in einem fort, bis es vor Müdigkeit nicht weiterkonnte. Da sah es eine Wildhütte, stieg hinauf und fand eine Stube mit sechs kleinen Betten, aber es getraute nicht, sich in eins zu legen, sondern kroch unter eins, legte sich auf den harten Boden und wollte die Nacht da zubringen. Als aber die Sonne bald untergehen wollte, hörte es ein Rauschen und sah, daß sechs Schwäne zum Fenster hereingeflogen kamen. Sie setzten sich auf den Boden und bliesen einander an und bliesen sich alle Federn ab, und ihre Schwanenhaut streifte sich ab wie ein Hemd. Da sah sie das Mädchen an und erkannte ihre Brüder, freute sich und kroch unter dem Bett hervor. Die Brüder waren nicht weniger erfreut, als sie ihr Schwesterchen erblickten, aber ihre Freude war von kurzer Dauer. »Hier kann deines Bleibens nicht sein«, sprachen sie zu ihm, »das ist eine Herberge für Räuber, wenn die heimkommen und finden dich, so ermorden sie dich.«

»Könnt ihr mich denn nicht beschützen?« fragte das Schwesterchen. »Nein«, antworteten sie, »denn wir können nur eine Viertelstunde lang jeden Abend unsere Schwanenhaut ablegen und haben in dieser Zeit unsere menschliche Gestalt, aber dann werden wir wieder in Schwäne verwandelt.«

Das Schwesterchen weinte und sagte: »Könnt ihr denn nicht erlöst werden?«

»Ach nein«, antworteten sie, »die Bedingungen sind zu schwer. Du darfst sechs Jahre lang nicht sprechen und nicht lachen und mußt in der Zeit sechs Hemdchen für uns aus Sternenblumen zusammennähen. Kommt ein einziges Wort aus deinem Munde, so ist alle Arbeit verloren.«

Und als die Brüder das gesprochen hatten, war die Viertelstunde herum, und sie flogen als Schwäne wieder zum Fenster hinaus. Das Mädchen aber faßte den festen Entschluß, seine Brüder zu erlösen, und wenn es auch sein Leben kostete. Es verließ die Wildhütte, ging mitten in den Wald und setzte sich auf einen Baum und brachte da die Nacht zu.

Am andern Morgen ging es aus, sammelte Sternblumen und fing an zu nähen. Reden konnte es mit niemand, und zum Lachen hatte es keine Lust: es saß da und sah nur auf seine Arbeit. Als es schon lange Zeit da zugebracht hatte, geschah es, daß der König des Landes in dem Wald jagte und seine Jäger zu dem Baum kamen, auf welchem das Mädchen saß. Sie rie-

als auch dies nicht half, seine Strumpfbänder, und nach und nach alles, was es anhatte und entbehren konnte, so daß es nichts mehr als sein Hemdlein behielt.

Die Jäger ließen sich aber damit nicht abweisen, stiegen auf den Baum, hoben das Mädchen herab und führten es vor den König.

Der König fragte: »Wer bist du? Was machst du auf dem Baum?« Aber es antwortete nicht. Er fragte es in allen Sprachen, die er wußte, aber es blieb stumm wie ein Fisch. Weil es aber so schön war, so ward des Königs Herz gerührt, und er faßte eine große Liebe zu ihm. Er tat ihm seinen Mantel um, nahm es vor sich aufs Pferd und brachte es in sein Schloß. Da ließ er ihm reiche Kleider antun, und es strahlte in seiner Schönheit wie der helle Tag, aber es war kein Wort aus ihm herauszubringen.

Er setzte es bei Tisch an seine Seite, und seine bescheidenen Mienen und seine Sittsamkeit gefielen ihm so sehr, daß er sprach: »Diese begehre ich zu heiraten und keine andere auf der Welt«, und nach einigen Tagen vermählte er sich mit ihr.

Der König aber hatte eine böse Mutter, die war unzufrieden mit dieser Heirat und sprach schlecht von der jungen Königin. »Wer weiß, wo die Dirne her ist«, sagte sie, »die nicht reden kann; sie ist eines Königs nicht würdig.«

Über ein Jahr, als die Königin das erste Kind zur Welt brachte, nahm es ihr die Alte weg und bestrich ihr im Schlafe den Mund mit Blut.

Da ging sie zum König und klagte sie an, sie wäre eine Menschenfresserin. Der König wollte es nicht glauben und litt nicht, daß man ihr ein Leid antat. Sie saß aber beständig und nähete an den Hemden und achtete auf nichts anderes.

fen es an und sagten: »Wer bist du?« Es gab aber keine Antwort. »Komm herab zu uns«, sagten sie, »wir wollen dir nichts zuleid tun.« Es schüttelte bloß mit dem Kopf. Als sie es weiter mit Fragen bedrängten, so warf es ihnen seine goldene Halskette herab und dachte sie damit zufriedenzustellen. Sie ließen aber nicht ab, da warf es ihnen seinen Gürtel herab, und

Das nächste Mal, als sie wieder einen schönen Knaben gebar, übte die falsche Schwiegermutter denselben Betrug aus, aber der König konnte sich nicht entschließen, ihren Reden Glauben beizumessen. Er sprach: »Sie ist zu fromm und gut, als daß sie so etwas tun könnte, wäre sie nicht stumm und könnte sie sich verteidigen, so würde ihre Unschuld an den Tag kommen.«

Als aber das dritte Mal die Alte das neugeborne Kind raubte und die Königin anklagte, die kein Wort zu ihrer Verteidigung vorbrachte, so konnte der König nicht anders, er mußte sie dem Gericht übergeben, und das verurteilte sie, den Tod durchs Feuer zu erleiden.

Als der Tag herankam, wo das Urteil sollte vollzogen werden, da war zugleich der letzte Tag von den sechs Jahren herum, in welchen sie nicht sprechen und nicht lachen durfte, und sie hatte ihre lieben Brüder aus der Macht des Zaubers befreit. Die sechs Hemden waren fertig geworden, nur daß an dem letzten der linke Ärmel noch fehlte.

Als sie nun zum Scheiterhaufen geführt wurde, legte sie die Hemden auf ihren Arm, und als sie oben stand und das Feuer eben sollte angezündet werden, so schaute sie sich um, da kamen sechs Schwäne durch die Luft dahergezogen. Da sah sie, daß ihre Erlösung nahte, und ihr Herz regte sich in Freude. Die Schwäne rauschten zu ihr her und senkten sich herab, so daß sie ihnen die Hemden überwerfen konnte; und wie sie davon berührt wurden, fielen die Schwanenhäute ab, und ihre Brüder standen leibhaftig vor ihr und waren frisch und schön; nur dem jüngsten fehlte der linke Arm, und er hatte dafür einen Schwanenflügel am Rücken. Sie herzten und küßten sich, und die Königin ging zu dem Könige, der ganz bestürzt war, und fing an zu reden und sagte: »Liebster Gemahl, nun darf ich sprechen und dir offenbaren, daß ich unschuldig bin und fälschlich angeklagt«, und erzählte ihm von dem Betrug der Alten, die ihre drei Kinder weggenommen und verborgen hätte.

Da wurden sie zu großer Freude des Königs herbeigeholt, und die böse Schwiegermutter wurde zur Strafe auf den Scheiterhaufen gebunden und zu Asche verbrannt. Der König aber und die Königin mit ihren sechs Brüdern lebten lange Jahre in Glück und Frieden.

Vorzeiten war ein König und eine Königin, die sprachen jeden Tag: »Ach, wenn wir doch ein Kind hätten!«, und kriegten immer keins. Da trug sich zu, als die Königin einmal im Bade saß, daß ein Frosch aus dem Wasser ans Land kroch und zu ihr sprach: »Dein Wunsch wird erfüllt werden, ehe ein Jahr vergeht, wirst du eine Tochter zur Welt bringen.«

Was der Frosch gesagt hatte, das geschah, und die Königin gebar ein Mädchen, das war so schön, daß der König vor Freude sich nicht zu lassen wußte und ein großes Fest anstellte. Er ladete nicht bloß seine Verwandte, Freunde und Bekannte, sondern auch die weisen Frauen dazu ein, damit sie dem Kind hold und gewogen wären. Es waren ihrer dreizehn in seinem Reiche, weil er aber nur zwölf goldene Teller hatte, von welchen sie essen sollten, so mußte eine von ihnen daheim bleiben.

Dornröschen

Das Fest ward mit aller Pracht gefeiert, und als es zu Ende war, beschenkten die weisen Frauen das Kind mit ihren Wundergaben: die eine mit Tugend, die andere mit Schönheit, die dritte mit Reichtum, und so mit allem, was auf der Welt zu wünschen ist. Als elfe ihre Sprüche eben getan hatten, trat plötzlich die dreizehnte herein. Sie wollte sich dafür rächen, daß sie nicht eingeladen war, und ohne jemand zu grüßen oder nur anzusehen, rief sie mit lauter Stimme: »Die Königstochter soll sich in ihrem funfzehnten Jahr an einer Spindel stechen und tot hinfallen.« Und ohne ein Wort weiter zu sprechen, kehrte sie sich um und verließ den Saal.

Alle waren erschrocken, da trat die zwölfte hervor, die ihren Wunsch noch übrig hatte, und weil sie den bösen Spruch nicht aufheben, sondern nur ihn mildern konnte, so sagte sie: »Es soll aber kein Tod sein, sondern ein hundertjähriger tiefer Schlaf, in welchen die Königstochter fällt.«

Der König, der sein liebes Kind vor dem Unglück gern bewahren wollte, ließ den Befehl ausgehen, daß alle Spindeln im ganzen Königreiche sollten verbrannt werden. An dem Mädchen aber wurden die Gaben der weisen Frauen sämtlich erfüllt, denn es war so schön, sittsam, freundlich und verständig, daß es jedermann, der es ansah, liebhaben mußte. Es geschah, daß an dem Tage, wo es gerade funfzehn Jahr alt ward, der König und die Königin nicht zu Haus waren und das Mädchen ganz allein im Schloß zurückblieb. Da ging es allerorten herum, besah Stuben und Kammern, wie es Lust hatte, und kam endlich auch an einen alten Turm. Es stieg die enge Wendeltreppe hinauf und gelangte zu einer kleinen Türe. In dem Schloß steckte ein verrosteter Schlüssel, und als es umdrehte, sprang die Türe auf, und saß da in einem kleinen Stübchen eine alte Frau mit einer Spindel und spann emsig ihren Flachs.

»Guten Tag, du altes Mütterchen«, sprach die Königstochter, »was machst du da?«

»Ich spinne«, sagte die Alte und nickte mit dem Kopf. »Was ist das für ein Ding, das so lustig herumspringt?« sprach das Mädchen, nahm die Spindel und wollte auch spinnen. Kaum hatte sie aber die Spindel angerührt, so ging der Zauberspruch in Erfüllung, und sie stach sich damit in den Finger. In dem Augenblick aber, wo sie den Stich empfand, fiel sie auf das Bett nieder, das da stand, und lag in einem tiefen Schlaf.

Und dieser Schlaf verbreitete sich über das ganze Schloß: der König und die Königin, die eben heimgekommen waren und in den Saal getreten waren, fingen an einzuschlafen und der ganze Hofstaat mit ihnen. Da schliefen auch die Pferde im Stall, die Hunde im Hofe, die Tauben auf dem Dache, die Fliegen an der Wand, ja, das Feuer, das auf dem Herde flackerte, ward still und schlief ein, und der Braten hörte auf zu brutzeln, und der Koch, der den Küchenjungen, weil er etwas versehen hatte, in den Haaren ziehen wollte, ließ ihn los und schlief. Und der Wind legte sich, und auf den Bäumen vor dem Schloß regte sich kein Blättchen mehr. Rings um das Schloß aber begann eine Dornenhecke zu wachsen, die jedes Jahr höher ward und endlich das ganze Schloß umzog und darüber hinauswuchs, daß gar nichts mehr davon zu sehen war, selbst nicht die Fahne auf dem Dach.

Es ging aber die Sage in dem Land von dem schönen schlafenden Dornröschen, denn so ward die Königstochter genannt, also daß von Zeit zu Zeit Königssöhne kamen und durch die Hecke in das Schloß dringen wollten. Es war ihnen aber nicht möglich, denn die Dornen, als hätten sie Hände, hielten fest zusammen, und die Jünglinge blieben darin hängen, konnten sich nicht wieder losmachen und starben eines jämmerlichen Todes.

Nach langen, langen Jahren kam wieder einmal ein Königssohn in das Land und hörte, wie ein alter Mann von der Dornenhecke erzählte, es sollte ein Schloß dahinter stehen, in welchem eine wunderschöne Königstochter, Dornröschen genannt, schon seit hundert Jahren schliefe, und mit ihr schliefe der König und die Königin und der ganze Hofstaat. Er wußte auch von seinem Großvater, daß schon viele Königssöhne gekommen wären und versucht hätten, durch die Dornenhecke zu dringen, aber sie wären darin hängengeblieben und eines traurigen Todes gestorben. Da sprach der Jüngling: »Ich fürchte mich nicht, ich will hinaus und das schöne Dornröschen sehen.« Der gute Alte mochte ihm abraten, wie er wollte, er hörte nicht auf seine Worte. Nun waren aber gerade

die hundert Jahre verflossen, und der Tag war gekommen, wo Dornröschen wieder erwachen sollte. Als der Königssohn sich der Dornenhecke näherte, waren es lauter große schöne Blumen, die taten sich von selbst auseinander und ließen ihn unbeschädigt hindurch, und hinter ihm taten sie sich wieder als eine Hecke zusammen. Im Schloßhof sah er die Pferde und scheckigen Jagdhunde liegen und schlafen, auf dem Dache saßen die Tauben und hatten das Köpfchen unter den Flügel gesteckt. Und als er ins Haus kam, schliefen die Fliegen an der Wand, der Koch in der Küche hielt noch die Hand, als wollte er den Jungen anpacken, und die Magd saß vor dem schwarzen Huhn, das sollte gerupft werden.

Da ging er weiter und sah im Saale den ganzen Hofstaat liegen und schlafen, und oben bei dem Throne lag der König und die Königin. Da ging er noch weiter, und alles war so still, daß einer seinen Atem hören konnte, und endlich kam er zu dem Turm und öffnete die Türe zu der kleinen Stube, in welcher Dornröschen schlief. Da lag es und war so schön, daß er die Augen nicht abwenden konnte, und er bückte sich und gab ihm einen Kuß.

Wie er es mit dem Kuß berührt hatte, schlug Dornröschen die Augen auf, erwachte und blickte ihn ganz freundlich an. Da gingen sie zusammen herab, und der König erwachte und die Königin und der ganze Hofstaat und sahen einander mit großen Augen an. Und die Pferde im Hof standen auf und rüttelten sich; die Jagdhunde sprangen und wedelten; die Tauben auf dem Dache zogen das Köpfchen unterm Flügel hervor, sahen umher und flogen ins Feld; die Fliegen an den Wänden krochen weiter; das Feuer in der Küche erhob sich, flackerte und kochte das Essen; der Braten fing wieder an zu brutzeln; und der Koch gab dem Jungen eine Ohrfeige, daß er schrie; und die Magd rupfte das Huhn fertig.

Und da wurde die Hochzeit des Königssohns mit dem Dornröschen in aller Pracht gefeiert, und sie lebten vergnügt bis an ihr Ende.

König Drosselbart

Ein König hatte eine Tochter, die war über alle Maßen schön, aber dabei so stolz und übermütig, daß ihr kein Freier gut genug war. Sie wies einen nach dem andern ab und trieb noch dazu Spott mit ihnen.

Einmal ließ der König ein großes Fest anstellen und ladete dazu aus der Nähe und Ferne die heiratslustigen Männer ein. Sie wurden alle in eine Reihe nach Rang und Stand geordnet; erst kamen die Könige, dann die Herzöge, die Fürsten, Grafen und Freiherrn, zuletzt die Edelleute. Nun ward die Königstochter durch die Reihen geführt, aber an jedem hatte sie etwas auszusetzen. Der eine war ihr zu dick: »Das Weinfaß!« sprach sie. Der andere zu lang: »Lang und schwank hat keinen Gang.« Der dritte zu kurz: »Kurz und dick hat kein Geschick.« Der vierte zu blaß: »Der bleiche Tod!« Der fünfte zu

rot: »Der Zinshahn!« Der sechste war nicht gerad genug: »Grünes Holz, hinterm Ofen getrocknet!« Und so hatte sie an einem jeden etwas auszusetzen, besonders aber machte sie sich über einen guten König lustig, der ganz oben stand und dem das Kinn ein wenig krumm gewachsen war. »Ei«, rief sie und lachte, »der hat ein Kinn wie die Drossel einen Schnabel«; und seit der Zeit bekam er den Namen Drosselbart. Der alte König aber, als er sah, daß seine Tochter nichts tat, als über die Leute spotten, und alle Freier, die da versammelt waren verschmähte, ward er zornig und schwur, sie sollte den ersten besten Bettler zum Manne nehmen, der vor seine Türe käme.

Ein paar Tage darauf hub ein Spielmann an, unter dem Fenster zu singen, um damit ein geringes Almosen zu verdienen. Als es der König hörte, sprach er: »Laßt ihn heraufkommen.« Da trat der Spielmann in seinen schmutzigen, verlumpten Kleidern herein, sang vor dem König und seiner Tochter und bat, als er fertig war, um eine milde Gabe.

Der König sprach: »Dein Gesang hat mir so wohl gefallen, daß ich dir meine Tochter da zur Frau geben will.« Die Königstochter erschrak, aber der König sagte: »Ich habe den Eid getan, dich dem ersten besten Bettelmann zu geben, den will ich auch halten.« Es half keine Einrede, der Pfarrer ward geholt, und sie mußte sich gleich mit dem Spielmann trauen lassen. Als das geschehen war, sprach der König: »Nun schickt sich's nicht, daß du als ein Bettelweib noch länger in meinem Schloß bleibst, du kannst nur mit deinem Manne fortziehen.« Der Bettelmann führte sie an der Hand hinaus, und sie mußte mit ihm zu Fuß fortgehen. Als sie in einen großen Wald kamen, da fragte sie:

»Ach, wem gehört der schöne Wald?«
»Der gehört dem König Drosselbart;
Hättst du 'n genommen,
So wär er dein.«
»Ich arme Jungfer zart,
Ach, hätt ich genommen den König
Drosselbart!«

Darauf kamen sie über eine Wiese, da fragte sie wieder:

»Wem gehört die schöne grüne Wiese?«
»Sie gehört dem König Drosselbart;
Hättst du 'n genommen, so wär sie dein.«
»Ich arme Jungfer zart,
Ach, hätt ich genommen den König
Drosselbart!«

Dann kamen sie durch eine große Stadt, da fragte sie wieder:

»Wem gehört diese
schöne große Stadt?«
»Sie gehört dem König
Drosselbart;
Hättst du 'n genommen,
So wär sie dein.«
»Ich arme Jungfer zart,
Ach, hätt ich genommen den König
Drosselbart!«

»Es gefällt mir gar nicht«, sprach der Spielmann, »daß du dir immer einen andern zum Mann wünschest: bin ich dir nicht gut genug?«

Endlich kamen sie an ein ganz kleines Häuschen, da sprach sie:

»Ach, Gott, was ist das Haus so klein!
Wem mag das elende winzige Häuschen
sein?«

Der Spielmann antwortete: »Das ist mein und dein Haus, wo wir zusammen wohnen.« Sie mußte sich bücken, damit sie zu der niedrigen Tür hineinkam.

»Wo sind die Diener?« sprach die Königstochter. »Was Diener!« antwortete der Bettelmann. »Du mußt selber tun, was du willst getan haben. Mach nur gleich Feuer an und stell Wasser auf, daß du mir mein Essen kochst; ich bin ganz müde.«

Die Königstochter verstand aber nichts vom Feueranmachen und Kochen, und der Bettelmann mußte selber mit Hand anlegen, daß es noch so leidlich ging. Als sie die schmale Kost verzehrt hatten, legten sie sich zu Bett; aber am Morgen trieb er sie schon ganz früh heraus, weil sie das Haus besorgen sollte.

Ein paar Tage lebten sie auf diese Art schlecht und recht und zehrten ihren Vorrat auf. Da sprach der Mann: »Frau, so geht's nicht länger, daß wir hier zehren und nichts verdienen. Du sollst Körbe flechten.« Er ging aus, schnitt Weiden und brachte sie heim; da fing sie an zu flechten, aber die harten Weiden stachen ihr die zarten Hände wund.

»Ich sehe, das geht nicht«, sprach der Mann, »spinn lieber, vielleicht kannst du das besser.« Sie setzte sich hin und versuchte zu spinnen, aber der harte Faden schnitt ihr bald in die weichen Finger, daß das Blut daran herunterlief.

»Siehst du«, sprach der Mann, »du taugst zu keiner Arbeit, mit dir bin ich schlimm angekommen. Nun will ich's versuchen und einen

Handel mit Töpfen und irdenem Geschirr anfangen: du sollst dich auf den Markt setzen und die Ware feilhalten.«

»Ach«, dachte sie, »wenn auf den Markt Leute aus meines Vaters Reich kommen und sehen mich da sitzen und feilhalten, wie werden sie mich verspotten!« Aber es half nichts, sie mußte sich fügen, wenn sie nicht Hungers sterben wollten.

Das erstemal ging's gut, denn die Leute kauften der Frau, weil sie schön war, gern ihre Ware ab und bezahlten, was sie forderte: ja, viele gaben ihr das Geld und ließen ihr die Töpfe noch dazu.

Nun lebten sie von dem Erworbenen, solang es dauerte, da handelte der Mann wieder eine Menge neues Geschirr ein. Sie setzte sich damit an eine Ecke des Marktes und stellte es um sich her und hielt feil. Da kam plötzlich ein trunkener Husar dahergejagt und ritt geradezu in die Töpfe hinein, daß alles in tausend Scherben zersprang. Sie fing an zu weinen und wußte vor Angst nicht, was sie anfangen sollte. »Ach, wie wird mir's ergehen!« rief sie. »Was wird mein Mann dazu sagen!« Sie lief heim und erzählte ihm das Unglück.

»Wer setzt sich auch an die Ecke des Marktes mit irdenem Geschirr!« sprach der Mann. »Laß nur das Weinen, ich sehe wohl, du bist zu keiner ordentlichen Arbeit zu gebrauchen. Da bin ich in unseres Königs Schloß gewesen und habe gefragt, ob sie nicht eine Küchenmagd brauchen könnten, und sie haben mir versprochen, sie wollten dich dazu nehmen; dafür bekommst du freies Essen.«

Nun ward die Königstochter eine Küchenmagd, mußte dem Koch zur Hand gehen und die sauerste Arbeit tun. Sie machte sich in beiden Taschen ein Töpfchen fest, darin brachte sie nach Haus, was ihr von dem Übriggebliebenen zuteil ward, und davon nährten sie sich.

Es trug sich zu, daß die Hochzeit des ältesten Königssohnes sollte gefeiert werden, da ging die arme Frau hinauf, stellte sich vor die Saaltüre und wollte zusehen. Als nun die Lichter angezündet waren und immer einer schöner als der andere hereintrat und alles voll Pracht und Herrlichkeit war, da dachte sie mit betrübtem Herzen an ihr Schicksal und verwünschte ihren Stolz und Übermut, der sie erniedrigt und in so große Armut gestürzt hatte. Von den köst-

lichen Speisen, die da ein und aus getragen wurden und von welchen der Geruch zu ihr aufstieg, warfen ihr Diener manchmal ein paar Brocken zu, die tat sie in ihr Töpfchen und wollte es heimtragen.

Auf einmal trat der Königssohn herein, war in Samt und Seide gekleidet und hatte goldene Ketten um den Hals. Und als er die schöne Frau in der Türe stehen sah, ergriff er sie bei der Hand und wollte mit ihr tanzen, aber sie weigerte sich und erschrak, denn sie sah, daß es der König Drosselbart war, der um sie gefreit und den sie mit Spott abgewiesen hatte. Ihr Sträuben half nichts, er zog sie in den Saal; da zerriß das Band, an welchem die Taschen hingen, und die Töpfe fielen heraus, daß die Suppe floß und die Brocken umhersprangen. Und wie das die Leute sahen, entstand ein allgemeines Gelächter und Spotten, und sie war so beschämt, daß sie sich lieber tausend Klafter unter die Erde gewünscht hätte. Sie sprang zur Türe hinaus und wollte entfliehen, aber auf der Treppe holte sie ein Mann ein und brachte sie zurück; und wie sie ihn ansah, war es wieder der König Drosselbart.

Er sprach ihr freundlich zu: »Fürchte dich nicht, ich und der Spielmann, der mit dir in dem elenden Häuschen gewohnt hat, sind eins: dir zuliebe habe ich mich so verstellt, und der Husar, der dir die Töpfe entzweigeritten hat, bin ich auch gewesen. Das alles ist geschehen, um deinen stolzen Sinn zu beugen und dich für deinen Hochmut zu strafen, womit du mich verspottet hast.«

Da weinte sie bitterlich und sagte: »Ich habe großes Unrecht gehabt und bin nicht wert, deine Frau zu sein.«

Er aber sprach: »Tröste dich, die bösen Tage sind vorüber, jetzt wollen wir unsere Hochzeit feiern.«

Da kamen die Kammerfrauen und taten ihr die prächtigsten Kleider an, und ihr Vater kam und der ganze Hof und wünschten ihr Glück zu ihrer Vermählung mit dem König Drosselbart, und die rechte Freude fing jetzt erst an.

Ich wollte, du und ich, wir wären auch dabeigewesen.

Sneewittchen*

Es war einmal mitten im Winter, und die Schneeflocken fielen wie Federn vom Himmel herab, da saß eine Königin an einem Fenster, das einen Rahmen von schwarzem Ebenholz hatte, und nähte. Und wie sie so nähte und nach dem Schnee aufblickte, stach sie sich mit der Nadel in den Finger, und es fielen drei Tropfen Blut in den Schnee. Und weil das Rote im weißen Schnee so schön aussah, dachte sie bei sich: »Hätt ich ein Kind so weiß wie Schnee, so rot wie Blut und so schwarz wie das Holz an dem Rahmen.«

Bald darauf bekam sie ein Töchterlein, das war so weiß wie Schnee, so rot wie Blut und so schwarzhaarig wie Ebenholz, und ward darum das Sneewittchen [Schneeweißchen] genannt. Und wie das Kind geboren war, starb die Königin.

Über ein Jahr nahm sich der König eine andere Gemahlin. Es war eine schöne Frau, aber sie war stolz und übermütig und konnte nicht leiden, daß sie an Schönheit von jemand sollte übertroffen werden.

Sie hatte einen wunderbaren Spiegel, wenn sie vor den trat und sich darin beschaute, sprach sie:

»Spieglein, Spieglein an der Wand,
Wer ist die Schönste im ganzen Land?«

So antwortete der Spiegel:

»Frau Königin, Ihr seid die Schönste
im Land.«

Da war sie zufrieden, denn sie wußte, daß der Spiegel die Wahrheit sagte.

Sneewittchen aber wuchs heran und wurde immer schöner, und als es sieben Jahr alt war, war es so schön wie der klare Tag und schöner als die Königin selbst. Als diese einmal ihren Spiegel fragte:

»Spieglein, Spieglein an der Wand,
Wer ist die Schönste im ganzen Land?«,

so antwortete er:

»Frau Königin, Ihr seid die Schönste hier,
Aber Sneewittchen ist tausendmal schöner
als Ihr.«

Da erschrak die Königin und ward gelb und grün vor Neid. Von Stund an, wenn sie Sneewittchen erblickte, kehrte sich ihr das Herz im Leibe herum, so haßte sie das Mädchen. Und der Neid und Hochmut wuchsen wie ein Unkraut in ihrem Herzen immer höher, daß sie Tag und Nacht keine Ruhe mehr hatte.

Da rief sie einen Jäger und sprach: »Bring das Kind hinaus in den Wald, ich will's nicht mehr vor meinen Augen sehen. Du sollst es töten und mir Lunge und Leber zum Wahrzeichen mitbringen.«

Der Jäger gehorchte und führte es hinaus, und als er den Hirschfänger gezogen hatte und Sneewittchens unschuldiges Herz durchbohren wollte, fing es an zu weinen und sprach: »Ach, lieber Jäger, laß mir mein Leben; ich will in den wilden Wald laufen und nimmermehr wieder heimkommen.«

Und weil es so schön war, hatte der Jäger Mitleiden und sprach: »So lauf hin, du armes Kind.«

»Die wilden Tiere werden dich bald gefressen haben«, dachte er, und doch war's ihm, als wär ein Stein von seinem Herzen gewälzt, weil er es nicht zu töten brauchte. Und als gerade ein junger Frischling dahergesprungen kam, stach er ihn ab, nahm Lunge und Leber heraus und brachte sie als Wahrzeichen der Königin mit. Der Koch mußte sie in Salz kochen, und das boshafte Weib aß sie auf und meinte, sie hätte Sneewittchens Lunge und Leber gegessen.

Nun war das arme Kind in dem großen Wald mutterselig allein, und ward ihm so angst, daß es alle Blätter an den Bäumen ansah und nicht wußte, wie es sich helfen sollte.

Da fing es an zu laufen und lief über die spitzen Steine und durch die Dornen, und die wilden Tiere sprangen an ihm vorbei, aber sie taten ihm nichts. Es lief, solange nur die Füße noch fort konnten, bis es bald Abend werden wollte, da sah es ein kleines Häuschen und ging hinein, sich zu ruhen. In dem Häuschen war alles klein, aber so zierlich und reinlich, daß es nicht zu sagen ist. Da stand ein weiß gedecktes Tischlein mit sieben kleinen Tellern, jedes Tellerlein mit seinem Löffelein, ferner sieben Messerlein und Gäblein und sieben Becherlein. An der Wand waren sieben Bettlein nebeneinander aufgestellt und schneeweiße Laken darübergedeckt.

* Schneewittchen, von den Brüdern Grimm gewählte niederdeutsche Form für Schneeweißchen (ndt.: Snee »Schnee«; witt »weiß«).

Sneewittchen, weil es so hungrig und durstig war, aß von jedem Tellerlein ein wenig Gemüs und Brot und trank aus jedem Becherlein einen Tropfen Wein; denn es wollte nicht einem allein alles wegnehmen. Hernach, weil es so müde war, legte es sich in ein Bettchen, aber keins paßte; das eine war zu lang, das andere zu kurz, bis endlich das siebente recht war: und darin blieb es liegen, befahl sich Gott und schlief ein.

Als es ganz dunkel geworden war, kamen die Herren von dem Häuslein, das waren die sieben Zwerge, die in den Bergen nach Erz hackten und gruben. Sie zündeten ihre sieben Lichtlein an, und wie es nun hell im Häuslein ward, sahen sie, daß jemand darin gewesen war, denn es stand nicht alles so in der Ordnung, wie sie es verlassen hatten.

Der erste sprach: »Wer hat auf meinem Stühlchen gesessen?«

Der zweite: »Wer hat von meinem Tellerchen gegessen?«

Der dritte: »Wer hat von meinem Brötchen genommen?«

Der vierte: »Wer hat von meinem Gemüschen gegessen?«

Der fünfte: »Wer hat mit meinem Gäbelchen gestochen?«

Der sechste: »Wer hat mit meinem Messerchen geschnitten?«

Der siebente: »Wer hat aus meinem Becherlein getrunken?«

Dann sah sich der erste um und sah, daß auf seinem Bett eine kleine Delle war, da sprach er: »Wer hat in mein Bettchen getreten?« Die andern kamen gelaufen und riefen: »In meinem hat auch jemand gelegen.« Der siebente aber, als er in sein Bett sah, erblickte Sneewittchen, das lag darin und schlief. Nun rief er die andern, die kamen herbeigelaufen und schrien vor Verwunderung, holten ihre sieben Lichtlein und beleuchteten Sneewittchen. »Ei, du mein Gott! Ei, du mein Gott!« riefen sie. »Was ist das Kind so schön!« Und hatten so große Freude, daß sie es nicht aufweckten, sondern im Bettlein fortschlafen ließen. Der siebente Zwerg aber schlief bei seinen Gesellen, bei jedem eine Stunde, da war die Nacht herum.

Als es Morgen war, erwachte Sneewittchen, und wie es die sieben Zwerge sah, erschrak es. Sie waren aber freundlich und fragten: »Wie heißt du?« »Ich heiße Sneewittchen«, antwortete es.

»Wie bist du in unser Haus gekommen?« sprachen weiter die Zwerge. Da erzählte es ihnen, daß seine Stiefmutter es hätte wollen umbringen lassen, der Jäger hätte ihm aber das Leben geschenkt, und da wär es gelaufen den ganzen Tag, bis es endlich ihr Häuslein gefunden hätte.

Die Zwerge sprachen: »Willst du unsern Haushalt versehen, kochen, betten, waschen, nähen und stricken, und willst du alles ordentlich und reinlich halten, so kannst du bei uns bleiben, und es soll dir an nichts fehlen.«

»Ja«, sagte Sneewittchen, »von Herzen gern«, und blieb bei ihnen. Es hielt ihnen das Haus in Ordnung; morgens gingen sie in die Berge und suchten Erz und Gold, abends kamen sie wieder, und da mußte ihr Essen bereit sein. Den Tag über war das Mädchen allein, da warnten es die guten Zwerglein und sprachen: »Hüte dich vor deiner Stiefmutter, die wird bald wissen, daß du hier bist; laß ja niemand herein.«

Die Königin aber, nachdem sie Sneewittchens Lunge und Leber glaubte gegessen zu haben, dachte nicht anders, als sie wäre wieder die erste und allerschönste, trat vor ihren Spiegel und sprach:

»Spieglein, Spieglein an der Wand,
Wer ist die Schönste im ganzen Land?«

Da antwortete der Spiegel:

»Frau Königin, Ihr seid die Schönste hier,
Aber Sneewittchen über den Bergen
Bei den sieben Zwergen
Ist noch tausendmal schöner als Ihr.«

Da erschrak sie, denn sie wußte, daß der Spiegel keine Unwahrheit sprach, und merkte, daß der Jäger sie betrogen hatte und Sneewittchen noch am Leben war. Und da sann und sann sie aufs neue, wie sie es umbringen wollte; denn solange sie nicht die Schönste war im ganzen Land, ließ ihr der Neid keine Ruhe. Und als sie sich endlich etwas ausgeruht hatte, färbte sie sich das Gesicht und kleidete sich wie eine alte Krämerin, und war ganz unkenntlich. In dieser Gestalt ging sie über die sieben Berge zu den sieben Zwergen, klopfte an die Türe und rief: »Schöne Ware feil! feil!«

Sneewittchen guckte zum Fenster heraus und rief: »Guten Tag, liebe Frau, was habt Ihr zu verkaufen?«

»Gute Ware, schöne Ware«, antwortete sie, »Schnürriemen von allen Farben«, und holte einen hervor, der aus bunter Seide geflochten war.

»Die ehrliche Frau kann ich hereinlassen«, dachte Sneewittchen, riegelte die Türe auf und kaufte sich den hübschen Schnürriemen.

»Kind«, sprach die Alte, »wie du aussiehst! Komm, ich will dich einmal ordentlich schnüren.« Sneewittchen hatte kein Arg, stellte sich vor sie und ließ sich mit dem neuen Schnürriemen schnüren; aber die Alte schnürte geschwind und schnürte so fest, daß dem Sneewittchen der Atem verging und es für tot hinfiel.

»Nun bist du die Schönste gewesen«, sprach sie und eilte hinaus.

Nicht lange darauf, zur Abendzeit, kamen die sieben Zwerge nach Haus, aber wie erschraken sie, als sie ihr liebes Sneewittchen auf der Erde liegen sahen; und es regte und bewegte sich nicht, als wäre es tot. Sie hoben es in die Höhe, und weil sie sahen, daß es zu fest geschnürt war, schnitten sie den Schnürriemen entzwei: da fing es an, ein wenig zu atmen, und ward nach und nach wieder lebendig.

Als die Zwerge hörten, was geschehen war, sprachen sie: »Die alte Krämerfrau war niemand als die gottlose Königin: hüte dich und laß keinen Menschen herein, wenn wir nicht bei dir sind.«

Das böse Weib aber, als es nach Haus gekommen war, ging vor den Spiegel und fragte:

»Spieglein, Spieglein an der Wand,
Wer ist die Schönste im ganzen Land?«

Da antwortete er wie sonst:

»Frau Königin, Ihr seid die Schönste hier,
Aber Sneewittchen über den Bergen
Bei den sieben Zwergen
Ist noch tausendmal schöner als Ihr.«

Als sie das hörte, lief ihr alles Blut zum Herzen, so erschrak sie, denn sie sah wohl, daß Sneewittchen wieder lebendig geworden war. »Nun aber«, sprach sie, »will ich etwas aussinnen, das dich zugrunde richten soll«, und mit Hexenkünsten, die sie verstand, machte sie einen gif-

tigen Kamm. Dann verkleidete sie sich und nahm die Gestalt eines andern alten Weibes an. So ging sie hin über die sieben Berge zu den sieben Zwergen, klopfte an die Türe und rief: »Gute Ware feil! feil!« Sneewittchen schaute heraus und sprach: »Geht nur weiter, ich darf niemand hereinlassen.«

»Das Ansehen wird dir doch erlaubt sein«, sprach die Alte, zog den giftigen Kamm heraus und hielt ihn in die Höhe. Da gefiel er dem Kinde so gut, daß es sich betören ließ und die Türe öffnete. Als sie des Kaufs einig waren, sprach die Alte: »Nun will ich dich einmal ordentlich kämmen.« Das arme Sneewittchen dachte an nichts und ließ die Alte gewähren, aber kaum hatte sie den Kamm in die Haare gesteckt, als das Gift darin wirkte und das Mädchen ohne Besinnung niederfiel.

»Du Ausbund von Schönheit«, sprach das boshafte Weib, »jetzt ist's um dich geschehen«, und ging fort. Zum Glück aber war es bald Abend, wo die sieben Zwerglein nach Haus kamen. Als sie Sneewittchen wie tot auf der Erde liegen sahen, hatten sie gleich die Stiefmutter in Verdacht, suchten nach und fanden den giftigen

Kamm, und kaum hatten sie ihn herausgezogen, so kam Sneewittchen wieder zu sich und erzählte, was vorgegangen war. Da warnten sie es noch einmal, auf seiner Hut zu sein und niemand die Türe zu öffnen.

Die Königin stellte sich daheim vor den Spiegel und sprach:

»Spieglein, Spieglein an der Wand,
Wer ist die Schönste im ganzen Land?«

Da antwortete er wie vorher:

»Frau Königin, Ihr seid die Schönste hier,
Aber Sneewittchen über den Bergen
Bei den sieben Zwergen
Ist doch noch tausendmal schöner als Ihr.«

Als sie den Spiegel so reden hörte, zitterte und bebte sie vor Zorn. »Sneewittchen soll sterben«, rief sie, »und wenn es mein eignes Leben kostet.« Darauf ging sie in eine ganz verborgene einsame Kammer, wo niemand hinkam, und machte da einen giftigen, giftigen Apfel. Äußerlich sah er schön aus, mit roten Backen, daß jeder, der ihn erblickte, Lust danach bekam, aber wer ein Stückchen davon aß, der mußte sterben. Als der Apfel fertig war, färbte sie sich das Gesicht und verkleidete sich in eine Bauersfrau, und so ging sie über die sieben Berge zu den sieben Zwergen.

Sie klopfte an, Sneewittchen streckte den Kopf zum Fenster heraus und sprach: »Ich darf keinen Menschen einlassen, die sieben Zwerge haben mir's verboten.«

»Mir auch recht«, antwortete die Bäurin, »meine Äpfel will ich schon loswerden. Da, einen will ich dir schenken.«

»Nein«, sprach Sneewittchen, »ich darf nichts annehmen.«

»Fürchtest du dich vor Gift?« sprach die Alte. »Siehst du, da schneide ich den Apfel in zwei Teile; den roten Backen iß du, den weißen will ich essen.« Der Apfel war aber so künstlich gemacht, daß der rote Backen allein vergiftet war. Sneewittchen lusterte den schönen Apfel an, und als es sah, daß die Bäurin davon aß, so konnte es nicht länger widerstehen, streckte die Hand hinaus und nahm die giftige Hälfte. Kaum aber hatte es einen Bissen davon im Mund, so fiel es tot zur Erde nieder.

Da betrachtete es die Königin mit grausigen Blicken und lachte überlaut und sprach: »Weiß wie Schnee, rot wie Blut, schwarz wie Ebenholz! Diesmal können dich die Zwerge nicht wieder erwecken.« Und als sie daheim den Spiegel befragte:

»Spieglein, Spieglein an der Wand,
Wer ist die Schönste im ganzen Land?«,

so antwortete er endlich:

»Frau Königin, Ihr seid die Schönste im
Land.«

Da hatte ihr neidisches Herz Ruhe, so gut ein neidisches Herz Ruhe haben kann. Die Zwerglein, wie sie abends nach Haus kamen, fanden

Sneewittchen auf der Erde liegen, und es ging kein Atem mehr aus seinem Mund, und es war tot. Sie hoben es auf, suchten, ob sie was Giftiges fänden, schnürten es auf, kämmten ihm die Haare, wuschen es mit Wasser und Wein, aber es half alles nichts; das liebe Kind war tot und blieb tot. Sie legten es auf eine Bahre und setzten sich alle siebene daran und beweinten es, und weinten drei Tage lang. Da wollten sie es begraben, aber es sah noch so frisch aus wie ein lebender Mensch und hatte noch seine schönen roten Backen.

Sie sprachen: »Das können wir nicht in die schwarze Erde versenken«, und ließen einen durchsichtigen Sarg von Glas machen, daß man es von allen Seiten sehen konnte, legten es hinein und schrieben mit goldenen Buchstaben seinen Namen darauf, und daß es eine Königstochter wäre. Dann setzten sie den Sarg hinaus auf den Berg, und einer von ihnen blieb immer dabei und bewachte ihn. Und die Tiere kamen auch und beweinten Sneewittchen, erst eine Eule, dann ein Rabe, zuletzt ein Täubchen.

Nun lag Sneewittchen lange, lange Zeit in dem Sarg und verweste nicht, sondern sah aus, als wenn es schliefe, denn es war noch so weiß als Schnee, so rot als Blut und so schwarzhaarig wie Ebenholz.

Es geschah aber, daß ein Königssohn in den Wald geriet und zu dem Zwergenhaus kam, da zu übernachten. Er sah auf dem Berg den Sarg, und das schöne Sneewittchen darin, und las, was mit goldenen Buchstaben darauf geschrieben war. Da sprach er zu den Zwergen: »Laßt mir den Sarg, ich will euch geben, was ihr dafür haben wollt.«

Aber die Zwerge antworteten: »Wir geben ihn nicht um alles Gold in der Welt.«

Da sprach er: »So schenkt mir ihn, denn ich kann nicht leben, ohne Sneewittchen zu sehen, ich will es ehren und hochachten wie mein Liebstes.« Wie er so sprach, empfanden die guten Zwerglein Mitleiden mit ihm und gaben ihm den Sarg.

Der Königssohn ließ ihn nun von seinen Dienern auf den Schultern forttragen. Da geschah es, daß sie über einen Strauch stolperten, und von dem Schüttern fuhr der giftige Apfelgrütz, den Sneewittchen abgebissen hatte, aus dem Hals. Und nicht lange, so öffnete es die Augen, hob den Deckel vom Sarg in die Höhe und richtete sich auf und war wieder lebendig.

»Ach Gott, wo bin ich?« rief es.

Der Königssohn sagte voll Freude: »Du bist bei mir«, und erzählte, was sich zugetragen hatte, und sprach: »Ich habe dich lieber als alles auf der Welt; komm mit mir in meines Vaters Schloß, du sollst meine Gemahlin werden.« Da war ihm Sneewittchen gut und ging mit ihm, und ihre Hochzeit ward mit großer Pracht und

Herrlichkeit angeordnet. Zu dem Fest wurde aber auch Sneewittchens gottlose Stiefmutter eingeladen.

Wie sie sich nun mit schönen Kleidern angetan hatte, trat sie vor den Spiegel und sprach:

»Spieglein, Spieglein an der Wand,
Wer ist die Schönste im ganzen Land?«

Der Spiegel antwortete:

»Frau Königin, Ihr seid die Schönste hier,
Aber die junge Königin ist tausendmal
schöner als Ihr.«

Da stieß das böse Weib einen Fluch aus, und ward ihr so angst, so angst, daß sie sich nicht zu lassen wußte. Sie wollte zuerst gar nicht auf die Hochzeit kommen; doch ließ es ihr keine Ruhe, sie mußte fort und die junge Königin sehen.

Und wie sie hineintrat, erkannte sie Sneewittchen, und vor Angst und Schrecken stand sie da und konnte sich nicht regen. Aber es waren schon eiserne Pantoffeln über Kohlenfeuer gestellt und wurden mit Zangen hereingetragen und vor sie hingestellt. Da mußte sie in die rotglühenden Schuhe treten und so lange tanzen, bis sie tot zur Erde fiel.

Rumpelstilzchen

Es war einmal ein Müller, der war arm, aber er hatte eine schöne Tochter. Nun traf es sich, daß er mit dem König zu sprechen kam, und um sich ein Ansehen zu geben, sagte er zu ihm: »Ich habe eine Tochter, die kann Stroh zu Gold spinnen.«

Der König sprach zum Müller: »Das ist eine Kunst, die mir wohlgefällt, wenn deine Tochter so geschickt ist, wie du sagst, so bring sie morgen in mein Schloß, da will ich sie auf die Probe stellen.«

Als nun das Mädchen zu ihm gebracht ward, führte er es in eine Kammer, die ganz voll Stroh lag, gab ihr Rad und Haspel und sprach: »Jetzt mache dich an die Arbeit, und wenn du diese Nacht durch bis morgen früh dieses Stroh nicht zu Gold versponnen hast, so mußt du sterben.« Darauf schloß er die Kammer selbst zu, und sie blieb allein darin.

Da saß nun die arme Müllerstochter und wußte um ihr Leben keinen Rat: sie verstand gar nichts davon, wie man Stroh zu Gold spinnen konnte, und ihre Angst ward immer größer, daß sie endlich zu weinen anfing. Da ging auf einmal die Türe auf und trat ein kleines Männchen herein und sprach: »Guten Abend, Jungfer Müllerin, warum weint Sie so sehr?«

»Ach«, antwortete das Mädchen, »ich soll Stroh zu Gold spinnen und verstehe das nicht.«

Sprach das Männchen: »Was gibst du mir, wenn ich dir's spinne?«

»Mein Halsband«, sagte das Mädchen. Das Männchen nahm das Halsband, setzte sich vor das Rädchen, und schnurr, schnurr, schnurr, dreimal gezogen, war die Spule voll. Dann steckte es eine andere auf, und schnurr, schnurr, schnurr, dreimal gezogen, war auch die zweite voll; und so ging's fort bis zum Morgen, da war alles Stroh versponnen, und alle Spulen waren voll Gold.

Bei Sonnenaufgang kam schon der König, und als er das Gold erblickte, erstaunte er und freute sich, aber sein Herz ward nur noch goldgieriger. Er ließ die Müllerstochter in eine andere Kammer voll Stroh bringen, die noch viel

größer war, und befahl ihr, das auch in einer Nacht zu spinnen, wenn ihr das Leben lieb wäre. Das Mädchen wußte sich nicht zu helfen und weinte, da ging abermals die Türe auf, und das kleine Männchen erschien und sprach: »Was gibst du mir, wenn ich dir das Stroh zu Gold spinne?«

»Meinen Ring von dem Finger«, antwortete das Mädchen. Das Männchen nahm den Ring, fing wieder an zu schnurren mit dem Rade und hatte bis zum Morgen alles Stroh zu glänzendem Gold gesponnen. Der König freute sich über die Maßen bei dem Anblick, war aber noch immer nicht Goldes satt, sondern ließ die Müllerstochter in eine noch größere Kammer voll Stroh bringen und sprach: »Die mußt du noch in dieser Nacht verspinnen: gelingt dir's aber, so sollst du meine Gemahlin werden.«

»Wenn's auch eine Müllerstochter ist«, dachte er, »eine reichere Frau finde ich in der ganzen Welt nicht.«

Als das Mädchen allein war, kam das Männlein zum drittenmal wieder und sprach: »Was gibst du mir, wenn ich dir noch diesmal das Stroh spinne?«

»Ich habe nichts mehr, das ich geben könnte«, antwortete das Mädchen. »So versprich mir, wenn du Königin wirst, dein erstes Kind.«

»Wer weiß, wie das noch geht«, dachte die Müllerstochter und wußte sich auch in der Not nicht anders zu helfen; sie versprach also dem Männchen, was es verlangte, und das Männchen spann dafür noch einmal das Stroh zu Gold.

Und als am Morgen der König kam und alles fand, wie er gewünscht hatte, so hielt er Hochzeit mit ihr, und die schöne Müllerstochter ward eine Königin.

Über ein Jahr brachte sie ein schönes Kind zur Welt und dachte gar nicht mehr an das Männchen: da trat es plötzlich in ihre Kammer und sprach: »Nun gib mir, was du versprochen hast.« Die Königin erschrak und bot dem Männchen alle Reichtümer des Königreichs an, wenn es ihr das Kind lassen wollte: aber das Männchen sprach: »Nein, etwas Lebendes ist mir lieber als alle Schätze der Welt.« Da fing die Königin so an zu jammern und zu weinen, daß das Männchen Mitleiden mit ihr hatte: »Drei Tage will ich dir Zeit lassen«, sprach er, »wenn du bis dahin meinen Namen weißt, so sollst du dein Kind behalten.«

Nun besann sich die Königin die ganze Nacht über auf alle Namen, die sie jemals gehört hatte, und schickte einen Boten über Land, der sollte sich erkundigen weit und breit, was es sonst noch für Namen gäbe.

Als am andern Tag das Männchen kam, fing sie an mit Kaspar, Melchior, Balzer und sagte alle Namen, die sie wußte, nach der Reihe her, aber bei jedem sprach das Männlein: »So heiß ich nicht.«

Den zweiten Tag ließ sie in der Nachbarschaft herumfragen, wie die Leute da genannt würden, und sagte dem Männlein die ungewöhnlichsten und seltsamsten Namen vor: »Heißt du vielleicht Rippenbiest oder Hammelswade oder Schnürbein?« Aber es antwortete immer: »So heiß ich nicht.«

Den dritten Tag kam der Bote wieder zurück und erzählte: »Neue Namen habe ich keinen einzigen finden können, aber wie ich an einen hohen Berg um die Waldecke kam, wo Fuchs und Has sich gute Nacht sagen, so sah ich da ein kleines Haus, und vor dem Haus brannte ein Feuer, und um das Feuer sprang ein gar zu lächerliches Männchen, hüpfte auf einem Bein und schrie:

»Heute back ich,
Morgen brau ich,
Übermorgen hol ich der Königin ihr Kind;
Ach, wie gut ist, daß niemand weiß,
Daß ich Rumpelstilzchen heiß!«

Da könnt ihr denken, wie die Königin froh war, als sie den Namen hörte, und als bald hernach das Männlein hereintrat und fragte: »Nun, Frau Königin, wie heiß ich?«, fragte sie erst: »Heißest du Kunz?«

»Nein.«

»Heißest du Heinz?«

»Nein.«

»Heißt du etwa Rumpelstilzchen?«

»Das hat dir der Teufel gesagt, das hat dir der Teufel gesagt«, schrie das Männlein und stieß mit dem rechten Fuß vor Zorn so tief in die Erde, daß es bis an den Leib hineinfuhr, dann packte es in seiner Wut den linken Fuß mit beiden Händen und riß sich selbst mitten entzwei.

Der goldene Vogel

Es war vor Zeiten ein König, der hatte einen schönen Lustgarten hinter seinem Schloß, darin stand ein Baum, der goldene Äpfel trug. Als die Äpfel reiften, wurden sie gezählt, aber gleich den nächsten Morgen fehlte einer. Das ward dem König gemeldet, und er befahl, daß alle Nächte unter dem Baume Wache sollte gehalten werden.

Der König hatte drei Söhne, davon schickte er den ältesten bei einbrechender Nacht in den Garten; wie es aber Mitternacht war, konnte er sich des Schlafes nicht erwehren, und am nächsten Morgen fehlte wieder ein Apfel. In der folgenden Nacht mußte der zweite Sohn wachen, aber dem erging es nicht besser: als es zwölf Uhr geschlagen hatte, schlief er ein, und morgens fehlte ein Apfel. Jetzt kam die Reihe zu wachen an den dritten Sohn, der war auch bereit, aber der König traute ihm nicht viel zu und meinte, er würde noch weniger ausrichten

als seine Brüder; endlich aber gestattete er es doch. Der Jüngling legte sich also unter den Baum, wachte und ließ den Schlaf nicht Herr werden.

Als es zwölf schlug, so rauschte etwas durch die Luft, und er sah im Mondschein einen Vogel daherfliegen, dessen Gefieder ganz von Gold glänzte. Der Vogel ließ sich auf dem Baume nieder und hatte eben einen Apfel abgepickt, als der Jüngling einen Pfeil nach ihm abschoß. Der Vogel entflog, aber der Pfeil hatte sein Gefieder getroffen, und eine seiner goldenen Federn fiel herab. Der Jüngling hob sie auf, brachte sie am andern Morgen dem König und erzählte ihm, was er in der Nacht gesehen hatte. Der König versammelte seinen Rat, und jedermann erklärte, eine Feder wie diese sei mehr wert als das gesamte Königreich.

»Ist die Feder so kostbar«, erklärte der König, »so hilft mir auch die eine nichts, sondern ich will und muß den ganzen Vogel haben.« Der älteste Sohn machte sich auf den Weg, verließ sich auf seine Klugheit und meinte, den goldenen Vogel schon zu finden. Wie er eine Strecke

gegangen war, sah er an dem Rande eines Waldes einen Fuchs sitzen, legte seine Flinte an und zielte auf ihn. Der Fuchs rief: »Schieß mich nicht, ich will dir dafür einen guten Rat geben. Du bist auf dem Weg nach dem goldenen Vogel und wirst heut abend in ein Dorf kommen, wo zwei Wirtshäuser einander gegenüberstehen. Eins ist hell erleuchtet, und es geht darin lustig her: da kehr aber nicht ein, sondern geh ins andere, wenn es dich auch schlecht ansieht.«

»Wie kann mir wohl so ein albernes Tier einen vernünftigen Rat erteilen!« dachte der Königssohn und drückte los, aber er fehlte den Fuchs, der den Schwanz streckte und schnell in den Wald lief. Darauf setzte er seinen Weg fort und kam abends in das Dorf, wo die beiden Wirtshäuser standen: in dem einen ward gesungen und gesprungen, das andere hatte ein armseliges, betrübtes Ansehen.

»Ich wäre wohl ein Narr«, dachte er, »wenn ich in das lumpige Wirtshaus ginge und das schöne liegenließ.« Also ging er in das lustige ein, lebte da in Saus und Braus und vergaß den Vogel, seinen Vater und alle guten Lehren.

Als eine Zeit verstrichen und der älteste Sohn immer und immer nicht nach Haus gekommen war, so machte sich der zweite auf den Weg und wollte den goldenen Vogel suchen. Wie dem ältesten begegnete ihm der Fuchs und gab ihm den guten Rat, den er nicht achtete. Er kam zu den beiden Wirtshäusern, wo sein Bruder am Fenster des einen stand, aus dem der Jubel erschallte, und ihn anrief. Er konnte nicht widerstehen, ging hinein und lebte nur seinen Lüsten.

Wiederum verstrich eine Zeit, da wollte der jüngste Königssohn ausziehen und sein Heil versuchen, der Vater aber wollte es nicht zulassen.

»Es ist vergeblich«, sprach er, »der wird den goldenen Vogel noch weniger finden als seine Brüder, und wenn ihm ein Unglück zustößt, so weiß er sich nicht zu helfen; es fehlt ihm am Besten.« Doch endlich, wie keine Ruhe mehr da war, ließ er ihn ziehen.

Vor dem Walde saß wieder der Fuchs, bat um sein Leben und erteilte den guten Rat. Der Jüngling war gutmütig und sagte: »Sei ruhig, Füchslein, ich tue dir nichts zuleid.«

»Es soll dich nicht gereuen«, antwortete der Fuchs, »und damit du schneller fortkommst, so steig hinten auf meinen Schwanz.« Und kaum hat er sich aufgesetzt, so fing der Fuchs an zu laufen, und da ging's über Stock und Stein, daß die Haare im Winde pfiffen. Als sie zu dem

Dorfe kamen, stieg der Jüngling ab, befolgte den guten Rat und kehrte, ohne sich umzusehen, in das geringe Wirtshaus ein, wo er ruhig übernachtete.

Am andern Morgen, wie er auf das Feld kam, saß da schon der Fuchs und sagte: »Ich will dir weiter sagen, was du zu tun hast. Geh du immer geradeaus, endlich wirst du an ein Schloß kommen, vor dem eine ganze Schar Soldaten liegt, aber kümmre dich nicht darum, denn sie werden alle schlafen und schnarchen; geh mittendurch und geradeswegs in das Schloß hinein, und geh durch alle Stuben, zuletzt wirst du in eine Kammer kommen, wo ein goldener Vogel in einem hölzernen Käfig hängt. Nebenan steht ein leerer Goldkäfig zum Prunk, aber hüte dich, daß du den Vogel nicht aus seinem schlechten Käfig herausnimmst und in den prächtigen tust, sonst möchte es dir schlimm ergehen.« Nach diesen Worten streckte der Fuchs wieder seinen Schwanz aus, und der Königssohn setzte sich auf; da ging's über Stock und Stein, daß die Haare im Winde pfiffen.

Als er bei dem Schloß angelangt war, fand er alles so, wie der Fuchs gesagt hatte. Der Königssohn kam in die Kammer, wo der goldene Vogel in einem hölzernen Käfig saß, und ein goldener stand daneben; die drei goldenen Äpfel aber lagen in der Stube umher. Da dachte er, es wäre lächerlich, wenn er den schönen Vogel in dem gemeinen und häßlichen Käfig lassen wollte, öffnete die Türe, packte ihn und setzte ihn in den goldenen. In dem Augenblick aber tat der Vogel einen durchdringenden Schrei. Die Soldaten erwachten, stürzten herein und führten ihn ins Gefängnis.

Den andern Morgen wurde er vor ein Gericht gestellt und, da er alles bekannte, zum Tode verurteilt. Doch sagte der König, er wollte ihm unter einer Bedingung das Leben schenken, wenn er ihm nämlich das goldene Pferd brächte, welches noch schneller liefe als der Wind, und dann sollte er obendrein zur Belohnung den goldenen Vogel erhalten.

Der Königssohn machte sich auf den Weg, seufzte aber und war traurig, denn wo sollte er das goldene Pferd finden? Da sah er auf einmal seinen alten Freund, den Fuchs, an dem Wege sitzen. »Siehst du«, sprach der Fuchs, »so ist es gekommen, weil du mir nicht gehört hast. Doch sei gutes Mutes, ich will mich deiner annehmen und dir sagen, wie du zu dem goldenen Pferd gelangst. Du mußt geradesweges fortgehen, so wirst du zu einem Schloß kommen, wo das Pferd im Stalle steht. Vor dem Stall werden die Stallknechte liegen, aber sie werden schlafen und schnarchen, und du kannst geruhig das goldene Pferd herausführen. Aber eins mußt du in acht nehmen, leg ihm den schlechten Sattel von Holz und Leder auf und ja nicht den goldenen, der dabeihängt, sonst wird es dir schlimm ergehen.«

Dann streckte der Fuchs seinen Schwanz aus, der Königssohn setzte sich auf, und es ging fort über Stock und Stein, daß die Haare im Winde pfiffen. Alles traf so ein, wie der Fuchs gesagt hatte, er kam in den Stall, wo das goldene Pferd stand; als er ihm aber den schlechten Sattel auflegen wollte, so dachte er: »Ein so schönes Tier wird verschändet, wenn ich ihm nicht den guten Sattel auflege, der ihm gebührt.« Kaum aber berührte der goldene Sattel das Pferd, so fing es an, laut zu wiehern. Die Stallknechte erwachten, ergriffen den Jüngling und warfen ihn ins Gefängnis. Am andern Morgen wurde er vom Gerichte zum Tode verurteilt, doch versprach ihm der König, das Leben zu schenken und dazu das goldene Pferd, wenn er die schöne Königstochter vom goldenen Schlosse herbeischaffen könnte.

Mit schwerem Herzen machte sich der Jüngling auf den Weg, doch zu seinem Glücke fand er bald den treuen Fuchs. »Ich sollte dich nur deinem Unglück überlassen«, sagte der Fuchs, »aber ich habe Mitleiden mit dir und will dir noch einmal aus deiner Not helfen. Dein Weg führt dich gerade zu dem goldenen Schlosse: abends wirst du anlangen, und nachts, wenn alles still ist, dann geht die schöne Königstochter ins Badehaus, um da zu baden. Und wenn sie hineingeht, so spring auf sie zu und gib ihr einen Kuß, dann folgt sie dir, und du kannst sie mit dir fortführen: nur dulde nicht, daß sie vorher von ihren Eltern Abschied nimmt, sonst kann es dir schlimm ergehen.« Dann streckte der Fuchs seinen Schwanz, der Königssohn setzte sich auf, und so ging es über Stock und Stein, daß die Haare im Winde pfiffen.

Als er beim goldenen Schloß ankam, war es so, wie der Fuchs gesagt hatte. Er wartete bis um Mitternacht, als alles in tiefem Schlaf lag und die schöne Jungfrau ins Badehaus ging, da sprang er hervor und gab ihr einen Kuß. Sie sagte, sie wollte gerne mit ihm gehen, bat ihn aber flehentlich und mit Tränen, er möchte ihr erlauben, vorher von ihren Eltern Abschied zu nehmen. Er widerstand anfänglich ihren Bitten, als sie aber immer mehr weinte und ihm zu Fuß fiel, so gab er endlich nach.

Kaum aber war die Jungfrau zu dem Bette ihres Vaters getreten, so wachte er und alle anderen, die im Schloß waren, auf, und der Jüngling ward festgehalten und ins Gefängnis gesetzt.

Am andern Morgen sprach der König zu ihm: »Dein Leben ist verwirkt, und du kannst bloß Gnade finden, wenn du den Berg abträgst, der vor meinen Fenstern liegt und über welchen ich nicht hinaussehen kann, und das mußt du binnen acht Tagen zustande bringen. Gelingt dir das, so sollst du meine Tochter zur Belohnung haben.« Der Königssohn fing an, grub und schaufelte, ohne abzulassen, als er aber nach sieben Tagen sah, wie wenig er ausgerichtet hatte und alle seine Arbeit so gut wie nichts war, so fiel er in große Traurigkeit und gab alle Hoffnung auf.

Am Abend des siebenten Tags aber erschien der Fuchs und sagte: »Du verdienst nicht, daß ich mich deiner annehme, aber geh nur hin und lege dich schlafen, ich will die Arbeit für dich tun.« Am andern Morgen, als er erwachte und zum Fenster hinaussah, so war der Berg verschwunden. Der Jüngling eilte voll Freude zum König und meldete ihm, daß die Bedingung erfüllt wäre, und der König mochte wollen oder nicht, er mußte Wort halten und ihm seine Tochter geben. Nun zogen die beiden zusammen fort, und es währte nicht lange, so kam der treue Fuchs zu ihnen.

»Das Beste hast du zwar«, sagte er, »aber zu der Jungfrau aus dem goldenen Schloß gehört auch das goldene Pferd.«

»Wie soll ich das bekommen?« fragte der Jüngling. »Das will ich dir sagen«, antwortete der Fuchs, »zuerst bring dem Könige, der dich nach dem goldenen Schlosse geschickt hat, die schöne Jungfrau. Da wird unerhörte Freude sein, sie werden dir das goldene Pferd gerne geben und werden dir's vorführen. Setz dich alsbald auf und reiche allen zum Abschied die Hand herab, zuletzt der schönen Jungfrau, und wenn du sie gefaßt hast, so zieh sie mit einem Schwung hinauf und jage davon: und niemand ist imstande, dich einzuholen, denn das Pferd läuft schneller als der Wind.«

Alles wurde glücklich vollbracht, und der Königssohn führte die schöne Jungfrau auf dem goldenen Pferde fort. Der Fuchs blieb nicht zurück und sprach zu dem Jüngling: »Jetzt will ich dir auch zu dem goldenen Vogel verhelfen. Wenn du nahe bei dem Schlosse bist, wo sich der Vogel befindet, so laß die Jungfrau absitzen, und ich will sie in meine Obhut nehmen. Dann reit mit dem goldenen Pferd in den Schloßhof: bei dem Anblick wird große Freude sein, und sie werden dir den goldenen Vogel herausbringen. Wie du den Käfig in der Hand hast, so jage zu uns zurück und hole dir die Jungfrau wieder ab.« Als der Anschlag geglückt war und der Königssohn mit seinen Schätzen heimreiten wollte, so sagte der Fuchs: »Nun sollst du mich für meinen Beistand belohnen.«

»Was verlangst du dafür?« fragte der Jüngling. »Wenn wir dort in den Wald kommen, so schieß mich tot und hau mir Kopf und Pfoten ab.«

»Das wäre eine schöne Dankbarkeit«, sagte der Königssohn, »das kann ich dir unmöglich gewähren.« Sprach der Fuchs: »Wenn du es nicht tun willst, so muß ich dich verlassen; ehe ich aber fortgehe, will ich dir noch einen guten Rat geben. Vor zwei Stücken hüte dich, kauf kein Galgenfleisch und setze dich an keinen Brunnenrand.« Damit lief er in den Wald.

Der Jüngling dachte: »Das ist ein wunderliches Tier, das seltsame Grillen hat. Wer wird Galgenfleisch kaufen! Und die Lust, mich an

einen Brunnenrand zu setzen, ist mir noch niemals gekommen.«

Er ritt mit der schönen Jungfrau weiter, und sein Weg führte ihn wieder durch das Dorf, in welchem seine beiden Brüder geblieben waren. Da war großer Auflauf und Lärmen, und als er fragte, was da vor wäre, hieß es, es sollten zwei Leute aufgehängt werden. Als er näher hinzukam, sah er, daß es seine Brüder waren, die allerhand schlimme Streiche verübt und all ihr Gut vertan hatten. Er fragte, ob sie nicht könnten freigemacht werden.

»Wenn Ihr für sie bezahlen wollt«, antworteten die Leute, »aber was wollt Ihr an die schlechten Menschen Euer Geld hängen und sie loskaufen.« Er besann sich aber nicht, zahlte für sie, und als sie freigegeben waren, so setzten sie die Reise gemeinschaftlich fort.

Sie kamen in den Wald, wo ihnen der Fuchs zuerst begegnet war, und da es darin kühl und lieblich war und die Sonne heiß brannte, so sagten die beiden Brüder: »Laßt uns hier an dem Brunnen ein wenig ausruhen, essen und trinken.« Er willigte ein, und während des Gesprächs vergaß er sich, setzte sich an den Brunnenrand und versah sich nichts Arges. Aber die beiden Brüder warfen ihn rückwärts in den Brunnen, nahmen die Jungfrau, das Pferd und den Vogel und zogen heim zu ihrem Vater.

»Da bringen wir nicht bloß den goldenen Vogel«, sagten sie, »wir haben auch das goldene

Pferd und die Jungfrau von dem goldenen Schlosse erbeutet.«

Da war große Freude, aber das Pferd, das fraß nicht, der Vogel, der pfiff nicht, und die Jungfrau, die saß und weinte.

Der jüngste Bruder war aber nicht umgekommen. Der Brunnen war zum Glück trocken, und er fiel auf weiches Moos, ohne Schaden zu nehmen, konnte aber nicht wieder heraus. Auch in dieser Not verließ ihn der treue Fuchs nicht, kam zu ihm herabgesprungen und schalt ihn, daß er seinen Rat vergessen hätte.

»Ich kann's aber doch nicht lassen«, sagte er, »ich will dir wieder an das Tageslicht helfen.« Er sagte ihm, er sollte seinen Schwanz anpacken und sich fest daran halten, und zog ihn dann in die Höhe.

»Noch bist du nicht aus aller Gefahr«, sagte der Fuchs, »deine Brüder waren deines Todes nicht gewiß und haben den Wald mit Wächtern umstellt, die sollen dich töten, wenn du dich sehen ließest.«

Da saß ein armer Mann am Weg, mit dem vertauschte der Jüngling die Kleider und gelangte auf diese Weise an des Königs Hof. Niemand erkannte ihn, aber der Vogel fing an zu pfeifen, das Pferd fing an zu fressen, und die schöne Jungfrau hörte Weinens auf.

Der König fragte verwundert: »Was hat das zu bedeuten?«

Da sprach die Jungfrau: »Ich weiß es nicht, aber ich war so traurig, und nun bin ich so fröhlich. Es ist mir, als wäre mein rechter Bräutigam gekommen.« Sie erzählte ihm alles, was geschehen war, obgleich die andern Brüder ihr den Tod angedroht hatten, wenn sie etwas verraten würde.

Der König hieß alle Leute vor sich bringen, die in seinem Schloß waren, da kam auch der Jüngling als ein armer Mann in seinen Lumpenkleidern, aber die Jungfrau erkannte ihn gleich und fiel ihm um den Hals. Die gottlosen Brüder wurden ergriffen und hingerichtet, er aber ward mit der schönen Jungfrau vermählt und zum Erben des Königs bestimmt.

Aber wie ist es dem armen Fuchs ergangen? Lange danach ging der Königssohn einmal wieder in den Wald, da begegnete ihm der Fuchs und sagte: »Du hast nun alles, was du dir wünschen kannst, aber mit meinem Unglück will es kein Ende nehmen, und es steht doch in deiner Macht, mich zu erlösen«, und abermals bat er flehentlich, er möchte ihn totschießen und ihm Kopf und Pfoten abhauen. Also tat er's, und kaum war es geschehen, so verwandelte sich der Fuchs in einen Menschen und war niemand anders als der Bruder der schönen Königstochter, der endlich von dem Zauber, der auf ihm lag, erlöst war. Und nun fehlte nichts mehr zu ihrem Glück, solange sie lebten.

Die Bienenkönigin

Zwei Königssöhne gingen einmal auf Abenteuer und gerieten in ein wildes, wüstes Leben, so daß sie gar nicht wieder nach Haus kamen. Der jüngste, welcher der Dummling hieß, machte sich auf und suchte seine Brüder; aber wie er sie endlich fand, verspotteten sie ihn, daß er mit seiner Einfalt sich durch die Welt schlagen wollte, und sie zwei könnten nicht durchkommen und wären doch viel klüger. Sie zogen alle drei miteinander fort und kamen an einen Ameisenhaufen. Die zwei ältesten wollten ihn aufwühlen und sehen, wie die kleinen Ameisen in der Angst herumkröchen und ihre Eier forttrügen, aber der Dummling sagte: »Laßt die Tiere in Frieden, ich leid's nicht, daß ihr sie stört.«

Da gingen sie weiter und kamen an einen See, auf dem schwammen viele, viele Enten. Die zwei Brüder wollten ein paar fangen und braten, aber der Dummling ließ es nicht zu und sprach: »Laßt die Tiere in Frieden, ich leid's nicht, daß ihr sie tötet.«

Endlich kamen sie an ein Bienennest, darin war so viel Honig, daß er am Stamm herunterlief. Die zwei wollten Feuer unter den Baum legen und die Bienen ersticken, damit sie den Honig wegnehmen könnten. Der Dummling hielt sie aber wieder ab und sprach: »Laßt die Tiere in Frieden, ich leid's nicht, daß ihr sie verbrennt.«

Endlich kamen die drei Brüder in ein Schloß, wo in den Ställen lauter steinerne Pferde standen, auch war kein Mensch zu sehen, und sie gingen durch alle Säle, bis sie vor eine Tür ganz am Ende kamen, davor hingen drei Schlösser; es war aber mitten in der Türe ein Lädlein, da-

durch konnte man in die Stube sehen. Da sahen sie ein graues Männchen, das an einem Tisch saß. Sie riefen es an, einmal, zweimal, aber es hörte nicht; endlich riefen sie zum drittenmal, da stand es auf, öffnete die Schlösser und kam heraus. Es sprach aber kein Wort, sondern führte sie zu einem reichbesetzten Tisch; und als sie gegessen und getrunken hatten, brachte es einen jeglichen in sein eigenes Schlafgemach.

Am andern Morgen kam das graue Männchen zu dem Ältesten, winkte und leitete ihn zu einer steinernen Tafel, darauf standen drei Aufgaben geschrieben, wodurch das Schloß erlöst werden könnte.

Die erste war, in dem Wald unter dem Moos lagen die Perlen der Königstochter, tausend an der Zahl, die mußten aufgesucht werden, und wenn vor Sonnenuntergang noch eine einzige fehlte, so ward der, welcher gesucht hatte, zu Stein.

Der Älteste ging hin und suchte den ganzen Tag, als aber der Tag zu Ende war, hatte er erst hundert gefunden; es geschah, wie auf der Tafel stand, er ward in Stein verwandelt.

Am folgenden Tag unternahm der zweite Bruder das Abenteuer; es ging ihm aber nicht viel besser als dem ältesten, er fand nicht mehr als zweihundert Perlen und ward zu Stein. Endlich kam auch an den Dummling die Reihe, der suchte im Moos, es war aber so schwer, die Perlen zu finden, und ging so langsam. Da setzte er sich auf einen Stein und weinte. Und wie er so saß, kam der Ameisenkönig, dem er einmal

das Leben erhalten hatte, mit fünftausend Ameisen, und es währte gar nicht lange, so hatten die kleinen Tiere die Perlen miteinander gefunden und auf einen Haufen getragen. Die zweite Aufgabe aber war, den Schlüssel zu der Schlafkammer der Königstochter aus der See zu holen. Wie der Dummling zur See kam, schwammen die Enten, die er einmal gerettet hatte, heran, tauchten unter und holten den Schlüssel aus der Tiefe.

Die dritte Aufgabe aber war die schwerste, aus den drei schlafenden Töchtern des Königs sollte die jüngste und die liebste herausgesucht werden. Sie glichen sich aber vollkommen und waren durch nichts verschieden, als daß sie, bevor sie eingeschlafen waren, verschiedene Süßigkeiten gegessen hatten, die älteste ein Stück Zukker, die zweite ein wenig Sirup, die jüngste einen Löffel voll Honig. Da kam die Bienenkönigin von den Bienen, die der Dummling vor dem Feuer geschützt hatte, und versuchte den Mund von allen dreien, zuletzt blieb sie auf dem Mund sitzen, der Honig gegessen hatte, und so erkannte der Königssohn die rechte.

Da war der Zauber vorbei, alles war aus dem Schlaf erlöst, und wer von Stein war, erhielt seine menschliche Gestalt wieder. Und der Dummling vermählte sich mit der jüngsten und liebsten und ward König nach ihres Vaters Tod; seine zwei Brüder aber erhielten die beiden andern Schwestern.

Die goldene Gans

Es war ein Mann, der hatte drei Söhne, davon hieß der jüngste der Dummling und wurde verachtet und verspottet und bei jeder Gelegenheit zurückgesetzt. Es geschah, daß der älteste in den Wald gehen wollte, Holz hauen, und eh er ging, gab ihm noch seine Mutter einen schönen feinen Eierkuchen und eine Flasche Wein mit, damit er nicht Hunger und Durst litte.

Als er in den Wald kam, begegnete ihm ein altes graues Männlein, das bot ihm einen guten Tag und sprach: »Gib mir doch ein Stück Kuchen aus deiner Tasche und laß mich einen Schluck von deinem Wein trinken, ich bin so hungrig und durstig.« Der kluge Sohn aber antwortete: »Geb ich dir meinen Kuchen und meinen Wein, so hab ich selber nichts, pack dich deiner Wege«, ließ das Männlein stehen und ging fort.

Als er nun anfing, einen Baum zu behauen, dauerte es nicht lange, so hieb er fehl, und die Axt fuhr ihm in den Arm, daß er mußte heimgehen und sich verbinden lassen. Das war aber von dem grauen Männchen gekommen.

Darauf ging der zweite Sohn in den Wald, und die Mutter gab ihm, wie dem ältesten, einen Eierkuchen und eine Flasche Wein. Dem begegnete gleichfalls das alte graue Männchen und hielt um ein Stückchen Kuchen und einen Trunk Wein an. Aber der zweite Sohn sprach auch ganz verständig: »Was ich dir gebe, das geht mir selber ab, pack dich deiner Wege«, ließ das Männlein stehen und ging fort. Die Strafe blieb nicht aus, als er ein paar Hiebe am Baum getan, hieb er sich ins Bein, daß er mußte nach Haus getragen werden.

Da sagte der Dummling: »Vater, laß mich einmal hinausgehen und Holz hauen.«

Antwortete der Vater: »Deine Brüder haben sich Schaden dabei getan, laß dich davon, du verstehst nichts davon.« Der Dummling aber bat so lange, bis er endlich sagte: »Geh nur hin, durch Schaden wirst du klug werden.« Die Mutter gab ihm einen Kuchen, der war mit Wasser in der Asche gebacken, und dazu eine Flasche saueres Bier.

Als er in den Wald kam, begegnete ihm gleichfalls das alte graue Männchen, grüßte ihn und sprach: »Gib mir ein Stück von deinem Kuchen und einen Trunk aus deiner Flasche, ich bin so hungrig und durstig.« Antwortete der Dummling: »Ich habe aber nur Aschenkuchen und saueres Bier, wenn dir das recht ist, so wollen wir uns setzen und essen.« Da setzten sie sich, und als der Dummling seinen Aschenkuchen herausholte, so war's ein feiner Eierkuchen, und das sauere Bier war ein guter Wein. Nun aßen und tranken sie, und danach sprach das Männlein: »Weil du ein gutes Herz hast und von dem deinigen gerne mitteilst, so will ich dir Glück bescheren. Dort steht ein alter Baum, den hau ab, so wirst du in den Wurzeln etwas finden.« Darauf nahm das Männlein Abschied.

Der Dummling ging hin und hieb den Baum um, und wie er fiel, saß in den Wurzeln eine Gans, die hatte Federn von reinem Gold. Er hob sie heraus, nahm sie mit sich und ging in ein Wirtshaus, da wollte er übernachten. Der Wirt hatte aber drei Töchter, die sahen die Gans, waren neugierig, was das für ein wunderlicher Vogel wäre, und hätten gar gern eine von seinen goldenen Federn gehabt. Die älteste dachte: »Es wird sich schon eine Gelegenheit finden, wo ich mir eine Feder ausziehen kann.« Und als der Dummling einmal hinausgegangen war, faßte sie die Gans beim Flügel, aber Finger und Hand blieben ihr daran festhängen.

Bald danach kam die zweite und hatte keinen andern Gedanken, als sich eine goldene Feder zu holen; kaum aber hatte sie ihre Schwester angerührt, so blieb sie festhängen. Endlich kam auch die dritte in gleicher Absicht; da schrien die andern: »Bleib weg, ums Himmels willen, bleib weg.« Aber sie begriff nicht, warum sie wegbleiben sollte, dachte: »Sind die dabei, so kann ich auch dabeisein«, und sprang herzu, und wie sie ihre Schwester angerührt hatte, so blieb sie an ihr hängen. So mußten sie die Nacht bei der Gans zubringen.

Am andern Morgen nahm der Dummling die Gans in den Arm, ging fort und bekümmerte sich nicht um die drei Mädchen, die daranhingen. Sie mußten immer hinter ihm dreinlaufen, links und rechts, wie's ihm in die Beine kam. Mitten auf dem Felde begegnete ihnen der Pfarrer, und als er den Aufzug sah, sprach er: »Schämt euch, ihr garstigen Mädchen, was lauft ihr dem jungen Bursch durchs Feld nach, schickt sich das?« Damit faßte er die jüngste an die Hand und wollte sie zurückziehen; wie er sie aber anrührte, blieb er gleichfalls hängen und mußte selber hinterdreinlaufen.

Nicht lange, so kam der Küster daher und sah den Herrn Pfarrer, der drei Mädchen auf dem Fuß folgte. Da verwunderte er sich und rief: »Ei, Herr Pfarrer, wo hinaus so geschwind? Vergeßt nicht, daß wir heute noch eine Kindtaufe haben«, lief auf ihn zu und faßte ihn am Ärmel, blieb aber auch festhängen.

Wie die fünf so hintereinander hertrabten, kamen zwei Bauern mit ihren Hacken vom Feld; da rief der Pfarrer sie an und bat, sie möchten ihn und den Küster losmachen. Kaum aber hatten sie den Küster angerührt, so blieben sie hängen und waren ihrer nun siebene, die dem Dummling mit der Gans nachliefen.

Er kam darauf in eine Stadt, da herrschte ein König, der hatte eine Tochter, die war so ernsthaft, daß sie niemand zum Lachen bringen konnte. Darum hatte er ein Gesetz gegeben, wer sie könnte zum Lachen bringen, der sollte sie heiraten. Der Dummling, als er das hörte, ging mit seiner Gans und ihrem Anhang vor die Königstochter, und als diese die sieben Menschen immer hintereinander herlaufen sah, fing sie überlaut an zu lachen und wollte gar nicht wieder aufhören. Da verlangte sie der Dummling zur Braut, aber dem König gefiel der Schwiegersohn nicht, er machte allerlei Einwendungen und sagte, er müßte ihm erst einen Mann bringen, der einen Keller voll Wein austrinken könnte.

Der Dummling dachte an das graue Männchen, das könnte ihm wohl helfen, ging hinaus in den Wald, und auf der Stelle, wo er den Baum abgehauen hatte, sah er einen Mann sitzen, der machte ein ganz betrübtes Gesicht. Der Dummling fragte, was er sich so sehr zu Herzen nähme. Da antwortete er: »Ich habe so großen Durst und kann ihn nicht löschen, das kalte Wasser vertrage ich nicht, ein Faß Wein habe ich zwar ausgeleert, aber was ist ein Tropfen auf einem heißen Stein?«

»Da kann ich dir helfen«, sagte der Dummling, »komm nur mit, du sollst satt haben.« Er führte ihn darauf in des Königs Keller, und der Mann machte sich über die großen Fässer, trank und trank, daß ihm die Hüften weh taten, und ehe ein Tag herum war, hatte er den ganzen Keller ausgetrunken.

Der Dummling verlangte abermals seine Braut, der König aber ärgerte sich, daß ein schlechter Bursch, den jedermann einen Dummling nannte, seine Tochter davontragen sollte, und machte neue Bedingungen: er müßte erst einen Mann schaffen, der einen Berg voll Brot aufessen könnte.

Der Dummling besann sich nicht lange, sondern ging gleich hinaus in den Wald; da saß auf demselben Platz ein Mann, der schnürte sich den Leib mit einem Riemen zusammen, machte ein grämliches Gesicht und sagte: »Ich habe einen ganzen Backofen voll Raspelbrot gegessen, aber was hilft das, wenn man so großen Hunger hat wie ich: mein Magen bleibt leer, und ich muß mich nur zuschnüren, wenn ich nicht Hungers sterben soll.« Der Dummling war froh darüber und sprach: »Mach dich auf und geh mit mir, du sollst dich satt essen.« Er führte ihn an den Hof des Königs, der hatte alles Mehl aus dem ganzen Reich zusammenfahren und einen ungeheuern Berg davon backen lassen; der Mann aber aus dem Walde stellte sich davor, fing an zu essen, und in einem Tag war der ganze Berg verschwunden. Der Dummling forderte zum drittenmal seine Braut, der König aber suchte noch einmal Ausflucht und verlangte ein Schiff, das zu Land und zu Wasser fahren könnte: »Sowie du aber damit angesegelt kommst«, sagte er, »so sollst du gleich meine Tochter zur Gemahlin haben.«

Der Dummling ging geradesweges in den Wald, da saß das alte graue Männchen, dem er seinen Kuchen gegeben hatte, und sagte: »Ich habe für dich getrunken und gegessen, ich will dir auch das Schiff geben; das alles tu ich, weil du barmherzig gegen mich gewesen bist.« Da gab er ihm das Schiff, das zu Land und zu Wasser fuhr, und als der König das sah, konnte er ihm seine Tochter nicht länger vorenthalten. Die Hochzeit ward gefeiert, nach des Königs Tod erbte der Dummling das Reich und lebte lange Zeit vergnügt mit seiner Gemahlin.

Bruder Lustig

Es war einmal ein großer Krieg, und als der Krieg zu Ende war, bekamen viele Soldaten ihren Abschied. Nun bekam der Bruder Lustig auch seinen Abschied und sonst nichts als ein kleines Laibchen Kommißbrot und vier Kreuzer an Geld; damit zog er fort. Der heilige Petrus aber hatte sich als ein armer Bettler an den Weg gesetzt, und wie der Bruder Lustig daherkam, bat er ihn um ein Almosen. Er antwortete: »Lieber Bettelmann, was soll ich dir geben? Ich bin Soldat gewesen und habe meinen Abschied bekommen und habe sonst nichts als das kleine Kommißbrot und vier Kreuzer Geld, wenn das all ist, muß ich betteln, so gut wie du. Doch geben will ich dir was.« Darauf teilte er den Laib in vier Teile und gab davon dem Apostel einen und auch einen Kreuzer.

Der heilige Petrus bedankte sich, ging weiter und setzte sich in einer andern Gestalt wieder als Bettelmann dem Soldaten an den Weg, und als er zu ihm kam, bat er ihn, wie das vorige Mal, um eine Gabe. Der Bruder Lustig sprach wie vorher und gab ihm wieder ein Viertel von dem Brot und einen Kreuzer. Der heil. Petrus bedankte sich und ging weiter, setzte sich aber zum drittenmal in einer andern Gestalt als ein Bettler an den Weg und sprach den Bruder Lustig an. Der Bruder Lustig gab ihm auch das dritte Viertel Brot und den dritten Kreuzer. Der heil. Petrus bedankte sich, und der Bruder Lustig ging weiter und hatte nicht mehr als ein Viertel Brot und einen Kreuzer. Damit ging er in ein Wirtshaus, aß das Brot und ließ sich für den Kreuzer Bier dazu geben. Als er fertig war, zog er weiter, und da ging ihm der heil. Petrus gleichfalls in der Gestalt eines verabschiedeten Soldaten entgegen und redete ihn an: »Guten Tag, Kamerad, kannst du mir nicht ein Stück Brot geben und einen Kreuzer zu einem Trunk?«

»Wo soll ich's hernehmen«, antwortete der Bruder Lustig, »ich habe meinen Abschied und sonst nichts als einen Laib Kommißbrot und vier Kreuzer an Geld bekommen. Drei Bettler sind mir auf der Landstraße begegnet, davon hab ich jedem ein Viertel von meinem Brot und einen Kreuzer Geld gegeben. Das letzte Viertel hab ich im Wirtshaus gegessen und für den letzten Kreuzer dazu getrunken. Jetzt bin ich leer, und wenn du auch nichts mehr hast, so können wir miteinander betteln gehen.«

»Nein«, antwortete der heil. Petrus, »das wird just nicht nötig sein: ich verstehe mich ein wenig auf die Doktorei, und damit will ich mir schon so viel verdienen, als ich brauche.«

»Ja«, sagte der Bruder Lustig, »davon verstehe ich nichts, also muß ich allein betteln gehen.«

»Nun komm nur mit«, sprach der heil. Petrus, »wenn ich was verdiene, sollst du die Hälfte davon haben.«

»Das ist mir wohl recht«, sagte der Bruder Lustig. Also zogen sie miteinander fort. Nun kamen sie an ein Bauernhaus und hörten darin gewaltig jammern und schreien, da gingen sie hinein, so lag der Mann darin auf den Tod krank und war nah am Verscheiden, und die Frau heulte und weinte ganz laut. »Laßt Euer Heulen und Weinen«, sprach der heil. Petrus, »ich will den Mann wieder gesund machen«, nahm eine Salbe aus der Tasche und heilte den Kranken augenblicklich, so daß er aufstehen konnte und ganz gesund war. Sprachen Mann und Frau in großer Freude: »Wie können wir Euch lohnen? Was sollen wir Euch geben?« Der heil. Petrus aber wollte nichts nehmen, und je mehr ihn die Bauersleute baten, desto mehr weigerte er sich. Der Bruder Lustig aber stieß den heil. Petrus an und sagte: »So nimm doch was, wir brauchen's ja.« Endlich brachte die Bäuerin ein Lamm und sprach zu dem heil. Petrus, das müßte er annehmen, aber er wollte es nicht. Da stieß ihn der Bruder Lustig in die Seite und sprach: »Nimm's doch, dummer Teufel, wir brauchen's ja.« Da sagte der heil. Petrus endlich: »Ja, das Lamm will ich nehmen, aber ich trag's nicht; wenn du's willst, so mußt du es tragen.«

»Das hat keine Not«, sprach der Bruder Lustig, »das will ich schon tragen«, und nahm's auf die Schulter. Nun gingen sie fort und kamen in einen Wald, da war das Lamm dem Bruder Lustig schwer geworden, er aber war hungrig, also sprach er zu dem heil. Petrus: »Schau, da ist ein schöner Platz, da könnten wir das Lamm kochen und verzehren.«

»Mir ist's recht«, antwortete der heil. Petrus, »doch kann ich mit der Kocherei nicht umgehen; willst du kochen, so hast du da einen Kessel, ich will derweil auf und ab gehen, bis es gar ist. Du mußt aber nicht eher zu essen anfangen, als bis ich wieder zurück bin; ich will schon zu rechter Zeit kommen.«

»Geh nur«, sagte Bruder Lustig, »ich verstehe mich aufs Kochen, ich will's schon machen.« Da ging der heil. Petrus fort, und der Bruder Lustig schlachtete das Lamm, machte Feuer an, warf das Fleisch in den Kessel und kochte. Das Lamm war aber schon gar und der Apostel noch immer nicht zurück, da nahm es der Bruder Lustig aus dem Kessel, zerschnitt es und fand das Herz. »Das soll das Beste sein«, sprach er und versuchte es, zuletzt aber aß er es ganz auf. Endlich kam der heil. Petrus zurück und sprach: »Du kannst das ganze Lamm allein essen, ich will nur das Herz davon, das gib mir.« Da nahm Bruder Lustig Messer und Gabel, tat, als suchte er eifrig in dem Lammfleisch herum, konnte aber das Herz nicht finden; endlich sagte er kurzweg: »Es ist keins da.«

»Nun, wo soll's denn sein?« sagte der Apostel. »Das weiß ich nicht«, antwortete der Bruder Lustig, »aber schau, was sind wir alle beide für Narren, suchen das Herz vom Lamm und fällt keinem von uns ein, ein Lamm hat ja kein Herz!«

»Ei«, sprach der heil. Petrus, »das ist was ganz Neues, jedes Tier hat ja ein Herz, warum sollt ein Lamm kein Herz haben?«

»Nein, gewißlich, Bruder, ein Lamm hat kein Herz, denk nur recht nach, so wird dir's einfallen, es hat im Ernst keins.«

»Nun, es ist schon gut«, sagte der heil. Petrus, »ist kein Herz da, so brauch ich auch nichts vom Lamm, du kannst's allein essen.«

»Was ich halt nicht aufessen kann, das nehm ich mit in meinem Ranzen«, sprach der Bruder Lustig, aß das halbe Lamm und steckte das übrige in seinen Ranzen.

Sie gingen weiter, da machte der heil. Petrus, daß ein großes Wasser quer über den Weg floß und sie hindurchmußten. Sprach der heil. Petrus: »Geh du nur voran.«

»Nein«, antwortete der Bruder Lustig, »geh du voran«, und dachte: »Wenn dem das Wasser zu tief ist, so bleib ich zurück.« Da schritt der heil. Petrus hindurch, und das Wasser ging ihm nur bis ans Knie. Nun wollte Bruder Lustig auch hindurch, aber das Wasser wurde größer und stieg ihm an den Hals. Da rief er: »Bruder, hilf mir.« Sagte der heil. Petrus: »Willst du auch gestehen, daß du das Herz von dem Lamm gegessen hast?«

»Nein«, antwortete er, »ich hab es nicht gegessen.« Da ward das Wasser noch größer und stieg ihm bis an den Mund: »Hilf mir, Bruder«, rief der Soldat. Sprach der heil. Petrus noch einmal: »Willst du auch gestehen, daß du das Herz vom Lamm gegessen hast?«

»Nein«, antwortete er, »ich hab es nicht gegessen.« Der heil. Petrus wollte ihn doch nicht ertrinken lassen, ließ das Wasser wieder fallen und half ihm hinüber. Nun zogen sie weiter und kamen in ein Reich, da hörten sie, daß die Königstochter todkrank läge. »Holla, Bruder«, sprach der Soldat zum heil. Petrus, »da ist ein Fang für uns, wenn wir die gesund machen, so ist uns auf ewige Zeiten geholfen.« Da war ihm der heil. Petrus nicht geschwind genug: »Nun, heb die Beine auf, Bruderherz«, sprach er zu ihm, »daß wir noch zu rechter Zeit hinkommen.« Der heil. Petrus ging aber immer langsamer, wie auch der Bruder Lustig ihn trieb und schob, bis sie endlich hörten, die Königstochter wäre gestorben. »Da haben wir's«, sprach der Bruder Lustig, »das kommt von deinem schläfrigen Gang.«

»Sei nur still«, antwortete der heil. Petrus, »ich kann noch mehr, als Kranke gesund machen, ich kann auch Tote wieder ins Leben erwecken.«

»Nun, wenn das ist«, sagte der Bruder Lustig, »so laß ich mir's gefallen, das halbe Königreich mußt du uns aber zum wenigsten damit verdienen.« Darauf gingen sie in das königliche Schloß, wo alles in großer Trauer war; der heil. Petrus aber sagte zu dem König, er wollte die Tochter wieder lebendig machen. Da ward er zu ihr geführt, und dann sprach er: »Bringt mir einen Kessel mit Wasser«, und wie der gebracht war, hieß er jedermann hinausgehen, und nur der Bruder Lustig durfte bei ihm bleiben.

Darauf schnitt er alle Glieder der Toten los und warf sie ins Wasser, machte Feuer unter den Kessel und ließ sie kochen. Und wie alles Fleisch von den Knochen herabgefallen war, nahm er das schöne weiße Gebein heraus und legte es auf eine Tafel und reihte und legte es nach seiner natürlichen Ordnung zusammen. Als das geschehen war, trat er davor und sprach dreimal: »Im Namen der allerheiligsten Dreifaltigkeit, Tote, steh auf.« Und beim drittenmal erhob sich die Königstochter lebendig, gesund und schön. Nun war der König darüber in großer Freude und sprach zum heil. Petrus: »Begehre deinen Lohn, und wenn's mein halbes Königreich wäre, so will ich dir's geben.« Der heil. Petrus aber antwortete: »Ich verlange nichts dafür.«

»O du Hans Narr!« dachte der Bruder Lustig bei sich, stieß seinen Kameraden in die Seite und sprach: »Sei doch nicht so dumm, wenn du nichts willst, so brauch ich doch was.« Der heil. Petrus aber wollte nichts; doch weil der König sah, daß der andere gerne was wollte, ließ er ihm vom Schatzmeister seinen Ranzen mit Gold anfüllen. Sie zogen darauf weiter, und wie sie in einen Wald kamen, sprach der heil. Petrus zum Bruder Lustig: »Jetzt wollen wir das Gold teilen.«

»Ja«, antwortete er, »das wollen wir tun.« Da teilte der heil. Petrus das Gold und teilte es in drei Teile. Dachte der Bruder Lustig: »Was er wieder für einen Sparren im Kopf hat! Macht drei Teile, und unser sind zwei.« Der heil. Petrus aber sprach: »Nun habe ich genau geteilt, ein Teil für mich, ein Teil für dich und ein Teil für den, der das Herz vom Lamm gegessen hat.«

»Oh, das hab ich gegessen«, antwortete der Bruder Lustig und strich geschwind das Gold ein, »das kannst du mir glauben.«

»Wie kann das wahr sein«, sprach der heil. Petrus, »ein Lamm hat ja kein Herz.«

»Ei was, Bruder, wo denkst du hin! Ein Lamm hat ja ein Herz, so gut wie jedes Tier, warum sollte das allein keins haben?«

»Nun, es ist schon gut«, sagte der heil. Petrus, »behalt das Gold allein, aber ich bleibe nicht mehr bei dir und will meinen Weg allein gehen.«

»Wie du willst, Bruderherz«, antwortete der Soldat, »leb wohl.«

Da ging der heil. Petrus eine andere Straße, Bruder Lustig aber dachte: »Es ist gut, daß er abtrabt, es ist doch ein wunderlicher Heiliger.« Nun hatte er zwar Geld genug, wußte aber nicht mit umzugehen, vertat's, verschenkt's, und wie eine Zeit herum war, hatte er wieder nichts.

Da kam er in ein Land, wo er hörte, daß die Königstochter gestorben wäre. »Holla«, dachte er, »das kann gut werden, die will ich wieder lebendig machen und mir's bezahlen lassen, daß es eine Art hat.« Ging also zum König und bot ihm an, die Tote wieder zu erwecken. Nun hatte der König gehört, daß ein abgedankter Soldat herumziehe und die Gestorbenen wieder lebendig mache, und dachte, der Bruder Lustig wäre dieser Mann, doch weil er kein Vertrauen zu ihm hatte, fragte er erst seine Räte, die sagten aber, er könnte es wagen, da seine Tochter doch tot wäre.

Nun ließ sich der Bruder Lustig Wasser im Kessel bringen, hieß jedermann hinausgehen, schnitt die Glieder ab, warf sie ins Wasser und machte Feuer darunter, gerade wie er es beim heil. Petrus gesehen hatte. Das Wasser fing an zu kochen, und das Fleisch fiel herab, da nahm er das Gebein heraus und tat es auf die Tafel; er wußte aber nicht, in welcher Ordnung es liegen mußte, und legte alles verkehrt durcheinander. Dann stellte er sich davor und sprach: »Im Namen der allerheiligsten Dreifaltigkeit, Tote, steh auf«, und sprach's dreimal, aber die Gebeine rührten sich nicht. Da sprach er es noch dreimal, aber gleichfalls umsonst. »Du Blitzmädel, steh auf«, rief er, »steh auf, oder es geht dir nicht gut.« Wie er das gesprochen, kam der heil. Petrus auf einmal in seiner vorigen Gestalt, als verabschiedeter Soldat, durchs Fenster

hereingegangen und sprach: »Du gottloser Mensch, was treibst du da, wie kann die Tote auferstehen, da du ihr Gebein so untereinander geworfen hast?«

»Bruderherz, ich hab's gemacht, so gut ich konnte«, antwortete er. »Diesmal will ich dir aus der Not helfen, aber das sag ich dir, wo du noch einmal so etwas unternimmst, so bist du unglücklich, auch darfst du von dem König nicht das geringste dafür begehren oder annehmen.«

Darauf legte der heil. Petrus die Gebeine in ihre rechte Ordnung, sprach dreimal zu ihr: »Im Namen der allerheiligsten Dreifaltigkeit, Tote, steh auf«, und die Königstochter stand auf, war gesund und schön wie vorher.

Nun ging der heil. Petrus wieder durchs Fenster hinaus; der Bruder Lustig war froh, daß es so gut abgelaufen war, ärgerte sich aber doch, daß er nichts dafür nehmen sollte. »Ich möchte nur wissen«, dachte er, »was der für Mucken im Kopf hat, denn was er mit der einen Hand gibt, das nimmt er mit der andern: da ist kein Verstand drin.«

Nun bot der König dem Bruder Lustig an, was er haben wollte, er durfte aber nichts nehmen, doch brachte er es durch Anspielung und Listigkeit dahin, daß ihm der König seinen Ranzen mit Gold füllen ließ, und damit zog er ab.

Als er hinauskam, stand vor dem Tor der heil. Petrus und sprach: »Schau, was du für ein Mensch bist, habe ich dir nicht verboten, etwas zu nehmen, und nun hast du den Ranzen doch voll Gold.«

»Was kann ich dafür«, antwortete Bruder Lustig, »wenn mir's hineingesteckt wird.«

»Das sag ich dir, daß du nicht zum zweitenmal solche Dinge unternimmst, sonst soll es dir schlimm ergehen.«

»Ei, Bruder, sorg doch nicht, jetzt hab ich Gold, was soll ich mich da mit dem Knochenwaschen abgeben.«

»Ja«, sprach der heil. Petrus, »das Gold wird lang dauern! Damit du aber hernach nicht wieder auf unerlaubten Wegen gehst, so will ich deinem Ranzen die Kraft geben, daß alles, was du dir hineinwünschest, auch darin sein soll. Leb wohl, du siehst mich nun nicht wieder.«

»Gott befohlen«, sprach der Bruder Lustig und dachte: »Ich bin froh, daß du fortgehst, du wunderlicher Kauz, ich will dir wohl nicht nachgehen.« An die Wunderkraft aber, die seinem Ranzen verliehen war, dachte er nicht weiter.

Bruder Lustig zog mit seinem Gold umher und vertat's und verfumfeit's wie das erste Mal.

Als er nun nichts mehr als vier Kreuzer hatte, kam er an einem Wirtshaus vorbei und dachte: »Das Geld muß fort«, und ließ sich für drei Kreuzer Wein und einen Kreuzer Brot geben. Wie er da saß und trank, kam ihm der Geruch von gebratenen Gänsen in die Nase. Bruder Lustig schaute und guckte und sah, daß der Wirt zwei Gänse in der Ofenröhre stehen hatte. Da fiel ihm ein, daß ihm sein Kamerad gesagt hatte, was er sich in seinen Ranzen wünschte, das sollte darin sein. »Holla, das mußt du mit den Gänsen versuchen!« Also ging er hinaus, und vor der Türe sprach er: »So wünsch ich die zwei gebratenen Gänse aus der Ofenröhre in meinen Ranzen.« Wie er das gesagt hatte, schnallte er ihn auf und schaute hinein, da lagen sie beide darin. »Ach, so ist's recht«, sprach er, »nun bin ich ein gemachter Kerl«, ging fort auf eine Wiese und holte den Braten hervor.

Wie er so im besten Essen war, kamen zwei Handwerksbursche daher und sahen die eine Gans, die noch nicht angerührt war, mit hungrigen Augen an. Dachte der Bruder Lustig: »Mit einer hast du genug«, rief die zwei Burschen herbei und sprach: »Da, nehmt die Gans und verzehrt sie auf meine Gesundheit.« Sie bedankten sich, gingen damit ins Wirtshaus, ließen sich eine Halbe Wein und ein Brot geben, packten die geschenkte Gans aus und fingen an zu essen. Die Wirtin sah zu und sprach zu ihrem Mann: »Die zwei essen eine Gans, sieh doch nach, ob's nicht eine von unsern aus der Ofenröhre ist.« Der Wirt lief hin, da war die Ofenröhre leer: »Was, ihr Diebsgesindel, so wohlfeil wollt ihr Gänse essen! Gleich bezahlt, oder ich will euch mit grünem Haselsaft waschen.« Die zwei sprachen: »Wir sind keine Diebe, ein abgedankter Soldat hat uns die Gans draußen auf der Wiese geschenkt.«

»Ihr sollt mir keine Nase drehen, der Soldat ist hier gewesen, aber als ein ehrlicher Kerl zur Tür hinausgegangen, auf den hab ich achtgehabt; ihr seid die Diebe und sollt bezahlen.« Da sie aber nicht bezahlen konnten, nahm er den Stock und prügelte sie zur Türe hinaus.

Bruder Lustig ging seiner Wege und kam an einen Ort, da stand ein prächtiges Schloß und nicht weit davon ein schlechtes Wirtshaus. Er ging in das Wirtshaus und bat um ein Nachtlager, aber der Wirt wies ihn ab und sprach: »Es ist kein Platz mehr da, das Haus ist voll vornehmer Gäste.«

»Das nimmt mich wunder«, sprach der Bruder Lustig, »daß sie zu Euch kommen und nicht in das prächtige Schloß gehen.«

»Ja«, antwortete der Wirt, »es hat was an sich, dort eine Nacht zu liegen, wer's noch versucht hat, ist nicht lebendig wieder herausgekommen.«

»Wenn's andere versucht haben«, sagte der Bruder Lustig, »will ich's auch versuchen.«

»Das laßt nur bleiben«, sprach der Wirt, »es geht Euch an den Hals.«

»Es wird nicht gleich an den Hals gehen«, sagte der Bruder Lustig, »gebt mir nur die Schlüssel und brav Essen und Trinken mit.«

Nun gab ihm der Wirt die Schlüssel und Essen und Trinken, und damit ging der Bruder Lustig ins Schloß, ließ sich's gut schmecken, und als er endlich schläfrig wurde, legte er sich auf die Erde, denn es war kein Bett da. Er schlief auch bald ein, in der Nacht aber wurde er von einem großen Lärm aufgeweckt, und wie er sich ermunterte, sah er neun häßliche Teufel in dem Zimmer, die hatten einen Kreis um ihn gemacht und tanzten um ihn herum. Sprach der Bruder Lustig: »Nun tanzt, solang ihr wollt, aber komm mir keiner zu nah.« Die Teufel aber drangen immer näher auf ihn ein und traten ihm mit ihren garstigen Füßen fast ins Gesicht. »Habt Ruh, ihr Teufelsgespenster«, sprach er, aber sie trieben's immer arger.

Da ward der Bruder Lustig bös und rief: »Holla, ich will bald Ruhe stiften!«, kriegte ein Stuhlbein und schlug mitten hinein. Aber neun Teufel gegen einen Soldaten war doch zu viel, und wenn er auf den vordern zuschlug, so packten ihn die andern hinten bei den Haaren und rissen ihn erbärmlich. »Teufelsack«, rief er, »jetzt wird mir's zu arg: wartet aber! Alle neune in meinen Ranzen hinein!« Husch, steckten sie darin, und nun schnallte er ihn zu und warf ihn in eine Ecke.

Da war's auf einmal still, und Bruder Lustig legte sich wieder hin und schlief bis an den

hellen Morgen. Nun kamen der Wirt und der Edelmann, dem das Schloß gehörte, und wollten sehen, wie es ihm ergangen wäre; als sie ihn gesund und munter erblickten, erstaunten sie und fragten: »Haben Euch denn die Geister nichts getan?«

»Warum nicht gar«, antwortete Bruder Lustig, »ich habe sie alle neune in meinem Ranzen. Ihr könnt Euer Schloß wieder ganz ruhig bewohnen, es wird von nun an keiner mehr darin umgehen!« Da dankte ihm der Edelmann, beschenkte ihn reichlich und bat ihn, in seinen Diensten zu bleiben, er wollte ihn auf sein Lebtag versorgen. »Nein«, antwortete er, »ich bin an das Herumwandern gewöhnt, ich will weiterziehen.« Da ging der Bruder Lustig fort, trat in eine Schmiede und legte den Ranzen, worin die neun Teufel waren, auf den Amboß und bat den Schmied und seine Gesellen zuzuschlagen. Die schlugen mit ihren großen Hämmern aus allen Kräften zu, daß die Teufel ein erbärmliches Gekreisch erhoben. Wie er danach den Ranzen aufmachte, waren achte tot, einer aber, der in einer Falte gesessen hatte, war noch lebendig, schlüpfte heraus und fuhr wieder in die Hölle.

Darauf zog der Bruder Lustig noch lange in der Welt herum, und wer's wüßte, könnte viel davon erzählen. Endlich aber wurde er alt und dachte an sein Ende, da ging er zu einem Einsiedler, der als ein frommer Mann bekannt war, und sprach zu ihm: »Ich bin das Wandern müde und will nun trachten, in das Himmelreich zu kommen.« Der Einsiedler antwortete: »Es gibt zwei Wege, der eine ist breit und angenehm und führt zur Hölle, der andere ist eng und rauh und führt zum Himmel.«

»Da müßt ich ein Narr sein«, dachte der Bruder Lustig, »wenn ich den engen und rauhen Weg gehen sollte.« Machte sich auf und ging den breiten und angenehmen Weg und kam endlich zu einem großen schwarzen Tor, und das war das Tor der Hölle. Bruder Lustig klopfte an, und der Torwächter guckte, wer da wäre. Wie er aber den Bruder Lustig sah, erschrak er, denn er war gerade der neunte Teufel, der mit in dem Ranzen gesteckt hatte und mit einem blauen Auge davongekommen war. Darum schob er den Riegel geschwind wieder vor, lief zum Obersten der Teufel und sprach: »Draußen ist ein Kerl mit einem Ranzen und will herein, aber laßt ihn beileibe nicht herein, er wünscht sonst die ganze Hölle in seinen Ranzen. Er hat mich einmal garstig darin hämmern lassen.« Also ward dem Bruder Lustig hinausgerufen, er sollte wieder abgehen, er käme nicht herein. »Wenn sie mich da nicht wollen«, dachte er, »will ich sehen, ob ich im Himmel ein Unterkommen finde, irgendwo muß ich doch bleiben.« Kehrte also um und zog weiter, bis er vor das Himmelstor kam, wo er auch anklopfte. Der heil. Petrus saß gerade dabei als Torwächter; der Bruder Lustig erkannte ihn gleich und dachte: »Hier findest du einen alten Freund, da wird's bessergehen.« Aber der heil. Petrus sprach: »Ich glaube gar, du willst in den Himmel?«

»Laß mich doch ein, Bruder, ich muß doch wo einkehren; hätten sie mich in der Hölle aufgenommen, so wär ich nicht hierhergegangen.«

»Nein«, sagte der heil. Petrus, »du kommst nicht herein.«

»Nun, willst du mich nicht einlassen, so nimm auch deinen Ranzen wieder: dann will ich gar nichts von dir haben«, sprach der Bruder Lustig. »So gib ihn her«, sagte der heil. Petrus. Da reichte er den Ranzen durchs Gitter in den Himmel hinein, und der heil. Petrus nahm ihn und hing ihn neben seinen Sessel auf. Da sprach der Bruder Lustig: »Nun wünsch ich mich selbst in meinen Ranzen hinein.« Husch, war er darin und saß nun im Himmel, und der heil. Petrus mußte ihn darin lassen.

Hans im Glück

Hans hatte sieben Jahre bei seinem Herrn gedient, da sprach er zu ihm: »Herr, meine Zeit ist herum, nun wollte ich gerne wieder heim zu meiner Mutter, gebt mir meinen Lohn.« Der Herr antwortete: »Du hast mir treu und ehrlich gedient, wie der Dienst war, so soll der Lohn sein«, und gab ihm ein Stück Gold, das so groß als Hansens Kopf war. Hans zog sein Tüchlein aus der Tasche, wickelte den Klumpen hinein, setzte ihn auf die Schulter und machte sich auf den Weg nach Haus. Wie er so dahinging und immer ein Bein vor das andere setzte, kam ihm ein Reiter in die Augen, der frisch und fröhlich auf einem muntern Pferd vorbeitrabte. »Ach«, sprach Hans ganz laut, »was ist das Reiten ein schönes Ding! Da sitzt einer wie auf einem Stuhl, stößt sich an keinen Stein, spart die Schuh und kommt fort, er weiß nicht wie.« Der Reiter, der das gehört hatte, hielt an und rief: »Ei, Hans, warum laufst du auch zu Fuß?«

»Ich muß ja wohl«, antwortete er, »da habe ich einen Klumpen heimzutragen: es ist zwar Gold, aber ich kann den Kopf dabei nicht geradhalten, auch drückt mir's auf die Schulter.«

»Weißt du was«, sagte der Reiter, »wir wollen tauschen: ich gebe dir mein Pferd, und du gibst mir deinen Klumpen.«

»Von Herzen gern«, sprach Hans, »aber ich sage Euch, Ihr müßt Euch damit schleppen.« Der Reiter stieg ab, nahm das Gold und half dem Hans hinauf, gab ihm die Zügel fest in die Hände und sprach: »Wenn's nun recht geschwind soll gehen, so mußt du mit der Zunge schnalzen und ›hopp, hopp‹ rufen.«

Hans war seelenfroh, als er auf dem Pferde saß und so frank und frei dahinritt. Über ein Weilchen fiel's ihm ein, es sollte noch schneller gehen, und fing an, mit der Zunge zu schnalzen und »hopp, hopp« zu rufen. Das Pferd setzte sich in starken Trab, und ehe sich's Hans versah, war er abgeworfen und lag in einem Graben, der die Äcker von der Landstraße trennte. Das Pferd wäre auch durchgegangen, wenn es nicht ein Bauer aufgehalten hätte, der des Weges kam und eine Kuh vor sich hertrieb. Hans suchte seine Glieder zusammen und machte sich wieder auf die Beine. Er war aber verdrießlich und sprach zu dem Bauer: »Es ist ein schlechter Spaß, das Reiten, zumal wenn man auf so eine Mähre gerät wie diese, die stößt und einen herabwirft, daß man den Hals brechen kann; ich setze mich nun und nimmermehr wieder auf. Da lob ich mir Eure Kuh, da kann einer mit Gemächlichkeit hinterhergehen und hat obendrein seine Milch, Butter und Käse jeden Tag gewiß. Was gäb ich darum, wenn ich so eine Kuh hätte!«

»Nun«, sprach der Bauer, »geschieht Euch so ein großer Gefallen, so will ich Euch wohl die Kuh für das Pferd vertauschen.« Hans willigte mit tausend Freuden ein; der Bauer schwang sich aufs Pferd und ritt eilig davon.

Hans trieb seine Kuh ruhig vor sich her und bedachte den glücklichen Handel. »Hab ich nur ein Stück Brot, und daran wird mir's doch nicht fehlen, so kann ich, sooft mir's beliebt, Butter und Käse dazu essen; hab ich Durst, so melk ich meine Kuh und trinke Milch. Herz, was verlangst du mehr?«

Als er zu einem Wirtshaus kam, machte er halt, aß in der großen Freude alles, was er bei sich hatte, sein Mittags- und Abendbrot, rein auf und ließ sich für seine letzten paar Heller ein halbes Glas Bier einschenken. Dann trieb er seine Kuh weiter, immer nach dem Dorfe seiner Mutter zu.

Die Hitze ward drückender, je näher der Mittag kam, und Hans befand sich in einer Heide, die wohl noch eine Stunde dauerte. Da ward es ihm ganz heiß, so daß ihm vor Durst die Zunge am Gaumen klebte. »Dem Ding ist zu helfen«, dachte Hans, »jetzt will ich meine Kuh melken und mich an der Milch laben.« Er band sie an einen dürren Baum, und da er keinen Eimer hatte, so stellte er seine Ledermütze unter, aber wie er sich auch bemühte, es kam kein Tropfen Milch zum Vorschein. Und weil er sich ungeschickt dabei anstellte, so gab ihm das ungeduldige Tier endlich mit einem der Hinterfüße einen solchen Schlag vor den Kopf, daß er zu Boden taumelte und eine Zeitlang sich gar nicht besinnen konnte, wo er war.

Glücklicherweise kam gerade ein Metzger des Weges, der auf einem Schubkarren ein junges Schwein liegen hatte. »Was sind das für Streiche!« rief er und half dem guten Hans auf. Hans erzählte, was vorgefallen war. Der Metzger reichte ihm seine Flasche und sprach: »Da trinkt einmal und erholt Euch. Die Kuh will wohl keine Milch geben, das ist ein altes Tier, das höchstens noch zum Ziehen taugt oder zum Schlachten.«

»Ei, ei«, sprach Hans und strich sich die Haare über den Kopf, »wer hätte das gedacht! Es ist freilich gut, wenn man so ein Tier ins

Haus abschlachten kann, was gibt's für Fleisch! Aber ich mache mir aus dem Kuhfleisch nicht viel, es ist mir nicht saftig genug. Ja, wer so ein junges Schwein hätte! Das schmeckt anders, dabei noch die Würste.«

»Hört, Hans«, sprach da der Metzger, »Euch zuliebe will ich tauschen und will Euch das Schwein für die Kuh lassen.«

»Gott lohn Euch Eure Freundschaft«, sprach Hans, übergab ihm die Kuh, ließ sich das Schweinchen vom Karren losmachen und den Strick, woran es gebunden war, in die Hand geben. Hans zog weiter und überdachte, wie ihm doch alles nach Wunsch ginge, begegnete ihm je eine Verdrießlichkeit, so würde sie doch gleich wiedergutgemacht. Es gesellte sich danach ein Bursch zu ihm, der trug eine schöne weiße Gans unter dem Arm. Sie boten einander die Zeit, und Hans fing an, von seinem Glück zu erzählen und wie er immer so vorteilhaft getauscht hätte. Der Bursch erzählte ihm, daß er die Gans zu einem Kindtaufschmaus brächte. »Hebt einmal«, fuhr er fort und packte sie bei den Flügeln, »wie schwer sie ist, die ist aber auch acht Wochen lang genudelt worden. Wer in den Braten beißt, muß sich das Fett von beiden Seiten abwischen.«

»Ja«, sprach Hans und wog sie mit der einen Hand, »die hat ihr Gewicht, aber mein Schwein ist auch keine Sau.« Indessen sah sich der Bursch nach allen Seiten ganz bedenklich um, schüttelte auch wohl mit dem Kopf. »Hört«, fing er darauf an, »mit Eurem Schweine mag's nicht ganz richtig sein. In dem Dorfe, durch das ich gekommen bin, ist eben dem Schulzen eins aus dem Stall gestohlen worden. Ich fürchte, ich fürchte, Ihr habt's da in der Hand. Sie haben Leute ausgeschickt, und es wäre ein schlimmer Handel, wenn sie Euch mit dem Schwein erwischten: das geringste ist, daß Ihr ins finstere Loch gesteckt werdet.« Dem guten Hans ward bang: »Ach Gott«, sprach er, »helft mir aus der Not, Ihr wißt hier herum bessern Bescheid, nehmt mein Schwein da und laßt mir Eure Gans.«

»Ich muß schon etwas aufs Spiel setzen«, antwortete der Bursche, »aber ich will doch nicht schuld sein, daß Ihr ins Unglück geratet.«

Er nahm also das Seil in die Hand und trieb das Schwein schnell auf einen Seitenweg fort; der gute Hans aber ging, seiner Sorgen entledigt, mit der Gans unter dem Arme der Heimat zu. »Wenn ich's recht überlege«, sprach er mit sich selbst, »habe ich noch Vorteil bei dem Tausch: erstlich den guten Braten, hernach die Menge von Fett, die heraustränfeln wird, das gibt Gänsefettbrot auf ein Vierteljahr; und end-

lich die schönen weißen Federn, die laß ich mir in mein Kopfkissen stopfen, und darauf will ich wohl ungewiegt einschlafen. Was wird meine Mutter eine Freude haben!«

Als er durch das letzte Dorf gekommen war, stand da ein Scherenschleifer mit seinem Karren, sein Rad schnurrte, und er sang dazu:

»Ich schleife die Schere
und drehe geschwind
Und hänge mein Mäntelchen
nach dem Wind.«

Hans blieb stehen und sah ihm zu; endlich redete er ihn an und sprach: »Euch geht's wohl, weil Ihr so lustig bei Eurem Schleifen seid.«

»Ja«, antwortete der Scherenschleifer, »das Handwerk hat einen güldenen Boden. Ein rechter Schleifer ist ein Mann, der, sooft er in die Tasche greift, auch Geld darin findet. Aber wo habt Ihr die schöne Gans gekauft?«

»Die hab ich nicht gekauft, sondern für mein Schwein eingetauscht.«

»Und das Schwein?«

»Das hab ich für eine Kuh gekriegt.«

»Und die Kuh?«

»Die hab ich für ein Pferd bekommen.«

»Und das Pferd?«

»Dafür hab ich einen Klumpen Gold, so groß als mein Kopf, gegeben.«

»Und das Gold?«

»Ei, das war mein Lohn für sieben Jahre Dienst.«

»Ihr habt Euch jederzeit zu helfen gewußt«, sprach der Schleifer, »könnt Ihr's nun dahin bringen, daß Ihr das Geld in der Tasche springen hört, wenn Ihr aufsteht, so habt Ihr Euer Glück gemacht.«

»Wie soll ich das anfangen?« sprach Hans. »Ihr müßt ein Schleifer werden wie ich; dazu gehört eigentlich nichts als ein Wetzstein, das andere findet sich schon von selbst. Da hab ich einen, der ist zwar ein wenig schadhaft, dafür sollt Ihr mir aber auch weiter nichts als Eure Gans geben; wollt Ihr das?«

»Wie könnt Ihr noch fragen«, antwortete Hans, »ich werde ja zum glücklichsten Menschen auf Erden; habe ich Geld, sooft ich in die Tasche greife, was brauche ich da länger zu sorgen?« Reichte ihm die Gans hin und nahm den Wetzstein in Empfang. »Nun«, sprach der Schleifer und hob einen gewöhnlichen schweren Feldstein, der neben ihm lag, auf, »da habt Ihr noch einen tüchtigen Stein dazu, auf dem sich's gut schlagen läßt und Ihr Eure alten Nägel geradeklopfen könnt. Nehmt hin und hebt ihn ordentlich auf.«

Hans lud den Stein auf und ging mit vergnügtem Herzen weiter; seine Augen leuchteten vor Freude: »Ich muß in einer Glückshaut geboren sein«, rief er aus, »alles, was ich wünsche, trifft mir ein wie einem Sonntagskind.«

Indessen, weil er seit Tagesanbruch auf den Beinen gewesen war, begann er müde zu werden; auch plagte ihn der Hunger, da er allen Vorrat auf einmal in der Freude über die erhandelte Kuh aufgezehrt hatte. Er konnte endlich nur mit Mühe weitergehen und mußte jeden Augenblick haltmachen; dabei drückten ihn die

Steine ganz erbärmlich. Da konnte er sich des Gedankens nicht erwehren, wie gut es wäre, wenn er sie gerade jetzt nicht zu tragen brauchte. Wie eine Schnecke kam er zu einem Feldbrunnen geschlichen, wollte da ruhen und sich mit einem frischen Trunk laben; damit er aber die Steine im Niedersitzen nicht beschädigte, legte er sie bedächtig neben sich auf den Rand des Brunnens.

Darauf setzte er sich nieder und wollte sich zum Trinken bücken, da versah er's, stieß ein klein wenig an, und beide Steine plumpten hinab. Hans, als er sie mit seinen Augen in die Tiefe hatte versinken sehen, sprang vor Freuden auf, kniete dann nieder und dankte Gott mit Tränen in den Augen, daß er ihm auch diese Gnade noch erwiesen und ihn auf eine so gute Art, und ohne daß er sich einen Vorwurf zu machen brauchte, von den schweren Steinen befreit hätte, die ihm allein noch hinderlich gewesen wären. »So glücklich wie ich«, rief er aus, »gibt es keinen Menschen unter der Sonne.« Mit leichtem Herzen und frei von aller Last sprang er nun fort, bis er daheim bei seiner Mutter war.

Der Arme und der Reiche

Vor alten Zeiten, als der liebe Gott noch selber auf Erden unter den Menschen wandelte, trug es sich zu, daß er eines Abends müde war und ihn die Nacht überfiel, bevor er zu einer Herberge kommen konnte. Nun standen auf dem Weg vor ihm zwei Häuser einander gegenüber, das eine groß und schön, das andere klein und ärmlich anzusehen, und gehörte das große einem Reichen, das kleine einem armen Manne. Da dachte unser Herrgott: »Dem Reichen werde ich nicht beschwerlich fallen: bei ihm will ich übernachten.«

Der Reiche, als er an seine Türe klopfen hörte, machte das Fenster auf und fragte den Fremdling, was er suche. Der Herr antwortete: »Ich bitte um ein Nachtlager.« Der Reiche guckte den Wandersmann von Haupt bis zu den Füßen an, und weil der liebe Gott schlichte Kleider trug und nicht aussah wie einer, der viel Geld in der Tasche hat, schüttelte er mit dem

Kopf und sprach: »Ich kann Euch nicht aufnehmen, meine Kammern liegen voll Kräuter und Samen, und sollte ich einen jeden beherbergen, der an meine Türe klopft, so könnte ich selber den Bettelstab in die Hand nehmen. Sucht Euch anderswo ein Auskommen.« Schlug damit sein Fenster zu und ließ den lieben Gott stehen. Also kehrte ihm der liebe Gott den Rücken und ging hinüber zu dem kleinen Haus.

Kaum hatte er angeklopft, so klinkte der Arme schon sein Türchen auf und bat den Wandersmann einzutreten. »Bleibt die Nacht über bei mir«, sagte er, »es ist schon finster, und heute könnt Ihr doch nicht weiterkommen.« Das gefiel dem lieben Gott, und er trat zu ihm ein. Die Frau des Armen reichte ihm die Hand, hieß ihn willkommen und sagte, er möchte sich's bequem machen und vorliebnehmen, sie hätten nicht viel, aber was es wäre, gäben sie von Herzen gerne.

Dann setzte sie Kartoffeln ans Feuer, und derweil sie kochten, melkte sie ihre Ziege, damit sie ein wenig Milch dazu hätten. Und als der Tisch gedeckt war, setzte sich der liebe Gott nieder und aß mit ihnen, und schmeckte ihm die schlechte Kost gut, denn es waren vernügte Gesichter dabei. Nachdem sie gegessen hatten und Schlafenszeit war, rief die Frau heimlich ihren Mann und sprach: »Hör, lieber Mann, wir wollen uns heute nacht eine Streu machen, damit der arme Wanderer sich in unser Bett legen und ausruhen kann: er ist den ganzen Tag über gegangen, da wird einer müde.«

»Von Herzen gern«, antwortete er, »ich will's ihm anbieten«, ging zu dem lieben Gott und bat ihn, wenn's ihm recht wäre, möcht er sich in ihr Bett legen und seine Glieder ordentlich ausruhen. Der liebe Gott wollte den beiden Alten ihr Lager nicht nehmen, aber sie ließen nicht ab, bis er es endlich tat und sich in ihr Bett legte; sich selbst aber machten sie eine Streu auf die Erde.

Am andern Morgen standen sie vor Tag schon auf und kochten dem Gast ein Frühstück, so gut sie es hatten. Als nun die Sonne durchs Fensterlein schien und der liebe Gott aufgestanden war, aß er wieder mit ihnen und wollte dann seines Weges ziehen. Als er in der Türe stand, kehrte er sich um und sprach: »Weil ihr so mitleidig und fromm seid, so wünscht euch dreierlei, das will ich euch erfüllen.« Da sagte der Arme: »Was soll ich mir sonst wünschen als die ewige Seligkeit, und daß wir zwei, solang wir leben, gesund dabei bleiben und unser notdürftiges tägliches Brot haben; fürs dritte weiß ich mir nichts zu wünschen.« Der liebe Gott sprach: »Willst du dir nicht ein neues Haus für das alte wünschen?«

»O ja«, sagte der Mann, »wenn ich das auch noch erhalten kann, so wär mir's wohl lieb.« Da erfüllte der Herr ihre Wünsche, verwandelte ihr altes Haus in ein neues, gab ihnen nochmals seinen Segen und zog weiter.

Es war schon voller Tag, als der Reiche aufstand. Er legte sich ins Fenster und sah gegenüber ein neues, reinliches Haus mit roten Ziegeln, wo sonst eine alte Hütte gestanden hatte. Da machte er große Augen, rief seine Frau herbei und sprach: »Sag mir, was ist geschehen? Gestern abend stand noch die alte, elende Hütte, und heute steht da ein schönes neues Haus. Lauf hinüber und höre, wie das gekommen ist.«

Die Frau ging und fragte den Armen aus; er erzählte ihr: »Gestern abend kam ein Wanderer, der suchte Nachtherberge, und heute morgen beim Abschied hat er uns drei Wünsche gewährt, die ewige Seligkeit, Gesundheit in diesem Leben und das notdürftige tägliche Brot dazu und zuletzt noch statt unserer alten Hütte ein schönes neues Haus.« Die Frau des Reichen lief eilig zurück und erzählte ihrem Manne, wie alles gekommen war.

Der Mann sprach: »Ich möchte mich zerreißen und zerschlagen: hätt ich das nur gewußt! Der Fremde ist zuvor hier gewesen und hat bei uns übernachten wollen, ich habe ihn aber abgewiesen.«

»Eil dich«, sprach die Frau, »und setze dich auf dein Pferd, so kannst du den Mann noch einholen, und dann mußt du dir auch drei Wünsche gewähren lassen.«

Der Reiche befolgte den guten Rat, jagte mit seinem Pferd davon und holte den lieben Gott noch ein. Er redete fein und lieblich und bat, er möcht's nicht übelnehmen, daß er nicht gleich wäre eingelassen worden, er hätte den Schlüssel zur Haustüre gesucht, derweil wäre er weggegangen; wenn er des Weges zurückkäme, müßte er bei ihm einkehren. »Ja«, sprach der liebe Gott, »wenn ich einmal zurückkomme, will ich es tun.« Da fragte der Reiche, ob er nicht auch drei Wünsche tun dürfte wie sein Nachbar. Ja, sagte der liebe Gott, das dürfte er wohl, es wäre aber nicht gut für ihn, und er sollte sich lieber nichts wünschen. Der Reiche meinte, er wollte sich schon etwas aussuchen, das zu seinem Glück gereiche, wenn er nur wüßte, daß es erfüllt würde.

Sprach der liebe Gott: »Reit heim, und drei Wünsche, die du tust, die sollen in Erfüllung gehen.« Nun hatte der Reiche, was er verlangte, ritt heimwärts und fing an nachzusinnen, was er sich wünschen sollte.

Wie er sich so bedachte und die Zügel fallen ließ, fing das Pferd an zu springen, so daß er immerfort in seinen Gedanken gestört wurde und sie gar nicht zusammenbringen konnte. Er klopfte ihm an den Hals und sagte: »Sei ruhig, Liese«, aber das Pferd machte aufs neue Männerchen. Da ward er zuletzt ärgerlich und rief ganz ungeduldig: »So wollt ich, daß du den Hals zerbrächst!« Wie er das Wort ausgesprochen hatte, plump, fiel er auf die Erde und lag das Pferd tot und regte sich nicht mehr; damit war der erste Wunsch erfüllt.

Weil er aber von Natur geizig war, wollte er das Sattelzeug nicht im Stich lassen, schnitt's ab, hing's auf seinen Rücken und mußte nun zu Fuß gehen. »Du hast noch zwei Wünsche übrig«, dachte er und tröstete sich damit.

Wie er nun langsam durch den Sand dahin ging und zu Mittag die Sonne heiß brannte, ward's ihm so warm und verdrießlich zumut: der Sattel drückte ihn auf den Rüken, auch war ihm noch immer nicht eingefallen, was er sich wünschen sollte. »Wenn ich mir auch alle Reiche und Schätze der Welt wünsche«, sprach er zu sich selbst, »so fällt mir hernach noch allerlei ein, dieses und jenes, das weiß ich im voraus: ich will's aber so einrichten, daß mir gar nichts mehr übrig zu wünschen bleibt.« Dann seufzte er und sprach: »Ja, wenn ich der bayrische Bauer wäre, der auch drei Wünsche frei hatte, der wußte sich zu helfen, der wünschte sich zuerst recht viel Bier und zweitens so viel Bier, als er trinken könnte, und drittens noch ein Faß Bier dazu.«

Manchmal meinte er, jetzt hätte er es gefunden, aber hernach schien's ihm doch zu wenig. Da kam ihm so in die Gedanken, was es seine

Frau jetzt gut hätte, die säße daheim in einer kühlen Stube und ließe sich's wohl schmecken. Das ärgerte ihn ordentlich, und ohne daß er's wußte, sprach er so hin: »Ich wollte, die säße daheim auf dem Sattel und könnte nicht herunter, statt daß ich ihn da auf meinem Rücken schleppe.« Und wie das letzte Wort aus seinem Munde kam, so war der Sattel von seinem Rücken verschwunden, und er merkte, daß sein zweiter Wunsch auch in Erfüllung gegangen war. Da ward ihm erst recht heiß, er fing an zu laufen und wollte sich daheim ganz einsam in seine Kammer hinsetzen und auf etwas Großes für den letzten Wunsch sinnen.

Wie er aber ankommt und die Stubentür aufmacht, sitzt da seine Frau mittendrin auf dem Sattel und kann nicht herunter, jammert und schreit. Da sprach er: »Gib dich zufrieden, ich will dir alle Reichtümer der Welt herbeiwünschen, nur bleib da sitzen.« Sie schalt ihn aber einen Schafskopf und sprach: »Was helfen mir alle Reichtümer der Welt, wenn ich auf dem Sattel sitze; du hast mich daraufgewünscht, du mußt mir auch wieder herunterhelfen.«

Er mochte wollen oder nicht, er mußte den dritten Wunsch tun, daß sie vom Sattel ledig wäre und heruntersteigen könnte; und der Wunsch ward alsbald erfüllt. Also hatte er nichts davon als Ärger, Mühe, Scheltworte und ein verlorenes Pferd; die Armen aber lebten vergnügt, still und fromm bis an ihr seliges Ende.

Die Gänsemagd

Es lebte einmal eine alte Königin, der war ihr Gemahl schon lange Jahre gestorben, und sie hatte eine schöne Tochter. Wie die erwuchs, wurde sie weit über Feld an einen Königssohn versprochen. Als nun die Zeit kam, wo sie vermählt werden sollten und das Kind in das fremde Reich abreisen mußte, packte ihr die Alte gar viel köstliches Gerät und Geschmeide ein, Gold und Silber, Becher und Kleinode, kurz, alles, was nur zu einem königlichen Brautschatz gehörte, denn sie hatte ihr Kind von Herzen lieb. Auch gab sie ihr eine Kammerjungfer bei, welche mitreiten und die Braut in die Hände des Bräutigams überliefern sollte, und jede bekam ein Pferd zur Reise, aber das Pferd der Königstochter hieß Falada und konnte sprechen. Wie nun die Abschiedsstunde da war, begab sich die alte Mutter in ihre Schlafkammer, nahm ein Messerlein und schnitt damit in ihre Finger, daß sie bluteten; darauf hielt sie ein weißes Läppchen unter und ließ drei Tropfen Blut hineinfallen, gab sie der Tochter und sprach: »Liebes Kind, verwahre sie wohl, sie werden dir unterweges not tun.«

Also nahmen beide voneinander betrübten Abschied; das Läppchen steckte die Königstochter in ihren Busen vor sich, setzte sich aufs Pferd und zog nun fort zu ihrem Bräutigam. Da sie eine Stunde geritten waren, empfand sie heißen Durst und sprach zu ihrer Kammerjungfer: »Steig ab und schöpfe mir mit meinem Becher, den du für mich mitgenommen hast, Wasser aus dem Bache, ich möchte gern einmal trinken.«

»Wenn Ihr Durst habt«, sprach die Kammerjungfer, »so steigt selber ab, legt Euch ans Wasser und trinkt, ich mag Eure Magd nicht sein.« Da stieg die Königstochter vor großem Durst herunter, neigte sich über das Wasser im Bach und trank und durfte nicht aus dem goldenen Becher trinken. Da sprach sie: »Ach Gott!« Da antworteten die drei Blutstropfen: »Wenn das deine Mutter wüßte, das Herz im Leibe tät ihr zerspringen.« Aber die Königsbraut war demütig, sagte nichts und stieg wieder zu Pferd.

So ritten sie etliche Meilen weiter fort, aber der Tag war warm, die Sonne stach, und sie durstete bald von neuem. Da sie nun an einen Wasserfluß kamen, rief sie noch einmal ihrer

Kammerjungfer: »Steig ab und gib mir aus meinem Goldbecher zu trinken«, denn sie hatte aller bösen Worte längst vergessen. Die Kammerjungfer sprach aber noch hochmütiger: »Wollt Ihr trinken, so trinkt allein, ich mag nicht Eure Magd sein.«

Da stieg die Königstochter hernieder vor großem Durst, legte sich über das fließende Wasser, weinte und sprach: »Ach Gott!« Und die Blutstropfen antworteten wiederum: »Wenn das deine Mutter wüßte, das Herz im Leibe tät ihr zerspringen.«

Und wie sie so trank und sich recht überlehnte, fiel ihr das Läppchen, worin die drei Tropfen waren, aus dem Busen und floß mit dem Wasser fort, ohne daß sie es in ihrer großen Angst merkte. Die Kammerjungfer hatte aber zugesehen und freute sich, daß sie Gewalt über die Braut bekäme: denn damit, daß diese die Blutstropfen verloren hatte, war sie schwach und machtlos geworden.

Als sie nun wieder auf ihr Pferd steigen wollte, das da hieß Falada, sagte die Kammerfrau: »Auf Falada gehör ich, und auf meinen Gaul gehörst du«; und das mußte sie sich gefallen lassen. Dann befahl ihr die Kammerfrau mit harten Worten, die königlichen Kleider auszuziehen und ihre schlechten anzulegen, und endlich mußte sie sich unter freiem Himmel verschwören, daß sie am königlichen Hof keinem Menschen etwas davon sprechen wollte; und wenn sie diesen Eid nicht abgelegt hätte, wäre sie auf der Stelle umgebracht worden. Aber Falada sah das alles an und nahm's wohl in acht. Die Kammerfrau stieg nun auf Falada und die wahre Braut auf das schlechte Roß, und so zogen sie weiter, bis sie endlich in dem königlichen Schloß eintrafen.

Da war große Freude über ihre Ankunft, und der Königssohn sprang ihnen entgegen, hob die Kammerfrau vom Pferde und meinte, sie wäre seine Gemahlin; sie ward die Treppe hinaufgeführt, die wahre Königstochter aber mußte unten stehenbleiben. Da schaute der alte König am Fenster und sah sie im Hof halten und sah, wie sie fein war, zart und gar schön; ging alsbald hin ins königliche Gemach und fragte die Braut nach der, die sie bei sich hätte und da unten im Hofe stände und wer sie wäre. »Die hab ich mir unterwegs mitgenommen zur Gesellschaft; gebt der Magd was zu arbeiten, daß sie nicht müßig steht.« Aber der alte König hatte keine Arbeit für sie und wußte nichts, als daß er sagte: »Da hab ich so einen kleinen Jungen, der hütet die Gänse, dem mag sie helfen.« Der Junge hieß Kürdchen [Konrädchen], dem mußte die wahre Braut helfen Gänse hüten.

Bald aber sprach die falsche Braut zu dem jungen König: »Liebster Gemahl, ich bitte Euch, tut mir einen Gefallen.« Er antwortete: »Das will ich gerne tun.«

»Nun, so laßt den Schinder rufen und da dem Pferde, worauf ich hergeritten bin, den Hals abhauen, weil es mich unterweges geärgert hat.« Eigentlich aber fürchtete sie, daß das Pferd sprechen möchte, wie sie mit der Königstochter umgegangen war. Nun war das so weit geraten, daß es geschehen und der treue Falada sterben sollte, da kam es auch der rechten Königstochter zu Ohr, und sie versprach dem Schinder heimlich ein Stück Geld, das sie ihm bezahlen wollte, wenn er ihr einen kleinen Dienst erwiese.

In der Stadt war ein großes finsteres Tor, wo sie abends und morgens mit den Gänsen durch mußte, unter das finstere Tor möchte er dem Falada seinen Kopf hinnageln, daß sie ihn doch noch mehr als einmal sehen könnte. Also versprach das der Schindersknecht zu tun, hieb den Kopf ab und nagelte ihn unter das finstere Tor fest.

Des Morgens früh, da sie und Kürdchen unterm Tor hinaustrieben, sprach sie im Vorbeigehen:

»O du Falada, da du hangest«,

da antwortete der Kopf:

»O du Jungfer Königin,
Da du gangest,
Wenn das deine Mutter wüßte,
Ihr Herz tät ihr zerspringen.«

Da zog sie still weiter zur Stadt hinaus, und sie trieben die Gänse aufs Feld. Und wenn sie auf der Wiese angekommen war, saß sie nieder und machte ihre Haare auf, die waren eitel Gold, und Kürdchen sah sie und freute sich, wie sie glänzten, und wollte ihr ein paar ausraufen. Da sprach sie:

»Weh, weh, Windchen,
Nimm Kürdchen sein Hütchen,
Und laß 'n sich mit jagen,
Bis ich mich geflochten und geschnatzt
Und wieder aufgesatzt.«

Und da kam ein so starker Wind, daß er dem Kürdchen sein Hütchen wegwehte über alle Land, und es mußte ihm nachlaufen. Bis es wiederkam, war sie mit dem Kämmen und Aufsetzen fertig, und er konnte keine Haare kriegen. Da war Kürdchen bös und sprach nicht mit ihr; und so hüteten sie die Gänse, bis daß es Abend ward, dann gingen sie nach Haus.

Den andern Morgen, wie sie unter dem finstern Tor hinaustrieben, sprach die Jungfrau:

»O du Falada, da du hangest.«

Falada antwortete:

»O du Jungfer Königin,
Da du gangest,
Wenn das deine Mutter wüßte,
Das Herz tät ihr zerspringen.«

Und in dem Feld setzte sie sich wieder auf die Wiese und fing an, ihr Haar auszukämmen, und Kürdchen lief und wollte danach greifen, da sprach sie schnell:

»Weh, weh, Windchen,
Nimm Kürdchen sein Hütchen,
Und laß ’n sich mit jagen,
Bis ich mich geflochten und geschnatzt
Und wieder aufgesatzt.«

Da wehte der Wind und wehte ihm das Hütchen vom Kopf weit weg, daß Kürdchen nachlaufen mußte; und als es wiederkam, hatte sie längst ihr Haar zurecht, und es konnte keins davon erwischen; und so hüteten sie die Gänse, bis es Abend ward.

Abends aber, nachdem sie heimgekommen waren, ging Kürdchen vor den alten König und sagte: »Mit dem Mädchen will ich nicht länger Gänse hüten.«

»Warum denn?« fragte der alte König. »Ei, das ärgert mich den ganzen Tag.« Da befahl ihm der alte König zu erzählen, wie's ihm denn mit ihr ginge. Da sagte Kürdchen: »Morgens, wenn wir unter dem finstern Tor mit der Herde durchkommen, so ist da ein Gaulskopf an der Wand, zu dem redet sie:

»Falada, da du hangest.«

Da antwortet der Kopf:

»O du Königsjungfer,
Da du gangest,
Wenn das deine Mutter wüßte,
Das Herz tät ihr zerspringen.«

Und so erzählte Kürdchen weiter, was auf der Gänsewiese geschähe und wie es da dem Hut im Winde nachlaufen müßte.

Der alte König befahl ihm, den nächsten Tag wieder hinauszutreiben, und er selbst, wie es Morgen war, setzte sich hinter das finstere Tor und hörte da, wie sie mit dem Haupt des Falada sprach; und dann ging er ihr auch nach in das Feld und barg sich in einem Busch auf der Wiese.

Da sah er nun bald mit seinen eigenen Augen, wie die Gänsemagd und der Gänsejunge die Herde getrieben brachte und wie nach einer Weile sie sich setzte und ihre Haare losflocht, die strahlten von Glanz. Gleich sprach sie wieder:

»Weh, weh, Windchen,
Faß Kürdchen sein Hütchen,
Und laß ’n sich mit jagen,
Bis daß ich mich geflochten und geschnatzt
Und wieder aufgesatzt.«

Da kam ein Windstoß und fuhr mit Kürdchens Hut weg, daß es weit zu laufen hatte, und die Magd kämmte und flocht ihre Locken still fort, welches der alte König alles beobachtete.

Darauf ging er unbemerkt zurück, und als abends die Gänsemagd heimkam, rief er sie beiseite und fragte, warum sie dem allem so täte. »Das darf ich Euch und darf auch keinem Menschen mein Leid klagen, denn so hab ich mich unter freiem Himmel verschworen, weil ich sonst um mein Leben gekommen wäre.«

Er drang in sie und ließ ihr keinen Frieden, aber er konnte nichts aus ihr herausbringen. Da sprach er: »Wenn du mir nichts sagen willst, so klag dem Eisenofen da dein Leid«, und ging fort.

Da kroch sie in den Eisenofen, fing an zu jammern und zu weinen, schüttete ihr Herz aus und sprach: »Da sitze ich nun, von aller Welt verlassen, und bin doch eine Königstochter, und eine falsche Kammerjungfer hat mich mit Gewalt dahin gebracht, daß ich meine königlichen Kleider habe ablegen müssen, und hat meinen Platz bei meinem Bräutigam eingenommen, und ich muß als Gänsemagd gemeine Dienste tun. Wenn das meine Mutter wüßte, das Herz im Leib tät ihr zerspringen.« Der alte König stand aber außen an der Ofenröhre, lauerte ihr zu und hörte, was sie sprach. Da kam er wieder herein und hieß sie aus dem Ofen gehen. Da wurden ihr königliche Kleider angetan, und es schien ein Wunder, wie sie so schön war.

Der alte König rief seinen Sohn und offenbarte ihm, daß er die falsche Braut hätte: die wäre bloß ein Kammermädchen, die wahre aber stände hier, als die gewesene Gänsemagd. Der junge König war herzensfroh, als er ihre Schönheit und Tugend erblickte, und ein großes Mahl wurde angestellt, zu dem alle Leute und guten Freunde gebeten wurden. Obenan saß der Bräutigam, die Königstochter zur einen Seite und die Kammerjungfer zur andern, aber die Kammerjungfer war verblendet und erkannte jene nicht mehr in dem glänzenden Schmuck.

Als sie nun gegessen und getrunken hatten und gutes Muts waren, gab der alte König der Kammerfrau ein Rätsel auf, was eine solche wert wäre, die den Herrn so und so betrogen hätte, erzählte damit den ganzen Verlauf und fragte: »Welches Urteils ist diese würdig?« Da sprach die falsche Braut: »Die ist nichts Besseres wert, als daß sie splitternackt ausgezogen und in ein Faß gesteckt wird, das inwendig mit spitzen Nägeln beschlagen ist; und zwei weiße Pferde müssen vorgespannt werden, die sie Gasse auf Gasse ab zu Tode schleifen.«

»Das bist du«, sprach der alte König, »und hast dein eigen Urteil gefunden, und danach soll dir widerfahren.« Und als das Urteil vollzogen war, vermählte sich der junge König mit seiner rechten Gemahlin, und beide beherrschten ihr Reich in Frieden und Seligkeit.

Das singende springende Löweneckerchen

Es war einmal ein Mann, der hatte eine große Reise vor, und beim Abschied fragte er seine drei Töchter, was er ihnen mitbringen sollte. Da wollte die älteste Perlen, die zweite wollte Diamanten, die dritte aber sprach: »Lieber Vater, ich wünsche mir ein singendes, springendes Löweneckerchen [Lerche].« Der Vater sagte: »Ja, wenn ich es kriegen kann, sollst du es haben«, küßte alle drei und zog fort.

Als nun die Zeit kam, daß er wieder auf dem Heimweg war, so hatte er Perlen und Diamanten für die zwei ältesten gekauft, aber das singende, springende Löweneckerchen für die jüngste hatte er umsonst allerorten gesucht, und das tat ihm leid, denn sie war sein liebstes Kind. Da führte ihn der Weg durch einen Wald, und mitten darin war ein prächtiges Schloß, und nah am Schloß stand ein Baum, ganz oben auf der Spitze des Baums aber sah er ein Löweneckerchen singen und springen. »Ei, du kommst mir gerade recht«, sagte er ganz vergnügt und rief seinem Diener, er sollte hinaufsteigen und das Tierchen fangen.

Wie er aber zu dem Baum trat, sprang ein Löwe darunter auf, schüttelte sich und brüllte, daß das Laub an den Bäumen zitterte. »Wer mir mein singendes, springendes Löweneckerchen stehlen will«, rief er, »den fresse ich auf.«

Da sagte der Mann: »Ich habe nicht gewußt, daß der Vogel dir gehört; ich will mein Unrecht wiedergutmachen und mich mit schwerem Golde loskaufen, laß mir nur das Leben.« Der Löwe sprach: »Dich kann nichts retten, als wenn du mir zu eigen versprichst, was dir daheim zuerst begegnet; willst du das aber tun, so schenke ich dir das Leben und den Vogel für deine Tochter obendrein.« Der Mann aber weigerte sich und sprach: »Das könnte meine jüngste Tochter sein, die hat mich am liebsten und läuft mir immer entgegen, wenn ich nach Haus komme.« Dem Diener aber war angst, und er sagte: »Muß Euch denn gerade Eure Tochter begegnen, es könnte ja auch eine Katze oder ein Hund sein.« Da ließ sich der Mann überreden, nahm das singende, springende Löweneckerchen und versprach dem Löwen zu eigen, was ihm daheim zuerst begegnen würde.

Wie er daheim anlangte und in sein Haus eintrat, war das erste, was ihm begegnete, niemand anders als seine jüngste, liebste Tochter: die kam gelaufen, küßte und herzte ihn, und als sie sah, daß er ein singendes, springendes Löweneckerchen mitgebracht hatte, war sie außer sich vor Freude. Der Vater aber konnte sich nicht freuen, sondern fing an zu weinen und sagte: »Mein liebstes Kind, den kleinen Vogel habe ich teuer gekauft, ich habe dich dafür einem wilden Löwen versprechen müssen, und wenn er dich hat, wird er dich zerreißen und fressen«, und erzählte ihr da alles, wie es zugegangen war, und bat sie, nicht hinzugehen, es möchte auch kommen, was da wollte.

Sie tröstete ihn aber und sprach: »Liebster Vater, was Ihr versprochen habt, muß auch gehalten werden: ich will hingehen und will den Löwen schon besänftigen, daß ich wieder gesund zu Euch komme.«

Am andern Morgen ließ sie sich den Weg zeigen, nahm Abschied und ging getrost in den Wald hinein. Der Löwe aber war ein verzauberter Königssohn und war bei Tag ein Löwe, und mit ihm wurden alle seine Leute Löwen, in der Nacht aber hatten sie ihre natürliche, menschliche Gestalt.

Bei ihrer Ankunft ward sie freundlich empfangen und in das Schloß geführt. Als die Nacht kam, war er ein schöner Mann, und die Hochzeit ward mit Pracht gefeiert. Sie lebten vergnügt miteinander, wachten in der Nacht und schliefen am Tag.

Zu einer Zeit kam er und sagte: »Morgen ist ein Fest in deines Vaters Haus, weil deine älteste Schwester sich verheiratet, und wenn du Lust hast hinzugehen, so sollen dich meine Löwen hinführen.« Da sagte sie ja, sie möchte gern ihren Vater wiedersehen, fuhr hin und ward von den Löwen begleitet. Da war große Freude, als sie ankam, denn sie hatten alle geglaubt, sie wäre von dem Löwen zerrissen worden und schon lange nicht mehr am Leben. Sie erzählte aber, was sie für einen schönen Mann hätte und wie gut es ihr ginge, und blieb bei ihnen, solang die Hochzeit dauerte, dann fuhr sie wieder zurück in den Wald.

Wie die zweite Tochter heiratete und sie wieder zur Hochzeit eingeladen war, sprach sie zum Löwen: »Diesmal will ich nicht allein sein, du mußt mitgehen.« Der Löwe aber sagte, das wäre zu gefährlich für ihn, denn wenn dort der Strahl eines brennenden Lichts ihn berührte, so würde er in eine Taube verwandelt und müßte sieben Jahre lang mit den Tauben fliegen. »Ach«, sagte sie, »geh nur mit mir: ich will dich schon hüten und vor allem Licht bewahren.« Also zogen sie zusammen und nahmen auch ihr kleines Kind mit. Sie ließ dort einen Saal mauern, so stark und dick, daß kein Strahl durchdringen konnte, darin sollt er sitzen, wann die Hochzeitslichter angesteckt würden. Die Tür aber war von frischem Holz gemacht, das sprang und bekam einen kleinen Ritz, den kein Mensch bemerkte.

Nun ward die Hochzeit mit Pracht gefeiert, wie aber der Zug aus der Kirche zurückkam mit den vielen Fackeln und Lichtern an dem Saal vorbei, da fiel ein haarbreiter Strahl auf den Königssohn, und wie dieser Strahl ihn berührt hatte, in dem Augenblick war er auch verwandelt, und als sie hineinkam und ihn suchte, sah sie ihn nicht, aber es saß da eine weiße Taube. Die Taube sprach zu ihr: »Sieben Jahr muß ich in die Welt fortfliegen; alle sieben Schritte aber will ich einen roten Blutstropfen und eine weiße Feder fallen lassen, die sollen dir den Weg zeigen, und wenn du der Spur folgst, kannst du mich erlösen.«

Da flog die Taube zur Tür hinaus, und sie folgte ihr nach, und alle sieben Schritte fiel ein rotes Blutströpfchen und ein weißes Federchen herab und zeigte ihren Weg. So ging sie immerzu in die weite Welt hinein und schaute nicht um sich und ruhte sich nicht, und waren fast die sieben Jahre herum; da freute sie sich und meinte, sie wären bald erlöst, und war noch so weit davon.

Einmal, als sie so fortging, fiel kein Federchen mehr und auch kein rotes Blutströpfchen, und als sie die Augen aufschlug, so war die Taube verschwunden. Und weil sie dachte: »Menschen können dir da nicht helfen«, so stieg sie zur Sonne hinauf und sagte zu ihr: »Du scheinst in alle Ritzen und über alle Spitzen, hast du keine weiße Taube fliegen sehen?«

»Nein«, sagte die Sonne, »ich habe keine gesehen, aber da schenk ich dir ein Kästchen, das mach auf, wenn du in großer Not bist.« Da dankte sie der Sonne und ging weiter, bis es Abend war und der Mond schien, da fragte sie ihn: »Du scheinst ja die ganze Nacht und durch alle Felder und Wälder, hast du eine weiße Taube fliegen sehen?«

»Nein«, sagte der Mond, »ich habe keine gesehen, aber da schenk ich dir ein Ei, das zerbrich, wenn du in großer Not bist.« Da dankte sie dem Mond und ging weiter, bis der Nachtwind herankam und sie anblies; da sprach sie zu ihm: »Du wehst ja über alle Bäume und unter allen Blättern weg, hast du keine weiße Taube fliegen sehen?«

»Nein«, sagte der Nachtwind, »ich habe keine gesehen, aber ich will die drei andern Winde fragen, die haben sie vielleicht gesehen.« Der Ostwind und der Westwind kamen und hatten nichts gesehen, der Südwind aber sprach: »Die weiße Taube habe ich gesehen, sie ist zum Roten Meer geflogen, da ist sie wieder ein Löwe geworden, denn die sieben Jahre sind herum, und der Löwe steht dort im Kampf mit einem Lindwurm, der Lindwurm ist aber eine verzauberte Königstochter.«

Da sagte der Nachtwind zu ihr: »Ich will dir Rat geben, geh zum Roten Meer, am rechten Ufer, da stehen große Ruten, die zähle, und die eilfte schneid dir ab und schlag den Lindwurm damit, dann kann ihn der Löwe bezwingen, und beide bekommen auch ihren menschlichen Leib wieder. Hernach schau dich um, und du wirst den Vogel Greif sehen, der am Roten Meer sitzt, schwing dich mit deinem Liebsten auf seinen Rücken: der Vogel wird euch übers Meer nach Haus tragen. Da hast du auch eine Nuß, wenn du mitten über dem Meere bist, laß sie herabfallen, alsbald wird sie aufgehen, und ein großer Nußbaum wird aus dem Wasser hervorwachsen, auf dem sich der Greif ausruht; und könnte er nicht ruhen, so wäre er nicht stark genug, euch hinüberzutragen; und wenn du vergißt, die Nuß herabzuwerfen, so läßt er euch ins Meer fallen.«

Da ging sie hin und fand alles, wie der Nachtwind gesagt hatte. Sie zählte die Ruten am Meer und schnitt die eilfte ab, damit schlug sie den Lindwurm, und der Löwe bezwang ihn; alsbald hatten beide ihren menschlichen Leib wieder.

Aber wie die Königstochter, die vorher ein Lindwurm gewesen war, vom Zauber frei war, nahm sie den Jüngling in den Arm, setzte sich auf den Vogel Greif und führte ihn mit sich fort. Da stand die arme Weitgewanderte und war wieder verlassen und setzte sich nieder und weinte. Endlich aber ermutigte sie sich und sprach: »Ich will noch so weit gehen, als der Wind weht, und so lange, als der Hahn kräht, bis ich ihn finde.«

Und ging fort, lange, lange Wege, bis sie endlich zu dem Schloß kam, wo beide zusammenlebten; da hörte sie, daß bald ein Fest wäre, wo sie Hochzeit miteinander machen wollten. Sie sprach aber: »Gott hilft mir noch«, und öffnete das Kästchen, das ihr die Sonne gegeben hatte, da lag ein Kleid darin, so glänzend wie die Sonne selber. Da nahm sie es heraus und zog es an und ging hinauf in das Schloß, und alle Leute und die Braut selber sahen sie mit Verwunderung an; und das Kleid gefiel der Braut so gut, daß sie dachte, es könnte ihr Hochzeitskleid geben, und fragte, ob es nicht feil wäre. »Nicht für Geld und Gut«, antwortete sie, »aber für Fleisch und Blut.« Die Braut fragte, was sie damit meinte. Da sagte sie: »Laßt mich eine Nacht in der Kammer schlafen, wo der Bräutigam schläft.« Die Braut wollte nicht, und wollte doch gerne das Kleid haben, endlich willigte sie ein, aber der Kammerdiener mußte dem Königssohn einen Schlaftrunk geben.

Als es nun Nacht war und der Jüngling schon schlief, ward sie in die Kammer geführt. Da setzte sie sich ans Bett und sagte: »Ich bin dir nachgefolgt sieben Jahre, bin bei Sonne und Mond und bei den vier Winden gewesen und habe nach dir gefragt, und habe dir geholfen gegen den Lindwurm, willst du mich denn ganz

vergessen?« Der Königssohn aber schlief so hart, daß es ihm nur vorkam, als rauschte der Wind draußen in den Tannenbäumen.

Wie nun der Morgen anbrach, da ward sie wieder hinausgeführt und mußte das goldene Kleid hingeben. Und als auch das nichts geholfen hatte, ward sie traurig, ging hinaus auf eine Wiese, setzte sich da hin und weinte. Und wie sie so saß, da fiel ihr das Ei noch ein, das ihr der Mond gegeben hatte; sie schlug es auf, da kam eine Glucke heraus mit zwölf Küchlein ganz von Gold, die liefen herum und piepten und krochen der Alten wieder unter die Flügel, so daß nichts Schöneres auf der Welt zu sehen war.

Da stand sie auf, trieb sie auf der Wiese vor sich her, so lange, bis die Braut aus dem Fenster sah, und da gefielen ihr die kleinen Küchlein so gut, daß sie gleich herabkam und fragte, ob sie nicht feil wären. »Nicht für Geld und Gut, aber für Fleisch und Blut; laßt mich noch eine Nacht in der Kammer schlafen, wo der Bräutigam schläft.«

Die Braut sagte ja und wollte sie betrügen wie am vorigen Abend. Als aber der Königssohn zu Bett ging, fragte er seinen Kammerdiener, was das Murmeln und Rauschen in der Nacht gewesen sei. Da erzählte der Kammerdiener alles, daß er ihm einen Schlaftrunk hätte geben müssen, weil ein armes Mädchen heimlich in der Kammer geschlafen hätte, und heute nacht sollte er ihm wieder einen geben. Sagte der Königssohn: »Gieß den Trank neben das Bett aus.«

Zur Nacht wurde sie wieder hereingeführt, und als sie anfing zu erzählen, wie es ihr traurig ergangen wäre, da erkannte er gleich an der Stimme seine liebe Gemahlin, sprang auf und rief: »Jetzt bin ich erst recht erlöst, mir ist gewesen wie in einem Traum, denn die fremde Königstochter hatte mich bezaubert, daß ich dich vergessen mußte, aber Gott hat noch zu rechter Stunde die Betörung von mir genommen.«

Da gingen sie beide in der Nacht heimlich aus dem Schloß, denn sie fürchteten sich vor dem Vater der Königstochter, der ein Zauberer war, und setzten sich auf den Vogel Greif, der trug sie über das Rote Meer, und als sie in der Mitte waren, ließ sie die Nuß fallen.

Alsbald wuchs ein großer Nußbaum, darauf ruhte sich der Vogel, und dann führte er sie nach Haus, wo sie ihr Kind fanden, das war groß und schön geworden, und sie lebten von nun an vergnügt bis an ihr Ende.

Doktor Allwissend

Es war einmal ein armer Bauer namens Krebs, der fuhr mit zwei Ochsen ein Fuder Holz in die Stadt und verkaufte es für zwei Taler an einen Doktor. Wie ihm nun das Geld ausbezahlt wurde, saß der Doktor gerade zu Tisch; da sah der Bauer, wie er schön aß und trank, und das Herz ging ihm danach auf, und er wäre auch gern ein Doktor gewesen. Also blieb er noch ein Weilchen stehen und fragte endlich, ob er nicht auch könnte ein Doktor

werden. »O ja«, sagte der Doktor, »das ist bald geschehen.«

»Was muß ich tun?« fragte der Bauer. »Erstlich kauf dir ein Abc-Buch, so eins, wo vorn ein Göckelhahn drin ist; zweitens mache deinen Wagen und deine zwei Ochsen zu Geld und schaff dir damit Kleider an und was sonst zur Doktorei gehört; drittens laß dir ein Schild malen mit den Worten ›Ich bin der Doktor Allwissend‹ und laß das oben über deine Haustür nageln.«

Der Bauer tat alles, wie's ihm geheißen war. Als er nun ein wenig gedoktert hatte, aber noch nicht viel, ward einem reichen großen Herrn Geld gestohlen. Da ward ihm von dem Doktor Allwissend gesagt, der in dem und dem Dorfe wohnte und auch wissen müßte, wo das Geld hingekommen wäre.

Also ließ der Herr seinen Wagen anspannen, fuhr hinaus ins Dorf und fragte bei ihm an, ob er der Doktor Allwissend wäre. Ja, der wär er. So sollte er mitgehen und das gestohlene Geld wiederschaffen. O ja, aber die Grete, seine Frau, müßte auch mit. Der Herr war das zufrieden und ließ sie beide in den Wagen sitzen, und sie fuhren zusammen fort.

Als sie auf den adligen Hof kamen, war der Tisch gedeckt, da sollte er erst mitessen. Ja, aber seine Frau, die Grete, auch, sagte er und setzte sich mit ihr hinter den Tisch. Wie nun der erste Bediente mit einer Schüssel schönem Essen kam, stieß der Bauer seine Frau an und sagte: »Grete, das war der erste«, und meinte, es wäre derjenige, welcher das erste Essen brächte. Der Bediente aber meinte, er hätte damit sagen wollen: »Das ist der erste Dieb«, und weil er's nun wirklich war, ward ihm angst, und er sagte draußen zu seinen Kameraden: »Der Doktor weiß alles, wir kommen übel an: er hat gesagt, ich wäre der erste.« Der zweite wollte gar nicht herein, er mußte aber doch. Wie er nun mit seiner Schüssel hereinkam, stieß der Bauer seine Frau an: »Grete, das ist der zweite.« Dem Bedienten ward ebenfalls angst, und er machte, daß er hinauskam. Dem dritten ging's nicht besser, der Bauer sagte wieder: »Grete, das ist der dritte.« Der vierte mußte eine verdeckte Schüssel hereintragen, und der Herr sprach zum Doktor, er sollte seine Kunst zeigen und raten, was darunterläge; es waren aber Krebse. Der Bauer sah die Schüssel an, wußte nicht, wie er sich helfen sollte, und sprach: »Ach, ich armer Krebs!« Wie der Herr das hörte, rief er:

»Da, er weiß es, nun weiß er auch, wer das Geld hat.« Dem Bedienten aber ward gewaltig angst, und er blinzelte den Doktor an, er möchte einmal herauskommen.

Wie er nun hinauskam, gestanden sie ihm alle viere, sie hätten das Geld gestohlen; sie wollten's ja gerne herausgeben und ihm eine schwere Summe dazu, wenn er sie nicht verraten wollte: es ginge ihnen sonst an den Hals. Sie führten ihn auch hin, wo das Geld versteckt lag.

Damit war der Doktor zufrieden, ging wieder hinein, setzte sich an den Tisch und sprach: »Herr, nun will ich in meinem Buch suchen, wo das Geld steckt.« Der fünfte Bediente aber kroch in den Ofen und wollte hören, ob der Doktor noch mehr wüßte. Der saß aber und schlug sein Abc-Buch auf, blätterte hin und her und suchte den Göckelhahn. Weil er ihn nicht gleich finden konnte, sprach er: »Du bist doch darin und mußt auch heraus.« Da glaubte der im Ofen, er wäre gemeint, sprang voller Schrecken heraus und rief: »Der Mann weiß alles.« Nun zeigte der Doktor Allwissend dem Herrn, wo das Geld lag, sagte aber nicht, wer's gestohlen hatte, bekam von beiden Seiten viel Geld zur Belohnung und ward ein berühmter Mann.

Der Bärenhäuter

Es war einmal ein junger Kerl, der ließ sich als Soldat anwerben, hielt sich tapfer und war immer der vorderste, wenn es blaue Bohnen regnete. Solange der Krieg dauerte, ging alles gut, aber als Friede geschlossen war, erhielt er seinen Abschied, und der Hauptmann sagte, er könnte gehen, wohin er wollte. Seine Eltern waren tot, und er hatte keine Heimat mehr, da ging er zu seinen Brüdern und bat, sie möchten ihm so lange Unterhalt geben, bis der Krieg wieder anfinge. Die Brüder aber waren hartherzig und sagten: »Was sollen wir mit dir? Wir können dich nicht brauchen, sieh zu, wie du dich durchschlägst.«

Der Soldat hatte nichts übrig als sein Gewehr, das nahm er auf die Schulter und wollte in die Welt gehen. Er kam auf eine große Heide, auf der nichts zu sehen war als ein Ring von Bäumen; darunter setzte er sich ganz traurig nieder und sann über sein Schicksal nach. »Ich habe kein Geld«, dachte er, »ich habe nichts gelernt als das Kriegshandwerk, und jetzt, weil Friede geschlossen ist, brauchen sie mich nicht mehr; ich sehe voraus, ich muß verhungern.«

Auf einmal hörte er ein Brausen, und wie er sich umblickte, stand ein unbekannter Mann vor ihm, der einen grünen Rock trug, recht stattlich aussah, aber einen garstigen Pferdefuß hatte. »Ich weiß schon, was dir fehlt«, sagte der Mann, »Geld und Gut sollst du haben, soviel du mit aller Gewalt durchbringen kannst, aber ich muß zuvor wissen, ob du dich nicht fürchtest, damit ich mein Geld nicht umsonst ausgebe.«

»Ein Soldat und Furcht, wie paßt das zusammen?« antwortete er, »du kannst mich auf die Probe stellen.«

»Wohlan«, antwortete der Mann, »schau hinter dich.« Der Soldat kehrte sich um und sah einen großen Bär, der brummend auf ihn zutrabte. »Oho«, rief der Soldat, »dich will ich an der Nase kitzeln, daß dir die Lust zum Brummen vergehen soll«, legte an und schoß den Bär auf die Schnauze, daß er zusammenfiel und sich nicht mehr regte. »Ich sehe wohl«, sagte der Fremde, »daß dir's an Mut nicht fehlt, aber es ist noch eine Bedingung dabei, die mußt du erfüllen.«

»Wenn mir's an meiner Seligkeit nicht schadet«, antwortete der Soldat, der wohl merkte, wen er vor sich hatte, »sonst laß ich mich auf nichts ein.«

»Das wirst du selber sehen«, antwortete der Grünrock, »du darfst in den nächsten sieben Jahren dich nicht waschen, dir Bart und Haare nicht kämmen, die Nägel nicht schneiden und kein Vaterunser beten. Dann will ich dir einen Rock und Mantel geben, den mußt du in dieser Zeit tragen. Stirbst du in diesen sieben Jahren, so bist du mein, bleibst du aber leben, so bist du frei und bist reich dazu für dein Lebtag.« Der Soldat dachte an die große Not, in der er sich befand, und da er so oft in den Tod gegangen war, wollte er es auch jetzt wagen und willigte ein.

Der Teufel zog den grünen Rock aus, reichte ihn dem Soldaten hin und sagte: »Wenn du den Rock an deinem Leibe hast und in die Tasche greifst, so wirst du die Hand immer voll Geld haben.« Dann zog er dem Bären die Haut ab und sagte: »Das soll dein Mantel sein und auch dein Bett, denn darauf mußt du schlafen und darfst in kein anderes Bett kommen. Und dieser Tracht wegen sollst du Bärenhäuter heißen.« Hierauf verschwand der Teufel. Der Soldat zog den Rock an, griff gleich in die Tasche und fand, daß die Sache ihre Richtigkeit hatte. Dann hing er die Bärenhaut um, ging in die Welt, war guter Dinge und unterließ nichts, was ihm wohl und dem Gelde wehe tat.

Im ersten Jahr ging es noch leidlich, aber in dem zweiten sah er schon aus wie ein Ungeheuer. Das Haar bedeckte ihm fast das ganze Gesicht, sein Bart glich einem Stück grobem Filztuch, seine Finger hatten Krallen, und sein Gesicht war so mit Schmutz bedeckt, daß, wenn man Kresse hineingesät hätte, sie aufgegangen wäre. Wer ihn sah, lief fort, weil er aber allerorten den Armen Geld gab, damit sie für ihn beteten, daß er in den sieben Jahren nicht stürbe, und weil er alles gut bezahlte, so erhielt er doch immer noch Herberge.

Im vierten Jahr kam er in ein Wirtshaus, da wollte ihn der Wirt nicht aufnehmen und wollte ihm nicht einmal einen Platz im Stall anweisen, weil er fürchtete, seine Pferde würden scheu werden. Doch als der Bärenhäuter in die Tasche griff und eine Handvoll Dukaten herausholte, so ließ der Wirt sich erweichen und gab ihm eine Stube im Hintergebäude; doch mußte er versprechen, sich nicht sehen zu lassen, damit sein Haus nicht in bösen Ruf käme.

Als der Bärenhäuter abends allein saß und von Herzen wünschte, daß die sieben Jahre herum wären, so hörte er in einem Nebenzimmer ein lautes Jammern. Er hatte ein mitleidiges Herz, öffnete die Türe und erblickte einen alten Mann, der heftig weinte und die Hände über dem Kopf zusammenschlug. Der Bärenhäuter trat näher, aber der Mann sprang auf und wollte entfliehen.

Endlich, als er eine menschliche Stimme vernahm, ließ er sich bewegen, und durch freundliches Zureden brachte es der Bärenhäuter dahin, daß er ihm die Ursache seines Kummers offenbarte. Sein Vermögen war nach und nach geschwunden, er und seine Töchter mußten darben, und er war so arm, daß er den Wirt nicht einmal bezahlen konnte und ins Gefängnis sollte gesetzt werden. »Wenn Ihr weiter keine Sorgen habt«, sagte der Bärenhäuter, »Geld habe ich genug.« Er ließ den Wirt herbeikommen, bezahlte ihn und steckte dem Unglücklichen noch einen Beutel voll Gold in die Tasche.

Als der alte Mann sich aus seinen Sorgen erlöst sah, wußte er nicht, womit er sich dankbar beweisen sollte. »Komm mit mir«, sprach er zu ihm, »meine Töchter sind Wunder von Schönheit, wähle dir eine davon zur Frau. Wenn sie hört, was du für mich getan hast, so wird sie sich nicht weigern. Du siehst freilich ein wenig seltsam aus, aber sie wird dich schon wieder in Ordnung bringen.« Dem Bärenhäuter gefiel das wohl, und er ging mit.

und sprach: »Ich muß noch drei Jahre wandern. Komm ich aber nicht wieder, so bist du frei, weil ich dann tot bin. Bitte aber Gott, daß er mir das Leben erhält.« Die arme Braut kleidete sich ganz schwarz, und wenn

Als ihn die älteste erblickte, entsetzte sie sich so gewaltig vor seinem Antlitz, daß sie aufschrie und fortlief. Die zweite blieb zwar stehen und betrachtete ihn, von Kopf bis zu Füßen, dann aber sprach sie: »Wie kann ich einen Mann nehmen, der keine menschliche Gestalt mehr hat? Da gefiel mir der rasierte Bär noch besser, der einmal hier zu sehen war und sich für einen Menschen ausgab, der hatte doch einen Husarenpelz an und weiße Handschuhe. Wenn er nur häßlich wäre, so könnte ich mich an ihn gewöhnen.« Die jüngste aber sprach: »Lieber Vater, das muß ein guter Mann sein, der Euch aus der Not geholfen hat, habt Ihr ihm dafür eine Braut versprochen, so muß Euer Wort gehalten werden.«

Es war schade, daß das Gesicht des Bärenhäuters von Schmutz und Haaren bedeckt war, sonst hätte man sehen können, wie ihm das Herz im Leibe lachte, als er diese Worte hörte. Er nahm einen Ring von seinem Finger, brach ihn entzwei und gab ihr die eine Hälfte, die andere behielt er für sich. In ihre Hälfte aber schrieb er seinen Namen, und in seine Hälfte schrieb er ihren Namen und bat sie, ihr Stück gut aufzuheben. Hierauf nahm er Abschied

sie an ihren Bräutigam dachte, so kamen ihr die Tränen in die Augen. Von ihren Schwestern ward ihr nichts als Hohn und Spott zuteil. »Nimm dich in acht«, sagte die älteste, »wenn du ihm die Hand reichst, so schlägt er dir mit der Tatze darauf.«

»Hüte dich«, sagte die zweite, »die Bären lieben die Süßigkeit, und wenn du ihm gefällst, so frißt er dich auf.«

»Du mußt nur immer seinen Willen tun«, hub die älteste wieder an, »sonst fängt er an zu brummen.« Und die zweite fuhr fort: »Aber die Hochzeit wird lustig sein, Bären, die tanzen gut.« Die Braut schwieg still und ließ sich nicht irremachen. Der Bärenhäuter aber zog in der Welt herum, von einem Ort zum andern, tat Gutes, wo er konnte, und gab den Armen reichlich, damit sie für ihn beteten.

Endlich, als der letzte Tag von den sieben Jahren anbrach, ging er wieder hinaus auf die Heide und setzte sich unter den Ring von Bäumen. Nicht lange, so sauste der Wind, und der

Teufel stand vor ihm und blickte ihn verdrießlich an; dann warf er ihm den alten Rock hin und verlangte seinen grünen zurück. »So weit sind wir noch nicht«, antwortete der Bärenhäuter, »erst sollst du mich reinigen.« Der Teufel mochte wollen oder nicht, er mußte Wasser holen, den Bärenhäuter abwaschen, ihm die Haare kämmen und die Nägel schneiden. Hierauf sah er wie ein tapferer Kriegsmann aus und war viel schöner als je vorher.

Als der Teufel glücklich abgezogen war, so war es dem Bärenhäuter ganz leicht ums Herz. Er ging in die Stadt, tat einen prächtigen Sammetrock an, setzte sich in einen Wagen, mit vier Schimmeln bespannt, und fuhr zu dem Haus seiner Braut. Niemand erkannte ihn, der Vater hielt ihn für einen vornehmen Feldobrist und führte ihn in das Zimmer, wo seine Töchter saßen. Er mußte sich zwischen den beiden ältesten niederlassen; sie schenkten ihm Wein ein, legten ihm die besten Bissen vor und meinten, sie hätten keinen schönern Mann auf der Welt gesehen.

Die Braut aber saß in schwarzem Kleide ihm gegenüber, schlug die Augen nicht auf und sprach kein Wort. Als er endlich den Vater fragte, ob er ihm eine seiner Töchter zur Frau geben wollte, so sprangen die beiden ältesten auf, liefen in ihre Kammer und wollten prächtige Kleider anziehen, denn eine jede bildete sich ein, sie wäre die Auserwählte.

Der Fremde, sobald er mit seiner Braut allein war, holte den halben Ring hervor und warf ihn in einen Becher mit Wein, den er ihr über den Tisch reichte. Sie nahm ihn an, aber als sie getrunken hatte und den halben Ring auf dem Grund liegen fand, so schlug ihr das Herz. Sie holte die andere Hälfte, die sie an einem Band um den Hals trug, hielt sie daran, und es zeigte sich, daß beide Teile vollkommen zueinander paßten. Da sprach er: »Ich bin dein verlobter Bräutigam, den du als Bärenhäuter gesehen hast, aber durch Gottes Gnade habe ich meine menschliche Gestalt wiedererhalten und bin wieder rein geworden.« Er ging auf sie zu, umarmte sie und gab ihr einen Kuß.

Indem kamen die beiden Schwestern in vollem Putz herein, und als sie sahen, daß der schöne Mann der jüngsten zuteil geworden war und hörten, daß das der Bärenhäuter war, liefen sie voll Zorn und Wut hinaus; die eine ersäufte sich im Brunnen, die andere erhenkte sich an einem Baum.

Am Abend klopfte jemand an der Türe, und als der Bräutigam öffnete, so war's der Teufel im grünen Rock, der sprach: »Siehst du, nun habe ich zwei Seelen für deine eine.«

Der süße Brei

Es war einmal ein armes, frommes Mädchen, das lebte mit seiner Mutter allein, und sie hatten nichts mehr zu essen. Da ging das Kind hinaus in den Wald und begegnete ihm da eine alte Frau, die wußte seinen Jammer schon und schenkte ihm ein Töpfchen, zu dem sollt es sagen: »Töpfchen, koche«, so kochte es guten, süßen Hirsenbrei, und wenn es sagte: »Töpfchen, steh«, so hörte es wieder auf zu kochen.

Das Mädchen brachte den Topf seiner Mutter heim, und nun waren sie ihrer Armut und ihres Hungers ledig und aßen süßen Brei, sooft sie wollten. Auf eine Zeit war das Mädchen ausgegangen, da sprach die Mutter: »Töpfchen, koche«, da kocht es, und sie ißt sich satt; nun will sie, daß das Töpfchen wieder aufhören soll, aber sie weiß das Wort nicht. Also kocht es fort, und der Brei steigt über den Rand hinaus und kocht immerzu, die Küche und das ganze Haus voll, und das zweite Haus und dann die Straße, als wollt's die ganze Welt satt machen, und ist die größte Not, und kein Mensch weiß sich da zu helfen. Endlich, wie nur noch ein einziges Haus übrig ist, da kommt das Kind heim und spricht nur: »Töpfchen, steh«, da steht es und hört auf zu kochen; und wer wieder in die Stadt wollte, der mußte sich durchessen.

Die sieben Schwaben

Einmal waren sieben Schwaben beisammen, der erste war der Herr Schulz, der zweite der Jackli, der dritte der Marli [Marti], der vierte der Jergli, der fünfte der Michal, der sechste der Hans, der siebente der Veitli; die hatten alle siebene sich vorgenommen, die Welt zu durchziehen, Abenteuer zu suchen und große Taten zu vollbringen. Damit sie aber auch mit bewaffneter Hand und sicher gingen, sahen sie's für gut an, daß sie sich zwar nur einen einzigen, aber recht starken und langen Spieß machen ließen. Diesen Spieß faßten sie alle siebene zusammen an, vorn ging der kühnste und männlichste, das mußte der Herr Schulz sein, und dann folgten die andern nach der Reihe, und der Veitli war der letzte.

Nun geschah es, als sie im Heumonat eines Tags einen weiten Weg gegangen waren, auch noch ein gut Stück bis in das Dorf hatten, wo sie über Nacht bleiben mußten, daß in der Dämmerung auf einer Wiese ein großer Roßkäfer oder eine Hornisse nicht weit von ihnen hinter einer Staude vorbeiflog und feindlich brummelte. Der Herr Schulz erschrak, daß er fast den Spieß hätte fallen lassen und ihm der Angstschweiß am ganzen Leibe ausbrach. »Horcht, horcht«, rief er seinen Gesellen, »Gott, ich höre eine Trommel!« Der Jackli, der hinter ihm den Spieß hielt und dem ich weiß nicht was für ein Geruch in die Nase kam, sprach: »Etwas ist ohne Zweifel vorhanden, denn ich schmeck das Pulver und den Zündstrick.« Bei diesen Worten hub der Herr Schulz an, die Flucht zu ergreifen, und sprang im Hui über einen Zaun, weil er aber gerade auf die Zinken eines Rechen sprang, der vom Heumachen da liegengeblieben war, so fuhr ihm der Stiel ins Gesicht und gab ihm einen ungewaschenen Schlag. »O wei, o wei«, schrie der Herr Schulz, »nimm mich gefangen, ich ergeb mich, ich ergeb mich!« Die andern sechs hüpften auch alle einer über den andern herzu und schrien: »Gibst du dich, so geb ich mich auch, gibst du dich, so geb ich mich auch.«

Endlich, wie kein Feind da war, der sie binden und fortführen wollte, merkten sie, daß sie betrogen waren; und damit die Geschichte nicht unter die Leute käme und sie nicht genarrt und gespottet würden, verschwuren sie sich, untereinander so lang davon stillzuschweigen,

bis einer unverhofft das Maul auftäte. Hierauf zogen sie weiter.

Die zweite Gefährlichkeit, die sie erlebten, kann aber mit der ersten nicht verglichen werden. Nach etlichen Tagen trug sie ihr Weg durch ein Brachfeld, da saß ein Hase in der Sonne und schlief, streckte die Ohren in die Höhe und hatte die großen gläsernen Augen starr aufstehen. Da erschraken sie bei dem Anblick des grausamen und wilden Tieres insgesamt und hielten Rat, was zu tun das wenigst Gefährliche wäre. Denn so sie fliehen wollten, war zu besorgen, das Ungeheuer setzte ihnen nach und verschlänge sie alle mit Haut und Haar. Also sprachen sie: »Wir müssen einen großen und gefährlichen Kampf bestehen, frisch gewagt ist halb gewonnen!« Faßten alle siebene den Spieß an, der Herr Schulz vorn und der Veitli hinten. Der Herr Schulz wollte den Spieß noch immer anhalten, der Veitli aber war hinten ganz mutig geworden, wollte losbrechen und rief:

»Stoß zu in aller Schwabe Name,
Sonst wünsch i, daß ihr möcht erlahme.«

Aber der Hans wußt ihn zu treffen und sprach:

»Beim Element, du hascht gut schwätze,
Bischt stets der letscht beim Drachehetze.«

Der Michal rief:

»Es wird nit fehle um ei Haar,
So ischt es wohl der Teufel gar.«

Drauf kam an den Jergli die Reihe, der sprach:

»Ischt er es nit, so ischt's sei Muter
Oder des Teufels Stiefbruder.«

Der Marli [Marti] hatte da einen guten Gedanken und sagte zum Veitli:

»Gang, Veitli, gang, gang du voran,
I will dahinte vor di stahn.«

Der Veitli hörte aber nicht drauf, und der Jackli sagte:

»Der Schulz, der muß der erschte sei,
Denn ihm gebührt die Ehr allei.«

Da nahm sich der Herr Schulz ein Herz und sprach gravitätisch:

»So zieht denn herzhaft in den Streit,
Hieran erkennt man tapfre Leut.«

Da gingen sie insgesamt auf den Drachen los. Der Herr Schulz segnete sich und rief Gott um Beistand an; wie aber das alles nicht helfen wollte und er dem Feind immer näher kam, schrie er in großer Angst: »Hau! hurlehau! hau! hauhau!« Davon erwachte der Has, erschrak und sprang eilig davon. Als ihn der Herr Schulz so feldflüchtig sah, da rief er voll Freude:

»Potz, Veitli, lueg, lueg, was isch das?
Das Ungehüer ischt a Has.«

Der Schwabenbund suchte aber weiter Abenteuer und kam an die Mosel, ein moosiges, stilles und tiefes Wasser, darüber nicht viel Brücken sind, sondern man an mehrern Orten sich muß in Schiffen überfahren lassen. Weil die sieben Schwaben dessen unberichtet waren, riefen sie einem Mann, der jenseits des Wassers seine Arbeit vollbrachte, zu, wie man doch hinüberkommen könnte. Der Mann verstand wegen der Weite und wegen ihrer Sprache nicht, was sie wollten, und fragte auf sein Trierisch: »Wat? Wat?« Da meinte der Herr Schulz, er spräche nicht anders als: »Wade, wade durchs Wasser«, und hub an, weil er der vorderste war, sich auf den Weg zu machen und in die Mosel hineinzugehen. Nicht lang, so versank er in den Schlamm und in die antreibenden tiefen Wellen, seinen Hut aber jagte der Wind hinüber an das jenseitige Ufer, und ein Frosch setzte sich dabei und quakte: »Wat, wat, wat.«

Die sechs andern hörten das drüben und sprachen: »Unser Gesell, der Herr Schulz, ruft uns, kann er hinüberwaden, warum wir nicht auch?« Sprangen darum eilig alle zusammen in das Wasser und ertranken, also daß ein Frosch ihrer sechse ums Leben brachte und niemand von dem Schwabenbund wieder nach Haus kam.

Der Eisenhans

Es war einmal ein König, der hatte einen großen Wald bei seinem Schloß, darin lief Wild aller Art herum. Zu einer Zeit schickte er einen Jäger hinaus, der sollte ein Reh schießen, aber er kam nicht wieder. »Vielleicht ist ihm ein Unglück zugestoßen«, sagte der König und schickte den folgenden Tag zwei andere Jäger hinaus, die sollten ihn aufsuchen, aber die blieben auch weg.

Da ließ er am dritten Tag alle seine Jäger kommen und sprach: »Streift durch den ganzen Wald und laßt nicht ab, bis ihr sie alle drei gefunden habt.« Aber auch von diesen kam keiner wieder heim, und von der Meute Hunde, die sie mitgenommen hatten, ließ sich keiner wieder sehen.

Von der Zeit an wollte sich niemand mehr in den Wald wagen, und er lag da in tiefer Stille und Einsamkeit, und man sah nur zuweilen einen Adler oder Habicht darüber hinfliegen. Das dauerte viele Jahre, da meldete sich ein fremder Jäger bei dem König, suchte eine Versorgung und erbot sich, in den gefährlichen Wald zu gehen. Der König aber wollte seine Einwilligung nicht geben und sprach: »Es ist nicht geheuer darin, ich fürchte, es geht dir nicht besser als den andern, und du kommst nicht wieder heraus.« Der Jäger antwortete: »Herr, ich will's auf meine Gefahr wagen: von Furcht weiß ich nichts.«

Der Jäger begab sich also mit seinem Hund in den Wald. Es dauerte nicht lange, so geriet der Hund einem Wild auf die Fährte und wollte hinter ihm her; kaum aber war er ein paar Schritte gelaufen, so stand er vor einem tiefen Pfuhl, konnte nicht weiter, und ein nackter Arm streckte sich aus dem Wasser, packte ihn und zog ihn hinab. Als der Jäger das sah, ging er zurück und holte drei Männer, die mußten mit Eimern kommen und das Wasser ausschöpfen.

Als sie auf den Grund sehen konnten, so lag da ein wilder Mann, der braun am Leib war, wie rostiges Eisen, und dem die Haare über das Gesicht bis zu den Knien herabhingen. Sie banden ihn mit Stricken und führten ihn fort, in das Schloß. Da war große Verwunderung über den wilden Mann, der König aber ließ ihn in einen eisernen Käfig auf seinen Hof setzen und verbot bei Lebensstrafe, die Türe des Käfigs zu öffnen, und die Königin mußte den Schlüssel selbst in Verwahrung nehmen. Von nun an konnte ein jeder wieder mit Sicherheit in den Wald gehen.

Der König hatte einen Sohn von acht Jahren, der spielte einmal auf dem Hof, und bei dem Spiel fiel ihm sein goldener Ball in den Käfig. Der Knabe lief hin und sprach: »Gib mir meinen Ball heraus.«

»Nicht eher«, antwortete der Mann, »als bis du mir die Türe aufgemacht hast.«

»Nein«, sagte der Knabe, »das tue ich nicht, das hat der König verboten«, und lief fort. Am andern Tag kam er wieder und forderte seinen Ball. Der wilde Mann sagte: »Öffne meine Türe«, aber der Knabe wollte nicht. Am dritten Tag war der König auf die Jagd geritten, da kam der Knabe nochmals und sagte: »Wenn ich auch wollte, ich kann die Türe nicht öffnen, ich habe den Schlüssel nicht.« Da sprach der wilde Mann: »Er liegt unter dem Kopfkissen deiner Mutter, da kannst du ihn holen.«

Der Knabe, der seinen Ball wiederhaben wollte, schlug alles Bedenken in den Wind und brachte den Schlüssel herbei. Die Türe ging

schwer auf, und der Knabe klemmte sich den Finger. Als sie offen war, trat der wilde Mann heraus, gab ihm den goldenen Ball und eilte hinweg. Dem Knaben war angst geworden, er schrie und rief ihm nach: »Ach, wilder Mann, geh nicht fort, sonst bekomme ich Schläge.« Der wilde Mann kehrte um, hob ihn auf, setzte ihn auf seinen Nacken und ging mit schnellen Schritten in den Wald hinein.

Als der König heimkam, bemerkte er den leeren Käfig und fragte die Königin, wie das zugegangen wäre. Sie wußte nichts davon, suchte den Schlüssel, aber er war weg. Sie rief den Knaben, aber niemand antwortete. Der König schickte Leute aus, die ihn auf dem Feld suchen sollten, aber sie fanden ihn nicht. Da konnte er leicht erraten, was geschehen war, und es herrschte große Trauer an dem königlichen Hof. Als der wilde Mann wieder in dem finstern Wald angelangt war, so setzte er den Knaben von den Schultern herab und sprach zu ihm: »Vater und Mutter siehst du nicht wieder, aber ich will dich bei mir behalten, denn du hast mich befreit, und ich habe Mitleid mit dir. Wenn du alles tust, was ich dir sage, so sollst du's gut haben. Schätze und Gold habe ich genug und mehr als jemand in der Welt.« Er machte dem Knaben ein Lager von Moos, auf dem er einschlief, und am andern Morgen führte ihn der Mann zu einem Brunnen und sprach: »Siehst du, der Goldbrunnen ist hell und klar wie Kristall: du sollst dabeisitzen und achthaben, daß nichts hineinfällt, sonst ist er verunehrt. Jeden Abend komme ich und sehe, ob du mein Gebot befolgt hast.«

Der Knabe setzte sich an den Rand des Brunnens, sah, wie manchmal ein goldner Fisch, manchmal eine goldne Schlange sich darin zeigte, und hatte acht, daß nichts hineinfiel. Als er so saß, schmerzte ihn einmal der Finger so heftig, daß er ihn unwillkürlich in das Wasser steckte. Er zog ihn schnell wieder heraus, sah aber, daß er ganz vergoldet war, und wie große Mühe er sich gab, das Gold wieder abzuwischen, es war alles vergeblich. Abends kam der Eisenhans zurück, sah den Knaben an und sprach: »Was ist mit dem Brunnen geschehen?«

»Nichts, nichts«, antwortete er und hielt den Finger auf den Rücken, daß er ihn nicht sehen sollte. Aber der Mann sagte: »Du hast den Finger in das Wasser getaucht: diesmal mag's hingehen, aber hüte dich, daß du nicht wieder etwas hineinfallen läßt.«

Am frühsten Morgen saß er schon bei dem Brunnen und bewachte ihn. Der Finger tat ihm wieder weh; und er fuhr damit über seinen Kopf, da fiel unglücklicherweise ein Haar herab in den Brunnen. Er nahm es schnell heraus, aber es war schon ganz vergoldet. Der Eisenhans kam und wußte schon, was geschehen war. »Du hast ein Haar in den Brunnen fallen lassen«, sagte er, »ich will dir's noch einmal nachsehen, aber wenn's zum drittenmal geschieht, so ist der Brunnen entehrt, und du kannst nicht länger bei mir bleiben.«

Am dritten Tag saß der Knabe am Brunnen und bewegte den Finger nicht, wenn er ihm noch so weh tat. Aber die Zeit ward ihm lang, und er betrachtete sein Angesicht, das auf dem Wasserspiegel stand. Und als er sich dabei immer mehr beugte und sich recht in die Augen sehen wollte, so fielen ihm seine langen Haare von den Schultern herab in das Wasser. Er richtete sich schnell in die Höhe, aber das ganze Haupthaar war schon vergoldet und glänzte wie eine Sonne. Ihr könnt denken, wie der arme Knabe erschrak. Er nahm sein Taschentuch und band es um den Kopf, damit es der Mann nicht sehen sollte. Als er kam, wußte er schon alles und sprach: »Binde das Tuch auf.« Da quollen die goldenen Haare hervor, und der Knabe mochte sich entschuldigen, wie er wollte, es half ihm nichts. »Du hast die Probe nicht bestanden und kannst nicht länger hierbleiben. Geh hinaus in die Welt, da wirst du erfahren, wie die Armut tut. Aber weil du kein böses Herz hast und ich's gut mit dir meine, so will ich dir eins erlauben: Wenn du in Not gerätst, so geh zu dem Wald und rufe ›Eisenhans‹, dann will ich kommen und dir helfen. Meine Macht ist groß, größer als du denkst, und Gold und Silber habe ich im Überfluß.«

Da verließ der Königssohn den Wald und ging über gebahnte und ungebahnte Wege immerzu, bis er zuletzt in eine große Stadt kam. Er suchte da Arbeit, aber er konnte keine finden und hatte auch nichts erlernt, womit er sich hätte forthelfen können. Endlich ging er in das Schloß und fragte, ob sie ihn behalten wollten. Die Hofleute wußten nicht, wozu sie ihn brauchen sollten, aber sie hatten Wohlgefallen an ihm und hießen ihn bleiben. Zuletzt nahm ihn der Koch in Dienst und sagte, er könnte Holz und Wasser tragen und die Asche zusammenkehren. Einmal, als gerade kein anderer zur Hand war, hieß ihn der Koch die Speisen zur königlichen Tafel tragen, da er aber seine goldenen Haare nicht wollte sehen lassen, so behielt er sein Hütchen auf. Dem König war so etwas noch nicht vorgekommen, und er sprach: »Wenn du zur königlichen Tafel kommst, mußt du deinen Hut abziehen.«

»Ach Herr«, antwortete er, »ich kann nicht, ich habe einen bösen Grind auf dem Kopf.« Da ließ der König den Koch herbeirufen, schalt ihn und fragte, wie er einen solchen Jungen hätte in seinen Dienst nehmen können; er sollte ihn gleich fortjagen. Der Koch aber hatte Mitleiden mit ihm und vertauschte ihn mit dem Gärtnerjungen. Nun mußte der Junge im Garten pflanzen und begießen, hacken und graben und Wind und böses Wetter über sich ergehen lassen.

Einmal im Sommer, als er allein im Garten arbeitete, war der Tag so heiß, daß er sein Hütchen abnahm und die Luft ihn kühlen sollte. Wie die Sonne auf das Haar schien, glitzte und blitzte es, daß die Strahlen in das Schlafzimmer der Königstochter fielen und sie aufsprang, um zu sehen, was das wäre. Da erblickte sie den Jungen und rief ihn an: »Junge, bring mir einen Blumenstrauß.« Er setzte in aller Eile sein Hütchen auf, brach wilde Feldblumen ab und band sie zusammen. Als er damit die Treppe hinaufstieg, begegnete ihm der Gärtner und sprach: »Wie kannst du der Königstochter einen Strauß von schlechten Blumen bringen? Geschwind, hole andere und suche die schönsten und seltensten aus.«

»Ach nein«, antwortete der Junge, »die wilden riechen kräftiger und werden ihr besser gefallen.« Als er in ihr Zimmer kam, sprach die Königstochter: »Nimm dein Hütchen ab, es ziemt sich nicht, daß du ihn vor mir aufbehältst.« Er antwortete wieder: »Ich darf nicht, ich habe einen grindigen Kopf.« Sie griff aber nach dem Hütchen und zog es ab, da rollten seine goldenen Haare auf die Schultern herab, daß es prächtig anzusehen war. Er wollte fortspringen, aber sie hielt ihn am Arm und gab ihm eine Handvoll Dukaten. Er ging damit fort, achtete aber des Goldes nicht, sondern er brachte es dem Gärtner und sprach: »Ich schenke es deinen Kindern, die können damit spielen.«

Den andern Tag rief ihm die Königstochter abermals zu, er sollte ihr einen Strauß Feldblumen bringen, und als er damit eintrat, grapste sie gleich nach seinem Hütchen und wollte es ihm wegnehmen, aber er hielt es mit beiden Händen fest. Sie gab ihm wieder eine Handvoll Dukaten, aber er wollte sie nicht behalten und gab sie dem Gärtner zum Spielwerk für seine Kinder.

Den dritten Tag ging's nicht anders, sie konnte ihm sein Hütchen nicht wegnehmen, und er wollte ihr Gold nicht.

Nicht lange danach ward das Land mit Krieg überzogen. Der König sammelte sein Volk und wußte nicht, ob er dem Feind, der übermächtig war und ein großes Heer hatte, Widerstand leisten könnte. Da sagte der Gärtnerjunge: »Ich bin herangewachsen und will mit in den Krieg ziehen, gebt mir nur ein Pferd.« Die andern lachten und sprachen: »Wenn wir fort sind, so suche dir eins: wir wollen dir eins im Stall zurücklassen.« Als sie ausgezogen waren, ging er in den Stall und zog das Pferd heraus; es war an einem Fuß lahm und hickelte hunkepuus, hunkepuus. Dennoch setzte er sich auf und ritt fort nach dem dunkeln Wald. Als er an den Rand desselben gekommen war, rief er dreimal Eisenhans so laut, daß es durch die Bäume schallte. Gleich darauf erschien der wilde Mann und sprach: »Was verlangst du?«

»Ich verlange ein starkes Roß, denn ich will in den Krieg ziehen.«

»Das sollst du haben und noch mehr, als du verlangst.« Dann ging der wilde Mann in den Wald zurück, und es dauerte nicht lange, so kam ein Stallknecht aus dem Wald und führte ein Roß herbei, das schnaubte aus den Nüstern und war kaum zu bändigen. Und hinterher folgte eine große Schar Kriegsvolk, ganz in Eisen gerüstet, und ihre Schwerter blitzten in der Sonne. Der Jüngling übergab dem Stallknecht sein dreibeiniges Pferd, bestieg das andere und ritt vor der Schar her. Als er sich dem Schlachtfeld näherte, war schon ein großer Teil von des Königs Leuten gefallen, und es fehlte nicht viel, so mußten die übrigen weichen.

Da jagte der Jüngling mit seiner eisernen Schar heran, fuhr wie ein Wetter über die Feinde und schlug alles nieder, was sich ihm widersetzte. Sie wollten fliehen, aber der Jüngling saß ihnen auf dem Nacken und ließ nicht ab, bis kein Mann mehr übrig war. Statt aber zu dem König zurückzukehren, führte er seine Schar auf Umwegen wieder zu dem Wald und rief den Eisenhans heraus. »Was verlangst du?« fragte der wilde Mann. »Nimm dein Roß und deine Schar zurück und gib mir mein dreibeiniges Pferd wieder.« Es geschah alles, was er verlangte, und er ritt auf seinem dreibeinigen Pferd heim.

Als der König wieder in sein Schloß kam, ging ihm seine Tochter entgegen und wünschte ihm Glück zu seinem Sieg. »Ich bin es nicht, der den Sieg davongetragen hat«, sprach er, »sondern ein fremder Ritter, der mir mit seiner Schar zu Hilfe kam.« Die Tochter wollte wissen, wer der fremde Ritter wäre, aber der König wußte es nicht und sagte: »Er hat die Feinde verfolgt, und ich habe ihn nicht wiedergesehen.« Sie erkundigte sich bei dem Gärtner nach seinem Jungen; der lachte aber und sprach: »Eben ist er auf seinem dreibeinigen Pferd heimgekommen, und die andern haben gespottet und gerufen: ›Da kommt unser Hunkepuus wieder an.‹ Sie fragten auch: ›Hinter welcher Hecke hast du derweil gelegen und geschlafen?‹ Er sprach aber: ›Ich habe das Beste getan, und ohne mich wäre es schlecht gegangen.‹ Da ward er noch mehr ausgelacht.«

Der König sprach zu seiner Tochter: »Ich will ein großes Fest ansagen lassen, das drei Tage währen soll, und du sollst einen goldenen Apfel werfen: vielleicht kommt der Unbekannte herbei.« Als das Fest verkündigt war, ging der Jüngling hinaus zu dem Wald und rief den Eisenhans. »Was verlangst du?« fragte er. »Daß ich den goldenen Apfel der Königstochter fange.«

»Es ist so gut, als hättest du ihn schon«, sagte Eisenhans, »du sollst auch eine rote Rüstung dazu haben und auf einem stolzen Fuchs reiten.« Als der Tag kam, sprengte der Jüngling heran, stellte sich unter die Ritter und ward von niemand erkannt. Die Königstochter trat hervor und warf den Rittern einen goldenen Apfel zu, aber keiner fing ihn als er allein, aber sobald er ihn hatte, jagte er davon.

Am zweiten Tag hatte ihn Eisenhans als weißen Ritter ausgerüstet und ihm einen Schimmel gegeben. Abermals fing er allein den Apfel, verweilte aber keinen Augenblick, sondern jagte damit fort. Der König ward bös und sprach: »Das ist nicht erlaubt, er muß vor mir erscheinen und seinen Namen nennen.« Er gab den Befehl, wenn der Ritter, der den Apfel gefangen habe, sich wieder davonmachte, so sollte man ihm nachsetzen, und wenn er nicht gutwillig zurückkehrte, auf ihn hauen und stechen.

Am dritten Tag erhielt er vom Eisenhans eine schwarze Rüstung und einen Rappen und fing auch wieder den Apfel. Als er aber damit fortjagte, verfolgten ihn die Leute des Königs, und einer kam ihm so nahe, daß er mit der Spitze des Schwerts ihm das Bein verwundete. Er entkam ihnen jedoch, aber sein Pferd sprang so gewaltig, daß der Helm ihm vom Kopf fiel, und sie konnten sehen, daß er goldene Haare hatte. Sie ritten zurück und meldeten dem König alles.

Am andern Tag fragte die Königstochter den Gärtner nach seinem Jungen. »Er arbeitet im Garten; der wunderliche Kauz ist auch bei dem Fest gewesen und erst gestern abend wiedergekommen; er hat auch meinen Kindern drei goldene Äpfel gezeigt, die er gewonnen hat.« Der König ließ ihn vor sich fordern, und er erschien und hatte wieder sein Hütchen auf dem Kopf. Aber die Königstochter ging auf ihn zu und nahm es ihm ab, und da fielen seine goldenen Haare über die Schultern, und er war so schön, daß alle erstaunten. »Bist du der Ritter gewesen, der jeden Tag zu dem Fest gekommen ist, immer in einer andern Farbe, und der die drei goldenen Äpfel gefangen hat?« fragte der König. »Ja«, antwortete er, »und da sind die Äpfel«, holte sie aus seiner Tasche und reichte sie dem König. »Wenn ihr noch mehr Beweise verlangt, so könnt ihr die Wunde sehen, die mir eure Leute geschlagen haben, als sie mich verfolgten. Aber ich bin auch der Ritter, der euch zum Sieg über die Feinde geholfen hat.«

»Wenn du solche Taten verrichten kannst, so bist du kein Gärtnerjunge; sage mir, wer ist dein Vater?«

»Mein Vater ist ein mächtiger König, und Goldes habe ich die Fülle und soviel ich nur verlange.«

»Ich sehe wohl«, sprach der König, »ich bin dir Dank schuldig, kann ich dir etwas zu Gefallen tun?«

»Ja«, antwortete er, »das könnt ihr wohl, gebt mir eure Tochter zur Frau.« Da lachte die Jungfrau und sprach: »Der macht keine Umstände, aber ich habe schon an seinen goldenen Haaren gesehen, daß er kein Gärtnerjunge ist«, ging dann hin und küßte ihn.

Zu der Vermählung kam sein Vater und seine Mutter und waren in großer Freude, denn sie hatten schon alle Hoffnung aufgegeben, ihren lieben Sohn wiederzusehen.

Und als sie an der Hochzeitstafel saßen, da schwieg auf einmal die Musik, die Türen gingen auf, und ein stolzer König trat herein mit großem Gefolge. Er ging auf den Jüngling zu, umarmte ihn und sprach: »Ich bin der Eisenhans und war in einen wilden Mann verwünscht, aber du hast mich erlöst. Alle Schätze, die ich besitze, die sollen dein Eigentum sein.«

Das Hirtenbüblein

Es war einmal ein Hirtenbübchen, das war wegen seiner weisen Antworten, die es auf alle Fragen gab, weit und breit berühmt. Der König des Landes hörte auch davon, glaubte es nicht und ließ das Bübchen kommen.

Da sprach er zu ihm: »Kannst du mir auf drei Fragen, die ich dir vorlegen will, Antwort geben, so will ich dich ansehen wie mein eigen Kind, und du sollst bei mir in meinem königlichen Schloß wohnen.« Sprach das Büblein: »Wie lauten die drei Fragen?« Der König sagte: »Die erste lautet: Wieviel Tropfen Wasser sind in dem Weltmeer?« Das Hirtenbüblein antwortete: »Herr König, laßt alle Flüsse auf der Erde verstopfen, damit kein Tröpflein mehr daraus ins Meer lauft, das ich nicht erst gezählt habe, so will ich Euch sagen, wieviel Tropfen im Meere sind.« Sprach der König: »Die andere Frage lautet: Wieviel Sterne stehen am Himmel?« Das Hirtenbübchen sagte: »Gebt mir einen großen Bogen weiß Papier«, und dann machte es mit der Feder so viel feine Punkte darauf, daß sie kaum zu sehen und fast gar nicht zu zählen waren und einem die Augen vergingen, wenn man darauf blickte. Darauf sprach es: »So viel Sterne stehen am Himmel als hier Punkte auf dem Papier, zählt sie nur.« Aber niemand war dazu imstand.

Sprach der König: »Die dritte Frage lautet: Wieviel Sekunden hat die Ewigkeit?«

Da sagte das Hirtenbüblein: »In Hinterpommern liegt der Demantberg, der hat eine Stunde in die Höhe, eine Stunde in die Breite und eine Stunde in die Tiefe; dahin kommt alle hundert Jahre ein Vögelein und wetzt sein Schnäblein daran, und wenn der ganze Berg abgewetzt ist, dann ist die erste Sekunde von der Ewigkeit vorbei.« Sprach der König: »Du hast die drei Fragen aufgelöst wie ein Weiser und sollst fortan bei mir in meinem königlichen Schlosse wohnen, und ich will dich ansehen wie mein eigenes Kind.«

Die Sterntaler

Es war einmal ein kleines Mädchen, dem war Vater und Mutter gestorben, und es war so arm, daß es kein Kämmerchen mehr hatte, darin zu wohnen, und kein Bettchen mehr, darin zu schlafen, und endlich gar nichts mehr als die Kleider auf dem Leib und ein Stückchen Brot in der Hand, das ihm ein mitleidiges Herz geschenkt hatte. Es war aber gut und fromm.

Und weil es so von aller Welt verlassen war, ging es im Vertrauen auf den lieben Gott hinaus ins Feld. Da begegnete ihm ein armer Mann, der sprach: »Ach, gib mir etwas zu essen, ich bin so hungerig.« Es reichte ihm das ganze Stückchen Brot und sagte: »Gott segne dir's«, und ging weiter. Da kam ein Kind, das jammerte und sprach: »Es friert mich so an meinem Kopfe, schenk mir etwas, womit ich ihn bedecken kann.« Da tat es seine Mütze ab und gab sie ihm.

Und als es noch eine Weile gegangen war, kam wieder ein Kind und hatte kein Leibchen an und fror: da gab es ihm seins; und noch weiter, da bat eins um ein Röcklein, das gab es auch von sich hin.

Endlich gelangte es in einen Wald, und es war schon dunkel geworden, da kam noch eins und bat um ein Hemdlein, und das fromme Mädchen dachte: »Es ist dunkle Nacht, da sieht dich niemand, du kannst wohl dein Hemd weggeben«, und zog das Hemd ab und gab es auch noch hin. Und wie es so stand und gar nichts mehr hatte, fielen auf einmal die Sterne vom Himmel, und waren lauter harte, blanke Taler; und ob es gleich sein Hemdlein weggegeben, so hatte es ein neues an, und das war vom allerfeinsten Linnen. Da sammelte es sich die Taler hinein und war reich für sein Lebtag.

Das Märchen vom Schlauraffenland

In der Schlauraffenzeit, da ging ich und sah, an einem kleinen Seidenfaden hing Rom und der Lateran, und ein fußloser Mann, der überlief ein schnelles Pferd, und ein bitterscharfes Schwert, das durchhieb eine Brücke. Da sah ich einen jungen Esel mit einer silbernen Nase, der jagte hinter zwei schnellen Hasen her, und eine Linde, die war breit, auf der wuchsen heiße Fladen. Da sah ich eine alte dürre Geiß, trug wohl hundert Fuder Schmalzes an ihrem Leibe und sechzig Fuder Salzes. Ist das nicht gelogen genug?

Da sah ich zackern einen Pflug ohne Roß und Rinder, und ein jähriges Kind warf vier Mühlensteine von Regensburg bis nach Trier und von Trier hinein in Straßburg, und ein Habicht schwamm über den Rhein; das tat er mit vollem Recht. Da hört ich Fische miteinander Lärm anfangen, daß es in den Himmel hinaufscholl, und ein süßer Honig floß wie Wasser von einem tiefen Tal auf einen hohen Berg; das waren seltsame Geschichten.

Da waren zwei Krähen, mähten eine Wiese, und ich sah zwei Mücken an einer Brücke bauen, und zwei Tauben zerrupften einen Wolf, zwei Kinder, die wurfen zwei Zicklein, aber zwei Frösche droschen miteinander Getreid aus. Da sah ich zwei Mäuse einen Bischof weihen, zwei Katzen, die einem Bären die Zunge auskratzten. Da kam eine Schnecke gerannt und erschlug zwei wilde Löwen. Da stand ein Bartscherer, schor einer Frauen ihren Bart ab, und zwei säugende Kinder hießen ihre Mutter stillschweigen. Da sah ich zwei Windhunde, brachten eine Mühle aus dem Wasser getragen, und eine alte Schindmähre stand dabei, die sprach, es wäre recht. Und im Hof standen vier Rosse, die droschen Korn aus allen Kräften, und zwei Ziegen, die den Ofen heizten, und eine rote Kuh schoß das Brot in den Ofen. Da krähte ein Huhn:

»Kikeriki, das Märchen ist ausverzählt,
kikeriki.«

Schneeweißchen und Rosenrot

Eine arme Witwe, die lebte einsam in einem Hüttchen, und vor dem Hüttchen war ein Garten, darin standen zwei Rosenbäumchen, davon trug das eine weiße, das andere rote Rosen; und sie hatte zwei Kinder, die glichen den beiden Rosenbäumchen, und das eine hieß Schneeweißchen, das andere Rosenrot. Sie waren aber so fromm und gut, so arbeitsam und unverdrossen, als je zwei Kinder auf der Welt gewesen sind: Schneeweißchen war nur stiller und sanfter als Rosenrot. Rosenrot sprang lieber in den Wiesen und Feldern umher, suchte Blumen und fing Sommervögel; Schneeweißchen aber saß daheim bei der Mutter, half ihr im Hauswesen oder las ihr vor, wenn nichts zu tun war. Die beiden Kinder hatten einander so lieb, daß sie sich immer an den Händen faßten, sooft sie zusammen ausgingen; und wenn Schneeweißchen sagte: »Wir wollen uns nicht verlassen«, so antwortete Rosenrot: »Solange wir leben, nicht«, und die Mutter setzte hinzu: »Was das eine hat, soll's mit dem andern teilen.«

Oft liefen sie im Walde allein umher und sammelten rote Beeren, aber kein Tier tat ihnen etwas zuleid, sondern sie kamen vertraulich herbei; das Häschen fraß ein Kohlblatt aus ihren Händen, das Reh graste an ihrer Seite, der Hirsch sprang ganz lustig vorbei, und die Vögel blieben auf den Ästen sitzen und sangen, was sie nur wußten. Kein Unfall traf sie; wenn sie sich im Walde verspätet hatten und die Nacht sie überfiel, so legten sie sich nebeneinander auf das Moos und schliefen, bis der Morgen kam, und die Mutter wußte das und hatte ihrentwegen keine Sorge.

Einmal, als sie im Walde übernachtet hatten und das Morgenrot sie aufweckte, da sahen sie ein schönes Kind in einem weißen, glänzenden Kleidchen neben ihrem Lager sitzen. Es stand auf und blickte sie ganz freundlich an, sprach aber nichts und ging in den Wald hinein. Und als sie sich umsahen, so hatten sie ganz nahe bei einem Abgrunde geschlafen und wären gewiß hineingefallen, wenn sie in der Dunkelheit noch ein paar Schritte weitergegangen wären. Die Mutter aber sagte ihnen, das müßte der Engel gewesen sein, der gute Kinder bewache.

Schneeweißchen und Rosenrot hielten das Hüttchen der Mutter so reinlich, daß es eine Freude war hineinzuschauen. Im Sommer besorgte Rosenrot das Haus und stellte der Mutter jeden Morgen, ehe sie aufwachte, einen Blumenstrauß vors Bett, darin war von jedem Bäumchen eine Rose. Im Winter zündete Schneeweißchen das Feuer an und hing den Kessel an den Feuerhaken, und der Kessel war von Messing, glänzte aber wie Gold, so rein war er gescheuert.

Abends, wenn die Flocken fielen, sagte die Mutter: »Geh, Schneeweißchen, und schieb den Riegel vor«, und dann setzten sie sich an den Herd, und die Mutter nahm die Brille und las aus einem großen Buche vor, und die beiden Mädchen hörten zu, saßen und spannen; neben ihnen lag ein Lämmchen auf dem Boden, und hinter ihnen auf einer Stange saß ein weißes Täubchen und hatte seinen Kopf unter den Flügel gesteckt.

Eines Abends, als sie so vertraulich beisammensaßen, klopfte jemand an die Türe, als wollte er eingelassen sein. Die Mutter sprach: »Geschwind, Rosenrot, mach auf, es wird ein Wanderer sein, der Obdach sucht.« Rosenrot ging und schob den Riegel weg und dachte, es wäre ein armer Mann, aber der war es nicht, es war ein Bär, der seinen dicken schwarzen Kopf zur Türe hereinstreckte. Rosenrot schrie laut und sprang zurück: das Lämmchen blökte, das Täubchen flatterte auf, und Schneeweißchen versteckte sich hinter der Mutter Bett. Der Bär aber fing an zu sprechen und sagte: »Fürchtet euch nicht, ich tue euch nichts zuleid, ich bin halb erfroren und will mich nur ein wenig bei euch wärmen.«

»Du armer Bär«, sprach die Mutter, »leg dich ans Feuer und gib nur acht, daß dir dein Pelz nicht brennt.« Dann rief sie: »Schneeweißchen, Rosenrot, kommt hervor, der Bär tut euch nichts, er meint's ehrlich.« Da kamen sie beide heran, und nach und nach näherten sich auch das Lämmchen und Täubchen und hatten keine Furcht vor ihm.

Der Bär sprach: »Ihr Kinder, klopft mir den Schnee ein wenig aus dem Pelzwerk«, und sie holten den Besen und kehrten dem Bär das Fell rein; er aber streckte sich ans Feuer und brummte ganz vergnügt und behaglich. Nicht lange, so wurden sie ganz vertraut und trieben Mutwillen mit dem unbeholfenen Gast. Sie zausten ihm das Fell mit den Händen, setzten ihre Füßchen auf seinen Rücken und walgerten ihn hin und her, oder sie nahmen eine Haselrute und schlugen auf ihn los, und wenn er brummte, so lachten sie. Der Bär ließ sich's aber gerne gefallen, nur wenn sie's gar zu arg machten, rief er: »Laßt mich am Leben, ihr Kinder:

Schneeweißchen, Rosenrot,
Schlägst dir den Freier tot.«

Als Schlafenszeit war und die andern zu Bett gingen, sagte die Mutter zu dem Bär: »Du kannst in Gottes Namen da am Herde liegenbleiben, so bist du vor der Kälte und dem bösen Wetter geschützt.« Sobald der Tag graute, ließen ihn die beiden Kinder hinaus, und er trabte über den Schnee in den Wald hinein.

Von nun an kam der Bär jeden Abend zu der bestimmten Stunde, legte sich an den Herd und erlaubte den Kindern, Kurzweil mit ihm zu treiben, soviel sie wollten; und sie waren so gewöhnt an ihn, daß die Türe nicht eher zugeriegelt ward, als bis der schwarze Gesell angelangt war.

Als das Frühjahr herangekommen und draußen alles grün war, sagte der Bär eines Morgens zu Schneeweißchen: »Nun muß ich fort und darf den ganzen Sommer nicht wiederkommen.«

»Wo gehst du denn hin, lieber Bär?« fragte Schneeweißchen. »Ich muß in den Wald und meine Schätze vor den bösen Zwergen hüten; im Winter, wenn die Erde hartgefroren ist, müssen sie wohl unten bleiben und können sich nicht durcharbeiten, aber jetzt, wenn die

Sonne die Erde aufgetaut und erwärmt hat, da brechen sie durch, steigen herauf, suchen und stehlen; was einmal in ihren Händen ist und in ihren Höhlen liegt, das kommt so leicht nicht wieder an des Tages Licht.« Schneeweißchen war ganz traurig über den Abschied, und als es ihm die Türe aufriegelte und der Bär sich hinausdrängte, blieb er an dem Türhaken hängen, und ein Stück seiner Haut riß auf, und da war es Schneeweißchen, als hätte es Gold durchschimmern gesehen; aber es war seiner Sache nicht gewiß. Der Bär lief eilig fort und war bald hinter den Bäumen verschwunden.

Nach einiger Zeit schickte die Mutter die Kinder in den Wald, Reisig zu sammeln. Da fanden sie draußen einen großen Baum, der lag gefällt auf dem Boden, und an dem Stamme sprang zwischen dem Gras etwas auf und ab, sie konnten aber nicht unterscheiden, was es war. Als sie näher kamen, sahen sie einen Zwerg mit einem alten, verwelkten Gesicht und einem ellenlangen, schneeweißen Bart. Das Ende des Bartes war in eine Spalte des Baums eingeklemmt, und der Kleine sprang hin und her wie ein Hündchen an einem Seil und wußte nicht, wie er sich helfen sollte. Er glotzte die Mädchen mit seinen roten feurigen Augen an und schrie: »Was steht ihr da! Könnt ihr nicht herbeigehen und mir Beistand leisten?«

»Was hast du angefangen, kleines Männchen?« fragte Rosenrot. »Dumme, neugierige Gans«, antwortete der Zwerg, »den Baum habe ich mir spalten wollen, um kleines Holz in der Küche zu haben; bei den dicken Klötzen verbrennt gleich das bißchen Speise, das unsereiner braucht, der nicht so viel hinunterschlingt als ihr grobes, gieriges Volk. Ich hatte den Keil schon glücklich hineingetrieben, und es wäre alles nach Wunsch gegangen, aber das verwünschte Holz war zu glatt und sprang unversehens heraus, und der Baum fuhr so geschwind zusammen, daß ich meinen schönen weißen Bart nicht mehr herausziehen konnte; nun steckt er drin, und ich kann nicht fort. Da lachen die albernen glatten Milchgesichter! Pfui, was seid ihr garstig!«

Die Kinder gaben sich alle Mühe, aber sie konnten den Bart nicht herausziehen, er steckte zu fest. »Ich will laufen und Leute herbeiholen«, sagte Rosenrot. »Wahnsinnige Schafsköpfe«, schnarrte der Zwerg, »wer wird gleich Leute herbeirufen, ihr seid mir schon um zwei zu viel; fällt euch nicht Besseres ein?«

»Sei nur nicht ungeduldig«, sagte Schneeweißchen, »ich will schon Rat schaffen«, holte sein Scherchen aus der Tasche und schnitt das Ende des Bartes ab. Sobald der Zwerg sich frei fühlte, griff er nach einem Sack, der zwischen den Wurzeln des Baums steckte und mit Gold gefüllt war, hob ihn heraus und brummte vor sich hin: »Ungehobeltes Volk, schneidet mir ein Stück von meinem stolzen Barte ab! Lohn's euch der Guckguck!« Damit schwang er seinen Sack auf den Rücken und ging fort, ohne die Kinder nur noch einmal anzusehen.

Einige Zeit danach wollten Schneeweißchen und Rosenrot ein Gericht Fische angeln. Als sie nahe bei dem Bach waren, sahen sie, daß etwas wie eine große Heuschrecke nach dem Wasser zu hüpfte, als wollte es hineinspringen. Sie liefen heran und erkannten den Zwerg. »Wo willst du hin?« sagte Rosenrot, »du willst doch nicht ins Wasser?«

»Solch ein Narr bin ich nicht«, schrie der Zwerg, »seht ihr nicht, der verwünschte Fisch will mich hineinziehen?« Der Kleine hatte dagesessen und geangelt, und unglücklicherweise hatte der Wind seinen Bart mit der Angelschnur verflochten; als gleich darauf ein großer Fisch anbiß, fehlten dem schwachen Geschöpf die Kräfte, ihn herauszuziehen: der Fisch behielt die Oberhand und riß den Zwerg zu sich hin. Zwar hielt er sich an allen Halmen und Binsen, aber das half nicht viel, er mußte den

Bewegungen des Fisches folgen und war in beständiger Gefahr, ins Wasser gezogen zu werden. Die Mädchen kamen zu rechter Zeit, hielten ihn fest und versuchten, den Bart von der Schnur loszumachen, aber vergebens, Bart und Schnur waren fest ineinander verwirrt. Es blieb nichts übrig, als das Scherchen hervorzuholen und den Bart abzuschneiden, wobei ein kleiner Teil desselben verlorenging.

Als der Zwerg das sah, schrie er sie an: »Ist das Manier, ihr Lorche, einem das Gesicht zu schänden? Nicht genug, daß ihr mir den Bart unten abgestutzt habt, jetzt schneidet ihr mir den besten Teil davon ab: ich darf mich vor den Meinigen gar nicht sehen lassen. Daß ihr laufen müßtet und die Schuhsohlen verloren hättet!« Dann holte er einen Sack Perlen, der im Schilfe lag, und ohne ein Wort weiter zu sagen, schleppte er ihn fort und verschwand hinter einem Stein.

Es trug sich zu, daß bald hernach die Mutter die beiden Mädchen nach der Stadt schickte, Zwirn, Nadeln, Schnüre und Bänder einzukaufen. Der Weg führte sie über eine Heide, auf der hier und da mächtige Felsenstücke zerstreut lagen. Da sahen sie einen großen Vogel in der Luft schweben, der langsam über ihnen kreiste, sich immer tiefer herabsenkte und endlich nicht weit bei einem Felsen niederstieß. Gleich darauf hörten sie einen durchdringenden, jämmerlichen Schrei.

Sie liefen herzu und sahen mit Schrecken, daß der Adler ihren alten Bekannten, den Zwerg, gepackt hatte und ihn forttragen wollte. Die mitleidigen Kinder hielten gleich das Männchen fest und zerrten sich so lange mit dem Adler herum, bis er seine Beute fahrenließ.

Als der Zwerg sich von dem ersten Schrecken erholt hatte, schrie er mit seiner kreischenden

Stimme: »Konntet ihr nicht säuberlicher mit mir umgehen? Gerissen habt ihr an meinem dünnen Röckchen, daß es überall zerfetzt und durchlöchert ist, unbeholfenes und täppisches Gesindel, das ihr seid!« Dann nahm er einen Sack mit Edelsteinen und schlüpfte wieder unter den Felsen in seine Höhle.

Die Mädchen waren an seinen Undank schon gewöhnt, setzten ihren Weg fort und verrichteten ihr Geschäft in der Stadt. Als sie beim Heimweg wieder auf die Heide kamen, überraschten sie den Zwerg, der auf einem reinlichen Plätzchen seinen Sack mit Edelsteinen ausgeschüttet und nicht gedacht hatte, daß so spät noch jemand daherkommen würde. Die Abendsonne schien über die glänzenden Steine, sie schimmerten und leuchteten so prächtig in allen Farben, daß die Kinder stehenblieben und sie betrachteten. »Was steht ihr da und habt Maulaffen feil!« schrie der Zwerg, und sein aschgraues Gesicht ward zinnoberrot vor Zorn. Er wollte mit seinen Scheltworten fortfahren, als sich ein lautes Brummen hören ließ und ein schwarzer Bär aus dem Walde herbeitrabte. Erschrocken sprang der Zwerg auf, aber er konnte nicht mehr zu seinem Schlupfwinkel gelangen, der Bär war schon in seiner Nähe. Da rief er in Herzensangst: »Lieber Herr Bär, verschont mich, ich will Euch alle meine Schätze geben, sehet, die schönen Edelsteine, die da liegen. Schenkt mir das Leben, was habt Ihr an mir kleinem schmächtigen Kerl? Ihr spürt mich nicht zwischen den Zähnen; da, die beiden gottlosen Mädchen packt, das sind für Euch zarte Bissen, fett wie junge Wachteln, die freßt in Gottes Namen.«

Der Bär kümmerte sich um seine Worte nicht, gab dem boshaften Geschöpf einen einzigen Schlag mit der Tatze, und es regte sich nicht mehr. Die Mädchen waren fortgesprungen, aber der Bär rief ihnen nach: »Schneeweißchen und Rosenrot, fürchtet euch nicht, wartet, ich will mit euch gehen.« Da erkannten sie seine Stimme und blieben stehen, und als der Bär bei ihnen war, fiel plötzlich die Bärenhaut ab, und er stand da als ein schöner Mann und war ganz in Gold gekleidet. »Ich bin eines Königs Sohn«, sprach er, »und war von dem gottlosen Zwerg, der mir meine Schätze gestohlen hatte, verwünscht, als ein wilder Bär in dem Walde zu laufen, bis ich durch seinen Tod erlöst würde. Jetzt hat er seine wohlverdiente Strafe empfangen.«

Schneeweißchen ward mit ihm vermählt und Rosenrot mit seinem Bruder, und sie teilten die großen Schätze miteinander, die der Zwerg in seine Höhle zusammengetragen hatte. Die alte Mutter lebte noch lange Jahre ruhig und glücklich bei ihren Kindern. Die zwei Rosenbäumchen aber nahm sie mit, und sie standen vor ihrem Fenster und trugen jedes Jahr die schönsten Rosen, weiß und rot.

Die Scholle

Die Fische waren schon lange unzufrieden, daß keine Ordnung in ihrem Reich herrschte. Keiner kehrte sich an den andern, schwamm rechts und links, wie es ihm einfiel, fuhr zwischen denen durch, die zusammenbleiben wollten, oder sperrte ihnen den Weg, und der Stärkere gab dem Schwächeren einen Schlag mit dem Schwanz, daß er weit wegfuhr, oder er verschlang ihn ohne weiteres.

»Wie schön wäre es, wenn wir einen König hätten, der Recht und Gerechtigkeit bei uns übte«, sagten sie und vereinigten sich, den zu ihrem Herren zu wählen, der am schnellsten die Fluten durchstreichen und dem Schwachen Hilfe bringen könnte. Sie stellten sich also am Ufer in Reihe und Glied auf, und der Hecht gab mit dem Schwanz ein Zeichen, worauf sie alle zusammen aufbrachen. Wie ein Pfeil schoß der Hecht dahin und mit ihm der Hering, der Gründling, der Barsch, die Karpfe, und wie sie alle heißen. Auch die Scholle schwamm mit und hoffte, das Ziel zu erreichen.

Auf einmal ertönte der Ruf: »Der Hering ist vor! Der Hering ist vor.«

»Wen is vör?« schrie verdrießlich die platte, mißgünstige Scholle, die weit zurückgeblieben war. »Wen is vör?«

»Der Hering, der Hering«, war die Antwort. »De nackte Hiering?« rief die Neidische, »de nackte Hiering?« Seit der Zeit steht der Scholle zur Strafe das Maul schief.

Der Mond

Vorzeiten gab es ein Land, wo die Nacht immer dunkel und der Himmel wie ein schwarzes Tuch darüber gebreitet war, denn es ging dort niemals der Mond auf, und kein Stern blinkte in der Finsternis. Bei Erschaffung der Welt hatte das nächtliche Licht ausgereicht.

Aus diesem Land gingen einmal vier Bursche auf die Wanderschaft und gelangten in ein anderes Reich, wo abends, wenn die Sonne hinter den Bergen verschwunden war, auf einem Eichbaum eine leuchtende Kugel stand, die weit und breit ein sanftes Licht ausgoß. Man konnte dabei alles wohl sehen und unterscheiden, wenn es auch nicht so glänzend wie die Sonne war. Die Wanderer standen still und fragten einen Bauer, der mit seinem Wagen vorbeifuhr, was das für ein Licht sei. »Das ist der Mond«, antwortete dieser, »unser Schultheiß hat ihn für drei Taler gekauft und an den Eichbaum befestigt. Er muß täglich Öl aufgießen und ihn rein erhalten, damit er immer hell brennt. Dafür erhält er von uns wöchentlich einen Taler.«

Als der Bauer weggefahren war, sagte der eine von ihnen: »Diese Lampe könnten wir brauchen, wir haben daheim einen Eichbaum, der ebenso groß ist, daran können wir sie hängen. Was für eine Freude, wenn wir nachts nicht in der Finsternis herumtappen!«

»Wißt ihr was?« sprach der zweite, »wir wollen Wagen und Pferde holen und den Mond wegführen. Sie können sich hier einen andern kaufen.«

»Ich kann gut klettern«, sprach der dritte, »ich will ihn schon herunterholen.« Der vierte brachte einen Wagen mit Pferden herbei, und der dritte stieg den Baum hinauf, bohrte ein Loch in den Mond, zog ein Seil hindurch und ließ ihn herab. Als die glänzende Kugel auf dem Wagen lag, deckten sie ein Tuch darüber, damit niemand den Raub bemerken sollte. Sie brachten ihn glücklich in ihr Land und stellten ihn auf eine hohe Eiche. Alte und Junge freuten sich, als die neue Lampe ihr Licht über alle Felder leuchten ließ und Stuben und Kammern damit erfüllte. Die Zwerge kamen aus den Felsenhöhlen hervor, und die kleinen Wichtelmänner tanzten in ihren roten Röckchen auf den Wiesen den Ringeltanz.

Die vier versorgten den Mond mit Öl, putzten den Docht und erhielten wöchentlich ihren Taler. Aber sie wurden alte Greise, und als der eine erkrankte und seinen Tod voraussah, verordnete er, daß der vierte Teil des Mondes als sein Eigentum ihm mit in das Grab sollte gegeben werden.

Als er gestorben war, stieg der Schultheiß auf den Baum und schnitt mit der Heckenschere ein Viertel ab, das in den Sarg gelegt ward. Das Licht des Mondes nahm ab, aber noch nicht merklich. Als der zweite starb, ward ihm das zweite Viertel mitgegeben, und das Licht minderte sich. Noch schwächer ward es nach dem Tod des dritten, der gleichfalls seinen Teil mitnahm, und als der vierte ins Grab kam, trat die alte Finsternis wieder ein. Wenn die Leute abends ohne Laterne ausgingen, stießen sie mit den Köpfen zusammen.

Als aber die Teile des Mondes in der Unterwelt sich vereinigten, so wurden dort, wo immer Dunkelheit geherrscht hatte, die Toten unruhig und erwachten aus ihrem Schlaf. Sie erstaunten, als sie wieder sehen konnten; das Mondlicht war ihnen genug, denn ihre Augen waren so schwach geworden, daß sie den Glanz der Sonne nicht ertragen hätten. Sie erhoben sich, wurden lustig und nahmen ihre Lebensweise wieder an. Ein Teil ging zum Spiel und Tanz, andere liefen in die Wirtshäuser, wo sie Wein forderten, sich betranken, tobten und zankten und endlich ihre Knüttel aufhoben und sich prügelten. Der Lärm ward immer ärger und drang endlich bis in den Himmel hinauf.

Der heilige Petrus, der das Himmelstor bewacht, glaubte, die Unterwelt wäre in Aufruhr geraten, und rief die himmlischen Heerscharen zusammen, die den bösen Feind, wenn er mit seinen Gesellen den Aufenthalt der Seligen stürmen wollte, zurückjagen sollten. Da sie aber nicht kamen, so setzte er sich auf sein Pferd und ritt durch das Himmelstor hinab in die Unterwelt. Da brachte er die Toten zur Ruhe, hieß sie sich wieder in die Gräber legen und nahm den Mond mit fort, den er oben am Himmel aufhing.

Die Geschenke des kleinen Volkes

Ein Schneider und ein Goldschmied wanderten zusammen und vernahmen eines Abends, als die Sonne hinter die Berge gesunken war, den Klang einer fernen Musik, die immer deutlicher ward; sie tönte ungewöhnlich, aber so anmutig, daß sie aller Müdigkeit vergaßen und rasch weiterschritten. Der Mond war schon aufgestiegen, als sie zu einem Hügel gelangten, auf dem sie eine Menge kleiner Männer und Frauen erblickten, die sich bei den Händen gefaßt hatten und mit größter Lust und Freudigkeit im Tanze herumwirbelten: sie sangen dazu auf das lieblichste; und das war die Musik, die die Wanderer gehört hatten. In der Mitte saß ein Alter, der etwas größer war als die übrigen, der einen buntfarbigen Rock trug und dem ein eisgrauer Bart über die Brust herabhing. Die beiden blieben voll Verwunderung stehen, und sahen dem Tanz zu. Der Alte winkte, sie sollten eintreten, und das kleine Volk öffnete bereitwillig seinen Kreis.

Der Goldschmied, der einen Höcker hatte und wie alle Buckeligen keck genug war, trat herzu; der Schneider empfand zuerst einige Scheu und hielt sich zurück, doch als er sah, wie es so lustig herging, faßte er sich ein Herz und kam nach. Alsbald schloß sich der Kreis wieder, und die Kleinen sangen und tanzten in den wildesten Sprüngen weiter, der Alte aber nahm ein breites Messer, das an seinem Gürtel hing, wetzte es, und als es hinlänglich geschärft war, blickte er sich nach den Fremdlingen um. Es ward ihnen angst, aber sie hatten nicht lange Zeit, sich zu besinnen, der Alte packte den Goldschmied und schor in der größten Geschwindigkeit ihm Haupthaar und Bart glatt hinweg; ein Gleiches geschah hierauf dem Schneider.

Doch ihre Angst verschwand, als der Alte nach vollbrachter Arbeit beiden freundlich auf die Schulter klopfte, als wollte er sagen, sie hätten es gut gemacht, daß sie ohne Sträuben alles willig hätten geschehen lassen. Er zeigte mit dem Finger auf einen Haufen Kohlen, der zur Seite lag, und deutete ihnen durch Gebärden an, daß sie ihre Taschen damit füllen sollten. Beide gehorchten, obgleich sie nicht wußten, wozu ihnen die Kohlen dienen sollten, und gingen dann weiter, um ein Nachtlager zu suchen. Als sie ins Tal gekommen waren, schlug die Glocke des benachbarten Klosters zwölf Uhr; augenblicklich verstummte der Gesang, alles war verschwunden, und der Hügel lag in einsamem Mondschein.

Die beiden Wanderer fanden eine Herberge und deckten sich auf dem Strohlager mit ihren Röcken zu, vergaßen aber wegen ihrer Müdigkeit, die Kohlen zuvor herauszunehmen. Ein schwerer Druck auf ihren Gliedern weckte sie früher als gewöhnlich. Sie griffen in die Taschen und wollten ihren Augen nicht trauen, als sie sahen, daß sie nicht mit Kohlen, sondern mit reinem Gold angefüllt waren; auch Haupthaar und Bart war glücklich wieder in aller Fülle vorhanden.

Sie waren nun reiche Leute geworden, doch besaß der Goldschmied, der seiner habgierigen Natur gemäß die Taschen besser gefüllt hatte, noch einmal soviel als der Schneider.

Ein Habgieriger, wenn er viel hat, verlangt noch mehr, der Goldschmied machte dem Schneider den Vorschlag, noch einen Tag zu verweilen, am Abend wieder hinauszugehen, um sich bei dem Alten auf dem Berge noch größere Schätze zu holen. Der Schneider wollte nicht und sagte: »Ich habe genug und bin zufrieden: jetzt werde ich Meister, heirate meinen angenehmen Gegenstand (wie er seine Liebste nannte) und bin ein glücklicher Mann.« Doch wollte er, ihm zu Gefallen, den Tag noch bleiben. Abends hing der Goldschmied noch ein paar Taschen über die Schulter, um recht einsacken zu können, und machte sich auf den Weg zu dem Hügel. Er fand, wie in der vorigen Nacht, das kleine Volk bei Gesang und Tanz, der Alte schor ihn abermals glatt und deutete ihm an, Kohlen mitzunehmen. Er zögerte nicht einzustecken, was nur in seine Taschen gehen wollte, kehrte ganz glückselig heim und deckte sich mit dem Rock zu.

»Wenn das Gold auch drückt«, sprach er, »ich will das schon ertragen«, und schlief endlich mit dem süßen Vorgefühl ein, morgen als steinreicher Mann zu erwachen. Als er die Augen öffnete, erhob er sich schnell, um die Taschen zu untersuchen, aber wie erstaunte er, als er nichts herauszog als schwarze Kohlen, er mochte so oft hineingreifen, als er wollte. »Noch bleibt mir das Gold, das ich die Nacht vorher gewonnen habe«, dachte er und holte es herbei, aber wie erschrak er, als er sah, daß es ebenfalls wieder zu Kohle geworden war.

Er schlug sich mit der schwarzbestäubten Hand an die Stirne, da fühlte er, daß der ganze Kopf kahl und glatt war wie der Bart. Aber sein Mißgeschick war noch nicht zu Ende, er merkte erst jetzt, daß ihm zu dem Höcker auf dem Rücken noch ein zweiter, ebenso großer vorn auf der Brust gewachsen war. Da erkannte er die Strafe seiner Habgier und begann laut zu weinen. Der gute Schneider, der davon aufgeweckt ward, tröstete den Unglücklichen, so gut es gehen wollte, und sprach: »Du bist mein Geselle auf der Wanderschaft gewesen, du sollst bei mir bleiben und mit von meinem Schatz zehren.« Er hielt Wort, aber der arme Goldschmied mußte sein Lebtag die beiden Höcker tragen und seinen kahlen Kopf mit einer Mütze bedecken.

Der Riese und der Schneider

Einem Schneider, der ein großer Prahler war, aber ein schlechter Zahler, kam es in den Sinn, ein wenig auszugehen und sich in dem Wald [der Welt] umzuschauen. Sobald er nur konnte, verließ er seine Werkstatt,

Wanderte seinen Weg,
Über Brücke und Steg,
Bald da, bald dort,
Immer fort und fort.

Als er nun draußen war, erblickte er in der blauen Ferne einen steilen Berg und dahinter einen himmelhohen Turm, der aus einem wilden und finstern Wald hervorragte. »Potz Blitz!« rief der Schneider, »was ist das?« Und weil ihn die Neugierde gewaltig stach, so ging er frisch darauf los. Was sperrte er aber Maul und Augen auf, als er in die Nähe kam, denn der Turm hatte Beine, sprang in einem Satz über den steilen Berg und stand als ein großmächtiger Riese vor dem Schneider. »Was willst du hier, du winziges Fliegenbein«, rief der mit einer Stimme, als wenn's von allen Seiten donnerte. Der Schneider wisperte: »Ich will mich umschauen, ob ich mein Stückchen Brot in dem Wald verdienen kann.«

»Wenn's um die Zeit ist«, sagte der Riese, »so kannst du ja bei mir im Dienst eintreten.«

»Wenn's sein muß, warum das nicht? Was krieg ich aber für einen Lohn?«

»Was du für einen Lohn kriegst?« sagte der Riese. »Das sollst du hören. Jährlich dreihundertundfünfundsechzig Tage, und wenn's ein Schaltjahr ist, noch einen obendrein. Ist dir das recht?«

»Meinetwegen«, antwortete der Schneider und dachte in seinem Sinn: »Man muß sich strecken nach seiner Decke. Ich such mich bald wieder loszumachen.« Darauf sprach der Riese zu ihm: »Geh, kleiner Halunke, und hol mir einen Krug Wasser.«

»Warum nicht lieber gleich den Brunnen mitsamt der Quelle?« fragte der Prahlhans und ging mit dem Krug zu dem Wasser. »Was, den Brunnen mitsamt der Quelle?« brummte der Riese, der ein bißchen tölpisch und albern war,

in den Bart hinein und fing an, sich zu fürchten: »Der Kerl kann mehr als Äpfel braten: der hat einen Alraun im Leib. Sei auf deiner Hut, alter Hans, das ist kein Diener für dich.« Als der Schneider das Wasser gebracht hatte, befahl ihm der Riese, in dem Wald ein paar Scheite Holz zu hauen und heimzutragen. »Warum nicht lieber den ganzen Wald mit einem Streich,

Den ganzen Wald,
Mit jung und alt,
Mit allem, was er hat,
Knorzig und glatt?«

fragte das Schneiderlein und ging, das Holz zu hauen. »Was?

Den ganzen Wald
Mit jung und alt,
Mit allem, was er hat,
Knorzig und glatt?

und den Brunnen mitsamt der Quelle?« brummte der leichtgläubige Riese in den Bart und fürchtete sich noch mehr: »Der Kerl kann mehr als Äpfel braten, der hat einen Alraun im Leib. Sei auf deiner Hut, alter Hans, das ist kein Diener für dich.« Wie der Schneider das Holz gebracht hatte, befahl ihm der Riese, zwei oder drei wilde Schweine zum Abendessen zu schießen. »Warum nicht lieber gleich tausend auf einen Schuß und die alle hierher [dich dazu]?« fragte der hoffärtige Schneider. »Was«, rief der Hasenfuß von einem Riesen und war heftig erschrocken. »Laß es nur für heute gut sein und lege dich schlafen.«

Der Riese fürchtete sich so gewaltig, daß er die ganze Nacht kein Auge zutun konnte und hin und her dachte, wie er's anfangen sollte, um sich den verwünschten Hexenmeister von Diener je eher, je lieber vom Hals zu schaffen. Kommt Zeit, kommt Rat.

Am andern Morgen gingen der Riese und der Schneider zu einem Sumpf, um den ringsherum eine Menge Weidenbäume standen. Da sprach der Riese: »Hör einmal, Schneider, setz dich auf eine von den Weidenruten, ich möchte um mein Leben gern sehen, ob du imstand bist, sie herabzubiegen.« Husch, saß das Schneiderlein oben, hielt den Atem ein und machte sich schwer, so schwer, daß sich die Gerte niederbog.

Als er aber wieder Atem schöpfen mußte, da schnellte sie ihn, weil er zum Unglück kein Bügeleisen in die Tasche gesteckt hatte, zu großer Freude des Riesen, so weit in die Höhe, daß man ihn gar nicht mehr sehen konnte. Wenn er nicht wieder heruntergefallen ist, so wird er wohl noch oben in der Luft herumschweben.

Der Hase und der Igel

Diese Geschichte klingt wohl recht lügenhaft, Jungens; aber wahr ist sie doch; denn mein Großvater, von dem ich sie habe, pflegte immer, wenn er sie so recht behaglich erzählte, dabei zu sagen: »Wahr muß sie doch sein, mein Sohn, sonst könnte man sie ja nicht erzählen.« Die Geschichte hat sich aber so zugetragen:

Es war an einem Sonntagmorgen zur Herbstzeit, just als der Buchweizen blühte; die Sonne war hell am Himmel aufgegangen, der Morgenwind ging warm über die Stoppeln, die Lerchen sangen in der Luft, die Bienen summten im Buchweizen, und die Leute gingen in ihrem Sonntagsstaat zur Kirche, und alle Kreatur war vergnügt, und der Swinegel auch.

Der Swinegel aber stand vor seiner Tür, hatte die Arme übereinandergeschlagen, guckte dabei in den Morgenwind hinaus und brummte ein kleines Liedchen vor sich hin, so gut und so schlecht, wie nun eben am lieben Sonntagmorgen ein Swinegel zu singen pflegt. Wie er nun so halblaut vor sich hinsang, fiel ihm auf einmal ein, er könnte wohl auch, während seine Frau die Kinder wüsche und anzöge, ein

bißchen ins Feld spazieren und nachsehen, wie seine Steckrüben stünden. Die Steckrüben waren aber dicht bei seinem Hause, und er pflegte mit seiner Familie davon zu essen; darum sah er sie als die seinigen an. Gesagt, getan. Der Swinegel machte die Haustür hinter sich zu und schlug den Weg nach dem Felde ein. Er war noch nicht sehr weit vom Hause fort und wollte just um den Schlehenbusch, der dort vor dem Felde steht, nach dem Steckrübenacker abbiegen, als ihm der Hase begegnete, der in ähnlichen Geschäften ausgegangen war, nämlich, um seinen Kohl zu besehen. Als der Swinegel des Hasen ansichtig wurde, bot er ihm einen freundlichen guten Morgen. Der Hase aber, der auf seine Weise ein vornehmer Herr war und schrecklich hochfahrend dabei, antwortete nichts auf des Swinegels Gruß, sondern sagte zum Swinegel, wobei er eine gewaltig höhnische Miene aufsetzte: »Wie kommt es denn, daß du hier schon so früh am Morgen im Felde herumläufst?« »Ich gehe spazieren«, sagte der Swinegel. »Spazieren?« sagte der Hase, »mich deucht, du könntest die Beine auch wohl zu besseren Dingen gebrauchen.« Diese Antwort verdroß den Swinegel ungeheuer; denn alles konnte er vertragen, aber auf seine Beine ließ er nichts kommen, eben weil sie von Natur schief waren. »Du bildest dir wohl ein«, sagte nun der Swinegel zum Hasen, »daß du mit deinen Beinen mehr ausrichten kannst?« »Das denke ich«, sagte der Hase. »Das kommt auf einen Versuch an«, meinte der Swinegel, »ich wette, wenn wir einen Wettlauf machen, laufe ich an dir vorbei.« »Das ist zum Lachen, du mit deinen schiefen Beinen«, sagte der Hase; »aber meinetwegen mag es sein, wenn du gar so große Lust hast. Was gilt die Wette?« »Einen goldenen Louisdor und eine Buddel Branntwein«, sagte der Swinegel. »Angenommen«, sprach der Hase, »schlag ein, und dann kann es gleich losgehen.« »Nein, so große Eile hat es nicht«, meinte der Swinegel, »ich bin noch ganz nüchtern; erst will ich nach Hause gehen und ein bißchen frühstücken; in einer halben Stunde bin ich wieder hier auf dem Platz.«

Damit ging der Swinegel; denn der Hase war es zufrieden. Unterwegs dachte der Swinegel bei sich: »Der Hase verläßt sich auf seine langen Beine; aber ich will ihn schon kriegen. Er ist zwar ein vornehmer Herr, aber doch nur ein dummer Kerl, und bezahlen soll er doch.« Als nun der Swinegel zu Hause ankam, sprach er zu seiner Frau: »Frau, zieh dich schnell an; du mußt mit mir aufs Feld hinaus.« »Was gibt es denn?« sagte seine Frau. »Ich habe mit dem Hasen gewettet um einen goldenen Louisdor und eine Buddel Branntwein; ich will mit ihm um die Wette laufen, und da sollst du mit dabeisein.« »O mein Gott, Mann«, fing nun Swinegels Frau an zu jammern, »du bist wohl nicht gescheit? Hast du denn ganz den Verstand verloren? Wie kannst du mit dem Hasen um die Wette laufen wollen?« »Halt's Maul, Frau«, sagte der Swinegel, »das ist meine Sache. Misch dich nicht in Männergeschäfte! Marsch, zieh dich an und komm mit!« Was sollte Swinegels Frau machen? Sie mußte wohl folgen, sie mochte nun wollen oder nicht.

Wie sie nun miteinander unterwegs waren, sprach der Swinegel zu seiner Frau: »Nun paß auf, was ich dir sagen will. Siehst du, auf dem langen Acker dort wollen wir unseren Wettlauf machen. Der Hase läuft nämlich in der einen

Ziel

Furche und ich in der anderen, und von oben fangen wir an zu laufen. Nun hast du weiter nichts zu tun, als dich hier unten in die Furche zu stellen, und wenn der Hase auf der anderen Seite ankommt, so rufst du ihm entgegen: ›Ich bin schon hier.‹«

Damit waren sie beim Acker angelangt. Der Swinegel wies seiner Frau den Platz an und ging nun den Acker hinauf. Als er oben ankam, war der Hase schon da. »Kann es losgehen?« sagte der Hase. »Jawohl«, sagte der Swinegel. »Denn man los!« Und damit stellte sich jeder in seine Furche. Der Hase zählte: »Eins, zwei drei!« und los ging es wie ein Sturmwind den Acker hinunter. Der Swinegel aber lief nur ungefähr drei Schritte, dann duckte er sich in die Furche und blieb ruhig sitzen.

Als nun der Hase in vollem Lauf unten am Acker ankam, rief ihm Swinegels Frau entgegen: »Ich bin schon hier!« Der Hase stutzte und verwunderte sich nicht wenig! Er meinte nicht anders, als daß es der Swinegel selbst wäre, der ihm das zurief, denn bekanntlich sieht dem Swinegel seine Frau just so aus wie ihr Mann. Der Hase aber sagte: »Das geht nicht mit rechten Dingen zu.« Er rief: »Noch mal gelaufen, wieder rum!« und fort lief er wieder wie ein Sturmwind, daß ihm die Ohren um den Kopf flogen; dem Swinegel seine Frau aber blieb ruhig auf ihrem Platze. Als nun der Hase oben ankam, rief ihm der Swinegel entgegen: »Ich bin schon hier!« Der Hase aber, ganz außer sich vor Ärger, schrie: »Noch einmal gelaufen, wieder rum!« »Mir macht das nichts«, antwortete der Swinegel, »meinetwegen, sooft du Lust hast.« So lief der Hase noch dreiundsiebzigmal, und der Swinegel hielt es immer mit ihm aus. Jedesmal, wenn der Hase unten oder oben ankam, sagten der Swinegel oder seine Frau: »Ich bin schon hier.«

Beim vierundsiebzigsten Male aber kam der Hase nicht mehr bis ans Ende. Mitten auf dem Acker stürzte er zur Erde; das Blut schoß ihm aus dem Halse, und er blieb tot auf dem Platze. Der Swinegel aber nahm seinen gewonnenen Louisdor und die Buddel Branntwein, rief seine Frau aus der Furche ab, und beide gingen vergnügt miteinander nach Hause. Und wenn sie nicht gestorben sind, leben sie heute noch.

So begab es sich, daß auf der Buxtehuder Heide der Swinegel den Hasen totlief, und seit jener Zeit hat es sich kein Hase wieder einfallen lassen, mit dem Buxtehuder Swinegel um die Wette zu laufen.

Die Lehre aber aus dieser Geschichte ist erstens, daß keiner, und wenn er sich auch noch so vornehm dünkt, sich beikommen lassen soll, sich über den geringen Mann lustig zu machen, und wenn es auch nur ein Swinegel wäre. Und zweitens, daß es geraten ist, wenn einer freit, daß er sich eine Frau aus seinem Stande nimmt, und eine, die just so aussieht wie er selber. Wer also ein Swinegel ist, der muß zusehen, daß seine Frau auch ein Swinegel ist, und so weiter.

Die Kornähre

Vorzeiten, als Gott noch selbst auf Erden wandelte, da war die Fruchtbarkeit des Bodens viel größer, als sie jetzt ist: damals trugen die Ähren nicht funfzig- oder sechzigfältig, sondern vier- bis fünfhundertfältig. Da wuchsen die Körner am Halm von unten bis oben hinauf: so lang er war, so lang war auch die Ähre. Aber wie die Menschen sind, im Überfluß achten sie des Segens nicht mehr, der von Gott kommt, werden gleichgültig und leichtsinnig.

Eines Tages ging eine Frau an einem Kornfeld vorbei, und ihr kleines Kind, das neben ihr sprang, fiel in eine Pfütze und beschmutzte sein Kleidchen. Da riß die Mutter eine Handvoll der schönen Ähren ab und reinigte ihm damit das Kleid. Als der Herr, der eben vorüberkam, das sah, zürnte er und sprach: »Fortan soll der Kornhalm keine Ähre mehr tragen: die Menschen sind der himmlischen Gabe nicht länger wert.« Die Umstehenden, die das hörten, erschraken, fielen auf die Knie und flehten, daß er noch etwas möchte an dem Halm stehenlassen: wenn sie selbst es auch nicht verdienten, doch der unschuldigen Hühner wegen, die sonst verhungern müßten. Der Herr, der ihr Elend voraussah, erbarmte sich und gewährte die Bitte. Also blieb noch oben die Ähre übrig, wie sie jetzt wächst.

Der gestiefelte Kater

Ein Müller hatte drei Söhne, seine Mühle, einen Esel und einen Kater; die Söhne mußten mahlen, der Esel Getreide holen und Mehl forttragen und die Katz die Mäuse wegfangen. Als der Müller starb, teilten sich die drei Söhne in die Erbschaft, der älteste bekam die Mühle, der zweite den Esel, der dritte den Kater, weiter blieb nichts für ihn übrig. Da war er traurig und sprach zu sich selbst: »Ich hab es doch am allerschlimmsten kriegt, mein ältester Bruder kann mahlen, mein zweiter kann auf seinem Esel reiten, was kann ich mit dem Kater anfan-

gen? Laß ich mir ein Paar Pelzhandschuhe aus seinem Fell machen, so ist's vorbei.«

»Hör«, fing der Kater an, der alles verstanden hatte, was er gesagt, »du brauchst mich nicht zu töten, um ein Paar schlechte Handschuh aus meinem Pelz zu kriegen, laß mir nur ein Paar Stiefel machen, daß ich ausgehen kann und mich unter den Leuten sehen lassen, dann soll dir bald geholfen sein.« Der Müllerssohn verwunderte sich, daß der Kater so sprach, weil aber eben der Schuster vorbeiging, rief er ihn herein und ließ ihm ein Paar Stiefel anmessen. Als sie fertig waren, zog sie der Kater an, nahm einen Sack, machte den Boden desselben voll Korn, oben aber eine Schnur daran, womit man ihn zuziehen konnte, dann warf er ihn über den Rücken und ging auf zwei Beinen, wie ein Mensch, zur Tür hinaus.

Dazumal regierte ein König in dem Land, der aß die Rebhühner so gern; es war aber eine Not, daß keine zu kriegen waren. Der ganze Wald war voll, aber sie waren so scheu, daß kein Jäger sie erreichen konnte. Das wußte der Kater und gedacht seine Sache besser zu machen; als er in den Wald kam, tät er den Sack auf, breitete das Korn auseinander, die Schnur aber legte er ins Gras und leitete sie hinter eine Hecke. Da versteckte er sich selber, schlich herum und lauerte. Die Rebhühner kamen bald gelaufen, fanden das Korn, und eins nach dem andern hüpfte in den Sack hinein. Als eine gute Anzahl darin war, zog der Kater den Strick zu, lief herzu und drehte ihnen den Hals um; dann warf er den Sack auf den Rücken und ging geradeswegs nach des Königs Schloß. Die Wache rief: »Halt! Wohin?«

»Zu dem König«, antwortete der Kater kurzweg. »Bist du toll, ein Kater zum König?«

»Laß ihn nur gehen« sagte ein anderer, »der König hat doch oft Langeweil, vielleicht macht ihm der Kater mit seinem Brummen und Spinnen Vergnügen.« Als der Kater vor den König kam, machte er einen Reverenz und sagte:

»Mein Herr, der Graf«, dabei nannte er einen langen und vornehmen Namen, »läßt sich dem Herrn König empfehlen und schickt ihm hier Rebhühner, die er eben in Schlingen gefangen hat.« Der König erstaunte über die schönen fetten Rebhühner, wußte sich vor Freude nicht zu lassen und befahl dem Kater so viel Gold aus der Schatzkammer in den Sack zu tun, als er tragen könne. »Das bring deinem Herrn und dank ihm noch vielmal für sein Geschenk.«

Der arme Müllerssohn aber saß zu Haus am Fenster, stützte den Kopf auf die Hand und dachte, daß er nun sein Letztes für die Stiefeln des Katers weggegeben, und was werde ihm der Großes dafür bringen können. Da trat der Kater herein, warf den Sack vom Rücken, schnürte ihn auf und schüttete das Gold vor den Müller hin, »da hast du etwas vor die Stiefeln, der König läßt dich auch grüßen und dir viel Dank sagen.« Der Müller war froh über den Reichtum, ohne daß er noch recht begreifen konnte, wie es zugegangen war. Der Kater aber, während er seine Stiefel auszog, erzählte ihm alles, dann sagte er: »Du hast zwar jetzt Geld genug, aber dabei soll es nicht bleiben, morgen zieh ich meine Stiefel wieder an, du sollst noch reicher werden, dem König hab ich auch gesagt, daß du ein Graf bist.« Am andern Tag ging der Kater, wie er gesagt hatte, wohl gestiefelt, wieder auf die Jagd, und brachte dem König einen reichen Fang.

So ging es alle Tage, und der Kater brachte alle Tage Gold heim und ward so beliebt wie einer bei dem König, daß er aus- und eingehen durfte und im Schloß herumstreichen, wo er wollte. Einmal stand der Kater in der Küche des Königs beim Herd und wärmte sich, da kam der Kutscher und fluchte: »Ich wünsch, der König mit der Prinzessin wär beim Henker! Ich wollt ins Wirtshaus gehen und einmal trinken und Karte spielen, da soll ich sie spazierenfahren an den See.« Wie der Kater das hörte, schlich er nach Haus und sagte zu seinem Herrn: »Wenn du

willst ein Graf und reich werden, so komm mit mir hinaus an den See und bad dich darin.« Der Müller wußte nicht, was er dazu sagen sollte, doch folgte er dem Kater, ging mit ihm, zog sich splinternackend aus und sprang ins Wasser. Der Kater aber nahm seine Kleider, trug sie fort und versteckte sie. Kaum war er damit fertig, da kam der König dahergefahren; der Kater fing sogleich an, erbärmlich zu lamentieren: »Ach! allergnädigster König! mein Herr, der hat sich hier im See gebadet, da ist ein Dieb gekommen und hat ihm die Kleider gestohlen, die am Ufer lagen, nun ist der Herr Graf im Wasser und kann nicht heraus, und wenn er länger darin bleibt, wird er sich erkälten und sterben.« Wie der König das hörte, ließ er haltmachen, und einer von seinen Leuten mußte zurückjagen und von des Königs Kleidern holen. Der Herr Graf zog die prächtigsten Kleider an, und weil ihm ohnehin der König wegen der Rebhühner, die er meinte von ihm empfangen zu haben, gewogen war, so mußte er sich zu ihm in die Kutsche setzen. Die Prinzessin war auch nicht bös darüber, denn der Graf war jung und schön, und er gefiel ihr recht gut.

Der Kater aber war vorausgegangen und zu einer großen Wiese gekommen, wo über hundert Leute waren und Heu machten. »Wem ist die Wiese, ihr Leute?« fragte der Kater. »Dem großen Zauberer.«

»Hört, jetzt wird der König bald vorbeifahren, wenn der fragt, wem die Wiese gehört, so antwortet: dem Grafen; und wenn ihr das nicht tut, so werdet ihr alle totgeschlagen.« Darauf ging der Kater weiter und kam an ein Kornfeld, so groß, daß es niemand übersehen konnte, da standen mehr als zweihundert Leute und schnitten das Korn. »Wem ist das Korn, ihr Leute?« »Dem Zauberer.«

»Hört, jetzt wird der König vorbeifahren, wenn er frägt, wem das Korn gehört, so antwortet: dem Grafen; und wenn ihr das nicht tut, so werdet ihr alle totgeschlagen.« Endlich

V. P. Mohn.

kam der Kater an einen prächtigen Wald, da standen mehr als dreihundert Leute, fällten die großen Eichen und machten Holz. »Wem ist der Wald, ihr Leute?« »Dem Zauberer.«

»Hört, jetzt wird der König vorbeifahren, wenn er frägt, wem der Wald gehört, so antwortet: dem Grafen; und wenn ihr das nicht tut, so werdet ihr alle umgebracht.« Der Kater ging noch weiter, die Leute sahen ihm alle nach, und weil er so wunderlich aussah und wie ein Mensch in Stiefeln daherging, fürchteten sie sich vor ihm. Er kam bald an des Zauberers Schloß, trat kecklich hinein und vor ihn hin. Der Zauberer sah ihn verächtlich an und fragte ihn, was er wolle. Der Kater machte einen Reverenz und sagte: »Ich habe gehört, daß du in jedes Tier nach deinem Gefallen dich verwandeln könntest; was einen Hund, Fuchs oder auch Wolf betrifft, da will ich es wohl glauben, aber von einem Elefant, das scheint mir ganz unmöglich, und deshalb bin ich gekommen, um mich selbst

zu überzeugen.« Der Zauberer sagte stolz: »Das ist mir eine Kleinigkeit«, und war in dem Augenblick in einen Elefant verwandelt; »das ist viel, aber auch in einen Löwen?«

»Das ist auch nichts«, sagte der Zauberer und stand als ein Löwe vor dem Kater. Der Kater stellte sich erschrocken und rief: »Das ist unglaublich und unerhört, dergleichen hätt ich mir nicht im Traume in die Gedanken kommen lassen; aber noch mehr als alles andere wäre es, wenn du dich auch in ein so kleines Tier, wie eine Maus ist, verwandeln könntest, du kannst gewiß mehr als irgendein Zauberer auf der Welt, aber das wird dir doch zu hoch sein.« Der Zauberer ward ganz freundlich von den süßen Worten und sagte: »O ja, liebes Kätzchen, das kann ich auch«, und sprang als eine Maus im Zimmer herum. Der Kater war hinter ihm her, fing die Maus mit einem Sprung und fraß sie auf.

Der König aber war mit dem Grafen und der Prinzessin weiter spazierengefahren und kam zu der großen Wiese. »Wem gehört das Heu?« fragte der König. »Dem Herrn Grafen«, riefen alle, wie der Kater ihnen befohlen hatte. »Ihr habt da ein schön Stück Land, Herr Graf«, sagte er. Darnach kamen sie an das große Kornfeld. »Wem gehört das Korn, ihr Leute?«

»Dem Herrn Grafen.«

»Ei! Herr Graf! große, schöne Ländereien!« Darauf zu dem Wald, »wem gehört das Holz, ihr Leute?«

»Dem Herrn Grafen.« Der König verwunderte sich noch mehr und sagte: »Ihr müßt ein reicher Mann sein, Herr Graf, ich glaube nicht, daß ich einen so prächtigen Wald habe.« Endlich kamen sie an das Schloß, der Kater stand oben an der Treppe, und als der Wagen unten hielt, sprang er herab, machte die Türe auf und sagte: »Herr König, Ihr gelangt hier in das Schloß meines Herrn, des Herrn Grafen, den diese Ehre für sein Lebtag glücklich machen wird.« Der König stieg aus und verwunderte sich über das prächtige Gebäude, das fast größer und schöner war als sein Schloß; der Graf aber führte die Prinzessin die Treppe hinauf in den Saal, der ganz von Gold und Edelsteinen flimmerte.

Da ward die Prinzessin mit dem Grafen versprochen, und als der König starb, ward er König, der gestiefelte Kater aber erster Minister.

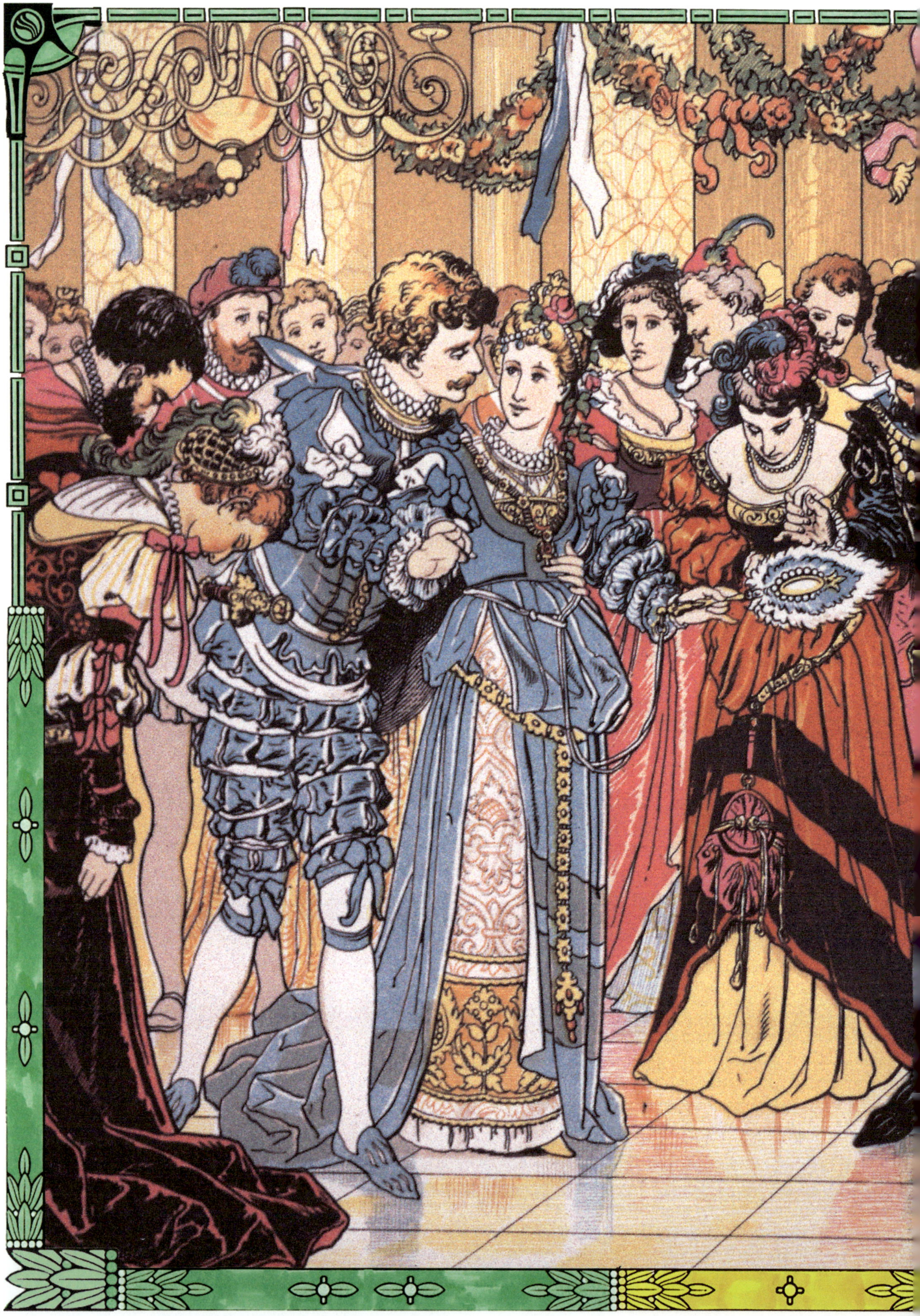

Die Erbsenprobe

Es war einmal ein König, der hatte einen einzigen Sohn, der wollte sich gern vermählen und bat seinen Vater um eine Frau. »Dein Wunsch soll erfüllt werden, mein Sohn«, sagte der König, »aber es will sich nicht schicken, daß du eine andere nimmst als eine Prinzessin, und es ist gerade in der Nähe keine zu haben. Indessen will ich es bekanntmachen lassen, vielleicht meldet sich eine aus der Ferne.« Es ging also ein offenes Schreiben aus, und es dauerte nicht lange, so meldeten sich Prinzessinnen genug. Fast jeden Tag kam eine, wenn aber nach ihrer Geburt und Abstammung gefragt wurde, so ergab sich's, daß es keine Prinzessin war, und sie mußte unverrichteter Sache wieder abziehen. »Wenn das so fortgeht«, sagte der Prinz, »so bekomm ich am Ende gar keine Frau.«

»Beruhige dich, mein Söhnchen«, sagte die Königin, »eh du dich's versiehst, so ist eine da; das Glück steht oft vor der Türe, man braucht sie nur aufzumachen.« Es war wirklich so, wie die Königin gesagt hatte. Bald hernach, an einem stürmischen Abend, als Wind und Regen ans Fenster schlugen, ward heftig an das Tor des königlichen Palastes geklopft. Die Diener öffneten, und ein wunderschönes Mädchen trat herein, das verlangte, gleich vor den König geführt zu werden. Der König wunderte sich über den späten Besuch und fragte sie, woher sie käme, wer sie wäre und was sie begehre. »Ich komme aus weiter Ferne«, antwortete sie, »und bin die Tochter eines mächtigen Königs. Als Eure Bekanntmachung mit dem Bildnis Eures Sohnes in meines Vaters Reich gelangte, habe ich heftige Liebe zu ihm empfunden und mich gleich auf den Weg gemacht, in der Absicht, seine Gemahlin zu werden.«

»Das kommt mir ein wenig bedenklich vor«, sagte der König, »auch siehst du mir gar nicht aus wie eine Prinzessin. Seit wann reist eine Prinzessin allein ohne alles Gefolge und in so schlechten Kleidern?«

»Das Gefolge hätte mich nur aufgehalten«, erwiderte sie, »die Farbe an meinen Kleidern ist in der Sonne verschossen, und der Regen hat sie vollends herausgewaschen. Glaubt Ihr nicht, daß ich eine Prinzessin bin, so sendet nur eine Botschaft an meinen Vater.«

»Das ist mir zu weitläufig«, sagte der König, »eine Gesandtschaft kann nicht so schnell reisen wie du. Die Leute müssen die nötige Zeit dazu haben; es würden Jahre vergehen, ehe sie wieder zurückkämen. Kannst du nicht auf andere Art beweisen, daß du eine Prinzessin bist, so blüht hier dein Weizen nicht, und du tust besser, je eher, je lieber dich wieder auf den Heimweg zu machen.«

»Laß sie nur bleiben«, sagte die Königin, »ich will sie auf die Probe stellen und will bald wissen, ob sie eine Prinzessin ist.« Die Königin stieg selbst den Turm hinauf und ließ in einem prächtigen Gemach ein Bett zurechtmachen. Als die Matratze herbeigebracht war, legte sie drei Erbsen darauf, eine oben hin, eine in die Mitte und eine unten hin, dann wurden noch sechs weiche Matratzen darübergebreitet, Linnentücher und eine Decke von Eiderdunen. Wie alles fertig war, führte sie das Mädchen hinauf in die Schlafkammer. »Nach dem weiten Weg wirst du müde sein, mein Kind«, sagte sie, »schlaf dich aus: morgen wollen wir weitersprechen.« Kaum war der Tag angebrochen, so stieg die Königin schon den Turm hinauf in die Kammer. Sie dachte das Mädchen noch in tiefem Schlaf zu finden, aber es war wach. »Wie hast du geschlafen, mein Töchterchen?« fragte sie. »Erbärmlich«, antwortete die Prinzessin, »ich habe die ganze Nacht kein Auge zugetan.«

»Warum, mein Kind, war das Bett nicht gut?«

»In einem solchen Bett hab ich mein Lebtag noch nicht gelegen, hart vom Kopf bis zu den Füßen; es war, als wenn ich auf lauter Erbsen läge.«

»Ich sehe wohl«, sagte die Königin, »du bist eine echte Prinzessin. Ich will dir königliche Kleider schicken, Perlen und Edelsteine: schmücke dich wie eine Braut. Wir wollen noch heute die Hochzeit feiern.«

Jungfrau Maleen

Es war einmal ein König, der hatte einen Sohn, der warb um die Tochter eines mächtigen Königs, die hieß Jungfrau Maleen und war wunderschön. Weil ihr Vater sie einem andern geben wollte, so ward sie ihm versagt. Da sich aber beide von Herzen liebten, so wollten sie nicht voneinander lassen, und die Jungfrau Maleen sprach zu ihrem Vater: »Ich kann und will keinen andern zu meinem Gemahl nehmen.« Da geriet der Vater in Zorn und ließ einen finstern Turm bauen, in den kein Strahl von Sonne oder Mond fiel. Als er fertig war, sprach er: »Darin sollst du sieben Jahre lang sitzen, dann will ich kommen und sehen, ob dein trotziger Sinn gebrochen ist.« Für die sieben Jahre ward Speise und Trank in den Turm getragen, dann ward sie und ihre Kammerjungfer hineinge-

führt und eingemauert und also von Himmel und Erde geschieden. Da saßen sie in der Finsternis, wußten nicht, wann Tag oder Nacht anbrach.

Der Königssohn ging oft um den Turm herum und rief ihren Namen, aber kein Laut drang von außen durch die dicken Mauern. Was konnten sie anders tun als jammern und klagen? Indessen ging die Zeit dahin, und an der Abnahme von Speise und Trank merkten sie, daß die sieben Jahre ihrem Ende sich näherten. Sie dachten, der Augenblick ihrer Erlösung wäre gekommen, aber kein Hammerschlag ließ sich hören, und kein Stein wollte aus der Mauer fallen: es schien, als ob ihr Vater sie vergessen hätte. Als sie nur noch für kurze Zeit Nahrung hatten und einen jämmerlichen Tod voraussahen, da sprach die Jungfrau Maleen: »Wir müssen das Letzte versuchen und sehen, ob wir die Mauer durchbrechen.« Sie nahm das Brotmesser, grub und bohrte an dem Mörtel eines Steins, und wenn sie müd war, so löste sie die Kammerjungfer ab.

Nach langer Arbeit gelang es ihnen, einen Stein herauszunehmen, dann einen zweiten und dritten, und nach drei Tagen fiel der erste Lichtstrahl in ihre Dunkelheit, und endlich war die Öffnung so groß, daß sie hinausschauen konnten. Der Himmel war blau, und eine frische Luft wehte ihnen entgegen, aber wie traurig sah ringsumher alles aus: das Schloß ihres Vaters lag in Trümmern, die Stadt und die Dörfer waren, so weit man sehen konnte, verbrannt, die Felder weit und breit verheert; keine Menschenseele ließ sich erblicken. Als die Öffnung in der Mauer so groß war, daß sie hindurchschlüpfen

konnten, so sprang zuerst die Kammerjungfer herab, und dann folgte die Jungfrau Maleen.

Aber wo sollten sie sich hinwenden? Die Feinde hatten das ganze Reich verwüstet, den König verjagt und alle Einwohner erschlagen. Sie wanderten fort, um ein anderes Land zu suchen, aber sie fanden nirgend ein Obdach oder einen Menschen, der ihnen einen Bissen Brot gab, und ihre Not war so groß, daß sie ihren Hunger an einem Brennesselstrauch stillen mußten.

Als sie nach langer Wanderung in ein anderes Land kamen, boten sie überall ihre Dienste an, aber wo sie anklopften, wurden sie abgewiesen, und niemand wollte sich ihrer erbarmen. Endlich gelangten sie in eine große Stadt und gingen nach dem königlichen Hof. Aber auch da hieß man sie weitergehen, bis endlich der Koch sagte, sie könnten in der Küche bleiben und als Aschenputtel dienen.

Der Sohn des Königs, in dessen Reich sie sich befanden, war aber gerade der Verlobte der Jungfrau Maleen gewesen. Der Vater hatte ihm eine andere Braut bestimmt, die ebenso häßlich von Angesicht als bös von Herzen war. Die Hochzeit war festgesetzt und die Braut schon angelangt, bei ihrer großen Häßlichkeit aber ließ sie sich vor niemand sehen und schloß sich in ihre Kammer ein, und die Jungfrau Maleen mußte ihr das Essen aus der Küche bringen. Als der Tag herankam, wo die Braut mit dem Bräutigam in die Kirche gehen sollte, so schämte sie sich ihrer Häßlichkeit und fürchtete, wenn sie sich auf der Straße zeigte, würde sie von den Leuten verspottet und ausgelacht. Da sprach sie zur Jungfrau Maleen: »Dir steht ein großes Glück bevor, ich habe mir den Fuß vertreten und kann nicht gut über die Straße gehen; du sollst meine Brautkleider anziehen und meine Stelle einnehmen: eine größere Ehre kann dir nicht zuteil werden.«

Die Jungfrau Maleen aber schlug es aus und sagte: »Ich verlange keine Ehre, die mir nicht gebührt.« Es war auch vergeblich, daß sie ihr Gold anbot. Endlich sprach sie zornig: »Wenn du mir nicht gehorchst, so kostet es dir dein Leben: ich brauche nur ein Wort zu sagen, so wird dir der Kopf vor die Füße gelegt.« Da mußte sie gehorchen und die prächtigen Kleider der Braut samt ihrem Schmuck anlegen. Als sie in den königlichen Saal eintrat, erstaunten alle über ihre große Schönheit, und der König sagte zu seinem Sohn: »Das ist die Braut, die ich dir ausgewählt habe und die du zur Kirche führen sollst.« Der Bräutigam erstaunte und dachte: »Sie gleicht meiner Jungfrau Maleen, und ich würde glauben, sie wäre es selbst, aber die sitzt schon lange im Turm gefangen oder ist tot.« Er nahm sie an der Hand und führte sie zur Kirche. An dem Wege stand ein Brennesselbusch, da sprach sie:

»Brennettelbusch,
Brennettelbusch so klene,
Wat steist du hier allene?
Ik hef de Tyt geweten,
Da hef ik dy ungesaden,
Ungebraden eten.«

»Was sprichst du da?« fragte der Königssohn. »Nichts«, antwortete sie, »ich dachte nur an die Jungfrau Maleen.« Er verwunderte sich, daß sie von ihr wußte, schwieg aber still. Als sie an den Steg vor dem Kirchhof kamen, sprach sie:

»Karkstegels, brik nich,
Bün de rechte Brut nich.«

»Was sprichst du da?« fragte der Königssohn. »Nichts«, antwortete sie, »ich dachte nur an die Jungfrau Maleen.«

»Kennst du die Jungfrau Maleen?«

»Nein«, antwortete sie, »wie sollt ich sie kennen, ich habe nur von ihr gehört.« Als sie an die Kirchtüre kamen, sprach sie abermals:

»Karkendär, brik nich,
Bün de rechte Brut nich.«

»Was sprichst du da?« fragte er. »Ach«, antwortete sie, »ich habe nur an die Jungfrau Maleen gedacht.« Da zog er ein kostbares Geschmeide hervor, legte es ihr an den Hals und hakte die Kettenringe ineinander. Darauf traten sie in die Kirche, und der Priester legte vor dem Altar ihre

Hände ineinander und vermählte sie. Er führte sie zurück, aber sie sprach auf dem ganzen Weg kein Wort. Als sie wieder in dem königlichen Schloß angelangt waren, eilte sie in die Kammer der Braut, legte die prächtigen Kleider und den Schmuck ab, zog ihren grauen Kittel an und behielt nur das Geschmeide um den Hals, das sie von dem Bräutigam empfangen hatte.

Als die Nacht herankam und die Braut in das Zimmer des Königssohns sollte geführt werden, so ließ sie den Schleier über ihr Gesicht fallen, damit er den Betrug nicht merken sollte. Sobald alle Leute fortgegangen waren, sprach er zu ihr: »Was hast du doch zu dem Brennesselbusch gesagt, der an dem Weg stand?«

»Zu welchem Brennesselbusch?« fragte sie, »ich spreche mit keinem Brennesselbusch.«

»Wenn du es nicht getan hast, so bist du die rechte Braut nicht«, sagte er. Da half sie sich und sprach:

»Mut herut na myne Maegt,
De my myn Gedanken draegt.«

Sie ging hinaus und fuhr die Jungfrau Maleen an: »Dirne, was hast du zu dem Brennesselbusch gesagt?«

»Ich sagte nichts als:

›Brennettelbusch,
Brennettelbusch so klene,
Wat steist du hier allene?
Ik hef de Tyt geweten,
Da hef ik dy ungesaden,
Ungebraden eten.‹«

Die Braut lief in die Kammer zurück und sagte: »Jetzt weiß ich, was ich zu dem Brennesselbusch gesprochen habe«, und wiederholte die Worte, die sie eben gehört hatte.

»Aber was sagtest du zu dem Kirchensteg, als wir darübergingen?« fragte der Königssohn.

»Zu dem Kirchensteg?« antwortete sie, »ich spreche mit keinem Kirchensteg.«

»Dann bist du auch die rechte Braut nicht.« Sie sagte wiederum:

»Mut herut na myne
Maegt,
De my myn Gedanken
draegt.«

Lief hinaus und fuhr die Jungfrau Maleen an: »Dirne, was hast du zu dem Kirchsteg gesagt?«

»Ich sagte nichts als:

›Karkstegels, brik nich,
Bün de rechte Brut nich.‹«

»Das kostet dich dein Leben«, rief die Braut, eilte aber in die Kammer und sagte: »Jetzt weiß ich, was ich zu dem Kirchsteg gesprochen habe«, und wiederholte die Worte. »Aber was sagtest du zur Kirchentür?«

»Zur Kirchentür?« antwortete sie, »ich spreche mit keiner Kirchentür.«

»Dann bist du auch die rechte Braut nicht.« Sie ging hinaus, fuhr die Jungfrau Maleen an: »Dirne, was hast du zu der Kirchentür gesagt?«
»Ich sagte nichts als:

›Karkendär, brik nich,
Bün de rechte Brut nich.‹«

»Das bricht dir den Hals«, rief die Braut und geriet in den größten Zorn, eilte aber zurück in die Kammer und sagte: »Jetzt weiß ich, was ich zu der Kirchentür gesprochen habe«, und wiederholte die Worte. »Aber, wo hast du das Geschmeide, das ich dir an der Kirchentür gab?«

»Was für ein Geschmeide«, antwortete sie, »du hast mir kein Geschmeide gegeben.«

P.HEY

»Ich habe es dir selbst um den Hals gelegt und selbst eingehakt: wenn du das nicht weißt, so bist du die rechte Braut nicht.« Er zog ihr den Schleier vom Gesicht, und als er ihre grundlose Häßlichkeit erblickte, sprang er erschrocken zurück und sprach: »Wie kommst du hierher? Wer bist du?«

»Ich bin deine verlobte Braut, aber weil ich fürchtete, die Leute würden mich verspotten, wenn sie mich draußen erblickten, so habe ich dem Aschenputtel befohlen, meine Kleider anzuziehen und statt meiner zur Kirche zu gehen.«

»Wo ist das Mädchen«, sagte er, »ich will es sehen, geh und hol es hierher.« Sie ging hinaus und sagte den Dienern, das Aschenputtel sei eine Betrügerin, sie sollten es in den Hof hinabführen und ihm den Kopf abschlagen. Die Diener packten es und wollten es fortschleppen, aber es schrie so laut um Hilfe, daß der Königssohn seine Stimme vernahm, aus seinem Zimmer herbeieilte und den Befehl gab, das Mädchen augenblicklich loszulassen.

Es wurden Lichter herbeigeholt, und da bemerkte er an ihrem Hals den Goldschmuck, den er ihm vor der Kirchentür gegeben hatte. »Du bist die rechte Braut«, sagte er, »die mit mir zur Kirche gegangen ist: komm mit mir in meine Kammer.« Als sie beide allein waren, sprach er: »Du hast auf dem Kirchgang die Jungfrau Maleen genannt, die meine verlobte Braut war; wenn ich dächte, es wäre möglich, so müßte ich glauben, sie stände vor mir: du gleichst ihr in allem.« Sie antwortete: »Ich bin die Jungfrau Maleen, die um dich sieben Jahre in der Finsternis gefangengesessen, Hunger und Durst gelitten und so lange in Not und Armut gelebt hat; aber heute bescheint mich die Sonne wieder. Ich bin dir in der Kirche angetraut und bin deine rechtmäßige Gemahlin.« Da küßten sie einander und waren glücklich für ihr Lebtag. Der falschen Braut ward zur Vergeltung der Kopf abgeschlagen.

Der Turm, in welchem die Jungfrau Maleen gesessen hatte, stand noch lange Zeit, und wenn die Kinder vorübergingen, so sangen sie:

»Kling, klang, kloria,
Wer sitt in dissen Toria?
Dar sitt en Königsdochter in,
Die kann ik nich to seen krygn.
De Muer, de will nich bräken,
De Steen, de will nich stechen.
Hänschen mit de bunte Jak,
Kumm unn folg my achterna.«

Jorinde und Joringel

Es war einmal ein altes Schloß mitten in einem großen dicken Wald, darinnen wohnte eine alte Frau ganz allein, das war eine Erzzauberin. Am Tage machte sie sich zur Katze oder zur Nachteule, des Abends aber wurde sie wieder ordentlich wie ein Mensch gestaltet. Sie konnte das Wild und die Vögel herbeilocken, und dann schlachtete sie, kochte und briet es. Wenn jemand auf hundert Schritte dem Schloß nahe kam, so mußte er stillestehen und konnte sich nicht von der Stelle bewegen, bis sie ihn lossprach; wenn aber eine keusche Jungfrau in diesen Kreis kam, so verwandelte sie dieselbe in einen Vogel und sperrte sie dann in einen Korb ein und trug den Korb in eine Kammer des Schlosses. Sie hatte wohl siebentausend solcher Körbe mit so raren Vögeln im Schlosse.

Nun war einmal eine Jungfrau, die hieß Jorinde; sie war schöner als alle andere Mädchen. Die und dann ein gar schöner Jüngling namens Joringel hatten sich zusammen versprochen. Sie waren in den Brauttagen, und sie hatten ihr größtes Vergnügen eins am andern.

Damit sie nun einsmalen vertraut zusammen reden könnten, gingen sie in den Wald spazieren. »Hüte dich«, sagte Joringel, »daß du nicht so nahe ans Schloß kommst.« Es war ein schöner Abend, die Sonne schien zwischen den Stämmen der Bäume hell ins dunkle Grün des Waldes, und die Turteltaube sang kläglich auf den alten Maibuchen. Jorinde weinte zuweilen, setzte sich hin im Sonnenschein und klagte; Joringel klagte auch. Sie waren so bestürzt, als wenn sie hätten sterben sollen; sie sahen sich um, waren irre und wußten nicht, wohin sie nach Hause gehen sollten. Noch halb stand die Sonne über dem Berg, und halb war sie unter. Joringel sah durchs Gebüsch und sah die alte Mauer des Schlosses nah bei sich; er erschrak und wurde todbang. Jorinde sang:

»Mein Vöglein mit dem Ringlein rot
Singt Leide, Leide, Leide:
Es singt dem Täubelein seinen Tod,
Singt Leide, Lei –
zicküth, zicküth, zicküth.«

Joringel sah nach Jorinde. Jorinde war in eine Nachtigall verwandelt, die sang »Zicküth, Zicküth«. Eine Nachteule mit glühenden Augen flog dreimal um sie herum und schrie dreimal »Schu, hu, hu, hu«. Joringel konnte sich nicht regen: er stand da wie ein Stein, konnte nicht weinen, nicht reden, nicht Hand noch Fuß regen. Nun war die Sonne unter; die Eule flog in einen Strauch, und gleich darauf kam eine alte krumme Frau aus diesem hervor, gelb und mager: große rote Augen, krumme Nase, die mit der Spitze ans Kinn reichte. Sie murmelte, fing die Nachtigall und trug sie auf der Hand fort. Joringel konnte nichts sagen, nicht von der Stelle kommen; die Nachtigall war fort.

Endlich kam das Weib wieder und sagte mit dumpfer Stimme: »Grüß dich, Zachiel, wenn's Möndel ins Körbel scheint, bind los, Zachiel, zu guter Stund.« Da wurde Joringel los. Er fiel vor dem Weib auf die Knie und bat, sie möchte ihm seine Jorinde wiedergeben, aber sie sagte, er sollte sie nie wiederhaben, und ging fort.

Er rief, er weinte, er jammerte, aber alles umsonst. »Uu, was soll mir geschehen?« Joringel ging fort und kam endlich in ein fremdes Dorf; da hütete er die Schafe lange Zeit. Oft ging er rund um das Schloß herum, aber nicht zu nahe dabei.

Endlich träumte er einmal des Nachts, er fände eine blutrote Blume, in deren Mitte eine schöne große Perle war. Die Blume brach er ab, ging damit zum Schlosse: alles, was er mit der Blume berührte, ward von der Zauberei frei; auch träumte er, er hätte seine Jorinde dadurch wiederbekommen.

Des Morgens, als er erwachte, fing er an, durch Berg und Tal zu suchen, ob er eine solche Blume fände; er suchte bis an den neunten Tag, da fand er die blutrote Blume am Morgen früh. In der Mitte war ein großer Tautropfe, so groß wie die schönste Perle. Diese Blume trug er Tag und Nacht bis zum Schloß. Wie er auf hundert Schritt nahe bis zum Schloß kam, da ward er nicht fest, sondern ging fort bis ans Tor. Joringel freute sich hoch, berührte die Pforte mit der Blume, und sie sprang auf. Er ging hinein, durch den Hof, horchte, wo er die vielen Vögel vernähme; endlich hörte er's. Er ging und fand den Saal, darauf war die Zauberin und fütterte die Vögel in den siebentausend Körben. Wie sie den Joringel sah, ward sie bös, sehr bös, schalt, spie Gift und Galle gegen ihn aus, aber sie konnte auf zwei Schritte nicht an ihn kommen. Er kehrte sich nicht an sie und ging, besah die Körbe mit den Vögeln; da waren aber viele hundert Nachtigallen, wie sollte er nun seine Jorinde wiederfinden?

Indem er so zusah, merkte er, daß die Alte heimlich ein Körbchen mit einem Vogel wegnahm und damit nach der Türe ging. Flugs sprang er hinzu, berührte das Körbchen mit der Blume und auch das alte Weib; nun konnte sie nichts mehr zaubern, und Jorinde stand da, hatte ihn um den Hals gefaßt, so schön, wie sie ehemals war. Da machte er auch alle die andern Vögel wieder zu Jungfrauen, und da ging er mit seiner Jorinde nach Hause, und sie lebten lange vergnügt zusammen.

DIE SCHÖNSTEN SAGEN DER BRÜDER GRIMM

Die Kinder zu Hameln

Im Jahr 1284 ließ sich zu Hameln ein wunderlicher Mann sehen. Er hatte einen Rock von vielfarbigem, bunten Tuch an, weshalben er Bundting soll geheißen haben, und gab sich für einen Rattenfänger aus, indem er versprach, gegen ein gewisses Geld die Stadt von allen Mäusen und Ratten zu befreien. Die Bürger wurden mit ihm einig und versicherten ihm einen bestimmten Lohn. Der Rattenfänger zog demnach ein Pfeifchen heraus und pfiff, da kamen alsobald die Ratten und Mäuse aus allen Häusern hervorgekrochen und sammelten sich um ihn herum. Als er nun meinte, es wäre keine zurück, ging er hinaus, und der ganze Haufen folgte ihm, und so führte er sie an die Weser; dort schürzte er seine Kleider und trat in das Wasser, worauf ihm alle die Tiere folgten und hineinstürzend ertranken.

Nachdem die Bürger aber von ihrer Plage befreit waren, reute sie der versprochene Lohn, und sie verweigerten ihn dem Manne unter allerlei Ausflüchten, so daß er zornig und erbittert wegging. Am 26. Juni auf Johannis- und Paulitag, morgens früh sieben Uhr, nach andern zu Mittag, erschien er wieder, jetzt in Gestalt eines Jägers, erschrecklichen Angesichts, mit einem roten, wunderlichen Hut, und ließ seine Pfeife in den Gassen hören. Alsbald kamen diesmal nicht Ratten und Mäuse, sondern Kinder, Knaben und Mägdlein vom vierten Jahr an, in großer Anzahl gelaufen, worunter auch die schon erwachsene Tochter des Bürgermeisters war. Der ganze Schwarm folgte ihm nach, und er führte sie hinaus in einen Berg, wo er mit ihnen verschwand. Dies hatte ein Kindermädchen gesehen, welches mit einem Kind auf dem Arm von fern nachgezogen war, darnach umkehrte und das Gerücht in die Stadt brachte. Die Eltern liefen haufenweis vor alle Tore und suchten mit betrübtem Herzen ihre Kinder; die Mütter erhoben ein jämmerliches Schreien und Weinen. Von Stund an wurden Boten zu Wasser und Land an alle Orte herumgeschickt, zu erkundigen, ob man die Kinder oder auch nur etliche gesehen, aber alles vergeblich. Es waren im ganzen hundertunddreißig verloren. Zwei sollen, wie einige sagen, sich verspätet und zurückgekommen sein, wovon aber das eine blind, das andere stumm gewesen, also daß das blinde den Ort nicht hat zeigen können, aber wohl erzählen, wie sie dem Spielmann gefolgt wären; das stumme aber den Ort gewiesen, ob es gleich nichts gehört. Ein Knäblein war im Hemd mitgelaufen und kehrte um, seinen Rock zu holen, wodurch es dem Unglück entgangen; denn als es zurückkam, waren die andern schon in der Grube eines Hügels, die noch gezeigt wird, verschwunden.

Die Straße, wodurch die Kinder zum Tor hinausgegangen, hieß noch in der Mitte des 18. Jahrhunderts (wohl noch heute) die bunge-lose (trommel-, tonlose, stille), weil

kein Tanz darin geschehen noch Saitenspiel durfte gerührt werden. Ja, wenn eine Braut mit Musik zur Kirche gebracht ward, mußten die Spielleute über die Gasse hin stillschweigen. Der Berg bei Hameln, wo die Kinder verschwanden, heißt der Poppenberg, wo links und rechts zwei Steine in Kreuzform sind aufgerichtet worden. Einige sagen, die Kinder wären in eine Höhle geführt worden und in Siebenbürgen wieder herausgekommen.

Die Bürger von Hameln haben die Begebenheit in ihr Stadtbuch einzeichnen lassen und pflegten in ihren Ausschreiben nach dem Verlust ihrer Kinder Jahr und Tag zu zählen. Nach Seyfried ist der 22. statt des 26. Juni im Stadtbuch angegeben. An dem Rathaus standen folgende Zeilen:

> Im Jahr 1284 na Christi gebort
> to Hamel worden uthgevort
> hundert und dreißig Kinder
> dasülvest geborn
> dorch einen Piper under den
> Köppen verlorn.
>
> Und an der neuen Pforte:
>
> Centum ter denos cum magus
> ab urbe puellos
> duxerat ante annos CCLXXII
> condita porta fuit.

Im Jahre 1572 ließ der Bürgermeister die Geschichte in die Kirchenfenster abbilden mit der nötigen Überschrift, welche größtenteils unleserlich geworden. Auch ist eine Münze darauf geprägt.

Der Berggeist

Der Berggeist, Meister Hämmerling, gemeiniglich Bergmönch genannt, zeigt sich zuweilen in der Tiefe, gewöhnlich als Riese in einer schwarzen Mönchskutte. In einem Bergwerk der Graubündner Alpen erschien er oft und war besonders am Freitage geschäftig, das ausgegrabene Erz aus einem Eimer in den andern zu schütten; der Eigentümer des Bergwerks durfte sich das nicht verdrießen lassen, wurde aber auch niemals von ihm beleidigt. Dagegen als einmal ein Arbeiter, zornig über dies vergebliche Hantieren, den Geist schalt und verfluchte, faßte ihn dieser mit so großer Gewalt, daß er zwar nicht starb, aber das Antlitz sich ihm umkehrte. Im Annaberg, in der Höhle, welche der Rosenkranz heißt, hat er zwölf Bergleute während der Arbeit angehaucht, wovon sie tot liegengeblieben sind, und die Grube ist, obgleich silberreich, nicht ferner angebaut worden. Hier hat er sich in Gestalt eines Rosses mit langem Hals gezeigt, furchtbar blickende Augen auf der Stirne. Zu Schneeberg ist er aber als ein schwarzer Mönch in der St.-Georgen-Grube erschienen und hat einen Bergknappen ergriffen, von der Erde aufgehoben und oben in die Grube, die vorzeiten gar silberreich war, so hart niedergesetzt, daß ihm seine Glieder verletzt waren. Am Harz hat er einmal einen bösen Steiger, der die Bergleute quälte, bestraft. Denn als dieser zu Tage fuhr, stellte er sich, ihm unsichtbar, über die Grube, und als er emporkam, drückte ihm der Geist mit den Knien den Kopf zusammen.

Der Bergmönch im Harz

Zwei Bergleute arbeiteten immer gemeinschaftlich. Einmal, als sie anfuhren und vor Ort kamen, sahen sie an ihrem Geleucht, daß sie nicht genug Öl zu einer Schicht auf den Lampen hatten. »Was fangen wir da an?« sprachen sie miteinander, »geht uns das Öl aus, so daß wir im Dunkeln sollen zu Tag fahren, sind wir gewiß unglücklich, da der Schacht schon gefährlich ist. Fahren wir aber jetzt gleich aus, um von Haus Öl zu holen, so straft uns der Steiger, und das mit Lust, denn er ist uns nicht gut.« Wie sie also besorgt standen, sahen sie ganz fern in der Strecke ein Licht, das ihnen entgegenkam. Anfangs freuten sie sich, als es aber näher kam, erschraken sie gewaltig, denn ein ungeheurer, riesengroßer Mann ging, ganz gebückt, in der Strecke herauf. Er hatte eine große Kappe auf dem Kopf und war auch sonst wie ein Mönch angetan, in der Hand aber trug er ein mächtiges Grubenlicht. Als er bis zu den beiden, die in Angst da stillstanden, geschritten war, richtete er sich auf und sprach: »Fürchtet euch nicht, ich will euch kein Leids antun, vielmehr Gutes«, nahm ihr Geleucht und schüttete Öl von seiner Lampe darauf. Dann aber griff er ihr Gezäh und arbeitete ihnen in einer Stunde mehr, als sie selbst in der ganzen Woche bei allem Fleiß herausgearbeitet hätten. Nun sprach er: »Sagt's keinem Menschen je, daß ihr mich gesehen habt«, und schlug zuletzt mit der Faust links an die Seitenwand; sie tat sich auseinander, und die Bergleute erblickten eine lange Strecke, ganz von Gold und Silber schimmernd. Und weil der unerwartete Glanz ihre Augen blendete, so wendeten sie sich ab, als sie aber wieder hinschauten, war alles verschwunden. Hätten sie ihre Bilhacke (Hacke mit einem Beil) oder sonst nur einen Teil ihres Gezähs hineingeworfen, wäre die Strecke offengeblieben und ihnen viel Reichtum und Ehre zugekommen; aber so war es vorbei, wie sie die Augen davon abgewendet.

Doch blieb ihnen auf ihrem Geleucht das Öl des Berggeistes, das nicht abnahm und darum noch immer ein großer Vorteil war. Aber nach Jahren, als sie einmal am Sonnabend mit ihren guten Freunden im Wirtshaus zechten und sich lustig machten, erzählten sie die ganze Geschichte, und montags morgen, als sie anfuhren, war kein Öl mehr auf der Lampe, und sie mußten nun jedesmal wieder, wie die andern, frisch aufschütten.

Frau Hollen Teich

Auf dem hessischen Gebirg Meißner weisen mancherlei Dinge schon mit ihren bloßen Namen das Altertum aus, wie die Teufelslöcher, der Schlachtrasen und sonderlich der Frau Hollen Teich. Dieser, an der Ecke einer Moorwiese gelegen, hat gegenwärtig nur vierzig bis fünfzig Fuß Durchmesser; die ganze Wiese ist mit einem halb untergegangenen Steindamm eingefaßt, und nicht selten sind auf ihr Pferde versunken.

Von dieser Holle erzählt das Volk vielerlei, Gutes und Böses. Weiber, die zu ihr in den Brunnen steigen, macht sie gesund und fruchtbar; die neugeborenen Kinder stammen aus ihrem Brunnen, und sie trägt sie daraus hervor. Blumen, Obst, Kuchen, das sie unten im Teiche hat und was in ihrem unvergleichlichen Garten wächst, teilt sie denen aus, die ihr begegnen und zu gefallen wissen. Sie ist sehr ordentlich und hält auf guten Haushalt; wann es bei den Menschen schneit, klopft sie ihre Betten aus, davon die Flocken in der Luft fliegen. Faule Spinnerinnen straft sie, indem sie ihnen den Rocken besudelt, das Garn wirrt oder den Flachs anzündet; Jungfrauen hingegen, die fleißig abspinnen, schenkt sie Spindeln und spinnt selber für sie über Nacht, daß die Spulen des Morgens voll sind. Faulenzerinnen zieht sie die Bettdecken ab und legt sie nackend aufs Steinpflaster; Fleißige, die schon frühmorgens Wasser zur Küche tragen in reingescheuerten Eimern, finden Silbergroschen darin. Gern zieht sie Kinder in ihren Teich, die guten macht sie zu Glückskindern, die bösen zu Wechselbälgen. Jährlich geht sie im Land um und verleiht den Äckern Fruchtbarkeit, aber auch erschreckt sie die Leute, wenn sie durch den Wald fährt, an der Spitze des wütenden Heers. Bald zeigt sie sich als eine schöne weiße Frau in oder auf der Mitte des Teiches, bald ist sie unsichtbar, und man hört bloß aus der Tiefe ein Glockengeläut und finsteres Rauschen.

Frau Holla und der treue Eckart

In Thüringen liegt ein Dorf namens Schwarza, da zog Weihnachten Frau Holla vorüber, und vorn im Haufen ging der treue Eckart und warnte die begegneten Leute, aus dem Wege zu weichen, daß ihnen kein Leid widerfahre. Ein paar Bauernknaben hatten gerade Bier in der Schenke geholt, das sie nach Haus tragen wollten, als der Zug erschien, dem sie zusahen. Die Gespenster nahmen aber die ganze breite Straße ein, da wichen die Dorfjungen mit ihren Kannen abseits in eine Ecke; bald nahten sich unterschiedene Weiber aus der Rotte, nahmen die Kannen und tranken. Die Knaben schwiegen aus Furcht stille, wußten doch nicht, wie sie ihnen zu Haus tun sollten, wenn sie mit leeren Krügen kommen würden. Endlich trat der treue Eckart herbei und sagte: »Das riet euch Gott, daß ihr kein Wörtchen gesprochen habt, sonst wären euch eure Hälse umgedreht worden; gehet nun flugs heim und sagt keinem Menschen etwas von der Geschichte, so werden eure Kannen immer voll Bier sein und wird ihnen nie gebrechen.« Dieses taten die Knaben, und es war so, die Kannen wurden niemals leer, und drei Tage nahmen sie das Wort in acht. Endlich aber konnten sie's nicht länger bergen, sondern erzählten ihren Eltern von der Sache, da war es aus, und die Krüglein versiegten. Andere sagten, es sei dies nicht eben zu Weihnacht geschehen, sondern auf eine andere Zeit.

Die Springwurzel

Vorzeiten hütete ein Schäfersmann friedlich auf dem Köterberg, da stand, als er sich einmal umwendete, ein prächtiges Königsfräulein vor ihm und sprach: »Nimm die Springwurzel und folge mir nach.« Die Springwurzel erhält man dadurch, daß man einem Grünspecht (Elster oder Wiedehopf) sein Nest mit einem Holz zukeilt; der Vogel, wie er das bemerkt, fliegt alsbald fort und weiß die wunderbare Wurzel zu finden, die ein Mensch noch immer vergeblich gesucht hat. Er bringt sie im Schnabel und will sein Nest damit wieder öffnen; denn hält er sie vor den Holzkeil, so springt er heraus, wie vom stärksten Schlag getrieben. Hat man sich versteckt und macht nun, wie er herankommt, einen großen Lärm, so läßt er sie erschreckt fallen (man kann aber auch nur ein weißes oder rotes Tuch unter das Nest breiten, so wirft er sie darauf, sobald er sie gebraucht hat). Eine solche Springwurzel besaß der Hirt, ließ nun seine Tiere herumtreiben und folgte dem Fräulein. Sie führte ihn bei einer Höhle in den Berg hinein. Kamen sie zu einer Türe oder einem verschlossenen Gang, so mußte er seine Wurzel vorhalten, und alsbald sprang sie krachend auf. Sie gingen immer fort, bis sie etwa in die Mitte des Bergs gelangten, da saßen noch zwei Jungfrauen und spannen emsig; der Böse war auch da, aber ohne Macht und unten an den Tisch, vor dem die beiden saßen, festgebunden. Ringsum war in Körben Gold und leuchtende Edelsteine aufgehäuft, und die Königstochter sprach zu dem Schäfer, der da stand und die Schätze anlusterte: »Nimm dir, soviel du willst.« Ohne Zaudern griff er hinein und füllte seine Taschen, soviel sie halten konnten, und wie er, also reich beladen, wieder hinauswollte, sprach sie: »Aber vergiß das Beste nicht!« Er meinte nicht anders, als das wären die Schätze, und glaubte sich gar wohl versorgt zu haben, aber es war das Springwort. Wie er nun hinaustrat, ohne die Wurzel, die er auf den Tisch gelegt, schlug das Tor mit Schallen hinter ihm zu, hart an die Ferse, doch ohne weiteren Schaden, wiewohl er leicht sein Leben hätte einbüßen können. Die großen Reichtümer brachte er glücklich nach Haus, aber den Eingang konnte er nicht wiederfinden.

Fräulein von Boyneburg

Auf eine Zeit lebten auf der Boyneburg drei Fräulein zusammen. Der jüngsten träumte in einer Nacht, es sei in Gottes Rat beschlossen, daß eine von ihnen im Wetter sollte erschlagen werden. Morgens sagte sie ihren Schwestern den Traum, und als es Mittag war, stiegen schon Wolken auf, die immer größer und schwärzer wurden, also daß abends ein schweres Gewitter am Himmel hinzog und ihn bald ganz zudeckte und der Donner immer näher herbeikam. Als nun das Feuer von allen Seiten herabfiel, sagte die älteste: »Ich will Gottes Willen gehorchen, denn mir ist der Tod bestimmt«, ließ sich einen Stuhl hinaustragen, saß draußen einen Tag und eine Nacht und erwartete, daß der Blitz sie träfe. Aber es traf sie keiner; da stieg am zweiten Tage die zweite herab und sprach: »Ich will Gottes Willen gehorchen, denn mir ist der Tod bestimmt«, und saß den zweiten Tag und die zweite Nacht, die Blitze versehrten sie auch nicht, aber das Wetter wollte nicht fortziehen. Da sprach die dritte am dritten

Tage: »Nun seh ich Gottes Willen, daß ich sterben soll«, da ließ sie den Pfarrer holen, der ihr das Abendmahl reichen mußte, dann machte sie auch ihr Testament und stiftete, daß an ihrem Todestage die ganze Gemeinde gespeist und beschenkt werden sollte. Nachdem das geschehen war, ging sie getrost hinunter und setzte sich nieder, und nach wenigen Augenblicken fuhr auch ein Blitz auf sie herab und tötete sie.

Hernach, als das Schloß nicht mehr bewohnt war, ist sie oft als ein guter Geist gesehen worden. Ein armer Schäfer, der all sein Hab und Gut verloren hatte und dem am andern Tage sein Letztes sollte ausgepfändet werden, weidete an der Boyneburg, da sah er im Sonnenschein an der Schloßtüre eine schneeweiße Jungfrau sitzen. Sie hatte ein weißes Tuch ausgebreitet, darauf lagen Knotten, die sollten in der Sonne aufklinken. Der Schäfer verwunderte sich, an dem einsamen Ort eine Jungfrau zu finden, trat zu ihr hin und sprach: »Ei, was schöne Knotten!« nahm ein paar in die Hand, besah sie und legte sie wieder hin. Sie sah ihn freundlich und doch traurig an, antwortete aber nichts, da ward dem Schäfer angst, daß er fortging, ohne sich umzusehen, und die Herde nach Haus trieb. Es waren ihm aber ein paar Knotten, als er darin gestanden, neben in die Schuhe gefallen, die drückten ihn auf dem Heimweg, da setzte er sich, zog den Schuh ab und wollte sie herauswerfen; wie er hineingriff, so fielen ihm fünf oder sechs Goldkörner in die Hand. Der Schäfer eilte zur Boyneburg zurück, aber die weiße Jungfrau war samt den Knotten verschwunden; doch konnte er sich mit dem Golde schuldenfrei machen und seinen Haushalt wieder einrichten.

Viele Schätze sollen in der Burg noch verborgen liegen. Ein Mann war glücklich und sah in der Mauer ein Schubfach; als er es aufzog, war es ganz voll Gold. Eine Witwe hatte nur eine Kuh und Ziege, und weil an der Boyneburg schöne Heiternesseln wachsen, wollte sie davon zum Futter abschneiden, wie sie aber eben nach einem Strauch packte, glitt sie aus und fiel tief hinab. Sie schrie und rief nach Hilfe, es war aber niemand mehr in der einsamen Gegend, bis abends ihre Kinder, denen angst geworden war, herbeikamen und ihre Stimme hörten. Sie zogen sie an Stricken herauf, und nun erzählte sie ihnen, tief da unten sei sie vor ein Gitter gefallen, dahinter habe sie einen Tisch gesehen, der mit Reichtümern und Silberzeug ganz beladen gewesen.

Die Schloßjungfrau

Auf dem Schloßberg unweit Ohrdruf in Thüringen soll sich manchmal eine Jungfrau sehen lassen, welche ein großes Gebund Schlüssel anhängen hat. Sie kommt dann allezeit um zwölf Uhr mittags vom Berg herab und geht nach dem unten im Tal befindlichen Hierlings- oder Hörlingsbrunn und badet sich in demselben, worauf sie wiederum den Berg hinaufsteigt. Einige wollen sie genau gesehen und betrachtet haben.

Hünenspiel

Bei Höxter, zwischen Godelheim und Amelunxen, liegen der Brunsberg und Wiltberg, auf welchen die Sachsen im Kampf mit Karl dem Großen sollen ihre Burgen gehabt haben. Nach der Sage des Godelsheimer Volks wohnten dort ehedem Hünen, die so groß waren, daß sie sich morgens, wenn sie aufstanden, aus ihren Fenstern grüßend die Hände herüber- und hinüberreichten. Sie warfen sich auch, als Ballspiel, Kugeln zu und ließen sie hin und her fliegen. Einmal fiel eine solche Kugel mitten ins Tal herab und schlug ein gewaltiges Loch in den Erdboden, das man noch heute sieht. Die Vertiefung heißt die Knäuelwiese.

Die Riesen herrschten da zu Land, bis ein mächtiges, kriegerisches Volk kam und mit ihnen stritt. Da gab es eine ungeheuere Schlacht, daß das Blut durchs Tal strömte und die Weser rot färbte; alle Hünen wurden erschlagen, ihre Burgen erobert, und das neuangekommene Volk schaltete von nun an in der Gegend.

Nach einer andern Erzählung sandte der Riese von Brunsberg dem von Wiltberg täglich einen Brief, der in ein großes Knäuel Garn gewunden, und so warfen sie es hinüber und herüber. Eines Tages fiel das Knäuel im Lauh, einem Holz unter dem Braunberge, nieder, und da ist ein großer Teich geworden, wo lauter weiße Lilien aufwachsen und wo noch zu dieser Stunde alle Jahr am Ostermontag die weiße Frau kommt und sich wäscht.

Das Riesenspielzeug

Im Elsaß auf der Burg Niedeck, die an einem hohen Berg bei einem Wasserfall liegt, waren die Ritter vorzeiten große Riesen. Einmal ging das Riesenfräulein herab ins Tal, wollte sehen, wie es da unten wäre, und kam bis fast nach Haslach auf ein vor dem Wald gelegenes Ackerfeld, das gerade von den Bauern bestellt ward. Es blieb vor Verwunderung stehen und schaute den Pflug, die Pferde und Leute an, das ihr alles etwas Neues war. »Ei«, sprach sie und ging herzu, »das nehm ich mir mit.« Da kniete sie nieder zur Erde, spreitete ihre Schürze aus, strich mit der Hand über das Feld, fing alles zusammen und tat's hinein. Nun lief sie ganz vergnügt nach Haus, den Felsen hinaufspringend; wo der Berg so jäh ist, daß ein Mensch mühsam klettern muß, da tat sie einen Schritt und war droben.

Der Ritter saß gerad am Tisch, als sie eintrat. »Ei, mein Kind«, sprach er, »was bringst du da, die Freude schaut dir ja aus den Augen heraus.« Sie machte geschwind ihre Schürze auf und ließ ihn hineinblicken. »Was hast du so Zappeliges darin?« – »Ei Vater, gar zu artiges Spielding! So was Schönes hab ich mein Lebtag noch nicht gehabt.« Darauf nahm sie eins nach dem andern heraus und stellte es auf den Tisch: den Pflug, die Bauern mit ihren Pferden; lief herum, schaute es an, lachte und schlug vor Freude in die Hände, wie sich das kleine Wesen darauf hin und her bewegte. Der Vater aber sprach: »Kind, das ist kein Spielzeug, da hast du was Schönes angestiftet! Geh nur gleich und trag's wieder hinab ins Tal.« Das Fräulein weinte, es half aber nichts. »Mir ist der Bauer kein Spielzeug«, sagt der Ritter ernsthaftig, »ich leid's nicht, daß du mir murrst, kram alles sachte wieder ein und trag's an den nämlichen Platz, wo du's genommen hast. Baut der Bauer nicht sein Ackerfeld, so haben wir Riesen auf unserm Felsennest nichts zu leben.«

Riese Einheer

Zu Zeiten Karls des Großen lebt ein Ries und Recke, hieß Einheer, war ein Schwab, bürtig aus Thurgau, jetzt Schweiz, der wuthe (watete) über alle Wasser, dorft (braucht) über keine Brücke gehen, zoge sein Pferd bei dem Schwanz hernach, sagt allzeit: »Nun Gesell, du mußt auch hernach!« Dieser reiset auch in diesen Kaiser Karls Kriegen wider die Winden (Wenden) und Haunen (Hunnen); er mähet die Leut, gleichwie das Gras mit einer Sensen, alle nieder, hängt sie an den Spieß, trug's über die Achseln wie Hasen oder Füchs, und da er wieder heimkam und ihn seine guten Gesellen und Nachbarn fragten, was er ausgerichtet hätte, wie es im Kriege gegangen wäre, sagt er aus Unmut und Zorn: »Was soll ich viel von diesen Fröschlein sagen! Ich trug ihr sieben oder acht am Spieß über die Achsel, weiß nicht, was sie quaken, ist der Mühe nicht wert, daß der Kaiser soviel Volks wider solche Kröten und Würmlein zusammenbracht, ich wollt's viel leichter zuwegen gebracht haben!« – Diesen Riesen nennt man Einheer, daß (weil) er sich in Kriegen schier einem Heer vergleicht und alsoviel ausrichtet. Es flohen ihm die Feinde, Winden und Haunen, meinten, es wär der leidige Teufel.

Friedrich Rotbart auf dem Kyffhäuser

Von diesem Kaiser gehen viele Sagen im Schwange. Er soll noch nicht tot sein, sondern bis zum Jüngsten Tage leben, auch kein rechter Kaiser nach ihm mehr aufgekommen. Bis dahin sitzt er verhohlen in dem Berg Kyffhausen, und wann er hervorkommt, wird er seinen Schild hängen an einen dürren Baum, davon wird der Baum grünen und eine bessere Zeit werden. Zuweilen redet er mit den Leuten, die in den Berg kommen, zuweilen läßt er sich auswärts sehen. Gewöhnlich sitzt er auf der Bank an dem runden steinernen Tisch, hält den Kopf in die Hand und schläft, mit dem Haupt nickt er stetig und zwinkert mit den Augen. Der Bart ist ihm groß gewachsen, nach einigen durch den steinernen Tisch, nach andern um den Tisch herum, dergestalt, daß er dreimal um die Rundung reichen muß bis zu seinem Aufwachen, jetzt aber geht er erst zweimal darum.

Ein Bauer, der 1669 aus dem Dorf Reblingen Korn nach Nordhausen fahren wollte, wurde von einem kleinen Männchen in den Berg geführt, mußte sein Korn ausschütten und sich dafür die Säcke mit Gold füllen. Dieser sah nun den Kaiser sitzen, aber ganz unbeweglich.

Auch einen Schäfer, der einstmals ein Liedchen gepfiffen, das dem Kaiser so wohlgefallen, führte ein Zwerg hinein, da stand der Kaiser auf und fragte: »Fliegen die Raben noch um den Berg?« Und auf die Bejahung des Schäfers rief er: »Nun muß ich noch hundert Jahre länger schlafen.«

Der Köterberg

Der Köterberg (an der Grenze des Paderbornschen, Lippeschen und Corveyschen) war sonst der Götzenberg genannt, weil die Götter der Heiden da angebetet wurden. Er ist innen voll Gold und Schätze, die einen armen Mann wohl reich machen könnten, wenn er dazu gelangte. Auf der nördlichen Seite sind Höhlen, da fand einmal ein Schäfer den Eingang und die Türe zu den Schätzen, aber wie er eingehen wollte, in demselben Augenblick kam ein ganz blutiger, entsetzlicher Mann übers Feld dahergelaufen und erschreckte und verscheuchte ihn. Südlich auf einem waldbewachsenen Hügel am Fuße des Berges stand die Harzburg, wovon die Mauern noch zu sehen und noch vor kurzem Schlüssel gefunden sind. Darin wohnten Hünen, und gegenüber, auf dem zwei Stunden fernen Zierenberg, stand eine andere Hünenburg! Da warfen die Riesen sich oft Hämmer herüber und hinüber.

Der Scherfenberger und der Zwerg

Mainhard, Graf von Tirol, der auf Befehl des Kaisers Rudolf von Habsburg Steier und Kärnten erobert hatte und zum Herzoge von Kärnten ernannt ward, lebte mit dem Grafen Ulrich von Heunburg in Fehde. Zu diesem schlug sich auch Wilhelm von Scherfenberg, treulos und undankbar gegen Mainhard. Hernach in dem Kampfe ward er vermißt, und Konrad von Aufenstein, der für Mainhard gestritten hatte, suchte ihn auf.

Sie fanden aber den Scherfenberger im Sande liegen von einem Speer durchstochen, und hatte er da sieben Wunden, doch nur eine Pein. Der Aufensteiner fragte ihn, ob er der Herr Wilhelm wäre. »Ja, und seid Ihr's, der Aufensteiner, so stehet hernieder zu mir.« Da sprach der Scherfenberger mit krankem Munde: »Nehmt dieses Fingerlein; derweil es in Eurer Gewalt ist, zerrinnt Euch Reichtum und weltliche Ehre nimmermehr«; damit reichte er es ihm von der Hand. Indem kam auch Heinrich der Told geritten und hörte, daß es der Scherfenberger war, der da lag. »So ist es der«, sprach er, »welcher seine Treue an meinem Herrn gebrochen, das rächt nun Gott an ihm in dieser Stund.« Ein Knecht mußte den Todwunden auf ein Pferd legen, aber er starb darauf. Da machte der Told, daß man ihn wieder herablegte, wo er vorher gelegen war. Darnach ward der Scherfenberger beklagt von Männern und Weibern; mit dem Ring aber, den er dem Aufensteiner gegeben, war es auf folgende Weise zugegangen:

Eines Tages sah der Scherfenberger von seiner Burg auf dem Feld eine seltsame Augenweide. Auf vier langen vergüldeten Stangen trugen vier Zwerge einen Himmel von klarem und edlem Tuche. Darunter ritt ein Zwerg, eine goldene Krone auf dem Häuptlein, und in allen Gebärden als ein König. Sattel und Zaum des Pferdes war mit Gold beschlagen, Edelsteine lagen darin, und so war auch alles Gewand beschaffen. Der Scherfenberger stand und sah es an, endlich ritt er hin und nahm seinen Hut ab. Der Zwerg gab ihm guten Morgen und sprach: »Wilhelm, Gott grüß Euch!« – »Woher kennt Ihr mich?« antwortete der Scherfenberger. »Laß dir nicht leid sein«, sprach der Zwerg, »daß du mir bekannt bist und ich deinen Namen nenne; ich suche deine Mannheit und deine Treue, von der mir viel gesagt ist. Ein gewaltiger König ist mein Genosse um ein großes Land, darum führen wir Krieg, und er will mir's mit List angewinnen. Über sechs Wochen ist ein Kampf zwischen uns gesprochen, mein Feind aber ist mir zu groß, da haben alle meine Freunde mir geraten, dich zu gewinnen. Willst du dich des Kampfes unterwinden, so will ich dich also stark machen, daß, ob er einen Riesen brächte, dir's doch gelingen soll. Wisse, guter Held, ich bewahre dich mit einem Gürtel, der dir zwanzig Männer Stärke gibt.« Der Scherfenberger antwortete: »Weil du mir so wohl traust und auf meine Mannheit dich verläßt, so will ich zu deinem Dienste sein; wie es auch mit mir gehen wird, es soll alles gewagt werden.« Der Zwerg sprach: »Fürchte dich nicht, Herr Wilhelm, als wäre ich ungeheuer, nein, mir wohnt christlicher Glaube an die Dreifaltigkeit bei und daß Gott von einer Jungfrau menschlich geboren wurde.« Darüber ward der Scherfenberger froh und versprach, wo nicht Tod oder Krankheit ihn abhalte, daß er zu rechter Stunde kommen wollte. »So kommt mit Roß, Rüstung und einem Knaben an diese Stätte hier, sagt aber niemanden etwas davon, auch Eurem Weibe nicht, sonst ist das Ding verloren.« Da beschwur der Scherfenberger alles. »Sieh hin«, sprach nun das Gezwerg, »dies Fingerlein soll unserer Rede Zeuge sein; du sollst es mit Freuden besitzen, denn lebst du tausend Jahre, solang du es hast, zerrinnet dir dein Gut nimmermehr. Darum sei hohen Mutes und halt deine Treue an mir.« Damit ging es über die Heide, und der Scherfenberger sah ihm nach, bis es in den Berg verschwand.

Als er nach Haus kam, war das Essen bereit, und jedermann fragte, wo er gewesen wäre, er aber sagte nichts, doch konnt er von Stund an nicht mehr so fröhlich gebaren wie sonst. Er ließ sein Roß besorgen, sein Panzerhemd bessern, schickte nach dem Beichtiger, tat heimlich lautere Beichte und nahm darnach mit Andacht des Herrn Leib. Die Frau suchte von dem Beichtiger die Wahrheit an den Sachen zu erfahren, aber der wies sie ernstlich ab. Da beschickte sie vier ihrer besten Freunde, die führten den Priester in eine Kammer, setzten ihm das Messer an den Hals und drohten ihm auf den Tod, bis er sagte, was er gehört hatte.

Als die Frau es nun erfahren, ließ sie die nächsten Freunde des Scherfenberger kommen, die mußten ihn heimlich nehmen und um seinen Vorsatz fragen. Als er aber nichts entdecken wollte, sagten sie ihm vor den Mund, daß sie alles wüßten, und als er es an ihren Reden sah, da bekannte er allererst die Wahrheit. Nun begannen sie seinen Vorsatz zu schwächen und baten ihn höchlich, daß er von der Fahrt ablasse. Er aber wollt seine Treue nicht brechen und sprach, wo er das tue, nehme er fürder an allem Gut ab. Sein Weib aber tröstete ihn und ließ nicht nach, bis sie ihn mit großer Bitte überredete, dazubleiben; doch war er unfroh.

Darauf über ein halbes Jahr ritt er eines Tages zu seiner Feste Landstrotz hinter den Seinigen zuallerletzt. Da kam der Zwerg neben zu ihm und sprach: »Wer Eure Mannheit rühmt, der hat gelogen! Wie habt Ihr mich hintergangen und verraten! Ihr habt an mir verdient Gottes und guter Weiber Haß. Auch sollt Ihr wissen, daß Ihr in Zukunft sieglos seid, und wäre das gute Ringlein nicht, das ich Euch leider gegeben habe, Ihr müßtet mit Weib und Kind in Armut leben.« Da griff der Zwerg ihm an die Hand und wollt's ihm abzucken, aber der Scherfenberger zog die Hand zurück und steckte sie in die Brust; dann ritt er von ihm über das Feld fort. Die vor ihm waren, die hatten alle nichts gesehen.

Das stille Volk zu Plesse

Auf dem hessischen Bergschloß Plesse sind im Felsen mancherlei Quellen, Brunnen, Schluchten und Höhlen, wo der Sage nach Zwerge wohnen und hausen sollen, die man das stille Volk nennt. Sie sind schweigsam und guttätig, dienen den Menschen gern, die ihnen gefallen. Geschieht ihnen ein Leid an, so lassen sie ihren Zorn doch nicht am Menschen aus, sondern rächen sich am Vieh, das sie plagen. Eigentlich hat dies unterirdische Geschlecht keine Gemeinschaft mit den Menschen und treibt inwendig sein Wesen, da hat es Stuben und Gemächer voll Gold und Edelgestein. Steht ihm ja etwas oben auf dem Erdboden zu verrichten, so wird das Geschäft nicht am Tage, sondern bei der Nacht vorgenommen. Dieses Bergvolk ist von Fleisch und Bein wie andere Menschen, zeugt Kinder und stirbt; allein es hat die Gabe, sich unsichtbar zu machen und durch Fels und Mauer ebenso leicht zu gehen als wir durch die Luft. Zuweilen erscheinen sie den Menschen, führen sie mit in die Kluft und beschenken sie, wenn sie ihnen gefallen, mit kostbaren Sachen. Der Haupteingang ist beim tiefen Brunnen; das nah gelegene Wirtshaus heißt zum Rauschenwasser.

Des kleinen Volks Hochzeitfest

Das kleine Volk auf der Eilenburg in Sachsen wollte einmal Hochzeit halten und zog daher in der Nacht durch das Schlüsselloch und die Fensterritzen in den Saal, und sie sprangen hinab auf den glatten Fußboden, wie Erbsen auf die Tenne geschüttet werden. Davon erwachte der alte Graf, der im hohen Himmelbette in dem Saal schlief, und verwunderte sich über die vielen kleinen Gesellen. Da trat einer von ihnen, geschmückt wie ein Herold, zu ihm heran und lud ihn in ziemenden Worten gar höflich ein, an ihrem Fest teilzunehmen. »Doch um eins bitten wir«, setzte er hinzu, »Ihr allein sollt zugegen sein,

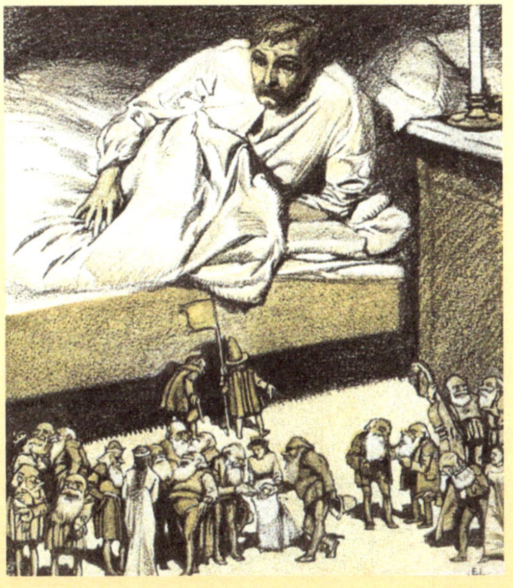

keins von Euerm Hofgesinde darf sich unterstehen, das Fest mit anzuschauen, auch nicht mit einem einzigen Blick.« Der alte Graf antwortete freundlich: »Weil ihr mich im Schlaf gestört, so will ich auch mit euch sein.« Nun ward ihm ein kleines Weiblein zugeführt, kleine Lampenträger stellten sich auf, und eine Heimchenmusik hob an. Der Graf hatte Mühe, das Weibchen beim Tanzen nicht zu verlieren, das ihm so leicht dahersprang und endlich so im Wirbel umdrehte, daß er kaum zu Atem kommen konnte. Mitten in dem lustigen Tanz aber stand auf einmal alles still, die Musik hörte auf, und der ganze Haufe eilte nach den Türspalten, Mauslöchern, und wo sonst ein Schlupfwinkel war. Das Brautpaar aber, die Herolde und Tänzer schauten aufwärts nach einer Öffnung, die sich oben in der Decke des Saals befand, und entdeckten dort das Gesicht der alten Gräfin, welche vorwitzig nach der lustigen Wirtschaft herabschaute. Darauf neigten sie sich vor dem Grafen, und derselbe, der ihn eingeladen, trat wieder hervor und dankte ihm für die erzeigte Gastfreundschaft. »Weil aber«, sagte er dann, »unsere Freude und unsere Hochzeit also ist gestört worden, daß noch ein anderes menschliches Auge darauf geblickt, so soll fortan Euer Geschlecht nie mehr als sieben Eilenburgs zählen.« Darauf drängten sie nacheinander schnell hinaus, bald war es still und der alte Graf wieder allein im finstern Saal. Die Verwünschung ist bis auf gegenwärtige Zeit eingetroffen und immer einer von den sechs lebenden Rittern von Eilenburg gestorben, ehe der siebente geboren war.

Zwerge leihen Brot

Der Pfarrer Hedler zu Selbitz und Marlsreuth erzählte im Jahr 1684 folgendes: Zwischen den zweien genannten Orten liegt im Wald eine Öffnung, die insgemein das Zwergenloch genannt wird, weil ehedessen und vor mehr als hundert Jahren daselbst Zwerge unter der Erde gewohnet, die von gewissen Einwohnern in Naila die notdürftige Nahrung zugetragen erhalten haben.

Albert Steffel, siebenzig Jahr alt und im Jahr 1680 gestorben, und Hans Kohmann, dreiundsechzig Jahr alt und 1679 gestorben, zwei ehrliche, glaubhafte Männer, haben etlichemal ausgesagt, Kohmann Großvater habe einst auf seinem bei diesem Loch gelegenen Acker geackert und sein Weib ihm frisch gebackenes Brot zum Frühstück aufs Feld gebracht und in ein Tüchlein gebunden am Rain hingelegt. Bald sei ein Zwergweiblein gegangen kommen und habe den Ackermann um sein Brot angesprochen: ihr Brot sei eben auch im Backofen, aber ihre hungrigen Kinder könnten nicht darauf warten, und sie wolle es ihnen mittags von dem ihrigen wiedererstatten. Der Großvater habe eingewilligt, auf den Mittag sei sie wiedergekommen, habe ein sehr weißes Tüchlein gebreitet und darauf einen noch warmen Laib gelegt, neben vieler Danksagung und Bitte, er möge ohne Scheu des Brots essen, und das Tuch wolle sie schon wieder abholen. Das sei auch geschehen, dann habe sie zu ihm gesagt, es würden jetzt so viele Hammerwerke errichtet, daß sie, dadurch beunruhigt, wohl weichen und den geliebten Sitz verlassen müßte. Auch vertriebe sie das Schwören und große Fluchen der Leute, wie auch die Entheiligung des Sonntags, indem die Bauern vor der Kirche ihr Feld zu beschauen gingen, welches ganz sündlich wäre.

Vor kurzem haben sich an einem Sonntag mehrere Bauernknechte mit angezündeten Spänen in das Loch begeben, inwendig einen schon verfallenen, sehr niedrigen Gang gefunden; endlich einen weiten, fleißig in den Felsen gearbeiteten Platz, viereckig, höher als mannshoch, auf jeder Seite viel kleine Türlein. Darüber ist ihnen ein Grausen angekommen, und sind herausgegangen, ohne die Kämmerlein zu besehen.

Der Graf von Hoya

Es ist einmal einem Grafen zu Hoya ein kleines Männlein in der Nacht erschienen, und wie sich der Graf entsetzte, hat es zu ihm gesagt, er sollte sich nicht erschrecken, es hätte ein Wort an ihm zu werben und zu bitten, er wolle ihm das nicht abschlagen. Der Graf antwortete, wenn es ihm und den Seinen unbeschwerlich wäre, so wollte er es gern tun. Da sprach das

Männlein: »Es wollen die folgende Nacht etliche zu dir auf dein Haus kommen und Ablager halten, denen wollest du Küche und Saal so lange leihen und deinen Dienern gebieten, daß sie sich schlafen legen und keiner nach ihrem Tun und Treiben sehe, auch keiner darum wisse, ohne du allein. Man wird sich dafür dankbarlich erzeigen, du und dein Geschlecht sollen's zu genießen haben, es soll auch im allergeringsten weder dir noch den Deinen Leid geschehen.« Solches hat der Graf eingewilliget. Also sind folgende Nacht, gleich als mit einem reisigen Zug, die Brücke hinauf ins Haus gezogen allesamt kleine Leute, wie man die Bergmännlein zu beschreiben pflegt. Sie haben in der Küche gekocht, zugehauen und aufgegeben, und hat sich nicht anders ansehen lassen, als wenn eine große Mahlzeit angerichtet würde. Darnach, fast gegen Morgen, wie sie wiederum scheiden wollen, ist das kleine Männlein abermal zum Grafen gekommen und hat ihm neben Danksagung gereicht ein Schwert, ein Salamanderlaken und einen güldenen Ring, in welchem ein roter Löwe oben eingemacht; mit Anzeigung, diese drei Stücke sollte er und seine Nachkömmlinge wohl verwahren, und solange sie dieselben beieinanderhätten, würde es einig und wohl in der Grafschaft zustehen: sobald sie aber voneinander kommen würden, sollte es ein Zeichen sein, daß der Grafschaft nichts Gutes vorhanden wäre; und ist der rote Löwe auch allzeit darnach, wann einer vom Stamm sterben sollte, erblichen.

Es sind aber zu den Zeiten, da Graf Jobst und seine Brüder unmündig waren und Franz von Halle Statthalter im Land, die beiden Stücke, als das Schwert und Salamanderlaken, weggenommen, der Ring aber ist bei der Herrschaft geblieben bis an ihr Ende. Wohin er aber seit der Zeit gekommen, weiß man nicht.

Zwerge ausgetrieben

Im Erzgebirge wurden die Zwerge durch Errichtung der Hämmer und Pochwerke vertrieben. Sie beklagten sich schwer darüber, äußerten jedoch, sie wollten wiederkommen, wenn die Hämmer abgingen. Unter dem Berg Sion vor Quedlinburg ist vorzeiten ein Zwergenloch gewesen, und die Zwerge haben oft den Einwohnern zu ihren Hochzeiten viel Zinnwerk und dergleichen gern vorgeliehen.

Die Wichtlein

Die Wichtlein oder Bergmännlein erscheinen gewöhnlich wie die Zwerge, nur etwa dreiviertel Elle groß. Sie haben die Gestalt eines alten Mannes mit einem langen Bart, sind bekleidet wie Bergleute mit einer weißen Hauptkappe am Hemd und einem Leder hinten, haben Laterne, Schlägel und Hammer. Sie tun den Arbeitern kein Leid, denn wenn sie bisweilen auch mit kleinen Steinen werfen, so fügen sie ihnen doch selten Schaden zu, es sei denn, daß sie mit Spotten und Fluchen erzürnt und scheltig gemacht werden. Sie lassen sich vornehmlich in den Gängen sehen, welche Erz geben oder wo gute Hoffnung dazu ist. Daher erschrecken die Bergleute nicht vor ihnen, sondern halten es für eine gute Anzeige, wenn sie erscheinen, und sind desto fröhlicher und fleißiger. Sie schweifen in den Gruben und Schachten herum und scheinen gar gewaltig zu arbeiten, aber in Wahrheit tun sie nichts. Bald ist's, als durchgrüben sie einen Gang oder eine Ader, bald, als faßten sie das Gegrabene in den Eimer, bald, als arbeiteten sie an der Rolle und wollten etwas hinaufziehen, aber sie necken nur die Bergleute damit und machen sie irre. Bisweilen rufen sie, wenn man hinkommt, ist niemand da.

Am Kuttenberg in Böhmen hat man sie oft in großer Anzahl aus den Gruben heraus- und hineinziehen gesehen. Wenn kein Bergknappe drunten, besonders wenn groß Unglück oder Schaden vorstand (sie klopfen dem Bergmann dreimal den Tod an), hat man die Wichtlein hören scharren, graben, stoßen, stampfen und andere Bergarbeiten mehr vorstellen. Bisweilen auch, nach gewisser Maße, wie die Schmiede auf dem Amboß pflegen, das Eisen umkehren und mit Hämmern schmieden. Eben in diesem Bergwerke hörte man sie vielmals klopfen, hämmern und picken, als ob drei oder vier Schmiede etwas stießen; daher sie auch von den Böhmen Hausschmiedlein genannt wurden.

In Idria stellen ihnen die Bergleute täglich ein Töpflein mit Speise an einen besonderen Ort. Auch kaufen sie jährlich zu gewissen Zeiten ein rotes Röcklein, der Länge nach einem Knaben gerecht, und machen ihnen ein Geschenk damit. Unterlassen sie es, so werden die Kleinen zornig und ungnädig.

Beschwörung der Bergmännlein

Zu Nürnberg ist einer gewesen, mit Namen Paul Creuz, der eine wunderbare Beschwörung gebraucht hat. In einen gewissen Plan hat er ein neues Tischlein gesetzt, ein weißes Tuch daraufgedeckt, zwei Milchschüsslein draufgesetzt, ferner zwei Honigschüsslein, zwei Tellerchen und neun Messerchen. Weiter hat er eine schwarze Henne genommen und sie über einer Kohlpfanne zerrissen, so daß das Blut in das Essen hineingetropft ist. Hernach hat er davon ein Stück gegen Morgen, das andere gegen Abend geworfen und seine Beschwörung begonnen. Wie dies geschehen, ist er hinter einen grünen Baum gelaufen und hat gesehen, daß zwei Bergmännlein sich aus der Erde hervorgefunden, zu Tisch gesetzt und bei dem kostbaren Rauchwerke, das auch vorhanden gewesen, gleichsam gegessen. Nun hat er ihnen Fragen vorgelegt, worauf sie geantwortet; ja, wenn er das oft getan, sind die kleinen Geschöpfe so vertraut geworden, daß sie auch zu ihm ins Haus zu Gast gekommen. Hat er nicht recht aufgewartet, so sind sie entweder nicht erschienen oder doch bald wieder verschwunden. Er hat auch endlich ihren König zuwege gebracht, der dann allein gekommen in einem roten, scharlachen Mäntlein, darunter er ein Buch gehabt, das er auf den Tisch geworfen und seinem Banner erlaubt hat, soviel und solange er wollte, drinnen zu lesen. Davon hat sich der Mensch große Weisheit und Geheimnisse eingebildet.

Die Ahnfrau von Ranzau

In dem holsteinischen adligen Geschlecht der von Ranzau gehet die Sage: Einesmals sei die Großmutter des Hauses bei Nachtzeit von der Seite ihres Gemahls durch ein kleines Männlein, so ein Laternlein getragen, erweckt worden. Das Männlein führte sie aus dem Schloß in einen hohlen Berg zu einem kreißenden Weib. Selbiger legte sie auf Begehren die rechte Hand auf das Haupt, worauf das Weibchen alsbald genas. Der Führer aber führte die Ahnfrau wieder zurück ins Schloß und gab ihr ein Stück Gold zur Gabe mit dem Bedeuten, daraus dreierlei machen zu lassen: fünfzig Rechenpfennige, einen Hering und eine Spille, nach der Zahl ihrer dreien Kinder, zweier Söhne und einer Tochter; auch mit der Warnung, diese Sachen wohl zu verwahren, ansonst ihr Geschlecht in Abnahme fallen werde.

Die neuvermählte Gräfin, welche aus einem dänischen Geschlecht abstammte, ruhte an ihres Gemahles Seite, als ein Rauschen geschah: die Bettvorhänge wurden aufgezogen, und sie sah ein wunderbar schönes Fräuchen, nur ellnbogengroß, mit einem Lichte vor ihr stehen. Dieses Fräuchen hub an zu reden: »Fürchte dich nicht, ich tue dir kein Leid an, sondern bringe dir Glück, wenn du mir die Hilfe leistest, die mir not tut. Steh auf und folge mir, wohin ich dich leiten werde, hüte dich, etwas zu essen von dem, was dir geboten wird, nimm auch kein ander Geschenk an außer dem, was ich dir reichen will, und das kannst du sicher behalten.«

Hierauf ging die Gräfin mit, und der Weg führte unter die Erde. Sie kamen in ein Gemach, das flimmerte von Gold und Edelstein und war erfüllt mit lauter kleinen Männern und Weibern. Nicht lange, so erschien ihr König und führte die Gräfin an ein Bett, wo die Königin in Geburtsschmerzen lag, mit dem Ersuchen, ihr beizustehn. Die Gräfin benahm sich aufs beste, und die Königin wurde glücklich eines Söhnleins entbunden. Da entstand große Freude unter den Gästen, sie führten die Gräfin zu einem Tisch voll der köstlichsten Speisen und drangen in sie zu essen. Allein sie rührte nichts an, ebensowenig nahm sie von den Edelsteinen, die in goldnen Schalen standen. Endlich wurde sie von der ersten Führerin wieder fortgeführt und in ihr Bett zurückgebracht.

Da sprach das Bergfräuchen: »Du hast unserm Reich einen großen Dienst erwiesen, der soll dir gelohnt werden. Hier hast du drei hölzerne Stäbe, die leg unter dein Kopfkissen, und morgen früh werden sie in Gold verwandelt sein. Daraus laß machen: aus dem ersten einen Hering, aus dem zweiten Rechenpfennige, aus dem dritten eine Spindel und offenbare die ganze Geschichte niemanden auf der Welt, außer deinem Gemahl. Ihr werdet zusammen drei Kinder zeugen, die die drei Zweige eures Hauses sein werden. Wer den Hering bekommt, wird viel Kriegsglück haben, er und seine Nachkommen; wer die Pfennige, wird mit seinen Kindern hohe Staatsämter bekleiden; wer die Kunkel, wird mit zahlreicher Nachkommenschaft gesegnet sein.«

Nach diesen Worten entfernte sich die Bergfrau, die Gräfin schlief ein, und als sie aufwachte, erzählte sie ihrem Gemahl die Begebenheit wie einen Traum. Der Graf spottete sie aus, allein als sie unter das Kopfkissen griff, lagen da drei Goldstangen; beide erstaunten und verfuhren genau damit, wie ihnen geheißen war.

Die Weissagung traf völlig ein, und die verschiedenen Zweige des Hauses verwahrten sorgfältig die Schätze. Einige, die sie verloren, sind verloschen. Die vom Zweig der Pfennige erzählen: Einmal habe der König von Dänemark einem unter ihnen einen solchen Pfennig abgefordert, und in dem Augenblick, wie ihn der König empfangen, habe der, so ihn vorher getragen, in seinen Eingeweiden heftigen Schmerz gespürt.

Nach einer mündlichen Erzählung erhielt die Gräfin eine Schürze voll Späne, die sie in das Kamin wirft. Morgens, wo ihr das Ganze wie ein Traum vorkommt, schaut sie in das Kamin und sieht, daß es lauter Gold ist. In der folgenden Nacht kommt das Fräuchen wieder und sagt ihr, sie solle aus dem Gold dreierlei machen lassen: eine Spindel, einen Becher und ein Schwert. Wenn das Schwert schwarz werde, so sterbe einer in der Familie durch ein Schwert, und wenn es ganz verschwinde, so sei er von einem Bruder ermordet. Die Gräfin läßt die drei Stücke arbeiten. In der Folge wird das Schwert einmal schwarz und verschwindet dann ganz; es war ein Graf Ranzau ermordet worden und, wie sich hernach ergab, von seinem Bruder, der ihn nicht gekannt hatte.

Die Osenberger Zwerge

Als Winkelmann im Jahr 1653 aus unserm Hessenlande nach Oldenburg reiste und, über den Osenberg kommend, in dem Dorf Bümmerstedt von der Nacht übereilt wurde, erzählte ihm ein hundertjähriger Krugwirt, daß bei seines Großvaters Zeiten das Haus treffliche Nahrung gehabt, anjetzo wäre es aber schlecht.

Wenn der Großvater gebrauet, wären Erdmännlein vom Osenberg gekommen, hätten das Bier ganz warm aus der Bütte abgeholt und mit einem Geld bezahlt, das zwar unbekannt, aber von gutem Silber gewesen. Einsmal hätte ein altes Männlein im Sommer bei großer Wärme Bier holen wollen und vor Durst alsogleich getrunken, aber zu viel, daß es davon eingeschlafen. Hernach beim Aufwachen, wie es sah, daß es sich so verspätet hatte, hub das alte kleine Männlein an, bitterlich zu weinen: »Nun wird mich mein Großvater des langen Außenbleibens wegen schlagen.« In dieser Not lief es auf und davon, vergaß, seinen Bierkrug mitzunehmen, und kam seitdem nimmer wieder. Den hinterlassenen Krug hatte sein (des Wirtes) Vater und er selbst auf seine ausgesteuerte Tochter erhalten und, solang der Krug im Haus gewesen, die Wirtschaft vollauf Nahrung gehabt. Als er aber vor kurzem zerbrochen worden, wäre das Glück gleichsam mitzerbrochen und alles krebsgängig.

Das Erdmännlein und der Schäferjung

Im Jahr 1664 hütete unfern Dresden ein Junge die Herde des Dorfs. Auf einmal sah er einen Stein neben sich, von mäßiger Größe, sich von selbst in die Höhe heben und etliche Sprünge tun. Verstaunt trat er näher zu und besah den Stein, endlich hob er ihn auf. Und indem er ihn aufnahm, hüpfte ein jung Erdmännchen aus der Erde, stellte sich kurz hin vor den Schäferjungen und sprach: »Ich war dahin verbannt, du hast mich erlöst, und ich will dir dienen; gib mir Arbeit, daß ich etwas zu tun habe.« Bestürzt antwortete der Junge: »Nun gut, du sollst mir helfen Schafe hüten.« Das verrichtete das Männchen sorgsam, bis der Abend kam. Da fing es an und sagte: »Ich will mit dir gehen, wo du hingehst.« Der Junge versetzte aber sogleich: »In mein Haus kann ich dich nicht gut mitnehmen, ich habe einen Stiefvater und andre Geschwister mehr, der Vater würde mich übel schlagen, wollte ich ihm noch jemand zubringen, der ihm das Haus kleiner machte.« – »Ja, du hast mich nun einmal angenommen«, sprach der Geist, »willst du mich selber nicht, mußt du mir anderswo Herberg schaffen.« Da wies ihn der Junge ins Nachbars Haus, der keine Kinder hatte. Bei diesem kehrte nun das Erdmännchen richtig ein und konnte es der Nachbar nicht wieder loswerden.

Der einkehrende Zwerg

Vom Dörflein Ralligen am Thuner See und von Schillingsdorf, einem durch Bergfall verschütteten Ort des Grindelwaldtales, vermutlich von andern Orten mehr, wird erzählt: Bei Sturm und Regen kam ein wandernder Zwerg durch das Dörflein, ging von Hütte zu Hütte und pochte regentriefend an die Türen der Leute, aber niemand erbarmte sich und wollte ihm öffnen, ja sie höhnten ihn noch aus dazu. Am Rand des Dorfes wohnten zwei fromme Arme, Mann und Frau, da schlich das Zwerglein müd und matt an seinem Stab einher, klopfte dreimal bescheidentlich ans Fensterchen, der alte Hirt tat ihm sogleich auf und bot gern und willig dem Gaste das wenige dar, was sein Haus vermochte. Die alte Frau trug Brot auf, Milch und Käs, ein paar Tropfen Milch schlürfte das Zwerglein und aß Brosamen von Brot und Käse. »Ich bin's eben nicht gewohnt«, sprach es, »so derbe Kost zu speisen, aber ich dank euch von Herzen und Gott lohn's; nun ich geruht habe, will ich meinen Fuß weitersetzen.« – »Ei bewahre«, rief die Frau, »in der Nacht in das Wetter hinaus, nehmt doch mit einem Bettlein vorlieb.« Aber das Zwerglein schüttelte und lächelte: »Droben auf der Fluh habe ich allerhand zu schaffen und darf nicht länger ausbleiben, morgen sollt ihr mein schon gedenken.« Damit nahm's Abschied, und die Alten legten sich zur Ruhe. Der anbrechende Tag aber weckte sie mit Unwetter und Sturm, Blitze fuhren am roten Himmel und Ströme Wassers ergossen sich. Da riß oben am Joch der Fluh ein gewaltiger Fels los und rollte zum Dorf herunter mitsamt Bäumen, Steinen und Erde. Menschen und Vieh, alles, was Atem hatte im Dorf, wurden begraben, schon war die Woge gedrungen bis an die Hütte der beiden Alten; zitternd und bebend traten sie vor ihre Türe hinaus. Da sahen sie mitten im Strom ein großes Felsenstück nahen, oben drauf hüpfte lustig das Zwerglein, als wenn es ritte, ruderte mit einem mächtigen Fichtenstamm, und der Fels staute das Wasser und wehrte es von der Hütte ab, daß sie unverletzt stand und die Hausleute außer Gefahr. Aber das Zwerglein schwoll immer größer und höher, ward zu einem ungeheuren Riesen und zerfloß in Luft, während jene auf gebogenen Knien beteten und Gott für ihre Errettung dankten.

Das Mooswеibchen

Ein Bauer aus der Gegend von Saalfeld mit Namen Hans Krepel hatte ums Jahr 1635 Holz auf der Heide gehauen, und zwar nachmittags; da trat ein kleines Moosweibchen herzu und sagte zu ihm: »Vater, wenn Ihr hernach aufhöret und Feierabend macht, haut doch beim Umfällen des letzten Baums ja drei Kreuze in den Stamm, es wird Euch gut sein.« Nach diesen Worten ging es weg. Der Bauer, ein grober und roher Kerl, dachte, zu was hilft mir die Quackelei und was kehr ich mich an ein solch Gespenste, unterließ also das Einhauen der drei Kreuze und ging abends nach Haus. Den folgenden Tag um die nämliche Zeit kehrte er wieder in den Wald, um weiterzuhauen; trat ihn wieder das Mooswеibchen an und sprach: »Ach, Ihr Mann, was habt Ihr gestern die drei Kreuze nicht eingehauen? Es sollte Euch und mir geholfen haben, denn uns jagt der wilde Jäger nachmittags und nachts ohn Unterlaß und tötet uns jämmerlich; haben auch anders keinen Frieden vor ihm, wenn wir uns nicht auf solche behauene Baumstämme setzen können; davon darf er uns nicht bringen, sondern wir sind sicher.« Der Bauer sprach: »Hoho, was sollten dabei die Kreuze helfen; dir zu Gefallen mach ich noch keine dahin.« Hierauf aber fiel das Moosweibchen den Bauer an und drückte ihn dergestalt, daß er, obgleich stark von Natur, krank und elend wurde. Seit der Zeit folgte er der empfangenen Lehre besser, unterließ das Kreuzeinhauen niemals, und es begegnete ihm nichts Widerliches mehr.

Der wilde Jäger jagt die Moosleute

Auf der Heide oder im Holz an dunkeln Örtern, auch in unterirdischen Löchern, hausen Männlein und Weiblein und liegen auf grünem Moos, auch sind sie um und um mit grünem Moos bekleidet. Die Sache ist so bekannt, daß Handwerker und Drechsler sie nachbilden und feilbieten. Diesen Moosleuten stellt aber sonderlich der wilde Jäger nach, der in der Gegend zum öftern umzieht, und man hört vielmal die Einwohner zueinander sprechen: »Nun, der wilde Jäger hat sich ja nächtens wieder zujagt, daß es immer knisterte und knasterte!«

Einmal war ein Bauer aus Arntschgereute nah bei Saalfeld aufs Gebirg gegangen, zu holzen; da jagte der wilde Jäger, unsichtbar, aber so, daß er den Schall und das Hundegebell hörte. Flugs gab dem Bauer sein Vorwitz ein, er wolle mithelfen jagen, hub an zu schreien, wie Jäger tun, verrichtete daneben sein Tagewerk und ging dann heim. Frühmorgens den andern Tag, als er in seinen Pferdestall gehen wollte, da war vor der Tür ein Viertel eines grünen Moosweibchens aufgehängt, gleichsam als ein Teil oder Lohn der Jagd. Erschrocken lief der Bauer nach Wirbach zum Edelmann von Watzdorf und erzählte die Sache, der riet ihm, um seiner Wohlfahrt willen, ja das Fleisch nicht anzurühren, sonst würde ihn der Jäger hernach drum anfechten, sondern sollte es ja hangen lassen. Dies tat er denn auch, und das Wildbret kam ebenso unvermerkt wieder fort, wie es hingekommen war; auch blieb der Bauer ohne Anfechtung.

Der Wassermann

Gegen das Jahr 1630 erzählte in der Pfarrei zu Breulieb, eine halbe Meile von Saalfeld, in Gegenwart des Priesters eine alte Wehmutter folgendes, was ihrer Mutter, ebenfalls Kinderfrau daselbst, begegnet sei: Diese letzte wurde einer Nacht gerufen, schnell sich anzuziehen und zu kreißenden Frauen mitzukommen. Es war finster, doch machte sie sich auf und fand unten einen Mann warten, zu dem sagte sie: er möchte nur verziehen, bis sie sich eine Leuchte genommen, dann wollte sie nachfolgen; er aber drang auf Eile, den Weg würde er schon ohne Licht zeigen, und sie sollten nicht irren. Ja, er verband ihr noch dazu die Augen, daß die Frau erschrak und schreien wollte, allein der Mann sprach ihr Trost ein: Leid werde ihr gar nicht widerfahren, sondern sie könne furchtlos mitgehen. Also gingen sie miteinander; die Frau merkte darauf, daß er mit einer Rute ins Wasser schlug und sie immer tiefer hinuntergingen, bis sie in eine Stube kamen. In der Stube war niemand als die Schwangere. Der Gefährte tat ihr nunmehr das Band von den Augen, führte sie vors Bett und ging, nachdem er sie seiner Frauen anbefohlen, selber hinaus. Hierauf half sie das Kindlein zur Welt befördern, brachte die Kindbetterin zu Bett, badete das Kindlein und verrichtete alle notwendigen Sachen dabei. Aus heimlicher Dankbarkeit warnungsweise hob die Wöchnerin an, zur Wehmutter zu sprechen: »Ich bin sowohl als Ihr ein Christenmensch und entführt worden von einem Wassermann, der mich ausgetauscht hat. Wenn ich nun ein Kind zur Welt bringe, frißt er mir's allemal den dritten Tag; kommet nur am dritten Tag zu Eurem Teich, da werdet Ihr Wasser in Blut verwandelt sehen. Wenn mein Mann jetzt hereinkommt und Euch Geld bietet, so nehmet ja nicht mehr Geld von ihm, als Ihr sonst zu kriegen pflegt, sonst dreht er Euch den Hals um, nehmt Euch ja in acht.« Indem kam der Mann, zornig und bös aussehend, hinein, sah um sich und befand, daß alles hübsch aufgelaufen, lobete darum die Wehmutter. Hernach warf er einen großen Haufen Geld auf den Tisch, mit den Worten: »Davon nehmt Euch, soviel Ihr wollt.« Sie aber, gescheit, antwortete etlichemal: »Ich gehre von Euch nichts mehr denn von andern, welches dann ein geringes Geld gewesen; und gebt Ihr mir das, hab ich gnug dran; oder ist Euch auch das zuviel, verlange ich gar nichts, außer daß Ihr mich nach Haus bringet.« Er hub an: »Das hieß dich Gott sprechen.« Zahlte ihr soviel Geld und geleitete sie richtig nach Haus. An den Teich zu gehen wagte sich aber den bestimmten Tag die Wehefrau nicht, aus Furcht.

Die wilden Frauen im Untersberge

Die Grödiger Einwohner und Bauersleute zeigten an, daß zu diesen Zeiten (um das Jahr 1753) vielmals die wilden Frauen aus dem Wunderberge zu den Knaben und Mägdlein, die zunächst dem Loche innerhalb Glanegg das Weidvieh hüteten, herausgekommen und ihnen Brot zu essen gegeben.

Mehrmals kamen die wilden Frauen zu der Ährenschneidung. Sie kamen frühmorgens herab, und abends, da die andern Leute Feierabend genommen, gingen sie, ohne die Abendmahlzeit mitzunehmen, wiederum in den Wunderberg hinein.

Einstens geschah auch nächst diesem Berge, daß ein kleiner Knab auf einem Pferde saß, das sein Vater zum Umackern eingespannt hatte. Da kamen auch die wilden Frauen aus dem Berge hervor und wollten diesen Knaben mit Gewalt hinwegnehmen. Der Vater aber, dem die Geheimnisse und Begebenheiten dieses Berges schon bekannt waren, eilte den Frauen ohne Furcht zu und nahm ihnen den Knaben ab, mit den Worten: »Was erfrecht ihr euch, so oft herauszugehen und mir jetzt sogar meinen Buben wegzunehmen? Was wollt ihr mit ihm machen?« Die wilden Frauen antworteten: »Er wird bei uns bessere Pflege haben und ihm besser bei uns gehen als zu Haus; der Knabe wäre uns sehr lieb, es wird ihm kein Leid widerfahren.« Allein der Vater ließ seinen Knaben nicht aus den Händen, und die wilden Frauen gingen bitterlich weinend von dannen.

Abermals kamen die wilden Frauen aus dem Wunderberge nächst der Kugelmühle oder Kugelstadt genannt, so bei diesem Berge schön auf der Anhöhe liegt, und nahmen einen Knaben mit sich fort, der das Weidvieh hütete. Diesen Knaben, den jedermann wohl kannte, sahen die Holzknechte erst über ein Jahr in einem grünen Kleid auf einem Stock dieses Berges sitzen. Den folgenden Tag nahmen sie seine Eltern mit sich, willens, ihn am Berge aufzusuchen, aber sie gingen alle umsonst, der Knabe kam nicht mehr zum Vorschein.

Mehrmals hat es sich begeben, daß eine wilde Frau aus dem Wunderberg gegen das Dorf Anif ging, welches eine gute halbe Stunde vom Berg entlegen ist. Alldort machte sie sich in die Erde Löcher und Lagerstätte. Sie hatte ein ungemein langes und schönes Haar, das ihr beinahe bis zu den Fußsohlen hinabreichte. Ein Bauersmann aus dem Dorfe sah diese Frau öfter ab- und zugehen und verliebte sich in sie, hauptsächlich wegen der Schönheit ihrer Haare. Er konnte sich nicht erwehren, zu ihr zu gehen, betrachtete sie mit Wohlgefallen und legte sich endlich in seiner Einfalt ohne Scheu zu ihr in ihre Lagerstätte. Es sagte eins zum andern nichts, viel weniger, daß sie etwas Ungebührliches getrieben. In der zweiten Nacht aber fragte die wilde Frau den Bauern, ob er nicht selbst eine Frau hätte? Der Bauer aber verleugnete seine Ehefrau und sprach nein. Diese aber machte sich viel Gedanken, wo ihr Mann abends hingehe und nachts schlafen möge. Sie spähete ihm daher nach und traf ihn auf dem Feld schlafend bei der wilden Frau. »O behüte Gott«, sprach sie zur wilden Frau, »deine schönen Haare! Was tut ihr da miteinander?« Mit diesen Worten wich das Bauersweib von ihnen, und der Bauer erschrak sehr hierüber. Aber die wilde Frau hielt dem Bauern seine treulose Verleugnung vor und sprach zu ihm: »Hätte deine Frau bösen Haß und Ärger gegen mich zu erkennen gegeben, so würdest du jetzt unglücklich sein und nicht mehr von dieser Stelle kommen; aber weil deine Frau nicht bös war, so liebe sie fortan und hause mit ihr getreu und untersteh dich nicht mehr, daherzukommen, denn es steht geschrieben: ›Ein jeder lebe getreu mit seinem getrauten Weibe‹, obgleich die Kraft dieses Gebots einst in große Abnahme kommen wird und damit aller zeitlicher Wohlstand der Eheleute. Nimm diesen Schuh von Gold von mir, geh hin und sieh dich nicht mehr um.«

Der Wassermann und der Bauer

Der Wassermann schaut wie ein anderer Mensch, nur daß, wenn er den Mund bleckt, man ihm seine grünen Zähne sieht. Auch trägt er grünen Hut. Er zeigt sich den Mädchen, wenn sie am Teich vorübergehen, mißt Band aus und wirft's ihnen zu.

Einmal lebte er in guter Nachbarschaft mit einem Bauer, der unweit des Sees wohnte, besuchte ihn manchmal und bat endlich, daß der Bauer ihn ebenfalls unten in seinem Gehäus besuchen möchte. Der Bauer tat's und ging mit. Da war unten im Wasser alles wie in einem prächtigen Palast auf Erden, Zimmer, Säle und Kammern voll mancherlei Reichtum und Zierat. Der Wassermann führte den Gast aller Enden umher und wies ihm jedes, endlich gelangten sie in ein kleines Stübchen, wo viel neue Töpfe umgekehrt, die Öffnung bodenwärts, standen. Der Bauer fragte, was das doch wäre. »Das sind die Seelen der Ertrunkenen, die hebe ich unter den Töpfen auf und halte sie damit fest, daß sie nicht entwischen können.« Der Bauer schwieg still und kam hernach wieder heraus ans Land. Das Ding mit den Seelen wurmte ihn aber lange Zeit, und er paßte dem Wassermann auf, daß er einmal ausgegangen sein würde. Als das geschah, hatte der Bauer den rechten Weg hinunter sich wohl gemerkt, stieg in das Wasserhaus und fand auch jenes Stübchen glücklich wieder; da war er her, stülpte die Töpfe um, einen nach dem andern, alsbald stiegen die Seelen der ertrunkenen Menschen hinauf in die Höhe aus dem Wasser und wurden wieder erlöst.

Tanz mit dem Wassermann

Zu Laibach hat in dem gleichbenannten Fluß ein Wassergeist gewohnt, den man den Nix oder Wassermann hieß. Er hat sich sowohl bei Nacht den Fischern und Schiffleuten als bei Tag andern gezeigt, daß jedermann zu erzählen wußte, wie er aus dem Wasser hervorgestiegen sei und in menschlicher Gestalt sich habe sehen lassen. Im Jahre 1547 am ersten Sonntag im Julius kam nach alter Sitte zu Laibach auf dem alten Markt bei dem Brunnen, der durch eine dabeistehende schöne Linde lustig beschattet war, die ganze Nachbarschaft zusammen. Sie verzehrten in freundlicher und nachbarlicher Vertraulichkeit bei klingendem Spiel ihr Mahl und huben darauf mit dem Tanze an. Nach einer Weil trat ein schöngestalter, wohlgekleideter Jüngling herzu, gleich als wollte er an dem Reigen teilnehmen. Er grüßte die ganze Versammlung höflich und bot jedem Anwesenden freundlich die Hand, welche aber ganz weich und eiskalt war und bei der Berührung jedem ein seltsames Grauen erregte. Hernach zog er ein wohlaufgeschmücktes und schöngebildetes, aber frisches und freches Mägdlein von leichtfertigem Wandel, das Ursula Schäferin hieß, zum Tanze auf, die sich in seine Weise auch meisterlich zu fügen und in alle lustige Possen zu schicken wußte. Nachdem sie eine Zeitlang miteinander wild getanzt, schweiften sie von dem Platz, der den Reigen zu umschränken pflegte, immer weiter aus, von jenem Lindenbaum nach dem Sitticher Hofe zu, daran vorbei, bis zu der Laibach, wo er in Gegenwart vieler Schiffleute mit ihr hineinsprang, und beide vor ihren Augen verschwanden.

Der Lindenbaum stand bis ins Jahr 1638, wo er altershalben umgehauen werden mußte.

Der Schwimmer

In Meißen hat es sich zugetragen, daß etliche Bäckersknechte am Pfingstfest unter der Predigt hinausgegangen sind und oberhalb der Ziegelscheune, gleich dem Baumgarten gegenüber, in der Elbe gebadet. Einer unter ihnen, der sich auf seine Fertigkeit im Schwimmen verlassen, hat zu seinen Gesellen gesagt, wofern sie ihm einen Taler aufsetzten, wollte er dreimal nacheinander unausgeruht dies Wasser hin und her beschwimmen. Den zwei andern kam das unglaublich vor, und sie willigten ein. Nachdem der verwegene Mensch es zweimal vollbracht und nun zum drittenmal nach dem Sieben-Eichen-Schloß zu hinüberschwimmen wollte, da sprang ein großer Fisch, wie ein Lachs, vor ihm in die Höhe und schlug ihn mit sich ins Wasser hinab, also daß er ertrinken mußte. Man hat ihn noch selbiges Tages gesucht und oberhalb der Brücke gefunden: am ganzen Leibe waren gezwickte Mäler, von Blut unterlaufen, zu sehen, und man konnte gar leicht die Narben erkennen, die ihm der Nix oder Wassergeist gemacht.

Der Wassermann an der Fleischerbank

Der Wassermann kam auch wöchentlich in die Stadt zur Fleischerbank, sich da einzukaufen, und wiewohl seine Kleidung etwas anders war als der übrigen Menschen, ließ ihn doch jeder gewähren und dachte sich weiter nichts Besonders dabei. Allein er bezahlte immer nur mit alten durchlöcherten Groschen. Daran merkte ihn zuletzt ein Fleischer und sprach: »Wart, den will ich zeichnen, daß er nicht wiederkommt.« Jetzt, wie der Wassermann wiederkam und Fleisch kaufen wollte, ersah's der Metzger und ritzte ihn flugs mit dem Messer in den ausgestreckten Finger, worin er das Geld hinreichte, so daß sein Blut floß. Seit der Zeit ist der Wassermann ganz weggeblieben.

Bruder Nickel

Auf der Insel Rügen liegt in einem dichten Walde ein tiefer See, fischreich, aber trüb von Wasser, und kann man nicht wohl darauf fischen. Doch aber unterstanden's vor langen Jahren etliche Fischer und hatten ihren Kahn schon auf den See gebracht. Den andern Tag holten sie zu Haus ihre Netze, als sie wiederkehrten, war das Schiffel oder der Kahn verschwunden; da schaute der eine Fischer um und sah das Fahrzeug oben auf einem hohen Buchbaum stehen, deswegen schrie er: »Wer Teufel hat mir den Kahn auf den Baum gebracht?« Da antwortete aus der Nähe eine Stimme, aber man sah niemand, und sprach: »Das haben nicht alle Teufel, sondern ich mit meinem Bruder Nickel getan!«

Magdeburger Nixen

Zu Magdeburg an einer Stelle der Elbe ließ sich oft die Nixe sehen, zog die überschwimmenden Leute hinab und ersäufte sie. Kurz vor der Zerstörung der Stadt durch Tilly schwomm ein hurtiger Schwimmer um ein Stück Geld hinüber; als er aber herüberwollt und an den Ort geriet, wurde er festgehalten und hinuntergerissen. Niemand konnte ihn retten, und zuletzt schwomm sein Leichnam ans Ufer. Zuweilen soll sich das Meerwunder am hellen Tag und bei scheinender Sonne zeigen, sich ans Ufer setzen oder auf die Äste anstehender Bäume und wie schöne Jungfrauen lange, goldgelbe Haare kämmen. Wenn aber Leute nahen, hüpft es ins Wasser. Einmal, weil das Brunnenwasser hart zu kochen ist, das Elbwasser aber weit und mühselig in die Stadt getragen werden muß, wollte die Bürgerschaft eine Wasserleitung bauen lassen. Man fing an, große Pfähle in den Fluß zu schlagen, konnte aber bald nicht weit vorrücken. Denn man sah einen nackenden Mann in der Flut stehen, der mit Macht alle eingesetzten Pfähle ausriß und zerstreute, so daß man den vorgenommenen Bau wieder einstellen mußte.

Der Döngessee

Bei dem Dorfe Dönges in Hessen liegt der Dönges- oder Hautsee, der an einem gewissen Tage im Jahr ganz blutrot wird. Davon gibt es folgende Sage: Einmal war im Dorfe Dönges Kirmes, und dazu kamen auch zwei fremde, unbekannte, aber schöne Jungfrauen, die mit den Bauersburschen tanzten und sich lustig machten, aber nachts zwölf Uhr verschwunden waren, während doch Kirmes Tag und Nacht fortdauert. Indes waren sie am andern Tag wieder da, und ein Bursche, dem es lieb gewesen, wenn sie immer geblieben wären, nahm einer von ihnen während des Tanzes die Handschuhe weg. Sie tanzten nun wieder mit, bis Mitternacht herannahte, da wollten sie fort, und die eine ging und suchte nach ihren Handschuhen in allen Ecken. Da sie solche nirgends finden konnte, ward sie ängstlich, als es aber während des Suchens zwölf Uhr schlug, so liefen sie beide in größter Angst fort, gerade nach dem See, und stürzten sich hinein. Am andern Tag war der See blutrot und wird es an selbigem noch jedesmal im Jahr. An den zurückgebliebenen Handschuhen waren oben kleine Kronen zu sehen.

Es wird auch erzählt, daß in einer Nacht zwei Reiter vor das Haus einer Kinderfrau kamen, sie weckten und sie mitgehen hießen. Als sie sich weigerte, brauchten sie Gewalt, banden sie aufs Pferd und jagten mit ihr fort zum Döngessee, wo sie ihrer Königin in Kindesnöten Beistand leisten sollte. Sie sah viel wundersame Dinge, große Schätze und Reichtümer, mußte aber schwören, keinem Menschen je etwas davon zu sagen. Nachdem sie einen ganzen Tag unten geblieben war, ward sie, reichlich beschenkt, in der Nacht wieder heraufgebracht. Nach vielen Jahren erkrankte sie und konnte nicht sterben, bis sie dem Pfarrer alles entdeckt hatte.

Mummelsee

Im Schwarzwald, nicht weit von Baden, liegt ein See, auf einem hohen Berg, aber unergründlich. Wenn man ungerad, Erbsen, Steinlein oder was anders, in ein Tuch bindet und hineinhängt, so verändert es sich in gerad, und also, wenn man gerad hineinhängt, in ungerad. So man einen oder mehr Steine hinunterwirft, trübt sich der heiterste Himmel, und ein Ungewitter entsteht, mit Schloßen und Sturmwinden. Die Wassermännlein tragen auch alle hineingeworfenen Steine sorgfältig wieder heraus ans Ufer.

Da einst etliche Hirten ihr Vieh bei dem See gehütet, so ist ein brauner Stier daraus gestiegen, sich zu den übrigen Rindern gesellend, alsbald aber ein Männlein nachgekommen, denselben zurückzutreiben, auch da er nicht gehorchen wollen, hat es ihn verwünscht, bis er mitgegangen.

Ein Bauer ist zur Winterszeit über den hartgefrorenen See mit seinen Ochsen und einigen Baumstämmen ohne Schaden gefahren, sein nachlaufendes Hündlein aber ertrunken, nachdem das Eis unter ihm gebrochen.

Ein Schütz hat im Vorübergehen ein Waldmännlein darauf sitzen sehen, den Schoß voll Geld und damit spielend; als er darauf Feuer geben wollen, so hat es sich niedergetaucht und bald gerufen: wenn er es gebeten, so hätte es ihn leicht reich gemacht, so aber er und seine Nachkommen in Armut verbleiben müßten.

Eines Males ist ein Männlein auf späten Abend zu einem Bauern auf dessen Hof gekommen, mit der Bitte um Nachtherberg. Der Bauer, in Ermangelung von Betten, bot ihm die Stubenbank oder den Heuschober an, allein es bat sich aus, in der Hanfräze zu schlafen. »Meinethalben«, hat der Bauer geantwortet, »wenn dir damit gedienet ist, magst du wohl gar im Weiher oder am Brunnentrog schlafen.« Auf diese Verwilligung hat es sich gleich zwischen die Binsen und das Wasser eingegraben, als ob es Heu wäre, sich darin zu wärmen. Frühmorgens ist es herausgekommen, ganz mit trockenen Kleidern, und als der Bauer sein Erstaunen über den wundersamen Gast bezeiget, hat es erwidert: ja, es könne wohl sein, daß seinesgleichen nicht in etlich hundert Jahren hier übernachtet. Von solchen Reden ist es mit dem Bauer so weit ins Gespräch kommen, daß es solchem vertraut, es sei ein Wassermännlein, welches sein Gemahl verloren und in dem Mummelsee suchen wolle, mit der Bitte, ihm den Weg zu zeigen. Unterwegs erzählte es noch viel wunderliche Sachen, wie es schon in viel Seen sein Weib gesucht und nicht gefunden, wie es auch in solchen Seen beschaffen sei. Als sie zum Mummelsee gekommen, hat es sich untergelassen, doch zuvor den Bauer zu verweilen gebeten, so lange bis zu seiner Wiederkunft, oder bis es ihm ein Wahrzeichen senden werde. Wie er nun ungefähr ein paar Stunden bei dem See aufgewartet, so ist der Stecken, den das Männlein gehabt, samt ein paar Handvoll Bluts mitten im See durch das Wasser heraufgekommen und etliche Schuh hoch in die Luft gesprungen, dabei der Bauer wohl abnehmen können, daß solches das verheißene Wahrzeichen gewesen.

Ein Herzog zu Württemberg ließ ein Floß bauen und damit auf den See fahren, dessen Tiefe zu ergründen. Als aber die Messer schon neun Zwirnnetz hinuntergelassen und immer noch keinen Boden gefunden hatten, so fing das Floß gegen die Natur des Holzes zu sinken an, also daß sie von ihrem Vorhaben ablassen und auf ihre Rettung bedacht sein mußten. Vom Floß sind noch Stücke am Ufer zu sehen.

Die Elbjungfer und das Saalweiblein

Zu Magdeburg weiß man von der schönen Elbjungfer, die zuweilen aus dem Fluß heraufkam, um an dem Fleischermarkt einzukaufen. Sie trug sich bürgerlich, aber sehr reinlich und sauber, hatte einen Korb in der Hand und war von sittsamer Gebärde. Man konnte sie in nichts von andern Mädchen unterscheiden, außer, wer genau achtgab und es wußte, der eine Zipfel ihrer schloßenweißen Schürze war immer naß, zum Zeichen ihrer Abkunft aus dem Fluß. Ein junger Fleischergesell verliebte sich in sie und ging ihr nach, bis er wußte, woher sie kam und wohin sie zurückkehrte, endlich stieg er mit ins Wasser hinab. Einem Fischer, der den Geliebten beistand und oben am Ufer wartete, hatte sie gesagt, wenn ein hölzerner Teller mit einem Apfel aus dem Strom hervorkomme, sei's gut, sonst aber nicht. Bald aber schoß ein roter Strahl herauf, zum Beweis, daß den Verwandten der Elbjungfer der Bräutigam mißfallen und sie ihn getötet. Es gibt aber hiervon auch abweichende andere Erzählungen, nach welchen die Braut hinabgestiegen und der Jüngling am Ufer sitzengeblieben war, um ihren Bescheid abzuwarten. Sie wollte unten bei ihren Eltern um die Erlaubnis zur Heirat bitten, aber die Sache erst ihren Brüdern sagen; statt aller Antwort erschien oben ein Blutflecken; sie hatten sie selbst ermordet.

Aus der Saale kamen auch zuweilen die Nixfrauen in die Stadt Saalfeld und kauften Fleisch auf der Bank. Man unterschied sie allein an den großen und gräßlichen Augen und an dem triefenden Schweif ihrer Röcke unten. Sie sollen vertauschte Menschenkinder sein, statt deren die Nixen ihre Wechselbälge oben gelassen haben. Zu Halle vor dem Tore liegt gleichfalls ein rund Wasser, der Nixteich genannt, aus dem die Weiber kommen in die Stadt, ihre Notdurft zu kaufen, und ebenmäßig an ihren nassen Kleidersäumen zu erkennen sind. Sonst haben sie Kleider, Sprache, Geld wie wir andern auch.

Unweit Leipzig ist ein Nixweiblein oft auf der Straße gesehen worden. Es ist unter andern Bauersweiblein auf den Wochenmarkt mit einem Tragkorbe gegangen, Lebensmittel einzukaufen. Ebenso ging es auch wieder zurück, redete aber mit niemandem ein einziges Wort; grüßte und dankte auch keinem auf der Straße, aber, wo es etwas einkaufte, wußte es so genau wie andere Weiber zu dingen und zu handeln. Einmal gingen ihr zweie auf dem Fuß nach und sahen, wie sie an einem kleinen Wasser ihren Tragkorb niedersetzte, der im Augenblick mit dem Weiblein verschwunden war. In der Kleidung war zwischen ihr und andern kein Unterschied, außer daß ihre Unterkleider zwei Hände breit naß waren.

Das ertrunkene Kind

Man pflegt vielerlei von den Wassern zu erzählen, und daß der See oder der Fluß alle Jahre ein unschuldiges Kind haben müsse; aber er leide keinen toten Leichnam und werfe ihn früh oder spät ans Ufer aus, ja sogar das letzte Knöchelchen, wenn es zu Grunde gesunken sei, müsse wieder hervor. Einmal war einer Mutter ihr Kind im See ertrunken, sie rief Gott und seine Heiligen an, ihr nur wenigstens die Gebeine zum Begräbnis zu gönnen. Der nächste Sturm brachte den Schädel, der folgende den Rumpf ans Ufer, und nachdem alles beisammen war, faßte die Mutter sämtliche Beinlein in ein Tuch und trug sie zur Kirche. Aber, o Wunder! als sie in den Tempel trat, wurde das Bündel immer schwerer, und endlich, als sie es auf die Stufen des Altars legte, fing das Kind zu schreien an und machte sich zu jedermanns Erstaunen aus dem Tuche los. Nur fehlte ein Knöchelchen des kleinen Fingers an der rechten Hand, welches aber die Mutter nachher noch sorgfältig aufsuchte und fand. Dies Knöchelchen wurde in der Kirche unter anderen Reliquien zum Gedächtnis aufgehoben. – Die Schiffer und Fischerleute bei Küstrin in der Neumark reden ebenfalls von einem den Oderstrom beherrschenden unbekannten Wesen, das jährlich sein bestimmtes Opfer haben müsse. Wem nun dies Schicksal zugedacht sei, für den werde der Wassertod unvermeidlich. Die Halloren zu Halle fürchten besonders den Johannestag.

Ein Graf Schimmelmann ging an diesem Tage doch in die Saale und ertrank.

Vor den Nixen hilft Dosten und Dorant

Eine hallische Wehmutter erzählte, daß folgendes ihrer Lehrmeisterin begegnet: Diese wurde nachts zum Tor, welches offenstand, von einem Manne hinaus an die Saale geführt. Unterwegs bedräute sie der Mann, kein Wort zu sagen und ja nicht zu mucksen, sonst drehte er ihr bald den Hals um, übrigens sollte sie nur getrost sein. Sie gedachte an Gott, der würde sie behüten, und ergab sich drein, denn sie ginge in ihrem Beruf. An der Saale nun tat sich das Wasser auf und weiter hinunter auch das Erdreich, sie stiegen allmählich hinab, da war ein schöner Palast, worin ein niedliches Weiblein lag. Der half die Wehmutter in Kindesnöten, unterdessen ging der Mann wieder hinaus. Nach glücklicher Verrichtung ihres Amts redete mitleidend das Weibchen: »Ach, liebe Frau, nun jammert mich, daß Ihr hierbleiben müßt bis an den Jüngsten Tag, nehmt Euch wohl in acht; mein Mann wird Euch jetzt eine ganze Mulde voll Dukaten vorsetzen, nehmt nicht mehr, als Euch auch andre Leute zu geben pflegen für Eure Mühwaltung. Weiter, wenn Ihr zur Stube hinauskommt und unterwegs seid, greifet flugs an die Erde, da werdet Ihr Dosten und Dorant erfassen, solches haltet fest und lasset's aus der Hand nicht fahren. Dann werdet Ihr wieder auf freien Fuß kommen und zu Eurer Stelle geraten.« Kaum hatte sie ausgeredet, als der Nix, gelbkraus von Haar und bläulich von Augen, in die Stube trat; er hatte eine große Mulde voll Gold und setzte sie in dem schönen hellen Zimmer der Wehfrau vor, sprechend: »Sieh da, nimm, soviel du willst.« Drauf nahm sie einen Goldgülden. Der Nix verzog sein Gesicht und machte grausame Augen und sprach: »Das hast du nicht von dir selber, sondern mit meines Weibes Kalbe gepflügt, die soll schon dafür leiden! Und nun komm und geh mit mir.« Drauf war sie aufgestanden, und er führte sie hinaus; da bückte sie sich flugs und griff in ihre Hand Dosten und Dorant. Der Führer sagte dazu: »Das heißt dich Gott sprechen, und das hast du auch von meinem Weibe gelernt. Nun geh nur hin, wo du herkommen bist.« Hierauf war sie aus dem Fluß ans Ufer gewesen, ging zur Stadt ein, deren Tore noch offenstanden, und erreichte glücklich ihr Haus.

Eine andere Hebamme, bürtig aus Eschätz bei Querfurt, erzählte Nachstehendes: In ihrer Heimat war der Ehmann ausgegangen und hatte seine Frau als Kindbetterin zu Haus lassen müssen. Um Mitternacht kam der Nix vors Haus, nahm die Sprache ihres Mannes an und rief zum Gartenfenster hinein: sie solle schnell herauskommen, er habe ihr etwas Sonderlichs zu weisen. Dies schien der Frau wunderlich, und sie antwortete: »Komm du doch herein, aufzustehen mitten in der Nacht schickt sich für mich nicht. Du weißt ja, wo der Schlüssel liegt, draußen im Loch über der Haustür.« – »Das weiß ich wohl, du mußt aber herausgehen«, und plagte sie so lang mit den Worten, daß sie sich zuletzt aufmachte und in den Garten trat. Das Gespenst ging aber vor ihr her und immer tiefer hinab; sie folgte nach bis zu einem Wasser, unweit des Hauses fließend, mittlerweile sprach der Nix:

»Heb auf dein Gewand,
daß du nicht fallst in Dosten
und Dorant«,

welche Kräuter eben viel im Garten wuchsen. Indem aber erblickte sie das Wasser und fiel mit Fleiß ins Kräutich hinein, augenblicklich verschwand der Nix und konnte ihr nichts mehr an- noch abgehaben. Nach Mitternacht kehrte der Ehmann heim, fand Tür und Stube offen, die Kindermutter nicht im Bett, hub an erbärmlich zu rufen, bis er leise ihre Stimme im Garten vernahm und er sie aus dem Kraut wieder ins Zimmer brachte. Die Wehemütter halten deshalb gar viel auf diese Kräuter und legen sie allenthalben in Betten, Wiegen, Keller, tragen es an sich und lassen andere es bei sich stecken. Die Leipziger Krautweiber führen es häufig feil zu Markte.

Einmal soll auch ein Weib um Mittag in den Keller gegangen sein, Bier abzulassen. Da fing ein Gespenst drinnen an und sprach:

»Hättest du bei dir nicht Dosten
wollt ich dir das Bier helfen kosten«,

und man hört diesen Reim noch in andern Geschichten wiederkehren.

Die Frau von Alvensleben

Vor etlichen hundert Jahren lebte zu Kalbe in dem Werder aus dem Alvenslebischen Geschlecht eine betagte, gottesfürchtige, den Leuten gnädige und zu dienen bereitsame Edelfrau; sie stand vornehmlich den Bürgersweibern bei in schweren Kindesnöten und wurde in solchen Fällen von jedermänniglich begehrt und hochgeehret. Nun ereignete sich aber folgendes: Zu nächtlichen Zeiten kam eine Magd vor das Schloß, klopfte an und rief ängstlich: sie möge ihr doch nicht zuwider sein lassen, womöglich alsobald aufzustehen und mit hinaus vor die Stadt zu folgen, wo eine schwangere Frau in Kindesnot liege, weil die äußerste Stunde und Gefahr da sei und ihre Frau ihrem Leibe gar keinen Rat wisse. Die Adelfrau sprach: »Es ist gleich mitten in der Nacht, alle Stadttore sind gesperrt, wie wollen wir hinauskommen?« Die Magd antwortete: das Tor sei schon im voraus geöffnet, sie solle nur fortmachen (doch sich hüten, wie einige hinzusetzen, an dem Ort, wo sie hingeführt werden würde, nichts zu essen noch zu trinken, auch das ihr Angebotene nicht anzurühren). Darauf stand die adlige Frau aus dem Bett, zog sich an, kam herunter und ging mit der Magd fort, welche angeklopft hatte; das Tor fand sie aufgetan, und wie sie weiter ins Feld kamen, war da ein schöner Gang, der mitten in einen Berg führte. Der Berg stand aufgesperrt, und ob sie wohl sah, das Ding wäre unklar, beschloß sie doch unerschrokken weiterzugehen, bis sie endlich vor ein kleines Weiblein gelangte, das auf dem Bette lag in großen Geburtswehen. Die adlige Frau aber reichte ihr Hilfe (nach einigen brauchte sie nur die Hand ihr auf den Leib zu legen), und glücklich wurde ein Kindlein zum Tageslicht geboren. Nach geförderter Sache sehnte sie sich wieder aus dem Berg heimzugehen, nahm von der Kindbetterin Abschied (ohne etwas von den Speisen und Getränken, die ihr geboten waren, berührt zu haben), und die vorige Magd gesellte sich ihr aufs neue zu und brachte sie unverletzt nach dem Schlosse zurück. Vor dem Torweg aber stand die Magd still, bedankte sich höchlich in ihrer Frauen Namen und zog einen güldenen Ring vom Finger herab, den verehrte sie der adligen Frau mit den Worten: »Nehmet dies teure Pfand wohl in acht und lasset es nicht von Euch noch von Eurem Geschlecht kommen; die von Alvensleben werden blühen, solange sie diesen Ring besitzen; kommt er ihnen dermaleinst ab, so muß der ganze Stamm erlöschen.« Hiermit verschwand die Magd. Dieser Ring soll noch heutigestages richtig und eigentlich bei dem Hause verwahrt werden und zu guter Sicherheit in Lübeck hinterlegt sein. Andere aber behaupten, er sei bei der Teilung in zwei Linien mit

Fleiß entzweigeteilt worden. Noch andere: die eine Hälfte sei zerschmolzen, seitdem gehe es dem einen Stamm übel, die andere Hälfte liege bei dem andern Stamme zu Zichtau. Auch wird erzählt: Die hilfreiche Frau war ein Ehweib; als sie drauf den folgenden Morgen ihrem Ehherrn die Geschichte erzählt, die ihr nachts begegnet, habe er ihr's nicht wollen glauben, bis sie gesprochen: »Ei, wollt Ihr mir nicht glauben, so holt nur die Schlüssel zu jener Stube vom Tische her, darinnen wird der Ring noch liegen.« Es befand sich so ganz richtig. Es ist ein Wunderliches um die Geschenke, die Menschen von den Geistern empfangen haben.

Die Frau von Hahn und der Nix

Eine vornehme Frau von Adel aus dem Geschlechte der von Hahn wurde einstmal durch einer Wassernixe Zofe abgerufen und genötigt, mit unter den Fluß zur Wehmutter zu gehen. Das Wasser teilte sich voneinander, und sie gerieten auf einem lustigen Weg tief ins Erdreich hinein, wo sie einem kleinen Weiblein in Kindesschmerzen hilfreiche Hand leistete. Nachdem alles glücklich verrichtet und die Frau von Hahn wegfertig war, willens nach Haus zu eilen, kam ein kleiner Wassermann herein, langte ihr ein Geschirr voll Asche und sagte: sie solle für ihre Mühe herausnehmen, soviel ihr beliebe. Sie aber weigerte sich und nahm nichts; da sprach der Nix: »Das heißt dich Gott sprechen, sonst hätte ich dich wollen umbringen.« Darauf ging sie fort und wurde von der vorigen Zofe rücklings nach Haus gebracht. Wie sie beide da waren, zog die Magd drei Stücke Goldes hervor, verehrte sie der adligen Frau und ermahnte, diesen Schatz wohl zu verwahren und nicht abhändig kommen zu lassen, sonst werde ihr Haus ganz durch Armut verderben, im andern Fall aber Hülle und Fülle in allen Sachen haben. Drauf ging die Zofe weg, und die drei Stücke wurden unter die drei Söhne ausgeteilt; noch heute blühen zwei Stämme des Hauses, die ihren Schatz sorgsam aufheben; das dritte Stück hingegen soll neulich von einer Frau verwahrlost worden sein, drüber sie armselig in Prag verstarb und ihre Linie eine Endschaft genommen hat.

Die Frau von Bonikau

Als die Frau von Bonikau in Sachsen einmal im Kindbett lag und allein war, kam ein klein Weibchen zu ihr: sie bäte sie zu erlauben, daß sie eine Hochzeit in ihrer Kammer halten möchte, sie wollte sich wohl in acht nehmen, daß niemand als sie dabeisein würde. Als die Frau von Bonikau eingewilligt, kam einsmals eine große Gesellschaft von den Erdmännchen und Weibchen in die Kammer. Man brachte ein klein Tischchen und deckte es, setzte viel Schüsseln darauf, und die ganze Gesellschaft und Hochzeit setzte sich an die Tafel. Als sie in vollem Essen waren, kommt eins von den kleinen Weibchen gelaufen und ruft mit lauter Stimme:

»Gott Lob und Dank,
wir sind aus großer Not,
denn die alte Schump ist tot.«

Der Kobold

An einigen Orten hat fast jeder Bauer, Weib, Söhne und Töchter einen Kobold, der allerlei Hausarbeit verrichtet, in der Küche Wasser trägt, Holz haut, Bier holt, kocht, im Stall die Pferde striegelt, den Stall mistet und dergleichen. Wo er ist, nimmt das Vieh zu, und alles gedeiht und gelingt. Noch heute sagt man sprichwörtlich von einer Magd, der die Arbeit recht rasch von der Hand geht: »Sie hat den Kobold.« Wer ihn aber erzürnt, mag sich vorsehen.

Sie machen, eh sie in die Häuser einziehen wollen, erst eine Probe. Bei Nachtzeit nämlich schleppen sie Sägespäne ins Haus, in die Milchgefäße aber bringen sie Kot von unterschiedenem Vieh. Wenn nun der Hausvater genau achtet, daß die Späne nicht zerstreut, der Kot in den Gefäßen gelassen und daraus die Milch genossen wird, so bleibt der Kobold im Haus, solange nur noch einer von den Hausbewohnern am Leben ist.

Hat die Köchin einen Kobold zu ihrem heimlichen Gehilfen angenommen, so muß sie täglich um eine gewisse Zeit und an einem besondern Ort im Haus ihm sein zubereitetes Schüsselchen voll gutes Essen hinsetzen und ihren Weg wieder gehen. Tut sie das, so kann sie faulenzen, am Abend früh zu Bette gehen und wird dennoch ihre Arbeit frühmorgens beschickt finden. Vergißt sie das einmal, so muß sie in Zukunft nicht nur ihre Arbeit selbst wieder tun, sondern sie hat nun auch eine unglückliche Hand, indem sie sich im heißen Wasser verbrennt, Töpfe und Geschirr zerbricht, das Essen umschüttet, also daß sie von ihrer Herrschaft notwendig ausgescholten wird. Darüber hat man den Kobold öfters lachen und kichern gehört.

Verändert sich auch das Gesinde, so bleibt er doch, ja die abziehende Magd muß ihn ihrer Nachfolgerin anempfehlen, damit diese sein auch warte. Will diese nicht, so hat sie beständiges Unglück, bis sie wieder abgeht.

Man glaubt, sie seien rechte Menschen, in Gestalt kleiner Kinder, mit einem bunten Röcklein. Darzu etliche setzen, daß sie teils Messer im Rücken hätten, teils noch anders und gar greulich gestaltet wären, je nachdem sie so und so, mit diesem oder jenem Instrument, vorzeiten umgebracht wären, denn sie halten sie für die Seelen der vorweilen im Hause Ermordeten.

Zuweilen ist die Magd lüstern, ihr Knechtchen, Kurd Chimgen oder Heinzchen, wie sie den Kobold nennen, zu sehen, und wenn sie nicht nachläßt, nennt der Geist den Ort. wo sie ihn sehen solle, heißt sie aber zugleich einen Eimer kalt Wasser mitbringen. Da begibt sich's dann, daß sie ihn etwa auf dem Boden auf einem Kißchen nackt liegen sieht und ein großes Schlachtmesser ihm im Rücken steckt. Manche ist so sehr erschrocken, daß sie ohnmächtig niedergefallen, worauf der Kobold alsbald aufsprang und sie mit dem kalten Wasser über und über begoß, damit sie wieder zu sich selbst kam. Darnach ist ihr die Lust vergangen, den Kobold zu sehen.

Der Kobold in der Mühle

Es machten einmal zwei Studenten von Rinteln eine Fußreise. Sie gedachten in einem Dorfe zu übernachten, weil aber ein heftiger Regen fiel und die Finsternis so sehr überhandnahm, daß sie nicht weiterkonten, gingen sie zu einer in der Nähe liegenden Mühle, klopften und baten um Nachtherberge. Der Müller wollte anfangs nicht hören, endlich gab er ihren inständigen Bitten nach, öffnete die Türe und führte sie in eine Stube. Sie waren beide hungrig und durstig, und da auf dem Tisch eine Schüssel mit Speise und eine Kanne mit Bier stand, baten sie den Müller darum und waren bereitwillig, es zu bezahlen. Der Müller aber schlug's ab, selbst nicht ein Stück Brot wollt er ihnen geben und nur die harte Bank zum Ruhbett vergönnen. »Die Speise und der Trank«, sprach er, »gehört dem Hausgeist; ist euch das Leben lieb, so laßt beides unberührt, sonst aber habt ihr kein Leid zu befürchten, lärmt's in der Nacht vielleicht, so bleibt nur still liegen und schlafen.« Mit diesen Worten ging er hinaus und schloß die Türe hinter sich zu.

Die zwei Studenten legten sich zum Schlafen nieder, aber etwa nach einer Stunde griff den einen der Hunger so übermächtig an, daß er sich aufrichtete und die Schüssel suchte. Der andere, ein Magister, warnte ihn, er sollte dem Teufel lassen, was dem Teufel gewidmet wäre, aber er antwortete: »Ich habe ein besser Recht dazu als der Teufel«, setzte sich an den Tisch und aß nach Herzenslust, so daß wenig von dem Gemüse übrigblieb. Darnach faßte er die Bierkanne, tat einen guten pommerschen Zug, und nachdem er also seine Begierde etwas gestillt, legte er sich wieder zu seinem Gesellen. Doch als ihn über eine Weile der Durst aufs neue plagte, stand er noch einmal auf und tat einen zweiten so herzhaften Zug, daß er dem Hausgeist nur die Neige hinterließ. Nachdem er sich's also selbst gesegnet und wohl bekommen geheißen, legte er sich und schlief ein.

Es blieb alles ruhig bis zu Mitternacht; aber kaum war die herum, so kam der Kobold mit großem Lärm hereingefahren, wovon beide mit Schrecken erwachten. Er brauste ein paarmal in der Stube auf und ab, dann setzte er sich, als wollte er seine Mahlzeit halten, zu dem Tisch, und sie hörten deutlich, wie er die Schüssel herbeirückte. Gleich drauf setzte er sie, als wär er ärgerlich, hart nieder, ergriff die Kanne und drückte den Deckel auf, ließ ihn aber gleich wieder ungestüm zuklappen. Nun begann er seine Arbeit, wischte den Tisch, darnach die Tischfüße sorgfältig ab und kehrte dann, wie mit einem Besen, den Boden fleißig ab. Als das geschehen war, ging er noch einmal zur Schüssel und Kanne zurück, ob es jetzt vielleicht besser damit stehe, stieß aber beides wieder zornig hin. Darauf fuhr er in seiner Arbeit fort, kam zu den Bänken, wusch, scheuerte, rieb sie, unten und oben; als er zu der Stelle gelangte, wo die beiden Studenten lagen, zog er vorüber und nahm das übrige Stück unter ihren Füßen in die Arbeit. Wie er zu Ende war, fing er an der Bank oben zum zweitenmal an und überging auch zum zweitenmal die Gäste. Zum drittenmal aber, als er an sie kam, strich er dem einen, der nichts genossen hatte, über die Haare und den ganzen Leib, ohne ihm im geringsten weh zu tun. Den andern aber packte er an den Füßen, riß ihn von der Bank herab, zog ihn ein paarmal auf dem Erdboden herum, bis er ihn endlich liegenließ und hinter den Ofen lief, wo er ihn laut auslachte. Der Student kroch zu der Bank zurück, aber nach einer Viertelstunde begann der Kobold seine Arbeit von neuem: kehrte, säuberte, wischte. Die beiden lagen da, in Angst zitternd, den einen fühlte er, als er an ihn kam, ganz lind an, aber den andern warf er wieder zur Erde und ließ hinter dem Ofen ein grobes und spottendes Lachen hören.

Die Studenten wollten nun nicht mehr auf der Bank liegen, standen auf und erhuben vor der verschlossenen Türe ein lautes Geschrei, aber es hörte niemand darauf. Sie beschlossen endlich, sich auf den platten Boden hart nebeneinanderzulegen, aber der Kobold ließ sie nicht ruhen. Er begann sein Spiel zum drittenmal, kam und zog den Schuldigen herum und lachte ihn aus. Dieser war zuletzt wütend geworden, zog seinen Degen, stach und hieb in die Ecke, wo das Gelächter herschallte, und forderte den Kobold mit Drohworten auf, hervorzukommen. Dann setzte er sich mit seiner Waffe auf die Bank, zu erwarten, was weiter geschehen würde, aber der Lärm hörte auf, und alles blieb ruhig. Der Müller verwies ihnen am Morgen, daß sie seiner Ermahnung nicht nachgelebt und die Speise nicht unangerührt gelassen; es hätte ihnen leicht das Leben kosten können.

Der Wechselbalg

Zu Heßloch, bei Odernheim im Gau gelegen, hat sich's zugetragen, daß der Kellner eines geistlichen Herrn mit der Köchin wie seiner Ehefrau gelebt, nur daß er sich nicht durfte öffentlich einsegnen lassen. Sie zeugten ein Kind miteinander, aber das wollte nicht wachsen und zunehmen, sondern es schrie Tag und Nacht und verlangte immer zu essen. Endlich hat sich die Frau beraten und wollte es gen Neuhausen auf die Cyriakswiege tragen und wiegen lassen und aus dem Cyriaksbrunnen ihm zu trinken geben, so möchte es besser mit ihm werden. Denn es war damals Glauben, ein Kind müsse dann nach neun Tagen sich zum Leben oder Tod verändern. Wie nun die Frau bei Westhofen in den Klauer kommt mit dem Kinde auf dem Rücken, welches ihr so schwer geworden, daß sie keucht und der Schweiß ihr übers Angesicht läuft, begegnet ihr ein fahrender Schüler, der redet sie an: »Ei Frau, was tragt Ihr da für ein wüstes Geschöpf, es wäre kein Wunder, wenn es Euch den Hals eindrückte.« Sie antwortete, es wäre ihr liebes Kind, das wollte nicht gedeihen und zunehmen, daher es zu Neuhausen sollte gewogen werden. Er aber sprach: »Das ist nicht Euer Kind, es ist der Teufel, werft ihn in den Bach!« Als sie aber nicht wollte, sondern beharrte, es wäre ihr Kind, und es küßte, sprach er weiter: »Euer Kind stehet daheim in der Stubenkammer hinter der Arke in einer neuen Wiege, werfet diesen Unhold in den Bach!« Da hat sie es mit Weinen und Jammern getan. Alsobald ist ein Geheul und Gemurmel unter der Brücke, auf der sie stand, gehört worden, gleichwie von Wölfen und Bären. Und als die Mutter heimgekommen, hat sie ihr Kindlein frisch und gesund und lachend in einer neuen Wiege gefunden.

Der Alraun

Es ist Sage, daß, wenn ein Erbdieb, dem das Stehlen durch Herkunft aus einem Diebesgeschlecht angeboren ist oder dessen Mutter, als sie mit ihm schwanger ging, gestohlen, wenigstens groß Gelüsten dazu gehabt (nach andern: wenn er zwar ein unschuldiger Mensch, in der Tortur aber sich für einen Dieb bekennet), und der ein reiner Jüngling ist, gehenkt wird und das Wasser läßt (aut sperma in terram effundit), so wächst an dem Ort der Alraun oder das Galgenmännlein. Oben hat er breite Blätter und gelbe Blumen. Bei der Ausgrabung desselben ist große Gefahr, denn wenn er herausgerissen wird, ächzt, heult und schreit er so entsetzlich, daß der, welcher ihn ausgräbt, alsbald sterben muß. Um ihn daher zu erlangen, muß man am Freitag vor Sonnenaufgang, nachdem man die Ohren mit Baumwolle, Wachs oder Pech wohl verstopft, mit einem ganz schwarzen Hund, der keinen andern Flecken am Leib haben darf, hinausgehen, drei Kreuze über den Alraun machen und die Erde ringsherum abgraben, so daß die Wurzel nur noch mit kleinen Fasern in der Erde steckenbleibt. Darnach muß man sie mit einer Schnur dem Hund an den Schwanz binden, ihm ein Stück Brot zeigen und eilig davonlaufen. Der Hund, nach dem Brot gierig, folgt und zieht die Wurzel heraus, fällt aber, von ihrem ächzenden Geschrei getroffen, alsbald tot hin. Hierauf nimmt man sie auf, wäscht sie mit rotem Wein sauber ab, wickelt sie in weiß und rotes Seidenzeug, legt sie in ein Kästlein, badet sie alle Freitag und gibt ihr alle Neumond ein neues weißes Hemdlein. Fragt man nun den Alraun, so antwortet er und offenbart zukünftige und heimliche Dinge zu Wohlfahrt und Gedeihen. Der Besitzer hat von nun an keine Feinde, kann nicht arm werden, und hat er keine Kinder, so kommt Ehesegen. Ein Stück Geld, das man ihm nachts zulegt, findet man am Morgen doppelt; will man lange seines Dienstes genießen und sichergehen, damit er nicht abstehe oder sterbe, so überlade man ihn nicht, einen halben Taler mag man kühnlich alle Nacht ihm zulegen, das höchste ist ein Dukaten, doch nicht immer, sondern nur selten.

Wenn der Besitzer des Galgenmännleins stirbt, so erbt es der jüngste Sohn, muß aber dem Vater ein Stück Brot und ein Stück Geld in den Sarg legen und mit begraben lassen. Stirbt der Erbe vor dem Vater, so fällt es dem ältesten Sohn anheim, aber der jüngste muß ebenso schon mit Brot und Geld begraben werden.

Spiritus familiaris

Er wird gemeinlich in einem wohlverschlossenen Gläslein aufbewahrt, sieht aus nicht recht wie eine Spinne, nicht recht wie ein Skorpion, bewegt sich aber ohne Unterlaß. Wer ihn kauft, in dessen Tasche bleibt er, er mag das Fläschlein hinlegen, wohin er will, immer kehrt es von selbst zu ihm zurück. Er bringt großes Glück, läßt verborgene Schätze sehen, macht bei Freunden geliebt, bei Feinden gefürchtet, im Krieg fest wie Stahl und Eisen, also daß sein Besitzer immer den Sieg hat, auch behütet er vor Haft und Gefängnis. Man braucht ihn nicht zu pflegen, zu baden und kleiden wie ein Galgenmännlein.

Wer ihn aber behält, bis er stirbt, der muß mit ihm in die Hölle, darum sucht ihn der Besitzer wieder zu verkaufen. Er läßt sich aber nicht anders verkaufen als immer wohlfeiler, damit ihm einer bleibe, der ihn nämlich mit der geringsten Münze eingekauft hat.

Ein Soldat, der ihn für eine Krone gekauft und den gefährlichen Geist kennenlernte, warf ihn seinem vorigen Besitzer vor die Füße und eilte fort; als er zu Hause ankam, fand er ihn wieder in seiner Tasche. Nicht besser ging es ihm, als er ihn in die Donau warf.

Ein augsburgischer Roßtäuscher und Fuhrmann zog in eine berühmte deutsche Stadt ein. Der Weg hatte seine Tiere sehr mitgenommen, im Tore fiel ihm ein Pferd, im Gasthaus das zweite, und binnen wenig Tagen die übrigen sechs. Er wußte sich nicht zu helfen, ging in der Stadt umher und klagte den Leuten mit Tränen seine Not. Nun begab sich, daß ein anderer Fuhrmann ihm begegnete, dem er sein Unglück erzählte. Dieser sprach: »Seid ohne Sorgen, ich will Euch ein Mittel vorschlagen, dessen Ihr mir danken sollt.« Der Roßtäuscher meinte, das wären leere Worte. »Nein, nein, Gesell, Euch soll geholfen werden. Geht in jenes Haus und fragt nach einer Gesellschaft«, die er ihm nannte, »der erzählt Euren Unfall und bittet um Hilfe.« Der Roßtäuscher folgte dem Rat, ging in das Haus und fragte einen Knaben, der da war, nach der Gesellschaft. Er mußte auf Antwort warten. Endlich kam der Knabe wieder und öffnete ihm ein Zimmer, in welchem etliche alte Männer an einer runden Tafel saßen. Sie redeten ihn mit Namen an und sagten: »Dir sind acht Pferde gefallen, darüber bist du niedergeschlagen, und nun kommst du, auf Anraten eines deiner Gesellen, zu uns, um Hilfe zu suchen: du sollst erlangen, was du begehrst.« Er mußte sich an einen Nebentisch setzen, und nach Verlauf weniger Minuten überreichten sie ihm ein Schächtelchen mit den Worten: »Dies trage bei dir, und du wirst von Stund an reich werden, aber hüte dich, daß du die Schachtel, wo du nicht wieder arm werden willst, niemals öffnest.« Der Roßtäuscher fragte, was er für dieses Schächtelchen zu zahlen habe, aber die Männer wollten nichts dafür; nur mußte er seinen Namen in ein großes Buch schreiben, wobei ihm die Hand geführt ward. Der Roßtäuscher ging heim, kaum aber war er aus dem Haus getreten, so fand er einen ledernen Sack mit dreihundert Dukaten, womit er sich neue Pferde kaufte. Ehe er die Stadt verließ, fand er in dem Stalle, wo die neuen Pferde standen, noch einen großen Topf mit alten Talern. Kam er sonstwohin und setzte das Schächtlein auf die Erde, so zeigte sich da, wo Geld verloren oder vorzeiten vergraben war, ein hervordringendes Licht, also daß er es leicht heben konnte. Auf diese Weise erhielt er ohne Diebstahl und Mord große Schätze zusammen.

Als die Frau des Roßtäuschers von ihm vernahm, wie es zuging, erschrak sie und sprach: »Du hast etwas Böses empfangen, Gott will nicht, daß der Mensch durch solch verbotene Dinge reich werde, sondern hat gesagt, im Schweiße deines Angesichts sollst du dein Brot essen. Ich bitte dich um deiner Seligkeit willen, daß du wieder nach der Stadt zurückreisest und der Gesellschaft deine Schachtel zustellst.« Der Mann, von diesen Worten bewogen, entschloß sich und sendete einen Knecht mit dem Schächtelein hin, um es zurückzuliefern; aber der Knecht brachte es wieder mit der Nachricht zurück, daß diese Gesellschaft nicht mehr zu finden sei, auch niemand wisse, wo sie sich gegenwärtig aufhalte. Hierauf gab die Frau genau acht, wo ihr Mann das Schächtlein hinsetze, und bemerkte, daß er es in einem besonders von ihm gemachten Täschchen in dem Bund seiner Beinkleider verwahre. In einer Nacht stand sie auf, zog es hervor und öffnete es: da flog eine schwarze summende Fliege heraus und nahm ihren Weg durch das Fenster hin. Sie machte den Deckel wieder darauf und steckte es an seinen Ort, unbesorgt, wie es ablaufen würde. Allein von Stund an verwandelte sich all das vorherige Glück in das empfindlichste Unglück. Die Pferde fielen um oder wurden gestohlen. Das Korn auf dem Boden verdarb, das Haus brannte zu dreien Malen ab, und der eingesammelte Reichtum verschwand zusehends. Der Mann geriet in Schulden und ward ganz arm, so daß er in Verzweiflung erst seine Frau mit einem Messer tötete, dann sich selbst eine Kugel durch den Kopf schoß.

Das Schauen auf die Kinder

Ein glaubwürdiger Bürger aus Leipzig erzählte: Als sein erstes Kind schon etliche Wochen alt gewesen, habe man es zu drei unterschiedlichen Nächten in der Wiege aufgedeckt und in der Quer liegend gefunden, da doch die Wiege hart vor dem Wochenbette der Mutter gestanden. Der Vater nahm sich also vor, in der vierten Nacht aufzubleiben und auf sein Kind gute Acht zu haben. Er harrte eine lange Weile und wachte stetig bis nach Mitternacht, da war dem Kinde noch nichts begegnet, deswegen, weil er es selber betrachtet und angeschauet hatte. Aber indem fielen ihm die Augen ein wenig zu, und als die Mutter kurz darauf erwachte und sich umsah, war das Kind wieder in die Quer gezogen und das Deckbett von der Wiege mitten über ihr Bett geworfen, da sie es sonsten nur immer aufzuschlagen und zu Füßen des Kinds in der Wiege zu legen pflegen, nach allgemeinem Gebrauche. Denke einer, in so geschwinder Eile, daß sich alle verwundern mußten. Aber weiter hatte das Ungetüm keine Macht zum Kinde gehabt.

Die Roggenmuhme

In der Mark Brandenburg geht unter den Landleuten eine Sage von der Roggenmuhme, die im Kornfeld stecke, weshalb die Kinder sich hineinzugehen fürchten.

In der Altmark schweiget man die Kinder mit den Worten: »Halts Maul, sonst kommt die Regenmöhme mit ihren schwarzen langen Zitzen und schleppt dich hinweg!«

Im Braunschweigischen, Lüneburgischen heißt sie das Kornwyf. Wenn die Kinder Kornblumen suchen, erzählen sie sich davon, daß es die Kleinen raube, und wagen sich nicht zu weit ins grüne Feld.

Im Jahre 1662 erzählte auch die Saalfelder Frau dem Praetorius: Ein dortiger Edelmann habe eine Sechswöchnerin von seinen Untertanen gezwungen, zur Erntezeit Garben zu binden. Die Frau nahm ihr junges, säugendes Kindlein mit auf den Acker und legte es, um die Arbeit zu fördern, zu Boden. Über eine Weile sah der Edelmann, welcher zugegen war, ein Erdweib mit einem Kinde kommen und es um das der Bäuerin tauschen. Dieses falsche Kind hob an zu schreien, die Bäuerin eilte herzu, es zu stillen, aber der Edelmann wehrte ihr und hieß sie zurückbleiben, er wolle ihr schon sagen, wann's Zeit wäre. Die Frau meinte, er täte so der fleißigeren Arbeit wegen, und fügte sich mit großem Kummer. Das Kind schrie unterdessen unaufhörlich fort, da kam die Roggenmutter von neuem, nahm das weinende Kind zu sich und legte das gestohlene wieder hin. Nachdem alles das der Edelmann mit angesehen, rief er der Bäuerin und hieß sie nach Hause gehen. Seit der Zeit nahm er sich vor, nun und nimmermehr eine Kindbetterin zu Diensten zu zwingen.

Das Hündlein von Bretta

In der Rheinpfalz, besonders im Kraichgau, geht unter den Leuten das Sprichwort um, wenn von übel belohnter Treue die Rede ist: »Es geschieht dir wie dem Hündchen zu Bretten.« Die Volkssage davon muß schon alt sein, und namentlich spielt auch Fischart an zwei verschiedenen Stellen darauf an.

In dem Städtchen Bretten lebte vorzeiten ein Mann, welcher ein treues und zu mancherlei Dienst abgerichtetes Hündlein hatte, das pflegte er auszuschicken, gab ihm einen Korb ins Maul, worin ein beschriebener Zettel mit dem nötigen Gelde lag, und so langte es Fleisch und Bratwurst beim Metzger, ohne je einen Bissen davon anzurühren. Einmal aber sandte es sein Herr, der evangelisch war, an einem Freitag zu einem Metzger, der katholisch war und streng auf die Fasten hielt. Als nun der Metzger auf dem Zettel eine Wurst bestellt fand, hielt er das Hündlein fest, haute ihm den Schwanz ab und legte den in den Korb mit den Worten: »Da hast du Fleisch!« Das Hündlein aber, beschimpft und verwundet, trug den Korb treulich über die Gasse nach Haus, legte sich nieder und verstarb. Die ganze Stadt trauerte, und das Bild eines Hündleins ohne Schwanz wurde, in Stein ausgehauen, übers Stadttor gesetzt.

Andere erzählen so: Es habe seinem armen Herrn Fleisch und Würste gestohlen zugetragen, bis es endlich ein Fleischer ertappt und mit dem Verlust des Schwanzes gestraft.

Ein gespenstiger Reiter

Ein unbekannter Mann hatte sich gegen das Ende des XVII. Jahrhunderts bei einem Grafen von Roggendorf zum Bereiter angegeben und wurde, nach geleisteter Probe, zu Diensten angenommen und ihm eine ehrliche Bestallung gemacht. Es begab sich aber, daß einer von Adel bei Hof anlangte und mit diesem Bereiter an die Tafel gesetzt wurde. Der Fremde ersah ihn mit Erstaunen, war traurig und wollte keine Speise zu sich nehmen, ob ihm wohl der Graf deswegen freundlichst zugesprochen. Nachdem nun die Tafel aufgehoben war und der Graf den Fremden nochmals nach der Ursache seines Trauerns befragte, erzählte er, daß dieser Bereiter kein natürlicher Mensch, sondern vor Ostende ihm an der Seite erschossen sei, auch von ihm, dem Erzähler, selbst zu Grabe begleitet worden. Er gab auch alle Umstände an: des Toten

Vaterland, Namen, Alter, und das traf alles mit dem, was der Bereiter von sich selbst gesagt, ein, so daß der Graf daran nicht zweifeln konnte. Er nahm daher Ursach, diesem Gespenst Urlaub zu geben mit Vorwenden, daß seine Einkünfte geringert und er seine Hofhaltung einzuziehen gesonnen. Der Bereiter sagte, daß ihn zwar der Gast verschwätzt, weil aber der Graf nicht Ursache hätte, ihn abzuschaffen, und er ihm getreue Dienste geleistet und noch leisten wolle, bitte er, ihn ferner an dem Hofe zu erdulden. Der Graf aber beharrte auf dem einmal gegebenen Urlaub. Deswegen begehrte der Bereiter kein Geld, wie bedingt war, sondern ein Pferd und Narrenkleid mit silbernen Schellen, welches ihm der Graf gerne geben ließ und noch mehr wollte reichen lassen, das der Bereiter anzunehmen verweigerte.

Es fügte sich aber, daß der Graf nach Ungarn verreiste und bei Raab, auf der Schütt, diesen Bereiter mit vielen Koppelpferden in dem Narrenkleid antraf, welcher seinen alten Herrn, wie er ihn erblickte, mit großen Freuden begrüßte und ein Pferd zu verehren anbot. Der Graf bedankt sich und will es nicht nehmen, als der Bereiter aber einen Diener ersieht, den er sonst am Hof wohl gekannt, gibt er diesem das Pferd. Der Diener setzt sich mit Freuden drauf, hat es aber kaum bestiegen, so springt das Pferd in die Höh und läßt ihn halbtot auf die Erde fallen. Zugleich ist der Roßtäuscher mit seiner ganzen Koppel verschwunden.

Arendsee

Von dem Arendsee in der Altmark wird folgendes erzählt: An der Stelle, wo jetzt der See und der Ort dieses Namens liegt, stand vor alters ein großes Schloß. Dieses ging urplötzlich unter, und nicht mehr kam davon als ein Mann und ein Weib. Wie die beiden nun fortgingen, sah sich das Weib ungefähr um und ward der schleunigen Veränderung innen. Verwundert brach sie in die Worte aus: »Arend see!« (Arend sieh! Denn jenes war ihres Mannes Name) und darum gab man nachher dem Städtlein die Benennung, das an dem See auferbaut wurde. In diesem See ragt der feinste, weiße Streusand hervor, und wann die Sonne hell scheint, soll man (wie auch beim See Brock neben dem Ossenberg) noch alle Mauern und Gebäude des versunkenen Schlosses sehen. Einige haben einmal vorgehabt, das Wasser zu gründen, und ein Seil eingelassen; wie sie das herauszogen, fand sich ein Zettel dran mit dem Gebote: »Lasset ab von euerem Unternehmen, sonst wird euerm Orte widerfahren, was diesem geschehen ist.«

Der Ochsenberg

In der Alten Mark, nicht weit vom zertrümmerten Schloß Alvensleben, liegt ein großes, wacker lustiges Dorf, mit Namen Ursleben. Einen Büchsenschuß hinter dem Dorf stehet ein großer See, genannt Brock (Bruch), an dessen Stätte war vor alten Zeiten ein schönes Schloß, das hernach unterging, und seitdem war das große Wasser aufgekommen. Nämlich es sollen alle Leute drinnen versunken sein, ausgenommen eine einzige Edeljungfer, die ein Traum kurz vorher warnete. Als nun das Vieh und die Hühner sonderlich traurige Zeichen eines bevorstehenden großen Unglücks laut werden ließen, setzte sich diese Jungfrau auf einen Ochsen und ritt davon. Mit genauer Not erreichte sie einen dabei gelegenen Hügel, hinter ihr drein sank das Schloß zusammen, und wie sie, auf dem Ochsen sitzend, sich vom Hügel umsah, war das Gewässer überall aufgestiegen. Davon heißt der Hügel noch Ossenberg bis auf den heutigen Tag.

Zauberkräuter kochen

Im Jahre 1672 hat sich zu Erfurt begeben, daß die Magd eines Schreiners und ein Färbersgesell, die in einem Hause gedient, einen Liebeshandel miteinander angefangen, welcher in Leichtfertigkeit einige Zeit gedauert. Hernach ward der Gesell dessen überdrüssig, wanderte weiter und ging in Langensalza bei einem Meister in Arbeit. Die Magd aber konnte die Liebesgedanken nicht loswerden und wollte ihren Buhlen durchaus wiederhaben. Am heiligen Pfingsttage, da alle Hausgenossen, der Lehrjunge ausgenommen, in der Kirche waren, tat sie gewisse Kräuter in einen Topf, setzte ihn zum Feuer, und sobald solche zu sieden kamen, hat auch ihr Buhle zugegen sein müssen. Nun trug sich zu, daß, als der Topf beim Feuer stand und brodelte, der Lehrjunge, unwissend, was darin ist, ihn näher zur Glut rückt und seine Pfanne mit Leim an dessen Stelle setzt. Sobald jener Topf mit den Kräutern näher zu der Feuerhitze gekommen, hat sich etlichemal darin eine Stimme vernehmen lassen und gesprochen: »Komm, komm, Hansel, komm! Komm, komm, Hansel, komm!« Indem aber der Bube seinen Leim umrührt, fällt es hinter ihm nieder wie ein Sack, und als er sich umschaut, sieht er einen jungen Kerl daliegen, der nichts als ein Hemd am Leibe hat, worüber er ein jämmerlich Geschrei anhebt. Die Magd kam gelaufen, auch andere im Haus wohnende Leute, zu sehen, warum der Bube so heftig geschrien, und fanden den guten Gesellen als einen aus tiefem Schlaf erwachten Menschen also im Hemde liegen. Indessen ermunterte er sich etwas und erzählte auf Befragen, es wäre ein großes schwarzes Tier, ganz zottigt, wie ein Bock gestaltet, zu ihm vor sein Bett gekommen und habe ihn also geängstigt, daß es ihn alsbald auf seine Hörner gefaßt und zum großen Fenster mit ihm hinausgefahren. Wie ihm weiter geschehen, wisse er nicht, auch habe er nichts Sonderliches empfunden, nun aber befinde er sich so weit weg, denn gegen acht Uhr habe er noch zu Langensalza im Bett gelegen, und jetzt wäre er zu Erfurt kaum halber neun. Er könne nicht anders glauben, als daß die Katharine, seine vorige Liebste, dieses zuwege gebracht, indem sie bei seiner Abreise zu ihm gesprochen, wenn er nicht bald wieder zu ihr käme, wollte sie ihn auf dem Bock holen lassen. Die Magd hat, nachdem man ihr gedroht, sie als eine Hexe der Obrigkeit zu überantworten, anfangen herzlich zu weinen und gestanden, daß ein altes Weib, dessen Namen sie auch nannte, sie dazu überredet und ihr Kräuter gegeben, mit der Unterweisung: wenn sie die sachte würde kochen lassen, müsse ihr Buhle erscheinen, er sei auch, so weit er immer wolle.

Jungfer Eli

Vor hundert und mehr Jahren lebte in dem münsterischen Stift Freckenhorst eine Äbtissin, und geizig, und wenn arme Leute kamen, ein Almosen zu bitten, trieb sie sie mit einer Peitsche fort und band die kleine Glocke vor der Tür fest, daß die Armen nicht läuten konnten. Endlich ward Jungfer Eli todkrank, man rief den Pfarrer, sie zum Tode vorzubereiten, und als der durch der Äbtissin Baumgarten ging, sah er Jungfer Eli in ihrem grünen Hütchen mit weißen Federn auf dem Apfelbaum sitzen; wie er aber ins Haus kam, lag sie auch wieder in ihrem Bette und war böse und gottlos wie immer, wollte nichts von Besserung hören, sondern drehte sich um nach der Wand, wenn ihr der Pfarrer zureden wollte, und so verschied sie. Sobald sie die Augen schloß, zersprang die Glocke, und bald darauf fing sie an, in der Abtei zu spuken. Als eines Tags die Mägde in der Küche saßen und Fitzebohnen schnitten, fuhr sie mit Gebraus zwischen ihnen her, gerade wie sie sonst leibte und lebte, und rief: »Schniet ju nich in de Finger, schniet ju nich in de Finger!« Und gingen die Mägde zur Milch, so saß Jungfer Eli auf dem Stege und wollte sie nicht vorbeilassen, wenn sie aber riefen: »In Gottes Namen, gah wieder her«, mußte sie weichen, und dann lief sie hinterher, zeigte ihnen eine schöne Torte und sprach: »Tart! Tart!« Wollten sie die nun nicht nehmen, so warf sie die Torte mit höllischem Gelächter auf die Erde, und da war's ein Kuhfladen. Auch die Knechte sahen sie, wenn sie Holz haueten; da flog sie immer von einem Baumzweig im Wald zum andern. Nachts polterte sie im Hause herum, warf Töpfe und Schüsseln durcheinander und störte die Leute aus dem Schlaf. Endlich erschien sie auch der Äbtissin selbst auf dem Wege nach Warendorf, hielt die Pferde an und wollte in den Wagen hinein, die Äbtissin aber sprach: »Ich hab nichts zu schaffen mit dir; hast du Übel getan, so ist's nicht mein Wille gewesen.« Jungfer Eli wollte sich aber nicht abweisen lassen. Da warf die Äbtissin einen Handschuh aus dem Wagen und befahl ihr, den wieder aufzuheben, und während sie sich bückte, trieb die Äbtissin den Fuhrmann an und sprach: »Fahr zu, so schnell du kannst, und wenn auch die Pferde drüber zugrunde gehen!« So jagte der Fuhrmann, und sie kamen glücklich nach Warendorf. Die Äbtissin endlich, des vielen Lärmens überdrüssig, berief alle Geistlichen der ganzen Gegend, die sollten Jungfer Eli verbannen. Die Geistlichen versammelten sich auf dem Herrenchor und fingen an, das Gespenst zu zitieren, allein sie wollte nicht erscheinen, und eine Stimme rief: »He kickt, he kickt!« Da sprach die Geistlichkeit: »Hier muß jemand in der Kirche verborgen sein, der zulauscht«, suchten und fanden einen kleinen Knaben, der sich aus Neugierde drin versteckt hatte. Sobald der Knabe hinausgejagt war, erschien Jungfer Eli und ward in die Davert verbannt. Die Davert ist aber ein Wald im Münsterschen, wo Geister umgehen und wohin alle Gespenster verwiesen werden. Alle Jahr einmal fährt nun noch, wie die Sage geht, Jungfer Eli über die Abtei zu Freckenhorst mit schrecklichem Gebraus und schlägt einige Fensterscheiben ein oder dergleichen, und alle vier Hochzeiten kommt sie einen Hahnenschritt näher.

Der Glockenguß zu Breslau

Als die Glocke zu St. Maria Magdalena in Breslau gegossen werden sollte und alles dazu fast fertig war, ging der Gießer zuvor zum Essen, verbot aber dem Lehrjungen bei Leib und Leben, den Hahn am Schmelzkessel anzurühren. Der Lehrjunge aber war vorwitzig und neugierig, wie das glühende Metall doch aussehen möge, und wie er so den Kran bewegte und anregte, fuhr er ihm wider Willen ganz heraus, und das Metall rann und rann in die zubereitete Form. Höchst bestürzt weiß sich der arme Junge gar nicht zu helfen, endlich wagt er's doch und geht weinend in die Stube und bekennt seinem Meister, den er um Gottes willen um Verzeihung bittet. Der Meister aber wird vom Zorn ergriffen, zieht das Schwert und ersticht den Jungen auf der Stelle. Dann eilt er hinaus, will sehen, was noch vom Werk zu retten sei, und räumt nach der Verkühlung ab. Als er abgeräumt hatte, siehe, so war die ganze Glocke trefflich wohl ausgegossen und ohne Fehl; voll Freude kehrte der Meister in die Stube zurück und sah nun erst, was für Übels er getan hatte. Der Lehrjunge war verblichen, der Meister wurde eingezogen und von den Richtern zum Schwert verurteilt. Inmittelst war auch die Glocke aufgezogen worden, da bat der Glockengießer flehentlich: ob sie nicht noch geläutet werden dürfte, er möchte ihre Resonanz auch wohl hören, da er sie doch zugerichtet hätte, wenn er die Ehre vor seinem letzten Ende von den Herren haben könnte. Die Obrigkeit ließ ihm willfahren, und seit der Zeit wird mit dieser Glocke allen armen Sündern, wenn sie vom Rathaus herunterkommen, geläutet. Die Glocke ist so schwer, daß, wenn man fünfzig Schläge gezogen hat, sie andere fünfzig von selbst gehet.

Der Glockenguß zu Attendorn

Zu Attendorn, einem kölnischen Städtchen in Westfalen, wohnte bei Menschengedenken eine Witwe, die ihren Sohn nach Holland schickte, dort die Handlung zu lernen. Dieser stellte sich so wohl an, daß er alle Jahr seiner Mutter von dem Erwerb schicken konnte. Einmal sandte er ihr eine Platte von purem Gold, aber schwarz angestrichen, neben andern Waren. Die Mutter, von dem Wert des Geschenks unberichtet, stellte die Platte unter eine Bank in ihrem Laden, allwo sie stehenblieb, bis ein Glockengießer ins Land kam, bei welchem die Attendorner eine Glocke gießen und das Metall dazu von der Bürgerschaft erbetteln zu lassen beschlossen. Die, so das Erz sammelten, bekamen allerhand zerbrochene eherne Häfen, und als sie vor dieser Witwe Tür kamen, gab sie ihnen ihres Sohnes Gold, weil sie es nicht kannte und sonst kein zerbrochen Geschirr hatte.

Der Glockengießer, so nach Arensberg verreist war, um auch dort einige Glocken zu verfertigen, hatte einen Gesellen zu Attendorn hinterlassen, mit Befehl, die Form zu fertigen und alle sonstigen Anstalten zu treffen, doch den Guß einzuhalten bis zu seiner Ankunft. Als aber der Meister nicht kam und der Gesell selbst gern eine Probe tun wollte, so fuhr er mit dem Guß fort und verfertigte den Attendornern eine von Gestalt und Klang so angenehme Glocke, daß sie ihm solche bei seinem Abschied (denn er wollte zu seinem Meister nach Arensberg, ihm die Zeitung von der glücklichen Verrichtung zu bringen) so lang nachläuten wollten, als er sie hören könnte. Über das folgten ihm etliche nach, mit Kannen in den Händen, und sprachen ihm mit dem Trunk zu. Als er nun in solcher Ehr und Fröhlichkeit bis auf die steinerne Brücke (zwischen Attendorn und dem fürstenbergischen Schloß Schnellenberg) gelanget, begegnet ihm der Meister, welcher alsobald mit den Worten: »Was hast du getan, du Bestia!« ihm eine Kugel durch den Kopf jagte. Zu den Geleitsleuten aber sprach er: »Der Kerl hat die Glocke gegossen wie ein anderer Schelm«, er wäre erbietig, solche umzugießen und der Stadt ein ander Werk zu machen. Ritte darauf hinein und wiederholte seine Reden, als ob er den Handel gar wohl ausgerichtet. Aber er wurde wegen der Mordtat ergriffen und gefragt, was ihn doch dazu bewogen, da sie mit der Arbeit des Gesellen doch vollkommen zufrieden gewesen? Endlich bekannte er, wie er an dem Klang abgenommen, daß eine gute Masse Gold bei der Glocke wäre, so er nicht dazukommen lassen, sondern weggezwackt haben wollte, dafern sein Gesell befohlnermaßen mit dem Guß seine Ankunft abgewartet, weswegen er ihm den Rest gegeben.

Hierauf wurde dem Glockenmeister der Kopf abgeschlagen, dem Gesell aber auf der Brücke, wo er sein End genommen, ein eisern Kreuz zum ewigen Gedächtnis aufgerichtet. Unterdessen konnte niemand ersinnen, woher das Gold zu der Glocke gekommen, bis der Witwe Sohn mit Freuden und großem Reichtum beladen nach Haus kehrte und vergeblich betrauerte, daß sein Gold zween um das Leben gebracht, einen unschuldig und einen schuldig, gleichwohl hat er dieses Gold nicht wiederverlangt, weil ihn Gott anderwärts reichlich gesegnet.

Längst hernach hat das Wetter in den Kirchturm geschlagen und, wie sonst alles verzehret, außer dem Gemäuer, auch die Glocke geschmelzt. Worauf in der Asche Erz gefunden worden, welches an Gehalt den Goldgülden gleich gewesen, woraus derselbige Turm wiederhergestellt und mit Blei gedeckt worden.

Die Müllerin

Zwischen Enns und Wels in Österreich auf einer einsamen Mühle lebte ein Müller, der war an einem Sonntagmorgen, nach üblicher Weise, mit allen seinen Knechten in die Kirche gegangen und nur seine Frau, die ihre Niederkunft bald erwartete, daheim geblieben. Als die Müllerin so allein saß, kam die Hebamme, gleichsam zu Besuch, zu sehen, wie es mit ihr stehe. Die Müllerin war ihr freundlich, trug etwas auf, und sie setzten sich zusammen an den Tisch. Während sie aßen, ließ die Hebamme das Messer fallen und sprach: »Hebt mir einmal das Messer auf!« – »Ei!« antwortete die Müllerin, »Ihr redet wunderlich, Ihr wißt doch, daß mir das Bücken saurer wird als Euch«, doch ließ sie's hingehen, hob das Messer auf, reichte es ihr, und wie sie es reichte, noch im Bücken, faßte die Hebamme das Messer in die Faust, zückte und sprach: »Nun gebt mir Euer Geld, das bar bei Euch liegt, oder ich stech Euch die kalte Klinge in die Brust!« Die Müllerin erschrak, faßte sich aber und sagte: »Kommt mit mir hinüber in die Kammer, da liegt im Schrank, was wir haben, und nehmt's.« Die Hebamme folgte ihr, nahm das Geld aus dem Schrank, und weil es ihrer Habsucht nicht genug war, suchte sie noch weiter in andern Gefächern. Diesen Augenblick benutzte die Müllerin, trat schnell hinaus und schloß die Türe fest zu, und da vor den Fenstern starke eiserne Gitter standen, so war die Hebamme in der Kammer eingefangen. Nun rief die Frau ihr siebenjähriges Söhnlein und sprach: »Eil dich und lauf zum Vater in die Kirche, ich bät ihn, eilends mit seinen Knechten heimzukommen, ich wär in großer Gefahr.« Das Kind lief fort, aber nicht weit von der Mühle traf es auf den Mann der Hebamme, der verabredetermaßen kam, den Raub fortzutragen. Als er das Kind sah, faßte er's und riß es mit sich zur Mühle zurück. Die Müllerin, die, ihren Mann erwartend, am Fenster stand, sah ihn kommen, verschloß alsbald die Haustüre und schob alle Riegel vor. Als der Mann heran war, rief er, sie sollte ihm öffnen, und da sie es nicht tat, stieß er wütend dagegen und hoffte sie einzutreten. Die Müllerin schrie nun mit allen Kräften zu einem Fenster hinaus nach Hilfe, aber weil die Mühle zu fern, auch mit Gebüsch umwachsen lag, ward sie von niemand gehört. Indes wich die Tür den Stößen des Mannes nicht, und da er sah, in welche Gefahr er und seine Frau gerate, wenn er sich so lang aufhalte, bis der Müller aus der Kirche käme, zog er sein Messer und rief der Müllerin: »Wo Ihr nicht gleich öffnet, so stech ich das Kind vor Euern Augen nieder und zünde die Mühle Euch über dem Kopf an;« faßte auch das Kind, daß es laut zu schreien anfing. Da eilte die Müllerin und wollte die Tür öffnen, aber wie sie davorstand, ging ihr der Gedanke durchs Herz, daß der Mörder sie nur herauslocken wolle, um sie selbst und mit ihr das Kind in ihrem Leibe zu töten, so daß sie ein paar Augenblikke schwankte. Der Mann zauderte nicht, stach dem Knaben das Messer in die Brust, lief dann um die Mühle und suchte einen Eingang. Da fiel der Müllerin, die von dem allen nichts wußte, ein, sie wollte die Räder in Bewegung setzen, vielleicht lockte das am Sonntag ungewöhnliche Klappern Menschen zu ihrer Hilfe herbei. Der Mörder aber wollte gerade durch das stehende Rad in die Mühle eindringen, hatte eben den Fuß auf eine Speiche gesetzt und wär ohne Zweifel hineingeschlüpft, als in dem nämlichen Augenblick, nach Gottes wundervoller Schickung, das losgelassene Rad anhub sich zu drehen, ihn hinunterschlug und jämmerlich zermalmte.

Bald darauf kam der Müller mit seinen Knechten heim. Als er die Kammer aufschloß, worin die Hebamme gefangen war, lag sie tot auf der Erde und war vor Angst und Schrecken vom Schlag gerührt.

Johann Hübner

Auf dem Geißenberge in Westfalen stehen noch die Mauern von einer Burg, da vor alters Räuber gewohnt. Sie gingen nachts ins Land umher, stahlen den Leuten das Vieh und trieben es dort in den Hof, wo ein großer Stall war, und darnach verkauften sie's weit weg an fremde Leute. Der letzte Räuber, der hier gewohnt hat, hieß Johann Hübner. Er hatte eiserne Kleider an und war stärker als alle anderen Männer im ganzen Land. Er hatte nur ein Auge und einen großen krausen Bart und Haare. Am Tage saß er mit seinen Knechten in einer Ecke, wo man noch das zerbrochene Fenster sieht, da tranken sie zusammen. Johann Hübner sah mit dem einen Auge sehr weit durchs ganze Land umher; wenn er dann einen Reiter sah, da rief er: »Heloh! Da reitet ein Reiter! Ein schönes Roß! Heloh!« Dann zogen sie hinaus, gaben acht, wann er kam, nahmen ihm das Roß und schlugen ihn tot. Nun war ein Fürst von Dillenburg, der schwarze Christian genannt, ein sehr starker Mann, der hörte viel von den Räubereien des Johann Hübner, denn die Bauern kamen immer und klagten über ihn. Dieser schwarze Christian hatte einen klugen Knecht, der hieß Hanns Flick, den schickte er über Land, dem Johann Hübner aufzupassen. Der Fürst aber lag hinten im Giller und hielt sich da mit seinen Reitern verborgen, dahin brachten ihm auch die Bauern Brot und Butter und Käse. Hanns Flick aber kannte den Johann Hübner nicht, streifte im Land umher und fragte ihn aus. Endlich kam er an eine Schmiede, wo Pferde beschlagen wurden, da stunden viele Wagenräder an der Wand, die auch beschlagen werden sollten. Auf dieselben hatte sich ein Mann mit dem Rücken gelehnt, er hatte nur ein Auge und ein eisernes Wams an. Hanns Flick ging zu ihm und sagte: »Gott grüß dich, eiserner Wamsmann mit einem Auge! Heißest du nicht Johann Hübner vom Geißenberg?« Der Mann antwortete: »Johann Hübner vom Geißenberg liegt auf dem Rad.« Hanns Flick verstunde das Rad auf dem Richtplatz und sagte: »War das kürzlich?« – »Ja«, sprach der Mann, »erst heut.« Hanns Flick glaubte doch nicht recht und blieb bei der Schmiede und gab auf den Mann acht, der auf dem Rade lag. Der Mann sagte dem Schmied ins Ohr, er solle ihm sein Pferd verkehrt beschlagen, so daß das vorderste Ende des Hufeisens hinten käme. Der Schmied tat es, und Johann Hübner ritt weg. Wie er aufsah, sagte er dem Hanns Flick: »Gott grüß dich, braver Kerl, sage deinem Herren, er solle mir Fäuste schicken, aber keine Leute, die hinter den Ohren lausen.« Hanns Flick blieb stehen und sah, wo er übers Feld in den Wald ritt, lief ihm nach, um zu sehen, wo er bliebe. Er wollte seiner Spur nachgehen, aber Johann Hübner ritt hin und her, die Kreuz und Quer, und Hanns Flick wurde bald in den Fußtapfen des Pferdes irre, denn wo jener hingeritten war, da gingen die Fußtapfen zurück. Also verlor er ihn bald und wußte nicht, wo er geblieben war. Endlich aber ertappte er ihn doch, wie er nachts bei Mondenschein mit seinen Knechten auf der Heide im Wald lag und geraubt Vieh hütete. Da eilte er und sagte es dem Fürsten Christian, der ritt in der Stille mit seinen Kerlen unten durch den Wald, und sie hatten den Pferden Moos unter die Füße gebunden. So kamen sie nah herbei, sprangen auf ihn zu und kämpften miteinander. Der schwarze Christian und Johann Hübner schlugen sich auf die eisernen Hüte und Wämser, daß es klang, endlich aber blieb Johann Hübner tot, und der Fürst zog in das Schloß auf dem Geißenberg. Den Johann Hübner begruben sie in einer Ecke, der Fürst legte viel Holz um den großen Turm, und sie untergruben ihn auch. Am Abend, als im Dorfe die Kühe gemolken wurden, fiel der Turm um, und das ganze Land zitterte von dem Fall. Man sieht noch die Steine den Berg hinunter liegen. Der Johann Hübner erscheint oft um Mitternacht, mit seinem einen Auge sitzt er auf einem schwarzen Pferd und reitet um den Wall herum.

Eppela Gaila

Vor nicht lange sangen die Nürnberger Gassenbuben noch diesen alten Reim:

»Eppela Gaila von Dramaus
reit allzeit zum vierzehnt aus.«

und:

»Da reit der Nürnberger Feind aus,
Eppela Gaila von Dramaus.«

In alten Zeiten wohnte im Bayreuthischen bei Drameysel (einem kleinen, nach Muggendorf eingepfarrten Dörfchen) Eppelin von Gailing, ein kühner Ritter, der raubte und heerte dort herum, und sonderlich aufgesessen war er den Nürnbergern, denen schadete er, wo er mochte. Er verstand aber das Zaubern, und zumal so hatt er ein Rößlein, das konnte wohl reiten und traben, damit setzte er in hohen Sprüngen über Felsen und Risse und sprengte es über den Fluß Wiesent, ohne das Wasser zu rühren, und über Heuwagen auf der Wiese ritt er, daß seines Rosses Huf kein Hälmlein verletzte. Zu Gailenreuth lag sein Hauptsitz, aber ringsherum hatte er noch andere seiner Burgen, und im Nu wie der Wind flog er von einer zur andern. Von einer Bergseite war er flugs an der gegenüberstehenden und ritt oftmals nach Sankt Lorenz in Muggendorf. Zu Nürnberg hielten ihn weder Burgmauern auf noch der breite Stadtgraben, und viel andere Abenteuer hat er ausgeübt. Endlich aber fingen ihn die Nürnberger, und zu Neumarkt ward er mit seinen Helfershelfern an den Galgen gehängt. In der Nürnberger Burg stehen noch seine Waffen zur Schau, und an der Mauer ist noch die Spur vom Hufe seines Pferdes zu sehen, die sich eingedrückt hatte, als er darüber sprang.

Der Blumenstein

Als auf dem Blumenstein bei Rotenburg in Hessen noch Ritter lebten, wettete eines Abends ein junges, mutiges Bauernmädchen in dem benachbarten Dorf Höhnebach, daß es um Mitternacht bei Mondschein hinaus auf die furchtbare Burg gehen und ein Ziegelstück herabholen wollte. Sie wagte auch den Gang, holte das Wahrzeichen und wollte eben wieder zurückgehen, als ihr ein Hufschlag in der stillen Nacht entgegenklang. Schnell sprang sie unter die Zugbrücke, und kaum stand sie darunter, so kam auch schon der Ritter herein und hatte eine schöne Jungfrau vor sich, die er geraubt und deren köstliche Kleidungsstücke er hinten aufgepackt hatte. Indem er über die Brücke ritt, fiel ein Bündel davon herab, den hob das Bauernmädchen auf und eilte schnell damit fort. Kaum aber hatte sie die Hälfte des Spisses, eines Berges, der zwischen Hönebach und dem Blumenstein liegt, erstiegen, so hörte sie, wie der Ritter schon wieder über die Zugbrücke ausritt und wahrscheinlich den verlorenen Bündel suchen wollte. Da blieb ihr nichts übrig, als den Weg zu verlassen und sich in den dicken Wald zu verbergen, bis er vorüber war. Und so rettete es seine Beute und brachte das Wahrzeichen glücklich nach Haus.

Andere erzählen ähnlich von andern Orten mit folgender weiterer Ausführung: Das Mädchen sah, wie der Reiter die Jungfrau mordete. Sie ließ ihr Bündel, vom Räuber ungesehen, fallen, das hob das Mädchen auf. Beim Öffnen fand es kostbare Kleider und andern Schmuck darin, darum verschwieg es den Fund, sagte lieber, es wäre aus zu großer Angst nicht an dem Ort gewesen. Mit der Zeit brachte es nach und nach ein Stück davon hervor, als wenn es sie selbst angeschafft hätte, endlich bei einem Tanz hatte es alle die prächtigen Kleider an. Da war ein Fremder, der es fest anschaute, mit ihr tanzte und zuletzt heimführen wollte. Auf dem Weg nach des Mädchens Dorf zog er plötzlich ein Messer und wollte es erstechen; sie rief aber um Hilfe, und er wurde verhaftet. Er war jener Mörder.

Seeburger See

Zwei kleine Stunden von Göttingen liegt der Seeburger See. Er vermindert sich jährlich, ist jetzt dreißig bis vierzig Fuß tief und von einer guten halben Stunde Umkreis. In der Gegend sind noch mehr Erdfälle und gefährliche Tiefen, die auf das Dasein eines unterirdischen Flusses vermuten lassen. Die Fischer erzählen folgende Sage:

In alten Zeiten stand da, wo jetzt der See ist, eine stolze Burg, auf welcher ein Graf namens Isang wohnte, der ein wildes und gottloses Leben führte. Einmal brach er durch die heiligen Mauern des Klosters Lindau, raubte eine Nonne und zwang sie, ihm zu Willen zu sein. Kaum war die Sünde geschehen, so entdeckte sich, daß diejenige, die er in Schande gebracht, seine bis dahin ihm verborgen gebliebene Schwester war. Zwar erschrak er und schickte sie mit reicher Buße ins Kloster zurück, aber sein Herz bekehrte sich doch nicht zu Gott, sondern er begann aufs neue nach seinen Lüsten zu leben. Nun geschah es, daß er einmal seinen Diener zum Fischmeister schickte, einen Aal zu holen, der Fischmeister aber dafür eine silberweiße Schlange gab. Der Graf, der etwas von der Tiersprache verstand, war damit gar wohl zufrieden, denn er wußte, daß, wer von einer solchen Schlange esse, zu allen Geheimnissen jener Sprache gelange. Er hieß sie zubereiten, verbot aber dem Diener bei Lebensstrafe, nichts davon zu genießen. Darauf aß er so viel, als er vermochte, aber ein weniges blieb übrig und wurde auf der Schüssel wieder hinausgetragen; da konnte der vom Verbot gereizte Diener seiner Lust nicht widerstehen und aß es. Dem Grafen aber fielen nach dem Genuß alsbald alle je begangenen Sünden und Frevel aufs Herz und standen so hell vor ihm, daß die Gedanken sich nicht davon abwenden konnten und er vor Angst sich nicht zu lassen wußte. »Mir ist so heiß«, sprach er, »als wenn ich die Hölle angeblasen hätte!« Er ging hinab in den Garten, da trat ihm ein Bote entgegen und sprach: »Eben ist Eure Schwester an den Folgen der Sünde, zu der Ihr sie gezwungen habt, gestorben.« Der Graf wendete sich in seiner Angst nach dem Schloßhof zurück, aber da ging alles Getier, das darin war, die Hühner, Enten, Gänse, auf und ab und sprachen von seinem ruchlosen Leben und entsetzlichen Frevel, den er all verbracht, und die Sperlinge und die Tauben auf dem Dache mengten sich in das Gespräch und riefen Antwort herab. »Nun aber«, sagten sie, »haben die Sünden ihr volles Maß, und das Ende ist gekommen: in kurzer Stunde werden die prächtigen Türme umfallen, und die ganze Burg wird versunken sein.« Eben als der Hahn gewaltig auf dem Dache krähte, trat der Diener, der von der Schlange gegessen hatte, herzu, und der Graf, der ihn versuchen wollte, fragte: »Was ruft der Hahn?« Der Diener, der in der Angst sich vergaß und es wohl verstand, antwortete: »Er ruft: Eil, eil! eh die Sonne untergeht, willst du dein Leben retten, eil, eil! Aber zieh allein!« – »O du Verräter«, sprach der Graf, »so hast du doch von der Schlange gegessen, packe zusammen, was du hast, wir wollen entfliehen.« Der Diener lief hastig ins Schloß, aber der Graf sattelte sich selber sein Pferd, und schon war er aufgesessen und wollte hinaus, als der Diener zurückkam, leichenblaß und atemlos ihm in die Zügel fiel und flehentlich bat, ihn mitzunehmen. Der Graf schaute auf, und als er sah, wie die letzte Sonnenröte an den Spitzen der Berge glühte, und hörte, wie der Hahn laut kreischte: »Eil, eil! eh die Sonne untergeht, aber zieh allein!«, da nahm er sein Schwert, zerspaltete ihm den Kopf und sprengte über die Zugbrücke hinaus. Er ritt auf eine kleine Anhöhe bei dem Städtchen Gieboldehausen, da schaute er sich um, und als er die Turmspitzen seines Schlosses noch im Abendrot glänzen sah, deuchte ihm alles ein Traum und eine Betäubung seiner Sinne. Plötzlich aber fing die Erde an, unter seinen Füßen zu zittern, erschrocken ritt er weiter, und als er zum zweitenmal sich umschaute, waren Wall, Mauern und Türme verschwunden und an des Schlosses Stelle ein großer See.

Nach dieser wundervollen Errettung bekehrte sich der Graf und büßte seine Sünden im Kloster Gieboldehausen, welchem er seine übrigen reichen Besitzungen schenkte. Nach seiner Verordnung werden noch jetzt reuigen Sündern an einem gewissen Tage Seelenmessen gelesen. In dem Dorfe Berenshausen stiftete er den Chor und die Altarstühle, worüber sogar noch ein Schenkungsbrief da sein soll. Auch werden noch jetzt aus dem See behauene Quadern und Eichenbohlen herausgeholt; vor einiger Zeit sogar zwei silberne Töpfe mit erhabenen Kränzen in getriebener Arbeit, von denen der Wirt in Seeburg einen gekauft hat.

Der Burgsee und Burgwall

In der Stubnitz auf der pommerschen Insel Rügen liegt ein mächtiger Erdwall, von hohen Buchen bewachsen und einen langrunden Kreis umschließend, in dessen Mitte mancherlei Baumwurzeln und Steine verstreut liegen. Hart neben dem östlichen Rand des Walles fließt in einem runden und tiefen Kessel ein See, der schwarze See oder Burgsee genannt. Jener Wall heißt der Burgwall. Nach der Landsage soll in diesem Wall vor alten Zeiten der Teufel angebetet und zu seinem Dienst eine Jungfrau unterhalten worden sein. Wenn er der Jungfrau überdrüssig wurde, so führten sie seine Priester zu dem schwarzen See und ersäuften sie darin.

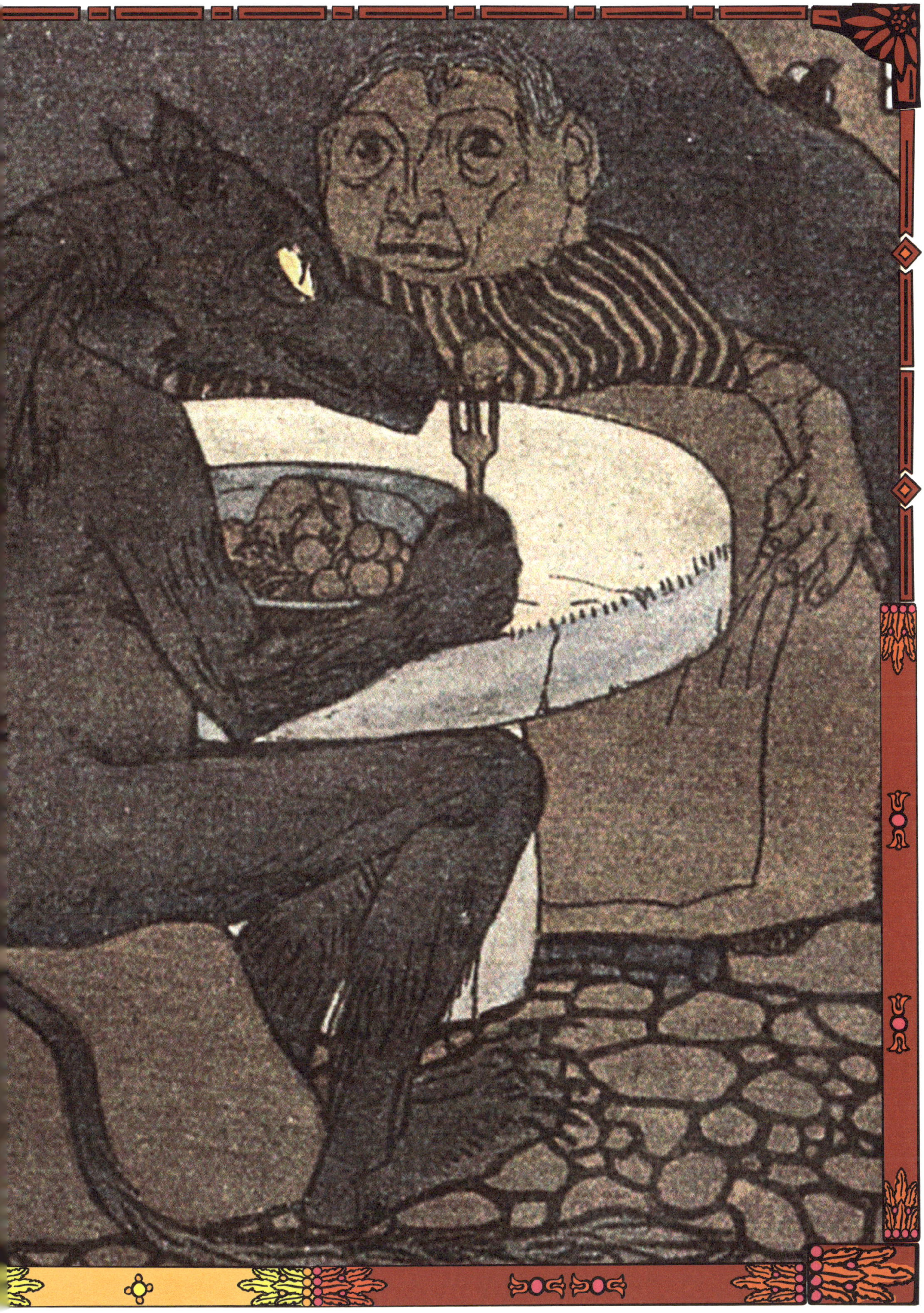

Der heilige Niklas und der Dieb

Zu Greifswald in Pommern stund in der Gertrudenkapelle St. Niklasen Bild. Eines Nachts brach ein Dieb ein, wollte den Gotteskasten berauben und rief den Heiligen an: »O heiliger Niklaus, ist das Geld mein oder dein? Komm, laß uns wettlaufen darum, wer zuerst zum Gotteskasten kommt, soll gewonnen haben.« Hub damit zu laufen an, aber das Bild lief auch und überlief den Dieb zum drittenmal; der antwortete und sprach: »Mein heiliger Niklaus, du hast's redlicher gewonnen, aber das Geld ist dir doch nicht nutz, bist von Holz und bedarfst keines; ich will's nehmen und guten Mut dabei haben.« – Bald darauf geschah, daß dieser Räuber starb und begraben wurde, da kamen die Teufel aus der Hölle, holten den Leib aus dem Grab, warfen ihn bei den beraubten Gotteskasten, hängten ihn zuletzt vor der Stadt an eine Windmühle auf und führten ihn auf ihren Flügeln wider Winds herum. Diese Mühle stand noch im Jahre 1633 und ging immer mit Gegenwind unter den andern umstehenden natürlich getriebenen Mühlen.

Nach andern war es der Verwalter, der das Opfergeld angegriffen oder, wie man sagt, mit dem Marienbild um die Wette gelaufen war.

Wo des Teufels Fuß die Erde berührte, versengte er das frische Gras und trat tiefe Stapfen, die stehenblieben und nie mehr mit Gras bewuchsen, bis die ganze Kirche, zu der sonst große Wallfahrten geschahen, samt dem Kirchhof verschüttet und zu Festungswällen verbaut wurde.

Der Riesenfinger

Am Strand der Saale, besonders in der Nähe von Jena, lebte ein wilder und böser Riese; auf den Bergen hielt er seine Mahlzeit, und auf dem Landgrafenberg heißt noch ein Stück der Löffel, weil er da seinen Löffel fallen ließ. Er war auch gegen seine Mutter gottlos, und wenn sie ihm Vorwürfe über sein wüstes Leben machte, so schalt er sie und schmähte und ging nur noch ärger mit den Menschen um, die er Zwerge hieß. Einmal, als sie ihn wieder ermahnte, ward er so wütend, daß er mit den Fäusten nach ihr schlug. Aber bei diesem Greuel verfinsterte sich der Tag zu schwarzer Nacht, ein Sturm zog daher, und der Donner krachte so fürchterlich, daß der Riese niederstürzte. Alsbald fielen die Berge über ihn her und bedeckten ihn, aber zur Strafe wuchs der kleine Finger ihm aus dem Grabe heraus. Dieser Finger aber ist ein langer schmaler Turm auf dem Hausberg, den man jetzt den Fuchsturm heißt.

Der Jettenbühel zu Heidelberg

Der Hügel bei Heidelberg, auf dem jetzt das Schloß stehet, wurde sonst der Jettenhügel genannt, und dort wohnte ein altes Weib, namens Jetta, in einer Kapelle, von der man noch Überreste gesehen, als der Pfalzgraf Friedrich Kurfürst geworden war und ein schönes Schloß (1544) baute, das der neue Hof hieß. Diese Jetta war wegen ihres Wahrsagens sehr berühmt, kam aber selten aus ihrer Kapelle und gab denen, die sie befragten, die Antwort zum Fenster heraus, ohne daß sie sich sehen ließ. Unter andern verkündete sie, wie sie es in seltsamen Versen vorbrachte, es wäre über ihren Hügel beschlossen, daß er in künftigen Zeiten von königlichen Männern, welche sie mit Namen nannte, sollte bewohnt, beehrt und geziert und das Tal unter demselben mit vielem Volk besetzt werden. Es war damals noch Wald.

Als Jetta einst bei einem schönen Tage nach dem Brunnen ging, der sehr lustig am Fuß des Geißberges nah am Dorf Schlierbach, eine halbe Stunde von Heidelberg, liegt, und trinken wollte, wurde sie von einem Wolf, der Junge hatte, zerrissen. Daher er noch jetzt der Wolfsbrunnen heißt. Nah dabei ist unter der Erde ein gewölbter Gang, von dem Volk das Heidenloch genannt.

Das Männlein auf dem Rücken

Als im März 1669 nach Torgau hin ein Seiler seines Wegs gewandelt, hat er einen Knaben auf dem Felde angetroffen, der auf der Erde zum Spiel niedergesessen und ein Brett vor sich gehabt. Wie nun der Seiler solches im Überschreiten verrückt, hat das Knäblein gesprochen: »Warum stoßt Ihr mir mein Brett fort? Mein Vater wird's Euch danken!« Der Seiler geht immer weiter, und nach hundert Schritten begegnet ihm ein klein Männlein, mit grauem Bart und ziemlichem Alter, von ihm begehrend, daß er es tragen möge, weil es zum Gehen ermüdet sei. Diese Anmaßung verlacht der Seiler, allein es springet auf seine Schultern, so daß er es ins nächste Dorf hocken muß. Nach zehn Tagen stirbt der Seiler. Als darüber sein Sohn kläglich jammert, kommt das kleine Bübchen zu ihm mit dem Bericht, er solle sich zufriedengeben, es sei dem Vater sehr wohl geschehen. Weiter wolle er ihn, benebenst der Mutter, bald nachholen, denn es würde in Meißen bald eine schlimme Zeit erfolgen.

Riese Haym

Es war vorzeiten ein Riese, genannt Haym oder Haymon. Als nun ein giftiger Drache in der Wildnis des Inntals hauste und den Einwohnern großen Schaden tat, so machte sich Haymon auf, suchte und tötete ihn. Dafür unterwarfen sich die Bewohner des Inntals seiner Herrschaft. Darnach erwarb er noch größeren Ruhm, indem er die Brücke über den Inn, daher die Stadt Innsbruck den Namen führt, fester baute, weshalb sich viel fremde Leute unter ihn begaben. Der Bischof von Chur aber taufte ihn, und Haymon erbaute zu Christi Ehren das Kloster Wilten, wo er bis an sein Ende lebte und begraben liegt.

Zu Wilten ist sein Grab zu sehen, vierzehn Schuh drei Zwergfinger lang, auf dem Grabe ist seine Gestalt in Rüstung aus Holz geschnitten. Auch zeigt man in der Sakristei die Drachenzunge samt einem alten Kelch, worauf die Passion abgebildet ist, den man vor mehr als elfhundert Jahren, wie man das Fundament des Klosters grub, in der Erde gefunden, also daß der Kelch bald nach Christi Himmelfahrt gemacht war. Neben Haymes Grab hängt eine Tafel, worauf sein Leben geschrieben steht.

Die Zwerge auf dem Baum

Des Sommers kam die Schar der Zwerge häufig aus den Flühen herab ins Tal und gesellte sich entweder hilfreich oder doch zuschauend den arbeitenden Menschen, namentlich zu den Mähdern im Heuet (der Heuernte). Da setzten sie sich denn wohl vergnügt auf den langen und dicken Ast eines Ahorns ins schattige Laub. Einmal aber kamen boshafte Leute und sägten bei Nacht den Ast durch, daß er bloß noch schwach am Stamme hielt, und als die arglosen Geschöpfe sich am Morgen darauf niederließen, krachte der Ast vollends entzwei, die Zwerge stürzten auf den Grund, wurden ausgelacht, erzürnten sich heftig und schrien:

»O wie ist der Himmel so hoch
und die Untreu so groß!
Heut hierher und nimmermehr!«

Sie hielten Wort und ließen sich im Lande niemals wieder sehen.

Die Füße der Zwerge

Vor alten Zeiten wohnten die Menschen im Tal und rings um sie in Klüften und Höhen die Zwerge, freundlich und gut mit den Leuten, denen sie manche schwere Arbeit nachts verrichteten; wenn nun das Landvolk frühmorgens mit Wagen und Geräten herbeizog und erstaunte, daß alles schon getan war, steckten die Zwerge im Gesträuch und lachten hellauf. Oftmals zürnten die Bauern, wenn sie ihr noch nicht ganz zeitiges Getreide auf dem Acker niedergeschnitten fanden, aber als bald Hagel und Gewitter hereinbrach und sie wohl sahen, daß vielleicht kein Hälmlein dem Verderben entronnen sein würde, da dankten sie innig dem voraussichtigen Zwergvolk. Endlich aber verscherzten die Menschen durch ihren Frevel die Huld und Gunst der Zwerge, sie entflohen, und seitdem hat sie kein Aug wieder erblickt. Die Ursache war diese: Ein Hirt hatte oben am Berg einen trefflichen Kirschbaum stehen. Als die Früchte eines Sommers reiften, begab sich, daß dreimal hintereinander nachts der Baum geleert wurde und alles Obst auf die Bänke und Hürden getragen war, wo der Hirt sonst die Kirschen aufzubewahren pflegte. Die Leute im Dorfe sprachen: »Das tut niemand anders als die redlichen Zwerglein, die kommen bei Nacht in langen Mänteln mit bedeckten Füßen dahergetrippelt, leise wie Vögel, und schaffen den

Menschen emsig ihr Tagwerk. Schon vielmal hat man sie heimlich belauscht, allein man stört sie nicht, sondern läßt sie kommen und gehen.« Durch diese Reden wurde der Hirt neugierig und hätte gern gewußt, warum die Zwerge so sorgfältig ihre Füße bärgen und ob diese anders gestaltet wären als Menschenfüße. Da nun das nächste Jahr wieder der Sommer und die Zeit kam, daß die Zwerge heimlich die Kirschen abbrachen und in den Speicher trugen, nahm der Hirt einen Sack voll Asche und streute die rings um den Baum herum aus. Den

andern Morgen mit Tagesanbruch eilte er zur Stelle hin, der Baum war richtig leergepflückt, und er sah unten in der Asche die Spuren von vielen Gänsfüßen eingedrückt. Da lachte der Hirt und spottete, daß der Zwerge Geheimnis verraten war. Bald aber zerbrachen und verwüsteten diese ihre Häuser und flohen tiefer in die Berge hinab, grollten dem Menschengeschlecht und versagten ihm ihre Hilfe. Jener Hirt, der sie verraten hatte, wurde siech und blödsinnig fortan bis an sein Lebensende.

Die wilden Geister

Unter den vicentinischen und veronesischen Deutschen wagt's von der zweiten Hälfte des Dezember bis gegen das Ende der ersten Jännerhälfte selbst der kühnsten Jager keiner, die Wildbahn zu besuchen. Sie fürchten den wilden Mann und die Waldfrau. Die Hirten treiben zu dieser Zeit das Vieh nicht, Kinder holen das Wasser in irdenen Gefäßen von der nächsten Quelle, und die Herden werden im Stall getränkt. Auch spinnen die Weiber der Waldfrau ein Stück Haar am Rocken und werfen es ihr ins Feuer, um sie zu versühnen. Am Vorabend des Festes wird die Hausküche und jeder Ort, wo ein Rauchfang ist oder eine Öffnung, aus der Luft herabfährt, mit Asche bestreut. Dann achtet man auf die Fußtritte in der Asche und sieht an ihrer Lage, Größe und zumal daran, ob sie ein- oder ausgehen, welche gute oder böse Geister das Haus besuchen.

Die Heilingszwerge

Am Fluß Eger zwischen dem Hof Wildenau und dem Schlosse Aicha ragen ungeheure große Felsen hervor, die man vor alters den Heilingsfelsen nannte. Am Fuß derselben erblickt man eine Höhle, inwendig gewölbt, auswendig aber nur durch eine kleine Öffnung, in die man, den Leib gebückt, kriechen muß, erkennbar. Die Höhle wurde von kleinen Zwerglein bewohnt, über die zuletzt ein unbekannter alter Mann, des Namens Heiling, als Fürst geherrscht haben soll. Einmal vorzeiten ging ein Weib, aus dem Dorfe Taschwitz bürtig, am Vorabend von Peter Pauli in den Forst und wollte Beeren suchen; es wurde ihr Nacht, und sie sah neben diesem Felsen ein schönes Haus stehen. Sie trat hinein, und als sie die Tür öffnete, saß ein alter Mann an einem Tische, schrieb emsig und eifrig. Die Frau bat um Herberge und wurde willig angenommen. Außer dem alten Mann war aber kein lebendes Wesen im ganzen Gemach, allein es rumorte heftig in allen Ecken, der Frau ward greulich und schauerlich, und sie fragte den Alten: »Wo bin ich denn eigentlich?« Der Alte versetzte, daß er Heiling heiße, bald aber auch abreisen werde, »denn zwei Drittel meiner Zwerge sind schon fort und entflohen.« Diese sonderbare Antwort machte das Weib nur noch unruhiger, und sie wollte mehr fragen, allein er gebot ihr Stillschwei-

gen und sagte nebenbei: »Wäret Ihr nicht gerade in dieser merkwürdigen Stunde gekommen, solltet Ihr nimmer Herberge gefunden haben.« Die furchtsame Frau kroch demütig in einen Winkel und schlief sanft, und wie sie den Morgen mitten unter dem Felsstein erwachte, glaubte sie geträumt zu haben, denn nirgends war ein Gebäude da zu ersehen. Froh und zufrieden, daß ihr in der gefährlichen Gegend kein Leid widerfahren sei, eilte sie nach ihrem Dorfe zurück, es war alles so verändert und seltsam. Im Dorf waren die Häuser neu und anders aufgebaut, die Leute, die ihr begegneten, kannte sie nicht und wurde auch nicht von ihnen erkannt. Mit Mühe fand sie endlich die Hütte, wo sie sonst wohnte, und auch die war besser gebaut; nur dieselbe Eiche beschattete sie noch, welche einst ihr Großvater dahin gepflanzt hatte. Aber wie sie in die Stube treten wollte, ward sie von den unbekannten Bewohnern als eine Fremde von der Tür gewiesen und lief weinend und klagend im Dorfe umher. Die Leute hielten sie für wahnwitzig und führten sie vor die Obrigkeit, wo sie verhört und ihre Sache untersucht wurde; sieh da, es fand sich in den Gedenk- und Kirchenbüchern, daß grad vor hundert Jahren an ebendiesem Tag eine Frau ihres Namens, welche nach dem Forst in die Beeren gegangen, nicht wieder heimgekehrt sei und auch nicht mehr zu finden gewesen war. Es war also deutlich erwiesen, daß sie volle hundert Jahr im Felsen geschlafen hatte und die Zeit über nicht älter geworden war. Sie lebte nun ihre übrigen Jahre ruhig und sorgenlos aus und wurde von der ganzen Gemeinde anständig verpflegt zum Lohn für die Zauberei, die sie hatte erdulden müssen.

Der Abzug des Zwergvolks über die Brücke

Die kleinen Höhlen in den Felsen, welche man auf der Südseite des Harzes, sonderlich in einigen Gegenden der Grafschaft Hohenstein findet und die größtenteils so niedrig sind, daß erwachsene Menschen nur hineinkriechen können, teils aber einen räumigen Aufenthaltsort für größere Gesellschaften darbieten, waren einst von Zwergen bewohnt und heißen nach ihnen noch jetzt Zwerglöcher. Zwischen Walkenried und Neuhof in der Grafschaft Hohenstein hatten einst die Zwerge zwei Königreiche. Ein Bewohner jener Gegend merkte einmal, daß seine Feldfrüchte alle Nächte beraubt wurden, ohne daß er den Täter entdecken konnte. Endlich ging er auf den Rat einer weisen Frau bei einbrechender Nacht an seinem Erbsenfelde auf und ab und schlug mit einem dünnen Stabe über daßelbe in die bloße Luft hinein. Es dauerte nicht lange, so standen einige Zwerge leibhaftig vor ihm. Er hatte ihnen die unsichtbar machenden Nebelkappen abgeschlagen. Zitternd fielen die Zwerge vor ihm nieder und bekannten, daß ihr Volk es sei, welches die Felder der Landesbewohner beraubte, wozu aber die äußerste Not sie zwänge. Die Nachricht von den eingefangenen Zwergen brachte die ganze Gegend in Bewegung. Das Zwergvolk sandte endlich Abgeordnete und bot Lösung für sich und die gefangenen Brüder und wollte dann auf immer das Land verlassen. Doch die Art des Abzuges erregte neuen Streit. Die Landeseinwohner wollten die Zwerge nicht mit ihren gesammelten und versteckten Schätzen abziehen lassen, und das Zwergvolk wollte bei seinem Abzuge nicht gesehen sein. Endlich kam man dahin überein, daß die Zwerge über eine schmale Brükke bei Neuhof ziehen und daß jeder von ihnen in ein dorthin gestelltes Gefäß einen bestimmten Teil seines Vermögens als Abzugszoll werfen sollte, ohne daß einer der Landesbewohner zugegen wäre. Dies geschah. Doch einige Neugierige hatten sich unter die Brücke gesteckt, um den Zug der Zwerge wenigstens zu hören. Und so hörten sie denn viele Stunden lang das Getrappel der kleinen Menschen; es war ihnen, als wenn eine sehr große Herde Schafe über die Brücke ging. Seit dieser letzten großen Auswanderung des Zwergvolks lassen sich nur selten einzelne Zwerge sehen. Doch zu den Zeiten der Elterväter stahlen zuweilen einige in den Berghöhlen zurückgebliebene aus den Häusern der Landesbewohner kleine, kaum geborene Kinder, die sie mit Wechselbälgen vertauschten.

Der Zug der Zwerge über den Berg

Auch auf der Nordseite des Harzes wohnten einst viele tausend Zwerge oder Kröpel in den Felsklüften und den noch vorhandenen Zwerglöchern. Bei Seehausen, einem magdeburgischen Städtchen, zeigt man ebenfalls solche Kröpellöcher. Aber nur selten erschienen sie den Landesbewohnern in sichtbarer Gestalt, gewöhnlich wandelten sie, durch ihre Nebelkappen geschützt, ungesehen und ganz unbemerkt unter ihnen umher. Manche dieser Zwerge waren gutartig und den Landesbewohnern unter gewissen Umständen sehr behilflich; bei Hochzeiten und Kindtaufen borgten sie mancherlei Tischgeräte aus den Höhlen der Zwerge. Nur durfte sie niemand zum Zorn reizen, sonst wurden sie tückisch und bösartig und taten dem, der sie beleidigte, allen möglichen Schaden an. In dem Tal zwischen Blankenburg und Quedlinburg bemerkte einmal ein Bäcker, daß ihm immer einige der gebackenen Brote fehlten, und doch war der Dieb nicht zu entdecken. Dieser beständig fortdauernde geheime Diebstahl machte, daß der Mann allmählich verarmte. Endlich kam er auf den Verdacht, die Zwerge könnten an seinem Unheil schuld sein. Er schlug also mit einem Geflechte von schwanken Reisern so lange um sich her, bis er die Nebelkappen einiger Zwerge traf, die sich nun nicht mehr verbergen konnten. Es wurde Lärm. Man ertappte bald noch mehrere Zwerge auf Diebereien und nötigte endlich den ganzen Überrest des Zwergvolks auszuwandern. Um aber die Landeseinwohner einigermaßen für das Gestohlene zu entschädigen und zugleich die Zahl der Auswandernden überrechnen zu können, wurde auf dem jetzt sogenannten Kirchberg bei dem Dorfe Thale, wo sonst Wendhausen lag, ein groß Gefäß hingestellt, worin jeder Zwerg ein Stück Geld werfen mußte. Dieses Faß fand sich nach dem Abzuge der Zwerge ganz mit alten Münzen angefüllt. So groß war ihre Zahl. Das Zwergvolk zog über Warnstedt (unweit Quedlinburg) immer nach Morgen zu. Seit dieser Zeit sind die Zwerge aus der Gegend verschwunden. Selten ließ sich seitdem hier und da ein einzelner sehen.

Die Zwerge bei Dardesheim

Dardesheim ist ein Städtchen zwischen Halberstadt und Braunschweig. Dicht an seiner nordöstlichen Seite fließt ein Quell des schönsten Wassers, welcher der Smansborn (Leßmannsborn) heißt und aus einem Berge quillt, in dem vormals die Zwerge wohnten. Wenn die ehemaligen Einwohner der Gegend ein Feierkleid oder zu einer Hochzeit ein seltenes Geräte brauchten, so gingen sie vor diesen Zwergberg, klopften dreimal an und sagten mit deutlicher, vernehmlicher Stimme ihr Anliegen, und

frühmorgens eh die Sonne
aufgeht,
schon alles vor dem Berge
steht.

Die Zwerge fanden sich hinlänglich belohnt, wenn ihnen etwas von den festlichen Speisen vor den Berg hingesetzt wurde. Nachher allmählich störten Streitigkeiten das gute Vernehmen des Zwergvolks und der Landeseinwohner. Anfangs auf kurze Zeit, aber endlich wanderten die Zwerge aus, weil ihnen die Neckworte und Spöttereien vieler Bauern unerträglich waren sowie der Undank für erwiesene Gefälligkeiten. Seit der Zeit sieht und hört man keine Zwerge mehr.

Schmied Riechert

Den Dardesheimer Zwergberg zieht auf der östlichen Seite ein Stück Acker hinan. Dieses Feld hatte einst ein Schmied, namens Riechert, mit Erbsen bestellt. Er bemerkte, als sie am wohlschmeckendsten waren, daß sie häufig ausgepflückt wurden. Um dem Erbsendieb aufzulauern, baute sich Riechert ein Hüttchen auf seinen Acker und wachte tags und nachts dabei; bei Tage entdeckte er keine Veränderung, aber alle Morgen sah er, daß seines Wachens unerachtet über Nacht das Feld bestohlen war. Voll Verdruß über seine mißlungene Mühe, beschloß er die noch übrigen Erbsen auf dem Acker auszudreschen. Mit Tagesanbruch begann Schmied Riechert seine Arbeit. Aber noch hatte er nicht die Hälfte der Erbsen ausgedroschen, so hörte er ein klägliches Schreien, und beim Nachsuchen fand er auf der Erde unter den Erbsen einen der Zwerge, dem er mit seinem Dreschflegel den Schädel eingeschlagen hatte und der nun sichtbar wurde, weil ihm seine Nebelkappe verlorengegangen war. Der Zwerg floh eilends in den Berg zurück.

Die Nußkerne

Zwei junge Burschen, der Peter und Knipping zu Wehren im Corveyschen, wollten Vogelnester suchen, der Peter aber, weil er erstaunend faul war, nachdem er ein wenig umgeschaut, legte sich unter einen Baum und schlief ein. Auf einmal war's ihm, als packte ihn einer an den Ohren, so daß er aufwachte und herumsah, aber niemand erblickte. Also legte er den Kopf wieder und schlief aufs neue ein. Da kam's zum zweitenmal und packte ihn an den Ohren, als er aber niemand gewahr werden konnte, schlief er zum drittenmal ein. Aber zum drittenmal ward er wieder gezupft, da war er das Ding müde, stand auf und wollte sich einen andern Ort suchen, wo er in Ruhe liegen könnte. Auf einmal aber sah er vor sich das Fräulein von Willberg gehen, das knackte Nüsse entzwei und steckte die Schalen in die Tasche und

warf die Kerne auf die Erde. Als die Nüsse zu Ende gingen, war sie verschwunden. Der Peter aber war immer hinter ihr hergegangen, hatte die Nüsse aufgelesen und gegessen. Darauf kehrte er um, suchte den Knipping und erzählte ihm alles, was er gesehen hatte. Da gingen sie nach Haus, holten noch andere zur Hilfe und fingen an, da, wo das Fräulein verschwunden war, zu graben, und kamen da auf eine alte Küche, darin noch altes Kochgerät stand, endlich in einen Keller mit Tonnen voll Geld. Sie nahmen so viel, als sie tragen konnten, und wollten den andern Tag wiederkommen, aber alles war fort, und sie konnten die Stätte gar nicht wiederfinden, sie mochten suchen, wo sie wollten. Der Peter baute sich von seinem Geld ein Haus, darin er noch lebt.

Der Soester Schatz

Im Dreißigjährigen Krieg befand sich unweit der Stadt Soest in Westfalen ein altes Gemäuer, von dem die Sage ging, daß darin eine eiserne Truhe voll Geldes wäre, welche ein schwarzer Hund hütete samt einer verfluchten Jungfrau. Nach der Erzählung der Großeltern werde einstens ein fremder Edelmann ins Land kommen, die Jungfrau erlösen und mit einem feurigen Schlüssel den Kasten eröffnen.

Mehrere fahrende Schüler und Teufelsbanner hätten sich bei Mannsgedenken dahin begeben, um zu graben, wären aber so seltsam empfangen und abgewiesen worden, daß es seithero niemand weiter gelüstet; besonders nach ihrer Eröffnung, daß der Schatz keinem zuteil werden könne, der nur ein einziges Mal Weibermilch getrunken.

Vor kurzer Zeit noch wäre ein Mägdlein aus ihrem Dorf nebst etlichen Geißen an den Ort zu weiden gewesen, und als deren eine sich in das Gemäuer verlaufen, nachgefolgt. Da sei eine Jungfrau inwendig im Hof gewesen und habe es angeredet: was es da zu schaffen? Auch nach erhaltenem Bescheid, auf ein Körblein Kirschen weisend, weiter gesagt: »So gehe und nimm dort von dem, was du vor dir siehest, mitsamt deiner Geiß, komm aber nicht wieder noch sieh dich um, damit dir nichts Arges geschehe!« Darauf habe das erschrockene Kind sieben Kirschen ertappet und sei in Angst aus der Mauer gekommen: die Kirschen seien aber sogleich zu Geld geworden.

Das quellende Silber

Im Februar des Jahrs 1605, unter dem Herzog Heinrich Julius von Braunschweig, trug sich zu, daß eine Meile Wegs von Quedlinburg, zum Tal genannt, ein armer Bauer seine Tochter in den nächsten Busch schickte, Brennholz aufzulesen. Das Mädchen nahm dazu einen Tragkorb und einen Handkorb mit, und als es beide angefüllt hatte und nach Haus gehen wollte, trat ein weißgekleidetes Männlein zu ihm hin und fragte: »Was trägst du da?« – »Aufgelesenes Holz«, antwortete das Mädchen, »zum Heizen und Kochen.« – »Schütte das Holz aus«, sprach weiter das Männlein, »nimm deine Körbe und folge mir; ich will dir etwas zeigen, das besser und nützlicher ist als das Holz.« Nahm es dabei an der Hand, führte es zurück an einen Hügel und zeigte ihm einen Platz, etwa zweier gewöhnlichen Tische breit, ein schön lauter Silber von kleiner und großer Münze von mäßiger Dicke, darauf ein Bild, wie eine Maria gestaltet, und ringsherum ein Gepräge von uralter Schrift. Als dieses Silber in großer Menge gleichsam aus der Erde hervorquoll, entsetzte sich das Mägdlein davor und wich zurück; wollte auch nicht seinen Handkorb von Holz ausschütten. Hierauf tat's das weiße Männlein selbst, füllte ihn mit dem Geld und gab ihn dem Mägdlein und sprach: »Das wird dir besser sein als Holz.« Es nahm ihn voll Bestürzung, und als das Männlein begehrte, es sollte auch seinen Tragkorb ausschütten und Silber hineinfassen, wehrte es ab und sprach: es müsse auch Holz mit heimbringen, denn es wären kleine Kinder daheim, die müßten eine warme Stube haben, und dann müßte auch Holz zum Kochen dasein. Damit war das Männlein zufrieden und sprach: »Nun, so ziehe damit hin« und verschwand darauf.

Das Mädchen brachte den Korb voll Silber nach Haus und erzählte, was ihm begegnet war. Nun liefen die Bauern haufenweis mit Hacken und anderm Gerät in das Wäldchen und wollten sich ihren Teil vom Schatz auch holen, aber niemand konnte den Ort finden, wo das Silber hervorgequollen war.

Der Fürst von Braunschweig hat sich von dem geprägten Silber ein Pfund holen lassen, so wie sich auch ein Bürger aus Halberstadt, N. Everkan, eins gelöst.

Goldsand auf dem Untersberg

Im Jahre 1753 ging ein ganz mittelloser, beim Hofwirt zu St. Zeno stehender Dienstknecht, namens Paul Mayr, auf den Berg. Als er unweit dem Brunnental fast die halbe Höhe erreicht hatte, kam er zu einer Steinklippe, worunter ein Häuflein Sand lag. Weil er schon so manches gehört hatte und nicht zweifelte, daß es Goldsand wäre, füllte er sich alle Taschen damit und wollte vor Freude nach Haus gehen; aber in dem Augenblick stand ein fremder Mann vor seinem Angesicht und sprach: »Was trägst du da?« Der Knecht wußte vor Schrecken und Furcht nichts zu antworten, aber der fremde Mann ergriff ihn, leerte ihm die Taschen aus und sprach: »Jetzt gehe nimmer den alten Weg zurück, sondern einen andern, und sofern du dich hier wieder sehen läßt, wirst du nicht mehr lebend davonkommen.« Der gute Knecht ging heim, aber das Gold reizte ihn also, daß er beschloß, den Sand noch einmal zu suchen, und einen guten Gesellen mitnahm. Es war aber alles umsonst, und dieser Ort ließ sich nimmermehr finden.

Ein andermal verspätete sich ein Holzmeister auf dem Berge und mußte in einer Höhle die Nacht zubringen. Anderen Tages kam er zu einer Steinklippe, aus welcher ein glänzend schwerer Goldsand herabrieselte. Weil er aber kein Geschirr bei sich hatte, ging er ein andermal hinauf und setzte das Krüglein unter. Und als er mit dem angefüllten Krüglein hinwegging, sah er unweit dieses Orts eine Tür sich öffnen, durch die er schaute, und da kam es ihm natürlich vor, als sehe er in den Berg hinein und darin eine besondere Welt mit einem Tageslicht, wie wir es haben. Die Tür blieb aber kaum eine Minute lang offen; wie sie zuschlug, hallte es in den Berg hinein wie in ein großes Weinfaß. Dieses Krüglein hat er sich allzeit angefüllt nach Haus tragen können, nach seinem Tode aber ist an dem Gold kein Segen gewesen. Jene Türe hat in folgender Zeit niemand wieder gesehen.

Der Steintisch zu Bingenheim

In dem hessischen Ort Bingenheim in der Wetterau wurden ehemals vor dem Rathaus unter der Linde jährlich drei Zentgerichte gehalten, wozu sich viel vornehmer Adel, der in der fuldischen Mark angesessen war, leiblich einfand. Unter der Linde stand ein steinerner Tisch, von dem erzählt wurde, er sei aus dem Hohen Berg, einem gegen Staden hin gelegenen Walde, dahin gebracht worden. In diesem Wald hätten früherhin wilde Leute gehaust, deren Handgriffe man noch in den Steinen sähe und von denen sich noch drei ausgehöhlte Steinsitze vorfänden. Im Jahr 1604 bei Sommerszeit habe man in gedachtem Wald an hellem Tag drei Leute in weißer Gestalt umwandern sehen.

Der Brunnen zu Steinau

Im Jahre 1271 waren dem Abt Berold zu Fulda seine eigenen Untertanen feind und verschworen sich wider sein Leben. Als er einmal in der St.-Jakobs-Kapelle Messe las, überfielen ihn die Herrn von Steinau, von Eberstein, Albrecht von Brandau, Ebert von Spala und Ritter Konrad und erschlugen ihn. Bald hernach wurden die Räuber selbdreißig, mit zwanzig Pferden, zu Haselstein auf dem Kirchenraub betrappt, mit dem Schwert hingerichtet und ihre Wohnungen zerbrochen. Dieser Tat halben haben die Herrn von Steinau in ihrem Wappen hernachmals drei Räder mit drei Schermessern führen müssen, und an der Stätte, da sie das Verbündnis über den Abt gemacht, nämlich bei Steinau (an der Straße im Hanauischen) an einem Brunnen auf einem Rasen, wächst noch zur Zeit kein Gras.

Goldkohlen

Im Jahre 1753 ging von Salzburg eine Kräutelbrockerin auf den Wunderberg; als sie eine Zeitlang auf demselben herumgegangen war, kam sie zu einer Steinwand, da lagen Brocken, grau und schwarz, als wie Kohlen. Sie nahm davon etliche zu sich, und als sie nach Haus gekommen, merkte sie, daß in solchen klares Gold vermischt war. Sie kehrte alsbald wieder zurück auf den Berg, mehr davon zu holen, konnte aber alles Suchens ungeachtet den Ort nicht mehr finden.

Die fünf Kreuze

Vor dem Klaustor in Höxter, welches nach Pyrmont führt, gleich linker Hand, stehen an dem Wege fünf alte Steine, welche die fünf Kreuze heißen, vermutlich weil es versunkene Kreuze sind. Nun geht die Sage, es seien fünf Hünen dabei erschlagen worden: nach andern fünf Grafen von Reischach; wieder nach andern sind fünf Bürger von Tilly im Dreißigjährigen Krieg aufgehängt worden.

Der Schwerttanz zu Weißenstein

Unfern Marburg auf dem Wege nach Wetter liegt ein Dorf Wehre und dabei ein spitzer Berg, auf dem vor alten Zeiten eine Raubburg gestanden haben soll, genannt der Weißenstein, und Trümmer davon sind noch übrig. Aus diesem Schloß wurde den Umliegenden großer Schaden zugefügt, allein man konnte den Räubern nicht beikommen, wegen der Feste der Mauer und Höhe des Bergs. Endlich verfielen die Bauern aus Wehre auf eine List. Sie versahen sich heimlich mit allerhand Wehr und Waffen, gingen zum Schloß hinauf und gaben den Edelleuten vor, daß sie ihnen einen Schwerttanz bringen wollten. Unter diesem Schein wurden sie eingelassen; da entblößten sie ihre Waffen und hieben das Raubvolk tapfer nieder, bis sich die Edelleute auf Gnaden ergaben und von den Bauern samt der Burg ihrem Landesfürsten überliefert wurden.

Der lange Mann in der Mordgasse zu Hof

Vor diesem Sterben (der Pest zu Hof im Jahr 1519) hat sich bei Nacht ein großer, schwarzer, langer Mann in der Mordgasse sehen lassen, welcher mit seinen ausgebreiteten Schenkeln die zwei Seiten der Gassen betreten und mit dem Kopf hoch über die Häuser gereicht hat; welchen meine Ahnfrau Walburg Widmännin, da sie einen Abend durch gedachte Gasse gehen müssen, selbst gesehen, daß er den einen Fuß bei der Einfurt des Wirtshauses, den andern gegenüber auf der andern Seite bei dem großen Haus gehabt. Als sie aber vor Schrecken nicht gewußt, ob sie zurück- oder fortgehen sollen, hat sie es in Gottes Namen gewagt, ein Kreuz vor sich gemacht und ist mitten durch die Gasse und also zwischen seinen Beinen hindurchgegangen, weil sie ohne das besorgen müssen, solch Gespenst möchte ihr nacheilen. Da sie kaum hindurchgekommen, schlägt das Gespenst seine beiden Beine hinter ihr so hart zusammen, daß sich ein solch großes Geprassel erhebet, als wann die Häuser der ganzen Mordgasse einfielen. Es folgte darauf die große Pest und fing das Sterben in der Mordgasse am ersten an.

Krieg und Frieden

Im Jahre 1644, am 18. August, zog Kurfürst Johann Georg I. an der Stadt Chemnitz vorbei. Da fingen seine Leute in dem Gehölz der Gegend ein wildes Weiblein, das nur eine Elle groß, sonst aber recht menschlich gestaltet war. Angesicht, Hände und Füße waren glatt, aber der übrige Leib rauch. Es fing an zu reden und sagte: »Ich verkündige und bringe den Frieden im Lande.« Der Kurfürst befahl, man sollte es wieder frei gehen lassen, weil vor etwa fünfundzwanzig Jahren auch ein Männlein von gleicher Gestalt gefangen worden, welches den Unfrieden und Krieg verkündigt.

Rodensteins Auszug

Nah an dem zum gräflich erbachischen Amt Reichenberg gehörigen Dorf Oberkainsbach, unweit dem Odenwald, liegen auf einem Berge die Trümmer des alten Schlosses Schnellerts; gegenüber eine Stunde davon, in der Rodsteiner Mark, lebten ehemals die Herrn von Rodenstein, deren männlicher Stamm erloschen ist. Noch sind die Ruinen ihres alten Raubschlosses zu sehen.

Der letzte Besitzer desselben hat sich besonders durch seine Macht, durch die Menge seiner Knechte und des erlangten Reichtums berühmt gemacht; von ihm geht folgende Sage: Wenn ein Krieg bevorsteht, so zieht er von seinem gewöhnlichen Aufenthaltsort Schnellerts bei grauender Nacht aus, begleitet von seinem Hausgesind und schmetternden Trompeten. Er zieht durch Hecken und Gesträuche, durch die Hofraite und Scheune Simon Daums zu Oberkainsbach bis nach dem Rodenstein, flüchtet gleichsam, als wolle er das Seinige in Sicherheit bringen. Man hat das Knarren der Wagen und ein Hoho-Schreien, die Pferde anzutreiben, ja selbst die einzelnen Worte gehört, die einherziehendem Kriegsvolk vom Anführer zugerufen werden und womit ihm befohlen wird. Zeigen sich Hoffnungen zum Frieden, dann kehrt er in gleichem Zuge vom Rodenstein nach dem Schnellerts zurück, doch in ruhiger Stille, und man kann dann gewiß sein, daß der Frieden wirklich abgeschlossen wird. Ehe Napoleon im Frühjahr 1815 landete, war bestimmt die Sage, der Rodensteiner sei wieder in die Kriegburg ausgezogen.

Der wilde Jäger Hackelberg

Vorzeiten soll im Braunschweiger Land ein Jägermeister gewesen sein, Hackelberg genannt, welcher zum Waidwerk und Jagen solche große Lust getragen, daß, da er jetzt an seinem Todbett lag und vom Jagen so ungern abgeschieden, er von Gott soll begehrt und gebeten haben (ohnzweifelig aus Ursach seines christlichen und gottseligen Lebens halber, so er bisher geführt), daß er für sein Teil Himmelreich bis zum Jüngsten Tag am Solling möcht jagen. Auch deswegen in ermeldete Wildnis und Wald sich zu begraben befohlen, wie geschehen. Und wird ihm sein gottloser, ja teuflischer Wunsch verhängt, denn viermal wird ein greulich und erschrecklich Hornblasen und Hundegebell die Nacht gehört: jetzt hie, ein andermal anderswo in dieser Wildnis, wie mich diejenigen, die solch Gefährd auch selbst angehört, berichtet. Zudem soll es gewiß sein, daß, wenn man nachts ein solch Jagen vermerkt und am folgenden Tag gejagt wird, einer ein Arm, Bein, wo nicht den Hals gar bricht, oder sonst ein Unglück sich zuträgt.

Ich bin selbst (ist mir recht im Jahr 1558), als ich von Einbeck übern Solling nach Uslar geritten und mich verirrte, auf des Hackelbergers Grab ungefähr gestoßen. War ein Platz wie eine Wiese, doch von unartigem Gewächs und Schilf in der Wildnis, etwas länger denn breit, mehr denn ein Acker zu achten; darauf kein Baum sonst stund wie um die Ende. Der Platz kehrte sich mit der Länge nach Aufgang der Sonne, und am Ende lag die Zwerch ein erhabener roter (ich halt Wacken-)Stein, bei acht oder neun Schuhen lang und fünfe, wie mich deuchte, breit. Er war aber nicht, wie ein anderer Stein, gegen Osten, sondern mit dem einen Vorhaupt gegen Süden, mit dem andern gegen Norden gekehret.

Man sagte mir, es vermöchte niemand dieses Grab aus Vorwitz oder mit Fleiß, wie hoch er sich des unterstünde, zu finden, käme aber jemand ungefähr, lägen etliche greuliche schwarze Hunde daneben. Solches Gespensts und Wusts ward ich aber im geringsten nicht gewahr, sonst hatte ich wenig Haare meines Haupts, die nicht emporstiegen.

Der Tannhäuser

Der edle Tannhäuser, ein deutscher Ritter, hatte viele Länder durchfahren und war auch in Frau Venus' Berg zu den schönen Frauen geraten, das große Wunder zu schauen. Und als er eine Weile darin gehaust hatte, fröhlich und guter Dinge, trieb ihn endlich sein Gewissen, wieder herauszugehen in die Welt, und begehrte Urlaub. Frau Venus aber bot alles auf, um ihn wanken zu machen: sie wolle ihm eine ihrer Gespielen geben zum ehelichen Weibe, und er möge gedenken an ihren roten Mund, der lache zu allen Stunden. Tannhäuser antwortete: kein ander Weib gehre er, als die er sich in den Sinn genommen, wolle nicht ewig in der Hölle brennen, und gleichgültig sei ihm ihr roter Mund, könne nicht länger bleiben, denn sein Leben wäre krank geworden. Und da wollte ihn die Teufelin in ihr Kämmerlein locken, der Minne zu pflegen, allein der edle Ritter schalt sie laut und rief die himmlische Jungfrau an, daß sie ihn scheiden lassen mußte. Reuevoll zog er die Straße nach Rom zu Papst Urban, dem wollte er alle seine Sünden beichten, damit ihm Buße aufgelegt würde und seine Seele gerettet wäre. Wie er aber beichtete, daß er auch ein ganzes Jahr bei Frauen Venus im Berg gewesen, da sprach der Papst: »Wann der dürre Stecken grünen wird, den ich in der Hand halte, sollen dir deine Sünden verziehen sein, und nicht anders.« Der Tannhäuser sagte: »Und hätte ich nur noch ein Jahr leben sollen auf Erden, so wollte ich solche Reue und Buße getan haben, daß sich Gott erbarmt hätte«, und vor Jammer und Leid, daß ihn der Papst verdammte, zog er wieder fort aus der Stadt und von neuem in den teuflischen Berg, ewig und immerdar drinnen zu wohnen. Frau Venus aber hieß ihn willkommen, wie man einen lang abwesenden Buhlen empfängt; danach wohl auf den dritten Tag hub der Stecken an zu grünen, und der Papst sandte Botschaft in alle Land, sich zu erkundigen, wohin der edle Tannhäuser gekommen wäre. Es war aber nun zu spät, er saß im Berg und hatte sich sein Lieb erkoren, daselbst muß er nun sitzen bis zum Jüngsten Tag, wo ihn Gott vielleicht anderswohin weisen wird. Und kein Priester soll einem sündigen Menschen Mißtrost geben, sondern verzeihen, wenn er sich anbietet zu Buß und Reue.

Der wilde Jäger und der Schneider

Ein Schneider saß einmal auf seinem Tische am Fenster und arbeitete, da fuhr der wilde Jäger mit seinen Hunden über das Haus her, und das war ein Lärmen und Bellen, als wenn die Welt verginge. Man sagt sonst den Schneidern nach, sie seien furchtsam, aber dieser war es nicht, denn er spottete des wilden Jägers und schrie: »Huhu, huhu, kliff, klaff, kliff, klaff!« und hetzte die Hunde noch mehr an; da kam aber ein Pferdefuß ins Fenster hereingefahren und schlug den Schneider vom Tische herab, daß er wie tot niederfiel. Als er wieder zur Besinnung kam, hörte er eine fürchterliche Stimme:

»Wust du met mi jagen,
dan sost du auk met mi knagen!«

Ich weiß gewiß, er wird nie wieder den wilden Jäger geneckt haben.

Der Höselberg

Im Lande zu Thüringen nicht fern von Eisenach liegt ein Berg, genannt der Höselberg, worin der Teufel haust und zu dem die Hexen wallfahrten. Zuweilen erschallt jämmerliches Heulen und Schreien her daraus, das die Teufel und armen Seelen ausstoßen; im Jahre 1398 am hellen Tage erhoben sich bei Eisenach drei große Feuer, brannten eine Zeitlang in der Luft, taten sich zusammen und wieder voneinander und fuhren endlich alle drei in diesen Berg. Fuhrleute, die ein andermal mit Wein vorbeigefahren kamen, lockte der böse Feind mit einem Gesicht hinein und wies ihnen etliche bekannte Leute, die bereits in der höllischen Flamme saßen.

Die Sage erzählt: Einmal habe ein König von England mit seiner Gemahlin, namens Reinschweig, gelebt, die er aus einem geringen Stand, bloß ihrer Tugend willen, zur Königin erhoben. Als nun der König gestorben war, den sie aus der Maßen liebhatte, wollte sie ihrer Treu an ihm nicht vergessen, sondern gab Almosen und betete für die Erlösung seiner Seele. Da war gesagt, daß ihr Herr sein Fegefeuer zu Thüringen im Höselberg hätte, also zog die fromme Königin nach Deutschland und baute sich unten am Berg eine Kapelle, um zu beten, und ringsumher entstand ein Dorf. Da erschienen ihr die bösen Geister, und sie nannte den Ort Satansstedt, woraus man nach und nach Sattelstedt gemacht hat.

Des Rechenbergers Knecht

Es sagte im Jahre 1520 Herr Hans von Rechenberg im Beisein Sebastians Schlich und anderer viel ehrlicher und rechtlicher Leute, wie seinem Vater und ihm ein Knecht zur Zeit, da König Matthias in Ungarn gegen die Türken gestritten, treulich und wohl gedienet hätte viel Jahr, also daß sie nie einen bessern Knecht gehabt. Auf eine Zeit aber ward ihm Botschaft an einen großen Herrn auszurichten vertrauet, und da Herr Hans meinte, der Knecht wäre längst hinweg, ging er von ohngefähr in den Stall, da fand er den Knecht auf der Streu bei den Pferden liegen und schlafen, ward zornig und sprach, wie das käme? Der Knecht stand auf und zog einen Brief aus dem Busen, sagte: »Da ist die Antwort.« Nun war der Weg ferne und unmöglich einem Menschen, daß er da sollte gewesen sein. Dabei ward der Knecht erkannt, daß es ein Geist gewesen wäre. Bald nach diesem wurde er auf eine Zeit bedrängt von den Feinden, da hob der Knecht an: »Herr, erschrecket nicht, gebt eilends die Flucht, ich aber will zurückreiten und Kundschaft von den Feinden nehmen.« Der Knecht kam wieder, klingelte und klapperte feindlich in seinen vollgepfropften Taschen. »Was hast du da?« sprach der Herr. »Ich hab allen ihren Pferden die Eisen abgebrochen und weggenommen, die bring ich hier.« Damit schüttete er die Hufeisen aus, und die Feinde konnten Herrn Hansen nicht verfolgen.

Herr Hans von Rechenberg sagte auch, der Knecht wäre zuletzt weggekommen, niemand wüßte wohin, nachdem man ihn erkannt hätte.

Kirchhof, welcher von einem andern Edelmann, der sich aus dem Stegreif ernährt, die Sage erzählt, hat noch folgende Züge: Einmal ritt sein Herr fort und befahl ihm ein Pferd, das ihm sehr lieb war; er sollte dessen fleißig warten. Als der Junker weg war, führte der Knecht das Pferd auf einen hohen Turm, höher denn zehn Stufen; wie aber der Herr wiederkam, vernahm und kannte es ihn im Hineintreten, steckte den Kopf oben im Turm zum Fenster hinaus und fing an zu schreien, daß er sich gar sehr verwunderte und es mit Stricken und Seilen mußte vom Turm herablassen.

Auf eine andere Zeit lag der Edelmann um eines Totschlags willen gefangen und rief den Knecht an, daß er ihm hülfe. Sprach der Knecht: »Obschon es schwer ist, will ich's doch tun, doch müßt Ihr nicht viel mit den Händen vor mir flattern und Schirmstreich brauchen.« Damit meinte er ein Kreuz vor sich machen und sich segnen. Der Edelmann sprach, er sollte fortfahren, er wollte sich damit recht halten. Was geschah? Er nahm ihn mit Ketten und Fesseln, führte ihn in der Luft daher; wie sich aber der Edelmann in der Höhe fürchtet und schwindelt und rief: »Hilf Gott, hilf! Wo bin ich!« ließ er ihn herunter in einen Pfuhl fallen, kam heim und zeigte es der Frau an, daß sie ihn holen und heilen ließ, wie sie tat.

Geisterkirche

Um das Jahr 1516 hat sich eine wunderbare, doch wahrhaftige Geschichte in St.-Lorenz-Kirche und auf desselben Kirchhof zugetragen. Als eine andächtige, alte, fromme Frau ihrer Gewohnheit nach einsmals frühmorgens vor Tag hinaus gen St. Lorenz in die Engelmesse gehen wollen, in der Meinung, es sei die rechte Zeit, kommt sie um Mitternacht vor das obere Tor, findet es offen und geht also hinaus in die Kirche, wo sie dann einen alten, unbekannten Pfaffen die Messe vor dem Altar verrichten sieht. Viele Leut, mehrersteils unbekannte, sitzen hin und wieder in den Stühlen zu beiden Seiten, einesteils ohne Kopf, auch unter denselben etliche, die unlängst verstorben waren und die sie in ihrem Leben wohl gekannt hatte.

Das Weib setzt sich mit großer Furcht und Schrecken in der Stühle einen und, weil sie nichts denn verstorbene Leute, bekannte und unbekannte, siehet, vermeint, es wären der Verstorbenen Seelen; weiß auch nicht, ob sie wieder aus der Kirche gehen oder drinnen bleiben soll, weil sie viel zu früh kommen wär, und Haut und Haar ihr zu Berge steigen. Da geht eine aus dem Haufen, welche bei Leben, wie sie meinte, ihre Gevatterin gewesen und vor dreien Wochen gestorben war, ohne Zweifel ein guter Engel Gottes, hin zu ihr, zupfet sie bei der Kursen (Mantel), beutet ihr einen guten Morgen und spricht: »Ei, liebe Gevatterin, behüt uns der allmächtige Gott, wie kommt Ihr daher? Ich bitte Euch um Gottes und seiner lieben Mutter willen, habt eben acht auf, wann der Priester wandelt und segnet, so laufet, wie Ihr laufen könnt, und sehet Euch nur nicht um, es kostet Euch sonst Euer Leben.« Darauf sie, als der Priester wandeln will, aus der Kirche geeilet, sosehr sie gekonnt, und hat hinter ihr ein gewaltig Prasseln, als wann die ganze Kirche einfiele, gehöret, ist ihr auch alles Gespenst aus der Kirche nachgelaufen und hat sie noch auf dem Kirchhof erwischt, ihr auch die Kursen (wie die Weiber damals trugen) vom Hals gerissen, welche sie dann hinter sich gelassen, und ist sie also unversehret davonkommen und entronnen. Da sie nun wiederum zum obern Tor kommt und herein in die Stadt gehen will, findet sie es noch verschlossen, dann es etwa um ein Uhr nach Mitternacht gewesen: mußt derowegen wohl bei dreien Stunden in einem Haus verharren, bis das Tor geöffnet wird, und kann hieraus vermerken, daß kein guter Geist ihr zuvor durch das Tor geholfen habe und daß die Schweine, die sie anfangs vor dem Tor gesehen und gehört, gleich als wenn es Zeit wäre, das Vieh auszutreiben, nichts anders dann der leidige Teufel gewesen. Doch weil es ein beherztes Weib ohnedas gewesen und sie dem Unglück entgangen, hat sie sich des Dings nicht mehr angenommen, sondern ist zu Haus gegangen und am Leben unbeschädigt blieben, obwohl sie wegen des eingenommenen Schreckens zwei Tag zu Bett hat liegen müssen. Denselben Morgen aber, da ihr solches zuhanden gestoßen, hat sie, als es nun Tag worden, auf den Kirchhof hinausgeschicket und nach ihrer Kursen, ob dieselbe noch vorhanden, umsehen und suchen lassen; da ist dieselbe zu kleinen Stücklein zerrissen gefunden worden, also daß auf jedem Grabe ein kleines Flecklein gelegen, darob sich die Leut, die haufenweis derohalben hinaus auf den Kirchhof liefen, nicht wenig wunderten.

Diese Geschichte ist unsern Eltern sehr wohl bekannt gewesen, da man nicht allein hie in der Stadt, sondern auch auf dem Land in den benachbarten Orten und Flecken davon zu sagen gewußt, wie dann noch heutigentags Leute gefunden werden, die es vor der Zeit von ihren Eltern gehört und vernommen haben.

Nach mündlichen Erzählungen hat es sich in der Nacht vor dem Allerseelentag zugetragen, an welchem die Kirche feierlich das Gedächtnis der abgeschiedenen Seelen begeht. Als die Messe zu Ende ist, verschwindet plötzlich alles Volk aus der Kirche, so voll sie vorher war, und sie wird ganz leer und finster. Sie sucht ängstlich den Weg zur Kirchentür, und wie sie heraustritt, schlägt die Glocke im Turm ein Uhr, und die Türe fährt mit solcher Gewalt gleich hinter ihr zu, daß ihr schwarzer Regenmantel eingeklemmt wird. Sie läßt ihn, eilt fort, und als sie am Morgen kommt, ihn zu holen, ist er zerrissen, und auf jedem Grabhügel liegt ein Stücklein davon.

Geistermahl

Als König Friedrich III. von Dänemark eine öffentliche Zusammenkunft nach Flensburg ausgeschrieben, trug sich zu, daß ein dazu herbeigereister Edelmann, weil er spät am Abend anlangte, in dem Gasthaus keinen Platz finden konnte. Der Wirt sagte ihm, alle Zimmer wären besetzt bis auf ein einziges großes; darin aber die Nacht zuzubringen wolle er ihm selbst nicht anraten, weil es nicht geheuer und Geister darin ihr Wesen trieben. Der Edelmann gab seinen unerschrockenen Mut lächelnd zu erkennen und sagte, er fürchte keine Gespenster und begehre nur ein Licht, damit er, was sich etwa zeige, besser sehen könne. Der Wirt brachte ihm das Licht, welches der Edelmann auf den Tisch setzte und sich mit wachenden Augen versichern wollte, daß Geister nicht zu sehen wären. Die Nacht war noch nicht halb herum, als es anfing im Zimmer hier und dort sich zu regen und rühren, und bald ein Rascheln über das andere sich hören ließ. Er hatte anfangs Mut, sich wider den anschauernden Schrecken fest zu halten, bald aber, als das Geräusch immer

wuchs, ward die Furcht Meister, so daß er zu zittern anfing, er mochte widerstreben, wie er wollte. Nach diesem Vorspiel von Getöse und Getümmel kam durch ein Kamin, welches im Zimmer war, das Bein eines Menschen herabgefallen, bald auch ein Arm, dann Leib, Brust und alle Glieder, zuletzt, wie nichts mehr fehlte, der Kopf. Alsbald setzten sich die Teile nach ihrer Ordnung zusammen, und ein ganz menschlicher Leib, einem Hofdiener ähnlich, hob sich auf. Jetzt fielen immer mehr und mehr Glieder herab, die sich schnell zu menschlicher Gestalt vereinigten, bis endlich die Türe des Zimmers aufging und der helle Haufen eines völligen königlichen Hofstaats eintrat.

Der Edelmann, der bisher wie erstarrt am Tisch gestanden, als er sah, daß der Zug sich näherte, eilte zitternd in einen Winkel des Zimmers; zur Tür hinaus konnte er vor dem Zuge nicht.

Er sah nun, wie mit ganz unglaublicher Behendigkeit die Geister eine Tafel deckten, alsbald köstliche Gerichte herbeitrugen und silberne und goldene Becher aufsetzten. Wie das geschehen war, kam einer zu ihm gegangen und begehrte, er solle sich als ein Gast und Fremdling zu ihnen mit an die Tafel setzen und mit ihrer Bewirtung vorliebnehmen. Als er sich weigerte, ward ihm ein großer silberner Becher dargereicht, daraus Bescheid zu tun. Der Edelmann, der vor Bestürzung sich nicht zu fassen wußte, nahm den Becher, und es schien auch, als würde man ihn sonst dazu nötigen, aber als er ihn ansetzte, kam ihn ein so innerliches, Mark und Bein durchdringendes Grausen an, daß er Gott um Schutz und Schirm laut anrief. Kaum hatte er das Gebet gesprochen, so war in einem Augenblick alle Pracht, Lärm und das ganze glänzende Mahl mit den herrlich scheinenden stolzen Geistern verschwunden.

Indessen blieb der silberne Becher in seiner Hand, und wenn auch alle Speisen verschwunden waren, blieb doch das silberne Geschirr auf der Tafel stehen, auch das eine Licht, das der Wirt ihm gebracht. Der Edelmann freute sich und glaubte, das alles sei ihm gewonnenes Eigentum, allein der Wirt tat Einspruch, bis es dem König zu Ohren kam, welcher erklärte, daß das Silber ihm heimgefallen wäre und es zu seinen Handen nehmen ließ. Woher es gekommen, hat man nicht erfahren können, indem auch nicht, wie gewöhnlich, Wappen und Namen eingegraben war.

Die Spinnerin am Kreuz

Dicht bei Wien, wenn man die Vorstadt Landstraße hinausgeht, stehet ein steinernes, gut gearbeitetes Heiligenbild, unbedenklich über zwei Jahrhunderte alt. Davon geht die Sage: Eine arme Frau habe zu Gottes Ehren dieses Heiligtum wollen aufrichten lassen und also so lang gesponnen, bis sie für ihren Verdienst nach und nach das zum Bau nötige Geld zusammengebracht.

Zwischen Calw und Zabelstein steht an der Straße ein steinernes Kreuz, worin ein Spinnrocken und die Jahreszahl 1447 gehauen ist. Ein siebzigjähriger Mann erzählte, einst von einem Hundertjährigen gehört zu haben, es wäre eine arme Spinnerin gewesen, allda im greulich tiefen Schnee erstickt.

Der heilige Winfried

Als der heilige Winfried, genannt Bonifatius, die Hessen bekehren wollte, kam er auf einen Berg, wo ein heidnisches Gotteshaus stand, das ließ er umreißen und die erste christliche Kirche bauen. Seitdem heißt der Berg Christenberg (vier Stunden von Marburg), und zweihundert Schritt von der Kirche weisen die Leute noch heutigestags einen Fußtritt im Stein, der von Bonifatius herrührt, als er vor heiligem Eifer auf den Boden stampfte. Er sagte: »So gewiß sich mein Fuß in den Stein drückt, so gewiß will ich die Heiden bekehren.« Der heidnische Name des Berges war Castorberg. Bonifatius wollte das C von diesem Wort erhalten, indem er ihn Christenberg nannte. In der Gegend von Christenberg erzählt das Volk noch von dem Bonifatiusweg, auf dem er durch den Wald gekommen und fortgegangen. Äcker, die daran stoßen, sind noch heutigestags zehntfrei, während alle anderen die Lasten tragen, und Frevel, der darauf verübt wird, muß härter gebüßt werden. Auf dem Totenhof um die Christenberger Kirche werden noch heute die Bauern der umliegenden Dörfer begraben und mühsam hinaufgetragen. Wie Bonifatius nach Thüringen kam, ließ er zu Großvargula eine Kirche bauen, die er selbst einweihen sollte. Da steckte er seinen dürren Stab in die Erde, trat in die Kirche und las die Messe; nach vollbrachtem Gottesdienst hatte der Stab gegrünt und Sprossen getrieben.

Der Dom zu Köln

Als der Bau des Doms zu Köln begann, wollte man gerade auch eine Wasserleitung ausführen. Da vermaß sich der Baumeister und sprach: »Eher soll das große Münster vollendet sein als der geringe Wasserbau!« Das sprach er, weil er allein wußte, wo zu diesem die Quelle sprang und er das Geheimnis niemanden als seiner Frau entdeckt, ihr aber zugleich bei Leib und Leben geboten hatte, es wohl zu bewahren. Der Bau des Doms fing an und hatte guten Fortgang, aber die Wasserleitung konnte nicht angefangen werden, weil der Meister vergeblich die Quelle suchte. Als dessen Frau nun sah, wie er sich darüber grämte, versprach sie ihm Hilfe, ging zu der Frau des andern Baumeisters und lockte ihr durch List endlich das Geheimnis heraus, wonach die Quelle gerade unter dem Turm des Münsters sprang; ja, jene bezeichnete selbst den Stein, der sie zudeckte. Nun war ihrem Manne geholfen; folgenden Tags ging er zu dem Stein, klopfte darauf, und sogleich drang das Wasser hervor. Als der Baumeister sein Geheimnis verraten sah und mit seinem stolzen Versprechen zuschanden werden mußte, weil die Wasserleitung ohne Zweifel nun in kurzer Zeit zustande kam, verfluchte er zornig den Bau, daß er nimmermehr sollte vollendet werden, und starb darauf vor Traurigkeit. Hat man fortbauen wollen, so war, was an einem Tag zusammengebracht und aufgemauert stand, am andern Morgen eingefallen, und wenn es noch so gut eingefügt war und aufs festeste haftete, also daß von nun an kein einziger Stein mehr hinzugekommen ist. Andere erzählen abweichend. Der Teufel war neidig auf das stolze und heilige Werk, das Herr Gerhard, der Baumeister, erfunden und begonnen hatte. Um doch nicht ganz leer dabei auszugehen oder gar die Vollendung des Doms noch zu verhindern, ging er mit Herrn Gerhard die Wette ein: er wolle eher einen Bach von Trier nach Köln, bis an den Dom, geleitet als Herr Gerhard seinen Bau vollendet haben, doch müsse ihm, wenn er gewänne, des Meisters Seele zugehören. Herr Gerhard war nicht säumig, aber der Teufel kann teufelsschnell arbeiten. Eines Tags stieg der Meister auf den Turm, der schon so hoch war, als er noch heutzutag ist, und das erste, was er von oben herab gewahrte, waren Enten, die schnatternd von dem Bach, den der Teufel herbeigeleitet hatte, aufflogen. Da sprach der Meister in grimmem Zorn: »Zwar hast du, Teufel, mich gewonnen, doch sollst du mich nicht lebendig haben!« So sprach er und stürzte sich Hals über Kopf den Turm herunter, in Gestalt eines Hundes sprang schnell der Teufel hintennach, wie beides in Stein gehauen noch wirklich am Turme zu schauen ist. Auch soll, wenn man sich mit dem Ohr auf die Erde legt, noch heute der Bach zu hören sein, wie er unter dem Dome wegfließt.

Endlich hat man eine dritte Sage, welche den Teufel mit des Meisters Frau Buhlschaft treiben läßt, wodurch er vermutlich, wie in der ersten, hinter das Baugeheimnis ihres Mannes kam.

Das Glücksrad

Zwölf Landsknechte kamen aus dem Ditmarser Krieg und hatten wenig vor sich gebracht. Da sie nun traurig und kleinmütig im Land umherstrichen und heut nicht wußten, was sie morgen zu beißen hatten, begegnete ihnen ein Grauröcklein, tat seinen Gruß und fragte: »Woher des Wegs und wohin?« Sie aber sagten: »Daher aus dem Krieg und dahin, wo wir reich werden sollen, können aber den Ort nicht finden.« Das Grauröcklein sagte: »Die Kunst soll euch offenbar werden, wenn ihr mir folgen wollt, begehr auch nichts dafür zu haben.« Die Landsknechte meinten: was es denn wäre? »Man heißt es das Glücksrad, das steht mir zu Gebot, und wen ich darauf bringe, der lernt wahrsagen den Leuten und graben den Schatz aus der Erde; doch nicht anders vermag ich euch darauf zu setzen als mit dem Beding, daß ich Macht und Gewalt habe, einen aus eurem Haufen mit mir wegzuführen.«

Sie begehrten nun zu wissen, welchen von ihnen er zu nehmen willens sei. Der Graurock antwortete: »Zu welchem ich Lust trage, das wird sich hernach zeigen, voraus weiß ich's nicht.« Drauf nahmen die Landsknechte eine lange Überlegung, sollten sie's tun oder aber lassen, schlossen endlich: »Sterben muß der Mensch doch einmal; wie nun, so wir in Ditmarsen gefallen wären in der Schlacht oder die Pest uns weggerafft hätte; wir wollen dies wagen, was viel leichter ist und nur einen einzigen trifft.« Ergaben sich also miteinander in des Mannes Hand mit dem Beding, daß er sie aufs Glücksrad brächte und dafür zum Lohn einen aus ihnen hinhätte, den, der ihm dazu gefiele.

Nach diesem so führte sie der Graurock hin an die Stelle, wo sein Rad stund, das war so groß, daß wie sie alle darauf kamen, jeglicher drei Klaftern weit ab vom andern saß; eins aber verbot er ihnen: daß ja keiner den andern ansähe, solange sie auf dem Rad säßen; wer das nicht tue, dem bräche er den Hals. Als sie nun ordnungsmäßig aufgesessen, packte der Meister das Rad mit den Klauen, die er beides an Händen und Füßen hatte, und hub zu drehen an, bis es umgedreht war, zwölf Stunden nacheinander und alle Stunden einmal. Ihnen aber deuchte, als ob unter ihnen helles Wasser sei, gleich einem Spiegel, worin sie alles sehen konnten, was sie vorhatten, Gutes oder Böses, und wen sie von Leuten da sahen, erkannten sie und wußten ihre Namen zu nennen. Über ihnen aber war es wie Feuer, und glühende Zapfen hingen herab.

Wie sie nun zwölf Stunden ausgehalten hatten, rückte der Glücksmeister einen feinen jungen Menschen vom Rade, der eines Bürgermeisters Sohn aus Meißen war, und führte ihn mitten durch die Feuerflamme mit sich hin. Die elf andern wußten nicht, wie ihnen geschehen, und sanken betäubt nieder in tiefen Schlaf, und als sie etliche Stunden lang unter freiem Himmel gelegen, wachten sie auf, aber ihre Kleider auf dem Leibe und ihre Hemden, die waren ganz mürbe geworden und zerfielen beim Angreifen, von der großen Hitze wegen, die auf dem Rad gewesen war.

Darauf erhoben sie sich und gingen jeder seines Weges, in der Hoffnung, ihr Lebtag alles genug und eitel Glück zu haben, [waren] aber nach wie vor arm und mußten das Brot vor anderer Leute Haustür suchen.

Der Teufel als Fürsprecher

In der Mark geschah es, daß ein Landsknecht seinem Wirt Geld aufzuheben gab, und als er es wiederforderte, dieser etwas empfangen zu haben ableugnete. Als der Landsknecht darüber mit ihm uneins ward und das Haus stürmte, ließ ihn der Wirt gefänglich einziehen und wollte ihn übertäuben, damit er das Geld behielte. Er klagte daher den Landsknecht zu Haut und Haar, zu Hals und Bauch an als einen, der ihm seinen Hausfrieden gebrochen hätte. Da kam der Teufel zu ihm ins Gefängnis und sprach: »Morgen wird man dich vor Gericht führen und dir den Kopf abschlagen, darum daß du den Hausfrieden gebrochen hast; willst du mein sein mit Leib und Seel, so will ich dir davonhelfen.« Aber der Landsknecht wollte nicht. Da sprach der Teufel: »So tue ihm also: Wann du vor Gericht kommst und man dich hart anklagt, so beruhe darauf, daß du dem Wirt das Geld gegeben, und sprich, du seiest übel beredt, man wolle dir vergönnen, einen Fürsprecher zu haben, der dir das Wort rede. Alsdann will ich nicht weit stehen in einem blauen Hute mit weißer Feder und dir deine Sache führen.« Dies geschah also; aber da der Wirt hartnäckig leugnete, so sagte des Landsknechts Anwalt im blauen Hut: »Lieber Wirt, wie magst du es doch leugnen! Das Geld liegt in deinem Bette unter dem Hauptpfühl: Richter und Schöffen, schicket hin, so werdet ihr es befinden.« Da verschwur sich der Wirt und sprach: »Hab ich das Geld empfangen, so führe mich der Teufel hinweg!« Als nun das Geld gefunden und gebracht war, sprach der im blauen Hütlein mit weißer Feder: »Ich wußte wohl, ich sollte einen davon haben, entweder den Wirt oder den Gast«, drehte damit dem Wirt den Kopf um und führte ihn in der Luft davon.

Traum vom Schatz auf der Brücke

Es hat auf eine Zeit einem getraumt, er solle gen Regensburg gehen auf die Brücken, da sollt er reich werden. Er ist auch hingegangen, und da er einen Tag oder vierzehn allda gegangen hat, ist ein reicher Kaufmann zu ihm kommen, der sich wunderte, was er alle Tage auf der Brücke mache, und ihn fragte, was er da suche. Dieser antwortete: »Es hat mir getraumt, ich soll gen Regensburg auf die Brücke gehen, da würde ich reich werden.« – »Ach«, sagte der Kaufmann, »was redest du von Träumen, Träume sind Schäume und Lügen; mir hat auch getraumt, daß unter jenem großen Baume (und zeigte ihm den Baum) ein großer Kessel mit Geld begraben sei, aber ich acht sein nicht, denn Träume sind Schäume.« Da ging der andere hin, grub unter dem Baum ein, fand einen großen Schatz, der ihn reich machte, und sein Traum wurde ihm bestätigt.

Agricola fügt hinzu: »Das hab ich oftmals von meinem lieben Vater gehört.« Es wird aber auch von andern Städten erzählt, wie von Lübeck (Kempen), wo einem Bäckerknecht träumt, er werde einen Schatz auf der Brücke finden. Als er oft darauf hin und her geht, redet ihn ein Bettler an und fragt nach der Ursache und sagt hernach, ihm habe getraumt, daß auf dem Kirchhof zu Mölken unter einer Linde (zu Dordrecht unter einem Strauche) ein Schatz liege, aber er wolle den Weg nicht daranwenden. Der Bäckerknecht antwortet: »Ja, es träumt einem oft närrisch Ding, ich will mich meines Traums begeben und Euch meinen Brückenschatz vermachen«, geht aber hin und hebt den Schatz unter der Linde.

Der Kessel mit dem Schatz

An einem Winterabend saß vor vielen Jahren der Wagnermeister Wolf zu Großbieberau im Odenwald mit Kindern und Gesinde beim Ofen und sprach von diesem oder jenem. Da ward auf einmal ein verwunderlich Geräusch vernommen, und siehe, es drückte sich unter dem Stubenofen plötzlich ein großer Kessel voll Geldes hervor. Hätte nun gleich einer stillschweigends ein wenig Brot oder einen Erdschollen darauf geworfen, dann wäre es gut gewesen; aber nein, der Böse war dabei, und da mußt es wohl verkehrt gehen. Des Wagners Töchterlein hatte nie soviel Geld beisammen gesehen und rief laut: »Blitz, Vater, was Geld, was Geld!« Der Vater kehrte sich nicht ans Schreien, weil er besser wußte, was hier zu tun wäre. Schnell nahm er's Heft vom großen Nabenbohrer und steckte es rasch durch den Kesselring. Doch es war vorbei, der Kessel versank, und nur der Ring blieb zurück. Vor ungefähr zwanzig Jahren wurde der Kesselring noch gezeigt.

Zu Quedlinburg steht ein Haus, in dessen Grundtiefen sich große Goldschätze befinden sollen. Vor Jahren wohnte ein Kupferschmied darin, dessen Frau den Lehrjungen verschiedenes Handwerksgerät in Ordnung bringen hieß, besonders sollte er einen großen Kessel im Hintergebäude rein machen. Als am Abend der Junge mit der Arbeit zu Ende gekommen war und jetzt zum großen Kessel trat, fand er diesen bis oben gefüllt mit glänzenden Goldstücken. Vor Freude erschrocken, griff er einige Stücke heraus, eilte damit zur Meisterin und erzählte ihr, was er gesehen. Sie lief mit hin, aber noch waren beide nicht über die Schwelle der Türe zum Hintergebäude gekommen, als sie ein plötzliches Krachen, Rauschen und Klingen hörten; und drinnen sahen sie noch, wie sich der große Kessel in seiner alten Fuge bewegte und dann still stand. Als sie aber hinzutraten, war er schon wieder leer und das Gold hinabgesunken.

Der Werwolf

Ein Soldat erzählte folgende Geschichte, die seinem eignen Großvater begegnet sein soll: Dieser, sein Großvater, sei einmal zu Wald holzhauen gegangen, mit einem Gevatter und noch einem dritten, welchen dritten man immer im Verdacht gehabt, daß es nicht ganz richtig mit ihm gewesen; doch so hätte man nichts Gewisses davon zu sagen gewußt. Nun hätten die dreie ihre Arbeit getan und wären müde geworden, worauf dieser dritte vorgeschlagen: ob sie nicht ein bißchen ausschlafen wollten. Das sei denn nun so geschehen, jeder hätte sich nieder an den Boden gelegt; er, der Großvater, aber nur so getan, als schliefe er, und die Augen ein wenig aufgemacht. Da hätte der dritte erst recht um sich gesehen, ob die andern auch schliefen, und als er solches geglaubt, auf einmal den Gürtel abgeworfen und wäre ein Werwolf gewesen, doch sehe ein solcher Werwolf nicht ganz aus wie ein natürlicher Wolf, sondern etwas anders. Darauf wäre er weggelaufen zu einer nahen Wiese, wo gerade ein jung Füllen gegraset, das hätte er angefallen und gefressen mit Haut und Haar. Hernach wäre er zurückgekommen, hätte den Gürtel wieder umgetan und nun, wie vor, in menschlicher Gestalt dagelegen. Nach einer kleinen Weile, als sie alle zusammen aufgestanden, wären sie heim nach der Stadt gegangen, und wie sie eben am Schlagbaum gewesen, hätte jener dritte über Magenweh geklagt. Da hätte ihm der

Großvater heimlich ins Ohr geraunt: »Das will ich wohl glauben, wenn man ein Pferd mit Haut und Haar in den Leib gegessen hat;« jener aber geantwortet: »Hättest du mir das im Walde gesagt, so solltest du es jetzo nicht mehr sagen.«

Ein Weib hatte die Gestalt eines Werwolfs angenommen und war also einem Schäfer, den sie gehaßt, in die Herde gefallen und hatte ihm großen Schaden getan. Der Schäfer aber verwundete den Wolf durch einen Beilwurf in die Hüfte, so daß er in ein Gebüsch kroch. Da ging der Schäfer ihm nach und gedachte ihn ganz zu überwältigen, aber er fand ein Weib, beschäftigt, mit einem abgerissenen Stück ihres Kleides das aus der Wunde strömende Blut zu stillen.

Zu Lüttich wurden im Jahre 1610 zwei Zauberer hingerichtet, weil sie sich in Werwölfe verwandelt und viele Kinder getötet. Sie hatten einen Knaben bei sich von zwölf Jahren, welchen der Teufel zum Raben machte, wenn sie Raub zerrissen und gefressen.

Der Werwolfstein

Bei dem magdeburgischen Dorfe Eggenstedt, unweit Sommerschenburg und Schöningen, erhebt sich auf dem Anger nach Seehausen zu ein großer Stein, den das Volk den Wolf- oder Werwolfstein nennet. Vor langer, langer Zeit hielt sich an dem Brandsleber Holze, das sonst mit dem Hackel und dem Harz zusammenhing, ein Unbekannter auf, von dem man nie erfahren hat, wer er sei, noch woher er stamme. Überall bekannt unter dem Namen des Alten kam er öfters ohne Aufsehen in die Dörfer, bot seine Dienste an und verrichtete sie zu der Landleute Zufriedenheit. Besonders pflegte er die Hütung der Schafe zu übernehmen. Es geschah, daß in der Herde des Schäfers Melle zu Neindorf ein niedliches buntes Lamm fiel; der Unbekannte bat den Schäfer dringend und ohne Ablaß, es ihm zu schenken. Der Schäfer wollt es nicht lassen. Am Tag der Schur brauchte Melle den Alten, der ihm dabei half; bei seiner Zurückkunft fand er zwar alles in Ordnung und die Arbeit getan, aber weder den Alten noch das bunte Lamm. Niemand wußte geraume Zeit lang von dem Alten. Endlich stand er einmal unerwartet vor dem Melle, welcher im Kattental weidete, und rief höhnisch: »Guten Tag, Melle, dein buntes Lamm läßt dich grüßen!« Ergrimmt griff der Schäfer seinen Krummstab und wollte sich rächen. Da wandelte plötzlich der Unbekannte die Gestalt und sprang ihm als Werwolf entgegen. Der Schäfer erschrak, aber seine Hunde fielen wütend auf den Wolf, welcher entfloh; verfolgt rann er durch Wald und Tal bis in die Nähe von Eggenstedt. Die Hunde umringten ihn da, und der Schäfer rief: »Nun sollst du sterben!« Da stand der Alte wieder in Menschengestalt, flehte bittend um Schonung und erbot sich zu allem. Aber wütend stürzte der Schäfer mit seinem Stock auf ihn ein – urplötzlich stand vor ihm ein aufsprießender Dornenstrauch. Auch so schonte der Rachsüchtige ihn nicht, sondern zerhieb grausam die Zweige. Noch einmal wandelte sich der Unbekannte in einen Menschen und bat um sein Leben. Allein der hartherzige Melle blieb unerbittlich. Da suchte er als Werwolf zu entfliehen, aber ein Streich des Melle streckte ihn tot zur Erde. Wo er fiel und beigescharrt wurde, bezeichnet ein Felsstein den Ort und heißt nach ihm auf ewige Zeiten.

Die Werwölfe ziehen aus

In Livland ist folgende Sage: Wann der Christtag verflossen ist, so geht ein Junge, der mit einem Bein hinkt, herum und fordert alle dem Bösen Ergebenen, deren eine große Zahl ist, zusammen und heißt sie nachfolgen. Zaudern etliche darunter und sind säumig, so ist ein anderer großer langer Mann da, der mit einer von Eisendraht und Kettlein geflochtenen Peitsche auf sie haut und mit Zwang forttreibt. Er soll so grausam auf die Leute peitschen, daß man nach langer Zeit Flecken und Narben auf ihrem Leibe sehen kann, wovon sie viele Schmerzen empfinden.

Sobald sie anheben, ihm zu folgen, gewinnt es das Ansehen, als ob sie ihre vorige Gestalt ablegten und in Wölfe verwandelt würden. Da kommen ihrer ein paar Tausende zusammen; der Führer mit der eisernen Geißel in der Hand geht voran. Wenn sie nun aufs Feld geführt sind, fallen sie das Vieh grausam an und zerreißen, was sie nur ergreifen können, womit sie großen Schaden tun. Doch Menschen zu verletzen ist ihnen nicht vergönnt. Kommen sie an ein Wasser, so schlägt der Führer mit seiner Rute oder Geißel hinein und teilt es voneinander, so daß sie trockenes Fußes übergehen können. Sind zwölf Tage verflossen, so legen sie die Werwolfsgestalt ab und werden wieder zu Menschen.

Der Drache fährt aus

Das Alpenvolk in der Schweiz hat noch viele Sagen bewahrt von Drachen und Würmern, die vor alter Zeit auf dem Gebirge hausten und oftmals verheerend in die Täler herabkamen. Noch jetzt, wenn ein ungestümer Waldstrom über die Berge stürzt, Bäume und Felsen mit sich reißt, pflegt es in einem tiefsinnigen Sprichwort zu sagen: »Es ist ein Drach ausgefahren.« Folgende Geschichte ist eine der merkwürdigsten:

Ein Binder aus Luzern ging aus, Daubenholz für seine Fässer zu suchen. Er verirrte sich in eine wüste, einsame Gegend, die Nacht brach ein, und er fiel plötzlich in eine tiefe Grube, die jedoch schlammig war, wie in einen Brunnen hinab. Zu beiden Seiten auf dem Boden waren Eingänge in große Höhlen; als er diese genauer untersuchen wollte, stießen ihm zu seinem großen Schrecken zwei scheußliche Drachen auf. Der Mann betete eifrig, die Drachen umschlangen seinen Leib verschiedenemal, aber sie taten ihm kein Leid. Ein Tag verstrich und mehrere, er mußte vom 6. November bis 10. April in Gesellschaft der Drachen harren. Er nährte sich gleich ihnen von einer salzigen Feuchtigkeit, die aus den Felsenwänden schwitzte. Als nun die Drachen witterten, daß die Winterszeit vorüber war, beschlossen sie auszufliegen. Der eine tat es mit großem Rauschen, und während der andere sich gleichfalls dazu bereitete, ergriff der unglückselige Faßbinder des Drachen Schwanz, hielt fest daran und kam aus dem Brunnen mit heraus. Oben ließ er los, wurde frei und begab sich wieder in die Stadt. Zum Andenken ließ er die ganze Begebenheit auf einen Priesterschmuck sticken, der noch jetzt in des heiligen Leodagars Kirche zu Luzern zu sehen ist. Nach den Kirchenbüchern hat sich die Geschichte im Jahre 1420 zugetragen.

Winkelried und der Lindwurm

In Unterwalden beim Dorf Wyler hauste in der uralten Zeit ein scheußlicher Lindwurm, welcher alles, was er ankam, Vieh und Menschen, tötete und den ganzen Strich verödete, dergestalt, daß der Ort selbst davon den Namen Ödwyler empfing. Da begab es sich, daß ein Eingeborener, Winkelried geheißen, als er einer schweren Mordtat halben landesflüchtig werden müssen, sich erbot, den Drachen anzugreifen und umzubringen, unter der Bedingung, wenn man ihn nachher wieder in seine Heimat lassen würde. Da wurden die Leute froh und erlaubten ihm wieder in das Land; er wagt, es und überwand das Ungeheuer, indem er ihm einen Bündel Dörner in den aufgesperrten Rachen stieß. Während es nun suchte, diesen auszuspeien, und nicht konnte, versäumte das Tier seine Verteidigung, und der Held nutzte die Blößen. Frohlockend warf er den Arm auf, womit er das bluttriefende Schwert hielt, und zeigte den Einwohnern die Siegestat, da floß das giftige Drachenblut auf den Arm und an die bloße Haut, und er mußte alsbald das Leben lassen. Aber das Land war errettet und ausgesöhnt; noch heutigentags zeigt man des Tieres Wohnung im Felsen und nennt sie die Drachenhöhle.

Der Lindwurm am Brunnen

Zu Frankenstein, einem alten Schlosse anderthalb Stunden weit von Darmstadt, hausten vor alten Zeiten drei Brüder zusammen, deren Grabsteine man noch heutigentags in der Oberbirbacher Kirche siehet. Der eine der Brüder hieß Hans, und er ist ausgehauen, wie er auf einem Lindwurm steht. Unten im Dorfe fließt ein Brunnen, in dem sich sowohl die Leute aus dem Dorf als aus dem Schloß ihr Wasser holen müssen; dicht neben den Brunnen hatte sich ein gräßlicher Lindwurm gelagert, und die Leute konnten nicht anders Wasser schöpfen als dadurch, daß sie ihm täglich ein Schaf oder ein Rindvieh brachten; solang der Drache daran fraß, durften die Einwohner zum Brunnen. Um diesen Unfug aufzuheben, beschloß Ritter Hans den Kampf zu wagen; lange stritt er, endlich gelang es ihm, dem Wurme den Kopf abzuhauen. Nun wollte er auch den Rumpf des Untiers, der noch zappelte, mit der Lanze durchstechen, da kringelte sich der spitzige Schweif um des Ritters rechtes Bein und stach ihn gerade in die Kniekehle, die einzige Stelle, welche der Panzer nicht deckte. Der ganze Wurm war giftig, und Hans von Frankenstein mußte sein Leben lassen.

Die Schlangenkönigin

Ein Hirtenmädchen fand oben auf dem Fels eine kranke Schlange liegen, die wollte verschmachten. Da reichte es ihr mitleidig seinen Milchkrug, die Schlange leckte begierig und kam sichtbar zu Kräften. Das Mädchen ging weg, und bald darauf geschah es, daß ihr Liebhaber um sie warb, allein ihrem reichen, stolzen Vater zu arm war und spöttisch abgewiesen wurde, bis er auch einmal so viel Herden besäße wie der alte Hirt. Von der Zeit an hatte der alte Hirt kein Glück mehr, sondern lauter Unfall; man wollte des Nachts einen feurigen Drachen über seinen Fluren sehen, und sein Gut verdarb. Der arme Jüngling war nun ebenso reich und warb nochmals um seine Geliebte, die wurde ihm jetzt zuteil. An dem Hochzeittag trat eine Schlange ins Zimmer, auf deren gewundenem Schweif eine schöne Jungfrau saß, die sprach, daß sie es wäre, der einstmal die gute Hirtin in der Hungersnot ihre Milch gegeben, und aus Dankbarkeit nahm sie ihre glänzende Krone vom Haupt ab und warf sie der Braut in den Schoß. Sodann verschwand sie, aber die jungen Leute hatten großen Segen in ihrer Wirtschaft und wurden bald wohlhabend.

Die Jungfrau im Oselberg

Zwischen Dinkelsbühl und Hahnkamm stand auf dem Oselberg vor alten Zeiten ein Schloß, wo eine einige Jungfrau gelebt, die ihrem Vater als Wittiber haushielt und den Schlüssel zu allen Gemächern in ihrer Gewalt gehabt. Endlich ist sie mit den Mauern verfallen und umkommen, und das Geschrei kam aus, daß ihr Geist um das Gemäuer schwebe und nachts an den vier Quatembern in Gestalt einer Fräulein, die ein Schlüsselbund an der Seite trägt, erscheine. Dagegen sagen alte Bauern dieser Orte aus, von ihren Vätern gehört zu haben, diese Jungfer sei eines alten Heiden Tochter gewesen und in eine abscheuliche Schlange verwünscht worden; auch werde sie in Weise einer Schlange, mit Frauenhaupt und Brust, ein Gebund Schlüssel am Hals, zu jener Zeit gesehen.

Der Krötenstuhl

Auf Notweiler, einer elsässischen Burg im Wasgau, lebte vor alten Zeiten die schöne Tochter eines Herzogs, die aber so stolz war, daß sie keinen ihrer vielen Freier gut genug fand und viele umsonst das Leben verlieren mußten. Zur Strafe wurde sie dafür verwünscht und muß so lange auf einem öden Felsen hausen, bis sie erlöst wird. Nur einmal die Woche, nämlich den Freitag, darf sie sichtbar erscheinen, aber einmal in Gestalt einer Schlange, das zweite Mal als Kröte und das dritte Mal als Jungfrau in ihrer natürlichen Art. Jeden Freitag wäscht sie sich auf dem Felsen, der noch heutigentags Krötenstuhl heißt, an einem Quellborn und sieht sich dabei in die Weite um, ob niemand nahe, der sie erlöse. Wer das Wagstück unternehmen will, der findet oben auf dem Krötenstuhl eine Muschel mit drei Wahrzeichen: einer Schlangenschuppe, einem Stück Krötenhaut und einer gelben Haarlocke. Diese drei Dinge bei sich tragend, muß er einen Freitagmittag in die wüste Burg steigen, warten, bis sie sich zu waschen kommt, und sie drei Wochen hintereinander in jeder ihrer Erscheinungen auf den Mund küssen, ohne zu entfliehen. Wer das aushält, bringt sie zur Ruhe und empfängt alle ihre Schätze. Mancher hat schon die Merkzeichen gefunden und sich in die Trümmer der alten Burg gewagt, und viele sind vor Furcht und Greuel umgekommen. Einmal hatte ein kühner Bursch schon den Mund der Schlange berührt und wollte auf die andre Erscheinung warten, da ergriff ihn Entsetzen und er rannte bergab; zornig und raschelnd verfolgte sie ihn als Kröte bis auf den Krötenstuhl. Sie bleibt übrigens die Länge der Zeit hindurch, wie sie war, und altert nimmer. Als Schlange ist sie am gräßlichsten und nach dem Spruch des Volks »groß wie ein Wieschbaum (Heubaum), als Krott groß wie ein Backofen, und da spaucht sie Feuer.«

Die Wiesenjungfrau

Ein Bube von Auerbach an der Bergstraße hütete seines Vaters Kühe auf der schmalen Talwiese, von der man das alte Schloß sehen kann. Da schlug ihn auf einmal von hinten her eine weiche Hand sanft an den Backen, daß er sich umdrehte, und siehe, ein wunderschöne Jungfrau stand vor ihm, von Kopf zu den Füßen weiß gekleidet, und wollte eben den Mund auftun, ihn anzureden. Aber der Bub erschrak wie vor dem Teufel selbst und nahm das Reißaus ins Dorf hinein. Weil indessen sein Vater bloß die eine Wiese hatte, mußte er die Kühe immer wieder zu derselben Weide treiben, er mochte wollen oder nicht. Es währte lange Zeit, und der Junge hatte die Erscheinung bald vergessen, da raschelte etwas in den Blättern an einem schwülen Sommertag, und er sah eine kleine Schlange kriechen, die trug eine blaue Blume in ihrem Mund und fing plötzlich zu sprechen an: »Hör, guter Jung, du könntest mich erlösen, wenn du diese Blume nähmest, die ich trage und die ein Schlüssel ist zu meinem Kämmerlein droben im Schloß, da würdest du Gelds die Fülle finden.« Aber der Hirtenbub erschrak, da er sie reden hörte, und lief wieder nach Haus. Und an einem der letzten Herbsttage hütete er wieder auf der Wiese, da zeigte sie sich zum drittenmal in Gestalt der ersten weißen Jungfrau und gab ihm wieder einen Backenstreich, bat auch flehentlich, er möchte sie doch erlösen, wozu sie ihm alle Mittel und Wege angab. All ihr Bitten war für nichts und wieder nichts, denn die Furcht überwältigte den Buben, daß er sich kreuzte und segnete und wollte nichts mit dem Gespenst zu tun haben. Da holte die Jungfrau einen tiefen Seufzer und sprach: »Weh, daß ich mein Vertrauen auf dich gesetzt habe; nun muß ich neuerdings harren und warten, bis auf der Wiese ein Kirschenbaum wachsen und aus des Kirschbaums Holz eine Wiege gemacht sein wird. Nur das Kind, das in der Wiege zuerst gewiegt wird, kann mich dereinst erlösen.« Darauf verschwand sie, und der Bub, heißt es, sei nicht gar alt geworden; woran er gestorben, weiß man nicht.

Zum Stehen verwünscht

Im Jahr Christi 1545 begab sich's zu Freiberg in Meißen, daß Lorenz Richter, ein Weber seines Handwerks, in der Weingasse wohnend, seinem Sohn, einem Knaben von vierzehn Jahren, befahl, etwas eilends zu tun; der aber verweilte sich, blieb in der Stube stehen und ging nicht bald dem Worte nach. Deswegen der Vater entrüstet wurde und im Zorn ihm fluchte: »Ei stehe, daß du nimmermehr könnst fortgehen!« Auf diese Verwünschung blieb der Knabe alsbald stehen, konnte von der Stelle nicht kommen und stand so fort drei ganzer Jahre an dem Ort, also daß er tiefe Gruben in die Dielen eindrückte, und ward ihm ein Pult untergesetzt, darauf er mit Haupt und Armen sich lehnen und ruhen konnte. Weil aber die Stelle, wo er stand, nicht weit von der Stubentüre und auch nahe dem Ofen war und deshalb den Leuten, welche hineinkamen, sehr hinderlich, so haben die Geistlichen der Stadt auf vorhergehendes fleißiges Gebet ihn von selbem Ort erhoben und gegenüber in den andern Winkel glücklich und ohne Schaden, wiewohl mit großer Mühe, fortgebracht. Denn wenn man ihn sonst forttragen wollen, ist er alsbald mit unsäglichen Schmerzen befallen und wie ganz rasend worden. An diesem Ort, nachdem er niedergesetzt worden, ist er ferner bis ins vierte Jahr gestanden und hat die Dielen noch tiefer durchgetreten. Man hatte nachgehends einen Umhang um ihn geschlagen, damit ihn die Aus- und Eingehenden nicht also sehen konnten, welches auf sein Bitten geschehen, weil er gern allein gewesen ist und vor steter Traurigkeit nicht viel geredet. Endlich hat der gütige Gott die Strafe in etwas gemildert, so daß er das letzte halbe Jahr sitzen und sich in das Bett, das neben ihn gestellt worden, hat niederlegen können. Fragte ihn jemand, was er mache, so gab er gemeinlich zur Antwort, er leide Gottes Züchtigung wegen seiner Sünden, setze alles in dessen Willen und halte sich an das Verdienst seines Herrn Jesu Christi, worauf er hoffe selig zu werden. Er hat sonst gar elend ausgesehen, war blaß und bleich von Angesicht, am Leibe gar schmächtig und abgezehrt, im Essen und Trinken mäßig, also daß er zur Speise oft Nötigens bedurfte. Nach Ausgang des siebenten Jahres ist er dieses seines betrübten Zustandes den 11. September 1552 gnädig entbunden worden, indem er eines vernünftigen und natürlichen Todes in wahrer Bekenntnis und Glauben an Jesum Christum selig entschlafen. Die Fußtapfen sieht man auf heutigen Tag in obgedachter Gasse und Haus (dessen jetziger Zeit Severin Tränkner Besitzer ist) in der oberen Stube, da sich die Geschichte begeben, die erste bei dem Ofen, die andere in der Kammer nächst dabei, weil nachgehender Zeit die Stuben unterschieden worden.

Die Bauern zu Kolbeck

Im Jahr 1012 war ein Bauer im Dorfe Kolbeck bei Halberstadt, der hieß Albrecht, der machte in der Christnacht einen Tanz mit andern fünfzehn Bauern, dieweil man Messe hielt, außen auf dem Kirchhof, und waren drei Weibsbilder unter ihnen. Und da der Pfarrherr heraustrat und sie darum strafte, sprach jener: »Mich heißet (man) Albrecht, so heißet dich Ruprecht; du bist drinne fröhlich, so laß uns haußen fröhlich sein; du singst drinnen deine Leisen, so laß uns unsern Reihen singen.« Sprach der Pfarrherr: »So wolle Gott und der Herr St. Magnus, daß ihr ein ganzes Jahr also tanzen müsset!« Das geschah, und Gott gab den Worten Kraft, so daß weder Regen noch Frost ihre Häupter berührte, noch sie Hitze, Hunger und Durst empfanden, sondern sie tanzten allum, und ihre Schuhe zerschlissen auch nicht. Da lief einer (der Küster) zu und wollte seine Schwester aus dem Tanze ziehen, da folgten ihm ihre Arme. Als das Jahr vorüber war, kam der Bischof von Köln, Heribert, und erlösete sie aus dem Bann: da starben ihrer vier sobald, die andern wurden sehr krank, und man sagt, daß sie sich in die Erde fast an den Mittel (das heißt an den Gürtel) sollen getanzt haben und ein tiefer Graben in dem Grund ausgehöhlt wurde, der noch zu sehen ist. Der Landesherr ließ zum Zeichen so viel Steine darum setzen, als Menschen mitgetanzt hatten.

Der Kindelsberg

Hinter dem Geißenberg in Westfalen ragt ein hoher Berg mit dreien Köpfen hervor, davon heißt der mittelste noch der Kindelsberg, da stand vor alten Zeiten ein Schloß, das gleichen Namen führte, und in dem Schloß wohnten Ritter, die waren gottlose Leute. Zur Rechten hatten sie ein sehr schönes Silberbergwerk, davon wurden sie stockreich, und von dem Reichtum wurden sie so übermütig, daß sie sich silberne Kegel machten, und wenn sie spielten, so warfen sie diese Kegel mit silbernen Kugeln. Der Übermut ging aber noch weiter, denn sie buken sich große Kuchen von Semmelmehl wie Kutschenräder, machten mitten Löcher darein und steckten sie an die Achsen. Das war eine himmelschreiende Sünde, denn so viele Menschen hatten kein Brot zu essen. Gott ward es endlich auch müde. Eines Abends spät kam ein weißes Männchen ins Schloß und sagte an, daß sie alle binnen dreien Tagen sterben müßten, und zum Wahrzeichen gab er ihnen, daß diese Nacht eine Kuh zwei Lämmer werfen würde. Das traf auch ein, aber niemand kehrte sich daran als der jüngste Sohn, der Ritter Siegmund hieß, und eine Tochter, die eine gar schöne Jungfrau war. Diese beteten Tag und Nacht. Die andern starben an der Pest, aber diese beiden blieben am Leben. Nun aber war auf dem Geißenberg ein junger kühner Ritter, der ritt beständig ein großes schwarzes Pferd und hieß darum der Ritter mit dem schwarzen Pferd. Er war ein gottloser Mensch, der immer raubte und mordete. Dieser Ritter gewann die schöne Jungfrau auf dem Kindelsberg lieb und wollte sie zur Ehe haben, sie schlug es ihm aber beständig ab, weil sie einem jungen Grafen von der Mark verlobt war, der mit ihrem Bruder in den Krieg gezogen war und dem sie treu bleiben wollte. Als aber der Graf immer nicht aus dem Krieg zurückkam und der Ritter mit dem schwarzen Pferd sehr um sie warb, so sagte sie endlich: »Wenn die grüne Linde hier vor meinem Fenster wird dürr sein, so will ich dir gewogen werden.« Der Ritter mit dem schwarzen Pferd suchte so lange in dem Lande, bis er eine dürre Linde fand, so groß wie jene grüne, und in einer Nacht bei Mondenschein grub er diese aus und setzte die dürre dafür hin. Als nun die schöne Jungfrau aufwachte, so war's so hell vor ihrem Fenster, da lief sie hin und sah erschrocken, daß eine dürre Linde dastand. Weinend setzte sie sich unter die Linde, und als der Ritter nun kam und ihr Herz verlangte, sprach sie in ihrer Not: »Ich kann dich nimmermehr lieben.« Da ward der Ritter mit dem schwarzen Pferd zornig und stach sie tot. Der Bräutigam kam noch denselben Tag zurück, machte ihr ein Grab und setzte eine Linde dabei und einen großen Stein, der noch zu sehen ist.

Brot zu Stein geworden

Man hat an vielen Orten, namentlich in Westfalen, die Sagen, daß zur Zeit großer Teurung eine hartherzige Schwester ihre arme Schwester, die für sich und ihre Kindlein um Brot gebeten, mit den Worten abgewiesen: »Und wenn ich Brot hätte, wollte ich, daß es zu Stein würde!« worauf sich ihr Brotvorrat alsbald in Stein verwandelt. Zu Leiden in Holland hebt man in der großen Peterskirche ein solches Steinbrot auf und zeigt es den Leuten zur Bewährung der Geschichte.

Im Jahr 1579 hatte ein Dortmunder Bäcker in der Hungersnot viel Korn aufgekauft und freute sich, damit recht zu wuchern. Als er aber mitten in diesem Geschäft war, ist ihm sein Brot im ganzen Hause eines Tages zu Stein worden und, wie er einen Laib ergriffen und mit dem Messer aufschneiden wollen, Blut daraus geflossen. Darüber hat er sich alsbald in seiner Kammer erhängt.

In der dem heiligen Kastulus geweihten Hauptkirche zu Landshut hängt mit silberner Einfassung ein runder Stein in Gestalt eines Brotes, in dessen Oberfläche sich vier kleine Höhlungen befinden. Davon geht folgende Sage: Kurz vor seinem Tode kam der heilige Kastulus als ein armer Mann zu einer Witwe in der Stadt und bat um ein Almosen. Die Frau hieß ihre Tochter, das einzige Brot, das sie noch übrig hatten, dem Dürftigen reichen. Die Tochter, die es ungern weggab, wollte vorher noch eilig einige Stücke abbrechen, aber in dem Augenblick verwandelte sich das dem Heiligen schon eigene Brot in Stein, und man erblickt noch jetzt darin die eingedrückten Finger deutlich.

Zur Zeit einer großen Teurung ging ein armes Weib, ein Kind auf dem Arm, eins neben sich herlaufend und nach Brot laut schreiend, durch eine Straße der Stadt Danzig. Da begegnete ihr ein Mönch aus dem Kloster Oliva, den sie flehentlich um ein bißchen Brot für ihre Kinder bat. Der Mönch aber sagte: »Ich habe keins.« Die Frau sprach: »Ach, ich sehe, daß Ihr in Euerm Busen Brot stecken habt.« – »Ei, das ist nur ein Stein, die Hunde damit zu werfen«, antwortete der Mönch und ging fort. Nach einer Weile wollte er sein Brot holen und essen, aber er fand, daß es sich wirklich in Stein verwandelt hatte. Er erschrak, bekannte seine Sünde und gab den Stein ab, der noch jetzt in der Klosterkirche dort hängt.

Der Binger Mäuseturm

Zu Bingen ragt mitten aus dem Rhein ein hoher Turm, von dem nachstehende Sage umgeht: Im Jahre 974 ward große Teuerung in Deutschland, daß die Menschen aus Not Katzen und Hunde aßen und doch viele Leute Hungers starben. Da war ein Bischof zu Mainz, der hieß Hatto der Andere, ein Geizhals, dachte nur daran, seinen Schatz zu mehren, und sah zu, wie die armen Leute auf der Gasse niederfielen und bei Haufen zu den Brotbänken liefen und das Brot nahmen mit Gewalt. Aber kein Erbarmen kam in den Bischof, sondern er sprach: »Lasset alle Armen und Dürftigen sammeln in einer Scheune vor der Stadt, ich will sie speisen.« Und wie sie in die Scheune gegangen waren, schloß er die Türe zu, steckte mit Feuer an und verbrannte die Scheune samt den armen Leuten, jung und alt, Mann und Weib. Als nun die Menschen unter den Flammen wimmerten und jammerten, rief Bischof Hatto: »Hört, hört, wie die Mäuse pfeifen!« Allein Gott der Herr plagte ihn bald, daß die Mäuse Tag und Nacht über ihn liefen und an ihm fraßen, und vermochte sich mit aller seiner Gewalt nicht wider sie behalten und bewahren. Da wußte er endlich keinen andern Rat, als er ließ einen Turm bei Bingen mitten im Rhein bauen, der noch heutigestags zu sehen ist, und meinte sich darin zu fristen, aber die Mäuse schwammen durch den Strom heran, erklommen den Turm und fraßen den Bischof lebendig auf.

Wetter und Hagel machen

Im Jahre 1553 sind zu Berlin zwei Zauberweiber gefangen worden, welche sich unterstanden, Eis zu machen, die Frucht damit zu verderben. Und diese Weiber hatten ihrer Nachbarin ein Kindlein gestohlen und daßelbe zerstückelt gekocht. Ist durch Gottes Schickung geschehen, daß die Mutter, ihr Kind suchend, dazukommt und ihres verlorenen Kindes Gliederlein in ein Töpfchen gelegt siehet. Da nun die beiden Weiber gefangen und peinlich gefragt worden, haben sie gesagt, wenn ihr Geköch fortgegangen, so wäre ein großer Frost mit Eis kommen, also daß alle Frucht verderbt wäre.

Zu einer Zeit waren in einem Wirtshause zwei Zauberinnen zusammengekommen, die hatten zwei Gelten oder Kübel mit Wasser an einen besonderen Ort gesetzt und ratschlagten miteinander, ob es dem Korne oder dem Weine sollt gelten. Der Wirt, der auf einem heimlichen Winkel stand, hörte das mit an, und abends, als sich die zwei Weiber zu Bett gelegt, nahm er die Gelten und goß sie über sie hin; da ward das Wasser zu Eis, so daß beide von Stund an zu Tode froren.

Eine arme Witfrau, die nicht wußte, wie sie ihre Kinder ernähren sollte, ging in den Wald, Holz zu lesen, und bedachte ihr Unglück. Da stand der Böse in eines Försters

Gestalt und fragte: warum sie so traurig? Ob ihr Mann abgestorben? Sie antwortete: »Ja.« Er sprach: »Willt du mich nehmen und mir gehorsamen, will ich dir Gelds die Fülle geben.« Er überredete sie mit vielen Worten, daß sie zuletzt wich, Gott absagte und mit dem Teufel buhlte. Nach Monats-

frist kam ihr Buhler wieder und reichte ihr einen Besen zu, darauf sie ritten durch dick und dünn, trocken und naß auf den Berg zu einem Tanz. Da waren noch andre Weiber mehr, deren sie aber nur zwei kannte, und die eine gab dem Spielmann zwölf Pfennig Lohn. Nach dem Tanze wurden die Hexen eins und taten zusammen Ähren, Rebenlaub und Eichblätter, damit Korn, Trauben und Eicheln zu verderben; es gelang aber nicht damit, und das Hagelwetter traf nicht, was es treffen sollte, sondern fuhr nebenbei. Ihr selbst brachte sie damit ein Schaf um, darum daß es zu spät heimkam.

Festhängen

Zu Magdeburg war zu seiner Zeit ein seltsamer Zauberer, welcher in Gegenwart einer Menge Zuschauer, von denen er ein großes Geld gehoben, ein wunderkleines Rößlein, das im Ring herumtanzte, zeigte und, wenn sich das Spiel dem Ende näherte, klagte, wie er bei der undankbaren Welt so gar nichts Nutzes schaffen könnte, dieweil jedermann so karg wäre, daß er sich Bettelns kaum erwehren möchte. Deshalb wollte er von ihnen Urlaub nehmen und den allernächsten Weg gen Himmel, ob vielleicht seine Sache daselbst besser würde, fahren. Und als er diese Worte gesprochen, warf er ein Seil in die Höhe, welchem das Rößlein ohne allen Verzug stracks nachfuhre, der Zauberer erwischte es beim Wadel, seine Frau ihn bei den Füßen, die Magd die Frau an den Kleidern, also daß sie alle, als wären sie zusammengeschmiedet, nacheinander ob sich dahinfuhren. Als nun das Volk dastand, das Maul offen hatte und dieser Sache, wie wohl zu gedenken, erstaunt war, kam ohn alle Gefähr ein Bürger daher, welchem, als er fragte, was sie dastünden, geantwortet ward, der Gaukler wäre mit dem Rößlein in die Luft gefahren. Darauf er berichtete, er habe ihn eben zu gegen seiner Herberge gesehen dahergehn.

Festgemacht

Ein vornehmer Kriegsmann ging bei einer harten Belagerung mit zwei andern außerhalb den Laufgräben auf und ab. Von der Festung herab wurde heftig auf ihn gefeuert, er aber fuhr mit seinem Befehlshaberstab links und rechts umher und hieß die beiden an ihn halten und nicht ausweichen; wovon alle Kugeln abseits fuhren und weder ihn noch die andern beiden treffen oder verwunden konnten.

Ein General, welcher in eine Stadt aus einem Treffen fliehen mußte, schüttelte die Büchsenkugeln wie Erbsen häufig aus dem Ärmel, deren keine ihn hatte verwunden können.

Meister Peter, Bartscherer zu Wittenberg, hatte einen Schwiegersohn, der Landsknecht im Kriege gewesen. Er hatte die Kunst verstanden, sich sicher und unverwundbar zu machen. Ferner hat er auch seinen Tod vorhergesehen und gesagt: »Mein Schwäher soll's tun.« Desgleichen soll er denselben Tag zu seinem Weib gesagt haben: »Kauf ein, du wirst heute Gäste bekommen, das ist: Zuseher.« Welches also geschahe, denn da ihn sein Schwager erstach, lief jeder in des Bartscherers Haus und wollt den toten Menschen sehen.

Der sichere Schuß

Ein Büchsenmeister, den ich gekannt, vermaß sich, er wolle alles treffen, was ihm nur innerhalb Schusses wäre, daß er's erreichen könnte, ob er's gleich nicht sähe. Der ließ sich brauchen in der Stadt W. bei der Belagerung. Davor hielt in einem Wäldlein ein vornehmer Oberster und Herr, den er nicht sahe, erbot sich, er wollte ihn erschießen; aber es ward ihm gesagt, er sollt's nicht tun. Da schoß er durch den Baum, darunter er hielt auf seinem Roß und zu Morgen aß. Valvasor gedenkt eines vornehmen Herrn, welcher täglich nur drei unfehlbare Schüsse hatte, damit aber konnte er, was man ihm nur nannte, sicher treffen. Ein solcher Schütz kann sich aufgeben lassen, was er schießen soll, Hirsch, Reh oder Hasen, und braucht dann nur aufs Geratewohl die Flinte zum Fenster hinaus abzudrücken, so muß das Wild fallen.

Der herumziehende Jäger

Es trug sich zu, daß in einem großen Walde der Förster, welcher die Aufsicht darüber führte, totgeschossen wurde. Der Edelmann, dem der Wald gehörte, gab einem andern den Dienst, aber dem widerfuhr ein Gleiches, und so noch einigen, die aufeinanderfolgten, bis sich niemand mehr fand, der den gefährlichen Wald übernehmen wollte. Sobald nämlich der neue Förster hineintrat, hörte man ganz in der Ferne einen Schuß fallen, und gleich auch streckte eine mitten auf die Stirn treffende Kugel ihn nieder; es war aber keine Spur ausfindig zu machen, woher und von wem sie kam.

Gleichwohl meldete sich nach ein paar Jahren ein herumziehender Jäger wieder um den Dienst. Der Edelmann verbarg ihm nicht, was geschehen war, und setzte noch ausdrücklich hinzu, so lieb es ihm wäre, den Wald wieder unter Aufsicht zu wissen, könnte er ihm doch selbst nicht zu dem gefährlichen Amte raten. Der Jäger antwortete zuversichtlich, er wolle sich vor dem unsichtbaren Scharfschützen schon Rat schaffen, und übernahm den Wald. Anderntags, als er, von mehreren begleitet, zuerst hineingeführt wurde, hörte man, wie er eintrat, schon in der Ferne den Schuß fallen. Alsbald warf der Jäger seinen Hut in die Höhe, der dann, von einer Kugel getroffen, wieder herabfiel. »Nun«, sprach er, »ist aber die Reihe an mir«, lud seine Büchse und schoß sie mit den Worten: »Die Kugel bringt die Antwort!« in die Luft. Darauf bat er seine Gefährten, mitzugehen und den Täter zu suchen. Nach langem Herumstreifen fanden sie endlich in einer an dem gegenseitigen Ende des Waldes gelegenen Mühle den Müller tot und von der Kugel des Jägers auf die Stirn getroffen.

Dieser herumziehende Jäger blieb noch einige Zeit in Diensten des Edelmanns, doch weil er das Wild festbannen und die Feldhühner aus der Tasche fliegen lassen konnte, auch in ganz unglaublicher Entfernung immer sicher traf und andere dergleichen unbegreifliche Kunststücke verstand, so bekam der Edelmann eine Art Grausen vor ihm und entließ ihn bei einem schicklichen Vorwande aus seinem Dienst.

Gespenst als Eheweib

Zur Zeit des Herzogs Johann Casimir von Coburg wohnte dessen Stallmeister G. P. v. Z. zuerst in der Spitalgasse, hierauf in dem Hause, welches nach ihm D. Frommann bezogen, dann in dem großen Hause bei der Vorstadt, die Rosenau genannt, endlich im Schloß, darüber er Schloßhauptmann war. Zu so vielfachem Wechsel zwang ihn ein Gespenst, welches seiner noch lebenden Ehefrau völlig gleichsah, also daß er, wenn er in die neue Wohnung kam und am Tisch saß, bisweilen darüber zweifelte, welches seine rechte leibhafte Frau wäre, denn es folgte ihm, wenn er gleich aus dem Hause zog, doch allenthalben nach. Als ihm eben seine Frau vorschlug, in die Wohnung, die hernach jener Doktor innehatte, zu ziehen, dem Gespenst auszuweichen, hub es an mit lauter Stimme zu reden und sprach: »Du ziehest gleich hin, wo du willst, so ziehe ich dir nach, wenn auch durch die ganze Welt.« Und das waren keine bloßen Drohworte, denn nachdem der Stallmeister ausgezogen war, ist die Türe des Hinterhauses wie mit übermäßiger Gewalt zugeschlagen worden, und von der Zeit an hat sich das Gespenst nie wieder in dem verlassenen Hause sehen lassen, sondern ist in dem neubezogenen wieder erschienen.

Wie die Edelfrau Kleidung anlegte, in derselben ist auch das Gespenst erschienen, es mochte ein Feierkleid oder ein alltägliches sein und welche Farbe, als es nur wollte; weswegen sie niemals allein in ihren Hausgeschäften, sondern von jemand begleitet ging. Gemeinlich ist es in der Mittagszeit zwischen elf und zwölf Uhr erschienen. Wenn ein Geistlicher da war, so kam es nicht zum Vorschein. Als einmal der Beichtvater Johann Pfrüscher eingela-

den war und ihn beim Abschied der Edelmann mit seiner Frau und seiner Schwester an die Treppe geleitete, stieg es von unten die Treppe hinauf und faßte durch ein hölzernes Gitter des Fräuleins Schürz und verschwand, als dieses zu schreien anfing. Einsmals ist es auf der Küchenschwelle mit dem Arm gelegen, und als die Köchin gefragt: »Was willst du?« hat es geantwortet: »Deine Frau will ich.« Sonst hat es der Edelfrau keinen Schaden zugefügt. Dem Fräulein aber, des Edelmanns Schwester, ist es gefährlich gewesen und hat ihm einmal einen solchen Streich ins Gesicht gegeben, daß die Backe davon aufgeschwollen ist und es in des Vaters Haus zurückkehren mußte. Endlich hat sich das Gespenst verloren, und es ist ruhig im Hause geworden.

Die Lilie im Kloster zu Corvey

Das Kloster der Abtei zu Corvey an der Weser hat von Gott die sonderbare Gnade gehabt, daß, sooft einer aus den Brüdern sterben sollte, er drei Tage zuvor, ehe er verschieden, eine Vorwarnung bekommen, vermittelst einer Lilie an einem ehernen Kranze, der im Chor hing. Denn dieselbe Lilie kam allezeit wunderbarlich herab und erschien in dem Stuhl desjenigen Bruders, dessen Lebensende vorhanden war; also daß dieser dabei unfehlbar merkte und versichert war, er würde in dreien Tagen von der Welt scheiden. Dieses Wunder soll etliche hundert Jahre gewährt haben, bis ein junger Ordensbruder, als er auf diese Weise seiner herannahenden Sterbestunde ermahnt worden, solche Erinnerung verachtet und die Lilie in eines alten Geistlichen Stuhl versetzt hat: der Meinung, es würde das Sterben dem Alten besser anstehen als dem Jungen. Wie der gute alte Bruder die Lilie erblickt, ist er darüber, als über einen Geruch des Todes, so hart erschrocken, daß er in eine Krankheit, doch gleichwohl nicht ins Grab gefallen, sondern bald wieder gesund, dagegen der junge Warnungsverächter am dritten Tag durch einen jählingen Tod dahingerissen worden.

Rebundus im Dom zu Lübeck

Wenn in alten Zeiten ein Domherr zu Lübeck bald sterben sollte, so fand sich morgens unter seinem Stuhlkissen im Chor eine weiße Rose, daher es Sitte war, daß jeder, wie er anlangte, sein Kissen gleich umwendete, zu schauen, ob diese Grabesverkündigung darunterliege. Es geschah, daß einer von den Domherrn, namens Rebundus, eines Morgens diese Rose unter seinem Kissen fand, und weil sie seinen Augen mehr ein schmerzlicher Dornstachel als eine Rose war, nahm er sie behend weg und steckte sie unter das Stuhlkissen seines nächsten Beisitzers, obgleich dieser schon darunter nachgesehen und nichts gefunden hatte. Rebundus fragte darauf, ob er nicht sein Kissen umkehren wollte. Der andere entgegnete, daß er es schon getan habe; aber Rebundus sagte weiter: er habe wohl nicht recht zugeschaut und solle noch einmal nachsehen, denn ihm bedünke, es habe etwas Weißes darunter geschimmert, als er dahin geblickt. Hierauf wendete der Domherr sein Kissen um und fand die Grabblume; doch sprach er zornig: das sei Betrug, denn er habe gleich anfangs fleißig genug zugeschaut und unter seinem Sitz keine Rose gefunden. Damit schob und stieß er sie dem Rebundus wieder unter sein Kissen, dieser aber wollte sie nicht wieder sich aufdrängen lassen, also daß sie einer dem andern zuwarf und ein Streit und heftiges Gezänk zwischen ihnen entstand. Als sich das Kapitel ins Mittel schlug und sie auseinanderbringen, Rebundus aber durchaus nicht eingestehen wollte, daß er die Rose am ersten gehabt, sondern auf seinem unwahrhaftigen Vorgeben beharrte, hub endlich der andere, aus verbitterter Ungeduld, an zu wünschen: »Gott wolle geben, daß der von uns beiden, welcher unrecht hat, statt der Rosen in Zukunft zum Zeichen werde, und wann ein Domherr sterben soll, in seinem Grabe klopfen möge, bis an den Jüngsten Tag!« Rebundus, der diese Verwünschung wie einen leeren Wind achtete, sprach frevelig dazu: »Amen! Es sei also!«

Da nun Rebundus nicht lange darnach starb, hat es von dem an unter seinem Grabsteine, sooft eines Domherrn Ende sich nahte, entsetzlich geklopft, und es ist das Sprichwort entstanden: »Rebundus hat sich gerührt, es wird ein Domherr sterben!« Eigentlich ist es kein bloßes Klopfen, sondern es geschehen unter seinem sehr großen, langen und breiten Grabstein drei Schläge, die nicht viel gelinder krachen, als ob das Wetter einschlüge oder dreimal ein Kartaunenschuß geschähe. Beim dritten Schlag dringt über dem Gewölbe der Schall der Länge nach durch die ganze Kirche mit so starkem Krachen, daß man denken sollte, das Gewölbe würde ein- und die Kirche übern Haufen fallen. Es wird dann nicht bloß in der Kirche, sondern auch in den umstehenden Häusern vernehmlich gehört.

Einmal hat sich Rebundus an einem Sonntage zwischen neun und zehn Uhr mitten unter der Predigt geregt und so gewaltig angeschlagen, daß etliche Handwerksgesellen, welche eben auf dem Grabstein gestanden und die Predigt angehört, teils durch starke Erbebung des Steins, teils aus Schrekken nicht anders herabgeprellt wurden, als ob sie der Donner weggeschlagen hätte. Beim dritten entsetzlichen Schlag wollte jedermann zur Kirche hinausfliehen, in der Meinung, sie würde einstürzen; der Prediger aber ermunterte sich und rief der Gemeinde zu, dazubleiben und sich nicht zu fürchten; es wäre nur ein Teufelsgespenst, das den Gottesdienst stören wolle, das müsse man verachten und ihm im Glauben Trotz bieten. Nach etlichen Wochen ist des Dechants Sohn verblichen, denn Rebundus tobte auch, wenn eines Domherrn naher Verwandter bald zu Grabe kommen wird.

Frau Berta oder die weiße Frau

Die weiße Frau erscheint in den Schlössern mehrerer fürstlichen Häuser, namentlich zu Neuhaus in Böhmen, zu Berlin, Bayreuth, Darmstadt und Karlsruhe und in allen, deren Geschlechter nach und nach durch Verheiratung mit dem ihren verwandt geworden sind. Sie tut niemanden zuleide, neigt ihr Haupt, vor wem sie begegnet, spricht nichts, und ihr Besuch bedeutet einen nahen Todesfall, manchmal auch etwas Fröhliches, wenn sie nämlich keine schwarzen Handschuh anhat. Sie trägt ein Schlüsselbund und eine weiße Schleierhaube. Nach einigen soll sie im Leben Perchta von Rosenberg geheißen, zu Neuhaus in Böhmen gewohnt haben und mit Johann von Lichtenstein, einem bösen, störrischen Mann, vermählt gewesen sein. Nach ihres Gemahls Tode lebte sie in Witwenschaft zu Neuhaus und fing an, zu großer Beschwerde ihrer Untertanen, die ihr frönen mußten, ein Schloß zu bauen. Unter der Arbeit rief sie ihnen zu, fleißig zu sein: »Wann das Schloß zustand sein wird, will ich euch und euren Leuten einen süßen Brei vorsetzen«, denn dieser Redensart bedienten sich die Alten, wenn sie jemand zu Gast luden. Den Herbst nach Vollendung des Baues hielt sie nicht nur ihr Wort, sondern stiftete auch, daß auf ewige Zeiten hin alle Rosenbergs ihren Leuten ein solches Mahl geben sollten. Dieses ist bisher fortgeschehen, und unterbleibt es, so erscheint sie mit zürnenden Mienen. Zuweilen soll sie in fürstliche Kinderstuben nachts, wenn die Ammen Schlaf befällt, kommen, die Kinder wiegen und vertraulich umtragen. Einmal, als eine unwissende Kinderfrau erschrocken fragte: »Was hast du mit dem Kinde zu schaffen?« und sie mit Worten schalt, soll sie doch gesagt haben: »Ich bin keine Fremde in diesem Hause wie du, sondern gehöre ihm zu; dieses Kind stammt von meinen Kindeskindern. Weil ihr mir aber keine Ehre erwiesen habt, will ich nicht mehr wieder einkehren.«

Die überschiffenden Mönche

In der Stadt Speyer lebte vorzeiten ein Fischer. Als dieser in einer Nacht an den Rhein kam und sein Garn ausstellen wollte, trat ein Mann auf ihn zu, der trug eine schwarze Kutte in Weise der Mönche, und nachdem ihn der Fischer ehrsam gegrüßt hatte, sprach er: »Ich komm ein Bote fernher und möchte gern über den Rhein.« – »Tritt in meinen Nachen ein zu mir«, antwortete der Fischer, »ich will dich überfahren.« Da er nun diesen übergesetzt hatte und zurückkehrte, standen noch fünf andere Mönche am Gestade, die begehrten auch zu schiffen, und der Fischer frug bescheiden: was sie doch bei so eitler Nacht reisten? »Die Not treibt uns«, versetzte einer der Mönche, »die Welt ist uns feind, so nimm du dich unser an und Gottes Lohn dafür.« Der Fischer verlangte zu wissen, was sie ihm geben wollten für seine Arbeit. Sie sagten: »Jetzo sind wir arm, wenn es uns wieder besser geht, sollst du unsere Dankbarkeit schon spüren.« Also stieß der Schiffer ab, wie aber der Nachen mitten auf den Rhein kam, hob sich ein fürchterlicher Sturm. Wasserwellen bedeckten das Schiff, und der Fischer erblaßte. Was ist das, dachte er sich, bei Sonnenniedergang war der Himmel klar und lauter, und schön schien der Mond, woher dieses schnelle Unwetter? Und wie er seine Hände hob, zu Gott zu beten, rief einer der Mönche: »Was liegst du Gott mit Beten in den Ohren, steuere dein Schiff.« Bei den Worten riß er ihm das Ruder aus der Hand und fing an, den armen Fischer zu schlagen. Halbtot lag er im Nachen, der Tag begann zu dämmern, und die schwarzen Männer verschwanden. Der Himmel war klar wie vorher, der Schiffer ermannte sich, fuhr zurück und erreichte mit Not seine Wohnung. Des andern Tags begegneten dieselben Mönche einem früh aus Speyer reisenden Boten in einem rasselnden, schwarzbedeckten Wagen, der aber nur drei Räder und einen langnasigten Fuhrmann hatte. Bestürzt stand er still, ließ den Wagen vorüber und sah bald, daß er sich mit Prasseln und Flammen in die Lüfte verlor, dabei vernahm man Schwerterklingen, als ob ein Heer zusammenginge. Der Bote wandte sich, kehrte zur Stadt und zeigte alles an; man schloß aus diesem Gesicht auf Zwietracht unter den deutschen Fürsten.

Der Feuerberg

Einige Stunden von Halberstadt liegt ein ehemals kahler, jetzt mit hohen Tannen und Eichen bewachsener Berg, der von vielen der Feuerberg genannt wird. In seinen Tiefen soll der Teufel sein Wesen treiben und alles in hellen Flammen brennen. Vor alten Zeiten wohnte in der Gegend von Halberstadt ein Graf, der bös und raubgierig war und die Bewohner des Landes ringsherum drückte, wo er nur konnte. Einem Schäfer war er viel Geld seit langen Jahren schuldig, jedesmal aber, wenn dieser kam und darum mahnte, gab er ihm schnöde und abweisende Antworten. Auf einmal verschwand der Graf, und es hieß, er wäre gestorben in fernen Landen. Der Schäfer ging betrübt zu Felde und klagte über seinen Verlust, denn die Erben und Hinterlassenen des Grafen wollten von seiner Forderung nichts wissen und jagten ihn, als er sich meldete, die Burg hinab. Da geschah es, daß, als er zu einer Zeit im Walde war, eine Gestalt zu ihm trat und sprach: »Willst du deinen alten Schuldner sehen, so folge mir nach.« Der Schäfer folgte und ward durch den Wald geführt bis zu einem hohen, nackten Berg, der sich alsbald vor beiden mit Getöse öffnete, sie aufnahm und sich wieder schloß. Innen war alles ein Feuer. Der zitternde Schäfer erblickte den Grafen, sitzend auf einem Stuhle, um welchen sich, wie an den glühenden Wänden und auf dem Boden, tausend Flammen wälzten. Der Sünder schrie: »Willst du Geld haben, Schäfer, so nimm dieses Tuch und bringe es den Meinigen; sage ihnen, wie du mich im Höllenfeuer sitzen gesehen, in dem ich bis in Ewigkeit leiden muß.« Hierauf riß er ein Tuch von seinem Haupt und gab es dem Schäfer, und an seinen Augen und Händen sprühten Funken. Der Schäfer eilte mit schwankenden Füßen, von seinem Führer geleitet, zurück; der Berg tat sich wieder auf und verschloß sich hinter ihm. Mit dem Tuch ging er dann auf des Grafen Burg, zeigte es und erzählte, was er gesehen; worauf sie ihm gern sein Geld gaben.

Bamberger Waage

Zu Bamberg, auf Kaiser Heinrichs Grab, ist die Gerechtigkeit mit einer Waagschale in der Hand eingehauen. Die Zunge der Waage steht aber nicht in der Mitte, sondern neigt etwas auf eine Seite. Es gehet hierüber ein altes Gerücht, daß, sobald das Zünglein ins Gleiche komme, die Welt untergehen werde.

Kaiser Friedrich zu Kaiserslautern

Etliche wollen, daß Kaiser Friedrich, als er aus der Gefangenschaft bei den Türken befreit worden, gen Kaiserslautern gekommen und daselbst seine Wohnung lange Zeit gehabt. Er baute dort das Schloß, dabei einen schönen See oder Weiher, noch jetzt der Kaisersee genannt, darin soll er einmal einen großen Karpfen gefangen und ihm zum Gedächtnis einen güldenen Ring von seinem Finger an ein Ohr gehangen haben. Derselbige Fisch soll, wie man sagt, ungefangen in dem Weiher bleiben bis auf Kaiser Friedrichs Zukunft. Auf eine Zeit, als man den Weiher gefischt, hat man zwei Karpfen gefangen, die mit güldenen Ketten um die Hälse zusammen verschlossen gewesen, welche noch bei Menschengedächtnis zu Kaiserslautern an der Metzlerpforte in Stein gehauen sind. Nicht weit vom Schloß war ein schöner Tiergarten gebauet, damit der Kaiser alle wunderbarliche Tier vom Schloß aus sehen konnte, woraus aber seit der Zeit ein Weiher und Schießgraben gemacht worden. Auch hängt in diesem Schloß des Kaisers Bett an vier eisernen Ketten, und, als man sagt, so man das Bett zu Abend wohl gebettet, war es des Morgens wiederum zerbrochen, so daß deutlich jemand über Nacht darin gelegen zu sein schien.

Ferner: Zu Kaiserslautern ist ein Felsen, darin eine große Höhle oder Loch, so wunderbarlich, daß niemand weiß, wo es Grund hat. Doch ist allenthalben das gemeine Gerücht gewesen, daß Kaiser Friedrich, der Verlorene, seine Wohnung darin haben sollte. Nun hat man einen an einem Seil hinabgelassen und oben an das Loch eine Schelle gehangen, wann er nicht weiterkönne, daß er damit läute, so wolle man ihn wieder heraufziehen. Als er hinabgekommen, hat er den Kaiser Friedrich in einem güldenen Sessel sitzen sehen, mit einem großen Barte. Der Kaiser hat ihm zugesprochen und gesagt, er solle mit niemand hier reden, so werde ihm nichts geschehen, und solle seinem Herrn erzählen, daß er ihn hier gesehen. Darauf hat er sich weiter umgeschaut und einen schönen weiten Plan erblickt und viel Leut, die um den Kaiser standen. Endlich hat er seine Schelle geläutet, ist ohne Schaden wieder hinaufgekommen und hat seinem Herrn die Botschaft gesagt.

Der Hirt auf dem Kyffhäuser

Etliche sprechen, daß bei Frankenhausen in Thüringen ein Berg liege, darin Kaiser Friedrich seine Wohnung habe und vielmal gesehen worden. Ein Schafhirt, der auf dem Berge hütete und die Sage gehört hatte, fing an, auf seiner Sackpfeife zu pfeifen, und als er meinte, er habe ein gutes Hofrecht gemacht, rief er überlaut: »Kaiser Friedrich, das sei dir geschenkt!« Da soll sich der Kaiser hervorgetan, dem Schäfer offenbart und zu ihm gesprochen haben: »Gott grüß dich, Männlein, wem zu Ehren hast du gepfiffen?« – »Dem Kaiser Friedrich«, antwortete der Schäfer. Der Kaiser sprach weiter: »Hast du das getan, so komm mit mir, er soll dir darum lohnen.« Der Hirt sagte: »Ich darf nicht von den Schafen gehen.« Der Kaiser aber antwortete: »Folge mir nach, den Schafen soll kein Schaden geschehen.« Der Hirt folgte ihm, und der Kaiser Friedrich nahm ihn bei der Hand und führte ihn nicht weit von den Schafen zu einem Loch in den Berg hinein. Sie kamen zu einer eisernen Tür, die alsbald aufging. Nun zeigte sich ein schöner, großer Saal, darin waren viel Herren und tapfre Diener, die ihm Ehre erzeigten. Nachfolgends erwiese sich der Kaiser auch freundlich gegen ihn und fragte, was er für einen Lohn begehre, daß er ihm gepfiffen? Der Hirt antwortete: »Keinen.« Da sprach aber der Kaiser: »Geh hin und nimm von meinem güldnen Handfaß den einen Fuß zum Lohn.« Da tat der Schäfer, wie ihm befohlen ward, und wollte darauf von dannen scheiden, da zeigte ihm der Kaiser noch viel seltsame Waffen, Harnische, Schwerter und Büchsen, und sprach, er sollte den Leuten sagen, daß er mit diesen Waffen das Heilige Grab gewinnen werde. Hierauf ließ er den Hirt wieder hinausgeleiten, der nahm den Fuß mit, brachte ihn den andern Tag zu einem Goldschmied, der ihn für echtes Gold anerkannte und ihm abkaufte.

Der Gemsjäger

Ein Gemsjäger stieg auf und kam zu dem Felsgrat, und immer weiterklimmend, als er je vorher gelangt war, stand plötzlich ein häßlicher Zwerg vor ihm, der sprach zornig: »Warum erlegst du mir lange schon meine Gemsen und lässest mir nicht meine Herde? Jetzt sollst du's mit deinem Blute teuer bezahlen!« Der Jäger erbleichte und wäre bald hinabgestürzt, doch faßte er sich noch und bat den Zwerg um Verzeihung, denn er habe nicht gewußt, daß ihm diese Gemsen gehörten. Der Zwerg sprach: »Gut, aber laß dich hier nicht wieder blikken, so verheiß ich dir, daß du jeden siebten Tag morgenfrüh vor deiner Hütte ein geschlachtetes Gemstier hangen finden sollst, aber hüte dich vor mir und schone die andern.« Der Zwerg verschwand, und der Jäger ging nachdenklich heim, und die ruhige Lebensart behagte ihm wenig. Am siebten Morgen hing eine fette Gemse in den Ästen des Baums vor seiner Hütte, davon zehrte er ganz vergnügt, und die nächste Woche ging's ebenso und dauerte ein paar Monate fort. Allein zuletzt verdroß den Jäger seiner Faulheit, und er wollte lieber selber Gemsen jagen, möge erfolgen, was da werde, als sich den Braten zutragen lassen. Da stieg er auf, und nicht lange, so erblickte er einen stolzen Leitbock, legte an und zielte. Und als ihm nirgends der böse Zwerg erschien, wollte er eben losdrücken, da war der Zwerg hinterhergeschlichen und riß den Jäger am Knöchel des Fußes nieder, daß er zerschmettert in den Abgrund sank.

Andere erzählen: Es habe der Zwerg dem Jäger ein Gemskäslein geschenkt, an dem er wohl sein Lebelang hätte genug haben mögen, er es aber unvorsichtig einmal aufgegessen oder ein unkundiger Gast ihm den Rest verschlungen. Aus Armut habe er demnach wieder die Gemsjagd unternommen und sei vom Zwerg in die Fluh gestürzt worden.

Der Zwerg und die Wunderblume

Ein junger, armer Schäfer aus Sittendorf an der südlichen Seite des Harzes in der Goldenen Aue gelegen, trieb einst am Fuß des Kyffhäusers und stieg immer trauriger den Berg hinan. Auf der Höhe fand er eine wunderschöne Blume, dergleichen er noch nicht gesehen, pflückte und steckte sie an den Hut, seiner Braut ein Geschenk damit zu machen. Wie er so weiterging, fand er oben auf der alten Burg ein Gewölbe offenstehen, bloß der Eingang war etwas verschüttet. Er trat hinein, sah viel kleine glänzende Steine auf der Erde liegen und steckte seine Taschen ganz voll damit. Nun wollte er wieder ins Freie, als eine dumpfe Stimme erscholl: »Vergiß das Beste nicht!« Er wußte aber nicht, wie ihm geschah und wie er herauskam aus dem Gewölbe. Kaum sah er die Sonne und seine Herde wieder, schlug die Tür, die er vorhin gar nicht wahrgenommen, hinter ihm zu. Als der Schäfer nach seinem Hut faßte, war ihm die Blume abgefallen beim Stolpern. Urplötzlich stand ein Zwerg vor ihm: »Wo hast du die Wunderblume, welche du fandest?« »Verloren«, sagte betrübt der Schäfer. »Dir war sie bestimmt«, sprach der Zwerg, »und sie ist mehr wert denn die ganze Rotenburg.« Wie der Schäfer zu Haus in seine Tasche griff, waren die glimmernden Steine lauter Goldstücke. Die Blume ist verschwunden und wird von den Bergleuten bis auf heutigen Tag gesucht, in den Gewölben des Kyffhäusers nicht allein, sondern auch auf der Questenburg und selbst auf der Nordseite des Harzes, weil verborgene Schätze rucken.

Schwarzach

Von der alten Burg Schwarzach in der Pfalz hat es zweierlei Sagen. Ein Ritter lebte da vorzeiten, dessen Töchterlein, als sie am See auf der Wiese spielte, von einer großen Schlange, die aus dem Felsen kam, in den See gezogen wurde. Der Vater ging tagtäglich ans Ufer und klagte. Einmal glaubte er eine Stimme aus dem Wasser zu vernehmen und rief laut: »Gib mir ein Zeichen, mein Töchterlein!« Da schlug ein Glöcklein an. Fortan hörte er es jeden Tag schallen, und einmal lautete es heller, und der Ritter vernahm die Worte: »Ich lebe, mein Vater, bin aber an die Wasserwelt gebannt; lang hab ich mich gewehrt, aber der erste Trunk hat mich um die Freiheit gebracht; hüte dich vor diesem Trunk.« Der Vater blieb traurig stehen, da traten zwei Knaben zu und reichten ihm aus einem güldenen Becher zu trinken. Er kostete ihn kaum, so stürzte er in den See und sank unter.

Eine andere Erzählung erwähnt eines alten, blinden Ritters, der mit seinen neun Töchtern auf Schwarzach lebte. Nah dabei hauste ein Räuber im Wald, der den Töchtern lange vergeblich nachstellte. Eines Tages kam er in Pilgrimkleidern und sagte den Jungfrauen: »Wenn ihr euren Vater heilen wollt, so weiß ich drunten in der kalten Klinge ein Kraut dafür, das muß gebrochen werden, eh die Sonne aufgeht.« Die Töchter baten, daß er es ihnen zeige. Als sie nun frühmorgens hinab in die kalte Klinge kamen, mordete sie der Bösewicht alle neun und begrub sie zur Stelle. Der Vater starb. Dreißig Jahre später trieb den Mörder die Reue, daß er die Totengebeine ausgraben und in geweihte Erde legen ließ.

Die drei Jungfern aus dem See

Zu Epfenbach bei Sinsheim traten seit der Leute Gedenken jeden Abend drei wunderschöne, weißgekleidete Jungfrauen in die Spinnstube des Dorfs. Sie brachten immer neue Lieder und Weisen mit, wußten hübsche Märchen und Spiele, auch ihre Rocken und Spindeln hatten etwas Eigenes, und keine Spinnerin konnte so fein und behend den Faden drehen. Aber mit dem Schlag elf standen sie auf, packten ihre Rocken zusammen und ließen sich durch keine Bitte einen Augenblick länger halten. Man wußte nicht, woher sie kamen, noch wohin sie gingen; man nannte sie nur: die Jungfern aus dem See oder die Schwestern aus dem See. Die Bursche sahen sie gern und verliebten sich in sie, zuallermeist des Schulmeisters Sohn. Der konnte nicht satt werden, sie zu hören und mit ihnen zu sprechen, und nichts tat ihm leider, als daß sie jeden Abend schon so früh aufbrachen. Da verfiel er einmal auf den Gedanken und stellte die Dorfuhr eine Stunde zurück, und abends im steten Gespräch und Scherz merkte kein Mensch den Verzug der Stunde. Und als die Glocke elf schlug, es aber schon eigentlich zwölf war, standen die drei Jungfern auf, legten die Rocken zusammen und gingen fort. Den folgenden Morgen kamen etliche Leute am See vorbei; da hörten sie wimmern und sahen drei blutige Stellen oben auf der Fläche. Seit der Zeit kamen die Schwestern nimmermehr zur Stube. Des Schulmeisters Sohn zehrte ab und starb kurz darnach.

Der ewige Jäger

Graf Eberhard von Württemberg ritt eines Tages allein in den grünen Wald aus und wollte zu seiner Kurzweil jagen. Plötzlich hörte er ein starkes Brausen und Lärmen, wie wenn ein Waidmann vorüberkäme; erschrak heftig und fragte, nachdem er vom Roß gestanden und auf eines Baumes Tolde getreten war, den Geist: ob er ihm schaden wolle? »Nein«, sprach die Gestalt, »ich bin gleich dir ein Mensch und stehe vor dir ganz allein, war vordem ein Herr. An dem Jagen hatte ich aber solche Lust, daß ich Gott anflehte, er möge mich jagen lassen bis zu dem Jüngsten Tag. Mein Wunsch wurde leider erhört, und schon fünfthalb hundert Jahre jage ich an einem und demselben Hirsch. Mein Geschlecht und mein Adel sind aber noch niemandem offenbart worden.« Graf Eberhard sagte: »Zeig mir dein Angesicht, ob ich dich etwa erkennen mög.« Da entblößte sich der Geist, sein Antlitz war kaum faustgroß, verdorrt wie eine Rübe und gerunzelt als ein Schwamm. Darauf ritt er dem Hirsch nach und verschwand, der Graf kehrte heim in sein Land zurück.

Hans Jagenteufel

Man glaubt: Wer eine der Enthauptung würdige Untat verrichte, die bei seinen Lebzeiten nicht herauskomme, der müsse nach dem Tod mit dem Kopf unterm Arm umgehen.

Im Jahr 1644 ging ein Weib aus Dresden eines Sonntags früh in einen nahen Wald, daselbst Eicheln zu lesen. In der Heide, an einem Grund nicht weit von dem Orte, das verlorene Wasser genannt, hörte sie stark mit dem Jägerhorn blasen, darauf tat es einen harten Fall, als ob ein Baum fiele. Das Weib erschrak und barg ihr Säcklein Eicheln ins Gestrüpp, bald darauf blies das Horn wieder, und als sie umsah, erblickte sie auf einem Grauschimmel in langem grauem Rock einen Mann ohne Kopf reiten, er trug Stiefel und Sporn und hatte ein Hifthorn über dem Rücken hangen. Weil er aber ruhig vorbeiritt, faßte sie wieder Mut, las ihre Eicheln fort und kehrte abends ungestört heim. Neun Tage später kam die Frau in gleicher Absicht in dieselbe Gegend, und als sie am Försterberg niedersaß, einen Apfel zu schälen, rief hinter ihr eine Stimme: »Habt Ihr den Sack voll Eicheln und seid nicht gepfändet worden?« – »Nein«, sprach sie, »die Förster sind fromm und haben mir nichts getan, Gott sei mir Sünder gnädig!« Mit diesen Worten drehte sie sich um, da stand derselbe Graurock, aber ohne Pferd, wieder und hielt den Kopf mit bräunlichem, krausendem Haar unter dem Arm. Die Frau fuhr zusammen, das Gespenst aber sprach: »Hieran tut Ihr wohl, Gott um Vergebung Eurer Sünden zu bitten, mir hat's nicht so wohl werden können.« Darauf erzählte es: Vor hundertdreißig Jahren habe er gelebt und wie sein Vater Hans Jagenteufel geheißen. Sein Vater habe ihn oft ermahnt, den armen Leuten nicht zu scharf zu sein, er aber die Lehre in den Wind geschlagen und dem Saufen und Trinken obgelegen und Böses genug getan. Darum müsse er nun als ein verdammter Geist umwandern.

Des Hackelnberg Traum

Hans von Hackelnberg war braunschweigischer Oberjägermeister und ein gewaltiger Waidmann. Eine Nacht hatte er auf der Harzburg einen schweren Traum; es deuchte ihm, als ob er mit einem furchtbaren Eber kämpfe, der ihn nach langem Streit zuletzt besiegte. Diesen Traum konnte er gar nicht aus den Gedanken wieder loswerden. Einige Zeit darnach stieß er im Vorharz wirklich auf einen Eber, dem im Traum gesehenen ähnlich. Er griff ihn an; der Kampf blieb lange unentschieden, endlich gewann Hans und streckte den Feind zu Boden nieder. Froh, als er ihn so zu seinen Füßen erblickte, stieß er mit dem Fuß nach den schrecklichen Hauern des Ebers und rief aus: »Du sollst es mir noch nicht tun!« Aber er hatte mit solcher Gewalt gestoßen, daß der scharfe Zahn den Stiefel durchdrang und den Fuß verwundete. Erst achtete Hackelnberg der Wunde nicht und setzte die Jagd fort. Bei seiner Zurückkunft aber war der Fuß so geschwollen, daß der Stiefel vom Bein getrennt werden mußte. Er eilte nach Wolfenbüttel zurück; die Erschütterung des Wagens wirkte so schädlich, daß er mit genauer Not das Hospital zu Wülperode unweit Hornburg erreichte und bald daselbst starb. Auf seinem Grabe liegt ein Stein, der einen geharnischten Ritter auf einem Maultier vorstellt.

Die schwarzen Reiter und das Handpferd

Es soll vorzeiten der Rechenberger, ein Raub- und Diebsritter, mit seinem Knecht eines Nachts auf Beute ausgeritten sein. Da begegnete ihnen ein Heer schwarzer Reiter; er wich aus, konnte sich aber nicht enthalten, den letzten im Zug, der ein schön gesattelt leeres Handpferd führte, zu fragen, wer diese wären, die da vorübergeritten. Der Reiter versetzte: »Das wütende Heer.« Drauf hielt auch der Knecht an und frug: wem doch das schöne Handpferd wäre? Dem wurde zur Antwort: Seines Herrn treustem Knecht, welcher übers Jahr tot sein und auf diesem Pferd reiten werde. Dieses Rechenbergers Knecht wollte sich nun bekehren und dingte sich zu einem Abt als Stallknecht. Binnen Jahres wurde er mit seinem Nebenknecht uneins, der ihn erstach.

Der getreue Eckhart

Man sagt von dem treuen Eckhart, daß er vor dem Venusberg oder Höselberg sitze und alle Leute warne, die hineingehen wollen. Johann Kennerer, Pfarrherr zu Mansfeld, seines Alters über achtzig Jahr, erzählte, daß zu Eisleben und im ganzen Lande Mansfeld das wütende Heer vorübergezogen sei, alle Jahr auf den Fastnacht Dornstag, und die Leute sind zugelaufen und haben darauf gewartet; nicht anders, als sollte ein großer mächtiger Kaiser oder König vorüberziehen. Vor dem Haufen ist ein alter Mann hergegangen mit einem weißen Stab, hat sich selbst den treuen Eckhart geheißen. Dieser Mann hat die Leute heißen aus dem Wege weichen, auch etliche Leute gar heimgehen, sie würden sonst Schaden nehmen. Nach diesem Mann haben etliche geritten, etliche gegangen, und es sind Leute gesehen worden, die neulich an den Orten gestorben waren, auch der eins Teils noch lebten. Einer hat geritten auf einem Pferd mit zweien Füßen. Der ander ist auf einem Rade gebunden gelegen, und das Rad ist von selbst umgelaufen. Der dritte hat einen Schenkel über die Achsel genommen und hat gleich sehr gelaufen. Ein anderer hat keinen Kopf gehabt und der Stück ohn Maßen. In Franken ist's noch neulich geschehen, und zu Heidelberg am Neckar hat man's oft im Jahr gesehen. Das wütende Heer erscheint in Einöden, in der Luft und im Finstern, mit Hundegebell, Blasen auf Waldhörnern und Brüllen wilder Tiere, auch siehet man dabei Hasen laufen und höret Schweine grunzen.

Das Fräulein vom Willberg

Ein Mann aus Wehrden bei Höxter ging nach der Amelungsmühle, Korn zu mahlen; auf dem Rückweg wollt er sich ein wenig am Teich im Lau ausruhen. Da kam ein Fräulein von dem Willberg, welcher Godelheim gegenüberliegt, herab, trat zu ihm und sprach: »Bringt mir zwei Eimer voll Wasser oben auf die Stolle (Spitze) vom Willberg, dann sollt ihr gute Belohnung haben.« Er trug ihr das Wasser hinauf; oben aber sprach sie: »Morgen um diese Stunde kommt wieder und bringt den Busch Blumen mit, welchen der Schäfer vom Osterberge auf seinem Hut trägt.« Der Mann forderte den andern Tag die Blumen von dem Osterbergsschäfer und erhielt sie, doch erst nach vielem Bitten. Darauf ging er wieder zu der Stolle des Willbergs, da stand das Fräulein, führte ihn zu einer eisernen Türe und sprach: »Halte den Blumenbusch vors Schloß.« Wie er das tat, sprang die Türe gleich auf, und sie traten hinein; da saß in der Berghöhle ein klein Männlein vor dem Tisch, dessen Bart ganz durch den steinernen Tisch gewachsen war, ringsherum aber standen große, übermächtige Schätze. Der Schäfer legte vor Freude seinen Blumenbusch auf den Tisch und fing an, sich die Taschen mit Gold zu füllen. Das Fräulein aber sprach zu ihm: »Vergeßt das Beste nicht!« Der Mann sah sich um und glaubte, damit wäre ein großer Kronleuchter gemeint, wie er aber darnach griff, kam unter dem Tisch eine Hand hervor und schlug ihm ins Angesicht. Das Fräulein sprach nochmals: »Vergeßt das Beste nicht!« Er hatte aber nichts als die Schätze im Sinn, und an den Blumenbusch dachte er gar nicht. Als er seine Taschen gefüllt hatte, wollte er wieder fort, kaum aber war er zur Tür hinaus, so schlug sie mit entsetzlichem Krachen zu. Nun wollt er seine Schätze ausladen, aber er hatte nichts als Papier in der Tasche; da fiel ihm der Blumenbusch ein, und nun sah er, daß dieser das Beste gewesen, und ging traurig den Berg hinunter nach Haus.

Der Schäfer und der Alte aus dem Berg

Nicht weit von der Stadt Wernigerode befindet sich in einem Tale eine Vertiefung in steinigem Erdboden, welche das Weinkellerloch genannt wird und worin große Schätze liegen sollen. Vor vielen Jahren weidete ein armer Schäfer, ein frommer und stiller Mann, dort seine Herde. Einmal, als es eben Abend werden wollte, trat ein greiser Mann zu ihm und sprach: »Folge mir, so will ich dir Schätze zeigen, davon du dir nehmen kannst, soviel du Lust hast.« Der Schäfer überließ dem Hunde die Bewachung der Herde und folgte dem Alten. In einer kleinen Entfernung tat sich plötzlich der Boden auf, sie traten beide ein und stiegen in die Tiefe, bis sie zu einem Gemach kamen, in welchem die größten Schätze von Gold und edlen Steinen aufgetürmt lagen. Der Schäfer wählte sich einen Goldklumpen, und jemand, den er nicht sah, sprach zu ihm: »Bringe das Gold dem Goldschmied in der Stadt, der wird dich reichlich bezahlen.« Darauf leitete ihn sein Führer wieder zum Ausgang, und der Schäfer tat, wie ihm geheißen war, und erhielt von dem Goldschmied eine große Menge Geldes. Erfreut brachte er es seinem Vater, dieser sprach: »Versuche noch einmal in die Tiefe zu steigen.« »Ja, Vater«, antwortete der Schäfer, »ich habe dort meine Handschuhe liegenlassen, wollt Ihr mitgehen, so will ich sie holen.« In der Nacht machten sie sich beide auf, fanden die Stelle und den geöffneten Boden und gelangten zu den unterirdischen Schätzen. Es lag noch alles wie das erste Mal, auch die Handschuhe des Schäfers waren da; beide luden so viel in ihre Taschen, als sie tragen konnten, und gingen dann wieder heraus, worauf sich der Eingang mit lautem Krachen hinter ihnen schloß. Die folgende Nacht wollten sie es zum drittenmal wagen, aber sie suchten lange hin und her, ohne die Stelle des Eingangs oder auch nur eine Spur zu entdecken. Da trat ihnen der alte Mann entgegen und sprach zum Schäfer: »Hättest du deine Handschuhe nicht mitgenommen, sondern unten liegengelassen, so würdest du auch zum drittenmal den Eingang gefunden haben, denn dreimal sollte er dir zugänglich und geöffnet sein; nun aber ist er dir auf immer unsichtbar und verschlossen.« Geister, heißt es, können das, was in ihrer Wohnung von den irdischen Menschen zurückgelassen worden, nicht behalten und haben nicht Ruh, bis es jene wieder zu sich genommen.

Jungfrau Ilse

Der Ilsenstein ist einer der größten Felsen des Harzgebirges, liegt auf der Nordseite in der Grafschaft Wernigerode unweit Ilsenburg am Fuße des Brockens und wird von der Ilse bespült. Ihm gegenüber ein ähnlicher Fels, dessen Schichten zu diesem passen und bei einer Erderschütterung davon getrennt zu sein scheinen. Bei der Sündflut flohen zwei Geliebte dem Brocken zu, um der immer höher steigenden allgemeinen Überschwemmung zu entrinnen. Eh sie noch denselben erreichten und gerade auf einem andern Felsen zusammen standen, spaltete sich solcher und wollte sie trennen. Auf der linken Seite, dem Brocken zugewandt, stand die Jungfrau; auf der rechten der Jüngling, und miteinander stürzten sie umschlungen in die Fluten. Die Jungfrau hieß Ilse. Noch alle Morgen schließt sie den Ilsenstein auf, sich in der Ilse zu baden. Nur wenigen ist es vergönnt, sie zu sehen, aber wer sie kennt, preist sie. Einst fand sie frühmorgens ein Köhler, grüßte sie freundlich und folgte ihrem Winken bis vor den Fels; vor dem Fels nahm sie ihm seinen Ranzen ab, ging hinein damit und brachte ihn gefüllt zurück. Doch befahl sie dem Köhler, er sollte ihn erst in seiner Hütte öffnen. Die Schwere fiel ihm auf, und als er auf der Ilsenbrücke war, konnte er sich nicht länger enthalten, machte den Ranzen auf und sah Eicheln und Tannäpfel. Unwillig schüttelte er sie in den Strom, sobald sie aber die Steine der Ilse berührten, vernahm er ein Klingeln und sah mit Schrecken, daß er Gold verschüttet hatte. Der nun sorgfältig aufbewahrte Überrest in den Ecken des Sacks machte ihn aber noch reich genug. Nach einer andern Sage stand auf dem Ilsenstein vorzeiten eines Harzkönigs Schloß, der eine sehr schöne Tochter namens Ilse hatte. Nah dabei hauste eine Hexe, deren Tochter über alle Maßen häßlich aussah. Eine Menge Freier warben um Ilse, aber niemand begehrte die Hexentochter; da zürnte die Hexe und wandte durch Zauber das Schloß in einen Felsen, an dessen Fuße sie eine nur der Königstochter sichtbare Türe anbrachte. Aus dieser Tür schreitet noch jetzo alle Morgen die verzauberte Ilse und badet sich im Flusse, der nach ihr heißt. Ist ein Mensch so glücklich und sieht sie im Bade, so führt sie ihn mit ins Schloß, bewirtet ihn köstlich und entläßt ihn reichlich beschenkt. Aber die neidische Hexe macht, daß sie nur an einigen Tagen des Jahrs im Bade sichtbar ist. Nur derjenige vermag sie zu erlösen, der mit ihr zu gleicher Zeit im Flusse badet und ihr an Schönheit und Tugend gleicht.

Der Roßtrapp und der Kreetpfuhl

Den Roßtrapp oder die Roßtrappe nennt man einen Felsen mit einer eirunden Vertiefung, welche einige Ähnlichkeit mit dem Eindruck eines riesenmäßigen Pferdehufes hat, in dem hohen Vorgebirge des Nordharzes hinter Thale. Davon folgende abweichende Sagen: (1) Eines Hünenkönigs Tochter stellte vorzeiten die Wette an, mit ihrem Pferde über den tiefen Abgrund, Kreetpfuhl genannt, von einem Felsen zum andern zu springen. Zweimal hatte sie es glücklich verrichtet, beim drittenmal aber schlug das Roß rückwärts über und stürzte mit ihr in die Schlucht hinab. Darin befindet sie sich immer noch. Ein Taucher hatte sie einmal einigen zu Gefallen um ein Trinkgeld so weit außer Wasser gebracht, daß man etwas von der Krone sehen konnte, die sie auf dem Haupt getragen. Als er zum drittenmal dransollte, wagte er's anfänglich nicht, entschloß sich zuletzt doch und vermeldete dabei: »Wenn aus dem Wasser ein Blutstrahl steigt, so hat mich die Jungfrau umgebracht; dann eilet alle davon, daß ihr nicht auch in Gefahr geratet.« Wie er sagte, geschah's, ein Blutstrahl stieg auf. (2) Vor alters wohnte ein König auf den herumgelegenen alten Schlössern, der eine sehr schöne Tochter hatte, diese wollte ein Prinz, der sich in sie verliebte, entführen und verband sich dazu mit dem Teufel, durch dessen schwarze Kunst er ein Pferd aus der Hölle bekam. So entführte er sie, und beim Übersetzen von Fels zu Fels schlug das Roß mit dem Hufeisen dieses Wahrzeichen ein. (3) Eine Königstochter wohnte am Harz und hatte wider den Willen ihres Vaters eine geheime Liebschaft. Um sich vor seinem Zorn zu retten, floh sie, nahm die Königskrone mit und wollte sich in den Felsen bergen. Auf dem Felsen jenseits, gegenüber dem Roßtrapp, sollen noch die Radenägel ihres Fuhrwerks eingedrückt sein. Sie wurde verfolgt und umringt. Es war keine Rettung übrig, als einen Sprung ans andere Ufer zu wagen. Die Jungfrau sah das, da tanzte sie noch einmal zu guter Letzt, als wäre es ihr Hochzeittag, und davon bekam der Fels den Namen Tanzplatz. Dann tat sie glücklich den großen Sprung; wo ihr Roß den ersten Fuß hinsetzte, drückte sich sein Huf ein, fortan hieß dieser Fels der Roßtrapp. In der Luft war ihr aber die unschätzbare Krone vom Haupte gefallen in einen tiefen Strudel der Bode, davon das Kronenloch benannt. Da liegt sie noch auf den heutigen Tag. (4) Vor tausend und mehr Jahren, ehe noch die Raubritter die Hoymburg, Leuenburg, Steckelnburg und Winzenburg erbauten, war das Land rings um den Harz von Riesen bewohnt, die Heiden und Zauberer waren, Raub, Mord und Gewalttat übten. Sechzigjährige Eichen rissen sie samt den Wurzeln aus und fochten damit. Was sich entgegenstellte, wurde mit Keulen niedergeschlagen und die Weiber in Gefangenschaft fortgeschleppt, wo sie Tag und Nacht dienen mußten. In dem Boheimer Walde hauste dazumal ein Riese, Bodo genannt. Alles war ihm untertan, nur Emma, die Königstochter vom Riesengebirge, die konnte er nicht zu seiner Liebe zwingen. Stärke noch List halfen ihm nichts, denn sie stand mit einem mächtigen Geiste im Bund. Einst aber ersah sie Bodo jagend auf der Schneekoppe und sattelte sogleich seinen Zelter, der meilenlange Fluren im Augenblick übersprang; er schwur, Emma zu fahen oder zu sterben. Fast hätt er sie erreicht, als sie ihn aber zwei Meilen weit von sich erblickte und an den Torflügeln eines zerstörten Städtleins, welche er im Schild führte, erkannte, da schwenkte sie schnell das Roß. Und von ihren Spornen getrieben, flog es über Berge, Klippen und Wälder durch Thüringen in die Gebirge des Harzes. Oft hörte sie einige Meilen hinter sich das schnaubende Roß Bodos und jagte dann den nimmermüden Zelter zu neuen Sprüngen auf. Jetzt stand ihr Roß verschnaufend auf dem furchtbaren Fels, der Teufels Tanzplatz heißt. Angstvoll blickte Emma in die Tiefe, denn mehr als tausend Fuß ging senkrecht die Felsenmauer herab zum Abgrund. Tief rauschte der Strom unten und kreiste in furchtbaren Wirbeln. Der entgegenstehende Fels schien noch entfernter und kaum Raum zu haben für einen Vorderfuß des Rosses. Von neuem hörte sie Bodos Roß schnauben, in der Angst rief sie die Geister ihrer Väter zu Hilfe, und ohne Besinnung drückte sie ihrem Zelter die ellenlangen Spornen in die Seite. Und das Roß sprang über den Abgrund glücklich auf die spitze Klippe und schlug seinen Huf vier Fuß tief in das harte Gestein, daß die Funken stoben. Das ist jener Roßtrapp. Die Zeit hat die Vertiefung kleiner gemacht, aber kein Regen kann sie ganz verwischen. Emma war gerettet, aber die zentnerschwere goldene Königskrone fiel während des Sprungs von ihrem Haupt in die Tiefe. Bodo, in blinder Hitze nachsetzend, stürzte in den Strudel und gab dem Fluß den Namen. (Die Bode ergießt sich mit der Emme und Saale in die Elbe.) Hier als schwarzer Hund bewacht er die goldene Krone der Riesentochter, daß kein Gelddurstiger sie heraushole. Ein Taucher wagte es einst unter großen Versprechungen. Er stieg in die Tiefe, fand die Krone und hob sie in die Höhe, daß das versammelte Volk schon die Spitzen golden schimmern sah. Aber zu schwer, entsank sie zweimal seinen Händen. Das Volk rief ihm zu, das dritte Mal hinabzusteigen. Er tat's, und ein Blutstrahl sprang hoch in die Höhe. Der Taucher kam nimmer wieder auf. Jetzo deckt tiefe Nacht und Stille den Ungrund, kein Vogel fliegt darüber. Nur um Mitternacht hört man oft in der Ferne das dumpfe Hundegeheul des Heiden. Der Strudel heißt der Kreetpfuhl und der Fels, wo Emma die Hilfe der Höllengeister erflehte, des Teufels Tanzplatz. (5) In Böhmen lebte vorzeiten eine Königstochter, um die ein gewaltiger Riese warb. Der König, aus Furcht seiner Macht und Stärke, sagte sie ihm zu. Weil sie aber schon einen andern Liebhaber hatte, der aus dem Stamm der Menschen war, so widersetzte sie sich dem Bräutigam und dem Befehl ihres Vaters. Aufgebracht wollte der König Gewalt brauchen und setzte die Hochzeit gleich auf den nächsten Tag. Mit weinenden Augen klagte sie das ihrem Geliebten, der zu schneller Flucht riet und sich in der finsteren Nacht einstellte, die getroffene Verabredung ins Werk zu setzen. Es hielt aber schwer zu entfliehen, die Marställe des Königs waren verschlossen und alle Stallmeister ihm treu und ergeben. Zwar stand des Riesen ungeheurer Rappe in einem für ihn eigens erbauten Stalle, wie sollte aber eine schwache Frauenhand das mehr denn zehn Ellen hohe Untier leiten und lenken? Und wie war ihm beizukommen, da es an einer gewaltig dicken Kette lag, die ihm statt Halfters diente und dazu mit einem großen Schlosse verwahrt war, dessen Schlüssel der Riese bei sich trug? Der Geliebte half aber aus, er stellte eine Leiter ans Pferd und hieß die Königstochter hinaufsteigen; dann tat er einen mächtigen Schwerteshieb auf die Kette, daß sie voneinandersprang, schwang sich selbst hinten auf, und in einem Flug ging's auf und davon. Die kluge Jungfrau hatte ihre Kleinode mitgenommen, dazu ihres Vaters goldene Krone aufs Haupt gesetzt. Während sie nun aufs Geratewohl forteilten, fiel's dem Riesen ein, in dieser Nacht auszureiten. Der Mond schien hell, und er stand auf, sein Roß zu satteln. Erstaunt sah er den Stall leer. Es gab Lärm im ganzen Schlosse, und als man die Königstochter aufwecken wollte, war sie auch verschwunden. Ohne sich lange zu besinnen, bestieg der Bräutigam das erste beste Pferd und jagte über Stock und Block. Ein großer Spürhund witterte den Weg, den die Verliebten genommen hatten; nahe am Harzwalde kam der Riese hinter sie. Da hatte aber auch die Jungfrau den Verfolger erblickt, wandte den Rappen flugs und sprengte waldein, bis der Abgrund, in welchem die Bode fließt, ihren Weg durchschneidet. Der Rappe stutzt einen Augenblick, und die Liebenden sind in großer Gefahr. Sie blickt hinterwärts, und in strengem Galopp nahet der Riese, da stößt sie mutig dem Rappen in die Rippen. Mit einem gewaltigen Sprung, der den Eindruck eines Hinterhufes im Felsen läßt, setzt er über, und die Liebenden sind gerettet. Denn die Mähre des nacheilenden Riesen springt seiner Schwere wegen zu kurz, und beide mit gräßlichem Geprassel fallen in den Abgrund. Auf dem jenseitigen Rand stehet die Königstochter und tanzt vor Freuden. Davon heißt die Stätte noch jetzt der Tanzplatz. Doch hat sie im Taumel des Sprungs die Krone verloren, die in den Kessel der Bode gefallen ist. Da liegt sie noch heutzutag, von einem großen Hunde mit glühenden Augen bewacht. Schwimmer, die der Gewinn geblendet, haben sie mit eigner Lebensgefahr aus der Tiefe zu holen gesucht, aber beim Wiederkommen ausgesagt, daß es vergebens sei, der große Hund sinke immer tiefer, sowie sie ihm nahe kämen, und die goldne Krone stehe nicht mehr zu erlangen.

Der Mägdesprung

Zwischen Ballenstedt und Harzgerode in dem Selketal zeigt das Volk auf einen hohen, durch eine Säule ausgezeichneten Felsen, auf eine Vertiefung im Gestein, die einige Ähnlichkeit mit der Fußtapfe eines Menschen hat und achtzig bis hundert Fuß weiter auf eine zweite Fußtapfe. Die Sage davon ist aber verschieden. Eine Hünin oder Riesentochter erging sich einst auf dem Rücken des Harzes, von dem Petersberge herkommend. Als sie die Felsen erreicht hatte, die jetzt über den Hüttenwerken stehen, erblickte sie ihre Gespielin, die ihr winkte, auf der Spitze des Rammberges. Lange stand sie so zögernd, denn ihren Standort und den nächsten Berggipfel trennte ein breites Tal. Sie blieb hier so lange, daß sich ihre Fußtapfe ellentief in den Felsen drückte, wovon heutzutag noch die schwachen Spuren zu sehn sind. Ihres Zögerns lachte höhnisch ein Knecht des Menschenvolks, das diese Gegend bewohnte, und der bei Harzgerode pflügte. Die Hünin merkte das, streckte ihre Hand aus und hob den Knecht samt Pflug und Pferden in die Höhe, nahm alles zusammen in ihr Obergewand und sprang damit über das Tal weg, und in einigen Schritten hatte sie ihre Gespielin erreicht. Oft hört man erzählen: Die Königstochter sei in ihrem Wagen gefahren gekommen und habe auf das jenseitige Gebirg gewollt. Flugs tat sie den Wagen nebst den Pferden in die Schürze und sprang von einem Berg nach dem andern. Endlich werden die Fußtritte einer Bauerdirne zugeschrieben, die zu ihrem Liebhaber, einem Schäfer, jenseits den Sprung gemacht und beim Ansatz so gewaltsam aufgetreten habe, daß sich ihre Spur eindrückte. Auch ein Ziegenbock scheint hierbei im Spiel gewesen zu sein.

Der Harrassprung

Bei Lichtenwalde im sächsischen Erzgebirge zeigt man an dem Zschopautal eine Stelle, genannt der Harrassprung, wo vorzeiten ein Ritter, von seinen Feinden verfolgt, die steile Felsenwand hinunter in den Abgrund geritten sein soll. Das Roß wurde zerschmettert, aber der Held entkam glücklich auf das jenseitige Ufer.

Der Riese Hidde

Zu Karls des Großen Zeit lebte ein Friese namens Hidde, groß von Leib und ein starker Mann, ging ins Land Braunschweig und wurde vom Herzog zum Vogt seiner Wälder und Bäume gemacht. Als er einmal durch die Wildnis ging, stieß er auf eine Löwin mit ihren jungen Welpen im Nest, tötete die Alte und brachte die Jungen als Wölfe, die er gefangen habe, dem Herzog an Hof. Diesem gefiel die Einfalt des Mannes, welcher keinen Unterschied machte zwischen Löwen und Wölfen, und begabte ihn mit vielen Ländereien in der Gegend der Elbe. Da baute er sich ein Wohnhaus und nannte es Hiddesacker nach seinem Namen.

Es rauscht im Hünengrab

Bei Köslin in Pommern zeigt man einen Hünenberg, und man hat da ein großes Horn, ein großes Schwert und ungeheure Knochen ausgegraben. Auch in Vorpommern sollen vorzeiten Riesen gewesen sein. In der Gegend von Greifswald ließ man 1594 solche Hünengräber »kleuben und abschlichten«, da fanden die Steinmetzen Leiber, elf und wohl sechzehn Schuh lang, und Krüge daneben. Wie sie aber an einen andern Graben, dem vorigen gleich, kamen und ihn auch versuchen wollten, soll sich ihrem Vorgeben nach ein Getümmel, als wenn etwas mit Schlüsseln um sie her rauschte und tanzte, haben vernehmen lassen. Da standen sie ab vom Stören des Grabs.

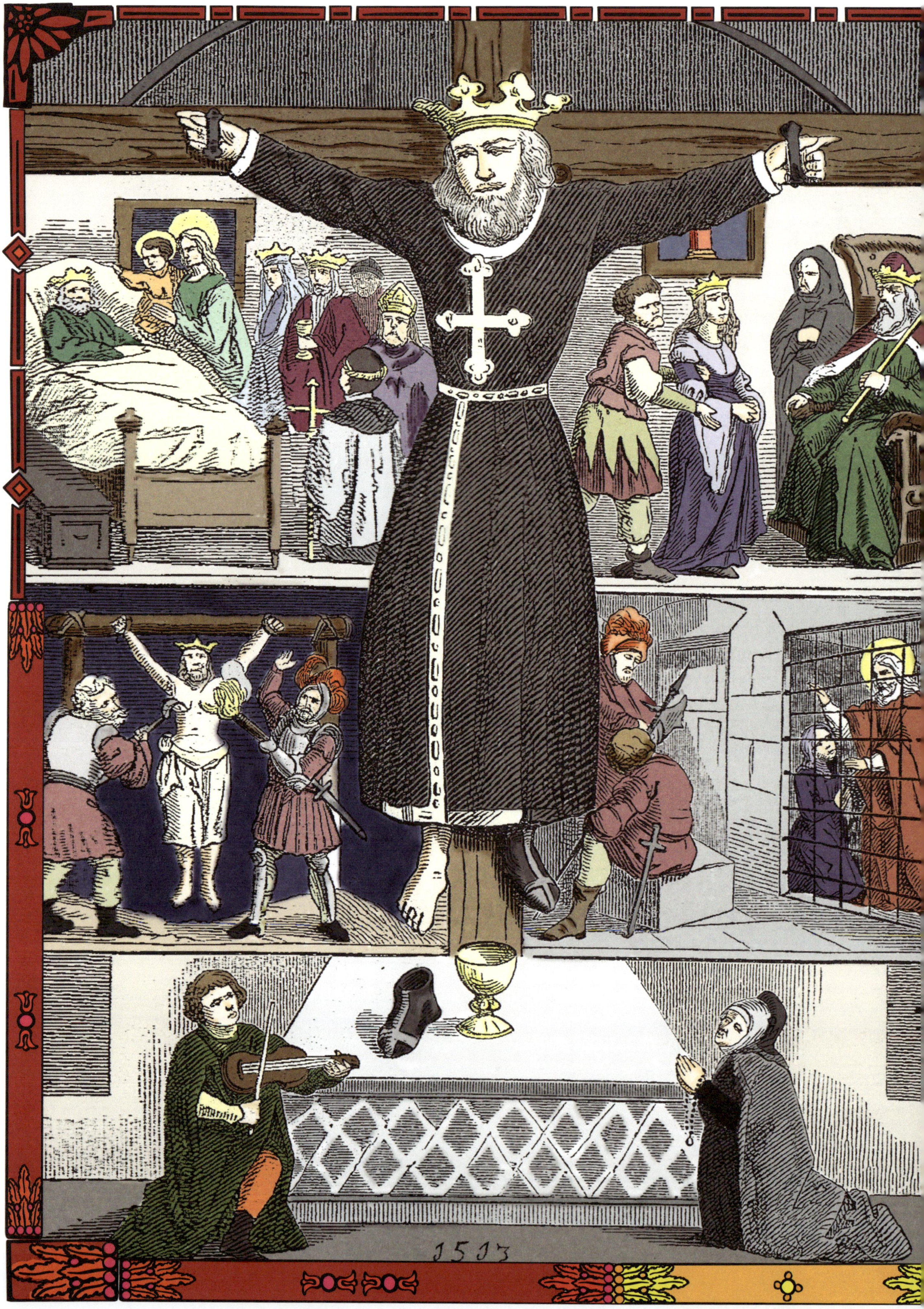
1513

Die Jungfrau mit dem Bart

Zu Saalfeld mitten im Fluß steht eine Kirche, zu welcher man durch eine Treppe von der nahe gelegenen Brücke eingeht, worin aber nicht mehr gepredigt wird. An dieser Kirche ist als Beiwappen oder Zeichen der Stadt in Stein ausgehauen eine gekreuzigte Nonne, vor welcher ein Mann mit einer Geige kniet, der neben sich einen Pantoffel liegen hat. Davon wird folgendes erzählt: Die Nonne war eine Königstochter und lebte zu Saalfeld in einem Kloster. Wegen ihrer großen Schönheit verliebte sich ein König in sie und wollte nicht nachlassen, bis sie ihn zum Gemahl nähme. Sie blieb ihrem Gelübde treu und weigerte sich beständig, als er aber immer von neuem in sie drang und sie sich seiner nicht mehr zu erwehren wußte, bat sie endlich Gott, daß er zu ihrer Rettung die Schönheit des Leibes von ihr nähme und ihr Ungestaltheit verliehe; Gott erhörte die Bitte, und von Stund an wuchs ihr ein langer, häßlicher Bart. Als der König das sah, geriet er in Wut und ließ sie ans Kreuz schlagen.

Aber sie starb nicht gleich, sondern mußte in unbeschreiblichen Schmerzen etliche Tage am Kreuze schmachten. Da kam in dieser Zeit aus sonderlichem Mitleiden ein Spielmann, der ihr die Schmerzen lindern und die Todesnot versüßen wollte. Der hub an und spielte auf seiner Geige, so gut er vermochte, und als er nicht mehr stehen konnte vor Müdigkeit, da kniete er nieder und ließ seine tröstliche Musik ohn Unterlaß erschallen. Der heiligen Jungfrau aber gefiel das so gut, daß sie ihm zum Lohn und Angedenken einen köstlichen, mit Gold und Edelstein gestickten Pantoffel von dem einen Fuß herabfallen ließ.

Schwarzkopf und Seeburg am Mummelsee

Der Mummelsee liegt im tiefen Murgtale rings von ehemaligen Burgen umgeben; gegeneinander stehen die Überreste der ehemaligen Festen Schwarzkopf und Seeburg. Die Sage erzählt, daß jeden Tag, wann Dämmerung die Bergspitzen verhüllt, von der Seite des Seeburger Burghofes dreizehn Stück Rotwild zu einem Pförtchen herein-, über den Platz und zu dem entgegengesetzten flügellosen Burgtore hinauseilen. Geübte Wildschützen bekamen von diesen Tieren immer eins, aber nie mehr in ihre Gewalt. Die andern Kugeln gingen fehl oder fuhren in die Hunde. Kein Jäger schoß seit der Zeit auf ein anderes Tier, als das in diesem Zuge lief und sich durch Größe und Schönheit auszeichnete. Von diesem täglichen Zuge ist jedoch der Freitag ausgenommen, der deswegen den noch jetzt üblichen Namen Jägersabbat erhielt und an welchem niemand die Seeburg betritt. Aber an diesem Tage, um die Mitternacht, wird eine andere Erscheinung gesehen. Zwölf Nonnen, in ihrer Mitte ein blutender Mann, in dessen Leib zwölf Dolche stecken, kommen durch die kleine Waldpforte in den Hof und wandeln still dem großen Burgtore zu. In diesem Augenblick erscheint aus dem Portale eine ähnliche Reihe, bestehend in zwölf ganz schwarzen Männern, aus deren Leibern Funken sprühen und überall brennende Flecken hervorlodern; sie wandeln dicht an den Nonnen und ihrem blutigen Begleiter vorüber, in ihrer Mitte aber schleicht eine weibliche Gestalt. Dieses Gesicht erklärt die Sage auf folgende Weise: In der Seeburg lebten zwölf Brüder, Raubgrafen, und bei ihnen eine gute Schwester; auf dem Schwarzkopf aber ein edler Ritter mit zwölf Schwestern. Es geschah, daß die zwölf Seeburger in einer Nacht die zwölf Schwestern vom Schwarzkopf entführten, dagegen aber auch der Schwarzkopf die einzige Schwester der zwölf Raubgrafen in seine Gewalt bekam. Beide Teile trafen in der Ebene des Murgtales aufeinander, und es entstand ein Kampf, in welchem die Seeburger die Oberhand erhielten und den Schwarzkopfer gefangennahmen. Sie führten ihn auf die Burg, und jeder von den zwölfen stieß ihm einen Dolch vor den Augen seiner sterbenden Geliebten, ihrer Schwester, in die Brust. Bald darnach befreiten sich die zwölf geraubten Schwestern aus ihren Gemächern, suchten die zwölf Dolche aus der Brust ihres Bruders und töteten in der Nacht sämtliche Mordgrafen. Sie flüchteten nach der Tat, wurden aber von den Knechten ereilt und getötet. Als hierauf das Schloß durch Feuer zerstört ward, da sah man die Mauern, in welchen die Jungfrauen geschmachtet, sich öffnen, zwölf weibliche Gestalten, jede mit einem Kindlein auf dem Arm, traten hervor, schritten zu dem Mummelsee und stürzten sich in seine Fluten. Nachher hat das Wasser die zertrümmerte Burg verschlungen, in welcher Gestalt sie noch hervorragt.

Ein armer Mann, der in der Nähe des Mummelsees wohnte und oftmals für die Geister des Wassers gebetet hatte, verlor seine Frau durch den Tod. Abends darauf hörte er in der Kammer, wo sie auf Spänen lag, eine leise Musik ertönen. Er öffnete ein wenig die Tür und schaute hinein und sah sechs Jungfrauen, die mit Lichtlein in den Händen um die Tote standen; am folgenden Abend waren es ebensoviel Jünglinge, die bei der Leiche wachten und sie sehr traurig betrachteten.

Der Krämer und die Maus

Vor langen Jahren ging ein armer Krämer durch den Böhmerwald gen Reichenau. Er war müde geworden und setzte sich, ein Stückchen Brot zu verzehren; das einzige, was er für den Hunger hatte. Während er aß, sah er zu seinen Füßen ein Mäuschen herumkriechen, das sich endlich vor ihn hinsetzte, als erwartete es etwas. Gutmütig warf er ihm einige Bröcklein von seinem Brot hin, so not es ihm selber tat, die es auch gleich wegnagte. Dann gab er ihm, solang er noch etwas hatte, immer sein kleines Teil, so daß sie ordentlich zusammen Mahlzeit hielten. Nun stand der Krämer auf, einen Trunk Wasser an einer nahen Quelle zu tun; als er wieder zurückkam, siehe, da lag ein Goldstück auf der Erde, und eben kam die Maus mit einem zweiten, legte es dabei und lief fort, das dritte zu holen. Der Krämer ging nach und sah, wie sie in ein Loch lief und daraus das Gold hervorbrachte. Da nahm er seinen Stock, öffnete den Boden und fand einen großen Schatz von lauter alten Goldstücken. Er hob ihn heraus und sah sich dann nach dem Mäuslein um, aber das war verschwunden. Nun trug er voll Freude das Gold nach Reichenau, teilte es halb unter die Armen und ließ von der andern Hälfte eine Kirche daselbst bauen. Diese Geschichte ward zum ewigen Andenken in Stein gehauen und ist noch am heutigen Tage in der Dreieinigkeitskirche zu Reichenau in Böhmen zu sehen.

Die drei Schatzgräber

Unter der St.-Dionysien-Kirche, nicht weit von Erfurt, sollte ein großer Schatz liegen, welchen drei Männer miteinander zu heben sich vornahmen, nämlich ein Schmied, ein Schneider und ein Hirt oder Schäfer. Aber der böse Geist, der den Schatz bewachte, tötete sie alle dreie. Ihre Häupter wurden an dem Gesims der Kirche unterm Dach in Stein ausgehauen nebst einem Hufeisen, einer Schere und einem Schäferstock oder einer Weinmeistershippe.

Einladung vor Gottes Gericht

Zu Leuneburg in Preußen war ein sehr behender Dieb, der einem ein Pferd stehlen konnte, wie vorsichtig man auch war. Nun hatte ein Dorfpfarrer ein schönes Pferd, das er dem Fischmeister zu Angerburg verkauft, aber noch nicht gewährt. Da wettete der Dieb, er wolle dieses auch stehlen und darnach aufhören; aber der Pfarrer erfuhr es und ließ es so verwahren und verschließen, daß er nicht dazu kommen konnte. Indes ritt der Pfarrer mit dem Pferd einmal in die Stadt, da kam der Dieb auch in Bettlerskleidern mit zweien Krücken in die Herberge. Und als er merkt, daß der Pfarrer schier wollte auf sein, macht er sich zuvor auf das Feld, wirft die Krücken auf einen Baum, legt sich darunter und erwartet den Pfarrer. Dieser kommt hernach, wohl bezecht, findet den Bettler da liegen und sagt: »Bruder, auf, auf! Es kommt die Nacht herbei, geh zu Leuten, die Wölfe möchten dich zerreißen.« Der Dieb antwortete: »Ach, lieber Herr! Es waren böse Buben eben hier, die haben mir meine Krücken auf den Baum geworfen, nun muß ich allhier verderben und sterben, denn ohne Krücken kann ich nirgend hinkommen.« Der Pfarrer erbarmt sich seiner, springt vom Pferde, gibt es dem Schalk am Zügel zu halten, zieht seinen Reitrock aus, legt ihn aufs Pferd und steigt dann auf den Baum, die Krücken abzugewinnen. Indessen springt der Dieb auf das Pferd, rennt davon, wirft die Bauerskleider weg und läßt den Pfarrer zu Fuß nach Hause gehen. Diesen Diebstahl erfährt der Pfleger, läßt den Dieb greifen und an den Galgen henken. Jedermann wußte nun von seiner Listigkeit und Behendigkeit zu erzählen.

Einsmals ritten mehrere Edelleute, wohl bezecht, an dem Galgen vorbei, redeten von des Diebs Verschlagenheit und lachten darüber. Einer von ihnen war auch ein wüster und spöttischer Mensch, der rief hinauf: »O du behender und kluger Dieb, du mußt ja viel wissen! Komm auf den Donnerstag mit deinen Gesellen zu mir zu Gaste und lehre mich auch Listigkeit.« Des lachten die andern.

Auf den Donnerstag, als der Edelmann die Nacht über getrunken hatte, lag er lang schlafend, da kommen die Diebe Glocke neun des Morgens mit ihren Ketten in den Hof, gehen zur Frau, grüßen sie und sagen, der Junker habe sie zu Gast gebeten, sie sollte ihn aufwecken. Dessen erschrickt sie gar hart, geht vor des Junkers Bett und sagt: »Ach! Ich habe Euch längst gesagt, Ihr würdet mit Eurem Trinken und spöttischen Reden Schande einlegen, steht auf und empfanget Eure Gäste«; und erzählt, was sie in der Stube gesagt hätten.

Er erschrickt, steht auf, heißt sie willkommen und daß sie sich setzen sollten. Er läßt Essen vortragen, soviel er in Eile vermag, welches alles verschwindet. Unterdessen sagt der Edelmann zu dem Pferdedieb: »Lieber, es ist deiner Behendigkeit viel gelachet worden, aber jetzund ist mir's nicht lächerlich, doch verwundert mich, wie du so behend bist gewesen, da du doch ein grober Mensch scheinest.« Der antwortet: »Der Satan, wann er sieht, daß ein Mensch Gottes Wort verläßt, kann einen leicht behend machen.« Der Edelmann fragte andere Dinge, darauf jener antwortete, bis die Mahlzeit entschieden war. Da stunden sie auf, dankten ihm und sprachen: »So bitten wir Euch auch zu Gottes himmlischem Gericht an das Holz, da wir um unserer Missetat willen von der Welt getötet worden; da sollt Ihr mit uns aufnehmen das Gericht zeitlicher Schmach, und dies soll sein heut über vier Wochen.« Und schieden also von ihm.

Der Edelmann erschrak sehr und ward heftig betrübt. Er sagte es vielen Leuten, der eine sprach dies, der andere jenes dazu. Er aber tröstete sich dessen, daß er niemanden etwas genommen und daß jener Tag auf Allerheiligentag fiel, auf welchen um des Fests willen man nicht zu richten pflegt. Doch blieb er zu Hause und lud Gäste, so etwas geschähe, daß er Zeugnis hätte, er wäre nicht auskommen. Denn damals war die Rauberei im Lande, sonderlich Gregor Matternen Reiterei, aus welchen einer den Hauskomtur D. Eberhard von Emden erstochen hatte. Derhalben der Komtur Befehl bekam, wo solche Reiter und Kompans zu finden wären, man sollte sie fangen und richten ohne einige Audienz. Nun war der Mörder verkundschaftet, und der Komtur eilte ihm mit den Seinigen nach. Und weil jenes Edelmannes der letzte Tag war und dazu Allerheiligenfest, gedacht er, nun wär er frei, wollte sich einmal gegen Abend auf das lange Einsitzen etwas erlustigen und ritt ins Feld. Indessen als seiner des Komturs Leute gewahr werden, deucht sie, es sei des Mörders Pferd und Kleid, und reiten flugs auf ihn zu. Der Reiter stellt sich zur Wehr und ersticht einen jungen Edelmann, des Komturs Freund, und wird deshalb gefangen. Sie bringen ihn vor Leuneburg, geben einem Litauen Geld, der hängt ihn zu seinen Gästen an den Galgen. Und wollte ihm nicht helfen, daß er sagte, er käme aus seiner Behausung erst geritten, sondern muß hören: »Mit ihm fort, eh andere kommen und sich seiner annehmen, denn er will sich nur also ausreden!«

Die Pferde aus dem Bodenloch

Richmuth von Adocht, eines reichen Bürgermeisters zu Köln Ehefrau, starb und wurde begraben. Der Totengräber hatte gesehen, daß sie einen köstlichen Ring am Finger trug, die Begierde trieb ihn nachts zu dem Grab, das er öffnete, willens, den Ring abzuziehen. Kaum aber hatte er den Sargdeckel aufgemacht, so sah er, daß der Leichnam die Hand zusammendrückte und aus dem Sarg steigen wollte. Erschrocken floh er. Die Frau wand sich aus den Grabtüchern los, trat heraus und ging ge-

rades Schritts auf ihr Haus zu, wo sie den bekannten Hausknecht bei Namen rief, daß er schnell die Tür öffnen sollte, und erzählte ihm mit wenig Worten, was ihr widerfahren. Der Hausknecht trat zu seinem Herrn und sprach: »Unsere Frau steht unten vor der Tür und will eingelassen sein.« – »Ach«, sagte der Herr, »das ist unmöglich, eh das möglich wäre, eher würden meine Schimmel oben auf dem Heuboden stehen!« Kaum hatte er das Wort ausgeredet, so trappelte es auf der Treppe und dem Boden, und siehe, die sechs Schimmel standen oben alle beisammen. Die Frau hatte nicht nachgelassen mit Klopfen, nun glaubte der Bürgermeister, daß sie wirklich da wäre; mit Freuden wurde ihr aufgetan und sie wieder völlig zum Leben gebracht. Den andern Tag schauten die Pferde noch aus dem Bodenloch, und man mußte ein großes Gerüste anlegen, um sie wieder lebendig und heil herabzubringen. Zum Andenken der Geschichte hat man Pferde ausgestopft, die aus diesem Haus zum Boden herausgucken. Auch ist sie in der Apostelkirche abgemalt, wo man überdem einen langen leinenen Vorhang zeigt, den Frau Richmuth nachher mit eigener Hand gesponnen und dahin verehrt hat. Denn sie lebte noch sieben Jahre.

Zusammenkunft der Toten

Eine Königin war gestorben und lag in einem schwarz ausgehängten Trauersaal auf dem Prachtbette. Nachts wurde der Saal mit Wachskerzen hell erleuchtet, und in einem Vorzimmer befand sich die Wache: ein Hauptmann mit neunundvierzig Mann. Gegen Mitternacht hörte dieser, wie ein sechsspänniger Wagen rasch vor das Schloß fährt, geht hinab, und eine in Trauer gekleidete Frau von edlem und vornehmem Anstande kommt ihm entgegen und bittet um die Erlaubnis, eine kurze Zeit bei der Toten verweilen zu dürfen. Er stellt ihr vor, daß er nicht die Macht habe, dies zu bewilligen, sie nennt aber ihren wohlbekannten Namen und sagt, als Oberhofmeisterin der Verstorbenen gebühre ihr das Recht, sie noch einmal, eh sie beerdigt werde, zu sehen. Er ist unschlüssig, aber sie dringt so lange, daß er nichts Schickliches mehr einzuwenden weiß und sie hineinführt. Er selbst, nachdem er die Türe des Saals wieder zugemacht, geht haußen auf und ab. Nach einiger Zeit bleibt er vor der Türe stehen, horcht und blickt durchs Schlüsselloch, da sieht er, wie die tote Königin aufrecht sitzt und leise zu der Frau spricht, doch mit verschlossenen Augen und ohne eine andere Belebung der Gesichtszüge, als daß die Lippen sich ein wenig bewegen. Er heißt die Soldaten, einen nach dem andern, hineinsehen, und jeder erblickt daßelbe; endlich naht er selbst wieder, da legt sich die Tote eben langsam auf das Prachtbett zurück. Gleich darauf kommt die Frau wieder heraus und wird vom Hauptmann hinabgeführt; dieser fühlt, indem er sie in den Wagen hebt, daß ihre Hand eiskalt ist. Der Wagen eilt, so schnell er gekommen, wieder fort, und der Hauptmann sieht, wie in der Ferne die Pferde Feuerfunken ausatmen. Am andern Morgen kommt die Nachricht, daß die Oberhofmeisterin, welche mehrere Stunden weit auf einem Landhause wohnte, um Mitternacht und gerade in der Stunde gestorben ist, wo sie bei der Toten war.

Notburga

Im untern Inntale Tirols liegt das Schloß Rottenburg, auf welchem vor alten Zeiten bei einer adligen Herrschaft eine fromme Magd diente, Notburga genannt. Sie ward mildtätig und teilte, soviel sie immer konnte, unter die Armen aus, und weil die habsüchtige Herrschaft damit unzufrieden war, schlugen sie das fromme Mägdelein und jagten es endlich fort. Es begab sich zu armen Bauersleuten auf den nah gelegenen Berg Eben; Gott aber strafte die böse Frau auf Rottenburg mit einem jähen Tod. Der Mann fühlte nun das der Notburga angetane Unrecht und holte sie von dem Berge Eben wieder zu sich nach Rottenburg, wo sie ein frommes Leben führte, bis die Engel kamen und sie in den Himmel abholten. Zwei Ochsen trugen ihren Leichnam über den Innstrom, und obgleich sein Wasser sonst wild tobt, so war er doch, als die Heilige sich näherte, ganz sanft und still. Sie wurde in der Kapelle des heiligen Ruprecht beigesetzt.

Am Neckar geht eine andere Sage. Noch stehen an diesem Flusse Türme und Mauern der alten Burg Hornberg, darauf wohnte vorzeiten ein mächtiger König mit seiner schönen und frommen Tochter Notburga. Diese liebte einen Ritter und hatte sich mit ihm verlobt; er war aber ausgezogen in fremde Lande und nicht wiedergekommen. Da beweinte sie Tag und Nacht seinen Tod und schlug jeden andern Freier aus, ihr Vater aber war hartherzig und achtete wenig auf ihre Trauer. Einmal sprach er zu ihr: »Bereite deinen Hochzeitschmuck, in drei Tagen kommt ein Bräutigam, den ich dir ausgewählt habe.« Notburga aber sprach in ihrem Herzen: Eh will ich fortgehen, so weit der Himmel blau ist, als ich meine Treue brechen sollte.

In der Nacht darauf, als der Mond aufgegangen war, rief sie einen treuen Diener und sprach zu ihm: »Führe mich die Waldhöhe hinüber nach der Kapelle St. Michael, da will ich, verborgen vor meinem Vater, im Dienste Gottes das Leben beschließen.« Als sie auf der Höhe waren, rauschten die Blätter, und ein schneeweißer Hirsch kam herzu und stand neben Notburga still. Da setzte sie sich auf seinen Rücken, hielt sich an sein Geweih und ward schnell von ihm fortgetragen. Der Diener sah, wie der Hirsch mit ihr über den Neckar leicht und sicher hinüberschwamm und drüben verschwand.

Am andern Morgen, als der König seine Tochter nicht fand, ließ er sie überall suchen und schickte Boten nach allen Gegenden aus, aber sie kehrten zurück, ohne eine Spur gefunden zu haben; und der treue Diener wollte sie nicht verraten. Aber als es Mittagszeit war, kam der weiße Hirsch auf Hornberg zu ihm, und als er ihm Brot reichen wollte, neigte er seinen Kopf, damit er es ihm an das Geweih stecken möchte. Dann sprang er fort und brachte es der Notburga hinaus in die Wildnis, und so kam er jeden Tag und erhielt Speise für sie; viele sahen es, aber niemand wußte, was es

zu bedeuten hatte, als der treue Diener.

Endlich bemerkte der König den weißen Hirsch und zwang dem Alten das Geheimnis ab. Andern Tags zur Mittagszeit setzte er sich zu Pferd, und als der Hirsch wieder die Speise zu holen kam und damit forteilte, jagte er ihm nach, durch den Fluß hindurch bis zu einer Felsenhöhle, in welche das Tier sprang. Der König stieg ab und ging hinein, da fand er seine Tochter, mit gefalteten Händen vor einem Kreuz kniend, und neben ihr ruhte der weiße Hirsch. Da sie vom Sonnenlicht nicht mehr berührt worden, war sie totenblaß, also daß er vor ihrer Gestalt erschrak. Dann sprach er: »Kehre mit nach Hornberg zurück.« Aber sie antwortete: »Ich habe Gott mein Leben gelobt und suche nichts mehr bei den Menschen.« Was er noch sonst sprach, sie war nicht zu bewegen und gab keine andere Antwort. Da geriet er in Zorn und wollte sie wegziehen, aber sie hielt sich am Kreuz, und als er Gewalt brauchte, löste sich der Arm, an welchem er sie gefaßt, vom Leibe und blieb in seiner Hand. Da ergriff ihn ein Grauen, daß er forteilte und sich nimmer wieder der Höhle zu nähern begehrte.

Als die Leute hörten, was geschehen war, verehrten sie Notburga als eine Heilige. Büßende Sünder schickte der Einsiedler bei der St.-Michael-Kapelle, wenn sie bei ihm Hilfe suchten, zu ihr; sie betete mit ihnen und nahm die schwere Last von ihrem Herzen. Im Herbst, als die Blätter fielen, kamen die Engel und trugen ihre Seele in den Himmel; die Leiche hüllten sie in ein Totengewand und schmückten sie, obgleich alle Blumen verwelkt waren, mit blühenden Rosen. Zwei schneeweiße Stiere, die noch kein Joch auf dem Nacken gehabt, trugen sie über den Fluß, ohne die Hufe zu benetzen, und die Glocken in den nah liegenden Kirchen fingen von selbst an zu läuten. So ward der Leichnam zur St.-Michael-Kapelle gebracht und dort begraben. In der Kirche des Dorfs Hochhausen am Neckar steht noch heute das Bild der heiligen Notburga in Stein gehauen. Auch die Notburgahöhle, gemeiniglich Jungfernhöhle geheißen, ist noch zu sehen und jedem Kind bekannt.

Nach einer andern Erzählung war es König Dagobert, der zu Mosbach Hof gehalten, welchem seine Tochter Notburga entfloh, weil er sie mit einem heidnischen Wenden vermählen wollte. Sie ward mit Kräutern und Wurzeln von einer Schlange in der Felsenhöhle ernährt, bis sie darin starb. Schweifende Irrlichter verrieten das verstohlene Grab, und die Königstochter ward erkannt. Den mit ihrer Leiche beladenen Wagen zogen zwei Stiere fort und blieben an dem Orte stehen, wo sie jetzt begraben liegt und den eine Kirche umschließt. Hier geschehen noch viele Wunder. Das Bild der Schlange befindet sich gleichfalls an dem Stein zu Hochhausen. Auf einem Altargemälde daselbst ist aber Notburga mit ihren schönen Haaren vorgestellt, wie sie zur Sättigung der väterlichen Rachgierde enthauptet wird.

Gottes Speise

Nicht weit von Zwickau im Vogtlande hat sich in einem Dorf zugetragen, daß die Eltern ihren Sohn, einen jungen Knaben, in den Wald geschickt, die Ochsen, so allda an der Weide gegangen, heimzutreiben. Als aber der Knabe sich etwas gesäumt, hat ihn die Nacht überfallen, ist auch dieselbe Nacht ein großer, tiefer Schnee herabgekommen, der allenthalben die Berge bedeckt hat, daß der Knabe vor dem Schnee nicht hat können aus dem Wald gelangen. Und als er auch des folgenden Tags nicht heimkommen, sind die Eltern nicht so sehr der Ochsen als des Knaben wegen nicht wenig bekümmert gewesen und haben doch vor dem großen Schnee nicht in den Wald dringen können. Am dritten Tag, nachdem der Schnee zum Teil abgeflossen, sind sie hinausgegangen, den Knaben zu suchen, welchen sie endlich gefunden an einem sonnigten Hügel sitzen, an dem gar kein Schnee gelegen. Der Knab, nachdem er die Eltern gesehen, hat sie angelacht, und als sie ihn gefragt, warum er nicht heimgekommen, hat er geantwortet, er hätte warten wollen, bis es Abend würde; hat nicht gewußt, daß schon ein Tag vergangen war, ist ihm auch kein Leid widerfahren. Da man ihn auch gefragt, ob er etwas gegessen hätte, hat er berichtet, es sei ein Mann zu ihm gekommen, der ihm Käs und Brot gegeben habe. Ist also dieser Knabe ohne Zweifel durch einen Engel Gottes gespeist und erhalten worden.

Die drei Alten

Im Herzogtum Schleswig, in der Landschaft Angeln, leben noch Leute, die sich erinnern, nachstehende Erzählung aus dem Munde des vor einiger Zeit verstorbenen, durch mehrere gelehrte Arbeiten bekannten Pastor Oest gehört zu haben; nur weiß man nicht, ob die Sache ihm selbst oder einem benachbarten Prediger begegnet sei. Mitten im XVIII. Jahrhundert geschah es, daß der neue Prediger die Markung seines Kirchsprengels umritt, um sich mit seinen Verhältnissen genau bekannt zu machen. In einer entlegenen Gegend stehet ein einsamer Bauernhof, der Weg führt hart am Vorhof der Wohnung vorbei. Auf der Bank sitzt ein Greis mit schneeweißem Haar und weint bitterlich. Der Pfarrer wünscht ihm guten Abend und fragt: was ihm fehle? »Ach«, gibt der Alte Antwort, »mein Vater hat mich so geschlagen.« Befremdet bindet der Prediger sein Pferd an und tritt ins Haus, da begegnet ihm auf der Flur ein Alter, noch viel greiser als der erste, von erzürnter Gebärde und in heftiger Bewegung. Der Prediger spricht ihn freundlich an und fragt nach der Ursache des Zürnens. Der Greis spricht: »Ei, der Junge hat meinen Vater fallen lassen!« Damit öffnet er die Stubentüre, der Pfarrer verstummt vor Erstaunen und sieht einen vor Alter ganz zusammengedrückten, aber noch rührigen Greis im Lehnstuhl hinterm Ofen sitzen.

Der heilige See der Hertha

Die Reudigner, Avionen, Angeln, Wariner, Eudosen, Suarthonen und Nuithonen, deutsche Völker, zwischen Flüssen und Wäldern wohnend, verehren insgesamt die Hertha, das ist Mutter Erde, und glauben, daß sie sich in die menschlichen Dinge mischt und zu den Völkern gefahren kommt. Auf einem Eiland des Meers liegt ein unentweihter, ihr geheiligter Wald, da stehet ihr Wagen, mit Decken umhüllt, nur ein einziger Priester darf ihm nahen. Dieser weiß es, wann die Göttin im heiligen Wagen erscheint; zwei weibliche Rinder ziehen sie fort, und jener folgt ehrerbietig nach. Wohin sie zu kommen und zu herbergen würdigt, da ist froher Tag und Hochzeit; da wird kein Krieg gestritten, keine Waffe ergriffen, das Eisen verschlossen. Nur Friede und Ruhe ist dann bekannt und gewünscht; das währt so lange, bis die Göttin genug unter den Menschen gewohnt hat und der Priester sie wieder ins Heiligtum zurückführt. In einem abgelegenen See wird Wagen, Decke und Göttin selbst gewaschen; die Knechte aber, die dabei dienen, verschlingt der See alsbald.

Ein heimlicher Schrecken und eine heilige Unwissenheit sind daher stets über das gebreitet, was nur diejenigen anschauen, die gleich darauf sterben.

Die sieben schlafenden Männer in der Höhle

In ganz Deutschland weiß man folgende wunderbare Begebenheit: An der äußersten Meeresküste liegt unter einem ragenden Felsen eine Höhle, in der, man kann nicht mehr sagen seit welcher Zeit, lange her sieben Männer schlafen; ihre Leiber bleiben unverwest, ihre Kleider verschleißen nicht, und das Volk verehrt sie hoch. Der Tracht nach scheinen sie Römer zu sein. Einen reizte die Begierde, daß er der Schläfer einem das Gewand ausziehen wollte; alsbald erdorrten ihm die Arme, und die Leute erschraken so, daß niemand näher zu treten wagte. Die Vorsehung bewahrt sie zu einem heiligen Zweck auf, und dereinst sollen sie vielleicht aufstehen und den heidnischen Völkern die heilige Lehre verkündigen.

Walter im Kloster

Nachdem er viele Kriegstaten in der Welt verrichtet hatte und hochbejahrt war, dachte Held Walter seiner Sünden und nahm sich vor, durch ein strenges, geistliches Leben die Verzeihung des Himmels zu erwerben. Sogleich suchte er sich einen Stab aus, ließ oben an die Spitze mehrere Ringe und in jeden Ring eine Schelle heften; darauf zog er ein Pilgrimkleid an und durchwanderte so fast die ganze Welt. Er wollte aber die Weise und Regel aller Mönche genau erforschen und ging in jedes Kloster ein; wenn er aber in die Kirche getreten war, pflegte er zwei- oder dreimal mit seinem Stabe hart auf den Boden zu stoßen, daß alle Schellen klangen; hierbei prüfte er nämlich den Eifer des Gottesdienstes. Als er nun einmal in das Kloster Novalese gekommen war, stieß er auch hier seiner Gewohnheit nach den Pilgerstab hart auf den Boden. Einer der Kirchenknaben drehte sich um, rückwärts, um zu sehen, was so erklänge; alsbald sprang der Schulmeister zu und gab dem Zögling eine Maulschelle. Da seufzte Walter und sprach: »Nun bin ich schon lange und viele Tage durch die Welt gewandert und habe dergleichen nicht finden können.« Darauf meldete er sich bei dem Abt, bat um Aufnahme ins Kloster und legte das Kleid dieser Mönche an; auch wurde er nach seinem Willen zum Gärtner des Klosters bestellt. Er nahm zwei lange Seile und spannte sie durch den Garten, eins der Länge und eins der Quere nach; in der Sommerhitze hing er alles Unkraut darauf, die Wurzeln gegen die Sonne, damit sie verdörren und nicht wieder lebendig werden sollten.

Es war aber in dem Kloster ein hölzerner Wagen, überaus schön gearbeitet, auf den man nichts anders legte als eine große, oben mit einer hell lautenden Schelle versehene Stange. Diese Stange wurde zuweilen aufgesteckt, so daß sie jedermann sehen und den Klang hören konnte. Alle Höfe und Dörfer des Klosters hatten nun auch ihre Wagen, auf denen die Mönche Dienstleute Korn und Wein zufuhren; jener Wagen mit der Stange fuhr dann voraus, und hundert oder fünfzig andere Wagen folgten nach, und jedermann erkannte daran, daß der Zug dem berühmten Kloster Novalese gehörte. Und da war kein Herzog, Graf, Herr oder Bauer, der gewagt hätte, ihn zu beschädigen; ja, die Kaufleute auf den Jahrmärkten sollen ihren Handel nicht eher eröffnet haben, als bis sie erst den Schellenwagen heranfahren sahen. Als diese Wagen einmal beladen zum Kloster zurückkehrten, stießen sie auf des Königs Leute, welche die königlichen Pferde auf einer Wiese weideten. Diese sahen kaum soviel Güter ins Kloster fahren, als sie übermütig darauf herfielen und alles wegnahmen. Die Dienstleute widersetzten sich vergeblich, ließen aber, was geschehen war, augenblicklich dem Abt und den ganzen Brüdern kundtun. Der Abt versammelte das ganze Kloster und berichtete die Begebenheit. Der Vorsteher der Brüderschaft war damals einer namens Asinarius, von Herkunft ein Franke, ein tugendhafter, verständiger Mann. Dieser, auf Walters Rat, man müsse zu den Räubern kluge Brüder absenden und ihnen die Sache gehörig darstellen lassen, sagte sogleich: »So sollst du, Walter, schnell dahin gehen, denn wir haben keinen klügeren, weiseren Bruder.« Walter aber, der sich wohl bewußt war, er werde den Trotz und Hochmut jener Leute nicht ertragen können, versetzte: »Sie werden mir mein Mönchskleid ausziehen.« – »Wenn sie dir dein Kleid ausziehen«, sprach Asinarius, »so gib ihnen noch die Kutte dazu und sag, also sei dir's von den Brüdern befohlen.« Walter sagte: »Wie soll ich mit dem Pelz und Unterkleid verfahren?« – »Sag«, versetzte der ehrwürdige Vater, »es sei von den Brüdern befohlen worden, sich auch diese Stücken nehmen zu lassen.« Darauf setzte Walter hinzu: »Zürne mir nicht, daß ich weiterfrage, wenn sie auch mit den Hosen tun wollen wie mit dem übrigen?« – »Dann«, antwortete der Abt, »hast du deine Demut schon hinlänglich bewiesen; denn in Ansehung der Hosen kann ich dir nicht befehlen, daß du sie ihnen lassest.«

Hiermit war Walter zufrieden, ging hinaus und fragte die Klosterleute, ob hier ein Pferd wäre, auf dem man im Notfall einen Kampf wagen dürfe. »Es sind hier gute, starke Karrengäule«, antworteten jene. Schnell ließ er sie herbeiführen, bestieg einen und spornte ihn und dann einen zweiten, verwarf sie aber beide und nannte ihre Fehler. Dann erinnerte er sich eines guten Pferdes, das er einst mit ins Kloster gebracht habe, und frug, ob es noch lebendig wäre. »Ja, Herr«, sagten sie, »es lebt noch, ist aber ganz alt und dient bei den Bäckern, denen es täglich Korn in die Mühle trägt und wiederholt.« Walter sprach: »Führt es mir vor, damit ich es selber sehe.« Als es herbeigebracht wurde und er daraufgestiegen war, rief er aus: »Oh, dieses Roß hat die Lehren noch nicht vergessen, die ich ihm in meinen jungen Jahren gab.« Hierauf beurlaubte sich Walter von dem Abt und den Brüdern, nahm nur zwei oder drei Knechte mit und eilte zu den Räubern hin, die er freundlich grüßte und ermahnte, von dem Unrecht abzustehn, das sie den Dienern Gottes zugefügt hätten. Sie aber wurden desto zorniger und aufgeblasener und zwangen Waltern, das Kleid auszuziehen, welches er trug. Geduldig litt er alles und sagte, daß ihm so befohlen worden sei. Nachdem sie ihn ausgezogen hatten, fingen sie an, auch seine Schuhe und Schienen aufzulösen; bis sie an die Hosen kamen, sprach Walter: das sei ihm nicht befohlen. Sie aber antworteten, was die Mönche befohlen hätten, daran wäre ihnen gar nichts gelegen. Walter hingegen sagte, ihm stehe das auch nicht länger an; und wie sie Gewalt brauchen wollten, machte er unvermerkt seinen Steigbügel los und traf damit einen Kerl solchergestalt, daß er für tot niedersank, ergriff dessen Waffen und schlug damit rechts und links um sich. Darnach schaute er und sah neben sich ein Kalb auf dem Grase weiden, sprang zu, riß ihm ein Schulterblatt aus und schlug damit auf die Feinde los, welche er durch das ganze Feld hintrieb. Einige erzählen, Walter habe demjenigen, der sich am frechsten erzeigt und gerade gebückt habe, um ihm die Schuhe abzubinden, mit der Faust einen solchen Streich über den Hals versetzt, daß ihm das zerbrochene Halsbein sogleich in den Schlund gefallen sei. Als er nun viele erschlagen hatte, machten sich die übrigen auf die Flucht und ließen alles im Stich. Walter aber bemächtigte sich nicht nur des eigenen, sondern auch des fremden Gutes und kehrte mit reicher Beute beladen ins Kloster zurück.

Der Abt empfing ihn seufzend und schalt ihn heftig aus; Walter aber ließ sich eine Buße auflegen, damit er sich nicht leiblich über eine solche Tat freuen möge, die seiner Seele verderblich war. Er soll indessen, wie einige versichern, dreimal so mit den einbrechenden Heiden gekämpft und sie schimpflich von den Gefilden des Klosters zurückgetrieben haben.

Ein andermal fand er die Pferde Königs Desiderius auf der Klosterwiese, namens Mollis (Molard), weiden und das Gras verwüsten, verjagte die Hüter und erschlug viele derselben. Auf dem Rückwege, vor Freude über diesen Sieg, schlug er mit geballter Faust zweimal auf eine neben dem Weg stehende steinerne Säule und hieb das größte Stück davon herunter, daß es zu Boden fiel. Daselbst heißt es bis auf heutigen Tag noch Walters Schlag oder Hieb.

Dieser berühmte Held Graf Walter starb uralt im Kloster, wo er sich selbst noch sein Grab auf einem Berggipfel sorgfältig gehauen hatte. Nach seinem Ableben wurde er und Rathald, sein Enkel, hineinbestattet. Dieser Rathald war der Sohn Rathers, des Sohnes Walters und Hildgundens. Des Rathalds Haupt hatte einst eine Frau, die Betens halber zu der Grabstätte gekommen war, heimlich mitgenommen und auf ihre Burg gebracht. Als eines Tages Feuer in dieser Burg ausbrach, erinnerte sie sich des Hauptes, zog es heraus und hielt es der Flamme entgegen. Alsobald erlosch die Feuersbrunst. Nach dem letzten Einbruch der Heiden, und bevor der heilige Ort wiedererbaut wurde, wußte niemand von den Einwohnern mehr, wo Walters Grab war. Dazumal lebte in der Stadt Segusium eine sehr alte Witwe namens Petronilla, gebückt am Stabe einhergehend und wenig mehr sehend aus ihren Augen. Dieser hatten die Heiden ihren Sohn Maurinus gefangen weggeführt, und über dreißig Jahre mußte er bei ihnen dienen. Endlich aber erlangte er die Freiheit und wanderte in seine Heimat zurück. Er fand seine Mutter vom Alter beinahe verzehrt. Sie pflegte sich täglich auf einem Felsen bei der Stadt an der Sonne zu wärmen, und die Leute gingen oft zu ihr und fragten nach den Altertümern; sie wußte ihnen mancherlei zu erzählen, zumal vom novalesischen Kloster, viele unerhörte Dinge, die sie teils noch gesehen, teils von ihren Eltern vernommen hatte. Eines Tages ließ sie sich wiederum von einigen Männern herumführen, denen wies sie Walters Grab, das man nicht mehr kannte, so wie sie es von ihren Vorfahren gehört hatte; wiewohl ehemals keine Frau gewagt hätte, diese Stätte zu betreten. Auch verzählte sie, wieviel Brunnen ehemals hier gewesen. Die Nachbarsleute behaupteten, gedachte Frau sei beinahe zweihundert Jahre alt geworden.

Ursprung der Sachsen

Nach einer alten Volkssage sind die Sachsen mit Aschanes (Askanius), ihrem ersten König, aus den Harzfelsen mitten im grünen Wald bei einem süßen Springbrünnlein herausgewachsen. Unter den Handwerkern hat sich noch heutzutage der Reim erhalten:

> Darauf so bin ich gegangen nach Sachsen,
> wo die schönen Mägdlein auf den Bäumen wachsen;
> hätt' ich daran gedacht,
> so hätt' ich mir eins davon mitgebracht.

Und Aventin leitet schon merkwürdig den Namen der Germanen von germinare, auswachsen, ab, weil die Deutschen auf den Bäumen gewachsen sein sollen.

Abkunft der Bayern

Das Geschlecht der Bayern soll aus Armenien eingewandert sein, in welchem Noah aus dem Schiffe landete, als ihm die Taube den grünen Zweig gebracht hatte. In ihrem Wappen führen sie noch die Arche auf dem Berg Ararat. Gegen Indien hin sollen noch deutsch redende Völker wohnen.

Die Bayern waren je streitbar und tapfer und schmiedeten solche Schwerter, daß keine anderen besser bissen. »Reginsburg die märe« heißt ihre Hauptstadt. Den Sieg, den Caesar über Boemund, ihren Herzog, und Ingram, dessen Bruder, gewann, mußt er mit Römerblute gelten.

Herkunft der Franken

Das Geschlecht der Franken ist dem der Römer nah verwandt, ihrer beider Vorfahren stammten aus der alten Troja ab. Da nun die Griechen diese Burg nach Gottes Urteil zerstört hatten, entronnen nur wenige Trojaner, fuhren lange in der Welt herum. Franko mit den Seinen kam nieder zu dem Rhein und saß daselbst; da baute er zum Andenken seiner Abstammung ein kleines Troja mit Freuden auf und nannte den vorbeifließenden Bach Santen, nach dem Fluß in ihrem alten Lande. Den Rhein nahmen sie für das Meer. So wuchs das fränkische Volk auf.

Remig umgeht sein Land

Chlodowich, der Frankenkönig, schenkte dem heiligen Remigius, Bischof zu Reims, so viel Land, als er umgehen würde, solange der König den Mittagsschlaf hielte. Also machte sich der heilige Mann auf und steckte die Grenzen ab durch Zeichen, die man noch heutigestages sieht. Da er nun vor einer Mühle vorüberkam und sie in seinen Bezirk schließen wollte, trat der Müller hervor, wies ihn ab und sprach ein dagegen, daß er ihn in seine Grenzen mitbegriffe. Sanft redete der Mann Gottes ihm zu: »Freund, laß dich's nicht verdrießen, wir wollen die Mühle zusammen haben.« Der Müller beharrte bei seiner Weigerung; alsbald fing das Mühlrad an sich verkehrt umzudrehen. Da rief er dem Heiligen nach: »Komm, Gottesdiener, und laß uns die Mühle zusammen haben!« Remig antwortete: »Weder ich noch du sollen sie haben.« Von der Zeit an wich daselbst der Erdboden, und es entstand eine solche Untiefe, daß an dem Ort niemand mehr eine Mühle haben konnte. Remig schritt weiter fort und gelangte an einen kleinen Wald; da waren wieder die Leute und wollten nicht, daß er ihn einschlösse in seine Begrenzung. Der Heilige sprach: »So soll nimmermehr ein Blatt von eurem Wald über meine Grenze fliegen (die ganz hart daran herlief) und kein Ast auf meine Grenze fallen!« Alles das traf hernach ein und blieb, solange der Wald dauerte. Endlich kam Remig einem Dorf vorüber, Caviniac (Chavignon) mit Namen, und wollte es in seinen Strich eingrenzen. Die Einwohner wiesen ihn gleichfalls zurück, wie er bald näher kam, bald wieder ferner ging und die noch jetzt sichtbaren Zeichen einsteckte; zuletzt rief er ihnen zu: »Ihr werdet harte Arbeit zu tun haben und in Dürftigkeit leben!« welches alles in der Folge der Zeit so erfüllt wurde. – Wie aber der König aus dem Mittagsschlaf erstand, gewährte er durch königliche Schenkung dem heiligen Bischof für seine Kirche alles Land, das er in den Kreis seines Umgangs eingeschlossen hatte.

Remig verjagt die Feuersbrunst

Als in der Stadt Reims ein wütendes Feuer ausgebrochen und schon der dritte Teil der Wohnungen verzehrt worden war, erfuhr der Heilige die Botschaft in der Nikasienkirche, warf sich nieder und flehte Gott um Hilfe. Darauf eilte er mit schnellen Schritten in die Stadt; auf den Stufen der Kirchentreppe drückten sich seine Fußtapfen in den harten Stein, als wär es weicher Ton, ein und werden noch heutigestags zum Beweis des göttlichen Wunders da gesehen. Darauf wandte er sich der Flamme entgegen, und kaum hatte er mit seiner Rechten das Kreuz gemacht, als sie wich und vor des Heiligen Gegenwart gleichsam zu fliehen anfing. Er verfolgte sie, trieb sie von allen noch unverletzten Örtern ab und zuletzt dem offenen Tor hinaus. Darauf schloß er die Türe und gebot, unter ausgesprochener Drohung gegen jeden Frevler, daß sie nimmermehr geöffnet werden sollte. Als nach einigen Jahren ein daneben wohnender Bürger, namens Fercinctus, das Mauerwerk, womit dieses Tor verschlossen war, durchbrach, kam die Seuche in sein Haus, daß darin weder Mensch noch Vieh lebendig blieb.

Des Remigs Teil vom Wasichenwald

Es hatte der heilige Remig für seine Kirche ein großes Stück des Wasichenwaldes erkauft, woselbst er einige Weiler, namens Kosla und Gleni, gebaut haben soll. In diese setzte er Einwohner aus der nah gelegenen Stadt Berna, die der Kirche jährlich ein Gewisses an Pech liefern mußten. Die Grenzen dieses Besitztums hatte er ringsherum so genau abgesteckt, daß sie jedermann bekannt sind, unter andern mit seiner eignen Hand einen Stein auf ein hohles Baumloch hingeworfen. Mit diesem Stein hat es die wunderbare Bewandtnis, daß man ihn zwar aufheben und mit der Hand in die Höhle reichen, niemals aber den Stein ganz von der Stelle wegbringen kann. Als dies ein Abgünstiger einmal vergeblich versucht hatte, wollte er mit einem Beile das Loch größer hauen; kaum aber schwang er's gegen den Baum, so dorrte seine rechte Hand, und seine Augen erblindeten.

Zu Kaiser Ludwigs Zeiten waren zwei Brüder zu Förstern des königlichen Waldes gesetzt. Diese behaupteten, daß jenes Stück dem Könige höre, und stritten darüber mit den Leuten der Kirche. Es geschah, daß einer dieser Brüder seine Schweine, die er in den Wald geschickt hatte, sehen wollte und einen Wolf unter ihnen traf. Indem er das Raubtier verfolgte, scheute sein Roß, und er zerschellte sich sein Haupt an einem Baum, daß er augenblicklich verschied. Als hernach der andere Bruder einmal zu einem Felsen im Wald kam und ausrief: »Jedermann sei kund und zu wissen, alles, was bis zu diesem Felsstein gehet, ist Kaiserswald!« auch bei diesen Worten mit seiner Axt an den Stein schlug, so sprangen Stücke daraus in seine Augen, daß er blind wurde.

Der schlafende König

Der fränkische König Guntram war eines gar guten, friedliebenden Herzens. Einmal war er auf die Jagd gegangen, und seine Diener hatten sich hierhin und dahin zerstreut; bloß ein einziger, sein liebster und getreuster, blieb noch bei ihm. Da befiel den König große Müdigkeit; er setzte sich unter einen Baum, neigte das Haupt in des Freundes Schoß und schloß die Augenlider zum Schlummer. Als er nun entschlafen war, schlich aus Guntrams Munde ein Tierlein hervor in

Schlangenweise, lief fort bis zu einem nahe fließenden Bach, an dessen Rand stand es still und wollte gern hinüber. Das hatte alles des Königs Gesell, in dessen Schoß er ruhte, mit angesehen, zog sein Schwert aus der Scheide und legte es über den Bach hin. Auf dem Schwert schritt nun das Tierlein hinüber und ging hin zum Loch eines Berges, da hinein schloff es. Nach einigen Stunden kehrte es zurück und lief über die nämliche Schwertbrücke wieder in den Mund des Königs. Der König erwachte und sagte zu seinem Gesellen: »Ich muß dir meinen Traum erzählen und das wunderbare Gesicht, das ich gehabt. Ich erblickte einen großen, großen Fluß, darüber war eine eiserne Brücke gebaut; auf der Brücke gelangte ich hinüber und ging in die Höhle eines hohen Berges; in der Höhle lag ein unsäglicher Schatz und Hort der alten Vorfahren.« Da erzählte ihm der Gesell alles, was er unter der Zeit des Schlafes gesehen hatte und wie der Traum mit der wirklichen Erscheinung übereinstimmte. Darauf ward an jenem Ort nachgegraben und in dem Berg eine große Menge Goldes und Silbers gefunden, das vorzeiten dahin verborgen war.

Das Grab der Heiligen

Dagobert, als er noch Jüngling war, ritt eines Tages auf die Jagd und verfolgte einen Hirsch, der ihm durch Berg und Tal entrann.

Endlich floh das Tier in ein Häuslein, worin die Gebeine des heiligen Dionysius und seiner Gefährten begraben lagen; die Hunde fanden die Spur, aber sie vermochten, ungeachtet die Türen des Hauses offenstanden, nicht hineinzudringen, sondern standen außen und bollen. Dagobert kam dazu und betrachtete staunend das Wunder. Von der Zeit an wandte sich Dagobert zu den Heiligen. Es geschah aber, daß Dagobert, durch den Stolz eines Herzogs Sadregisel beleidigt, ihn mit Schlägen und Bartscherung beschimpfen ließ. Dieser verwegenen Tat halber flüchtete Dagobert in den Wald und barg sich in demselben Schlupfwinkel, wohin damals der Hirsch geflohen war vor dem Zorn seines Vaters. Der König Chlotar, sobald er die Beschimpfung des Dieners hörte, befahl, seinen Sohn augenblicklich aufzusuchen und zu bestrafen. Während dies geschah, hatte sich Dagobert vor den heiligen Leichnamen demütigen Herzens niedergeworfen und versank in Schlaf. Da erschien ihm ein ehrwürdiger Greis mit freundlichem Antlitz und hieß ihn ohne Furcht sein: wenn er verheiße, die Heiligen in steter Ehre zu halten, solle er nicht allein aus dieser, sondern auch der ewigen Not gezogen und mit dem Königsthrone begabt werden. Die Boten, die ihn aus dem heiligen Haus abführen sollten, konnten sich ihm nicht auf eine Stunde weit nähern. Betroffen kehrten sie heim und hinterbrachten das. Der König schalt sie und sandte andere aus, aber diese erfuhren das nämliche. Da machte sich Chlotar selbst auf, und siehe, auch ihn verließ seine Stärke, als er sich dem heiligen Orte nähern wollte; nunmehr erkannte er Gottes Macht, verzieh seinem Sohne und söhnte sich mit ihm aus. Dieser Ort war dem Dagobert lieb und angenehm vor allen andern.

Dagoberts Seele im Schiff

Als der gute König Dagobert aus dieser Welt geschieden war, ließ es Gott der Herr geschehn, weil er sich nicht von allen Sünden gereinigt hatte, daß die Teufel seine Seele faßten, auf ein Schiff setzten und mit sich fortzuführen dachten. Aber der heilige Dionysius vergaß seines guten Freundes nicht, sondern bat unsern Herrn um die Erlaubnis, der Seele zu Hilfe zu kommen, welches ihm auch verstattet wurde. St. Dionysius nahm aber mit sich St. Mauritius und andere Freunde, die König Dagobert in seinen Lebzeiten vorzüglich geehrt und gefeiert hatte; auch folgten ihnen Engel nach und geleiteten sie bis ins Meer. Da sie nun an die Teufel kamen, huben sie an mit ihnen zu fechten, die Teufel hatten wenig Gewalt gegen den Heiligen, wurden besiegt und hie und da aus dem Schiffe ins Meer gestoßen. Die Engel nahmen darauf Dagoberts Seele in Empfang, und der Heilige nebst seinem Gefolge kehrte ins Paradies zurück.

Dagobert und seine Hunde

Noch heutzutage kennt das Volk in Frankreich zwei Sprichwörter vom König Dagobert, deren Ursprung man vergessen hat: »Wann König Dagobert gegessen hatte, so ließ er auch seine Hunde essen«, und: »König Dagobert auf seinem Sterbebette redete seine Hunde an und sprach: ›Keine Gesellschaft ist so gut, aus der man nicht scheiden muß.‹«

Hildegard

Kaiser Karl war im Heereszug und hatte die schöne Hildegard, seine Gemahlin, zu Hause gelassen. Während der Zeit mutete ihr Taland, Karls Stiefbruder, an, daß sie zu seinem Willen sein möchte. Aber die tugendhafte Frau wollte lieber den Tod leiden als ihrem Herrn Treue brechen; doch verstellte sie sich und gelobte dem Bösewicht, in sein Begehren zu willigen, sobald er ihr dazu eine schöne Brautkammer würde haben bauen lassen. Alsbald baute Taland ein kostbares Frauengemach, ließ es mit drei Türen verwahren und bat die Königin, hineinzukommen und ihn zu besuchen. Hildegard tat, als ob sie ihm nachfolgte, und bat ihn vorauszugehen; als er fröhlich durch die dritte Türe gesprungen war, warf sie schnell zu und legte einen schweren Riegel vor. In diesem Gefängnis blieb Taland eine Zeitlang eingeschlossen, bis Karl siegreich aus Sachsen heimkehrte; da ließ sie ihn aus Mitleiden und auf vielfältiges erheucheltes Flehen und Bitten los und dachte, er wäre genug gestraft. Karl aber, als er ihn zuerst erblickte, fragte, warum er so bleich und mager aussähe. »Daran ist Eure gottlose, unzüchtige Hausfrau schuld«, antwortete Taland; die habe bald gemerkt, wie er sie sorgsam gehütet, daß sie keine Sünde begehen dürfen, und darum einen neuen Turm gebaut und ihn darin gefangengehalten. Der König betrübte sich heftig über diese Nachricht und befahl im Zorn seinen Dienern, Hildegard zu ertränken. Sie floh und barg sich heimlich bei einer ihrer Freundinnen; aber sobald der König ihren Aufenthalt erfuhr, verordnete er aufs neue, sie in einen Wald zu führen, da zu blenden und so, beider Augen beraubt, Landes zu verweisen. Was geschah? Als sie die Diener ausführten, begegnete ihnen ein Edelmann des Geschlechts von Freudenberg, den hatte gerade Gräfin Adelgund, ihre Schwester, mit einer Botschaft zu Hildegarden abgesandt. Als dieser die Gefahr und Not der Königin sah, entriß er sie den Henkersknechten und gab ihnen seinen mitlaufenden Hund. Dem Hunde stachen sie die Augen aus und hinterbrachten sie dem König zum Zeichen, daß sein Befehl geschehen wäre. Hildegard aber, als sie mit Gottes Hilfe gerettet war, zog in Begleitung einer Edelfrau, namens Rosina von Bodmer, nach Rom und übte die Heilkunst, die sie ihr Lebtag gelernt und getrieben hatte, so glücklich aus, daß sie bald in großen Ruhm kam. Mittlerweile strafte Gott den gottlosen Taland mit Blindheit und Aussatz. Niemand vermochte ihn zu heilen, und endlich hörte er, zu Rom lebe eine berühmte Heilfrau, die diesem Siechtum abhelfen könne. Als Karl nun nach Rom zog, war Taland auch im Gefolg, erkundigte der Frauen Wohnung, nannte ihr seinen Namen und begehrte Arznei und Hilfe für seine Krankheit; er wußte aber nicht, daß sie die Königin wäre. Hildegard gab ihm auf, daß er seine Sünden dem Priester beichten und Buße und Besserung geloben müsse; dann wollte sie ihre Kunst erweisen. Taland tat es und beichtete; darauf kam er wieder zur Frauen hin, die ihn frisch und gesund machte. Über diese Heilung wunderten sich Papst und König aus der Maßen und wünschten die Ärztin zu sehen und besandten sie. Allein sie erbot sich, daß sie tags darauf in das Münster St. Petri gehen wollte. Da kam sie hin und berichtete dem König, ihrem Herrn, alsbald die ganze Geschichte, wie man sie verraten hatte. Karl erkannte sie mit Freuden und nahm sie wieder zu seiner Gemahlin; aber seinen Stiefbruder verurteilte er Todes. Doch bat die Königin sich sein Leben aus, und er wurde bloß in das Elend verwiesen.

Der Hahnenkampf

Zu einer Zeit kam Karl der Große auf sein Schloß bei Kempten zu seiner Gemahlin Hildegard. Als sie nun eines Tages über Tische saßen und mancherlei von der Vorfahren Regierung redeten, während ihre Söhne Pippin, Karl und Ludwig danebenstanden, hub Pippin an und sprach: »Mutter, wenn einmal der Vater im Himmel ist, werde ich dann König?« Karl aber wandte sich zum Vater und sagte: »Nicht Pippin, sondern ich folge dir nach im Reich.« Ludwig aber, der jüngste, bat beide Eltern, daß sie ihn doch möchten lassen König werden. Als die Kinder so stritten, sprach die Königin: »Eure Zwist wollen wir bald ausmachen; geht hinab ins Dorf und laßt euch jeder sich einen Hahn von den Bauern geben.« Die Knaben stiegen die Burg hinab mit ihrem Lehrmeister und den übrigen Schülern und holten die Hähne. Hierauf sagte Hildegard: »Nun laßt die Hähne aufeinander los! Wessen Hahn im Kampfe siegt, der soll König werden.« Die Vögel stritten, und Ludwigs Hahn überwand die beiden andern. Dieser Ludwig erlangte auch wirklich nach seines Vaters Tode die Herrschaft.

Von König Karl und den Friesen

Als König Karl aus Franken und König Radbot aus Dänemark in Friesenland widereinander stießen, besetzte jeder seinen Ort und sein End im Franekergau mit einem Heerschild und jedweder sagte: das Land wäre sein. Das wollten weise Leute sühnen, aber die Herren wollten es ausfechten. Da suchte man die Sühne

so lange, bis man sie endlich in die Hand der beiden Könige selber legte: wer von ihnen den andern an Stillstehen überträfe, der sollte gewonnen haben. Da brachte man die Herren zusammen. Da standen sie ein Etmal (Zeit von Tag und Nacht) in der Runde. Da ließ König Karl seinen Handschuh entfallen. Da hub ihn König Radbot auf und reichte ihn König Karl. Da sprach Karl: »Haha, das Land ist mein«, und lachte; darum hieß sein Ort Hachense. »Warum?« sprach Radbot. Da sprach Karl: »Ihr seid mein Mann worden.« Da sprach Radbot: »O wach (o weh)«; darum hieß sein Ort Wachense. Da fuhr König Radbot aus dem Lande, und der König wollte ein Ding (Gericht) halten; das vermocht er nicht, denn soviel lediges Landes war nicht da, darauf er dingen konnte. Da sandte er in die sieben Seelande und hieß ihnen, daß sie ihm eine freie Stelle gewönnen, darauf er möchte dingen. Da kauften sie mit Schatz und mit Schilling Deldemanes. Dahin dingte er und lud die Friesen, dahin zu ihm zu fahren und sich ihr Recht erkören, das sie halten wollten. Da baten sie Frist zu ihrer Vorsprechung. Da gab er ihnen Urlaub. Des andern Tages hieß er sie, daß sie vor das Recht führen. Da kamen sie und erwählten Vorsprecher, zwölf von den sieben Seelanden. Da hieß er sie, daß sie das Recht erkörten. Da begehrten sie Frist. Des dritten Tages hieß er sie wiederkommen. Da zogen sie Notschein (beriefen sich auf gesetzliche Hindernis), des vierten Tages ebenso, des fünften auch so. Dies sind die zwei Fristen und die drei Notscheine, die die freien Friesen mit Recht haben sollen. Des sechsten Tages hieß er sie Recht kören. Da sprachen sie, sie könnten nicht. Da sprach der König: »Nun leg ich euch vor drei Kören, was euch lieber ist: daß man euch töte oder daß ihr alle eigen (leibeigen) werdet oder daß man euch ein Schiff gebe, so fest und so stark, daß es eine Ebbe und eine Flut mag ausstehen, und das sonder Riem und Ruder und sonder Tau?« Da erkoren sie das Schiff und fuhren aus mit der Ebbe so fern weg, daß sie kein Land mehr sehen mochten. Da war ihnen leid zumut. Da sprach einer, der aus Wittekinds Geschlecht war, des ersten Asegen (Richters): »Ich habe gehört, daß unser Herr Gott, da er auf Erden war, zwölf Jünger hatte und er selbst der dreizehnte war, und kam zu jedem bei verschlossenen Türen, tröstete und lehrete sie; warum bitten wir nicht, daß er uns einen dreizehnten sende, der uns Recht lehre und zu Lande weise?« Da fielen sie alle auf ihre Knie und beteten inniglich. Da sie die Betung getan hatten, sahen sie einen dreizehnten am Steuer sitzen und eine Achse auf seiner Achsel, da er mit ans Land steuerte, gegen Strom und Wind. Da sie zu Land kamen, da warf er mit der Achse auf das Land und warf einen Erdwasen auf. Da entsprang da ein Born, davon heißt die Stelle: zu Achsenhof. Und zu Eschweg kamen sie zu Land und saßen um den Born herum; und was ihnen der dreizehnte lehrte, das nahmen sie zu Recht an. Doch wußte niemand, wer der dreizehnte war; so gleich war er jedem unter ihnen. Da er ihnen das Recht gewiesen hatte, waren ihrer nur zwölf. Darum sollen in dem Land allzeit dreizehn Asegen sein, und ihr Urteil sollen sie fällen zu Achsenhof und zu Eschwege, und wenn sie entzwei sprechen (verschiedener Meinung sind), so haben die sieben die sechs einzuhalten. So ist das Landrecht aller Friesen.

Radbot läßt sich nicht taufen

Als der heilige Wolfram den Friesen das Christentum predigte, brachte er endlich Radbot, ihren Herzog, dazu, daß er sich taufen lassen wollte. Radbot hatte schon einen Fuß in das Taufbecken gestellt, da fiel ihm ein, vorher zu fragen, wohin denn seine Vorfahren gekommen wären. Ob sie bei den Scharen der Seligen oder in der Hölle seien? St. Wolfram antwortete: »Sie waren Heiden, und ihre Seelen sind verloren.« Da zog Radbot schnell den Fuß zurück und sprach: »Ihrer Gesellschaft mag ich mich nicht begeben; lieber will ich elend bei ihnen in der Hölle wohnen als herrlich ohne sie im Himmelreich.« So verhinderte der Teufel, daß Radbot nicht getauft wurde; denn er starb den dritten Tag darauf und fuhr dahin, wo seine Magen waren. Andere erzählen so: Radbot habe auf Wolframs Antwort, daß seine Vorfahren zur Hölle wären, weitergefragt, ob da der meiste Haufe sei. Wolfram sprach: »Ja, es steht zu befürchten, daß in der Hölle der meiste Haufen ist.« Da zog der Heide den Fuß aus der Taufe und sagte: »Wo der meiste Haufen ist, da will ich auch bleiben.«

Des Teufels goldnes Haus

St. Wolfram hatte im Schlafe ein Gesicht, das ihm gebot, den Friesen das Evangelium zu predigen. Er kam mit einigen Gefährten nach Friesland. Es war aber Sitte bei den Friesen, daß, wen das Los traf, den Göttern geopfert wurde. Diesmal fiel das Los auf einen Knaben, Occo genannt. Als St. Wolfram ihn sich vom Fürsten Radbot ausbat, antwortete dieser: »Er sei dein, wenn dein Christus ihn vom Tode errettet.« Als sie ihn aber zum Galgen schleppten, betete Wolfram; und sogleich riß der Strick, der Knabe fiel zur Erde, stand unverletzt und wurde getauft. Die Weise aber, wie Radbot vom Teufel betrogen wurde, erzählt der genannte Occo: Der Teufel erschien ihm in Engelsgestalt, um das Haupt eine Goldbinde mit Gestein besetzt und in einem Kleide aus Gold gewirkt. Als Radbot auf ihn hinsah, sprach der Teufel zu ihm: »Tapferster unter den Männern, was hat dich also verführt, daß du abweichen willst von dem Fürsten der Götter? Wolle das nicht tun, sondern beharre bei dem, was du gelernt, und du sollst in goldne Häuser kommen, die ich dir in alle Ewigkeit zum Eigentum geben will. Gehe morgen zu Wolfram, dem Lehrer der Christen, und befrage ihn, welches jene Wohnung der ewigen Klarheit sei, die er dir verspricht. Kann er sie dir nicht augenscheinlich dartun, dann mögen beide Teile Abgeordnete wählen, und ich will ihr Führer sein auf der Reise und will ihnen das goldene Haus zeigen und die schöne Wohnung, die ich dir bereitet.« Wie Radbot erwachte, erzählte er alles dem heiligen Wolfram. Dieser sagte, der Betrüger Satanas wolle ihm ein Gaukelspiel vormachen. Der Fürst antwortete, er wolle Christ werden, wenn sein Gott ihm jene Wohnung nicht zeige. Sogleich ward ein Friese von seiner Seite und ein Diakonus von seiten Wolframs ausgesandt, die, als sie etwas von der Stadt sich entfernt, einen Reisegefährten fanden, der ihnen sagte: »Eilt schnell, denn ich zeige euch die schöne, dem Herzog Radbot bereitete Wohnung.« Sie gingen auf breitem Wege durch unbewohnte Örter und sahen einen Weg, mit verschiedenen Arten glatten Marmors aufs schönste geziert. Von ferne sahen sie ein Haus glänzen wie Gold und kamen zu einer Straße, die zum Hause führte, mit Gold und edlem Gestein gepflastert. Als sie das Haus betraten, sahen sie es von wunderbarer Schönheit und unglaublichem Glanze und in ihm einen Thron von wunderbarer Größe. Da sprach der Führer: »Das ist die dem Herzog Radbot bereitete Wohnung!« Darauf sprach der Diakonus staunend: »Wenn das von Gott gemacht ward, wird es ewig bestehen; wenn vom Teufel, muß es schnell verschwinden.« Somit bezeichnete er sich mit dem Zeichen des Kreuzes, da verwandelte sich der Führer in den Teufel, das goldne Haus in Kot, und der Diakon befand sich mit dem Friesen inmitten von Sümpfen, die voll Wassers waren, mit langen Binsen und Geröhren. Sie mußten in drei Tagen einen unermeßlichen Weg zurücklegen, bis sie zur Stadt kamen, und fanden dort den Herzog tot und erzählten, was sie gesehen, St. Wolfram. Der Friese wurde getauft und hieß Sugomar.

Wittekinds Taufe

König Karl hatte eine Gewohnheit: alle große Feste folgten ihm viele Bettler nach, denen er ließ geben einem jeglichen einen Silberpfennig. So war es in der Stillen Woche, daß Wittekind von Engern Bettlerskleider anlegte und ging in Karls Lager unter die Bettler sitzen und wollte die Franken auskundschaften. Auf Ostern aber ließ der König in seinem Zelt Messe lesen; da geschah ein göttliches Wunder, daß Wittekind, als der Priester das Heiligtum emporhob, darin ein lebendiges Kind erblickte; das deuchte ihm ein so schönes Kind, als er sein Lebtag je gesehen, und kein Auge sah es außer ihm. Nach der Messe wurden die Silberpfennige den armen Leuten ausgeteilt; da erkannte man Wittekind unter dem Bettelrock, griff und führte ihn vor den König. Da sagte er, was er geschehen hätte, und ward unterrichtet aller Dinge, daß sein Herz bewegt wurde, und empfing die Taufe und sandte nach den andern Fürsten in seinem Lager, daß sie den Krieg einstellten und sich taufen ließen. Karl aber machte ihn zum Herzogen und wandelte das schwarze Pferd in seinem Schilde in ein weißes.

Wittekinds Flucht

Wittekind wurde, wie noch jetzt ein jeder in der dortigen Gegend weiß, zu Engter von den Franken geschlagen (783), und viele blieben dort auf dem Wittenfeld tot liegen. Flüchtend zog er gegen Ellerbruch; als nun alles mit Weib und Kind an den Furt kam und sich drängte, mochte eine alte Frau nicht weitergehen. Weil sie aber dem Feinde nicht in die Hände fallen sollte, so wurde sie von den Sachsen lebendig in einen Sandhügel bei Bellmanns Kamp begraben; dabei sprachen sie: »Krup under, krup under, de Welt is di gramm, du kannst den Rappel nich mehr folgen.« Spuk hat mancher hier gesehen, mancher auch nicht; aber über das weiße Feld geht doch niemand gern bei Nacht. Die meisten wissen aus alter Zeit her, daß in lärmendem Zuge die Heere mit blanken Spießen dort ziehen. Als daher vor einigen Jahren Völker wirklich darüberzogen, geriet die ganze Gegend in Schrecken und glaubte fliehen zu müssen.

Eginhart und Imma

Eginhart, Karls des Großen Erzkapellan und Schreiber, der in dem königlichen Hofe löblich diente, wurde von allen Leuten wertgehalten, aber von Imma, des Kaisers Tochter, heftig geliebt. Sie war dem griechischen König als Braut verlobt, und je mehr Zeit verstrich, desto mehr wuchs die heimliche Liebe zwischen Eginhart und Imma. Beide hielt die Furcht zurück, daß der König ihre Leidenschaft entdecken und darüber erzürnen möchte. Endlich aber mochte der Jüngling sich nicht länger zu bergen, faßte sich, weil er den Ohren der Jungfrau nichts durch einen fremden Boten offenbaren wollte, ein Herz und ging bei stiller Nacht zu ihrer Wohnung. Er klopfte leise an der Kammer Türe, als wäre er auf des Königs Geheiß hergesandt, und wurde eingelassen. Da gestanden sie sich ihre Liebe und genossen der ersehnten Umarmung. Als inzwischen der Jüngling bei Tagesanbruch zurückgehen wollte, woher er gekommen war, sah er, daß ein dicker Schnee über Nacht gefallen war, und scheute sich, über die Schwelle zu treten, weil ihn die Spuren von Mannsfüßen bald verraten würden. In dieser Angst und Not überlegten die Liebenden, was zu tun wäre, und die Jungfrau erdachte sich eine kühne Tat: sie wollte den Eginhart auf sich

nehmen und ihn, eh es licht wurde, bis nah zu seiner Herberg tragen, daselbst absetzen und dann vorsichtig in ihren eigenen Fußspuren wieder zurückkehren. Diese Nacht hatte gerade durch Gottes Schickung der Kaiser keinen Schlaf, erhub sich bei der frühen Morgendämmerung und schaute von weitem in den Hof seiner Burg. Da erblickte er seine Tochter unter ihrer schweren Last vorüberwanken und nach abgelegter Bürde schnell zurückspringen. Genau sah der Kaiser zu und fühlte Bewunderung und Schmerz zu gleicher Zeit; doch hielt er Stillschweigen. Eginhart aber, welcher sich wohl bewußt war, diese Tat würde in die Länge nicht verborgen bleiben, ratschlagte mit sich, trat vor seinen Herrn, kniete nieder und bat um Abschied, weil ihm doch sein treuer Dienst nicht vergolten werde. Der König schwieg lange und verhehlte sein Gemüt; endlich versprach er dem Jüngling, baldigen Bescheid zu sagen. Unterdessen setzte er ein Gericht an, berief seine ersten und vertrautesten Räte und offenbarte ihnen, daß das königliche Ansehen durch den Liebeshandel seiner Tochter Imma mit seinem Schreiber verletzt worden sei. Und während alle erstaunten über die Nachricht des neuen und großen Vergehens, sagte er ihnen weiter, wie sich alles zugetragen und er es mit seinen eigenen Augen angesehen hätte und er jetzo ihren Rat und ihr Urteil heische. Die meisten aber, weise und darum mild von Gesinnung, waren der Meinung, daß der König selbst in dieser Sache entscheiden solle. Karl, nachdem er alle Seiten geprüft hatte und den Finger der Vorsehung in dieser Begebenheit wohl erkannte, beschloß, Gnade für Recht ergehen zu lassen und die Liebenden miteinander zu verehelichen. Alle lobten mit Freuden des Königs Sanftmut, der den Schreiber vor sich forderte und also anredete: »Schon lange hätte ich deine Dienste besser vergolten, wo du mir dein Mißvergnügen früher entdeckt hättest; jetzo will ich dir zum Lohn meine Tochter Imma, die dich hochgegürtet willig getragen, zur ehelichen Frau geben.« Sogleich befahl er, nach der Tochter zu senden, welche mit errötendem Gesicht in des Hofes Gegenwart ihrem Geliebten angetraut wurde. Auch gab er ihr reiche Mitgift an Grundstücken, Gold und Silber; und nach des Kaisers Absterben schenkte ihnen Ludwig der Fromme durch eine besondere Urkunde in dem Maingau Michlinstadt und Mühlenheim, welches jetzo Seligenstadt heißt. In der Kirche zu Seligenstadt liegen beide Liebende nach ihrem Tode begraben. Die mündliche Sage erhält dort ihr Andenken, und selbst dem nah liegenden Walde soll, ihr zufolge, Imma, als sie ihn einmal »O du Wald!« angeredet, den Namen Odenwald verliehen haben. Auch Seligenstadt soll einer Sage nach daher den Namen haben: Karl habe Imma verstoßen und, auf der Jagd verirrt, wieder an diesem Orte gefunden; nämlich als sie ihm in einer Fischerhütte sein Lieblingsgericht vorgesetzt, erkannte er die Tochter daran und rief: »Selig sei die Stadt genannt, Wo ich Imma wiederfand!«

Der Ring im See bei Aachen

Petrarca, auf seiner Reise durch Deutschland, hörte von den Priestern zu Aachen eine Geschichte erzählen, die sie für wahrhaft ausgaben und die sich von Mund zu Munde fortgepflanzt haben sollte. Vorzeiten verliebte sich Karl der Große in eine gemeine Frau so heftig, daß er alle seine Taten vergaß, seine Geschäfte liegenließ und selbst seinen eigenen Leib darüber vernachlässigte. Sein ganzer Hof war verlegen und mißmutig über diese Leidenschaft, die gar nicht nachließ; endlich verfiel die geliebte Frau in eine Krankheit und starb. Vergeblich hoffte man aber, daß der Kaiser nunmehr seine Liebe aufgeben würde; sondern er saß bei dem Leichnam, küßte und umarmte ihn und redete zu ihm, als ob er noch lebendig wäre. Die Tote hub an zu riechen und in Fäulnis überzugehen; nichtsdestoweniger ließ der Kaiser nicht von ihr ab. Da ahnte Turpin, der Erzbischof, es müsse darunter eine Zauberei walten; daher, als Karl eines Tages das Zimmer verlassen hatte, befühlte er den Leib der toten Frau allerseits, ob er nichts entdecken könnte; endlich fand er im Munde unter der Zunge einen Ring, den nahm er weg. Als nun der Kaiser in das Zimmer wiederkehrte, tat er erstaunt wie ein Aufwachender aus tiefem Schlafe und fragte: »Wer hat diesen stinkenden Leichnam hereingetragen?« und befahl zur Stunde, daß man ihn bestatten solle. Dies geschah, allein nunmehr wandte sich die Zuneigung des Kaisers auf den Erzbischof, dem er allenthalben folgte, wohin er ging. Als der weise, fromme Mann dieses merkte und die Kraft des Ringes erkannte, fürchtete er, daß er einmal in unrechte Hände fiele, nahm und warf ihn in einen See nah bei der Stadt. Seit der Zeit, sagt man, gewann der Kaiser den Ort so lieb, daß er nicht mehr aus der Stadt Aachen weichen wollte, ein kaiserliches Schloß und ein Münster da bauen ließ und in jenem seine übrige Lebenszeit zubrachte, in diesem aber nach seinem Tode begraben sein wollte. Auch verordnete er, daß alle seine Nachfolger in dieser Stadt sich zuerst sollten salben und weihen lassen.

Der Kaiser und die Schlange

Als Kaiser Karl zu Zürich in dem Hause, genannt zum Loch, wohnte, ließ er eine Säule mit einer Glocke oben und einem Seil daran errichten: damit es jeder ziehen könnte, der Handhabung des Rechts fordere, sooft der Kaiser am Mittagsmahl sitze. Eines Tages nun geschah es, daß die Glocke erklang, die hinzugehenden Diener aber niemanden beim Seile fanden. Es schellte aber von neuem in einem weg. Der Kaiser befahl ihnen, nochmals hinzugehen und auf die Ursache achtzuhaben. Da sahen sie nun, daß eine große Schlange sich dem Seile näherte und die Glocke zog. Bestürzt hinterbrachten sie das dem Kaiser, der alsbald aufstand und dem Tiere, nicht weniger als den Menschen, Recht sprechen wollte. Nachdem sich der Wurm ehrerbietig vor dem Fürsten geneigt, führte er ihn an das Ufer eines Wassers, wo auf seinem Nest und auf seinen Eiern eine übergroße Kröte saß. Karl untersuchte und entschied der beiden Tiere Streit dergestalt, daß er die Kröte zum Feuer verdammte und der Schlange recht gab. Dieses Urteil wurde gesprochen und vollstreckt. Einige Tage darauf kam die Schlange wieder an Hof, neigte sich, wand sich auf den Tisch und hob den Deckel von einem darauf stehenden Becher ab. In den Becher legte sie aus ihrem Munde einen kostbaren Edelstein, verneigte sich wiederum und ging weg. An dem Ort, wo der Schlangen Nest gestanden, ließ Karl eine Kirche bauen, die nannte man Wasserkilch; den Stein aber schenkte er, aus besonderer Liebe, seiner Gemahlin. Dieser Stein hatte die geheime Kraft in sich, daß er den Kaiser beständig zu seinem Gemahl hinzog und daß er abwesend Trauern und Sehnen nach ihr empfand. Daher barg sie ihn in ihrer Todesstunde unter der Zunge, wohl wissend, daß, wenn er in andere Hände komme, der Kaiser ihrer bald vergessen würde. Also wurde die Kaiserin samt dem Stein begraben; da vermochte Karl sich gar nicht zu trennen von ihrem Leichnam, so daß er ihn wieder aus der Erde graben ließ und achtzehn Jahr mit sich herumführte, wohin er sich auch begab. Inzwischen durchsuchte ein Höfling, dem von der verborgenen Tugend des Steines zu Ohren gekommen war, den Leichnam und fand endlich den Stein unter der Zunge liegen, nahm ihn weg und steckte ihn zu sich. Alsbald kehrte sich des Kaisers Liebe ab von seiner toten Gemahlin und auf den Höfling, den er nun gar nicht von sich lassen wollte. Aus Unwillen warf einmal der Höfling auf einer Reise nach Köln den Stein in eine heiße Quelle; seitdem konnte ihn niemand wiedererlangen. Die Neigung des Kaisers zu dem Ritter hörte zwar auf, allein er fühlte sich nun wunderbar hingezogen zu dem Orte, wo der Stein verborgen lag, und an dieser Stelle gründete er Aachen, seinen nachherigen Lieblingsaufenthalt.

Kaiser Ludwig bauet Hildesheim

Kaiser Ludwig führte allzeit ein Marienbild an seinem Halse; nun begab sich's, daß er ritt durch einen Wald, stieg ab, seine Füße zu decken, und setzte dieweil das Bild auf einen Stein (oder auf einen Stamm). Als er's darauf wieder zu sich nehmen wollte, vermochte er es nicht von der Stätte zu bringen. Da fiel der König auf die Knie und betete zu Gott, daß er ihm kundtäte, ob er einer Missetat schuldig wäre, derentwegen das Bild nicht von dem Steine weichen wollte. Da hörte er eine Stimme rufen, die sprach: »So ferne und weit ein Schnee fallen wird, so groß und weit sollt du einen Tumb bauen zu Marien Ehre!« Und alsbald hub es an vom Himmel zu schneien auf die Stätte; da sprach Ludwig: »Dies ist Hilde Schnee (dit is tomalen hilde Snee), und es soll auch Hildeschnee heißen.« So weit nun der Schnee gefallen war, stiftete er einen Kirchenbau, unserer Lieben Frauen zu Ehren, und Günther war der erste Bischof, den er darin bestätigte. Also kriegte der Tumb und die Stadt den Namen nach dem Schnee, der »do hilde« fiel; das ward genennet Hildeschnee und folgends Hildesheim.

Der Rosenstrauch zu Hildesheim

Als Ludwig der Fromme winters in der Gegend von Hildesheim jagte, verlor er sein mit Heiligtum gefülltes Kreuz, das ihm vor allem lieb war. Er sandte seine Diener aus, um es zu suchen, und gelobte, an dem Orte, wo sie es finden würden, eine Kapelle zu bauen. Die Diener verfolgten die Spur der gestrigen Jagd auf dem Schnee und sahen bald aus der Ferne mitten im Wald einen grünen Rasen und darauf einen grünenden wilden Rosenstrauch. Als sie ihm näher kamen, hing das verlorene Kreuz daran; sie nahmen es und berichteten dem Kaiser, wo sie es gefunden. Alsobald befahl Ludwig, auf der Stätte eine Kapelle zu erbauen und den Altar da hinzusetzen, wo der Rosenstock stand. Dieses geschah, und bis auf diese Zeiten grünt und blüht der Strauch und wird von einem eigens dazu bestellten Manne gepflegt. Er hat mit seinen Ästen und Zweigen die Ründung des Doms bis zum Dache umzogen.

Kaiser Heinrich der Vogeler

Als die Fürsten den Heinrich suchten, daß sie ihn zum deutschen Kaiser erklären wollten, da fanden sie ihn mit einem Garnnetze und Kloben bei seinen lieben Kindern, wie er mit ihnen vogelte. Darum nannte man ihn scherzweise Heinrich den Vogeler oder Finkler (auceps).

Der kühne Kurzbold

König Heinrich der Finkler hatte einen getreuen Helden namens Kuno, aus königlichem Geschlecht, klein von Gestalt, aber groß an Herz und Mut. Seines winzigen Aussehens wegen gab man ihm den Beinamen Kurzbold. Gisilbert von Lothringen und Eberhard von Franken hatten sich gegen den König empört und waren gerade im Begriffe, bei Breisach das Heer überzuschiffen; aber während sie am Rheinufer Schach spielten, überfiel sie der Kurzbold bloß mit vierundzwanzig Männern. Gisilbert sprang in den Nachen, Kuno stieß seine Lanze mit solcher Gewalt hinein, daß er den Herzog mit allen, die im Schiff waren, versenkte. Den Eberhard durchbohrte er am Ufer mit dem Schwert. – Zu einer andern Zeit stand Kurzbold allein bei dem Könige, als ein Löwe aus dem Käfig losbrach. Der König wollte dem Kuno das Schwert, welches er nach damaliger Sitte trug, entreißen; aber jener sprang ihm zuvor auf den Löwen los und tötete ihn. Diese Tat erscholl weit und breit. – Kuno hatte einen natürlichen Abscheu vor Weibern und Äpfeln, und wo er auf eins von beiden stieß, war seines Bleibens nicht. Es gibt von ihm viele Sagen und Lieder. Einsmals hatte er auch einen Heiden (Slawen) von riesenhafter Gestalt, auf dessen Ausforderung er aus des Königs Lager erschien, überwunden.

Otto mit dem Bart

Kaiser Otto der Große wurde in allen Landen gefürchtet, er war strenge und ohne Milde, trug einen schönen roten Bart; was er bei diesem Barte schwur, machte er wahr und unabwendlich. Nun geschah es, daß er zu Babenberg (Bamberg) eine prächtige Hofhaltung hielt, zu welcher geistliche und weltliche Fürsten des Reiches kommen mußten. Ostermorgens zog der Kaiser mit allen diesen Fürsten in das Münster, um die feierliche Messe zu hören, unterdessen in der Burg zu dem Gastmahl die Tische bereitet wurden; man legte Brot und setzte schöne Trinkgefäße darauf. An des Kaisers Hofe diente aber dazumal auch ein edler und wonnesamer Knabe, sein Vater war Herzog in Schwaben und hatte nur diesen einzigen Erben. Dieser schöne Jüngling kam von ungefähr vor die Tische gegangen, griff nach einem linden Brot mit seinen zarten, weißen Händen, nahm es auf und wollte essen, wie alle Kinder sind, die gerne in hübsche Sachen beißen, wonach ihnen der Wille steht. Wie er nun ein Teil des weißen Brotes abbrach, ging da mit seinem Stabe des Kaisers Truchseß, welcher die Aufsicht über die Tafel haben sollte; der schlug zornig den Knaben aufs Haupt, so hart und ungefüge, daß ihm Haar und Haupt blutig ward. Das Kind fiel nieder und weinte heiße Tränen, daß es der Truchseß gewagt hätte, es zu schlagen. Das ersah ein auserwählter Held, genannt Heinrich von Kempten, der war mit dem Kinde aus Schwaben gekommen und dessen Zuchtmeister; heftig verdroß es ihn, daß man das zarte Kind so unbarmherzig geschlagen hatte, und fuhr den Truchsessen seiner Unzucht wegen mit harten Worten an. Der Truchseß sagte, daß er kraft seines Amtes allen ungefügen Schälken am Hofe mit seinem Stabe wehren dürfe. Da nahm Herr Heinrich einen großen Knüttel und spaltete des Truchsessen Schädel, daß er wie ein Ei zerbrach und der Mann tot zu Boden sank.

Unterdessen hatten die Herren Gotte gedient und gesungen und kehrten zurück; da sah der Kaiser den blutigen Estrich, fragte und vernahm, was sich zugetragen hatte. Heinrich von Kempten wurde auf der Stelle vorgefordert, und Otto, von tobendem Zorn entbrannt, rief: »Daß mein Truchseß hier erschlagen liegt, schwöre ich an Euch zu rächen! Sam mir mein Bart!« Als Heinrich von Kempten diesen teuren Eid ausgesprochen hörte und sah, daß es sein Leben galt, faßte er sich, sprang schnell auf den Kaiser los und begriff ihn bei dem langen roten Barte. Damit schwang er ihn plötzlich auf die Tafel, daß die kaiserliche Krone von Ottos Haupte in den Saal fiel, und zuckte – als die Fürsten, den Kaiser von diesem wütenden Menschen zu befreien, herzusprangen – sein Messer, indem er laut ausrief: »Keiner rühre mich an, oder der Kaiser liegt tot hier!« Alle traten hinter sich, Otto, mit großer Not, winkte es ihnen zu; der unverzagte Heinrich aber sprach: »Kaiser, wollt Ihr das Leben haben, so tut mir Sicherheit, daß ich genese.« Der Kaiser, der das Messer an seiner Kehle stehen sah, bot alsbald die Finger in die Höhe und gelobte dem edlen Ritter bei kaiserlichen Ehren, daß ihm das Leben geschenkt sein solle.

Heinrich, sobald er diese Gewißheit hatte, ließ er den roten Bart aus seiner Hand und den Kaiser aufstehen. Dieser setzte sich aber ungezögert auf den königlichen Stuhl, strich sich den Bart und redete in diesen Worten: »Ritter, Leib und Leben hab ich Euch zugesagt; damit fahrt Eurer Wege, hütet Euch aber vor meinen Augen, daß sie Euch nimmer wiedersehn, und räumet mir Hof und Land! Ihr seid mir zu schwer zum Hofgesind, und mein Bart müsse immerdar Euer Schermesser meiden!« Da nahm Heinrich von allen Rittern und Bekannten Urlaub und zog gen Schwaben auf sein Land und Feld, das er vom Stifte zu Lehen trug; lebte einsam und in Ehren.

Danach über zehn Jahre begab es sich, daß Kaiser Otto einen schweren Krieg führte, jenseits des Gebirges, und vor einer festen Stadt lag. Da wurde er nothaft an Leuten und Mannen und sandte heraus nach deutschen Landen: wer ein Lehn von dem Reiche trage, solle ihm schnell zu Hilfe eilen, bei Verlust des Lehens und seines Dienstes. Nun kam auch ein Bote zu dem Abt nach Kempten, ihn auf die Fahrt zu mahnen. Der Abt besandte wiederum seine Dienstleute und forderte Herrn Heinrich, als dessen er vor allen bedürftig war. »Ach, edler Herr, was wollt Ihr tun«, antwortete der Ritter, »Ihr wißt doch, daß ich des Kaisers Huld verwirkt habe; lieber geb ich Euch meine zwei Söhne hin und lasse sie mit Euch ziehen.« – »Ihr aber seid mir nötiger als sie beide zusammen«, sprach der Abt, »ich darf Euch nicht von diesem Zug entbinden oder ich leihe Euer Land andern, die es besser zu verdienen wissen.« – »Traun«, antwortete der edle Ritter, »ist dem so, daß Land und Ehre auf dem Spiel stehen, so will ich Euer Gebot leisten, es komme, was da wolle, und des Kaisers Drohung möge über mich ergehen.« Hiermit rüstete sich Heinrich zu dem Heerzug und kam bald nach Welschland zu der Stadt, wo die Deutschen lagen; jedoch barg er sich vor des Kaisers Antlitz und floh ihn. Sein Zelt ließ er ein wenig seitwärts vom Heere schlagen. Eines Tages lag er da und badete in einem Zuber und konnte aus dem Bad in die Gegend schauen. Da sah er einen Haufen Bürger aus der belagerten Stadt kommen und den Kaiser dagegenreiten zu einem Gespräch, das zwischen beiden Teilen verabredet worden war. Die treulosen Bürger hatten aber diese List ersonnen; denn als der Kaiser ohne Waffen und arglos zu ihnen ritt, hielten sie gerüstete Mannschaft im Hinterhalte und überfielen den Herrn mit frechen Händen, daß sie ihn fingen und schlügen. Als Herr Heinrich diesen Treubruch und Mord geschehen sah, ließ er Baden und Waschen, sprang aus dem Zuber, nahm den Schild mit der einen und sein Schwert mit der andern Hand und lief bloß und nackend nach dem Gemenge zu. Kühn schlug er unter die Feinde, tötete und verwundete eine große Menge und machte sie alle flüchtig. Darauf löste er den Kaiser seiner Bande und lief schnell zurück, legte sich in den Zuber und badete nach wie vor. Otto, als er zu seinem Heer wieder gelangte, wollte erkundigen, wer sein unbekannter Retter gewesen wäre; zornig saß er im Zelt auf seinem Stuhl und sprach: »Ich war verraten, wo mir nicht zwei ritterliche Hände geholfen hätten; wer aber den nackten Mann erkennt, führe ihn vor mich her, daß er reichen Lohn und meine Huld empfange; kein kühnerer Held lebt hier noch anderswo.«

Nun wußten wohl einige, daß es Heinrich von Kempten gewesen war; doch fürchteten sie den Namen dessen auszusprechen, dem der Kaiser den Tod geschworen hatte. »Mit dem Ritter«, antworteten sie, »stehet es so, daß schwere Ungnade auf ihm lastet; möchte er deine Huld wiedergewinnen, so ließen wir ihn vor dir sehen.« Da nun der Kaiser sprach, und wenn er ihm gleich seinen Vater erschlagen hätte, solle ihm vergeben sein, nannten sie ihm Heinrich von Kempten. Otto befahl, daß er alsobald hergebracht würde; er wollte ihn aber erschrekken und übel empfahen.

Als Heinrich von Kempten hereingeführt war, gebärdete der Kaiser sich zornig und sprach: »Wie getrauet Ihr, mir unter die Augen zu treten? Ihr wißt doch wohl, warum ich Euer Feind bin, der Ihr meinen Bart gerauft und ohne Schermesser geschoren habt, daß er noch ohne Locke steht. Welch hochfärtiger Übermut hat Euch jetzt dahergeführt?« – »Gnade, Herr«, sprach der kühne Degen, »ich kam gezwungen hierher, und mein Fürst, der hier steht, gebot es bei seinen Hulden. Gott sei mein Zeuge, wie ungern ich diese Fahrt getan; aber meinen Diensteid mußte ich lösen; wer mir das übelnimmt, dem lohne ich so, daß er sein letztes Wort gesprochen hat.« Da begann Otto zu lachen: »Seid mir tausendmal willkommen, Ihr auserwählter Held! Mein Leben habt Ihr gerettet, das mußte ich ohne Eure Hilfe verloren haben, seliger Mann.« So sprang er auf, küßte ihm Augen und Wangen. Ihr zweier Feindschaft war dahin und eine lautere Sühne gemachet; der hochgeborne Kaiser lieh und gab ihm großen Reichtum und brachte ihn zu Ehren, deren man noch gedenket.

Der Schuster zu Lauingen

Auf dem Hofturm der Stadt Lauingen findet sich folgende Sage abgemalt: Zur Zeit, als die Heiden oder Hunnen bis nach Schwaben vorgedrungen waren, rückte ihnen der Kaiser mit seinem Heere entgegen und lagerte sich unweit der Donau zwischen Lauingen und dem Schloß Faimingen. Nach mehreren vergeblichen Anfällen von beiden Seiten kamen endlich Christen und Heiden überein, den Streit durch einen Zweikampf entscheiden zu lassen. Der Kaiser wählte den Marschall von Calatin (Pappenheim) zu seinem Kämpfer, der den Auftrag freudig übernahm und nachsann, wie er den Sieg gewiß erringen möchte. Indem trat ein unbekannter Mann zu ihm und sprach: »Was sinnst du? Ich sage dir, daß du nicht für den Kaiser fechten sollst, sondern ein Schuster aus Henfwil (später Lauingen) ist dazu ausersehen.« Der Calatin versetzte: »Wer bist du? Wie dürfte ich die Ehre dieses Kampfes von mir ablehnen?« – »Ich bin Georg, Christi Held«, sprach der Unbekannte, »und zum Wahrzeichen nimm meinen Däumling.« Mit diesen Worten zog er den Däumling von der Hand und gab ihn dem Marschall, welcher ungesäumt damit zum Kaiser ging und den ganzen Vorfall erzählte. Hierauf wurde beschlossen, daß der Schuster gegen den Heiden streiten sollte. Der Schuster übernahm es und besiegte glücklich den Feind. Da gab ihm der Kaiser die Wahl von drei Gnaden sich auszubitten. Der Schuster bat erstens um eine Wiese in der Nähe von Lauingen, daß diese der Stadt als Gemeingut gegeben würde. Zweitens, daß die Stadt mit rotem Wachs siegeln dürfte (welches sonst keinem mittelbaren Ort verstattet war). Drittens, daß die Herrn von Calatin eine Mohrin als Helmkleinod führen dürften. Alles wurde ihm bewilligt und der Daumen St. Georgs sorgfältig von den Pappenheimern aufbewahrt, die eine Hälfte in Gold gefaßt zu Kaisheim, die andre zu Pappenheim.

Das Rad im Mainzer Wappen

Im Jahre 1009 wurde Willegis, ein frommer und gelehrter Mann, zum Bischof von Mainz gewählt; er war aber von geringer, armer Herkunft und sein Vater ein Wagnersmann gewesen. Des haßten ihn die adligen Tumherren und Stiftsgenossen, nahmen Kreide und maleten ihm verdrießweise Räder an die Wände und Türen seines Schlosses; gedachten ihm damit eine Schmach zu tun. Als der fromme Bischof ihren Spott vernahm, da hieß er einen Maler rufen; dem befahl er, mit guter Farbe in alle seine Gemächer weiße Räder in rote Felder zu malen, und ließ dazusetzen einen Reim, der sagte: »Willegis, Willegis, denk, woher du kommen sis.« Daher rührt, daß seit der Zeit alle Bischöfe zu Mainz weiße Räder im roten Schild führen. Andere fügen hinzu, Willegis habe, von Demütigkeit wegen, ein hölzernes Pflugrad stets an seiner Bettstätte hangen gehabt.

Die heilige Kunigund

Kaiser Heinrich II. und Kunigund, die blieben beide unbefleckt bis an ihren Tod. Der Teufel wollte sie da unehren, daß sie der Kaiser zieh von eines Herzogen wegen, mit dem sollte sie in Ungebühr stehen. Die Fraue bot dafür ihr Recht, dazu kam mannig Bischöfe und Fürsten. Da wurden sieben glühende Eisenscharen gelegt, die sollte die Fraue treten. Sie hub auf ihre Hände zu Gott und sprach: »Gott, du weißt wohl alleine meine Unschuld; ledige mich von dieser Not, als du tätest der guten Susannen von der ungerechten Bezeugnis!« Sie trat die Schar kecklich und sprach: »Sieh, Kaiser, so schuldig ich deiner bin, bin ich aller Männer.« Da ward die Fraue gereinigt mit allen Ehren. Der König fiel ihr zu Füßen und die Herren alle.

Der Dom zu Bamberg

Baba, Heinrich des Voglers Schwester und Graf Albrechts Gemahlin, nach andern aber Kunigund, Kaiser Heinrichs II. Gemahlin, stiftete mit eigenem Gut den Dom zu Babenberg. Solange sie baute, setzte sie täglich eine große Schüssel voll Geldes auf für die Taglöhner und ließ einen jeden so viel herausnehmen, als er verdient hätte; denn es konnte keiner mehr nehmen, als er verdient hatte. Sie zwang auch den Teufel, daß er ihr große marmelsteinerne Säulen mußte auf den Berg tragen, auf den sie die Kirche setzte, die man noch heutigentages wohl siehet.

Sage von Kaiser Heinrich III.

Kaiser Konrad der Franke ließ ein Gebot ausgehn: Wer den Frieden bräche, dem sollte man das Haupt abschlagen. Dies Gebot brach Graf Leopold von Calw, und da der König zu Land kam, entwich Graf Leopold in den Schwarzwald in eine öde Mühle, meinte sich da zu enthalten mit seiner Hausfrau, bis ihm des Königs Huld wieder würde. Einesmals ritt der König ungefähr in den Wald und vor dieselbe Mühle hin. Und da ihn Leopold hörte, fürchtete er, der König wolle ihn suchen, und floh in das Dickicht. Seine Hausfrau ließ er in der Mühle, die konnte nirgends hin; denn es war um die Zeit, daß sie ein Kind gebären sollte. Als nun der König nah bei der Mühle war und die Frau in ihren Nöten hörte schreien, hieß er nachsehen, was der Frauen gebräche. In den Dingen hörte der König eine Stimme, die sprach: »Auf diese Stunde ist ein Kind hier geboren, das wird dein Tochtermann!« Konrad erschrak, denn er wußte anders nicht, denn daß die Frau eine Bäuerin wäre, und dachte, wie er dem zuvorkommen möchte, daß seine Tochter keinem Bauern zuteil würde. Und schickte zwei seiner Diener in die Mühle, daß sie das neugeborne Kind töteten und zu dessen Sicherheit ihm des Kindes Herz brächten; denn er müsse es haben zu einer Buße. Die Diener mußten dem Kaiser genugtun, fürchteten doch Gott und wollten das Kind nicht töten, denn es war gar ein hübsches Knäbelein, und legten's auf einen Baum, darum, daß etwer des Kindes innewürde.

Dem Kaiser brachten sie eines Hasen Herz, das warf er den Hunden vor und meinte, damit zuvorgekommen zu sein der Stimme der Weissagung.

In den Weilen jagte Herzog Heinrich von Schwaben auf dem Wald und fand das Kind mutterallein daliegen. Und sah, daß es neugeboren war, und brachte es heimlich seiner Frauen, die war unfruchtbar, und bat sie, daß sie sich des Kindes annähme, sich in ein Kindbett legte und das Kind wie ihr natürliches hätte; denn es sei ihnen von Gott geschickt worden. Die Herzogin tat es gern, und also ward das Kind getauft und ward Heinrich geheißen; niemand aber hielt es anders als für einen Herzogen zu Schwaben. Und da das Kind also erwuchs, ward es König Konrad gesandt zu Hof. Der hieß den Knaben öfter vor sich stehen denn die andern Junkern an seinem Hofe, von seiner klugen Weisheit und Höflichkeit wegen. Nun geschah es, daß dem Kaiser eine Verleumdung zu Ohren kam: der junge Herr wäre nicht ein rechter Herzog von Schwaben, sondern ein geraubt Kind. Da der Kaiser das vernahm, rechnete er seinem Alter nach und kam ihm Furcht, es wäre dasjenige, wovon die Stimme bei der Waldmühle geredet hätte. Und wollte wiederum zuvorkommen, daß es nicht seiner Tochter zu einem Mann würde. Da schrieb er einen Brief der Kaiserin, in dem befahl er, als lieb ihr Leib und Leben wäre, daß sie den Zeiger dieses Briefes töten hieße. Den Brief befahl er beschlossen dem jungen Herrn an, daß er ihn der Kaiserin einhändigte und niemand anderm. Der junge Heinrich verstund sich darunter nichts als Gutes, wollte die Botschaft vollenden und kam unterwegs in eines gelehrten Wirtes Haus; dem vertraute er seine Tasche von Sicherheit wegen, worin der Brief und anders Ding lagen. Der Wirt kam über den Brief aus Fürwitz, und da, wo er geschrieben fand, daß die Kaiserin ihn töten sollte, schrieb er, daß die Kaiserin dem jungen Herrn, Zeiger des Briefs, ihre Tochter gäbe und zulegte unverzogenlich; den Brief beschloß er wieder mit dem Insiegel gar säuberlich ohne Fehl. Da nun der junge Herr der Kaiserin den Brief zeigte, gab sie ihm die Tochter und legte sie ihm zu. Die Mären kamen aber bald vor den Kaiser. Da befand der Kaiser mit dem Herzogen von Schwaben und andern Rittern und Knechten, daß der Jüngling war von Leopolds Weib in der Mühle geboren, von dem die Stimme geweissagt hatte, und sprach: »Nun merk ich wohl, daß Gottes Ordnung niemand hintertreiben mag«, und förderte seinen Tochtermann zu dem Reich. Dieser König Heinrich baute und stiftete hernachmals Hirschau, das erste Kloster, an die Statt der Mühle, darin er geboren worden war.

Quedl, das Hündlein

Mathild, die schöne Kaiserstochter Heinrich III., war so anmutig, daß sich ihr Vater in sie verliebte. Da flehte sie zu Gott und betete inbrünstig, daß er sie häßlich werden ließe, damit ihres Vaters Herz sich abwende. Aber Gott erhörte sie nicht. Da erschien ihr der böse Feind und bot sich an, mit dem Beding, daß sie ihm angehöre, so solle des Kaisers Liebe gewandelt werden in Haß und Zorn. Und sie ging es ein; doch hielt sie aus: erst dann solle sie sein eigen sein, wenn er sie in dreien Nächten schlafend fände; bliebe sie aber wachen, so dürfe er ihr nichts anhaben. Also webte sie ein köstliches Tuch und stickte dran die lange Nacht, das erhielt ihren Geist munter; auch hatte sie ein treues Hündlein bei sich namens Quedl oder Wedl, das bellte laut und wedelte mit dem Schwanz, wenn ihr die Augen vor Schlaf wollten zunicken. Wie nun der Teufel die drei Nächte hintereinander kam und sie immer wach und munter fand, da zürnte er und griff ihr mit der Kralle ins Angesicht, daß er ihr die Nase platt drückte, den Mund schlitzte und ein Auge ausstieß. Da war sie scheel, großmäulig und platschnasig geworden, daß sie ihr Vater nicht weiter leiden konnte und seine sündliche Liebe verlor. Sie aber führte ein geistliches Leben und erbaute eine Abtei zu Ehren ihres Hündleins, genannt Quedlinburg.

Die Weiber zu Weinsberg

Als König Konrad III. den Herzog Welf geschlagen hatte (im Jahr 1140) und Weinsberg belagerte, so bedingten die Weiber der Belagerten die Übergabe damit, daß eine jede auf ihren Schultern mitnehmen dürfte, was sie tragen könne. Der König gönnte das den Weibern. Da ließen sie alle Dinge fahren, und nahm eine jegliche ihren Mann auf die Schulter und trugen den aus. Und da des Königs Leute das sahen, sprachen ihrer viele, das wäre die Meinung nicht gewesen, und wollten das nicht gestatten. Der König aber schmutzlachte und tät Gnade dem listigen Anschlag der Frauen. »Ein königlich Wort«, rief er, »das einmal gesprochen und zugesagt ist, soll unverwandelt bleiben.«

Margareta Maultasch

In Tirol und Kärnten erzählen die Einwohner viel von der umgehenden Margareta Maultasch, welche vor alten Zeiten Fürstin des Landes gewesen und ein so großes Maul gehabt, davon sie benannt wird. Die Klagenfurter gehen nach der Betglocke nicht gern ins Zeughaus, wo ihr Panzer verwahrt wird, oder der Vorwitz wird mit derben Maulschellen bestraft. Am großen Brunnen, da, wo der aus Erz gegossene Drache steht, sieht man sie zu gewissen Zeiten auf einem dunkelroten Pferde reiten. Unfern des Schlosses Osterwitz stehet ein altes Gemäuer; manche Hirten, die da auf dem Felde ihre Herden weideten, nahten sich unvorsichtig und wurden mit Peitschenhieben empfangen. Man hat deshalb gewisse Zeichen aufgesteckt, über welche hinaus keiner dort sein Vieh treibt; und selbst das Vieh mag das schöne, fette Gras, das an dem Orte wächst, nicht fressen, wenn unwissende Hirten es mit Mühe dahin getrieben haben. Zumal aber erscheint der Geist auf dem alten Schlosse bei Meran, neckt die Gäste und soll einmal mit dem bloßen Schwerte auf ein neuvermähltes Brautpaar in der Hochzeitsnacht eingehauen haben, doch ohne jemand zu töten. In ihrem Leben war diese Margareta kriegerisch, stürmte und verheerte Burgen und Städte und vergoß unschuldiges Blut.

Die Maultasch-Schutt

Wie das Schloß Dietrichstein von der Frau Margaret Maultasch (im Jahre 1334) belagert und verwüstet worden, sind hiezwischen viel Herren und Landleut aus Kärnten mit Weib und Kind in eilender Flucht gen Osterwitz kommen, dem edeln und gestrengen Herrn Reinher Schenk zugehörig, von dem sie dann mit großen Ehren sind empfangen worden. An diesem Orte, als von Natur überaus stark und ungewinnlich, hatten sie alle gute Hoffnung, mit den Ihren vor der Tyrannin sicher zu bleiben. Es liegt aber Osterwitz eine Meil Wegs von St. Veit gegen Völkermarkt wärts zur rechten Hand auf einem starken und sehr hohen Felsen, der an keinem Ort mag weder gestürmt noch angelaufen werden. Nun zog aber Frau Maultasch mit ihrem Kriegsvolk stracks auf Osterwitz zu, sonderlich nachdem sie verstanden, daß ein großer Adel allda beisammen wäre, des endlichen Vorhabens, so lange davorzuliegen, bis sie solches in ihre Gewalt bringen und der vorberührten Herren und Frauen würde habhaft sein. Wie solches dem Herrn Reinher Schenk von seinen Kundschaftern angekündet worden, hat er hierauf unverzogenlich seine Kriegsleute, derselben nicht viel über dreihundert gewesen, mit großem Fleiß auf die Wehren der Mauern und allenthalben auf dem hohen Berge geordnet und gar nichts unterlassen, was auf diesmal dazu gedienet. Hiezwischen kam die Frau Maultasch so weit hinaus, daß sie mit den Ihren das Feld weit und breit eingenommen, auch das Schloß in dem Gezirk also umringet, daß schier niemand zu den Belagerten kommen oder aus der Festung weichen konnte. Und weil die Tyrannin gesehen, daß es unmöglich, Osterwitz zu bewältigen, hat sie demnach, in der Zeit der Belagerung, den armen Bauersleuten in den Dörfern mit Brennen, Rauben, Morden und andern Gewalttätigkeiten nicht geringen Schaden zugefügt; wie dessen die zerbrochnen Schlösser und Burgen noch heutigestages genugsame Zeugnis geben. Doch als sie zuletzt gesehen, daß sie Zeit umsonst und vergeblich vertrieben, auch mit aller Gewalt wenig ausrichten würde, hat sie so viel im Rat befunden, ihre Gesandten an Reinher Schenk zu verordnen mit dem Befehl: daß sie ihn mit vielen und reichen Verheißungen dahin bewegen sollten, das Schloß Osterwitz ihr zu übergeben und mit den Seinen frei abzuziehen. Als auf solche Werbung Herr Reinher Schenk abschläglich antwortete und sagen ließ, er müsse ein Kind sein, wenn er darauf horchen und nach ihren Drohungen fragen wollte, also daß die Gesandten mit betrübten Herzen ins Lager zurückkamen: rieten ihr alle, den Ort, da mit Gewalt nichts auszurichten wäre, auszuhungern und mit solchem Mittel den kärntischen Adel zum Brett zu treiben. Welchem getreuen Rat auch Frau Maultasch nachkommen wollte, weil doch keine andere Gelegenheit vorhanden war, ihres Willens habhaft zu werden.

Weil dann nun diese Belagerung ziemlich lange gewähret, entstand hiezwischen in dem Schloß zu Osterwitz nicht allein unter den gemeinen Knechten, sondern auch denen vom Adel, sonderlich aber bei dem Frauenzimmer ein großer Mangel in allen Sachen, vornehmlich aber an Wasser, daß auch täglich viel umkamen. Denn es waren von den dreihundert Knechten kaum hundert überblieben, die sich gedrungenerweise mit abscheulicher Speise, als Katzen-, Hund- und Roßfleisch, ersättigen mußten. Indem sich nun etliche vornehme Herren und vom Adel deswegen miteinander beratschlagten, wie den Sachen zu tun wäre, erfanden sie endlich einen trefflich guten und erwünschten Weg. Denn als sie täglich den großen Jammer vermerkten und ihnen gar schmerzlich war, daß sie samt Weib und Kindern in großem Unglück standen und noch zukünftiger Zeit mehrerm Unfall möchten unterworfen sein, gingen sie sämtlich zu Herrn Reinher Schenk und sagten ihm, wie sie diesmal nur durch einen listigen Fund, weil sie keine Hilfe von Erzherzog Otto zu gewarten hätten, zu erretten wären. Nun hätten sie eine gute und geschwinde Kriegslist erdacht, damit den grimmen Feind ab ihrem Hals zu bringen. Nämlich dieweil sie gesehen, daß alle Essensspeisen und des Leibes Notdurft nun bereits verzehrt und nichts mehr in ihrer Gewalt wäre als ein dürrer Stier und zwei Vierling Roggen, so wäre ihr getreuer Rat, Gutdünken und Meinung, man sollte hierauf den Stier abschlachten, in dessen abgezogene Haut den Roggen einschütten und sie also, wohl vermacht, den Berg herabwerfen. Wenn die Feinde dann solches sähen, würde es ihnen Ursache geben zu denken, wir wären mit allerlei Notdurft und Lebensmittel noch reichlich versehen und könnten die Belagerung noch eine gute Zeit ausharren. Derowegen sie unzweifelig würden aufbrechen und mit dem ganzen Kriegsheer abziehen. Diesem Rat kam Herr Reinher Schenk alsbald nach, ließ den Stier abnehmen, den Roggen dareintun und solche damit über den Berg abstürzen, dem jedermann mit großer Verwunderung zugesehen. Als aber solches Frau Maultasch erfahren, tät sie hierauf einen lauten hellen Schrei und sagte: »Ha! Das sind die Klaus-Rappen, so eine gute Zeit ihre Nahrung in die Kluft zusammengetragen und auf den hohen Felsen sich versteckt haben, die wir nicht so leichtlich in unsern Klauen werden fassen können; darum wir sie in ihrem tiefen Nest sitzen und andre gemästete Vögel suchen wollen.« Hat von Stund an darauf ihren Kriegsleuten geboten, daß ein jeder insonderheit seine Sturmhaube voll Erde fassen und solches auf einem ebenen Felde, gleich gegen Osterwitz über, ausschütten sollte. Welches, als es geschehen, ist aus der Erde ein ziemlich groß Berglein worden, das man lange Zeit im Land zu Kärnten die Maultasch-Schutt genannt hat. Noch vor kurzem, im Jahre 1580, hat Herr Georg Kevenhüller, Freiherr zu Aichelberg, als Landeshauptmann von Kärnten der Frau Maultasch Bildnis in schönem weißem Stein ausgehauen lassen, welche Säul das Kreuz bei der Maultasch-Schutt genannt worden.

Idda von Toggenburg

Ein Rabe entführte der Gräfin Idda von Toggenburg, des Geschlechtes von Kirchberg, ihren Brautring durch ein offenes Fenster. Ein Dienstmann des Grafen Heinrichs, ihres Gemahls, fand ihn und nahm ihn auf; der Graf erkannte ihn an dessen Finger. Wütend eilte er zu der unglücklichen Idda und stürzte sie in den Graben der hohen Toggenburg; den Dienstmann ließ er am Schweif eines wilden Pferdes die Felsen herunterschleifen. Indes erhielt sich die Gräfin im Herabfall an einem Gesträuch, wovon sie sich nachts losmachte. Sie ging in einen Wald, lebte von Wasser und Wurzeln; als ihre Unschuld klar geworden, fand ein Jäger die Gräfin Idda. Der Graf bat viel; sie wollte nicht mehr bei ihm leben, sondern blieb still und heilig im Kloster zu Fischingen.

Der Bund in Rütli

Einer von Schwyz, genannt Stöffacher, saß zu Steinen, dieshalb der Burg, der hatte gar ein hübsches Haus erbaut. Da ritt auf eine Zeit Grißler, Vogt zu des Reichs Handen in Uri und Schwyz, vorüber, rief dem Stöffacher und fragte: wes die schöne Herberg wäre? Sprach der Mann: »Euer Gnaden und mein Lehen«, wagte aus Furcht nicht, zu sprechen: Sie ist mein. Grißler schwieg still und zog heim. Nun war der Stöffacher ein kluger, verständiger Mann, hatte auch eine fromme weise Frau; der setzte sich die Sache zu Herzen und dachte, der Vogt nähme ihm noch Leib und Gut. Die Frau aber, als sie ihn bekümmert sah, fragte ihn aus; er sagte ihr alles. Da sagte sie: »Des wird noch Rat, geh und klag es deinen vertrauten Freunden.« So geschah es bald, daß drei Männer zusammenkamen, einer von Uri, der von Schwyz und der Unterwaldner, dem man den Vater geblendet hatte. Diese drei schwuren heimlich den ersten Eid, des ewigen Bundes Anfang, daß sie wollten Recht mehren, Unrecht niederdrücken und Böses strafen; darum gab ihnen Gott Glück. Wann sie aber ihre Anschläge tun wollten, fuhren sie an den Mittenstein, an ein Ende, heißt im Bettlin, da tageten sie zusammen im Rütli.

Wilhelm Tell

Es fügte sich, daß des Kaisers Landvogt, genannt der Grißler, gen Uri fuhr; als er da eine Zeit wohnte, ließ er einen Stecken unter der Linde, da jedermann vorbeigehen mußte, richten, legte einen Hut drauf und hatte einen Knecht zur Wacht dabeisitzen. Darauf gebot er durch öffentlichen Ausruf: Wer der wäre, der da vorüberginge, sollte sich dem Hut neigen, als ob der Herr selber zugegen sei; und übersähe es einer und täte es nicht, den wollte er mit schweren Bußen strafen. Nun war ein frommer Mann im Lande, hieß Wilhelm Tell, der ging vor dem Hut über und neigte ihm keinmal; da verklagte ihn der Knecht, der des Hutes wartete, bei dem Landvogt. Der Landvogt ließ den Tell vor sich bringen und fragte: warum er dem Stecken und Hut nicht neige, als doch geboten sei? Wilhelm Tell antwortete: »Lieber Herr, es ist von ungefähr geschehen; dachte nicht, daß es Euer Gnad so hoch achten und fassen würde; wär ich witzig, so hieß ich anders dann der Tell.« Nun war der Tell gar ein guter Schütz, wie man sonst keinen im Lande fand, hatte auch hübsche Kinder, die ihm lieb waren. Da sandte der Landvogt, ließ die Kinder holen, und als sie gekommen waren, fragte er Tellen, welches Kind ihm das allerliebste wäre. »Sie sind mir alle gleich lieb.« Da sprach der Herr: »Wilhelm, du bist ein guter Schütz, und find't man nicht deinsgleichen; das wirst du mir jetzt bewähren; denn du sollst dei-

ner Kinder einem den Apfel vom Haupte schießen. Tust du das, so will ich dich für einen guten Schützen achten.« Der gute Tell erschrak, fleht um Gnade und daß man ihm solches erließe, denn es wäre unnatürlich; was er ihm sonst hieße, wol-

le er gerne tun. Der Vogt aber zwang ihn mit seinen Knechten und legte dem Kinde den Apfel selbst aufs Haupt. Nun sah Tell, daß er nicht ausweichen konnte, nahm den Pfeil und steckte ihn hinten in seinen Göller, den andern Pfeil nahm er in die Hand, spannte die Armbrust und bat Gott. daß er sein Kind behüten wolle; zielte und schoß glücklich ohne Schaden den Apfel von des Kindes Haupt. Da sprach der Herr, das wäre ein Meisterschuß. »Aber eins wirst du mir sagen: Was bedeutet, daß du den ersten Pfeil hinten ins Göller stießest?« Tell sprach: »Das ist so Schützengewohnheit.« Der Landvogt ließ aber nicht ab und wollte es eigentlich hören; zuletzt sagte Tell, der sich fürchtete, wenn er die Wahrheit offenbarte: wenn er ihm das Leben sicherte, wolle er's sagen. Als das der Landvogt getan, sprach Tell: »Nun wohl! Sintemal Ihr mich des Lebens gesichert, will ich das Wahre sagen.« Und fing an und sagte: »Ich hab es darum getan: hätte ich des Apfels gefehlt und mein Kindlein geschossen, so wollte ich Euer mit dem andern Pfeil nicht gefehlt haben.« Da das der Landvogt vernahm, sprach er: »Dein Leben ist dir zwar zugesagt; aber an ein Ende will ich dich legen, da dich Sonne und Mond nimmer bescheinen«; ließ ihn fangen und binden und in denselben Nachen legen, auf dem er wieder nach Schwyz schiffen wollte. Wie sie nun auf dem See fuhren und kamen bis gen Axen hinaus, stieß sie ein grausamer starker Wind an, daß das Schiff schwankte und sie elend zu verderben meinten; denn keiner wußte mehr dem Fahrzeug vor den Wellen zu steuern. Indem sprach einer der Knechte zum Landvogt: »Herr, hießet Ihr den Tell aufbinden, der ist ein starker, mächtiger Mann und versteht sich wohl auf das Wetter: so möchten wir wohl aus der Not entrinnen.« Sprach der Herr und rief dem Tell: »Willt du uns helfen und dein Bestes tun, daß wir von hinnen kommen, so will ich dich heißen aufbinden.« Da sprach der Tell: »Ja, gnädiger Herr, ich will's gerne tun und getraue mir's.« Da ward Tell aufgebunden und stand an dem Steuer und fuhr redlich dahin; doch so lugte er allenthalben auf seinen Vorteil und auf seine Armbrust, die nah bei ihm am Boden lag. Da er nun kam gegen einer großen Platte – die man seither stets genannt hat ›Des Tellen Platte‹ und noch heutbeitag also nennet –, deucht es ihm Zeit zu sein, daß er entrinnen konnte; rief allen munter zu, fest anzuziehen, bis sie auf die Platte kämen, denn wann sie davorkämen, hätten sie das Böseste überwunden. Also zogen sie der Platte nah, da schwang er mit Gewalt, als er denn ein mächtig starker Mann war, den Nachen, griff seine Armbrust und tat einen Sprung auf die Platte, stieß das Schiff von ihm und ließ es schweben und schwanken auf dem See. Lief durch Schwyz schattenhalb (im dunkeln Gebirg), bis daß er kam gen Küßnach in die hohle Gassen; da war er vor dem Herrn hingekommen und wartete sein daselbst. Und als der Landvogt mit seinen Dienern geritten kam, stand Tell hinter einem Staudenbusch und hörte allerlei Anschläge, die über ihn gingen, spannte die Armbrust auf und schoß einen Pfeil in den Herrn, daß er tot umfiel. Da lief Tell hinter sich über die Gebirge gen Uri, fand seine Gesellen und sagte ihnen, wie es ergangen war.

Heinrich der Löwe

Zu Braunschweig stehet aus Erz gegossen das Denkmal eines Helden, zu dessen Füßen ein Löwe liegt; auch hängt im Dom daselbst eines Greifen Klaue. Davon lautet folgende Sage: Vorzeiten zog Herzog Heinrich, der edle Welf, nach Abenteuern aus. Als er in einem Schiff das wilde Meer befuhr, erhub sich ein heftiger Sturm und verschlug den Herzogen; lange Tage und Nächte irrte er, ohne Land zu finden. Bald fing den Reisenden die Speise an auszugehen, und der Hunger quälte sie schrecklich. In dieser Not wurde beschlossen, Lose in einen Hut zu werfen; und wessen Los gezogen ward, der verlor das Leben und mußte der andern Mannschaft mit seinem Fleische zur Nahrung dienen; willig unterwarfen sich diese Unglücklichen und ließen sich für den geliebten Herrn und ihre Gefährten schlachten. So wurden die übrigen eine Zeitlang gefristet; doch schickte es die Vorsehung, daß niemals des Herzogen Los herauskam. Aber das Elend wollte kein Ende nehmen; zuletzt war bloß der Herzog mit einem einzigen Knecht noch auf dem ganzen Schiffe lebendig, und der schreckliche Hunger hielt nicht stille. Da sprach der Fürst: »Laß uns beide losen, und auf wen es fällt, von dem speise sich der andere.« Über diese Zumutung erschrak der treue Knecht, doch so dachte er, es würde ihn selbst betreffen, und ließ es zu; siehe, da fiel das Los auf seinen edlen, liebwerten Herrn, den jetzt der Diener töten sollte. Da sprach der Knecht: »Das tu ich nimmermehr, und wenn alles verloren ist, so habe ich noch ein andres ausgesonnen; ich will Euch in einen ledernen Sack einnähen, wartet dann, was geschehen wird.« Der Herzog gab seinen Willen dazu; der Knecht nahm die Haut eines Ochsen, den sie vordem auf dem Schiffe gespeist hatten, wikkelte den Herzogen darein und nähte sie zusammen; doch hatte er sein Schwert neben ihn mit hineingesteckt. Nicht lange, so kam der Vogel Greif geflogen, faßte den ledernen Sack in die Klauen und trug ihn durch die Lüfte über das weite Meer bis in sein Nest. Als der Vogel dies bewerkstelligt hatte, sann er auf einen neuen Fang, ließ die Haut liegen und flog wieder aus. Mittlerweile faßte Herzog Heinrich das Schwert und zerschnitt die Nähte des Sackes; als die jungen Greifen den lebendigen Menschen erblickten, fielen sie gierig und mit Geschrei über ihn her. Der teure Held wehrte sich tapfer und schlug sie sämtlich zu Tode. Als er sich aus dieser Not befreit sah, schnitt er eine Greifenklaue ab, die er zum Andenken mit sich nahm, stieg aus dem Neste den hohen Baum hernieder und befand sich in einem weiten, wilden Wald. In diesem Wald ging der Herzog eine gute Weile fort; da sah er einen fürchterlichen Lindwurm wider einen Löwen streiten, und der Löwe schwebte in großer Not, zu unterliegen. Weil aber der Löwe insgemein für ein edles und treues Tier gehalten wird und der

Wurm für ein böses, giftiges, säumte Herzog Heinrich nicht, sondern sprang dem Löwen mit seiner Hilfe bei. Der Lindwurm schrie, daß es durch den Wald erscholl, und wehrte sich lange Zeit; endlich gelang es dem Helden, ihn mit seinem guten Schwerte zu töten. Hierauf nahte sich der Löwe, legte sich zu des Herzogs Füßen neben den Schild auf den Boden und verließ ihn nimmermehr von dieser Stunde an. Denn als der Herzog nach Verlauf einiger Zeit, während welcher das treue Tier ihn mit gefangenem Hirsch und Wild ernähret hatte, überlegte, wie er aus dieser Einöde und der Gesellschaft des Löwen wieder unter die Menschen gelangen könnte, baute er sich eine Horde aus zusammengelegtem Holz, mit Reis durchflochten, und setzte sie aufs Meer. Als nun einmal der Löwe in den Wald zu jagen gegangen war, bestieg Heinrich sein Fahrzeug und stieß vom Ufer ab. Der Löwe aber, welcher zurückkehrte und seinen Herrn nicht mehr fand, kam zum Gestade und erblickte ihn aus weiter Ferne; alsbald sprang er in die Wogen und schwamm so lange, bis er auf dem Floß bei dem Herzogen war, zu dessen Füßen er sich ruhig niederlegte. Hierauf fuhren sie eine Zeitlang auf den Meereswellen, bald überkam sie Hunger und Elend. Der Held betete und wachte, hatte Tag und Nacht keine Ruh; da erschien ihm der böse Teufel und sprach: »Herzog, ich bringe dir Botschaft; du schwebst hier in Pein und Not auf dem offenen Meere, und daheim zu Braunschweig ist lauter Freude und Hochzeit; heute an diesem Abend hält ein Fürst aus fremden Landen Beilager mit deinem Weibe; denn die gesetzten sieben Jahre seit deiner Ausfahrt sind verstrichen.« Traurig versetzte Heinrich, das möge wahr sein, doch wolle er sich zu Gott lenken, der alles wohl mache. »Du redest noch viel von Gott«, sprach der Versucher, »der hilft dir nicht aus diesen Wasserwogen; ich aber will dich noch heute zu deiner Gemahlin führen, wofern du mein sein willst.« Sie hatten ein lang Gespräche, der Herr wollte sein Gelübde gegen Gott, dem ewigen Licht, nicht brechen; da schlug ihm der Teufel vor, er wolle ihn ohne Schaden samt dem Löwen noch heut abend auf den Giersberg vor Braunschweig tragen und hinlegen, da solle er seiner warten; finde er ihn nach der Zurückkunft schlafend, so sei er ihm und seinem Reiche verfallen. Der Herzog, welcher von heißer Sehnsucht nach seiner geliebten Gemahlin gequält wurde, ging dieses ein und hoffte auf des Himmels Beistand wider alle Künste des Bösen. Alsbald ergriff ihn der Teufel, führte ihn schnell durch die Lüfte bis vor Braunschweig, legte ihn auf dem Giersberg nieder und rief: »Nun wache, Herr! Ich kehre bald wieder.« Heinrich aber war aufs höchste ermüdet, und der Schlaf setzte ihm mächtig zu. Nun fuhr der Teufel zurück und wollte den Löwen, wie er verheißen hatte, auch abholen; es währte nicht lange, so kam er mit dem treuen Tier dahergeflogen. Als nun der Teufel, noch aus der Luft herunter, den Herzog in Müdigkeit versenkt auf dem Giersberge ruhen sah, freute er sich schon im voraus; allein der Löwe, der seinen Herrn für tot hielt, hub laut zu schreien an, daß Heinrich in demselben Augenblicke erwachte. Der böse Feind sah nun sein Spiel verloren und bereute es zu spät, das wilde Tier herbeigeholt zu haben; er warf den Löwen aus der Luft zu Boden, daß es krachte. Der Löwe kam glücklich auf den Berg zu seinem Herrn, welcher Gott dankte und sich aufrichtete, um, weil es Abend werden wollte, hinab in die Stadt Braunschweig zu gehen. Nach der Burg war sein Gang, und der Löwe folgte ihm immer nach, großes Getön scholl ihm entgegen. Er wollte in das Fürstenhaus treten, da wiesen ihn die Diener zurück. »Was heißt das Getön und Pfeifen?« rief Heinrich aus, »sollte doch wahr sein, was mir der Teufel gesagt? Und ist ein fremder Herr in diesem Haus?« – »Kein fremder«, antwortete man ihm, »denn er ist unsrer gnädigen Frauen verlobt und bekommt heute das Braunschweiger Land.« – »So bitte ich«, sagte der Herzog, »die Braut um einen Trunk Weins, mein Herz ist mir ganz matt.« Da lief einer von den Leuten hinauf zur Fürstin und hinterbrachte, daß ein fremder Gast, dem ein Löwe mitfolge, um einen Trunk Wein bitten lasse. Die Herzogin verwunderte sich, füllte ihm ein Geschirr mit Wein und sandte es dem Pilgrim. »Wer magst du wohl sein«, sprach der Diener, »daß du von diesem edlen Wein zu trinken begehrst, den man allein der Herzogin einschenkt?« Der Pilgrim trank, nahm seinen goldnen Ring und warf ihn in den Becher und hieß diesen der Braut zurücktragen. Als sie den Ring erblickte, worauf des Herzogs Schild und Name geschnitten war, erbleichte sie, stund eilends auf und trat an die Zinne, um nach dem Fremdling zu schauen. Sie ward den Herrn inne, der da mit dem Löwen saß; darauf ließ sie ihn in den Saal entbieten und fragen, wie er zu dem Ringe gekommen wäre und warum er ihn in den Becher gelegt hätte. »Von keinem hab ich ihn bekommen, sondern ihn selbst genommen, es sind nun länger als sieben Jahre; und den Ring hab ich hingeleget, wo er billig hingehört.« Als man der Herzogin diese Antwort hinterbrachte, schaute sie den Fremden an und fiel vor Freuden zur Erde, weil sie ihren geliebten Gemahl erkannte; sie bot ihm ihre weiße Hand und hieß ihn willkommen. Da entstand große Freude im ganzen Saal, Herzog Heinrich setzte sich zu seiner Gemahlin an den Tisch; dem jungen Bräutigam aber wurde ein schönes Fräulein aus Franken angetraut. Hierauf regierte Herzog Heinrich lange und glücklich in seinem Reich; als er in hohem Alter verstarb, legte sich der Löwe auf des Herrn Grab und wich nicht davon, bis er auch verschied. Das Tier liegt auf der Burg begraben, und seiner Treue zu Ehren wurde ihm eine Säule errichtet.

Ursprung der Zähringer

Die Sage ist, daß die Herzöge von Zähringen vorzeiten Köhler sind gewesen und haben ihre Wohnung gehabt in dem Gebirg und den Wäldern hinter Zähring dem Schloß, da es dann jetzund stehet, und haben allda Kohlen gebrennt. Nun hat es sich begeben, daß der Köhler an einem Ort im Gebirg Kohlen brannte, Grund und Boden nahm und damit den Kohlhaufen, um ihn auszubrennen, bedeckte. Als er nun die Kohlen hinwegtat, fand er am Boden eine schwere geschmelzte Materie; und da er sie besichtigte, da ist es gut Silber gewesen. Also brennte er fürder immerdar an dem Orte seine Kohlen, deckte sie mit demselben Grund und Erdboden und fand aber Silber wie zuvor. Dabei konnte er merken, daß es des Berges Schuld wäre, behielt es geheim, brannte von Tag zu Tag Kohlen da und brachte großen Schatz Silbers zusammen.

Nun hat es sich damals ereignet, daß ein König vertrieben ward vom Reich und floh auf den Berg im Breisgau, genannt der Kaiserstuhl, mit Weib und Kindern und allem Gesinde, litt da viel Armut mit den Seinen. Ließ darauf ausrufen, wer da wäre, der ihm wollte Hilfe tun, sein Reich wiederzuerlangen, der sollte zum Herzoge gemacht und eine Tochter des Kaisers ihm gegeben werden. Da der Köhler das vernahm, fügte sich's, daß er mit einer Bürde Silbers vor den König trat und begehrte, er wolle sein Sohn werden und des Königs Tochter ehelichen, auch dazu Land und Gegend – wo jetzt Zähringen, das Schloß, und die Stadt Freiburg stehet – zu eigen haben; alsdann wolle er ihm einen solchen Schatz von Silber geben und überliefern, damit er sein ganzes Reich wiedergewinnen könne. Als der König solches vernahm, willigte er ein, empfing die Last Silbers und gab dem Köhler, den er zum Sohn annahm, die Tochter zur Ehe und die Gegend des Landes darzu, wie er begehret hatte. Da hub der Sohn an und ließ sein Erz schmelzen, überkam groß Gut damit und baute Zähringen samt dem Schloß; da macht ihn der römische König, sein Schwäher, zu einem Herzogen von Zähringen. Der Herzog baute Freiburg und andere umliegende Städte und Schlösser mehr; und wie er nun mächtig ward, zunahm an Gut, Gewalt und Ehre, hub er an und ward stolz und frevelhaft. Eines Tages, so rief er seinen eignen Koch und gebot, daß er ihm einen jungen Knaben briete und zurichte; denn ihn gelüste zu schmecken, wie gut Menschenfleisch wäre. Der Koch vollbrachte alles nach seines Herrn Befehl und Willen, und da der Knab gebraten war und man ihn zu Tische trug dem Herrn und er ihn sah vor sich stehen, da fiel Schrecken und Furcht in ihn und empfand Reu und Leid um diese Sünde. Da ließ er zur Sühne zwei Klöster bauen, mit Namen das eine zu St. Ruprecht und das andere zu St. Peter im Schwarzwald, damit ihm Gott der Herr barmherzig verzeihen möge und vergeben.

Herr Peter Dimringer von Staufenberg

In der Ortenau unweit Offenburg liegt Staufenberg, das Stammschloß Ritter Peters Dimringer, von dem die Sage lautet: Er hieß einen Pfingsttag früh den Knecht das Pferd satteln und wollte von seiner Feste gen Nußbach reiten, daselbst Metten zu hören. Der Knabe ritt voran, unterwegs am Eingang des Waldes sah er auf einem Stein eine wunderschöne, reichgeschmückte Jungfrau mutterallein sitzen; sie grüßte ihn, der Knecht ritt vorüber. Bald darauf kam Herr Peter selbst daher, sah sie mit Freuden, grüßte und sprach die Jungfrau freundlich an. Sie neigte ihm und sagte: »Gott danke dir deines Grußes.« Da stund Peter vom Pferde, sie bot ihm ihre Hände, und er hob sie vom Steine auf, mit Armen umfing er sie; sie setzten sich beide ins Gras und redeten, was ihr Wille war. »Gnade, schöne Fraue, darf ich fragen, was mir zu Herzen liegt, so sagt mir, warum Ihr hier so einsam sitzet und niemand bei Euch ist.« – »Das sag ich dir, Freund, auf meine Treue: weil ich hier dein warten wollte; ich liebe dich, seit du je Pferd überschrittest; und überall in Kampf und in Streit, in Weg und auf Straßen hab ich dich heimlich gepfleget und gehütet mit meiner freien Hand, daß dir nie kein Leid geschah.« Da antwortete der Ritter tugendlich: »Daß ich Euch erblickt habe, nichts Liebers konnte mir geschehen, und mein Wille wäre, bei Euch zu sein bis an den Tod.« – »Dies mag wohl geschehen«, sprach die Jungfrau, »wenn du meiner Lehre folgest: Willst du mich liebhaben, darfst du fürder kein ehelich Weib nehmen, und tätest du's doch, würde dein Leib den dritten Tag sterben. Wo du aber allein bist und mein begehrest, da hast du mich gleich bei dir und lebest glücklich und in Wonne.« Herr Peter sagte: »Frau, ist das alles wahr?« Und sie gab ihm Gott zum Bürgen der Wahrheit und Treue. Darauf versprach er sich ihr zu eigen, und beide verpflichteten sich zueinander. Die Hochzeit sollte auf der Frauen Bitte zu Staufenberg gehalten werden; sie gab ihm einen schönen Ring, und nachdem sie sich tugendlich angelacht und einander umfangen hatten, ritt Herr Peter weiter fort seine Straße. In dem Dorfe hörte er eine Messe lesen und tat sein Gebet, kehrte alsdann heim auf seine Feste, und sobald er allein in der Kemenate war, dachte er bei sich im Herzen: Wenn ich doch nun meine liebe Braut hier bei mir hätte, die ich draußen auf dem Stein fand! Und wie er das Wort ausgesprochen hatte, stand sie schon vor seinen Augen, sie küßten sich und waren in Freuden beisammen.

Also lebten sie eine Weile, sie gab ihm auch Geld und Gut, daß er fröhlich auf der Welt leben konnte. Nachher fuhr er aus in die Lande, und wohin er kam, war seine Frau bei ihm, sooft er sie wünschte.

Endlich kehrte er wieder heim in seine Heimat. Da lagen ihm seine Brüder und Freunde an, daß er ein ehelich Weib nehmen sollte; er erschrak und suchte es auszureden. Sie ließen ihm aber härter zusetzen durch einen weisen Mann, auch aus seiner Sippe. Herr Peter antwortete: »Eh will ich meinen Leib in Riemen schneiden lassen, als ich mich vereheliche.« Abends nun, wie er allein war, wußte es seine Frau schon, was sie mit ihm vorhatten, und er sagte ihr von neuem sein Wort zu. Es sollte aber zu damal der deutsche König in Frankfurt gewählt werden; dahin zog auch der Staufenberger unter viel andern Dienstmännern und Edelleuten. Da tat er sich so heraus im Ritterspiel, daß er die Augen des Königs auf sich zog und der König ihm endlich seine Muhme aus Kärnten zur Ehe antrug. Herr Peter geriet in heftigen Kummer und schlug das Erbieten aus; und weil alle Fürsten darein redeten und die Ursache wissen wollten, sprach er zuletzt, daß er schon eine schöne Frau und von ihr alles Gute hätte, aber um ihretwillen keine andere nehmen dürfte, sonst müßte er tot liegen innerhalb drei Tagen. Da sagte der Bischof: »Herr, laßt mich die Frau sehen.« Da sprach er: »Sie läßt sich vor niemand denn vor mir sehen.« – »So ist sie kein rechtes Weib«, redeten sie alle, »sondern vom Teufel; und daß Ihr die Teufelin minnet mehr denn reine Frauen, das verdirbt Euren Namen und Eure Ehre vor aller Welt.« Verwirrt durch diese Reden sagte der Staufenberger, er wolle alles tun, was dem König gefalle, und alsobald war ihm die Jungfrau verlobet unter kostbaren, königlichen Geschenken. Die Hochzeit sollte nach Peters Willen in der Ortenau gehalten werden. Als er seine Frau wieder das erste Mal bei sich hatte, tat sie ihm klägliche Vorwürfe, daß er ihr Verbot und seine Zusage dennoch übertreten hätte, so sei nun sein junges Leben verloren. »Und zum Zeichen will ich dir folgendes geben: Wenn du meinen Fuß erblicken wirst und ihn alle andere sehen, Frauen und Männer, auf deiner Hochzeit, dann sollst du nicht säumen, sondern beichten und dich zum Tod bereiten.« Da dachte aber Peter an der Pfaffen Worte, daß sie ihn vielleicht nur mit solchen Drohungen berücken wolle und es eitel Lüge wäre. Als nun bald die junge Braut nach Staufenberg gebracht wurde, ein großes Fest gehalten wurde und der Ritter ihr über Tafel gegenübersaß, da sah man plötzlich etwas durch die Bühne stoßen, einen wunderschönen Menschenfuß bis an die Knie, weiß wie Elfenbein. Der Ritter erblaßte und rief: »Weh, meine Freunde, ihr habt mich verderbet, und in drei Tagen bin ich des Todes.« Der Fuß war wieder verschwunden, ohne ein Loch in der Bühne zurückzulassen. Pfeifen, Tanzen und Singen lagen darnieder, ein Pfaff wurde gerufen, und nachdem er von seiner Braut Abschied genommen und seine Sünden gebeichtet hatte, brach sein Herz. Seine junge Ehefrau begab sich ins Kloster und betete zu Gott für seine Seele, und in allen deutschen Landen wurde der mannhafte Ritter beklaget.

Im XVI. Jahrhundert, nach Fischarts Zeugnis, wußte das Volk der ganzen Gegend noch die Geschichte von Peter dem Staufenberger und der schönen Meerfei, wie man sie damals nannte. Noch jetzt ist der Zwölfstein zwischen Staufenberg, Nußbach und Weilershofen zu sehen, wo sie ihm das erste Mal erschienen war; und auf dem Schlosse wird die Stube gezeigt, da sich die Meerfei soll unterweilen aufgehalten haben.

Des edlen Möringers Wallfahrt

Zu Mörungen an der Donau lebte vorzeiten ein edler Ritter; der lag eines Nachts bei seiner Frau und bat sie um Urlaub, weil er weit hinziehen wollte in St. Thomas' Land, befahl ihr Leute und Gut und sagte, daß sie sieben Jahre seiner harren möchte. Frühmorgens stand er auf, kleidete sich an und empfahl seinem Kämmerer, daß er sieben Jahre lang seiner Frauen pflege, bis zu seiner Wiederkehr. Der Kämmerer sprach: »Frauen tragen lange Haar und kurzen Mut; fürwahr nicht länger denn sieben Tage mag ich Eurer Frauen pflegen.« Da ging der edle Möringer hin zu dem jungen von Neufen und bat, daß er sieben Jahre seiner Gemahlin pflege; der sagt's ihm zu und gelobte seine Treue.

Also zog der edle Möringer fern dahin, und ein Jahr verstrich um das andere. Wie das siebente nun sich vollendete, lag er im Garten und schlief. Da träumte ihm, wie daß ein Engel riefe und spräche: »Erwache, Möringer, es ist Zeit! Kommst du heut nicht zu Land, so nimmt der junge von Neufen dein Weib.« Der Möringer raufte vor Leid seinen grauen Bart und klagte flehentlich seine Not Gott und dem heiligen Thomas; in den schweren Sorgen entschlief er von neuem. Wie er aufwachte und die Augen öffnete, wußte er nicht, wo er war; denn er sah sich daheim in Schwaben vor seiner Mühle, dankte Gott, jedoch traurig im Herzen, und ging zu der Mühle. »Müller«, sprach er, »was gibt's Neues in der Burg? Ich bin ein armer Pilgrim.« – »Viel Neues«, antwortete der Müller, »der von Neufen will heut des edlen Möringers Frau nehmen; leider soll unser guter Herr tot sein.« Da ging der edle Möringer an sein eigen Burgtor und klopfte hart dawider. Der Torwart trat heraus. »Geh und sag deiner Frauen an, hier stehe ein elender Pilgrim;

nun bin ich vom weiten Gehen so müde geworden, daß ich sie um ein Almosen bitte, um Gottes und St. Thomas' willen und des edlen Möringers Seele.« Und als das die Frau erhörte, hieß sie eilends auftun und solle er dem Pilger zu essen geben ein ganzes Jahr. Der edle Möringer trat in seine Burg, und es war ihm so leid und schwer, daß ihn kein Mann empfing; er setzte sich nieder auf die Bank, und als die Abendstunde kam, daß die Braut bald zu Bett gehen sollte, redete ein Dienstmann und sprach: »Sonst hatte mein Herr Möring die Sitte, daß kein fremder Pilgrim schlafen durfte, er sang denn zuvor ein Lied.« Das hörte der junge Herr von Neufen, der Bräutigam, und rief: »Singt uns, Herr Gast, ein Liedelein, ich will Euch reich begaben.« Da hub der edle Möringer an und sang ein Lied, das anfängt: »Eins langen Schweigens hatt ich mich bedacht, so muß ich aber singen als eh« und so weiter, und sang darin, daß ihn der junge Mann an der alten Braut rächen und sie mit Sommerlatten (Ruten) schlagen solle; ehemals sei er Herr gewesen und jetzt Knecht und auf der Hochzeit ihm nun eine alte Schüssel vorgesetzt worden. Sobald die edle Frau das Lied hörte, trübten sich ihre klaren Augen, und einen goldnen Becher setzte sie dem Pilgrim hin, in den schenkte sie klaren Wein. Möringer aber zog ein goldrotes Fingerlein von seiner Hand, womit ihm seine liebste Frau vermählt worden war, senkt es in den Becher und gab ihn dem Weinschenken, daß er ihn der edlen Frau vorsetzen sollte. Der Weinschenk brachte ihn: »Das sendet Euch der Pilger, laßt's Euch nicht verschmähen, edle Frau.« Und als sie trank und das Fingerlein im Becher sah, rief sie laut: »Mein Herr ist hier, der edle Möringer«, stand auf und fiel ihm zu Füßen. »Gott willkommen, liebster Herr, und laßt Euer Trauern sein! Meine Ehre hab ich noch behalten, und hätt ich sie verbrochen, so sollt Ihr mich vermauern lassen.« Aber der Herr von Neufen erschrak und fiel auf die Knie: »Liebster Herr, Treu und Eid hab ich gebrochen, darum schlagt mir ab mein Haupt!« – »Das soll nicht sein, Herr von Neufen, sondern ich will Euren Kummer lindern und Euch meine Tochter zur Ehe geben; nehmt sie und laßt mir meine alte Braut.« Des war der von Neufen froh und nahm die Tochter. Mutter und Tochter waren beide zarte Frauen, und beide Herren waren wohlgeboren.

Freiherr Albrecht von Simmern

Albrecht Freiherr von Simmern war bei seinem Landesherrn Herzog Friedrich von Schwaben, der ihn auferzogen hatte, wohlgelitten und stand in besonderer Gnade. Einstmals tat dieser in der Begleitung seiner Grafen und Ritter, unter welchen sich auch der Freiherr Albrecht befand, einen Lustritt zu dem Grafen Erchinger, bei dem er schon öfter gewesen und dessen Schloß Mogenheim im Zabergau lag. Der Graf war ein Mann von fröhlichem Gemüte, der Jagd und andern ehrlichen Übungen ergeben. Mit seiner Frau, Maria von Tübing, hatte er nur zwei Töchter und keinen Sohn erzeugt, und sein gräflicher Stamm drohte zu erlöschen.

Nahe an dem Schlosse lag ein lustiges Gehölz, der Stromberg genannt; darin lief seit langer Zeit ein ansehnlicher großer Hirsch, den weder die Jäger noch Hofbediente je hatten fahen können. Als er sich eben jetzt wieder sehen ließ, freuten sich alle, besonders der Graf Erchinger, welcher die übrige Gesellschaft aufmahnte, sich mit dem gewöhnlichen Jägerzeuge dahin zu begeben. Unter dem Jagen kam der Freiherr Albrecht von den andern ab in eine besondere Gegend des Waldes, wo er eines großen und schönen Hirsches ansichtig ward, wie er noch nie glaubte einen gesehen zu haben. Er setzte ihm lange durch den Wald nach, bis er ihn ganz aus dem Gesicht verlor und er nicht wußte, wo das Tier hingeraten war.

Indem trat ein Mann schrecklicher Gestalt vor ihn, und ob er gleich sonst beherzt und tapfer war, so entsetzte er sich doch heftig und wahrte sich wider ihn mit dem Zeichen des Kreuzes. Der Mann aber sprach: »Fürchte dich nicht! Ich bin von Gott gesandt, dir etwas zu offenbaren. Folge mir nach, so sollst du wunderbare Dinge sehen, wie sie deine Augen noch nie erblickt haben, und soll dir kein Haar dabei gekrümmt werden.« Der Freiherr willigte ein und folgte seinem Führer, der ihn aus dem Walde leitete. Als sie heraustraten, deuchte ihm, er sehe schöne Wiesen und eine überaus lustige Gegend. Ferner ein Schloß, das mit vielen Türmen und anderer Zier so prangte, daß dergleichen seine Augen niemals gesehen. Indem sie sich diesem Schlosse nahten, kamen viele Leute, gleich als Hofdiener, entgegen. Keiner aber redete ein Wort, sondern als er bei dem Tor anlangte, nahm einer sein Pferd ab, als wollte er es unterdessen halten. Sein Führer aber sprach: »Laß dich ihr Schweigen nicht befremden; dagegen rede auch nicht mit ihnen, sondern allein mit mir und tue in allem, wie ich dir sagen werde.«

Nun traten sie ein, und Herr Albrecht ward in einen großen, schönen Saal geführt, wo ein Fürst mit den Seinigen zu Tische saß. Alle standen auf und neigten sich ehrerbietig, gleich als wollten sie ihn willkommen heißen. Darauf setzten sie sich wieder und taten, als wenn sie äßen und tränken. Herr Albrecht blieb stehen, hielt sein Schwert in der Hand und wollte es nicht von sich lassen; indessen betrachtete er das wunderköstliche silberne Tafelgeschirr, darin die Speisen auf- und abgetragen wurden, samt den andern vorhandenen Gefäßen. Alles dieses geschah mit großem Stillschweigen; auch der Herr und seine Leute aßen für sich und bekümmerten sich nicht um ihn. Nachdem er also lange gestanden und alles angeschaut, erinnerte ihn der, welcher ihn hergeführt, daß er sich vor dem Herrn neigen und dessen Leute grüßen solle; dann wolle er ihn wieder herausgeleiten. Als er das getan, stand der Herr mit allen seinen Leuten wiederum höflich auf, und sie neigten gleichfalls ihre Häupter gegen ihn. Darauf ward Herr Albrecht von seinem Führer zu der Schloßpforte gebracht. Hier stellten diejenigen, welche bisher sein Pferd gehalten, ihm selbes wieder zu, legten ihm aber dabei Stillschweigen auf; worauf sie ins Schloß zurückkehrten. Nun gürtete Herr Albrecht sein Schwert wieder an und ward von seinem Gefährten auf dem vorigen Wege nach dem Stromberger Walde gebracht. Er fragte ihn, was das für ein Schloß und wer dessen Einwohner wären, die darin zur Tafel gesessen. Der Geist antwortete: »Der Herr, welchen du gesehen, ist deines Vaters Bruder gewesen, ein gottesfürchtiger Mann, welcher vielmals wider die Ungläubigen gefochten. Ich aber und die andern, die du gesehen, waren bei Leibes Leben seine Diener und müssen nun unaussprechlich harte Pein leiden. Er hat bei Lebzeiten seine Untertanen mit unbilligen Auflagen sehr gedrückt und das Geld zum Krieg gegen die Ungläubigen angewendet; wir andern aber haben ihm dazu Rat und Anschläge gegeben und werden jetzt solcher Ungerechtigkeit willen hart gestraft. Dieses ist deiner Tugenden wegen offenbart, damit du vor solchen und ähnlichen Dingen dich hüten und dein Leben bessern mögest. Siehe, da ist der Weg, welcher dich wiederum durch den Wald an deinen vorigen Ort bringen wird; doch kannst du noch einmal zurückkehren, damit du siehest, in was für Elend und Jammer sich die vorige Glückseligkeit verkehrt hat.« Wie der Geist dieses gesagt, war er verschwunden. Herr Albrecht aber kehrte wieder zu dem Schlosse zurück. Siehe, da war alles miteinander zu Feuer, Pech und Schwefel worden, davon ihm der Geruch entgegenqualmte; dabei hörte er ein jammervolles Schreien und Klagen, worüber er sich so sehr entsetzte, daß ihm die Haare zu Berge stunden. Darum wendete er schnell sein Pferd um und ritt des vorigen Weges wieder nach seiner Gesellschaft zu.

Als er anlangte, kam er allen so verändert und verstellet vor, daß sie ihn fast nicht erkannten. Denn ungeachtet er noch ein junger und frischer Mann war, hatte ihn doch Schrecken und Bestürzung zu einem eisgrauen umgestaltet, indem Haupthaar und Bart weiß wie der Schnee waren. Sie verwunderten sich zwar darüber nicht wenig, aber noch mehr über die durch seine veränderte Gestalt beglaubigte Erzählung, so daß sie insgesamt traurig nach Hause umkehrten.

Der Freiherr von Simmern beschloß, an dem Orte, wo sich das zugetragen, zur Ehre Gottes eine Kirche zu erbauen. Graf Erchinger, auf dessen Gebiet er lag, gab gern seine Einwilligung, und er und seine Gemahlin versprachen Rat und Hilfe, damit daselbst ein Frauenkloster aufgerichtet und Gott stets gedienet würde. Auch der Herzog Friedrich von Schwaben verhieß seinen Beistand zur Förderung des Baues und hat verschiedene Zehnten und Einkünfte dazu verordnet. Die Geschichte hat sich im Jahr 1134 unter Lothar II. begeben.

Andreas von Sangerwitz, Komtur auf Christburg

Im Jahr 1410, am 15. Juli, ward bei Tannenberg zwischen den Kreuzherren in Preußen und Wladislaw, Könige von Polen, eine große Schlacht geliefert. Sie endigte mit der Niederlage des ganzen Ordensheeres; der Hochmeister Ulrich von Jungingen selbst fiel darin. Seinen Leichnam ließ der König den Brüdern zu Osterode zukommen, die ihn zu Marienburg begruben; das abgehauene Kinn aber mit dem Bart ward gen Krakau gebracht, wo es noch heutigestages (zu Caspar Schützens Zeit) gezeigt wird.

Als der Hochmeister mit den Gebietigern über diesen Krieg ratschlagte, riet der Komtur der Christburg, Andreas Sangerwitz, ein Deutscher von Adel, getreulich zum Frieden, unangesehen die andern fast alle zum Krieg stimmten und der Feind schon im Lande war; welches den Hochmeister übel verdroß, und rechnete es ihm zur Furcht und Zagheit. Er aber, der nicht weniger Herz als Witz und Verstand hatte, sagte zu ihm: »Ich habe Euer Gnaden zum Frieden geraten, wie ich's am besten merk und verstehe, und bedünket mich, nach Frieden dienete uns dieser Zeit Gelegenheit am besten. Weil es aber Gott anders ausersehen, auch Euer Gnaden anders gefällt, so muß ich folgen und will Euch in künftiger Schlacht, es laufe, wie es wolle, so mannlich beistehen und mein Leib und Leben für Euch lassen, als getreulich ich jetzt zum Frieden rate.« Welchem er auch als redlicher Mann nachgelebet und ist nebst dem Hochmeister, nachdem er sich tapfer gegen den Feind gehalten, auf der Walstatt geblieben.

Da nun dieser Komtur zur Schlacht auszog und gewappnet aus dem Schlosse ritt, begegnete ihm ein Chorherr, der seiner spottete und ihn höhnisch fragte, wem er das Schloß in seinem Abwesen befehlen wollte. Da sprach er aus großem Zorn: »Dir und allen Teufeln, die zu diesem Kriege geraten haben!« Demnach, als die Schlacht geschehen und der Komtur umgekommen, hat solch eine Teufelei und Gespenst in dem Schlosse anfangen zu wanken und zu regieren, daß nachmals kein Mensch darinnen bleiben und wohnen konnte. Denn sooft die Ordensbrüder im Schlosse aßen, so wurden alle Schüsseln und Trinkgeschirr voll Bluts; wann sie außerhalb des Schlosses aßen, widerfuhr ihnen nichts dergleichen. Wenn die Knechte wollten in den Stall gehen, kamen sie in den Keller und tranken so viel, daß sie nicht mehr wußten, was sie taten. Wenn der Koch und sein Gesinde in die Küche ging, so fand er Pferde darin stehen und war ein Stall daraus worden. Wollte der Kellermeister seine Geschäfte im Keller verrichten, so fand er an der Stelle der Wein- und Bierfässer lauter Hafen, Töpfe, Bälge und Wassertröge; und dergleichen ging es in allen Dingen und Orten

widersinnigs. Dem neuen Komtur, der aus Frauenberg dahin kam, ging es noch viel wunderlicher und ärger: einmal ward er in den Schloßbrunnen an den Bart gehängt; das andre Mal ward er auf das oberste Dach im Schlosse gesetzet, da man ihn kaum ohne Lebensgefahr herunterbringen konnte. Zum drittenmal fing ihm der Bart von selbst an zu brennen, so daß ihm das Gesicht geschändet wurde; auch konnte ihm der Brand mit Wasser nicht gelöscht werden, und nur, als er aus dem verwünschten Schlosse herauslief, erlosch das Feuer. Derowegen fürder kein Komtur in dem Schlosse bleiben wollte, wurde auch von jedermänniglich verlassen und nach des verstorbenen Komturs Prophezeiung des Teufels Wohnung geheißen.

Zwei Jahre nach der Schlacht kam ein Bürger von Christburg wiederum zu Hause, der während der Zeit auf einer Wallfahrt nach Rom gewesen war. Als er von dem Gespenst des Schlosses hörte, ging er auf einen Mittag hinauf: sei es nun, daß er die Wahrheit selbst erfahren wollte, oder daß er vielleicht ein Heiligtum mit sich gebracht, das gegen die Gespenster dienen sollte. Auf der Brücke fand er stehen des Komturs Bruder, welcher auch mit in der Schlacht geblieben war; er erkannte ihn alsbald, denn er hatte ihm ein Kind aus der Taufe gehoben und hieß Otto von Sangerwitz; und weil er meinte, es wäre ein lebendiger Mensch, trat er auf ihn zu und sprach: »O Herr Gevatter, wie bin ich erfreut, daß ich Euch frisch und gesund sehen mag; man hat mich überreden wollen, Ihr wärt erschlagen worden; ich bin froh, daß es besser ist, als ich meinete. Und wie stehet es doch in diesem Schlosse, davon man so wunderliche Dinge redet?« Das Teufelsgespenst sagte wieder zu ihm: »Komm mit mir, so wirst du sehen, wie man allhier haushält.« Der Schmied folgte ihm nach, die Wendeltreppe hinauf; da sie in das erste Gemach gingen, fanden sie einen Haufen Volks, die nichts anders taten denn mit Würfel und Karten spielen; etliche lachten, etliche fluchten Wunden und Marter. Im andern Gemach saßen sie zu Tische, da war nichts anders denn Fressen und Saufen zu ganzen und halben; von dannen gingen sie in den großen Saal, da fanden sie Männer, Weiber, Jungfrauen und junge Gesellen; da hörte man nichts denn Saitenspiel, singen, tanzen und sahe nichts denn Unzucht und Schande treiben. Nun gingen sie in die Kirche; da stund ein Pfaff vor dem Altar, als ob er Messe halten wollte; die Chorherren aber saßen ringsumher in ihren Stühlen und schliefen. Darnach gingen sie wieder zum Schloß hinaus, alsbald hörte man in dem Schloß so jämmerlich heulen, weinen und Zetergeschrei, daß dem Schmied angst und bange ward, gedachte auch, es könnte in der Hölle nicht jämmerlicher sein. Da sprach sein Gevatter zu ihm: »Gehe hin und zeige dem neuen Hochmeister an, was du gesehen und gehört hast! Denn so ist unser Leben gewesen, wie du drinnen gesehen; das ist der erfolgte Jammer darauf, den du hier außen gehört hast.« Mit den Worten verschwand er, der Schmied aber erschrak so, daß ihm zu allen Füßen kalt ward; dennoch wollt er den Befehl verrichten, ging zum neuen Hochmeister und erzählte ihm alles, wie es ergangen. Der Hochmeister ward zornig, sagte, es wäre erdichtet Ding, seinem hochwürdigen Orden zu Verdruß und Schanden, ließ den Schmied ins Wasser werfen und ersäufen.

Siegfried und Genofeva

Zu den Zeiten Hildolfs, Erzbischofs von Trier, lebte daselbst Pfalzgraf Siegfried mit Genofeva, seiner Gemahlin, einer Herzogstochter aus Brabant, schön und fromm. Nun begab es sich, daß ein Zug wider die Heiden geschehen sollte und Siegfried in den Krieg ziehen mußte; da befahl er Genofeven, im Meifelder Gau auf seiner Burg Simmern still und eingezogen zu wohnen; auch übertrug er einem seiner Dienstmänner, namens Golo, auf den er zumal vertraute, daß er seine Gemahlin in besonderer Aufsicht hielte. Die letzte Nacht vor seiner Abreise hatte aber Genofeva einen Sohn von ihrem Gemahl empfangen. Als nun Siegfried abwesend war, dauerte es nicht lange, und Golo entbrann von sündlicher Liebe zu der schönen Genofeva, die er endlich nicht mehr zurückhielt, sondern der Pfalzgräfin erklärte. Sie aber wies ihn mit Abscheu zurück. Darauf schmiedete Golo falsche Briefe, als wenn Siegfried mit allen seinen Leuten im Meer ertrunken wäre, und las sie der Gräfin vor; jetzt gehöre ihm das ganze Reich zu, und sie dürfe ihn ohne Sünde lieben. Als er sie aber küssen wollte, schlug sie ihm hart mit der Faust ins Gesicht, und er merkte wohl, daß er nichts ausrichten konnte; da verwandelte er seinen Sinn, nahm der edlen Frau all ihre Diener und Mägde weg, daß sie in ihrer Schwangerschaft die größte Not litt. Und als ihre Zeit heranrückte, gebar Genofeva einen schönen Sohn, und niemand außer einer alten Waschfrau stand ihr bei oder tröstete sie; endlich aber hörte sie, daß der Pfalzgraf lebe und bald zurückkehre; und sie fragte den Boten, wo Siegfried jetzo sei. »Zu Straßburg«, antwortete der Bote und ging darauf zu Golo, dem er dieselbe Nachricht brachte. Golo erschrak heftig und hielt sich für verloren. Da redete eine alte Hexe mit ihm, was er sich Sorgen um diese Sache mache? Die Pfalzgräfin habe zu einer Zeit geboren, daß niemand wissen könne, ob nicht der Koch oder ein andrer des Kindes Vater sei; »sag nur dem Pfalzgrafen, daß sie mit dem Koch gebuhlt habe, so wird er sie töten lassen, und du ruhig sein.« Golo sagte: »Der Ratschlag ist gut«, ging daher eilends seinem Herrn entgegen und erzählte ihm die ganze Lüge. Siegfried erschrak und seufzte aus tiefem Leid. Da sprach Golo: »Herr, es ziemt dir nicht länger, diese zum Weibe zu haben.« Der Pfalzgraf sagte: »Was soll ich tun?« – »Ich will«, versetzte der Treulose, »sie mit ihrem Kind an den See führen und im Wasser ersäufen.« Als nun Siegfried eingewilligt hatte, ergriff Golo Genofeven und das Kind und übergab sie den Knechten, daß sie sie töten sollten. Die Knechte führten sie in den Wald, da hub einer unter ihnen an: »Was haben diese Unschuldigen getan?« Und es entstand ein Wortwechsel, keiner aber wußte Böses von der Pfalzgräfin zu sagen und keinen Grund, warum sie sie töten sollten. »Es ist besser«, sprachen sie, »daß wir sie hier von den wilden Tieren zerreißen lassen, als unsre Hände mit ihrem Blut zu beflecken.«

Also ließen sie Genofeven allein in dem wilden Wald und gingen fort. Da sie aber ein Wahrzeichen haben mußten, das sie Golo mitbrächten, so riet einer, dem mitlaufenden Hunde die Zunge auszuschneiden. Und als sie vor Golo kamen, sagte er: »Wo habt ihr sie gelassen?« – »Sie sind ermordet«, antworteten sie und wiesen ihm Genofevens Zunge. Genofeva aber weinte und betete in der öden Wildnis; ihr Kind war noch nicht dreißig Tage alt, und sie hatte keine Milch mehr in ihren Brüsten, womit sie es ernähren könnte. Wie sie nun die Heilige Jungfrau um Beistand flehte, sprang plötzlich eine Hindin durchs Gesträuch und setzte sich neben das Kind nieder; Genofeva legte die Zitzen der Hindin in des Knäbleins Mund, und es sog daraus. An diesem Orte blieb sie sechs Jahre und drei Monate; sie selbst aber nährte sich von Wurzeln und Kräutern, die sie im Walde fand; sie wohnten unter einer Schichte von Holzstämmen, welche die arme Frau, so gut sie konnte, mit Dörnern gebunden hatte.

Nach Verlauf dieser Zeit trug sich's zu, daß der Pfalzgraf gerade in diesem Wald eine große Jagd anstellte; und da die Jäger die Hunde hetzten, zeigte sich ihren Augen dieselbe Hirschkuh, die den Knaben mit ihrer Milch nährte. Die Jäger verfolgten sie; und weil sie zuletzt keinen andern Ausweg hatte, floh sie zu dem Lager, wohin sie täglich zu laufen pflegte, und warf sich wie gewöhnlich zu des Knaben Füßen. Die Hunde drangen nach, des Kindes Mutter nahm einen Stock und wehrte die Hunde ab. In diesem Augenblick kam der Pfalzgraf hinzu, sah das Wunder und befahl, die Hunde zurückzurufen. Darauf fragte er die Frau, ob sie eine Christin wäre. Sie antwortete: »Ich bin eine Christin, aber ganz entblößt; leih mir deinen Mantel, daß ich meine Scham bedecke.« Siegfried warf ihr den Mantel zu, und sie bedeckte sich damit. »Weib«, sagte er, »warum schafftest du dir nicht Speise und Kleider?« Sie sprach: »Brot habe ich nicht, ich aß die Kräuter, die ich im Walde fand; mein Kleid ist vor Alter zerschlissen und auseinandergefallen.« – »Wieviel Jahre sind's, seit du hierhergekommen?« – »Sechs, und drei Monden wohne ich hier.« – »Wem gehört der Knabe?« – »Es ist mein Sohn.« – »Wer ist des Kindes Vater?« – »Gott weiß es.« – »Wie kamst du hierher und wie heißest du?« – »Mein Namen ist Genofeva.« – Als der Pfalzgraf den Namen hörte, gedachte er seiner Gemahlin; und einer der Kämmerer trat hinzu und rief: »Bei Gott, das scheint mir unsre Frau zu sein, die schon lange gestorben ist, und sie hatte ein Mal im Gesicht.« Da sahen sie alle, daß sie noch daßelbe Mal an sich trug. »Hat sie auch noch den Trauring?« sagte Siegfried. Da gingen zwei hinzu und fanden, daß sie noch den Ring trage. Alsobald umfing sie der Pfalzgraf und küßte sie und nahm weinend den Knaben und sprach: »Das ist mein Gemahl, und das ist mein Kind.« Die gute Frau erzählte nun allen, die da standen, von Wort zu Wort, was ihr begegnet war, und alle vergossen Freudentränen; indem kam auch der treulose Golo dazu, da wollten sie alle auf ihn stürzen und ihn töten. Der Pfalzgraf rief aber: »Haltet ihn, bis wir aussinnen, welches Todes er würdig ist.« Dies geschah; und nachher verordnete Siegfried, vier Ochsen zu nehmen, die noch vor keinem Pfluge gezogen hätten, und jeden Ochsen dem Missetäter an die vier Teile des Leibes zu spannen, zwei an die Füße, zwei an die Hände, und dann die Ochsen gehn zu lassen. Und als sie auf diese Weise festgebunden waren, ging jeder Ochse mit seinem Teile durch, und Golos Leib wurde in vier Stücke gerissen.

Der Pfalzgraf wollte nunmehr seine geliebte Gemahlin nebst dem Söhnlein heimführen. Sie aber schlug es aus und sprach: »An diesem Ort hat die Heilige Jungfrau mich vor den wilden Tieren bewahrt und durch ein Wild mein Kind erhalten; von diesem Orte will ich nicht weichen, bis er ihr zu Ehren geweiht ist.« Sogleich besandte der Pfalzgraf den Bischof Hildolf, welchem er alles berichtete; der Bischof war erfreut und weihte den Ort. Nach der Weihung führte Siegfried seine Gemahlin und seinen Sohn herzu und stellte ein feierliches Mahl an; sie bat, daß er hier eine Kirche bauen ließe, welches er zusagte. Die Pfalzgräfin konnte fürder keine Speisen mehr vertragen, sondern ließ sich im Walde die Kräuter sammeln, an welche sie gewohnt worden war. Allein sie lebte nur noch wenige Tage und wanderte selig zum Herrn; Siegfried ließ ihre Gebeine in der Waldkirche, die er zu bauen gelobt hatte, bestatten; diese Kapelle hieß Frauenkirche (unweit Meyen), und manche Wunder geschahen daselbst.

Der Ritter mit dem Schwan

Zu Flandern war vor alters ein Königreich Lillefort, da, wo jetzt die Städte Ryßel und Doway liegen; in demselben herrschte Pyrion mit Matabruna, seiner Gemahlin. Sie zeugten einen Sohn, namens Oriant. Dieser jagte eines Tages im Walde einen Hirsch, der Hirsch entsprang ihm aber in ein Wasser, und Oriant setzte sich müde an einen schönen Brunnen, um dabei auszuruhen. Als er so allein saß, kam eine edle Jungfrau gegangen, die seine Hunde sah und ihn fragte, mit wes-

sen Urlaub er in ihrem Wald jage. Diese Jungfrau hieß Beatrix, und Oriant wurde von ihrer wunderbaren Schönheit so getroffen, daß er ihr die Liebe erklärte und seine Hand auf der Stelle bot. Beatrix willigte ein, und der junge König nahm sie mit aus dem Wald nach Lillefort, um eine fröhliche Hochzeit zu feiern. Matabrun, seine Mutter, ging ihm aber entgegen und war der jungen Braut gram darum, daß er sie nackt und bloß heimgeführt hatte und niemand wußte, woher sie stammte. Nach einiger Zeit nun wurde die Königin schwanger; währenddessen geschah's, daß sie von ungefähr am Fenster stand und zwei Kindlein, die eine Frau auf einmal geboren hatte, zur Taufe tragen sah. Da rief sie heimlich ihren Gemahl und sprach: wie das möglich wäre, daß eine Frau zwei Kinder gebäre, ohne zwei Männer zu haben?

Oriant antwortete: »Mit Gottes Gnaden kann eine Frau sieben Kinder auf einmal von ihrem Manne empfangen.« Bald darnach mußte der König in den Krieg ziehen; da sich nun seine Gemahlin schwanger befand, empfahl er sie seiner Mutter zu sorgfältiger Obhut und nahm Abschied. Matabruna hingegen dachte auf nichts als Böses und beredete sich mit der Wehmutter, daß sie der Königin, wenn sie gebären würde, statt der Kinder junge Hunde unterschieben, die Kinder selbst töten und Beatrix einer strafbaren Gemeinschaft mit Hunden anklagen wollten.

Als nun ihre Zeit heranrückte, ward Beatrix von sechs Söhnen und einer Tochter entbunden, und jedem Kindlein lag um seinen Hals eine silberne Kette. Matabruna schaffte sogleich die Kinder weg und legte sieben Wölpe hin; die Wehfrau aber rief: »Ach, Königin, was ist Euch geschehen! Ihr habt sieben scheußliche Wölpe geboren, tut sie weg und laßt sie unter die Erde graben, daß dem Könige seine Ehre bewahrt bleibe.« Beatrix weinte und rang die Hände, daß es einen erbarmen mußte; die alte Königin aber hub an sie heftig zu schelten und des schändlichsten Ehebruchs zu zeihen. Darauf ging Matabruna weg, rief einen vertrauten Diener, dem sie die sieben Kindlein übergab, und sprach: »Die silbernen Ketten an dieser Brut bedeuten, daß sie dereinst Räuber und Mörder werden; darum muß man eilen, sie aus der Welt zu schaffen.« Der Knecht nahm sie in seinen Mantel, ritt in den Wald und wollte sie töten; als sie ihn aber anlachten, wurde er mitleidig, legte sie hin und empfahl sie der Barmherzigkeit Gottes. Darauf kehrte er an den Hof zurück und sagte der Alten, daß er ihren Befehl ausgerichtet, wofür sie ihm großen Lohn versprach. Die sieben Kinder schrien unterdessen vor Hunger im Walde; das hörte ein Einsiedler, Helias mit Namen, der fand sie und trug sie in seinem Gewande mit sich in die Klause. Der alte Mann wußte aber nicht, wie er sie ernähren sollte; siehe, da kam eine weiße Geiß gelaufen, bot den Kindern ihre Mammen, und sie sogen begierig daran. Diese Geiß stellte sich nun von Tag zu Tage ein, bis daß die Kinder wuchsen und größer wurden. Der Einsiedel machte ihnen dann kleine Röcklein von Blättern, sie gingen spielen im Gesträuch und suchten sich wilde Beeren, die sie aßen, und wurden auferzogen in Gottes Furcht und Gnade.

Der König, nachdem er den Feind besiegt hatte, kehrte heim und wurde mit Klagen empfangen, daß sein Gemahl von einem schändlichen Hunde sieben Wölpe geboren hätte, welche man weggeschafft. Da befiel ihn tiefer Schmerz; er versammelte seinen Rat und fragte, was zu tun wäre. Und einige rieten, die Königin zu verbrennen, andere aber, sie nur gefangen einzuschließen. Dieses letztere gefiel dem Könige besser, weil er sie noch immer liebte. Also blieb die unschuldige Beatrix eingeschlossen, bis zur Zeit, daß sie wieder erlöst werden sollte.

Der Einsiedel hatte unterdessen die sieben Kinder getauft und eines, das er besonders liebte, Helias nach seinem Namen geheißen. Die Kinder aber in ihren Blätterröcklein, barfuß und barhaupt, liefen stets miteinander im Wald herum. Es geschah, daß ein Jäger der alten Königin daselbst jagte und die Kindlein alle sieben, mit ihren Silberketten um den Hals, unter einem Baum sitzen sah, von dem sie die wilden Äpfel abrupften und aßen. Der Jäger grüßte sie, da flohen die Kinder zu der Klause, und der Einsiedler bat, daß der Jäger ihnen kein Leid tun möchte. Als dieser Jäger wieder nach Lillefort kam, erzählte er Matabrunen alles, was er gesehen hatte; sie wunderte sich und riet wohl, daß es Oriants sieben Kinder wären, welche Gott beschirmt hatte. Da sprach sie auf der Stelle: »O guter Gesell, nehmt von Euren Leuten und kehret mir eilends zum Wald, daß Ihr die sieben Kinder tötet, und bringt mir die sieben Ketten zum Wahrzeichen mit! Tut Ihr das nicht, so ist's um Euer eigen Leben geschehn, sonst aber sollt Ihr großen Lohn haben.« Der Jäger sagte: »Euer Wille soll befolgt werden«, nahm sieben Männer und machte sich auf den Weg nach dem Walde. Unterwegs mußten sie durch ein Dorf, wo ein großer Haufen Menschen versammelt war. Der Jäger fragte nach der Ursache und erhielt zur Antwort: »Es soll eine Frau hingerichtet werden, weil sie ihr Kind ermordet hat.« Ach, dachte der Jäger, diese Frau wird verbrennt, weil sie ein Kind getötet hat, und ich gehe darauf aus, sieben Kinder zu morden; verflucht sei die Hand, die dergleichen vollbringt! Da sprachen alle Jäger: »Wir wollen den Kindern kein Leid tun, sondern ihnen die Ketten ablösen und sie der Königin bringen, zum Beweise, daß sie tot seien.« Hierauf kamen sie in den Wald, und der Einsiedler war gerade ausgegangen, auf dem Dorfe Brot zu betteln, und hatte eins der Kinder mitgenommen, das ihm tragen helfen mußte. Die sechs andern schrien vor Furcht, wie sie die fremden Männer sahen. »Fürchtet euch nicht«, sprach der Jäger. Da nahmen sie die Kinder und taten ihnen die Ketten vom Hals; in demselben Augenblick, wo dies geschah, wurden sie zu weißen Schwänen und flogen in die Luft. Die Jäger aber erschraken sehr, und zuletzt gingen sie nach Haus und brachten der alten Königin die sechs Ketten unter dem Vorgeben, die siebente hätten sie verloren. Darüber war Matabruna sehr bös und entbot einen Goldschmied, aus den sechsen einen Napf zu schmieden. Der Goldschmied nahm eine der Ketten und wollte sie im Feuer prüfen, ob das Silber gut wäre. Da wurde die Kette so schwer, daß sie allein mehr wog als vorher die sechse zusammen. Der Schmied war verwundert, gab die fünfe seiner Frau, sie aufzuheben; und aus der sechsten, die geschmolzen war, wirkte er zwei Näpfe, jeden so groß, als ihn Matabrun begehrt hatte. Den einen Napf behielt er auch noch zu den Ketten und den andern trug er der Königin hin, die sehr zufrieden mit seiner Schwere und Größe war. Als nun die Kinder in weiße Schwäne verwandelt worden waren, kam der Einsiedler mit dem jungen Helias auch wieder heim und war erschrocken, daß die andern fehlten. Und sie suchten nach ihnen den lieben langen Tag bis zum Abend und fanden nichts und waren sehr traurig. Morgens frühe begann der kleine Helias wieder nach seinen Geschwistern zu suchen, bis er zu einem Weiher kam, worauf sechs Schwäne schwammen, die zu ihm hinflossen und sich mit Brot füttern ließen. Von nun ging er alle Tage zu dem Wasser und brachte den Schwänen Brot; es verstrich eine geraume Zeit. Während Beatrix gefangen saß, dachte Matabrun auf nichts anderes, als sie durch den Tod wegzuräumen. Sie stiftete daher einen falschen Zeugen an, welcher aussagte, den Hund gekannt zu haben, mit dem die Königin Umgang gepflogen hätte. Oriant wurde dadurch von neuem erbittert; und als der Zeuge sich erbot, seine Aussage gegen jedermann im Gotteskampf zu bewähren, schwur der König, daß Beatrix sterben solle, wenn kein Kämpfer für sie aufträte. In dieser Not betete sie zu Gott, der ihr Flehen hörte und einen Engel zum Einsiedler sandte. Dieser erfuhr nunmehr den ganzen Verlauf: wer die Schwäne wären und in welcher Gefahr ihre arme Mutter schwebte. Helias, der Jüngling, war erfreut über diese Nachricht und machte sich barfuß, barhaupt und in seinem Blätterkleid auf, an den Hof des Königs, seines Vaters, zu gehen. Das Gericht war gerade versammelt, und der Verräter stand zum Kampfe bereit. Helias erschien, seine einzige Waffe war eine hölzerne Keule. Hierauf überwand der Jüngling seinen Gegner und tat die Unschuld der geliebten Mutter dar, die sogleich befreit und in ihre vorigen Rechte eingesetzt wurde. Als sich nun die ganze Verräterei enthüllt hatte, wurde sogleich der Goldschmied gesandt, der die Schwanketten verschmieden sollte. Er kam und brachte fünf Ketten und den Napf, der ihm von der sechsten übergeschossen war. Helias nahm nun diese Ketten und war begierig, seine Geschwister wieder zu erlösen; plötzlich sah man sechs Schwäne zu dem Schloßweiher geflogen kommen. Da gingen Vater und Mutter mit ihm hinaus, und das Volk stand um das Ufer und wollte dem Wunder zusehen. Sobald die Schwäne Helias erblickten, schwammen sie hinzu, und er strich ihnen die Federn und wies ihnen die Ketten. Hierauf legte er einem nach dem andern die Kette um den Hals, augenblicklich standen sie in menschlicher Gestalt vor ihm, vier Söhne und eine Tochter, und die Eltern liefen hinzu, ihre Kinder zu halsen und zu küssen. Als aber der sechste Schwan sah, daß er allein übrigblieb und kein Mensch wurde, war er tief betrübt und zog sich im Schmerz die Federn aus; Helias weinte und ermahnte ihn tröstend zur Geduld. Der Schwan neigte mit dem Hals, als ob er ihm dankte, und jedermann bemitleidete ihn. Die fünf andern Kinder wurden darauf zur Kirche geführt und getauft; die Tochter empfing den Namen Rose, die vier Brüder wurden hernachmals fromme und tapfere Helden.

König Oriant, nach diesen wunderbaren Begebenheiten, gab nun die Regierung des Reichs in seines Sohnes Helias Hände. Der junge König aber beschloß, vor allem das Recht walten zu lassen, eroberte die feste Burg, wohin Matabrun geflohen war, und überlieferte sie dem Gericht, welches die Übeltäterin zum Tode des Feuers verdammte. Dieses Urteil wurde sodann vollstreckt. Helias regierte nun eine Weile zu Lillefort; eines Tages aber, da er den Schwan, seinen Bruder, auf dem Schloßweiher einen Nachen ziehen sah, hatte er keine längre Ruhe, sondern hielt dies für ein Zeichen des Himmels, daß er dem Schwan folgen und irgendwo Ruhm und Ehre erwerben solle. Er versammelte daher Eltern und Geschwister, entdeckte ihnen sein Vorhaben und küßte sie zum Abschied. Dann ließ er sich Harnisch und Schild bringen. Oriant, sein Vater, schenkte ihm ein Horn und sprach: »Dieses Horn bewahre wohl! Denn alle, die es blasen hören, denen mag kein Leid geschehen!« Der Schwan schrie drei- oder viermal mit ganz seltsamer Stimme, da ging Helias zum Gestade hinab; sogleich schlug der Vogel die Flügel, als ob er ihn fröhlich bewillkommnete, und neigte seinen Hals. Helias betrat den Nachen, und der Schwan stellte sich vornen hin und schwamm voraus; schnell flossen sie davon, von Fluß in Fluß, von Strom in Strom, bis sie zu der Stelle gelangten, wohin sie nach Gottes Willen beschieden waren.

Zu diesen Zeiten herrschte Otto I., Kaiser von Deutschland, und unter ihm stand das Ardennerland, Lüttich und Namur. Dieser hielt gerade seinen Reichstag zu Nijmwegen, und wer über ein Unrecht zu klagen hatte, der kam dahin und brachte seine Worte an. Es begab sich nun, daß auch der Graf von Frankenburg vor den Kaiser trat und die Herzogin von Billon (Bouillon), namens Clarissa, beschuldigte, ihren Gemahl vergiftet und während seiner dreijährigen Meerfahrt eine unrechte Tochter erzeugt zu haben; darum sei das Land nunmehr an ihn, den Bruder des Herzogs, verfallen. Die Herzogin verantwortete sich, so gut sie konnte; aber das Gericht sprach einen Gotteskampf aus, und daß sie sich einen Streiter gegen den Grafen von Frankenburg stellen müsse, der ihre Unschuld dartun wolle. Die Herzogin sah sich aber vergebens nach einem Retter um; indem hörten alle ein Horn blasen. Da schaute der Kaiser zum Fenster, und man erblickte auf dem Wasser den Nachen fahren, von dem Schwan geleitet, in welchem Helias gewappnet stand. Kaiser Otto verwunderte sich, und als das Fahrzeug anhielt und der Held landete, hieß er ihn sogleich vor sich führen. Die Herzogin sah ihn auch kommen und erzählte ihrer Tochter einen Traum, den sie die letzte Nacht gehabt hatte: »Es träumte mir, daß ich vor Gericht mit dem Grafen dingte, und ward verurteilt, verbrannt zu werden. Und wie ich schon an den Flammen stand, flog über meinem Haupt ein Schwan und brachte Wasser zum Löschen des Feuers; aus dem Wasser stieg ein Fisch, vor dem fürchteten sich alle, so daß sie bebten; darum hoffe ich, daß uns dieser Ritter vom Tode erlösen wird.« Helias grüßte den Kaiser und sprach: »Ich bin ein armer Ritter, der durch Abenteuer hierherkommt, um Euch zu dienen.« Der Kaiser antwortete: »Abenteuer habt Ihr hier gefunden! Hier stehet eine auf den Tod verklagte Herzogin; wollt Ihr für sie kämpfen, so könnt Ihr sie retten, wenn ihre Sache gut ist.« Helias sah die Herzogin an, die ihm sehr ehrbar zu sein schien, und ihre Tochter war von wunderbarer Schönheit, daß sie ihm herzlich wohlgefiel. Sie aber schwur ihm mit Tränen, daß sie unschuldig wäre; und Helias gelobte, ihr Kämpfer zu werden. Das Gefecht wurde hierauf anberaumt, und nach einem gefährlichen Streite schlug der Ritter mit dem Schwan dem Grafen Otto das Haupt vom Halse, und der Herzogin Unschuld wurde offenbar. Der Kaiser begrüßte den Sieger; die Herzogin aber begab sich des Landes zugunsten ihrer Tochter Clarissa und vermählte sie mit dem Helden, der sie befreit hatte. Die Hochzeit wurde prächtig zu Nijmwegen gefeiert; hernach zogen sie in ihr Land Billon, wo sie mit Freuden empfangen wurden. Nach neun Monaten gebar die Herzogin eine Tochter, welche den Namen Ida empfing und späterhin die Mutter berühmter Helden ward. Eines Tages nun fragte die Herzogin ihren Gemahl nach seinen Freunden und Magen, und aus welchem Lande er gekommen wäre. Helias aber antwortete nichts, sondern verbot ihr diese Frage; sonst müsse er von ihr scheiden. Sie fragte ihn also nicht mehr, und sechs Jahre lebten sie in Ruhe und Frieden zusammen.

Was man den Frauen verbietet, das tun sie zumeist, und die Herzogin, als sie einer Nacht bei ihrem Gemahl zu Bette lag, sprach dennoch: »O mein Herr! Ich möchte gerne wissen, von wannen Ihr seid.« Als dies Helias hörte, wurde er betrübt und antwortete: »Ihr wißt, daß Ihr das nicht wissen sollt; ich gelobe Euch nun, morgen von Lande zu scheiden.« Und wieviel sie und die Tochter klagten und weinten, stand der Herzog morgens auf, berief seine Mannen und gebot ihnen, Frau und Tochter nach Nijmwegen zu geleiten, damit er sie dort dem Kaiser empfehlen könne; denn er kehre nimmermehr wieder. Unter diesen Reden hörte man schon den Schwan schreien, der sich über seines Bruders Wiederkunft freuete, und Helias trat in den Nachen. Die Herzogin reiste mit ihrer Tochter zu Lande nach Nijmwegen, dahin kam bald der Schwan geschwommen. Helias blies ins Horn und trat vor den Kaiser, dem er sagte, daß er notgedrungen sein Land verlassen müsse, und dringend seine Tochter Ida empfahl. Otto sagte es ihm zu, und Helias, nachdem er Abschied genommen, Weib und Kind zärtlich geküßt hatte, fuhr in dem Nachen davon.

Der Schwan aber geleitete ihn wieder nach Lillefort, wo ihn alle, und zumal Beatrix, seine Mutter, fröhlich bewillkommten. Helias dachte vor allen Dingen, wie er seinen Bruder Schwan wieder lösen möchte. Er ließ daher den Goldschmied rufen und händigte ihm die Näpfe ein, mit dem Befehl, daraus eine Kette zu schmieden, wie die gewesen war, die er einstens geschmolzen hatte. Der Schmied tat es, und brachte die Kette; Helias hängte sie dem Schwan um, der ward alsobald ein schöner Jüngling, wurde getauft und Eßmer (nach andern Emeri, Emerich) genannt.

Einige Zeit darauf erzählte Helias seinen Verwandten die Begebenheit, die er im Lande Billon erfahren hatte; begab sich darauf der Welt und ging in ein Kloster, um da geistlich zu leben bis an sein Ende. Aber zum Andenken ließ er ein Schloß bauen, ganz wie das in Ardennen, und nannte es auch mit demselben Namen Billon.

Als nun Ida, Helias, Tochter, vierzehn Jahre alt geworden war, vermählte sie Kaiser Otto mit Eustachias, einem Grafen von Bonn. Ida lag auf eine Zeit im Traum, da deuchte ihr, als wenn drei Kinder an ihrer Brust lägen, jedes mit einer Krone auf dem

Haupt; aber dem dritten zerbrach die Krone, und sie hörte eine Stimme, die sprach, sie würde drei Söhne gebären, von denen der Christenheit viel Frommen erwachsen solle; nur müsse sie verhüten, daß sie keine andere Milch sögen als ihre eigene. Innerhalb drei Jahren brachte auch die Gräfin drei Söhne zur Welt; der älteste hieß Gottfried, der zweite Baldewin, der dritte Eustachias; alle aber zog sie sorgfältig mit ihrer Milch groß. Da begab sich, daß auf einen Pfingsttag die Gräfin in der Kirche war und etwas lange von ihrem Säugling Eustachias blieb; da weinte das Kind so, daß eine andere Frau ihm zu säugen gab. Als die Gräfin zurückkehrte und ihren Sohn an der Frauen Brust fand, sprach sie: »Ach, Frau, was habt Ihr getan? Nun wird mein Kind seine Würdigkeit verlieren.« Die Frau sagte: »Ich meinte wohlzutun, weil es so weinte, und dachte es zu stillen.« Die Gräfin aber war betrübt, aß und trank den ganzen Tag nicht und grüßte die Leute nicht, die ihr vorgestellt wurden.

Die Herzogin, ihre Mutter, hätte unterdessen gar zu gern Kundschaft von ihrem Gemahl gehabt, wohin er gekommen wäre; und sie sandte Pilger aus, die ihn suchen sollten in allen Landen. Nun kam endlich einer dieser Pilger vor ein Schloß, nach dessen Namen er fragte, und hörte mit Erstaunen, daß es Billon hieße; da er doch wohl wußte, Billon liege noch viel weiter. Die Landleute erzählten ihm aber, warum Helias diesen Bau gestiftet und so benannt habe, und berichteten den Pilgrim der ganzen Geschichte. Der Pilgrim dankte Gott, daß er endlich gefunden hatte, was er so lange suchte; ließ sich bei dem König Oriant und seinen Söhnen melden und erzählte, wie es um die Herzogin in Billon und ihre Tochter stünde. Eßmer brachte dem Helias die frohe Botschaft in sein Kloster, Helias gab dem Pilgrim seinen Trauring zum Wahrzeichen mit; auch sandten die andern viele Kostbarkeiten ihren Freunden zu Billon. Der Pilgrim fuhr damit in seine Heimat, und bald zogen die Herzogin und die Gräfin hin zu ihrem Gemahl und Vater in sein Kloster. Helias empfing sie fröhlich, starb aber nicht lange darnach; die Herzogin folgte ihm aus Betrübnis. Die Gräfin aber, als ihre Eltern begraben waren, zog wieder heim in ihr Land und unterwies ihre Söhne in aller Tugend und Gottesfurcht. Diese Söhne gewannen hernachmals den Ungläubigen das Heilige Land ab, und Gottfried und Baldewin wurden zu Jerusalem als Könige gekrönt.

Das Schwanschiff am Rhein

Im Jahr 711 lebte Dietrichs, des Herzogen zu Kleve, einzige Tochter Beatrix, ihr Vater war gestorben, und sie war Frau über Kleve und viel Lande mehr. Zu einer Zeit saß diese Jungfrau auf der Burg von Nimwegen, es war schön klar Wetter, sie schaute in den Rhein und sah da ein wunderlich Ding. Ein weißer Schwan trieb den Fluß abwärts, und am Halse hatte er eine goldne Kette. An der Kette hing ein Schiffchen, das er fortzog, darin ein schöner Mann saß. Er hatte ein goldnes Schwert in der Hand, ein Jagdhorn um sich hängen und einen köstlichen Ring am Finger. Dieser Jüngling trat aus dem Schifflein ans Land und hatte viel Worte mit der Jungfrau und sagte, daß er ihr Land schirmen sollte und ihre Feinde vertreiben. Dieser Jüngling behagte ihr so wohl, daß sie ihn liebgewann und zum Manne nahm. Aber er sprach zu ihr: »Fraget mich nie nach meinem Geschlecht und Herkommen; denn wo Ihr danach fraget, werdet Ihr mein los sein und ledig und mich nimmer sehen.« Und er sagte ihr, daß er Helias hieße; er war groß von Leibe, gleich einem Riesen. Sie hatten nun mehrere Kinder miteinander. Nach einer Zeit aber, so lag dieser Helias bei Nacht neben seiner Frau im Bette, und die Gräfin fragte unachtsam und sprach: »Herr, solltet Ihr Euren Kindern nicht sagen wollen, wo Ihr herstammet?« Über das Wort verließ er die Frau, sprang in das Schwanenschiff hinein und fuhr fort, wurde auch nicht wieder gesehen. Die Frau grämte sich und starb aus Reue noch das nämliche Jahr. Den Kindern aber soll er die drei Stücke, Schwert, Horn und Ring, zurückgelassen haben. Seine Nachkommen sind noch vorhanden, und im Schloß zu Kleve stehet ein hoher Turm, auf dessen Gipfel ein Schwan sich drehet, genannt der Schwanturm, zum Andenken der Begebenheit.

Loherangrins Ende in Lothringen

Als nun Loherangrin mit Zurücklassung des Schwerts, Hornes und Fingerlins aus Brabant fortgezogen war, kam er in das Land Lyzaborie (Luxemburg) und ward der schönen Belaye Gemahl, die sich wohl vor der Frage nach seiner Herkunft hütete und ihn über die Maßen liebte, so daß sie keine Stunde von ihm sein konnte, ohne zu siechen. Denn sie fürchtete seinen Wankelmut und lag ihm beständig an, zu Haus zu bleiben; der Fürst aber mochte ein so verzagtes Wesen nicht gerne leiden, sondern ritt oft zu birsen auf die Jagd. Solange er abwesend war, saß Belaye halbtot und sprachlos daheim; sie kränkelte, und es schien ihr durch Zauberei etwas angetan. Nun wurde ihr von einem Kammerweib geraten: wolle sie ihn fester an sich bannen, so müsse sie Loherangrin, wann er müde von der Jagd entschlafen sei, ein Stück Fleisch von dem Leibe schneiden und essen. Belaye aber verwarf den Ratschlag und sagte: »Eh wollt ich mich begraben lassen, als daß ihm nur ein Finger schwüre!« zürnte dem Kammerweib und verwies sie seitdem aus ihrer Huld. Giftig ging die Verräterin hin zu Belayens Magen, die dem Helden die Königstochter neideten, und brachte ihnen falsche Lügen vor. Da beriet sich Belayens Sippschaft, daß sie aus Loherangrin das Fleisch, womit allein Belayens Not gelindert werden könnte, schneiden wollten; und als er eines Tages wieder auf die Jagd gegangen und entschlafen war, träumte ihm, tausend Schwerter stünden zumal ob seinem einzigen Haupt gezückt. Erschrocken fuhr er auf und sah die Schwerter der Verräter. Alle bebten vor dem Helden, mit seiner einen Hand erschlug er mehr denn hundert. Sie waren aber untereinander zu fest verbunden und ließen nicht nach, ihn anzugreifen, bis ihm ihrer zuviel wurde und er eine Wunde durch den linken Arm empfing, so schwer, daß sie kein Arzt heilen konnte. Als sie ihn todwund sahen, fielen sie ihm alle zu Füßen, seiner großen Tugend wegen. Belaye starb nach empfangener Todesbotschaft alsbald vor Herzeleid. Loherangrin und Belaye wurden gebalsamt und zusammen eingesargt, hernach ein Kloster über ihren Gräbern gebauet; ihre Leichname werden da den Pilgrimen noch gewiesen. Das Land, vorher Lyzaborie genannt, nahm von ihm den Namen Lotharingen an. Diese Begebenheit hat sich ereignet nach Christi Geburt fünfhundert Jahr.

Die Schwanringe zu Plesse

Die Herren von Schwanring zogen aus einem fremden Land in die Gegend von Plesse und wollten sich niederlassen. Im Jahr 892 bekamen sie Fehde mit denen von Beverstein; es waren ihrer drei Brüder: Siegfried, Sieghart und Gottschalk von Schwanring; und sie führten Schwanflügel und Ring in ihren Schilden. Bodo von Beverstein erschoß den Sieghart mit einem Pfeil und floh vor der Rache der Brüder nach Finnland, wo er sich niedersetzte. Und die andern Beversteine legten eine feste Burg an gegen die Schwanringe, geheißen Hardenberg oder Beverstein. Gottschalk und Siegfried gingen aber damit um, eine Gegenburg anzulegen. Eines

Tages jagten sie von Höckelheim aus in dem hohen Wald (der auch Langforst oder Plessenwald heißt), und mit ihnen war ihr Bastardbruder, genannt Heiso Schwanenflügel, ein guter, listiger Jäger, der Wege und Stege in Feld und Holz wohl erfahren; der wußte von den Anschlägen der Hardenberger. Dieser ersah ein gutes Plätzchen an einer Ecke gegen die Leine, wies es seinen Brüdern; die sprachen: »Wohlan, ein gut gelegen Plätzken! Hier wollen wir Haus, Burg und Feste bauen.« Also bauten sie an demselben Flecken; das Haus wurde Plätzken und nach und nach Plesse genannt; endlich nahmen die Schwanringe selbst den Namen der von Plesse an. Der Streit mit den Hardenbergern wurde vertragen. Die Schäfer zeigen noch die Stelle, wo Sieghart erschossen wurde (zwischen den Dörfern Angerstein und Parnhosen), und fügen hinzu, daß auch daselbst vorzeiten ein steinern Kreuz gestanden habe, das Schwanringer Kreuz genannt.

Das Oldenburger Horn

In dem Hause Oldenburg wurde sonst ein künstlich und mit viel Zieraten gearbeitetes Trinkhorn sorgfältig bewahrt, das sich aber gegenwärtig zu Kopenhagen befindet. Die Sage lautet so: Im Jahr 990 (967) beherrschte Graf Otto das Land. Weil er als ein guter Jäger große Lust am Jagen hatte, begab er sich am 20. Juli gedachten Jahres mit vielen von seinen Edelleuten und Dienern auf die Jagd und wollte zuvörderst in dem Walde, Bernefeuer genannt, das Wild heimsuchen. Da nun der Graf selbst ein Reh hetzte und demselben vom Bernefeuersholze bis an den Osenberg allein nachrannte, verlor er sein ganzes Jagdgefolge aus Augen und Ohren, stand mit einem weißen Pferde mitten auf dem Berge und sah sich nach seinen Winden um, konnte aber auch nicht einmal einen lautenden (bellenden) Hund zu hören bekommen. Hierauf sprach er bei ihm selber, denn es eine große Hitze war: Ach Gott, wer nur einen kühlen Trunk Wassers hätte! Sobald, als der Graf das Wort gesprochen, tat sich der Osenberg auf und kommt aus der Kluft eine schöne Jungfrau, wohl gezieret, mit schönen Kleidern angetan, auch schönen, über die Achsel geteilten Haaren und einem Kränzlein darauf, und hatte ein köstlich silbern Geschirr, so vergüldt war, in Gestalt eines Jägerhorns, wohl und gar künstlich gemacht, in der Hand, das gefüllt war. Dieses Horn reichte sie dem Grafen und bat, daß er daraus trinken wolle, sich zu erquicken.

Als nun solches vergüldtes silbern Horn der Graf von der Jungfrau auf- und angenommen, den Deckel davongetan und hineingesehen: da hat ihm der Trank, oder was darinnen gewesen, welches er geschüttelt, nicht gefallen und deshalben solch Trinken der Jungfrau geweigert. Worauf aber die Jungfrau gesprochen: »Mein lieber Herr, trinket nur auf meinen Glauben! Denn es wird Euch keinen Schaden geben, sondern zum Besten gereichen«, mit fernerer Anzeige, wo er, der Graf, draus trinken wolle, sollt's ihm, Graf Otten und den Seinen, auch folgends dem ganzen Hause Oldenburg wohlgehn und die Landschaft zunehmen und ein Gedeihen haben. Da aber der Graf ihr keinen Glauben zustellen noch daraus trinken würde, so sollte künftig im nachfolgenden gräflich-oldenburgischen Geschlecht keine Einigkeit bleiben. Als aber der Graf auf solche Rede keine achtgab, sondern bei ihm selber, wie nicht unbillig, ein groß Bedenken machte, daraus zu trinken: hat er das silbern vergüldte Horn in der Hand behalten und hinter sich geschwenket und ausgegossen, davon etwas auf das weiße Pferd gespritzet; und wo es begossen und naß worden, sind ihm die Haare abgangen. Da nun die Jungfrau solches gesehen, hat sie ihr Horn wiederbegehret; aber der Graf hat mit dem Horn, so er in der Hand hatte, vom Berge abgeeilet, und als er sich wieder umgesehn, vermerkt, daß die Jungfrau wieder in den Berg gangen; und weil darüber dem Grafen ein Schrecken ankommen, hat er sein Pferd zwischen die Sporn genommen und im schnellen Lauf nach seinen Dienern geeilet und denselbigen, was sich zugetragen, vermeldet, das silbern vergüldte Horn gezeiget und also mit nach Oldenburg genommen. Und ist daßelbige, weil er's so wunderbarlich bekommen, vor ein köstlich Kleinod von ihm und allen folgenden regierenden Herren des Hauses gehalten worden.

Ludwig ackert mit seinen Adligen

Als nun Ludwig der Eiserne seiner Ritter einen überzog, der sich wider ihn verbrochen hatte, sammleten sich die andern und wollten's nicht leiden. Da kam er zu streiten mit ihnen bei der Naumburg an der Saal, bezwang und fing sie und führte sie zu der Burg; redete seine Notdurft und strafte sie hart mit Worten: »Euren geleisteten Eid, so ihr mir geschworen und gelobet, habt ihr böslich gehalten. Nun wollte ich zwar euer Untreu wohl lohnen; wenn ich's aber täte, spräche man vielleicht, ich tötete meine eignen Diener; sollte ich euch schatzen, spräche man mir's auch nicht wohl; und ließe ich euch aber los, so achtetet ihr meines Zorns fürder nicht.« Da nahm er sie und führte sie zu Felde und fand auf dem Acker einen Pflug, darein spannete er der ungehorsamen Edelleute je vier, ahr (riß, ackerte) mit ihnen eine Furche, und die Diener hielten den Pflug; er aber trieb mit der Geißel und hieb, daß sie sich beugten und oft auf die Erde fielen. Wann dann eine Furche geahren war, sandte er vier andere ein und ahrete also einen ganzen Acker, gleich als mit Pferden; und ließ darnach den Acker mit großen Steinen zeichnen zu einem ewigen Gedächtnis. Und den Acker machte er frei, dergestalt, daß ein jeder Übeltäter, wie groß er auch wäre, wenn er darauf käme, daselbst solle frei sein; und wer diese Freiheit brechen würde, sollte den Hals verloren haben; nannte den Acker den Edelacker, führte sie darauf wieder zur Naumburg, da mußten sie ihm auf ein neues schwören und hulden. Darnach ward der Landgraf im ganzen Lande gefürchtet; und wo die, so im Pfluge gezogen hatten, seinen Namen hörten nennen, erseufzten sie und schämeten sich. Die Geschichte erscholl an allen Enden in deutschen Landen, und etliche scholten den Herrn darum und wurden ihm gram; etliche scholten die Beamten, daß sie so untreu waren; etliche meinten auch, sie wollten sich eh haben töten lassen denn in den Pflug spannen. Etliche auch demütigten sich gegen ihren Herrn, denen tat er gut und hatte sie lieb. Etliche aber wollten's ihm nicht vergessen, stunden ihm heimlich und öffentlich nach Leib und Leben. Und wenn er solche mit Wahrheit hinterkam, ließ er sie hängen, enthaupten und ertränken und in den Stöcken sterben. Darum gewann er viel heimliche Neider von ihren Kindern und Freunden, ging derohalben mit seinen Dienern stetig in einem eisern Panzer, wo er hinging. Darum hieß man ihn den Eisernen Landgrafen.

Der hartgeschmiedete Landgraf

Zu Ruhla im Thüringer Wald liegt eine uralte Schmiede, und sprichwörtlich pflegte man von langen Zeiten her einen strengen, unbiegsamen Mann zu bezeichnen: Er ist in der Ruhla hart geschmiedet worden.

Landgraf Ludwig zu Thüringen und Hessen war anfänglich ein gar milder und weicher Herr, demütig gegen jedermann; da huben seine Junkern und Edelinge an stolz zu werden, verschmähten ihn und seine Gebote; aber die Untertanen drückten und schatzten sie aller Enden. Es trug sich nun einmal zu, daß der Landgraf jagen ritt auf dem Walde und traf ein Wild an; dem folgte er nach so lange, daß er sich verirrte, und ward benächtiget. Da gewahrte er eines Feuers durch die Bäume, richtete sich danach und kam in die Ruhla zu einem Hammer oder Waldschmiede. Der Fürst war mit schlechten Kleidern angetan, hatte sein Jagdhorn umhängen. Der Schmied frug, wer er wäre. »Des Landgrafen Jäger.« Da sprach der Schmied: »Pfui, des Landgrafen! Wer ihn nennet, sollte allemal das Maul wischen, des barmherzigen Herrn!« Ludwig schwieg, und der Schmied sagte zuletzt: »Herbergen will ich dich heunt; in der Schuppen, da findest du Heu, magst dich mit deinem Pferde behelfen; aber um deines Herrn willen will ich dich nicht beherbergen.« Der Landgraf ging beiseit, konnte nicht schlafen. Die ganze Nacht aber arbeitete der Schmied, und wenn er so mit dem großen Hammer das Eisen zusammenschlug, sprach er bei jedem Schlag: »Landgraf, werde hart, Landgraf, werde hart wie dies Eisen!« und schalt ihn und sprach weiter: »Du böser, unseliger Herr! Was taugst du den armen Leuten zu leben? Siehst du nicht, wie deine Räte das Volk plagen und mären dir im Munde?« Und erzählte also die liebe lange Nacht, was die Beamten für Untugend mit den armen Untertanen übeten. Klagten dann die Untertanen, so wäre niemand, der ihnen Hilfe täte; denn der Herr nähme es nicht an, die Ritterschaft spottete seiner hinterrücks, nennten ihn Landgraf Metz und hielten ihn gar unwert. »Unser Fürst und seine Jäger treiben die Wölfe ins Garn und die Amtleute die roten Füchse (die Goldmünzen) in ihre Beutel.« Mit solchen und andern Worten redete der Schmied die ganze lange Nacht zu dem Schmiedegesellen; und wenn die Hammerschläge kamen, schalt er den Herrn und hieß ihn hart werden wie Eisen. Das trieb er an bis zum Morgen; aber der Landgraf fassete alles zu Ohren und Herzen und ward seit der Zeit scharf und ernsthaftig in seinem Gemüt, begundte die Widerspenstigen zwingen und zum Gehorsam bringen. Das wollten etliche nicht leiden, sondern bunden sich zusammen und unterstunden sich gegen ihren Herrn zu wehren.

Ludwig baut eine Mauer

Einmal führte der Eiserne Landgraf den Kaiser Friedrich Rotbart, seinen Schwager, nach Naumburg aufs Schloß; da ward der Kaiser von seiner Schwester freundlich empfangen und blieb eine Zeitlang da bei ihnen. Eines Morgens lustwandelte der Kaiser, besah die Gebäu und ihre Gelegenheit und kam hinaus auf den Berg, der sich vor dem Schloß ausbreitete. Und sprach: »Eure Burg behaget mir wohl, ohne daß sie nicht Mauern hier vor der Kemnate hat, die sollte auch stark und feste sein.« Der Landgraf erwiderte: »Um die Mauern sorg ich nicht, die kann ich schnell erschaffen, sobald ich ihrer bedarf.« Da sprach der Kaiser: »Wie bald kann eine gute Mauer hierum gemachet werden?« – »Näher denn in drei Tagen«, antwortete Ludwig. Der Kaiser lachte und sprach: das wäre ja Wunder; und wenn alle Steinmetzen des Deutschen Reiches hier beisammen wären, so möchte das kaum geschehen. – Es war aber an dem, daß der Kaiser zu Tisch ging; da bestellte der Landgraf heimlich mit seinen Schreibern und Dienern, daß man von Stund an Boten zu Roß aussandte zu allen Grafen und Herren in Thüringen und ihnen meldete, daß sie zur Nacht mit wenig Leuten in der besten Rüstung und Geschmuck auf die Burg kämen. Das geschah. Frühmorgens, als der Tag anbrach, richtete Landgraf Ludwig das also an, daß ein jeder auf den Graben um die Burg trat, gewappnet und geschmuckt in Gold, Sammet, Seiden und den Wappenröcken, als wenn man zu streiten auszieht; und jeder Graf oder Edelmann hatte seinen Knecht vor ihm, der das Wappen trug, und seinen Knecht hinter ihm, der den Helm trug; so daß man deutlich jedes Wappen und Kleinod erkennen konnte. So standen nun alle Dienstmannen rings um den Graben, hielten bloße Schwerter und Äxte in Händen, und wo ein Mauerturm stehen sollte, da stand ein Freiherr oder Graf mit dem Banner. Als Ludwig alles dies stillschweigend bestellet hatte, ging er zu seinem Schwager und sagte, die Mauer, die er sich gestern berühmt hätte zu machen, stehe bereit und fertig. Da sprach Friedrich: »Ihr täuschet mich«, und segnete sich, wenn er es etwa mit der Schwarzen Kunst zuwege gebracht haben möchte. Und als er auswendig zu dem Graben trat und soviel Schmuck und Pracht erblickte, sagte er: »Nun hab ich köstlicher, edler, teurer und besser Mauern zeit meines Lebens noch nicht gesehen; das will ich Gott und Euch bekennen, lieber Schwäher; habt immer Dank, daß Ihr mir solche gezeiget habt.«

Ludwigs Leichnam wird getragen

Im Jahr 1173 befiel den Landgrafen schwere Krankheit, und lag auf der Neuenburg, hieß vor sich seine Ritterschaft, die ihm widerspenstig gewesen war, und sprach: »Ich weiß, daß ich sterben muß, und mag dieser Krankheit nicht genesen. Darum so gebiete ich euch, so lieb euch euer Leben ist, daß ihr mich, wann ich gestorben bin, mit aller Ehrwürdigkeit begrabet und auf euern Hälsen von hinnen bis gen Reinhartsborn traget.« Solches mußten sie ihm geloben bei Eiden und Treuen, denn sie fürchteten ihn mehr als den Teufel. Als er nun starb, leisteten sie die Gelübde und trugen ihn auf ihren Achseln weiter denn zehn Meilen Wegs.

Wie es um Ludwigs Seele geschaffen war

Als nun Ludwig der Eiserne gestorben war, da hätte sein Sohn, Ludwig der Milde, gern erfahren von seines Vaters Seele, wie es um die gelegen wäre, gut oder bös. Das vernahm ein Ritter an des Fürsten Hofe, der war arm und hatte einen Bruder, der war ein Pfaffe und kundig der Schwarzen Kunst. Der Ritter sprach zu seinem Bruder: »Lieber Bruder, ich bitte dich, daß du von dem Teufel erfahren wollest, wie es um des Eisernen Landgrafen Seele sei.« Da sprach der Pfaffe: »Ich will es gerne tun, auf daß Euch der neue Herr desto gütlicher handle.« Der Pfaffe lud den bösen Geist und fragte ihn um die Seele. Da antwortete der Teufel: »Willt du mit mir darfahren, ich weise sie dir.« Der Pfaffe wollte das, so er's ohne Schaden tun möchte; der Teufel schwur, daß er ihn gesund wiederbringen würde. Nach diesem saß er auf des Teufels Hals, der führte ihn in kurzer Zeit an die Stätte der Pein. Da sah der Pfaff gar mancherlei Pein, und in mancherlei Weise, davon erbebte er sehr. Da rief ein ander Teufel und sprach: »Wer ist der, den du hast auf deinem Halse sitzen, bringe ihn auch her.« – »Es ist unser Freund«, antwortete jener, »dem hab ich geschworen, daß ich ihn nicht letze, sondern daß ich ihm des Landgrafen Seele weise.« Zuhand da wandte der Teufel einen eisernen glühenden Deckel ab von einer Grube, da er aufsaß; und hatte eine eherne Posaune, die steckte er in die Grube und blies darein also sehr, daß dem Pfaffen deuchte, die ganze Welt erschölle und erbebete. Und nach einer Weile, als viel Funken und Flammen mit Schwefelgestank ausgingen, kam der Landgraf auch darin gefahren, gab sich dem Pfaffen zu schauen und sprach: »Sieh, ich bin hier gegenwärtig, ich armer Landgraf, weiland dein Herre; und wollte Gott, daß ich's nie gewesen wäre, so stete Pein muß ich drum leiden.« Sprach der Pfaffe: »Herr, ich bin zu Euch gesandt von Eurem Sohne, daß ich ihm sagen sollte, wie's um Euch getan wäre, ob er Euch helfen möchte mit irgend etwas.« Da antwortete er: »Wie es mir geht, hast du wohl gesehn; jedoch solltu wissen, wär's, daß meine Kinder den Gotteshäusern, Klöstern und andern Leuten ihr Gut wiedergäben, das ich ihnen wider Recht mit Gewalt abgenommen habe, das wäre meiner Seele eine große Hilfe.« Da sprach der Pfaffe: »Sie glauben mir dieser Rede nicht.« Da sagte er ihm ein Wahrzeichen, das niemand wüßte als sie. Und da ward der Landgraf wieder zur Gruben gesenkt, und der Teufel führte den Pfaffen wieder von dannen; der blieb gelb und bleich, daß man ihn kaum erkannte, wiewohl er sein Leben nicht verlor. Da offenbarte er die Worte und Wahrzeichen, die ihm ihr Vater gesagt hatte; aber es ward seiner Seele wenig Nutzen, denn sie wollten das Gut nicht wiederkehren. Darnach übergab der Pfaffe alle seine Lehen und ward ein Mönch zu Volkeroda.

Der Wartburger Krieg

Auf der Wartburg bei Eisenach kamen im Jahr 1206 sechs tugendhafte und vernünftige Männer mit Gesang zusammen und dichteten die Lieder, welche man hernach nennte: den Krieg zu der Wartburg. Die Namen der Meister waren: Heinrich Schreiber, Walther von der Vogelweide, Reimar Zweter, Wolfram von Eschenbach, Biterolf und Heinrich von Ofterdingen. Sie sangen aber und stritten von der Sonne und dem Tag, und die meisten verglichen Hermann, Landgrafen von Thüringen und Hessen, mit dem Tag und setzten ihn über alle Fürsten. Nur der einzige Ofterdingen pries Leopolden, Herzog von Österreich, noch höher und stellte ihn der Sonne gleich. Die Meister hatten aber untereinander bedungen, wer im Streit des Singens unterliege, der solle des Haupts verfallen, und Stempfel, der Henker, mußte mit dem Strick danebenstehen, daß er ihn alsbald aufhängte. Heinrich von Ofterdingen sang nun klug und geschickt; allein zuletzt wurden ihm die andern überlegen und fingen ihn mit listigen Worten, weil sie ihn aus Neid gern von dem Thüringer Hof weggebracht hätten. Da klagte er, daß man ihm falsche Würfel vorgelegt, womit er habe verspielen müssen. Die fünf andern riefen Stempfel, der sollte Heinrich an einen Baum hängen. Heinrich aber floh zur Landgräfin Sophia und barg sich unter ihrem Mantel; da mußten sie ihn in Ruhe lassen, und er dingte mit ihnen, daß sie ihm ein Jahr Frist gäben: so wolle er sich aufmachen nach Ungern und Siebenbürgen und Meister Klingsor holen; was der urteile über ihren Streit, das solle gelten. Dieser Klingsor galt damals für den berühmtesten deutschen Meistersänger; und weil die Landgräfin dem Heinrich ihren Schutz bewilligt hatte, so ließen sie sich alle die Sache gefallen.

Heinrich von Ofterdingen wanderte fort, kam erst zum Herzogen nach Österreich und mit dessen Briefen nach Siebenbürgen zu dem Meister, dem er die Ursache seiner Fahrt erzählte und seine Lieder vorsang.

Klingsor lobte diese sehr und versprach ihm, mit nach Thüringen zu ziehen und den Streit der Sänger zu schlichten. Unterdessen verbrachten sie die Zeit mit mancherlei Kurzweil, und die Frist, die man Heinrichen bewilligt hatte, nahte sich ihrem Ende. Weil aber Klingsor immer noch keine Anstalt zur Reise machte, so wurde Heinrich bang und sprach: »Meister, ich fürchte, Ihr lasset mich im Stich, und ich muß allein und traurig meine Straße ziehen; dann bin ich ehrenlos und darf zeitlebens nimmermehr nach Thüringen.« Da antwortete Klingsor: »Sei unbesorgt! Wir haben starke Pferde und einen leichten Wagen, wollen den Weg kürzlich gefahren haben.«
Heinrich konnte vor Unruhe nicht schlafen; da gab ihm der Meister abends einen Trank ein, daß er in tiefen Schlummer sank. Darauf legte er ihn in eine lederne Decke und sich dazu und befahl seinen Geistern, daß sie ihn schnell nach Eisenach in Thüringerland schaffen sollten, auch in das beste Wirtshaus niedersetzen. Das geschah, und sie brachten ihn in Helgrevenhof, eh der Tag erschien. Im Morgenschlaf hörte Heinrich bekannte Glocken läuten, er sprach: »Mir ist, als ob ich das mehr gehört hätte, und deucht, daß ich zu Eisenach wäre.« – »Dir träumt wohl«, sprach der Meister. Heinrich aber stand auf und sah sich um, da merkte er schon, daß er wirklich in Thüringen wäre. »Gott sei Lob, daß wir hier sind, das ist Helgrevenhaus, und hier sehe ich St.-Georgen-Tor und die Leute, die davorstehen und über Feld gehen wollen.«

Bald wurde nun die Ankunft der beiden Gäste auf der Wartburg bekannt, der Landgraf befahl, den fremden Meister ehrlich zu empfahen und ihm Geschenke zu tragen. Als man den Ofterdingen fragte, wie es ihm ergangen und wo er gewesen, antwortete er: »Gestern ging ich zu Siebenbürgen schlafen, und zur Metten war ich heute hier; wie das zuging, hab ich nicht erfahren.« So vergingen einige Tage, eh daß die Meister singen und Klingsor richten sollten; eines Abends saß er in seines Wirtes Garten und schaute unverwandt die Gestirne an. Die Herren fragten, was er am Himmel sähe. Klingsor sagte: »Wisset, daß in dieser Nacht dem König von Ungarn eine Tochter geboren werden soll; die wird schön, tugendreich und heilig und des Landgrafen Sohne zur Ehe vermählt werden.«

Als diese Botschaft Landgraf Hermann

hinterbracht worden war, freute er sich und entbot Klingsor zu sich auf die Wartburg, erwies ihm große Ehre und zog ihn zum fürstlichen Tische. Nach dem Essen ging er aufs Richterhaus (Ritterhaus), wo die Sänger saßen, und wollte Heinrich von Ofterdingen ledig machen. Da sangen Klingsor und Wolfram mit Liedern gegeneinander, aber Wolfram tat so viel Sinn und Behendigkeit kund, daß ihn der Meister nicht überwinden mochte. Klingsor rief einen seiner Geiste, der kam in eines Jünglings Gestalt. »Ich bin müde worden vom Reden«, sprach Klingsor, »da bringe ich dir meinen Knecht, der mag eine Weile mit dir streiten, Wolfram.« Da hub der Geist zu singen an von dem Anbeginne der Welt bis auf die Zeit der Gnaden, aber Wolfram wandte sich zu der göttlichen Geburt des Ewigen Wortes; und wie er kam, von der heiligen Wandlung des Brotes und Weines zu reden, mußte der Teufel schweigen und von dannen weichen. Klingsor hatte alles mit angehört, wie Wolfram mit gelehrten Worten das göttliche Geheimnis besungen hatte, und glaubte, daß Wolfram wohl auch ein Gelehrter sein möge. Hierauf gingen sie auseinander. Wolfram hatte seine Herberge in Titzel Gottschalks Hause, dem Brotmarkt gegenüber mitten in der Stadt. Nachts, wie er schlief, sandte ihm Klingsor von neuem seinen Teufel, daß er ihn prüfen sollte, ob er ein Gelehrter oder ein Laie wäre; Wolfram aber war bloß gelehrt in Gottes Wort, einfältig und andrer Künste unerfahren. Da sang ihm der Teufel von den Sternen des Himmels und legte ihm Fragen vor, die der Meister nicht aufzulösen vermochte; und als er nun schwieg, lachte der Teufel laut und schrieb mit seinem Finger auf die steinerne Wand, als ob sie ein weicher Teig gewesen wäre: »Wolfram, du bist ein Laie Schnipfenschnapf!« Darauf entwich der Teufel, die Schrift aber blieb in der Wand stehen. Weil jedoch viele Leute kamen, die das Wunder sehen wollten, verdroß es den Hauswirt, ließ den Stein aus der Mauer brechen und in die Horsel werfen. Klingsor aber, nachdem er dieses ausgerichtet hatte, beurlaubte sich von dem Landgrafen und fuhr mit Geschenken und Gaben belohnt samt seinen Knechten in der Decke wieder weg, wie und woher er gekommen war.

Doktor Luther zu Wartburg

Doktor Luther saß auf der Wartburg und übersetzte die Bibel. Dem Teufel war das unlieb und hätte gern das heilige Werk gestört; aber als er ihn versuchen wollte, griff Luther das Tintenfaß, aus dem er schrieb, und warf's dem Bösen an den Kopf. Noch zeigt man heutigestages die Stube und den Stuhl, worauf Luther gesessen, auch den Flecken an der Wand, wohin die Tinte geflogen ist.

Die Vermählung der Kinder Ludwig und Elisabeth

Meister Klingsor hatte zu Wartburg in der Nacht, da Elisabeth zu Ungarn geboren wurde, aus den Sternen gelesen, daß sie dem jungen Ludwig von Thüringen vermählt werden sollte. Im Jahr 1211 sandte der weitberühmte Landgraf Hermann herrliche Boten von Mann und Weiben zu dem Könige in Ungarn um seine Tochter Elisabeth, daß er sie nach Thüringen sendete, seinem Sohne zum Ehgemahl. Fröhlich zogen die Boten zu Roß und Wagen und wurden unterwegens, durch welche Landschaft sie kamen, herrlich bewirtet und, als sie in Ungerland eintrafen, von dem König und der Königin lieblich empfangen. Andreas war ein guter, sittiger Mann, aber die Königin schmückte ihr Töchterlein mit Gold und Silber zu der Reise und entsandte sie nach Thüringen in silberner Wiege, mit silberner Badewanne und goldnen Ringen, auch köstlichen Decken aus Purpur und Seide, Bettgewand, Kleinoden und allem Hausrat. Dazu viel tausend Mark Golds, bis daß sie groß würde, begabte auch die Boten gar reichlich und ließ dem Landgrafen sagen, daß er getrost und in Frieden lebe. Als nun Elisabeth mit ihrer Amme in Thüringen ankam, da war sie vier Jahre alt, und Ludwig, ihr Friedel, war elf Jahre alt. Da wurde sie höchlich empfangen und auf die Wartburg gebracht, auch mit allem Fleiß erzogen, bis daß die Kinder zu ihren Jahren kamen. Von dem heiligen Leben dieser Elisabeth und den Wundern, die sie im Lande Hessen und Thüringen zu Wartburg und Marburg verrichtet, wäre viel zu schreiben.

Friedrich mit dem gebissenen Backen

Landgraf Albrecht in Thüringen, der Unartige, vergaß aller ehlichen Lieb und Treue an seinem Gemahel und hing sich an ein ander Weibsbild, Gunda von Eisenberg genannt. Der Landgräfin hätte er gerne mit Gift vergeben, konnte aber nicht dazu kommen; verhieß also einem Eseltreiber, der ihm auf der Wartburg täglich das Küchenholz zuführte, Geld, daß er ihr nachts den Hals brechen sollte, als ob es der Teufel getan hätte. Als nun die dazu bestimmte Zeit kam, ward dem Eseltreiber bange und gedachte: Ob ich wohl arm bin, hab ich doch fromme, ehrliche Eltern gehabt; soll ich nun ein Schalk werden und meine Fürstin töten? Endlich mußte er daran, wurde heimlich in der Landgräfin Kammer geleitet, da fiel er vor dem Bette zu ihren Füßen und sagte: »Gnadet, liebe Fraue!« Sie sprach: »Wer bist du?« Er nannte sich. »Was hast du getan, bist du trunken oder wahnsinnig?« Der Eseltreiber antwortete: »Schweiget und ratet mir! Denn mein Herr hat mir Euch zu töten geheißen; was fangen wir jetzo an, daß wir beide das Leben behalten?« Da sprach sie: »Gehe und heiß meinen Hofmeister zu mir kommen.« Der Hofmeister gab ihr den Rat, sich zur Stunde aufzumachen und von ihren Kindern zu scheiden. Da setzte sich die Landgräfin an ihrer Söhnlein Bette und weinte; aber der Hofmeister und ihre Frauen drangen in sie zu eilen. Da es nun nicht anders sein konnte, gesegnete sie ihre Kinder, ergriff das älteste, namens Friedrich, und küßte es oftermal; und aus sehnlichem, mütterlichen Herzen biß sie ihm in einen Backen, daß er davon eine Narbe bekam, die er zeitlebens behalten. Daher ihm auch erwachsen, daß man ihn genennet Friedrich mit dem gebissenen Backen. Da wollte sie den andern Sohn auch beißen; das wehrte ihr der Hofmeister und sprach: »Wollt Ihr die Kinder umbringen?« Sie sprach: »Ich hab ihn gebissen, wann er groß wird, daß er an meinen Jammer und dieses Scheiden gedenkt.«

Also nahm sie ihre Kleinode und ging aufs Ritterhaus, wo sie der Hofmeister mit einer Frauen, einer Magd und dem Eseltreiber an Seilen das Fenster hinabließ. Noch dieselbe Nacht flüchtete sie auf den Kreinberg, der dazumal dem Hersfelder Abt hörte; von da ließ sie der Amtmann geleiten bis nach Fulda. Der Abt empfing sie ehrbarlich und ließ sie sicher geleiten bis gen Frankfurt, wo sie in einem Jungfrauenkloster Herberge nahm, aber schon im folgenden Jahre vor Jammer starb. Sie liegt zu Frankfurt begraben.

Otto der Schütze

Landgraf Heinrich der Eiserne zu Hessen zeugte zwei Söhne und eine Tochter; Heinrich, dem ältesten Sohne, beschied er, sein Land nach ihm zu besitzen; Otto, den andern, sandte er auf die hohe Schule, zu studieren und darnach geistlich zu werden. Otto hatte aber zur Geistlichkeit wenig Lust, kaufte sich zwei gute Roß, nahm einen guten Harnisch und eine starke Armbrust und ritt unbewußt seinem Vater aus. Als er an den Rhein zu des Herzogen von Kleve Hof gekommen war, gab er sich für einen Bogenschützen aus und begehrte Dienst. Dem Herzog behagte seine feine, starke Gestalt und behielt ihn gern; auch zeigte sich Otto als ein künstlicher, geübter Schütze so wohl und redlich, daß ihn sein Herr bald hervorzog und ihm vor andern vertraute.

Unterdessen trug es sich zu, daß der junge Heinrich, sein Bruder, frühzeitig starb und der Braunschweiger Herzog, dem des Landgrafen Tochter vermählt worden war, begierig auf den Tod des alten Herrn wartete, weil Otto, der andere Erbe, in die Welt gezogen war, niemand von ihm wußte und allgemein für tot gehalten wurde. Darüber stand das Land Hessen in großer Traurigkeit, denn alle hatten an dem Braunschweiger ein Mißfallen, und zumeist der alte Landgraf, der lebte in großem Kummer. Mittlerweile war Otto der Schütz guter Dinge zu Kleve und hatte ein Liebesverständnis mit Elisabeth, des Herzogs Tochter, aber nichts von seiner hohen Abkunft laut lassen werden.

Dies bestund etliche Jahre, bis daß ein hessischer Edelmann, Heinrich von Homburg genannt, weil er eine Wallfahrt nach Aachen gelobt hatte, unterwegs durch Kleve kam und den Herzog, den er von alten Zeiten her kannte, besuchte. Als er bei Hof einritt, sah er Otten, kannte ihn augenblicklich und neigte sich, wie vor seinem Herrn gebührte. Der Herzog stand gerade vor seinem Fenster und verwunderte sich über die Ehrerbietung, die vom Ritter seinem Schützen bewiesen wurde, berief den Gast und erfuhr von ihm die ganze Wahrheit und wie jetzt alles Erbe auf Otten stünde. Da bewilligte ihm der Herzog mit Freuden seine Tochter, und bald zog Otto mit seiner Braut nach Marburg in Hessen ein. (Otto, geboren 1322, 1366.)

Landgraf Philips und die Bauersfrau

Landgraf Philips pflegte gern unbekannterweise in seinem Lande umherzuziehen und seiner Untertanen Zustand zu forschen. Einmal ritt er auf die Jagd und begegnete einer Bäuerin, die trug ein Gebund Leinengarn auf dem Kopfe. »Was tragt Ihr und wohin wollt Ihr?« frug der Landgraf, den sie nicht erkannte, weil er in schlechten Kleidern einherging. Die Frau antwortete: »Ein Gebund Garn, damit will ich zur Stadt, daß ich es verkaufe und die Schatzung und Steuer bezahlen kann, die der Landgraf hat lassen ausschreiben; des Garns muß ich selber wohl an zehn Enden entraten«, klagte erbärmlich über die böse Zeit. »Wieviel Steuer trägt es Euch?« sprach der Fürst. »Einen Ortsgulden«, sagte sie; da nahm er sein Säckel, zog soviel heraus und gab ihr das Geld, damit sie ihr Garn behalten könnte. »Ach, nun lohn's Euch Gott, lieber Junker«, rief das Weib, »ich wollte, der Landgraf hätte das Geld glühend auf seinem Herzen!« Der leutselige Fürst ließ die Bäuerin ihres Weges ziehn, kehrte sich gegen sein Gesinde um und sprach mit lachendem Munde: »Schauet den wunderlichen Handel! Den bösen Wunsch hab ich mit meinem eigenen Geld gekauft.«

In Ketten aufhängen

Landgraf Philipp von Hessen mußte eine Zeitlang bei dem Kaiser gefangen sitzen; mittlerweile überschwemmte das Kriegsvolk seine Länder und schleifte ihm alle Festungen, ausgenommen Ziegenhain. Darin lag Heinz von Lüder, hielt seinem Herrn rechte Treue und wollte die Feste um keinen Preis übergeben, sondern lieber sich tapfer wehren. Als nun endlich der Landgraf ledig wurde, sollte er auf des Kaisers Geheiß, sobald er nach Hessen zurückkehren würde, diesen hartnäckigen Heinz von Lüder unter dem Ziegenhainer Tore in Ketten aufhängen lassen, und zu dem Ende wurde ein kaiserlicher Abgeordneter als Augenzeuge mitgegeben. Philipp, nachdem er zu Ziegenhain eingetroffen, versammelte den Hof, die Ritterschaft und des Kaisers Gesandten. Da nahm er eine güldene Kette, ließ seinen Obersten daran an einer Wand, ohne ihm wehe zu tun, aufhängen, gleich wieder abnehmen und verehrte ihm die goldene Kette unter großen Lobsprüchen seiner Tapferkeit. Der kaiserliche Abgeordnete machte Einwendungen, aber der Landgraf erklärte standhaft, daß er sein Wort, ihn aufhängen zu lassen, streng gehalten und es nie anders gemeint habe. – Das kostbare Kleinod ist bei dem Lüder'schen Geschlecht in Ehren aufbewahrt worden und jetzt, nach Erlöschung des Mannsstammes, an das adlige Haus Schenk zu Wilmerode gekommen. (570)

Landgraf Moritz von Hessen

Es war ein gemeiner Soldat, der diente beim Landgrafen Moritz, ging gar wohl gekleidet und hatte immer Geld in der Tasche; und doch war seine Löhnung nicht so groß, daß er sich, seine Frau und Kinder so stolz hätte halten können. Nun wußten die andern Soldaten nicht, wo er den Reichtum herkriegte, und sagten es dem Landgrafen. Der Landgraf sprach: »Das will ich wohl erfahren.« Und als es Abend war, zog er einen alten Linnenkittel an, hing einen rauhen Ranzen über, als wenn er ein alter Bettelmann wäre, und ging zum Soldaten. Der Soldat fragte, was sein Begehren wäre. – Ob er ihn nicht über Nacht behalten wollte? – Ja, sagte der Soldat, wenn er rein wäre und kein Ungeziefer an sich trüge; dann gab er ihm zu essen und zu trinken, und als er fertig war, sprach er zu ihm: »Kannst du schweigen, so sollst du in der Nacht mit mir gehen, und da will ich dir etwas geben, daß du dein Lebtag nicht mehr zu betteln brauchst.« Der Landgraf sprach: »Ja, schweigen kann ich, und durch mich soll nichts verraten werden.« Darauf wollten sie schlafen gehen; aber der Soldat gab ihm erst ein rein Hemd, das sollte er anziehen und seines aus, damit kein Ungeziefer in das Bett käme. Nun legten sie sich nieder, bis Mitternacht kam; da weckte der Soldat den Armen und sprach: »Steh auf, zieh dich an und geh mit mir.« Das tat der Landgraf, und sie gingen zusammen in Kassel herum. Der Soldat aber hatte ein Stück Springwurzel, wenn er das vor die Schlösser der Kaufmannsläden hielt, sprangen sie auf. Nun gingen sie beide hinein; aber der Soldat nahm nur vom Überschuß etwas, was einer durch die Elle oder das Maß herausgemessen hatte, vom Kapital griff er nichts an. Davon nun gab er dem Bettelmann auch etwas in seinen Ranzen. Als sie nun in Kassel herum waren, sprach der Bettelmann: »Wenn wir doch dem Landgrafen könnten über seine Schatzkammer kommen!« Der Soldat antwortete: »Die will ich dir auch wohl weisen; da liegt ein bißchen mehr als bei den Kaufleuten.« Da gingen sie nach dem Schloß zu, und der Soldat hielt nur die Springwurzel gegen die vielen Eisentüren, so taten sie sich auf; und sie gingen hindurch, bis sie in die Schatzkammer gelangten, wo die Goldhaufen aufgeschüttet waren. Nun tat der Landgraf, als wollte er hineingreifen und eine Handvoll einstecken; der Soldat aber, als er das sah, gab ihm drei gewaltige Ohrfeigen und sprach: »Meinem gnädigen Fürsten darfst du nichts nehmen, dem muß man getreu sein!« – »Nun sei nur nicht bös«, sprach der Bettelmann, »ich habe ja noch nichts genommen.« Darauf gingen sie zusammen nach Haus und schliefen wieder, bis der Tag anbrach; da gab der Soldat dem Armen erst zu essen und zu trinken und noch etwas Geld dabei, sprach auch: »Wenn das all ist und du brauchst wieder, so komm nur getrost zu mir; betteln sollst du nicht.«

Der Landgraf aber ging in sein Schloß, zog den Linnenkittel aus und seine fürstlichen Kleider an. Darauf ließ er den wachthabenden Hauptmann rufen und befahl, er sollte den und den Soldaten – und nannte den, mit welchem er in der Nacht herumgegangen war – zur Wache an seiner Tür beordern. Ei, dachte der Soldat, was wird da los sein, du hast noch niemals die Wache getan; doch wenn's dein gnädiger Fürst befiehlt, ist's gut. Als er nun da stand, hieß der Landgraf ihn hereintreten und fragte ihn, warum er sich so schön trüge und wer ihm das Geld dazu gäbe. »Ich und meine Frau, wir müssen's verdienen mit arbeiten«, antwortete der Soldat und wollte weiter nichts gestehen. »Das bringt soviel nicht ein«, sprach der Landgraf, »du mußt sonst was haben.« Der Soldat gab aber nichts zu. Da sprach der Landgraf endlich: »Ich glaube gar, du gehst in meine Schatzkammer, und wenn ich dabei bin, gibst du mir eine Ohrfeige.« Wie das der Soldat hörte, erschrak er und fiel vor Schrecken zur Erde hin. Der Landgraf aber ließ ihn von seinen Bedienten aufheben, und als der Soldat wieder zu sich selber gekommen war und um eine gnädige Strafe bat, so sagte der Landgraf: »Weil du nichts angerührt hast, als es in deiner Gewalt stand, so will ich dir alles vergeben; und weil ich sehe, daß du treu gegen mich bist, so will ich für dich sorgen«, und gab ihm eine gute Stelle, die er versehen konnte.

Brot und Salz segnet Gott

Es ist ein gemeiner Brauch unter uns Deutschen, daß der, welcher eine Gasterei hält, nach der Mahlzeit sagt: »Es ist nicht viel zum besten gewesen, nehmt so vorlieb.« Nun trug es sich zu, daß ein Fürst auf der Jagd war, einem Wild nacheilte und von seinen Dienern abkam, also daß er einen Tag und eine Nacht im Walde herumirrte. Endlich gelangte er zu einer Köhlerhütte, und der Eigentümer stand in der Türe. Da sprach der Fürst, weil ihn hungerte: »Glück zu, Mann! Was hast du zum besten?« Der Köhler antwortete: »Ick hebbe Gott un allewege wol (genug).« – »So gib her, was du hast«, sprach der Fürst. Da ging der Köhler und brachte in der einen Hand ein Stück Brot, in der andern einen Teller mit Salz; das nahm der Fürst und aß, denn er war hungrig. Er wollte gern dankbar sein, aber er hatte kein Geld bei sich; darum löste er den einen Steigbügel ab, der von Silber war, und gab ihn dem Köhler; dann bat er ihn, er möchte ihn wieder auf den rechten Weg bringen, was auch geschah.

Als der Fürst heimgekommen war, sandte er Diener aus, die mußten diesen Köhler holen. Der Köhler kam und brachte den geschenkten Steigbügel mit; der Fürst hieß

ihn willkommen und zu Tische sitzen, auch getrost sein: es sollt ihm kein Leid widerfahren. Unter dem Essen fragte der Fürst: »Mann, es ist diese Tage ein Herr bei dir gewesen; sieh herum, ist derselbe hier mit über der Tafel?« Der Köhler antwortete: »Mi ducht, ji sünd et wol sülvest«, zog damit den Steigbügel hervor und sprach weiter: »Will ji düt Ding wedderhebben?« – »Nein«, antwortete der Fürst, »das soll dir geschenkt sein, laß dir's nur schmecken und sei lustig.« Wie die Mahlzeit geschehen und man aufgestanden war, ging der Fürst zu dem Köhler, schlug ihn auf die Schulter und sprach: »Nun, Mann, nimm so vorlieb, es ist nicht viel zum besten gewesen.« Da zitterte der Köhler; der Fürst fragte ihn, warum; er antwortete, er dürfte es nicht sagen. Als aber der Fürst darauf bestand, sprach er: »Och Herre! Ase ji säden, et wäre nig väle tom besten west, do stund de Düfel achte ju!« – »Ist das wahr«, sagte der Fürst, »so will ich dir auch sagen, was ich gesehen. Als ich vor deine Hütte kam und dich fragte, was du zum besten hättest, und du antwortetest: ›Gott und all genug!‹ da sah ich einen Engel Gottes hinter dir stehen. Darum aß ich von dem Brot und Salz und war zufrieden; will auch nun künftig hier nicht mehr sagen, daß nicht viel zum besten gewesen.«

Nidda

Eine Gräfin hatte das Gelübde getan, an der Stelle, wo ihr Esel zuerst mit ihr stehenbliebe, ein Schloß zu erbauen. Als nun der Esel in einer sumpfigen Stelle stehenblieb, soll sie gerufen haben: »Nit da, nit da!« Allein das fruchtete nichts, und das Tier war nicht von demselben Platz zu bringen. Also baute sie wirklich ihr Schloß dahin, welches gleich der später da herum entstandenen Stadt den Namen Nidda behielt, die nah gelegene Wiese aber den der Eselswiese.

Noch mehreres davon wußten die Spielknaben vor einem halben Jahrhundert zu sagen, was damals unter dem Volk allgemein verbreitet war, jetzo vielleicht verschollen ist und vermutlich mit den abweichenden Umständen, die Winkelmann wohl auch aus mündlicher Sage erzählt, näher eintrifft. Zu Zeiten Friedrich Rotbarts war Berthold, Graf zu Nidda, ein Raubritter, hatte seinen Pferden die Hufeisen umkehren lassen, um die Wandersleute sicher zu berücken, und durch sein Umschweifen in Land und Straßen großen Schaden getan. Da zog des Kaisers Heer vor Altenburg, seine Raubfeste, und drängte ihn hart; allein Berthold wollte sich nicht ergeben. In der Not unterhandelte die Gräfin auf freien Abzug aus der Burg und erlangte endlich vom Heerführer, daß sie mit ihrem beladenen Maulesel und dem, was sie auf ihren Schultern ertragen könnte, frei herausgelassen werden sollte; mit ausdrücklicher

Bedingung, daß sie nur ihre beste Sache trüge, auch der Graf selbst nicht auf dem Maulesel ritte. Hierauf nahm sie ihre drei Söhnlein, setzte sie zusammen auf das Tier, ihren Herrn aber hing sie über den Rücken und trug ihn den Berg hinab. So errettete sie ihn; allein bald ermatteten ihre Kräfte, daß sie nicht weiterkonnte, und auch der müde Esel blieb im Sumpfe stecken. An der Stelle, wo sie nun diese Nacht zubrachten und ein Feuer angemacht, baute hernach die Gräfin drei Häuser ihren drei Söhnen auf, in der Gegend, wo jetzo Nieder-Nidda stehet. Die Altenburg ist zertrümmert, hat aber noch starke Gewölbe und Keller. Es geht gemeine Sage, daß da ein Schatz verborgen stecke; die Einwohner haben nachgegraben und Hufeisen gefunden, solche, die man den Pferden verkehrt aufnageln kann.

Hermann von Treffurt

In der ersten Hälfte des XIV. Jahrhunderts lebte zu Treffurt ein Ritter, Hermann von Treffen genannt, der gern auf die Buhlschaft gegangen und viel ehrbare Frauen und Jungfrauen um ihre Ehre gebracht, also daß kein Mann in seinem Gebiet seine Tochter über zwölf Jahre daheim behalten durfte. Daneben aber ist er andächtig gewesen, fleißig in die Messe gegangen, hat auch die Gezeiten St. Marien mit großer Andacht gesprochen. Dieser hat einsmals zu seiner Buhlschaft reiten wollen und zuvor, seinem Gebrauch nach, die Gezeiten St. Marien mit großer Andacht gesprochen; wie er nun in der Nacht im Finstern allein über den Hellerstein geritten, hat er des rechten Weges gefehlt und ist auf den hohen Felsen des Berges gekommen, wo das Pferd zwar stutzte, der Ritter aber meinte, es scheue vor irgendeinem Tier; gab ihm deswegen im Zorn den Sporn, also daß das Roß mit ihm den hohen Felsen hinabgesprungen und sich zu Tod gefallen; auch ist der Sattel mitsamt dem Schwert in der Scheide an vielen Stücken zerbrochen. Der Ritter aber hat in dem Fall noch die Muttergottes angerufen, und da hat ihn gedeucht, als werde er von einer Frau empfangen, die ihn sanft und unverletzt auf die Erde gesetzt.

Nach dieser wunderbaren Errettung ist er nach Eisenach in ein Kloster gegangen, hat sein Leben gebessert, all sein Gut um Gottes willen von sich gegeben und als ein Mönch barfuß und in Wolle sein Brot gebettelt. Auch als 1347 sein Tod herannahete, hat er nicht bei andern frommen Christen sein Ruhebettlein haben wollen, sondern an einem heimlichen, unsaubern Orte, zwischen der Liebfrauenkirche und der Stadtmauer, begraben sein wollen, seine unreinen Taten desto härter zu büßen; wie auch geschehen ist.

Der Graf von Gleichen

Graf Ludwig von Gleichen zog im Jahr 1227 mit gegen die Ungläubigen, wurde aber gefangen und in die Knechtschaft geführt. Da er seinen Stand verbarg, mußte er gleich den übrigen Sklaven die schwersten Arbeiten tun, bis er endlich der schönen Tochter des Sultans in die Augen fiel wegen seiner besondern Geschicklichkeit und Anmut zu allen Dingen, so daß ihr Herz von Liebe entzündet wurde. Durch seinen mitgefangenen Diener erfuhr sie seinen Stand, und nachdem sie mehrere Jahre vertraulich mit ihm gelebt, verhieß sie, ihn frei zu machen und mit großen Schätzen zu begaben, wenn er sie zur Ehe nehmen wolle. Graf Ludwig hatte eine Gemahlin mit zwei Kindern zu Haus gelassen; doch siegte die Liebe zur Freiheit, und er sagte ihr alles zu, indem er des Papstes und seiner ersten Gemahlin Einwilligung zu erwirken hoffte. Glücklich entflohen sie darauf, langten in der Christenheit an, und der Papst, indem sich die schöne Heidin taufen ließ, willfahrte der gewünschten Vermählung. Beide reisten nach Thüringen, wo sie im Jahre 1249 ankamen. Der Ort bei Gleichen, wo die beiden Gemahlinnen zuerst zusammentrafen, wurde das Freudental benannt, und noch steht dabei ein Haus dieses Namens. Man zeigt noch das dreischläfrige Bett mit rund-

gewölbtem Himmel, grün angestrichen; auch zu Tonna den türkischen Bund und das goldne Kreuz der Sarazenin. Der Weg, den sie zu der Burg pflastern ließ, heißt bis auf den heutigen Tag der Türkenweg. Die Burggrafen von Kirchberg besitzen auf Farrenrode, ihrer Burg bei Eisenach, alte Tapeten, worauf die Geschichte eingewirkt ist. Auf dem Petersberge zu Erfurt liegen die drei Gemahel begraben, und ihre Bilder sind auf dem Grabsteine ausgehauen.

So viel Kinder als Tag' im Jahr

Eine Meile vom Haag liegt Loosduynen (Leusden), ein kleines Dorf, in dessen Kirche man noch heutigestages zwei Taufbecken zeigt mit der Inschrift: »In deze twee beckens zyn alle deze kinderen ghedoopt.« Und auf einer dabeihangenden Tafel stehet in lateinischen und niederländischen Versen das Andenken einer Begebenheit erhalten, wovon die Volkssage wie folgt berichtet: Vor alten Zeiten lebte in dem Dorfe eine Gräfin, Margaretha nach einigen, Mathilde nach anderen geheißen, Gemahlin Grafen Hermanns von Henneberg. Auch wird sie bloß die Gräfin von Holland genannt. Zu der kam einst ein armes Weib, Zwillinge auf dem Arm tragend, und sprach um ein mildes Almosen an. Die Gräfin aber schalt sie aus und sprach: »Packt Euch, unverschämte Bettlerin! Es ist unmöglich, daß ein Weib zwei Kinder auf einmal von einem Vater habe!« Die arme Frau versetzte: »So bitte ich Gott, er lasse Euch so viel Kinder auf einmal bringen, als das Jahr Tage hat!« Hernach wurde die Gräfin schwanger und gebar auf einen Tag zur Welt dreihundertfünfundsechzig Kinder. Dies geschah im Jahr 1270 (1276), im dreiundvierzigsten Jahre der Gräfin. Diese Kinder wurden alle lebendig getauft von Guido, Bischof zu Utrecht, in zwei messingenen Becken, die Söhnlein Johannes, die Töchterlein Elisabeth sämtlich genannt. Sie starben aber alle auf einen Tag mit ihrer Mutter und liegen bei ihr in einem Grab in der Dorfkirche. – Auch in der Delfter Kirche soll ein Denkmal dieses Ereignisses vorhanden sein.

Die Gräfin von Orlamünde

Otto, Graf zu Orlamünde, starb 1340 (nach andern 1275, 1280, 1298) mit Hinterlassung einer jungen Witwe, Agnes, einer gebornen Herzogin von Meran, mit welcher er zwei Kinder, ein Söhnlein von drei, und ein Töchterlein von zwei Jahren, erzeugt hatte. Die Witwe saß auf der Plassenburg und dachte daran, sich wieder zu vermählen. Einstens wurde ihr die Rede Albrechts des Schönen, Burggrafen zu Nürnberg, hinterbracht, der gesagt hatte: »Gern wollt ich dem schönen Weib meinen Leib zuwenden, wo nicht vier Augen wären!« Die Gräfin glaubte, er meinte damit ihre zwei Kinder, sie ständen der neuen Ehe im Weg; da trug sie, blind von ihrer Leidenschaft, einem Dienstmanne, Hayder oder Hager genannt, auf und gewann ihn mit reichen Gaben, daß er die beiden Kindlein umbringen möchte. Der Volkssage nach sollen nun die Kinder diesem Meuchelmörder geschmeichelt und ihn ängstlich gebeten haben. »Lieber Hayder, laß mich leben! Ich will dir Orlamünden geben, auch Plassenburg des neuen, es soll dich nicht gereuen«, sprach das Knäblein; das Töchterlein aber: »Lieber Hayder, laß mich leben, ich will dir alle meine Docken geben.« Der Mörder wurde hierdurch nicht gerührt und vollbrachte die Untat; als er später noch andre Bubenstücke ausgerichtet hatte und gefangen auf der Folter lag, bekannte er, sosehr ihn der Mord des jungen Herrn reue, der in seinem Anbieten doch schon gewußt habe, daß er Herrschaften auszuteilen gehabt, so gereue ihn noch hundertmal mehr, wenn er der unschuldigen Kinderworte des Mägdleins gedenke. Die Leichname der beiden Kinder wurden im Kloster Himmelskron beigesetzt und werden zum ewigen Andenken der Begebenheit als ein Heiligtum den Pilgrimen gewiesen.

Nach einer andern Sage soll die Gräfin die Kinder selbst getötet, und zwar Nadeln in ihre zarten Hirnschalen gesteckt haben. Der Burggraf aber hatte unter den vier Augen die seiner beiden Eltern gemeint und heiratete hernach die Gräfin dennoch nicht. Einigen zufolge ging sie, von ihrem Gewissen gepeinigt, barfuß nach Rom und starb auf der Stelle, sobald sie heimkehrte, vor der Himmelskroner Kirchtüre. Noch gewöhnlicher aber wird erzählt, daß sie in Schuhen, inwendig mit Nadeln und Nägeln besetzt, anderthalb Meilen von Plassenburg nach Himmelskron ging und gleich beim Eintritt in die Kirche tot niederfiel. Ihr Geist soll in dem Schloß umgehen.

Nachwort

Bevor die Brüder Grimm ihre Sammlung herausbrachten, gab es nur wenige gedruckte Märchensammlungen in deutscher Sprache. Vor allem Johann Gottfried Herders Forderung, Märchen, Volkssagen und Mythologien zu sammeln, und seine damit verbundenen Vorstellungen zum Konzept einer Volkspoesie hatten befruchtend auf seine Zeitgenossen gewirkt und zur Wiederbeschäftigung mit den Quellen des Mittelalters und der frühen Neuzeit bis zur unmittelbaren Gegenwart geführt. Märchen als bis dahin nicht schriftlich fixierte ›Volksüberlieferungen‹ wurden in der Wertschätzung gleichberechtigt neben literarische Zeugnisse gestellt.

In diesem geistesgeschichtlichen Umfeld begannen die Brüder Grimm etwa 1806, mündlich überlieferte Märchen und Sagen sowie literarische Zeugnisse der ›Vorzeit‹ zusammenzutragen. Die Anregung zur Sammeltätigkeit kam wahrscheinlich von Clemens Brentano. Entscheidender Einfluß ging aber von Achim von Arnim aus. Im Unterschied zu Brentano vertrat Jacob Grimm die Auffassung, literarische Vorlagen könnten zwar formgetreu bearbeitet werden, sollten aber nicht mit Zusätzen eigener Dichtkunst angereichert sein. Hierin unterschied er sich von Wilhelm, der diese Möglichkeit literarischer Bearbeitung nicht ganz ausschloß, wie auch seine Neufassungen von Märchen zeigen. Seit 1819 verantwortete Wilhelm die Märchenausgaben im wesentlichen allein und prägte infolge seines Erzähltalents den Grimm-Stil. Einzelne seiner Bearbeitungen geben leitbildhafte Buchmärchen ab wie »Die Sterntaler«, »Das Märchen von einem, der auszog, das Fürchten zu lernen« oder »Schneeweißchen und Rosenrot«.

Zu Lebzeiten der Brüder Grimm erschienen sieben vollständige und bis zur Ausgabe letzter Hand erweiterte, später sogenannte »Große Ausgaben« der Märchensammlung und – nach dem Vorbild der englischen Übersetzung einzelner Stücke – seit 1825 zehn »Kleine Ausgaben« mit einer Auswahl von 50 Stücken. Die Ausgabe letzter Hand von 1857 ist ›rund‹: Sie umfaßt 200 Märchen sowie zehn Kinderlegenden. Ein Kommentar- und Anmerkungsband (1856) informiert darüber hinaus über die Quellen der Erzählungen und enthält Hinweise auf übereinstimmende andere Überlieferungen und Abdrucke ähnlicher Fassungen.

Hinter der Überschrift »Kinder- und Hausmärchen« verbirgt sich ein breites Spektrum unterschiedlicher Erzählgattungen: Es handelt sich um Zaubermärchen, Schwänke, Ursprungserzählungen, Sagen, Beispielgeschichten sowie andere kurze moralische Geschichten und Legenden. Nicht alle Märchen sind Kindermärchen, also für Kinder gedacht; nicht in allen Märchen stehen Kinder als Handlungsträger im Mittelpunkt.

Die zur Abgrenzung von Vorgänger-Sammlungen dienende Titelergänzung ›Hausmärchen‹ zielt auf einen erweiterten Adressatenkreis, für den nicht allein Unterhaltungswert und Phantasie bestimmend waren. ›Hausmärlein‹ sind gedacht als Muster für Geschichten, die innerhalb der Familie als Hausüberlieferung existieren und in Verbindung mit einem familiären Wertesystem stehen. Ausgenommen davon sind die zur Auflockerung eingestreuten unterhaltsamen Schwänke wie die Geschichte vom Doktor Allwissend oder von den sieben Schwaben, die – ganz in der Tradition der Erzählgattung – keine moralisierenden Elemente enthalten.

Eine Märchensammlung wie die »Kinder- und Hausmärchen« als Erziehungsbuch für die Familie und für das ganze Haus einzusetzen, war eine neue Idee, die um so wirkungsvoller sein mußte, als die alten moralischen Geschichten sich als zu langatmig und pädagogisch wenig brauchbar erwiesen hatten. Mit der Gattung Märchen standen nunmehr kurze einprägsame Geschichten zum Vorlesen und Nacherzählen zur Verfügung. Oft bestimmen Kinder die Handlung, was wiederum die Identifikation der jugendlichen Zuhörer und Leser erleichtert. Dieser Umstand führte zum großen Erfolg der Sammlung, auch wenn von einer nennenswerten Nachwirkung erst seit Ende der 1830er Jahre zu sprechen ist. Schon früh kamen auch Übersetzungen ins Dänische, Niederländische, Englische und Französische hinzu.

Die 58 schönsten Märchen der vorliegenden Ausgabe folgen textlich und inhaltlich der letzten noch von den Brüdern Grimm besorgten Ausgabe von 1857. Wegen ihrer allgemeinen Bekanntheit sind jedoch auch »Der gestiefelte Kater« und »Die Erbsenprinzessin« aus früheren Ausgaben hinzugenommen worden. Die Märchen »Von dem Fischer und seiner Frau« sowie »Der Hase und der Igel« wurden aus dem Niederdeutschen ins Hochdeutsche übertragen.

Wenige Jahre nach Erscheinen der Erstausgabe der »Kinder- und Hausmärchen« kam 1816 der erste Band der Sagensammlung heraus. Über Zweck und Ziel hieß es im Vorwort: »Ein Lesebuch soll unsere Sammlung gar nicht erst werden, in dem Sinn, daß man alles, was sie enthält, hintereinander auszulesen hätte.« Stattdessen empfahlen die Brüder Grimm »den Liebhabern deutscher Poesie, Geschichte und Sprache« eine auswählende Lektüre und hofften, »es werde ihnen allen, schon als lautere deutsche Kost, willkommen sein, im festen Glauben, daß nichts mehr auferbaue und größere Freude bei sich habe als das Vaterländische.« Diese nationale Zielsetzung stieß bei nachfolgenden Sammlern von Volksüberlieferungen auf ein breites Interesse. Rasch fanden sich einzelne Sagen in Lese- und Schulbüchern und wurden von den jeweils populären Medien weiter verbreitet.

Bedeutsam ist die von den Brüdern Grimm vorgenommene Differenzierung in Orts- und geschichtliche Sagen, um die Materialien unterschiedlicher Quellenbereiche zu bündeln. In der Vorrede zum ersten Band findet sich die bis heute häufig zitierte Abgrenzung zwischen Märchen und Sage: die eher »historische« Sage habe im Unterschied zum mehr »poetischen« Märchen die Eigenart, »daß sie an etwas Bekanntem und Bewußtem hafte, an einem Ort oder einem durch die Geschichte gesicherten Namen«.

Diese hohe Bewertung der Kreativität und der geschichtlichen Dimension der Sage mußte überraschen und wie eine radikale Umkehr und Aufwertung der von den gebildeten Schichten verachteten Volkskultur erscheinen. Die neue Sichtweise wurzelt in der romantischen Idee der Volkspoesie; sie sei als eine »lebendige Gedächtnißkunst« (Herder) und als tatsächlicher Ausdruck sozial und ethnisch unterschiedener Völker aufzufassen und in mündlichen Zeugnissen und schriftlichen Geschichtsquellen der ›Vorzeit‹ greifbar: »Die älteste Geschichte jedwedes Volkes ist Volksage.« Diese Einschätzung spiegelt eine zu Beginn des 19. Jahrhunderts von vielen Historikern und Philologen geteilte Bewertung älterer Quellen wider. Sie unterschied sich nur darin, in welchem Maße zeitgenössische Sammler in den Sagen Spuren der Geschichte zu finden glaubten oder solche Erzählungen – wie besonders Jacob Grimm – als Reflexion historischer Vorgänge im Bewußtsein des Volkes betrachteten.

Die für diese Ausgabe ausgewählten Stükke entstammen weitgehend literarischen Quellen. Besonders seit dem hohen Mittelalter existiert eine Fülle erbaulicher Geschichten, welche die Brüder Grimm ihren Zeitgenossen wieder zugänglich machten. Für die Vermittlung mittelalterlicher Literaturdenkmäler stellen die Deutschen Sagen daher ein wichtiges Bindeglied zur Neuzeit mit der Umsetzung von Reimchroniken, Meisterliedern und Volksliedern in Prosaparaphrasen und der komprimierten Zusammenfassung von Volksbuchstoffen dar.

Aus der frühen Chronik-, Kuriositäten-, Historien- und Mirakelliteratur stammen zahlreiche Beispiele von kulturhistorischen Begebenheiten und dichterisch ausgeschmückten Sensationsgeschichten. Solche Geschichten, die unsere Vorfahren bewegten, weisen zum Teil ein hohes Alter auf. Oft sind sie auch überregional bekannt – und vor allem mit einem bestimmten Ort verknüpft. Thematisch breit gestreut stehen Baumeistersagen neben Bauplatzlegenden (das heißt Kirchen- und Klostergründungssagen), ikonographischen Sagen, Denkmalsagen, Wappensagen oder den sogenannten Geschlechtersagen, die den Ursprung oder das Vergehen eines Adelsgeschlechts begründen. Hinzu kommen Sagen über einzelne Berufe oder Stände, von deren Auftreten, Eigenschaften und Handeln die Sagen handeln.

Zu denken ist etwa an die seit dem 15. Jahrhundert bekannte Kölner Sage von der Rückkehr einer als scheintot beerdigten Frau aus dem Grabe, die mit der historisch nicht nachweisbaren Richmut oder Richmodis von Adocht (Aducht) verbunden ist. Ende des 17. Jahrhunderts erfuhr diese Sage eine Erweiterung durch die Begründung, weshalb zwei Pferdeköpfe aus dem Bodenfenster des Hauses herausschauten. Die bis in neuere Zeit bekannte Sage dürfte auf weitverbreiteten Vorstellungen gründen: zum einen auf der Furcht, scheintot begraben zu werden, zum andern auf der Angst vor Grabfrevel, der allerdings durch den positiven und naheliegenden Ausgang, die Wiederkehr der Frau, gemildert erscheint.

In späterer Zeit, als die Industrialisierung einsetzte, kamen neue Themen dazu: Besonders haben sich Bergwerkssagen herausgebildet, die das Aufkommen von Bergwerken begründen oder deren Niedergang erklären. Der Mensch verlangt nach Begründungen für überraschende Silber- und Schatzfunde im Erzgebirge oder dem Harz. Fremde Schatzgräber und Silberschürfer werden als geheimnisumwittert geschildert, die mit dem Teufel verbündet sein sollen. Erstaunlich ist dabei, in welch hohem Maße die darin vorkommenden Motive Gemeinsamkeiten mit solchen aus anderen europäischen Bergwerksregionen aufweisen.

Viele Sagenstoffe sind international, haben aber jeweils eine regionalspezifische Ausprägung. So erzählt die ursprünglich in Württemberg lokalisierte Sage, die besonders in der Chronik- und Historienliteratur des 16./17. Jahrhunderts bezeugt ist, von der Treue der Frauen von Weinsberg: Als bei einer Belagerung der befestigten Stadt durch König Konrad III. im Jahr 1140 den Frauen freier Abzug gewährt wird, hätten sie an persönlicher Habe so viel mitnehmen dürfen, wie sie auf dem Rücken tragen konnten: Sie ziehen mit ihren Männern aus der Stadt. Dieses Beispiel weiblicher List und Treue veranlaßt den König zur Aufgabe der Belagerung. Die Burgruine oberhalb von Weinsberg trägt bis heute den Namen ›Weibertreu‹. Diese Sage ist zwar unhistorisch, aber ein anschauliches Beispiel für die Stilisierung eines vorbildlichen und großmütigen Herrschers.

Spukgeschichten aller Art künden von unheimlichen Vorfällen aus der Vergangenheit, wenn etwa die sogenannte weiße Frau in Schlössern als Wiedergängerin für Unruhe sorgt. Burgen und Schlösser werden numinose Orte, an die sich alle denkbaren dämonologischen Sagenmotive heften können. In verschiedenen Orten angesiedelt ist die bekannte Sage von der Vertauschung eines Kindes, eine der zahlreichen Wechselbalgsagen, die seit dem 16. Jahrhundert eine reiche Überlieferung entfalteten. Stets sorgte die erzählerische Phantasie für eine Vermischung historischer Fakten mit geschichtlich nicht nachweisbaren Begebenheiten.

Wesen der Unterwelt wie Riesen und Erdgeister stehen im Mittelpunkt dämonologischer Sagen. Es sind zumeist namenlose, auf Bergen wohnende Riesen, die dank ihrer ungeheuren Kräfte mitunter als Landschaftsgestalter auftreten und Felsen und Seen erschaffen. Wie von übergroßen Wesen, so ist in der Sage oft von kleinen Wesen die Rede. Gemeint sind primär Erdgeister, die im Inneren von Bergen oder in unterirdischen Höhlen wohnen und vor allem am Rande des Harzes oder anderer Mittelgebirge angesiedelt sind. Die Zwerge leben in familienähnlich gedachten Völkern und sind, wie eigentlich alle jenseitigen Wesen, ambivalent. Sie benötigen Menschen als Geburtshelfer und belohnen sie mit reichen Schätzen, bestrafen aber andererseits Raffgier und Neugierde.

Von den Zwergenüberlieferungen heben sich deutlich die sogenannten Hausgeistersagen ab. Der Hausgeist ist meistens ein Einzelwesen: Er ist für die Bewohner des Hauses nicht sichtbar, wird aber stets mit Essen und Trinken versorgt, weil er als eine Art Schutzgeist gilt, der Glück und Segen über das Haus bringt. Oft verrichtet er auch heimlich die Hausarbeiten, dann wird er als Heinzelmann oder Heinzelmännchen bezeichnet. Solche

Vorstellungen sind seit alters überliefert und haben besondere Popularität in einem Gedicht (1836) von August Kopisch (1799–1853) gefunden: In der Nacht bauten sie für den Zimmermann die Häuser, backten für den Bäcker das Brot, nähten für den Schneider die Kleider, bis die neugierige Schneidersfrau auf der Treppe Erbsen verstreute, um die unsichtbaren Helfer zu überlisten. Da verschwanden sie für immer, und nun muß wieder "ein jeder fein selbst fleißig sein". "Ach, daß es noch wie damals wär! Doch kommt die schöne Zeit nicht wieder her."

Eine Vielzahl von Sagen beschäftigt sich mit einer geistlichen oder weltlichen Kristallisationsgestalt wie etwa Karl dem Großen und erzählt ihm zugeschriebene Geschehnisse. Dabei darf das Motiv des schlafenden Kaisers im Berg nicht fehlen, das gerade im 19. Jahrhundert in vielen Sagen mit verschiedenen Herrschergestalten in Verbindung gebracht worden ist. Der Mythos sollte das Streben nach nationaler Einheit und imperialer Machtentfaltung nicht nur beleben, sondern auch rechtfertigen. In unserer Ausgabe wird von Friedrich I. Barbarossa (um 1125–90) erzählt, dem mächtigen Kaiser, der mit seinem Heer im Kyffhäuser auf den Tag warte, bis die Raben nicht mehr um den Berg flögen. Bis zum Jüngsten Tag sei er im Kyffhäuser, doch wenn er dann hervorkomme, "wird er seinen Schild hängen an einen dürren Baum, davon wird der Baum grünen und eine bessere Zeit werden".

Das große Interesse für die Entstehung markanter Bauwerke, aber auch der zahlreichen Klöster und Abteien hat sich in Erzählungen niedergeschlagen, die eine Erklärung für den Anlaß zum Bau zu geben versuchen. Sagen, die an eine Ruine, ein Denkmal oder an eine Kirche anknüpfen, sind Legion! Die beeindruckenden mittelalterlichen Dome, deren Fertigstellung viele Jahrzehnte in Anspruch nahm und die öfter aus Material- oder Geldmangel unvollendet blieben, waren Realitäten, welche die menschliche Einbildungskraft dynamisierten. Es gibt kaum eine Stadt, die für ihre Baudenkmäler nicht eine Erklärung bereithielte, obwohl die regionale Sagenüberlieferung historischer Nachprüfung meist nicht standhält. Entscheidend für die Entstehung der Kölner-Dom-Sage war, daß der 1248 begonnene Bau jahrhundertelang unvollendet blieb. Erst im 19. Jahrhundert, im Gefolge des wiedererwachten Nationalgefühls, wurden alle Bauteile, darunter die zwei Türme, ausgeführt. Die Sage nennt verschiedene Erklärungen dafür, warum der Dom zunächst nicht fertiggestellt wurde. Eine davon lautet, der Teufel habe aus Neid auf das gewaltige Bauwerk mit dem Baumeister eine Wette abgeschlossen: er, der Teufel, werde schneller einen Kanal von Trier nach Köln bauen als der Baumeister den Dom. Als der Baumeister noch an der Errichtung des ersten Turmes war, sah er, daß der Kanal fast fertiggestellt war. Da stürzte er sich vom Gerüst in die Tiefe, und selbst sein treuer Hund sprang ihm nach.

Aus dem reichen Schatz der von den Brüdern Grimm zusammengetragenen geschichtlichen und ortsgebundenen Erzählungen bietet unsere Ausgabe eine repräsentative Auswahl. Es wurden sowohl ältere Quellen des 16. bis 18. Jahrhunderts berücksichtigt als auch solche des frühen 19. Jahrhunderts.

Die Gestaltung schriftlich überlieferter Sagentexte übernahmen die Brüder Grimm zumeist aus älteren gedruckten Vorlagen, ließen aber subjektive, zum Teil kritische Einschätzungen der Verfasser über den Wahrheitsgehalt des Berichteten unberücksichtigt. Dahinter stand das Bemühen, die Texte nicht als bloße Fiktionen erscheinen zu lassen. Die fehlende erzählerische Distanz führte öfter allerdings zu einer Re-Mythisierung der Inhalte. Doch hatten diese nicht unwesentlichen Eingriffe keinen spürbaren Einfluß auf die Verbreitung.

Grundlage für die Wiedergabe der Texte dieser Ausgabe und für die Reihenfolge ist die von Wilhelm Grimms Sohn Herman besorgte dritte Auflage von 1891. Die Texte folgen in der Numerierung weitgehend der traditionellen Anordnung der Grimmschen Sagen. Einzig die Sage vom Rattenfänger von Hameln als international populärste Fassung aus der Sammlung der Brüder Grimm steht zu Beginn unserer Ausgabe. Zu Wort- und Sacherläuterungen sind die jeweiligen Seitenzahlen genannt. Orthographie und Interpunktion richten sich weitgehend nach heutigem Gebrauch. Einige sprachliche Verbesserungen sind eingefügt worden, wenn es sich um offenkundige Verlesungen der Brüder Grimm handelte.

Die Bildbeigaben des Prachtbandes stammen aus dem Bildarchiv des Herausgebers. Die im Laufe des 19. Jahrhunderts und in den ersten Jahrzehnten des 20. Jahrhunderts entstandenen Zeichnungen von so herausragenden Künstlern wie Ludwig Richter, Alexander Zick, Eugen Klimsch, Carl Offterdinger, Walter Crane, Hermann Vogel, Victor Paul Mohn, Ignatius Taschner oder Paul Hey zählen zu den gelungensten Illustrationen von Volkserzählungen überhaupt, welche die Zeit überdauerten. Sie geben einen Eindruck von der Vielfalt bildlicher Darstellungen in den unterschiedlichsten Medien.

Wort- und Sacherläuterungen

Die Ziffern beziehen sich auf die Seitenzahl des jeweiligen Textes

27 *mit des Seilers Tochter:* mit dem Strick
30 *schüppeln:* soviel wie rollen (mitteldeutsch)
34 *seine Lust büßen:* befriedigen
38 *aussagen:* zu Ende, vollkommen sagen
40 *die Rabe:* weibliche Nebenform
59 *abfallen:* abmagern
61 *Gothel:* Goddel u. a., Koseform zu Gote: Patin
61 *in Elend:* in der Fremde
62 *Batzen:* frühere Silbermünze
78 *Hölle:* Behältnis
82 *aufgesessen:* war ihm nicht grün oder feindlich gesonnen
82 *Ehesteuer:* Aussteuer
83 *flüchtig:* schnell
88 *in die Messe ziehen:* auf die Messe ziehen
92 *verbuttet:* im Wachstum zurückgeblieben
100 *Hinkelbeinchen:* Knochen eines Kükens
110 *unserer lieben Frauen Tag:* gemeint ist, nach den Brüdern Grimm, (jeder) Samstag
113 *Glückshaut:* Haut um den Kopf mancher Neugeborener, verheißt nach älteren Vorstellungen, daß das Kind Glück haben wird
115 *Ellermutter:* Großmutter
126 *Schafrippe:* Schafgarbe (Gemüsepflanze)
141 *Zeiselschwänze:* Zeisel = Rute
142 *Wecke:* Wecken (Weizenbrötchen)
143 *Zeilchen:* Schwänzchen
143 *rummer gan:* herumgehen
156 *Kötze:* Rückentragkorb
173 *Zinshahn:* rot wie ein Zinshahn, das heißt wie der gut durchblutete Kamm und Lappen eines Hahns; ländliche Abgaben an die Gutsherren wurden oft in Gestalt von Federvieh geleistet
180 *Delle:* Vertiefung
183 *lusterte den Apfel an:* hatte Appetit (Verlangen) auf den Apfel
189 *Kaspar, Melchior, Balzer (Balthasar)* Namen der Heiligen Drei Könige
192 *am Besten:* am Verstand
209 *Raspelbrot:* hart gebackenes Weizenbrot, dessen Rinde mit einer Raspel abgerieben wird
216 *verfumfeien:* leichtfertig vertun
235 *schnatzen:* putzen, das Haar glatt kämmen, flechten und wickeln. Das Haar flechten und schmücken
235 *aufgesatzt:* das Haar geordnet
258 *Jackli:* Jakob
258 *Marli:* für Marti, Martin
258 *Jergli:* Jörg, Georg
258 *Heumonat:* Juli
261 *dessen unberichtet waren:* davon nichts wußten
278 *walgerten:* wälzten
280 *Lorche:* Lurche (hier: Schimpfname)
291 *Alraun:* Alraune, Wurzelstock von menschenähnlicher Form, bekannt in populären Überlieferungen als Zauberpflanze und als Zaubermittel
302, 306 *Reverenz machen:* Verbeugung machen, Ehrerbietung erweisen
311 *Eiderdunen:* Flaumfedern der Eiderente
311 *Linnentücher:* ältere Bezeichnung für Leinentücher
321 *Maibuche:* Rotbuche
328 *under den Köppen:* gemeint ist der Koppenberg (etwa 15 km östlich von Hameln)
328 *Centum ter denos …:* Nachdem der Zauberer 272 Jahre zuvor 130 Kinder von der Stadt weggeführt hatte, wurde diese Pforte erbaut
330 *Meister Hämmerling:* Name für den Berg- bzw. Poltergeist seit dem 16. Jahrhundert (abgeleitet wohl von Thors Beinamen Hammer)
330 *zu Tage fahren:* aus dem Bergwerk wieder an die Oberfläche fahren
331 *Schicht:* Arbeitszeit ohne Unterbrechung
331 *gewiß unglücklich:* gewiß verunglückt
331 *Strecke:* Grubenbau mit regelmäßigem, ziemlich gleichbleibenden Querschnitt
331 *Gezäh:* (mhd. gezouwe) Werkzeug
331 *sich lustig machten:* in Fröhlichkeit gerieten
333 *Wechselbälge:* durch Teufel oder Geist unterschobene Säuglinge
333 *Das wütende Heer:* von Wotan (Wuotan) angeführtes Heer (daher der Name) oder großes Gefolge von Geistwesen, das mit schrecklichem Lärm durch die Lüfte fährt und oft gehört, selten gesehen wird, besonders zwischen Weihnachten und dem Dreikönigstag

335 *wie sie ihnen zu Haus tun sollten:* wie mit ihnen zu Hause zu verfahren ist
335 *Köterberg:* bei Paderborn
336 *anlustern:* mit Begierde ansehen
338 *Knotte:* Samenkapsel des Flachses
338 *Heiternessel:* (Urtica urens) alter Name der Brennessel, besonders der kleinsten Art, die am empfindlichsten brennt
343 *Hunnen:* darunter sind die Awaren zu verstehen
346 *Fingerlein:* Ring (mhd.: vingerlîn)
347 *ungeheuer:* wildes und gottloses Wesen
347 *abzucken:* entreißen
351 *Ablager halten:* Quartier nehmen
351 *aufgeben:* bei Tisch die Teller reichen bzw. vorsetzen
351 *Salamanderlaken:* Gegenstand aus Haut/Haar des Salamanders
351 *Pochwerk:* (Pochmühle) in früherer Zeit Erzmühle zum Zerkleinern von Erzen
352 *Hauptkappe:* Kapuze
353 *nach gewisser Maße:* in der richtigen Weise
353 *in einen gewissen Plan:* auf einen ebenen Platz im Freien
353 *seinem Banner:* dem, der ihn gebannt hatte
354 *Spille:* Spindel
357 *krebsgängig:* keinen Erfolg mehr haben
359 *Quackelei:* Nörgelei, Geschwätz
360 *Wildbret:* Jagdbeute
361 *aufgelaufen:* abgelaufen
364 *schaut:* sieht aus
364 *blecken:* sehen lassen, aufsperren
370 *Döngessee:* Denser See bei Sontra
371 *Hanfräze:* Pfuhl zum Anfeuchten des Hanfs
372 *schloßenweiß:* so weiß wie eine Schloße (Hagelkorn)
373 *Halloren:* Salinenarbeiter in Halle
374 *Dosten:* wilder Thymian
374 *Dorant:* Löwenmaul
374 *übrigens:* im übrigen
376 *ihr nicht zuwider sein lassen:* sich es nicht verdrießen lassen
383 *brauste (von brausten):* prustete
385 *Klauer:* mit Weiden bestandener Platz (hier bestimmte Örtlichkeit?)
385 *Arke:* Kiste, Truhe
388 *Spiritus familiaris:* Hausgeist
388 *Roßtäuscher:* Pferdehändler
395 *Fitzebohnen:* grüne Bohnen
403 *Giller:* Berg östlich von Tiefenbach
403 *fragte ihn aus:* suchte ihn zu erfragen
405 *wo er mochte:* wo er konnte
421 *räumig:* geräumig
421 *Nebelkappe:* soviel wie Tarnkappe
432 *Zentgerichte:* Z. übten in Unabhängigkeit vom Landesherrn die Kriminalgerichtsbarkeit aus
432 *sich leiblich einfand:* persönlich zugegen war
436 *Hofraite:* Wirtschaftsraum
437 *stund wie um die Ende:* ringsumher
437 *die Zwerch:* querüber
437 *Wackenstein:* im fließenden Wasser fortgeschobener Stein
439 *Frau Venus' Berg:* Höselberg in Thüringen
442 *die Flucht geben:* die Flucht ergreifen
442 *klapperte feindlich:* klapperte heftig
442 *aus dem Stegreif ernähren:* Stegreif ist der Steigbügel (sich aus dem Stegreif ernähren: als Raubritter durch die Lande ziehen)
442 *sein Herr:* der Herr des Knechts, von dem die Erzählung handelt
445 *der Priester wandelt:* die Wandlungsworte spricht
457 *übertäuben:* mit Gewalt veranlassen
458 *mich begeben:* verzichten
459 *Werwolf:* Mannwolf (ahd. wêr: Mann)
460 *Hackel:* Forst unweit Halberstadt
467 *Oselberg:* heute Hesselberg
467 *einig:* einzig
467 *Wittiber:* Witwer
467 *Quatember:* vierteljährlicher katholischer Festtag
467 *Wasgau:* alter Name für die Vogesen
468 *Krott:* Kröte
468 *spauchen:* speien
471 *Leisen:* geistliche Lieder (vgl. »Kyrie eleison«)
475 *Hatto der Andere:* Hatto der Zweite
476 *wenn ihr Geköch fortgegangen:* wenn ihre Kocherei beendet worden wäre
476 *Witfrau:* Witwe
478 *nichts Nutzes schaffen:* von seiner Zauberei keinen materiellen Nutzen haben
478 *Urlaub:* Abschied
478 *ohn:* außer
478 *Wadel:* Schwanz

478 *zu gegen seiner Herberge:* auf seine Herberge zu
484 *jähling:* jäh
488 *zusammenginge:* feindlich aneinandergeriete
490 *Etliche wollen:* wollen wissen
490 *Kaiser Friedrichs Zukunft:* Kaiser Friedrichs Wiederkehr
490 *zerbrochen:* zerwühlt, in Unordnung gebracht
491 *ein gutes Hofrecht machen (bzw. hofieren):* musizieren
493 *Fluh:* (schweiz.) Felswand
495 *rucken:* sich durch einen Ruck, durch Bewegung der Stelle, zu erkennen geben
497 *Schwarzach in der Pfalz:* Schwarzach in Baden
499 *Tolde:* Baumkrone, Wipfel
501 *Jagenteufel:* (ursprünglich Imperativform) Jage den Teufel
502 *mit genauer Not:* mit knapper Mühe
505 *Dornstag:* (mhd.) Donnerstag
505 *der Stück ohn Maßen:* eine Vielzahl derartiger Erscheinungen
512 *im Schilde führte:* als Wappen trug
517 *Welpen:* (allgemein hier) Jungtiere
517 *kleuben und abschlichten:* spalten und begradigen
523 *Leuneburg:* bei Rastenburg
523 *gewährt:* übergeben
523 *schier wollte auf sein:* eben im Aufbruch begriffen
523 *Pfleger:* Ortsvorsteher
524 *Mahlzeit entschieden war:* M. beendet war
524 *ohne einige Audienz:* ohne sie vorher angehört zu haben
524 *verkundschaftet:* ausgekundschaftet
524 *Komtur:* Leiter und Verwalter einer Niederlassung der geistlichen Ritterorden
524 *der letzte Tag:* der letzte Tag der vorbestimmten Frist
526 *haußen*: draußen
529 *verstohlene:* verborgene
533 *Walter:* Der Westgote Walther ist der Held des Walthariliedes
537 *die Märe:* die berühmte
537 *ein kleines Troja:* gemeint ist Xanten (Colonia Traia, im MA. öfter als Colonia Troia bezeichnet)
539 *Wasichenwald:* Vogesen
547 *Magen:* Verwandte
551 *Krup:* Kriech
556 *hilde:* eifrig, heftig
563 *Tumherr:* Domherr
564 *sich enthalten:* sich aufhalten
569 *zum Brett treiben:* gefügig (gehorsam) machen (Brett = Strafbank)
573 *Göller:* Koller, Halsbekleidung
583 *St. Thomas' Land:* Indien
617 *Schnipfenschnapf (mhd. snippesnapp):* höhnisch gemeinter Ausruf
619 *Friedel:* Geliebter
621 *hevorzog:* auszeichnete
622 *an zehn Enden:* allerwärts, durchaus
622 *entraten:* verzichten auf
627 *Gezeiten St. Marien:* die Gebetsstunden (horae canonicae)
627 *unsaubern:* ungeweihten
627 *härter:* schwerer
628 *begaben:* beschenken
628 *willfahrte:* einwilligte
629 *türkischen Bund:* Turban
629 *Gemahel:* Eheleute
629 *Farrenrode:* Farnrode
631 *Orlamünde:* Stadt im thüringischen Saale-Holzland-Kreis
631 *Docken:* Puppen
631 *gewöhnlicher:* häufiger